軍縮・不拡散の諸相

日本軍縮学会 編

軍縮・不拡散の諸相

◆ 日本軍縮学会設立 10 周年記念 ◆

信山社

10 周年記念論文集の刊行に際して
―― 学会 10 年の回顧と本書の目的 ――

　日本軍縮学会は 2019 年 4 月に設立 10 周年を迎える。これを記念して論文集の編集作業を進めてきた結果，本書『軍縮・不拡散の諸相：日本軍縮学会設立 10 周年記念論文集』を無事に刊行する運びとなった。刊行に際してまず過去 10 年間の学会の活動を回顧した上で，本書の目的と意義について触れる。

1　学　会　設　立

　日本軍縮学会は 2009 年 4 月 11 日に東京の学術総合センターにおける設立総会において設立された。まったく偶然であるがその 6 日前に，オバマ大統領がプラハ演説において核兵器のない世界を追求すると述べていた。

　設立総会では，「日本軍縮学会設立趣意書」と学会規約の内容を確認した上で，学会設立が決議された。その後，「核軍縮・核不拡散の課題と展望」と題して設立総会記念シンポジウムが開催され，阿部信泰の司会の下，明石康，浅田正彦，川口順子，中村桂子がパネリストとして議論した。

　学会設立の準備は前年から開始され，2009 年 1 月 20 日の設立準備委員会において「日本軍縮学会設立趣意書」に合意が見られた。準備委員会のメンバーは，黒澤満，阿部信泰，秋山信将，浅田正彦，石栗勉，梅林宏道，鈴木達治郎，戸崎洋史，水本和実，目加田説子，吉田文彦の 11 名であった。設立準備委員会が中心になり，学会設立への賛同者を募り，さまざまな分野の 59 名の方々が学会への賛同を表明して下さった。

　「日本軍縮学会設立趣意書」には，学会設立の背景および目的ならびに学会の活動が以下のように記されている。軍縮は国際の平和と安全を維持し強化するための重要な手段の 1 つであり，日本において軍縮に関する研究および討論を一層進め，軍縮の具体性成果を達成するためには関係者一同が集結することが不可欠である。軍縮問題の進展のためには，核兵器を始めとするすべての兵器に関して，研究者のみならず広範な人々を含めて広く議論すべきであり，そのために日本軍縮学会を設立するのは時宜にかなったことである。その目的は，

v

10 周年記念論文集の刊行に際して

「軍縮に関する諸問題の研究および討論，それらに関連する活動を行うことであり，少なくとも年 1 回研究大会を開催し，そのほか随時軍縮に関する講演会や資料の配布，機関誌その他の印刷物の発行，タスクフォースによる政策提言など，軍縮の進展に向けた活動を行うこと」とされている。

2 学会員の構成と推移

　「日本軍縮学会設立趣意書」には，「研究者のみならず，個人として参加する政治家，政府関係者，NGO，産業界，ジャーナリストなどあらゆる関心のある人々を含めて広く議論すべきである」と記されている。たしかに，学会であるからには研究者が中心になるべきだという考えもあるだろう。しかし，軍縮はきわめて普遍的な課題であるため，構成員が研究者だけに偏るのは適切ではない。そこで，軍縮に関心があり，軍縮に取り組んでいるあらゆる人々を包摂するべきである，すなわちオールジャパンで取り組むべきであるという考えが当学会の基盤となっている。

　2009 年の設立総会における会員数は 69 名であった。その後，2013 年には 155 名，2018 年には 200 名と，会員数は着実に増加している。会員数の増加は学会の発展に寄与するものとして非常に重要である。一般会員の年会費は 3,000 円であるのに対して，特に若手の研究者あるいは関心ある人々の入会を慫慂するという観点から，学生会員は年会費 1,000 円とされている。

3 研 究 活 動

（1） 年次研究大会

　研究活動の中心は年次研究大会である。研究大会は，理論的・時宜的なテーマに基づく 2 つの部会と，若手研究者の育成を目的とする「軍縮研究のフロンティア」部会で構成されるのが通例である。各年度の研究大会のテーマは，以下のとおりである。

2009 年度：「軍縮と検証」，「How to Create a Momentum for the Success of 2010 NPT Review Conference」

2010 年度：「核兵器の意義・役割の低減—その方法と拡大抑止に与える影響」，「Next Step toward a 'World Free of Nuclear Weapons': 2010 NPT Review Con-

ference and Beyond」
2011 年度:「通常兵器の軍縮」,「Global Nuclear Order in the Post-Fukushima
  Era: A New Paradigm for Nuclear Energy and Security?」
2012 年度:「生物・化学兵器の軍縮」,「Agenda for the 2015 NPT Review Confe-
  rence: Humanitarian Issues of Nuclear Weapons」
2013 年度:「新 START 条約の後継条約の展望」,「核燃料サイクルと軍縮」
2014 年度:「『戦略的安定性』の行方」,「核兵器の人道的影響に関するメキシ
  コ・フォローアップ会合の総括と 2015 年運用検討会議へのインプリケー
  ション」
2015 年度:「2015 年 NPT 再検討会議における課題と展望」,「化学兵器の現状
  と課題」
2016 年度:「軍備管理軍縮と人道性」,「CTBT の 20 年」
2017 年度:「核軍縮をめぐる今日的課題」,「新技術と軍縮」
2018 年度:「軍備管理軍縮条約における市民社会の役割」,「北朝鮮と核危機:
  軍備管理軍縮の可能性」

（2） その他の研究集会

　年次研究大会以外の学会主催による研究集会としては，その時の重要な軍縮
関連課題についてシンポジウム，講演会，ワークショップなどを随時開催して
いる。登壇者には，当学会の会員のみならず，来日した海外の専門家も多数含
まれている。これまでに取り上げてきたテーマは，「NPT 再検討会議に向けて」，
「核不拡散体制の強化に向けて:原子力平和利用のために」，「核燃料サイクル
と核不拡散問題の今後」，「福島原発事故後の原子力ガバナンス」，「包括的核実
験禁止条約（CTBT）の役割と将来の展望」，「イランの核問題解決に向けた次
のステップ」，「2015 年 NPT 運用検討会議の見通しと日本の取り組み」，「NPT
－運用検討会議後の核のグローバルガバナンス」，「米国軍事用余剰プルトニウ
ム及び世界の民生用プルトニウムの処分」，「イラン核合意のインパクト:中東,
エネルギー，そして日本」である。

vii

4 出版活動

（1）『軍縮研究』の出版

　出版に関しては，学会の機関誌として『軍縮研究』を年1回の間隔で発行してきた。各巻は100頁前後であり，特集，研究ノート，研究論文，書評などで構成される。創刊第1号の巻頭言にあるように，機関誌の刊行は学会にとって欠かすことのできない活動である。機関誌は学会として研究成果を発表する重要な場であり，学術団体としての学会の使命の1つを実現するものであると同時に，若手の研究者を育成する役割も担っている。

　これまでに組まれた特集は，「核不拡散・核軍縮に関する国際委員会（ICNND）報告書をめぐって」，「原子力平和利用の安全性と問題点」，「世界が直面する核の課題」，「核軍縮をめぐる緊急課題」，「通常兵器拡散防止と武器輸出規制」，「被爆70年：核軍縮・不拡散特集」，「生物兵器禁止条約第8回運用検討会議に向けて」，「軍縮・不拡散教育の現状」などである。研究論文や研究ノートについては，投稿制度を採用し，厳格な査読を実施してきた。その結果，質の高い軍縮研究の成果が機関誌に収録されてきた。

（2）『ニュースレター』の刊行

　もう1つの出版物としては，1年に2，3回刊行されている『日本軍縮学会ニュースレター』がある。軍縮に関するさまざまな会議や会合の報告や評価，軍縮に関するエッセイ的な文章，学会の事務連絡などが掲載されている。約20頁程度の分量であり，これまでに23号が刊行されている。

（3）『軍縮辞典』の出版

　学会の出版物として特記すべきなのは，学会設立5周年の記念事業として刊行された『軍縮辞典』（信山社，2015年9月）である。刊行の目的はそのはしがきにあるように，「軍縮に関する基本的な概念について，正確な情報を一般に広めるとともに，軍縮に関する議論に共通の基盤を提供することによって，日本における軍縮に関する議論が，共通の理解の下でいっそう活発になり，学問的にも，実践的にも軍縮問題の重要性が一般に認識されるのを促進することである」。

　辞典刊行に際しては，理事会の決定に基づき，辞典編纂委員会が組織された。

委員会は，編纂委員長（黒澤満），部会1（核軍縮，部会長：小川伸一），部会2（核不拡散，同：秋山信将），部会3（生物・化学兵器，同：浅田正彦），部会4（ミサイル・宇宙，同：石川卓），部会5（通常兵器，同：佐藤丙午），部会6（輸出管理，同：山本武彦），外務省リエゾン（西田充）によって構成され，約30名の会員が参加した。

　辞典に含まれる語彙は820項目であり，執筆者は124名である。軍縮に特化した辞典の刊行は日本ではもちろん初めてであり，世界的に見てもめずらしいと言えるだろう。特に国際社会で議論されている英語の専門用語に対応する必要性を意識し，すべての項目名に英語表記を付した。また，詳細な事項索引，欧文略語等，人名索引（和文），人名索引（欧文），担当項目一覧も巻末に掲載されている。

5　『10周年記念論文集』の刊行

　学会成立以来，上述のような活動を積極的に推進してきた軍縮学会であるが，設立10周年を迎えるにあたり，今一度学会の活動を振り返りつつ，今後の一層の進展のために何をなすべきかが理事会で議論された。その結果，軍縮に特化した学会として，その分野における研究の最前線を示すことが適当であるという点で合意に達し，記念論文集を刊行することが決定された。その後，総会においても，この企画が承認された。

　10周年記念論文集刊行の目的は，軍縮・不拡散分野における重要課題について，最先端の知見に基づいた会員の学術論文を取り纏め，今後の軍縮研究の方向性を示すことにある。この目的を実現するために，理事会の決定により編集委員会（構成は黒澤満（委員長），青木節子，足立研幾，阿部達也，戸崎洋史，福田毅の6名）を設置し，同委員会の下で編集作業が行われた。とくに，執筆された論文に対しては，複数の委員により学問的観点から厳格かつ精緻な査読を実施した。

　本論文集に掲載された個々の論文の内容について責任を有するのはそれぞれの執筆者である。読者の忌憚のないご批判をいただければ幸いである。

　　2019年3月

10 周年記念論文集の刊行に際して

日本軍縮学会設立 10 周年記念論文集編集委員会

委員長　黒澤　満　　大阪女学院大学大学院教授 / 大阪大学名誉教授
委　　員　青木節子　　慶應義塾大学大学院法務研究科教授
　　　　　足立研幾　　立命館大学国際関係学部教授
　　　　　阿部達也　　青山学院大学国際政治経済学部教授
　　　　　戸崎洋史　　日本国際問題研究所軍縮・不拡散促進センター主任
　　　　　　　　　　　研究員
　　　　　福田　毅　　国立国会図書館調査員

　日本軍縮学会の情報については学会のホームページ（http://www.disarmament.
jp）を御覧いただきたい。そこには，これまでの年次研究大会のプログラムと
研究会やシンポジウムの内容が含まれているとともに，設立趣意書，規約，役
員名簿，賛同者名簿が掲載されている。さらに学会誌『軍縮研究』および
「ニュースレター」のすべての内容も含まれている。

目　　次

10 周年記念論文集の刊行に際して
　── 学会 10 年の回顧と本書の目的 ──
　　1　学会設立
　　2　学会員の構成と推移
　　3　研究活動
　　4　出版活動
　　5　『10 周年記念論文集』の刊行

I　軍縮の理論的考察

1　国際法上の軍縮の概念 …………………………………〔黒澤　満〕… *3*
　はじめに ……………………………………………………………… *3*
　　1　軍縮の歴史的な展開 …………………………………………… *4*
　　2　軍縮措置の整理・分類とそれらの特徴 ……………………… *11*
　　3　国際法上の軍縮の課題 ………………………………………… *20*
　おわりに ……………………………………………………………… *23*

2　軍縮規範を取り巻く構造転換
　── 近年の軍縮進展の背景と今後の展望 ── ……〔足立　研幾〕… *25*
　はじめに ……………………………………………………………… *25*
　　1　軍縮規範の広まりを阻害する構造 …………………………… *25*
　　2　構造転換のきざし …………………………………………… *27*
　　3　「不必要な苦痛を与える兵器」使用禁止規範の広がり ………… *30*
　　4　国際社会の普遍化 …………………………………………… *32*
　　5　冷戦終焉と軍縮規範の拡散 …………………………………… *35*
　おわりに ── 軍縮規範のゆくえ ………………………………… *41*

xi

目　次

3　軍縮 / 軍備管理概念の再検討
　—— 軍備の道徳的評価をめぐる冷戦期の対立と
　現代における再燃 ——　……………………………〔福田　毅〕… *45*

　は じ め に …………………………………………………………… *45*
　　1　冷戦期における軍縮 / 軍備管理の対立 ……………………… *46*
　　2　軍備の道徳的評価をめぐる現代の対立 ……………………… *63*
　お わ り に …………………………………………………………… *68*

4　新たな兵器の合法性審査を事例として
　—— 国際人道法・国際刑事法と軍縮国際法との協働
　　……………………………………………〔福井　康人〕… *69*

　は じ め に …………………………………………………………… *69*
　　1　新たな兵器の合法性審査 ……………………………………… *71*
　　2　合法性審査に適用される国際法の諸規則 …………………… *77*
　結びに代えて ………………………………………………………… *88*

5　軍縮への安全保障観 —— 共通の安全保障の再考察
　　……………………………………………〔髙橋　敏哉〕… *91*

　は じ め に …………………………………………………………… *91*
　　1　安全保障からの軍縮 …………………………………………… *92*
　　2　パルメ委員会と共通の安全保障 ……………………………… *95*
　　3　今日の核（軍事力）の有用性の議論の論理 ……………… *105*
　　4　共通の安全保障観の再構築
　　　—— 物理的生存と安定した政治的プロセス ……………… *109*
　お わ り に ………………………………………………………… *112*

II　核兵器の軍縮・軍備管理

6　核軍縮における「橋渡し」
　—— 建設的対話に向けた論点整理 —— …………〔秋山　信将〕… *115*

　は じ め に ………………………………………………………… *115*
　　1　安全保障的側面 ……………………………………………… *117*

xii

2　法的側面：国際法的規範と核兵器の使用 ……………………… *126*

　　3　規範的側面 ………………………………………………………… *132*

　　お わ り に ……………………………………………………………… *138*

7　核軍備管理の10年 ── 対立／核関係の多極化
　　および抑止体系の多様化の含意 ── ……………〔戸﨑　洋史〕… *141*

　　は じ め に ……………………………………………………………… *141*

　　1　力の移行と核軍備管理 …………………………………………… *142*

　　2　対立関係の多極化および抑止体系の多様化 …………………… *151*

　　3　核軍備管理への当面の取り組み ………………………………… *156*

　　お わ り に ……………………………………………………………… *161*

8　核兵器禁止条約の意義と日本の課題 …………〔川崎　哲〕… *163*

　　は じ め に ……………………………………………………………… *163*

　　1　核兵器禁止条約成立の意義 ……………………………………… *163*

　　2　核兵器禁止条約と核抑止力依存 ………………………………… *166*

　　3　核兵器禁止条約の義務の積極的履行 …………………………… *177*

　　お わ り に ……………………………………………………………… *181*

9　核軍縮交渉義務の発展過程とその機能 ………〔山田　寿則〕… *183*

　　は じ め に ……………………………………………………………… *183*

　　1　核不拡散条約における核軍縮義務 ……………………………… *185*

　　2　1996年ICJ核兵器勧告的意見と核軍縮誠実交渉・完結義務 …… *191*

　　3　国連総会におけるICJ核兵器勧告的意見フォローアップ決議 … *193*

　　4　人道的アプローチにおける核軍縮義務の理解 ………………… *195*

　　5　核軍縮交渉義務事件における議論 ……………………………… *201*

　　6　核兵器禁止条約（TPNW）交渉会議 …………………………… *205*

　　お わ り に ……………………………………………………………… *206*

10　揺らぐ核軍備管理体制 ── ロシアの視点 ── ‥〔岡田　美保〕… *209*

　　は じ め に ……………………………………………………………… *209*

　　1　核 使 用 政 策 ……………………………………………………… *212*

　　2　戦 力 整 備 ………………………………………………………… *221*

　　3　財 政 基 盤 ………………………………………………………… *225*

xiii

目　次

　　4　核軍備管理体制にとっての意味合い ……………………………… *230*
　おわりに ……………………………………………………………………… *234*

Ⅲ　大量破壊兵器の不拡散

11　保障措置検証機能の変遷と今後の展開 ………〔菊地　昌廣〕… *237*

　はじめに ……………………………………………………………………… *237*
　　1　CSA における検証実施上の潜在的弱点と対処方法 ……………… *238*
　　2　1990 年以降強化された保障措置手段 ………………………………… *246*
　　3　2000 年代の不遵守検証事例 …………………………………………… *249*
　　4　IAEA の検証活動に係る今後の挑戦 —— DPRK の検証問題 …… *255*
　むすび ………………………………………………………………………… *259*

12　核不拡散における保障措置とは
　　—— 保障措置の目的の観点からの考察 —— ………〔樋川　和子〕… *261*

　はじめに ……………………………………………………………………… *261*
　　1　保障措置とは ……………………………………………………………… *264*
　　2　ユーラトムと ABACC の保障措置 …………………………………… *268*
　　3　保障措置がその目的を達成するためのメカニズム ………………… *272*
　　4　保障措置の目的に注目した比較 ……………………………………… *276*
　おわりに ……………………………………………………………………… *279*

13　北朝鮮の核開発問題と「安全の保証」の原型
　　—— 普遍的原則と地域的取決めの交錯 —— ………〔倉田　秀也〕… *281*

　問題の所在 ——「安全の保証」の地域的文脈 ………………………… *281*
　　1　北朝鮮の安保上の懸念 —— 米朝間争点の 3 類型 ………………… *284*
　　2　米朝第 1 ラウンド協議「共同声明」の争点構造
　　　　—— 「核兵器を含む武力」 ……………………………………………… *286*
　　3　李容浩「ノン・ペーパー」と「新平和保障体系」
　　　　—— 「小規模協議」と「包括的取引」 ………………………………… *289*
　　4　争点構造の攪乱と調整
　　　　—— 「保障措置の継続性」の断絶と回復 …………………………… *291*
　　5　米朝「合意声明」と NSA の形態

xiv

目　次

　　　── 米朝「枠組み合意」への過渡文書 ……………… *295*
　6　米朝「枠組み合意」と「公式の」NSA
　　　── 二面性と条件性 …………………………… *298*
結語── 米朝「枠組み合意」における「安全の保証」 ……………… *301*

14　核軍縮・不拡散政策と日本の選択
　　── 葛藤の継続と変容 ── ………………………〔向　和歌奈〕… *305*

　はじめに ……………………………………………………………… *305*
　1　NPTの交渉・成立 : 葛藤の顕在化 ………………………… *306*
　2　NPT無期限延長 : 葛藤の再燃と変容 …………………… *315*
　3　TPNW : 新たな葛藤の顕在化 ……………………………… *320*
　おわりに …………………………………………………………… *325*

15　シリアの化学兵器問題 …………………………〔阿部　達也〕… *327*

　はじめに ……………………………………………………………… *327*
　1　協　　調 …………………………………………………… *328*
　2　対　　立 …………………………………………………… *337*
　おわりに …………………………………………………………… *349*

16　バイオ技術の発展と生物兵器の不拡散
　　── グローバル・ガバナンスの発展 ── ………〔田中　極子〕… *351*

　はじめに ……………………………………………………………… *351*
　1　バイオ技術発展 …………………………………………… *353*
　2　生物剤のデュアルユース性に対するパブリック・ガバナンス …… *357*
　3　科学者コミュニティによるプライベート・ガバナンスの発展 …… *363*
　おわりに── グローバル・ガバナンスの発展 …………………… *368*

Ⅳ　通常兵器／宇宙の軍縮・軍備管理

17　軍用ドローンを巡る軍備管理の現状と課題 …〔岩本　誠吾〕… *373*

　1　は じ め に ……………………………………………………… *373*
　2　軍用ドローン規制に関連する国際的枠組み ………………… *377*

xv

目　次

　　3　米国のドローン輸出政策 ……………………………………… *388*
　　4　まとめにかえて ………………………………………………… *392*

18　武器の入手可能性と暴力 —— 日本の武器所持・携帯・使用規制の事例から —— ……………〔榎本　珠良〕… *399*

　はじめに ……………………………………………………………… *399*
　　1　先行研究における「銃を捨てた日本人」…………………… *401*
　　2　銃を手放さなかった日本人 …………………………………… *404*
　　3　武器の入手可能性と暴力の関係性 …………………………… *407*
　　4　明治期から現代までの日本の銃規制 ………………………… *414*
　おわりに ……………………………………………………………… *417*

19　21 世紀の宇宙軍備管理条約案の現状と課題 ‥〔青木　節子〕… *421*

　はじめに：これまでの宇宙の軍備管理・軍縮の状況と本稿の射程 … *421*
　　1　中国の単独提案（2001 年）………………………………… *425*
　　2　ロ中 PDWT 案（2002 年）と各国の見解 ………………… *427*
　　3　第 1 次 PPWT（2008 年）の概要 ………………………… *430*
　　4　第 2 次 PPWT（2014 年）の禁止事項
　　　　：第 1 次案からの変更点の有無 …………………………… *434*
　　5　PPWT 以外の PAROS 条約検討の可能性
　　　　：ロシア，中国，米国 ……………………………………… *437*
　結論として …………………………………………………………… *440*

20　宇宙戦の諸相と現段階 …………………………〔福島　康仁〕… *443*

　はじめに ……………………………………………………………… *443*
　　1　宇宙戦の諸相 …………………………………………………… *444*
　　2　宇宙戦の現段階 ………………………………………………… *448*
　　3　未生起の宇宙戦 ………………………………………………… *456*
　おわりに ……………………………………………………………… *458*

執筆者紹介

黒澤　満（くろさわ　みつる）
　大阪女学院大学大学院教授，大阪大学名誉教授
　大阪大学大学院法学研究科博士課程単位取得退学，博士（法学）
　〈主要著作〉『核兵器のない世界へ』（東信堂，2014 年），『核軍縮入門』（信山社，2011 年），
　『核軍縮と国際平和』（信山社，2011 年）。

足立研幾（あだち　けんき）
　立命館大学国際関係学部教授
　筑波大学大学院国際政治経済学研究科博士課程修了，博士（国際政治経済学）
　〈主要著作〉『セキュリティ・ガヴァナンス論の脱西欧化と再構築』（編著，ミネルヴァ書房，
　2018 年），『国際政治と規範──国際社会の発展と兵器使用をめぐる規範の変容──』（有
　信堂高文社，2015 年），『レジーム間相互作用とグローバル・ガヴァナンス──通常兵器ガ
　ヴァナンスの発展と変容』（有信堂高文社，2009 年），『オタワプロセス──対人地雷禁止
　レジームの形成』（有信堂高文社，2004 年）。

福田　毅（ふくだ　たけし）
　国立国会図書館調査員，拓殖大学大学院国際協力学研究科非常勤講師
　青山学院大学大学院国際政治学研究科博士課程中退（国際政治学修士）
　〈主要著作〉川名晋史編『共振する国際政治学と地域研究──基地，紛争，秩序』（共著，
　勁草書房，2019 年），川上高司編『「新しい戦争」とは何か　方法と戦略』（共著，ミネル
　ヴァ書房，2016 年），『アメリカの国防政策　冷戦後の再編と戦略文化』（昭和堂，2011 年），
　「クラスター弾に「烙印」は押せるか　オスロ・プロセスをめぐる言説の分析」『国際安全
　保障』第 37 巻第 4 号（2010 年）。

福井康人（ふくい　やすひと）
　広島市立大学広島平和研究所・准教授，博士（法学）
　パリ第 1（パンテオン・ソルボンヌ）大学国際法・EU 法コース修了
　〈主要著作〉「核軍縮義務事件 ICJ 判決：ベジャウィ特任裁判官反対意見から見て」『軍縮
　研究』第 8 号（軍縮学会，2018 年）'CTBT: Legal Questions Arising from Its Non-Entry
　into Force Revisited,' *Journal of Conflict and Security Law*, Vol. 22-2.（OUP），'The
　Arms Trade Treaty: Pursuit for effective control of the arms transfer,' *Journal of
　Conflict and Security Law*, Vol. 20-2.（OUP），『軍縮国際法の強化』（信山社，2015 年）。

髙橋敏哉（たかはし　としや）
　松蔭大学観光メディア文化学部准教授
　オーストラリア国立大学（PhD）
　〈主要著作〉*Japan's National Security and China*（Routledge 2019 予定），Japanese Neo-

執筆者紹介

conservatism: Coping with China and North Korea, *Security Challenges*, 2010, 他 East Asia Forum での論文多数。

秋山信将（あきやま　のぶまさ）

一橋大学国際・公共政策大学院院長，法学研究科教授
一橋大学博士（法学）
〈主要著作〉『核不拡散をめぐる国際政治——規範の遵守，秩序の変容』（有信堂，2013 年），『NPT——核のグローバル・ガバナンス』編著（岩波書店，2015 年），Nobumasa Akiyama, "Japan's Nuclear Disarmament Dilemma," Gorge P. Schultz and James Goodby, The War That Must Never Be Fought (Stanford, the Hoover Institution, 2015),「核技術のガバナンスの態様——転換点としての 1970 年代」,『国際政治』第 179 号（2015 年）。

戸﨑洋史（とさき　ひろふみ）

日本国際問題研究所軍縮・不拡散促進センター主任研究員
大阪大学大学院国際公共政策研究科博士後期課程中途退学，博士（国際公共政策）
〈主要著作〉『安全保障論——平和で公正な国際社会の構築に向けて』（共編著，信山社，2015 年），『NPT——核のグローバル・ガバナンス』（共著，岩波書店，2015 年），「米国の抑止態勢と北朝鮮——トランプ政権の核態勢見直しと政策展開」『国際安全保障』第 46 巻第 2 号（2018 年）など。

川崎　哲（かわさき　あきら）

ピースボート共同代表，核兵器廃絶国際キャンペーン（ICAN）国際運営委員
東京大学法学部卒業。ピースデポ事務局長などを経て現職
〈主要著作〉単著に『新版　核兵器を禁止する』岩波ブックレット（2018 年），『核兵器はなくせる』岩波ジュニア新書（2018 年），共著に『NPT 核のグローバル・ガバナンス』岩波書店（第 6 章「『核の非人道性』をめぐる新たなダイナミズム」，2015 年），論文に「核兵器の法的禁止に対する日本の政策選択」（『核兵器不拡散条約（NPT）第 6 条に基づく「効果的措置」及び核兵器の非人道性に係わる核軍縮政策』公益財団法人日本国際問題研究所軍縮・不拡散促進センター，2016 年）など。

山田寿則（やまだ　としのり）

明治大学法学部兼任講師
明治大学大学院博士後期課程単位取得退学，法学修士
〈主要著作〉『核抑止の理論　国際法からの挑戦』浦田賢治編著（共著，憲法学舎，2011 年），『核不拡散から核廃絶へ　軍縮国際法において信義誠実の義務とは何か』浦田賢治編著（共著，憲法学舎，2010 年），（共訳）ジョン・バロース著『核兵器の違法性——国際司法裁判所の勧告的意見』早稲田大学比較法研究所叢書第 27 号（2001 年）など。

執筆者紹介

岡田美保（おかだ　みほ）
　日本国際問題研究所研究員
　防衛大学校総合安全保障研究科後期課程
　〈主要著作〉「米国の脱退方針表明で岐路に立つ INF 条約」『国問研戦略コメント』（共著，2018 年 10 月 25 日），「核兵器の再登場——ロシアの核政策と変化する欧州安全保障」『地域研究』第 16 巻第 2 号（2016 年），「ロシアの核戦力と新 SATRT 後の軍備管理——到達点及び出発点としての新 START」『国際安全保障』第 39 巻第 1 号（2011 年）。

菊地昌廣（きくち　まさひろ）
　公益財団法人核物質管理センター理事，法政大学・法政大大学院兼任講師，東京工業大学非常勤講師，日本軍縮学会会長
　日本大学理工学部物理学科卒業，博士（工学）
　〈主要著作〉"The site approach – lessons learned from the integrated safeguards approach for JNC-1 (IAEA-CN-184/56)", Symposium on International Safeguards, Vienna (2010), "Future cooperation scheme between the IAEA and SSAC" (IAEA-CN267-198), Symposium on International Safeguards, Vienna (2018), 「国際保障措置強化に向けて」黒澤満編『大量破壊兵器の軍縮論』（信山社，2004 年），「核拡散問題と検証措置」浅田正彦，戸﨑洋史編『核軍縮と不拡散の法と政治』（信山社，2008 年），「大規模災害と科学技術——東京電力福島第一原子力発電所事故に学ぶべきこと」金沢工業大学編『科学技術と国際関係』（内外出版，2013 年）。

樋川和子（ひかわ　かずこ）
　外務省 軍備管理・軍縮・不拡散専門官
　大阪女学院大学院博士後期課程修了，博士（平和・人権研究）
　〈主要著作〉「NPT——核のグローバルガバナンス」：第 4 章『核不拡散と平和利用』」（秋山信将編，岩波書店，2015 年），Human Rights, Human Security, and State Security: "Treaty on the Nonproliferation of Nuclear Weapons: As the Cornerstone of the International Nonproliferation Regime," (Preager Security International, 2014).

倉田秀也（くらた　ひでや）
　防衛大学校人文社会科学群国際関係学科教授，グローバルセキュリティ・センター長
　1995 年慶應義塾大学大学院法学研究科政治学専攻博士課程単位取得退学。大韓民国延世大学校社会科学大学院，日本国際問題研究所研究員，杏林大学総合政策学部兼大学院国際協力研究科助教授・教授などを経て 2008 年より現職。
　〈主要著作〉『朝鮮半島と国際政治』（共編，慶應義塾大学出版会，2005 年），『朝鮮半島の秩序再編』（共著，慶應義塾大学出版会，2013 年），『膨張する中国の対外関係』（共著，勁草書房，2010 年），『核軍縮不拡散の法と政治』（共著，信山社，2008 年），他。

執筆者紹介

向和歌奈（むかい　わかな）

亜細亜大学国際関係学部講師

東京外国語大学外国語学部卒業，東京大学公共政策大学院修了，東京大学大学院法学政治学研究科博士課程修了，博士（法学）

〈主要著作〉「東南アジアにおけるトラック2の役割と限界」鈴木達治郎＝広瀬訓＝藤原帰一編『核の脅威にどう対処すべきか——北東アジアの非核化と安全保障』（共著，法律文化社，2018年），"Nuclear Deterrence or Nuclear Disarmament in East Asia? Suggestions for Japan," Yuki Tatsumi and Pamela Kennedy eds., *Balancing Between Nuclear Deterrence and Disarmament: Views from the Next Generation* (Stimson Center, March 2018)，「核不拡散体制の逆説的な含意——インド核実験を事例として」『国際安全保障』第35巻第4号（2008年）。

阿部達也（あべ　たつや）

青山学院大学国際政治経済学部教授

京都大学大学院法学研究科博士後期課程修了，博士（法学）

〈主要著作〉"Challenge inspections under the Chemical Weapons Convention: between ideal and reality," The Nonproliferation Review, Volume 24, Numbers 1-2 (February-March 2017)，"Effectiveness of the Institutional Approach to an Alleged Violation of International Law: The Case of Syrian Chemical Weapons," Japanese Yearbook of International Law, Volume 57 (2014)，「化学兵器の使用禁止に関する規範の位相——国際刑事裁判所（ICC）規程の改正を契機として」『国際法外交雑誌』第110巻第3号（2011年），『大量破壊兵器と国際法』（東信堂，2011年）。

田中極子（たなか　きわこ）

防衛研究所・主任研究官

外務省専門調査員として在オランダ大使館および在ジュネーブ軍縮会議日本政府代表部にて，軍備管理及び軍縮に携わる。その後，内閣府国際平和協力研究員を経て2013年より防衛省防衛研究所にて勤務。2018年4月より国連安保理決議1540委員会専門家グループメンバー。学術博士（国際基督教大学）。

岩本誠吾（いわもと　せいご）

京都産業大学副学長，法学部教授

広島大学法学修士，神戸大学大学院博士後期課程単位取得満期退学

〈主要著作〉「ロボット兵器と国際法」弥生・宍戸編『ロボット・AIと法』（有斐閣，2018年），「特定通常兵器使用禁止制限条約（CCW）の現状と課題」『軍縮研究』第5号（2014年），「国際法における無人兵器の評価とその規制動向」『国際安全保障』第42巻第2号（2014年）。

執筆者紹介

榎本珠良（えのもと　たまら）

明治大学研究・知財戦略機構専門研究員（国際武器移転史研究所）

東京大学大学院総合文化研究科国際社会科学専攻（人間の安全保障プログラム）博士課程修了，博士（国際貢献）

〈主要著作〉「「グローバル市民社会」から切り離されたエージェンシー：北部ウガンダ・アチョリ地域の事例から」『文化人類学』第 83 巻第 2 号（2018 年），「交渉の場としての国連と『グローバル市民社会』：通常兵器規制の事例から」山本武彦・玉井雅隆（編）『現代国際関係学叢書第 1 巻　国際組織・国際制度』（志學社，2017 年），『国際政治史における軍縮と軍備管理：19 世紀から現代まで』（編著，日本経済評論社，2017 年）, 'Controlling Arms Transfers to Non-State Actors: From the Emergence of the Sovereign-State System to the Present', History of Global Arms Transfer, 3, (2017).

青木節子（あおき　せつこ）

慶應義塾大学大学院法務研究科教授

1990 年 12 月　カナダ，マギル大学法学部附属航空宇宙法研究所（Air and Space Law Institute, Facuty of Law, McGIll University（Canada）博士課程終了。D.C.L.（法学博士号）

〈主要著作〉"An Enable or a Barrier? "NewSpace" and Japan's Two National Space Acts of 2016", Proceedings of the International Institute of Space Law (Eleven, 2018), "Export Control in Space Activities", in T. Dai & P. Achilleas (eds.) Theory and Practice of Export Control: Balancing International Security and International Economic Relations (Springer, 2017), "Law and Military Uses of Outer Space", in Ram S. Jakhu and Paul Stephen Dempsey (eds.), Routledge Handbook of Space Law (Routledge, 2017).

福島康仁（ふくしま　やすひと）

防衛省防衛研究所政策研究部グローバル安全保障研究室研究員

慶應義塾大学大学院政策・メディア研究科後期博士課程単位取得退学。博士（政策・メディア）

〈主要著作〉「宇宙の軍事利用における新たな潮流――米国の戦闘作戦における宇宙利用の活発化とその意義」『KEIO SFC JOURNAL』Vol. 15, No. 2（2016 年 3 月）58-76 頁，『軍縮辞典』日本軍縮学会編（共著，信山社，2015 年），『戦略論の名著――孫子，マキアヴェリから現代まで』野中郁次郎編著（共著，中央公論新社，2013 年）。

xxi

軍縮・不拡散の諸相

I

軍縮の理論的考察

1 国際法上の軍縮の概念

黒 澤 　 満

は じ め に

2017 年 7 月に「核兵器禁止条約 (Treaty on the Prohibition of Nuclear Weapons)」が国連会議で採択され，条約は同年 9 月 20 日に署名のため開放された。この条約はその名称が示しているように核兵器に関する一定の行動を「禁止」するものであって，核兵器を「削減」または「廃棄」するものではない。

また最近の多国間条約である「化学兵器禁止条約 (CWC)」，「対人地雷禁止条約 (オタワ条約)」および「クラスター弾条約 (CCM)」は，関連兵器の開発，生産，貯蔵及び使用を禁止し，その廃棄を規定している。それらは兵器に関する一定の活動の「禁止」および「廃棄」に関するもので，かなり広い範囲の内容を含むものとなっており，禁止に関しても「兵器の保有」を中心とする禁止のみならず，「兵器の使用」をも禁止するものになり，内容が多岐にわたるようになってきている。

さらに米ソ (ロ) の 2 国間では，戦略兵器の「制限」や「削減」さらに中距離核戦力の「撤廃」に関する条約が交渉され締結されてきている。その他に「核兵器不拡散条約 (NPT)」や「包括的核実験禁止条約 (CTBT)」なども締結され，核兵器の拡散を防止するため一定の行動を禁止し，または核兵器の爆発的実験を禁止している。

このように，現在では兵器の規制に関してさまざまな軍縮関連条約が締結されているが，性質の異なるさまざまな内容を含むものになっており，「軍縮の概念」も時代とともに，また領域によって多義的に使用されている。このような状況において，本稿の目的は，「国際法上の軍縮の概念」はどういうものであるのか，あるいは学術上の分析概念としてどのようなものがふさわしいのかを検討するものである。

したがって本稿の分析は国際法の側面から行うものであって，政治的，戦略的，人道的，道義的な側面からのものではなく，軍縮に関連すると一般に考え

I 軍縮の理論的考察

られている条約の内容の分析を中心に行う。

なお「軍縮」という用語は英語では「disarmament」であり，英語の本来の意味は，軍備撤廃あるいは武装解除であり，軍備または兵器を撤廃（elimination）または廃棄（destruction）することを意味している。しかし現実の国際社会の議論の中では，軍備または兵器の撤廃と共に，削減（reduction）および制限（limitation）を含めて使用されてきている。さらに軍縮という用語が，軍備に関する一定の活動の禁止（prohibition）を含めて一般に広く使用されている。

また「disarmament」の日本語の定訳は「軍備縮小」であり，基本的には軍備の削減（reduction）を意味している。「軍縮」という用語は「軍備縮小」の短縮語であり，当初は，2つの用語の意味は同一であったが，その後，「軍縮」という用語は，軍備の削減以外の状況をも含む方向に広く使用されている(1)。本稿においても，「軍縮」は「軍備縮小」とは異なるより広い意味内容をもつ用語として使用する。すなわち，軍備または兵器の撤廃，削減，制限を含むことはもちろん，軍備または兵器に関する活動を禁止するさまざまな措置を含むものとして分析を進める。本稿では，一般に「軍縮」として議論されているさまざまな措置を分析対象としつつ，最終的には「国際法上の軍縮」の概念を明らかにする。

1　軍縮の歴史的な展開

（1）　国連成立まで

「軍縮（disarmament）」という用語は17，18世紀から使用されており，軍縮に向けての運動が行われ，軍縮に関する提案が出されてきた。歴史的かつ伝統的な「軍縮」の意味は，主として軍備を削減し撤廃するというものであった。一般的な軍縮のための国際会議の招集の最初のものは，1899年の第1回ハー

---

(1)　たとえば，NPT 第 6 条は，「to pursue negotiations on effective measures relating to nuclear disarmament」と規定しているが，日本語定訳は，「核軍備の縮小に関する効果的な措置につき交渉を行う」となっている。すなわち「nuclear disarmament」が「核軍備の縮小」と翻訳されている。しかし，1996 年の国際司法裁判所（ICJ）の勧告的意見におけるこの部分の議論では，明らかに「核兵器の撤廃」に関して議論が展開されており，日本語の定訳に基づく分析は，条約の正文である英語における解釈とは異なるものとなり，国際法の観点からは支持できないものとなっている。

グ平和会議であり，その詔書では，過剰軍備の可能な削減が政府の理想であり，現存軍備の漸進的開発を制限する最も有効な手段を求める時期であると述べられ，軍縮に大きな重点が置かれていたが，この会議は，軍備の削減・撤廃という意味での軍縮に関して何らの成果も達成できなかった。1907年の第2回ハーグ平和会議は，議題に軍縮を含んでおらず，これらの会議は，紛争の平和的解決および戦時国際法についていくつかの条約を採択した。

　第1次世界大戦は軍備競争を放置したことがその勃発の原因であると一般に考えられたため，戦争を防止するためには，軍備の制限，削減が不可欠であると考えられるようになり，ウッドロー・ウィルソン（Woodrow Wilson）米国大統領は世界平和のための14項目を示したが，その第4項では「各国の軍備は，国内の安全に一致する最低限度まで削減されるという保障を相互に交換すべきである」と提唱していた。

　これに基づいて，国際連盟規約第8条は，「連盟国ハ，平和維持ノタメニハ，其ノ軍備ヲ国ノ安全及国際義務ヲ共同動作ヲ以テ為スル強制ニ支障ナキ最低限度迄縮少スル（reduce）ノ必要アルコトヲ承認ス」と規定し，連盟理事会が軍備縮小に関する案を作成することを規定した。

　このような現実的な理解に基づき，ノエル・ベーカー（Noel Baker）は，「軍縮（disarmament）とは，世界の軍隊の全体または大部分の解体（disbandment）を意味するのではない。むしろ一般国際法による世界の軍隊の適度な削減（reduction），およびそれらの制限（limitation）を意味する[2]」と述べ，オッペンハイム＝ローターパクト（Oppenheim=Lauterpact）も，「軍縮（disarmament）で通常言及されるのは，軍備の廃絶（abolition）ではなく，それらの一定の限界への削減（reduction）であり，その限界は国家の安全と国際義務の遂行に一致するところである[3]」と述べていた。

　国際連盟においては，世界軍縮会議の準備委員会が1925年に設置され，1930年に条約案を作成した。その第1条は，「締約国は，本条約に規定されているように，それぞれの軍備を制限し，可能な限り削減することに合意する」と規定し，陸海空すべての兵力および軍備に関わるものであった。世界軍縮会議は1932年2月にジュネーブで開催され，59カ国が参加したが，会議は主と

---

(2)　P. J. Noel Baker, *Disarmament,* Hogarth Press, London, 1927, p.2.

(3)　L. Oppenheim = H. Lauterpact, *International Law: A Treatise,* Vol.2, seventh ed., Longsman, 1952, p.121.

I　軍縮の理論的考察

して軍縮と安全保障の関係に関する議論で対立し，1933年10月にドイツが軍縮会議および国際連盟からの脱退を表明したため，失敗に終わった。

　他方，1922年2月には「海軍軍備制限条約」が英国，米国，日本，フランス，イタリアの間で主力艦の制限に関してワシントンで締結され，1930年4月には「海軍軍備制限・削減条約」が，英国，米国，日本の間で補助艦の制限・削減に関してロンドンで締結された。

（2）　国連成立から冷戦終結まで

　第1次世界大戦がそれ以前の軍備競争の結果として引き起こされたと考えられたのに対して，第2次世界大戦は主要国が十分な軍事力を保持していれば避けられたと一般に考えられたため，国連憲章は集団安全保障を重視しており，軍縮はそれほど重視していない。国連憲章第11条は，「総会は，国際の平和及び安全の維持についての協力に関する一般原則について，軍備縮少（disarmament）及び軍備規制（regulation of armaments）を律する原則を含めて，審議し，勧告することができる」と規定し，第26条は，「安全保障理事会は，軍備規制（regulation of armaments）の方式を確立するため国際連合加盟国に提出される計画を作成する責任を負う」と規定しているだけである。

　しかし，国連憲章採択以降に核兵器が出現したという大きな事実に直面し，国連は1946年1月の第1回総会の最初の決議として，原子力の管理および核兵器とその他の大量破壊兵器の国家軍備からの撤廃（elimination）のための提案の作成を行う「原子力委員会」の設置を決定した。また1946年12月には「通常軍備委員会」を設置し，さらにこれらの2つの委員会は1952年1月に統合されて「軍縮委員会」となり議論を継続した。この時期には，米ソ間での核兵器の撤廃を巡る議論が中心的であり，さらに全面完全軍縮の議論も行われたが，成果は達成されなかった。

　この時期の専門家の分析として，現実的な立場から，リーランド・グッドリッチ（Leland Goodrich）は，「軍縮という用語は，国際協定による制限（limitation）および削減（reduction）を意味する[4]」と述べ，大平善梧も，「軍縮は，特定の又は一般の軍備の制限，縮少又は削減を意味するものと定義するのが妥

---

(4)　Leland L. Goodrich, *The United Nations,* Tomas Y. Crowell Company, New York, 1959, P.215.

6

当ではあるまいか[5]」と述べている。

1960年代に入り，軍縮の議論は現実に可能な具体的な個々の措置の議論に移行していき，第1に，多国間条約として，1963年には「部分的核実験禁止条約（PTBT）」が署名され，1968年にはNPTが署名された。特にNPTは現在の多国間核軍縮条約の中心的な地位を占めている。

第2に，NPTの成立を契機として米ソの間で「戦略兵器制限交渉（SALT）」が1969年から開始され，1972年には，「SALT I暫定協定」および「弾道弾迎撃ミサイル制限条約（ABM条約）」が締結され，戦略攻撃兵器と戦略防御兵器を制限することとなった。また1979年には戦略攻撃兵器をさらに制限する「戦略兵器制限条約（SALT II条約)」が署名された。

第3に，国家の領域外の環境での軍備競争の防止として，1959年に「南極条約」が，1967年には「宇宙条約」が，1972年には「海底非核化条約」が署名されている。

第4に，非核兵器地帯を設置するものとして，1967年には「ラテンアメリカ核兵器禁止条約（トラテロルコ条約）」が，1985年には「南太平洋非核地帯条約（ラロトンガ条約)」が署名された。

第5に，「生物兵器禁止条約（BWC）」が1972年に署名されたが，これは「廃棄（destruction）」を規定する最初の条約である。

第6に，「特定通常兵器使用禁止制限条約（CCW条約)」が1980年に採択され，すでに5つの議定書が成立している。これは主として使用の禁止または制限に関するものである。

この時期において，特に米国において，「軍縮」ではなく「軍備管理（arms control）」という用語が好んで使用されるようになった。これは軍縮という概念では不十分であり新たな概念が必要であるという意識から1960年代初頭に生まれたものであり，アーサー・ハドリー（Arthur Hadley）は，「『軍縮』は過去の経験からしてかなり感情的な要素を含んでおり，その関心は兵器と軍隊の実際の削減であり，その目的はあらゆる軍備の完全な撤廃にあると一般に考えられている。軍備管理は，戦争の可能性と狂暴性を減少させるための1国の軍事政策の方針である。軍縮は軍備管理政策の一部でありその最終段階であるか

---

(5) 大平善梧「軍縮と国際法」『横田先生還暦祝賀：現代国際法の課題』有斐閣，1958年，264頁。

I 軍縮の理論的考察

も知れないが，必ずしもそうであるわけではない。ある特定の兵器を管理しつつ展開することが，軍縮よりも世界平和にとって有益であることがしばしばある⁽⁶⁾」とその背景を述べている。

ルイス・ヘンキン（Louis Henkin）も，「軍縮は軍備の撤廃を意味し，軍備管理は，少なくともある人々にとっては軍備は存在し続けるが，一定の規制に従うことを意味する⁽⁷⁾」と述べ，ヘドリー・ブル（Hedley Bull）も，「軍縮とは軍備の削減または撤廃である。軍備管理とは軍備の水準，軍備の性質，展開，使用などの軍備政策に対し国際法的に行われる抑制である⁽⁸⁾」と述べ，トーマス・ラーソン（Thomas Larson）も，「軍縮は軍備や兵力の削減ないし撤廃を目的とする措置を意味し，軍備管理ないし軍備規制は他の種類の制限を目的とする措置を意味する⁽⁹⁾」と定義している。

またトーマス・シェリング（Thomas Schelling）とモートン・ハルペリン（Morton Halperin）も軍備管理とは「戦争の可能性，戦争勃発時の範囲と暴力性，ならびに戦争準備に要する政治的・経済的コストを低減するための，潜在的な敵国間でのあらゆる種類の軍事的協力⁽¹⁰⁾」と定義している。

これらの定義から明らかなように，「軍備管理」という概念は，当初は，「軍縮」の概念を軍備の削減と撤廃であると狭く定義し，それに対抗する形で主張されたものである。しかし，その後，2つの概念は融合の方向に進んでいき，「軍備管理・軍縮」という概念を用いて議論が進められるようになっていった。その契機となったのが，1961年に米国ケネディ政権の下で設置された「軍備管理・軍縮庁（Arms Control and Disarmament Agency=ACDA）」である。米国軍備管理軍縮法第3条の定義によれば，「軍備管理・軍縮」という用語は，あらゆる軍備を国際協定の下で識別し，検証し，制限し，管理し，削減または撤廃することを意味している⁽¹¹⁾。チャーマース・ロバーツ（Chalmers Roberts）は，

---

(6)　Arthur T. Hadley, *The Nation's Safety and Arms Control,* Viking Press, New York, 1961, pp.3-4.

(7)　Louis Henkin (ed.), *Arms Control: Issues for the Public,* Prentice-Hall Inc. N.J., 1961, p.4.

(8)　Hedley Bull, *The Control of Arms Race: Disarmament and Arms Control in the Missile Age,* Institute for Strategic Studies, 1961, p.ix.

(9)　Thomas Larson, *Disarmament and Soviet Policy 1964–1968.* Prentice-Hall Inc. N.J., 1969, p.4.

(10)　Thomas C. Schelling and Morton H. Halperin, *Strategy and Arms Control,* New York, The Twentieth Century Fund, 1961, p.2.

(11)　United States Arms Control and Disarmament Agency, *Documents on Disarmament*

「その名前は，全面軍縮のユートピアを望む者と，軍備競争を管理する方がより現実的であると考えるもの者との妥協である[12]」と説明している。

『軍備管理・軍縮に関するエンサイクロペディア』においては，「軍備管理・軍縮」は，⑴兵器の制限と削減，⑵非軍事化，非核化，中立化，⑶特定兵器の規制と違法化，⑷兵器の製造と移転の管理，⑸戦争法，⑹国際環境の安定化措置を包含する措置と定義されており，それには，応報的措置，一方的措置，相互的措置の形態を含むとされている[13]。

このように「軍備管理」の概念は，軍備の制限や削減および規制を含むが，さらに戦争それ自体への対応という側面が重視され，国家の軍事活動全般を含むものに拡大され，また条約による規制のみならず一方的な措置や政治的措置をも含む。また国際法の問題よりも，安全保障政策，外交政策の側面が強調されている。したがって，本稿では「軍備管理」の概念を分析の枠組みとしては使用しない。

（3） 冷戦終結以降

冷戦の終結は国際安全保障環境に大きな変化をもたらし，東西間の対立の緩和により，協調的な国際関係が推進され，軍縮に関してもさまざまな進展を促進するものであった。

第1に，冷戦終結直前であるが，米ソの関係改善の契機でもあり，冷戦終結の出発点でもあるのが，1987年に署名された「INF条約」であり，米ソの対立の戦略的基盤を構成する兵器の撤廃を規定するものである。核兵器体系の中の一部の領域であるが，米ソ間の核兵器が撤廃されるのは初めてのケースであり，これはきわめて重要な合意であった。

第2に，冷戦終結直後の1991年には，米ソの戦略核弾頭を約半減して6000にするという画期的な「戦略兵器削減条約（START条約）」が署名された。この条約は，ソ連崩壊後は，米国，ロシア，ベラルーシ，カザフスタン，ウクラ

1961, U.S. Government Printing Office, 1962, p.483.

(12)　Chalmers M. Roberts, *The Nuclear Years: Arms Race and Arms Control 1945–1970,* Praeger Publishers, N.Y., 1970, p.54.

(13)　Richard Dean Burns, "An Introduction to Arms Control and Disarmament," Richard Dean Burns (ed.), *Encyclopedia on Arms Control and Disarmament,* Vol.1, Charles Scribner's Son, New York, 1993, pp.3-6.

I 軍縮の理論的考察

イナの5カ国条約となり，2001年までに完全に実施された。米ロの核弾頭を3000-3500に削減する「第2次戦略兵器削減条約（START II 条約）」は1993年に署名されたが，発効しなかった。

2002年には米ロ間で戦略核弾頭を1700-2200に削減する「戦略攻撃能力削減条約（SORT 条約）」が署名された。さらに2010年には戦略核弾頭を1550に削減する「新戦略兵器削減条約（新 START 条約)」が署名され，その削減は2018年までに実施された。

第3に，核実験禁止に関し，冷戦後の良好な環境の中で1996年に「CTBT」が署名された。しかしこの条約は発効条件がきわめて厳しいこともあり，いまだに発効していない。

第4に，冷戦終結を契機とする安全保障環境の好転により，非核兵器地帯の一層の設置が進展し，1995年には「東南アジア非核兵器地帯条約（バンコク条約)」が，1996年には「アフリカ非核兵器地帯条約（ペリンダバ条約)」が，さらに2006年には「中央アジア非核兵器地帯条約（セミパラチンスク条約)」が署名された。

第5に，大量破壊兵器の1つである化学兵器に関して，1993年にその開発，生産，貯蔵，使用を禁止し，さらにその廃棄を定める「CWC」が署名された。

第6に，冷戦終結の直接の影響の下で，1990年に北大西洋条約機構（NATO）およびワルシャワ条約機構（WTO）に加盟する諸国の間で，「欧州通常戦力条約（CFE 条約)」が締結され，両機構の通常戦力をより低いレベルで均衡させることが合意された。その後1999年に「CFE 条約適合合意」が署名され，軍事同盟を単位とするものから個別国家を単位とするものに変更され，一層の削減にも合意された。しかしその後の状況の変化によりこの合意は発効していない。

第7に，通常兵器に関して，1997年に，対人地雷の使用，貯蔵，生産，移譲を禁止し，それらの廃棄を規定する「オタワ条約」が署名され，2008年にはクラスター弾に関してそれと同様の禁止および廃棄を定める「CCM」が署名されている。さらに2013年には，通常兵器の輸出を規制する「武器貿易条約（ATT)」が署名されている。

第8に，最も新しい条約は2017年の「核兵器禁止条約」であり，条約の具体的な規制は，核兵器の保有と使用の禁止であり，保有に関しては，開発，実験，生産，製造，取得，保有および貯蔵，さらに移譲と受領，配備の許可の禁

10

止を含んでいる[14]。

このように，冷戦終結を契機として，軍縮の分野においてはさまざまな有益な前進が見られた。ここでは特に核兵器の削減と撤廃に関して，米ロ間でさまざまな進展が見られたことを初めとして，非核兵器地帯の一層の設置も見られ，大量破壊兵器である化学兵器の廃棄も定められ，さらに通常兵器に関して，さまざまな条約が作成されたことが重要である。さらに兵器の「撤廃」や「廃棄」を規定する条約が，中距離核戦力に関して，化学兵器に関して，対人地雷に関して，クラスター弾に関して合意されたことは，「軍縮（disarmament）」の本来的な最狭義の意味である軍備の「撤廃（elimination）」または「廃棄（destruction）」を規定するものである。最近，核兵器禁止条約が署名されたことも軍縮問題の進展にとってきわめて重要な進展があったことを示している。

2　軍縮措置の整理・分類とそれらの特徴

前節の軍縮の歴史的な展開において，一般に「軍縮」と呼ばれるさまざまな条約が成立し，その中でさまざまな措置が合意されてきた。そこで言及されているいわゆる軍縮措置の内容は多種多様であり，内容も性格もさまざまである。したがって，この節においては，これらのさまざまな措置を整理し分類し，その内容を検討する。

軍縮措置の分類の最初の基準は，その措置が「量的な性質」のものか「質的な性質」のものかの分類であり，前者は兵器の数を制限し，削減し，撤廃する措置を意味し，後者は兵器に関する一定の活動を禁止する措置を意味する[15]。

---

(14)　核兵器禁止条約の分析については，黒澤満「核兵器禁止条約の意義と課題」『大阪女学院大学紀要』第14号，2018年，15-32頁；山田寿則「核兵器禁止条約の検討」『文教大学国際学部紀要』第28巻2号，2018年，103-125頁：Shatabhisha Shetty and Denitsa Raynova (eds.), *Breakthrough or Breakpoint? Perspectives on the Nuclear Ban Treaty*, European Leadership Network, December 2017, 65p. 参照。

(15)　この点で，軍縮条約の日本語の通称は誤解を生じさせるものである。禁止と廃棄の区別が認識されていなかったので，禁止と廃棄の両方を含む条約を「禁止条約」と一般に呼んできたため，廃棄を含まず禁止のみを含む「核兵器禁止条約（Treaty on the Prohibition of Nuclear Weapons）」が最近署名されたこともあり，「生物兵器禁止条約」「化学兵器禁止条約」などとの内容が大きく異なることが不明確になっている。ちなみに英語では，禁止と廃棄を含む条約は Biological Weapons Convention (BWC), Chemical Weapons Convention (CWC) と呼ばれており，核兵器の禁止と廃棄を含む条約は，まだ

I 軍縮の理論的考察

伝統的な軍縮の中心は兵器の数に焦点を当てるものであったが，最近の軍縮措置は一定の行動を禁止するという質的な側面で大きな進展が見られる。また，質的軍縮においては，「兵器の保有」の禁止に主として関わる措置と「兵器の使用」の禁止に主として関わる措置とを分離して検討することが必要である。それは保有の禁止と使用の禁止の法的な性質および意味合いが大きく異なるからである。

　したがって，本節では，第1に兵器の量的規制に関わる措置を，第2に兵器の保有の禁止に関わる措置を，第3に兵器の使用に関わる措置を，それぞれの関連条約を参照しつつ分析する。

（1）　兵器の量的規制に関わる措置

　軍縮の歴史の部分で明らかにしたように，国連成立以前の時期における軍縮の概念は，理想的には撤廃または廃棄をも含んだものであったが，現実の国際政治の場においては，「削減（reduction）」であり「制限（limitation）」であると考えられていた。国際連盟規約も軍備の「縮少（reduction）」の必要を規定しており，世界軍縮会議も「制限」と「削減」を規定していた。また1922年の「海軍軍備制限条約」および1930年の「海軍軍備制限・削減条約」も，軍備の制限および削減を規定するものであった。

（a）　米ソ（ロ）の核兵器の制限と削減および撤廃

　国連成立以降の時期においては，米国とソ連あるいはロシアとの2国間交渉において，核兵器の制限，削減および撤廃が交渉され，条約が締結されていった。まず1969年から開始された「戦略兵器制限交渉（strategic arms limitation talks=SALT）」において，1972年にまずABM条約が締結され，両国はABMシステムを新たに展開しないこと，現状をほぼ維持することに合意し，SALT I 暫定協定において，大陸間弾道ミサイル（ICBM）発射基を米国1054，ソ連1618に制限し，潜水艦発射弾道ミサイル（SLBM）発射基を米国710，ソ連950に制限することを定めている。1979年にはSALT II 条約が締結され，米ソに同数の制限を課し，ICBM発射基，SLBM発射基，重爆撃機および空対地弾道ミサイル（ASBM）の総数を2400に制限したが，条約は発効しなかった。

　1987年に署名されたINF条約は，地上配備の中距離ミサイルと準中距離ミ

　提案の段階であるが，Nuclear Weapons Convention (NWC) と呼ばれている。

〔黒澤　満〕　　　　　　　　　　　　　　　　　　　　　*1*　国際法上の軍縮の概念

サイルを 3 年間で撤廃するものであり，米国はミサイル 866，ミサイル発射基
282，ソ連はミサイル 1752，ミサイル発射基 854 を物理的に破壊した。

　「戦略兵器削減交渉（strategic arms reduction talks=START）」においては，
1991 年に米ソ間で START 条約が署名された。それは戦略運搬手段（ICBM，
SLBM，重爆撃機）を 1600 に削減し，弾頭数を 6000 に削減することが規定さ
れており，それらは履行された。1993 年に署名された START II 条約は弾頭数
を 3000-3500 に削減するものであったが，発効しなかった。

　2002 年に米ロ間で署名された SORT 条約は，実戦配備戦略核弾頭を 1700-
2200 に削減することを規定していた。さらに 2010 年に米ロ間で署名された新
START 条約は，核弾頭を 1550 に，配備運搬手段を 700 に，配備と非配備運搬
手段の合計を 800 に削減することを規定するものであり，2018 年 2 月までに
実施された。

（b）　その他の大量破壊兵器の廃棄

　1972 年に署名された BWC は，条約に定義された微生物剤その他の生物剤，
毒素，兵器，装置および運搬手段を，9 箇月以内に廃棄することを定めている。

　1993 年に署名された CWC は，自国の保有する化学兵器および他国に遺棄
した化学兵器を条約発効後 10 年以内に廃棄することを定めている。

（c）　通常兵器の削減と廃棄

　1990 年に署名された CFE 条約は，NATO 諸国と WTO 諸国の主要な通常兵
器につき，各グループの保有数に上限を設定するものである。その内容は戦車
2 万両，装甲戦闘車両 3 万両，火砲 3 万門，戦闘機 6800 機，戦闘ヘリコプター
2000 機であり，保有数を約 23％削減するものであった。その後 1999 年に
CFE 条約適合合意が署名され，削減が個別国家ごとに定められたが，これは
まだ発効していない。

　1997 年に署名されたオタワ条約は，保有する地雷については 4 年以内に，
敷設された地雷については 10 年以内に廃棄することを定めている。

　2008 年に署名された CCM は，保有するクラスター弾を 8 年以内に廃棄す
ることを定めている。

　兵器の数的規制に関するこの分野における措置は，軍備または兵器の制限，
削減，廃棄に関わるものであり，伝統的な軍縮の概念そのものであり，また軍
縮の中心的な概念であり，これらの措置が軍縮の概念に含まれることに対して
異議が申し立てられたことはまったくないことから，これらの措置を国際法上

I　軍縮の理論的考察

の軍縮の概念に含めることにはまったく問題はないと考えられる。

　これらの措置の特徴は，一定の兵器を保有していることを前提として，それらを制限し，削減し，撤廃または廃棄するものであり，保有兵器の撤廃または廃棄という軍縮の本来的な意味の方向を目指す措置であるという点にある。

（2）　兵器の保有の禁止に関わる措置
（a）　開発，生産，取得，保有，貯蔵，移譲を禁止する条約

　1972 年の BWC，1993 年の CWC，1997 年のオタワ条約および 2008 年の CCM は，BWC を除き，兵器の廃棄を規定するものであるが，保有の禁止に関しては開発（development），生産（production），取得（acquisition），貯蔵（stockpiling），保有（retainment），移譲（transfer）（BWC を除く）を禁止しており，兵器の保有および保有に至る措置並びに移譲を禁止している。これらの措置は当該兵器をもともと保有していない国に対する予防的な措置であり，保有を完全に禁止するものとなっている。

（b）　開発，製造，取得，保有，貯蔵，管理，配備の許可を禁止する条約

　非核兵器地帯の設置に関する諸条約，すなわち 1967 年のトラテロルコ条約，1985 年のラロトンガ条約，1995 年のペリンダバ条約，1996 年のバンコク条約および 2006 年のセミパラチンスク条約は，核兵器の開発，製造（manufacture），取得，保有（possession），貯蔵，管理（control）とともに，非核兵器地帯の特徴である配備の許可（permission of deployment）の禁止を含んでおり，ここにおいては，核兵器を保有しない国が核兵器を保有せず，保有に至る活動をせず，核兵器の管理も行わず，さらに核兵器の配備を許可しないことを定め，「核兵器の完全な不存在」の状況が確保されている。なお，最初の 2 つの条約には「開発」は含まれておらず，また最後の 2 つの条約には，さらに「研究（research）」の禁止が含まれている。また貯蔵はラロトンガ条約とバンコク条約には含まれていないが，実質的な義務には影響はないと考えられる。

（c）　開発，実験，生産，製造，所得，保有，貯蔵，移譲，受領，配備の許可を禁止する条約

　2017 年の核兵器禁止条約は，(b)の非核兵器地帯諸条約とほぼ同様の義務を規定するものであるが，地域的な限定のない一般条約であり，さらに核実験の禁止および核兵器の受領の禁止を含むきわめて広い義務を含むものである。この条約における核実験の禁止は，CTBT が規定する核兵器の爆発的実験ではな

くすべて種類の実験が禁止されるものと解釈されている。しかし，この条約は(a)の諸条約のように，兵器の廃棄を直接含むものではない。

（d） 移譲，受領，製造，取得を禁止する条約

1968 年の NPT は，核兵器国が核兵器を移譲（transfer）すること，非核兵器国が核兵器を受領（receive），製造，取得することを禁止している。条約の基本的構造は，核兵器国には核兵器の保有が認められるが，非核兵器国には保有が認められないという異なる義務を課すものであり，その目的は核兵器の拡散の防止であり，非核兵器国にのみ，保有および保有に至る措置が禁止されている。

（e） 移転を禁止する条約

2013 年の ATT は，国連軍備登録制度で規定された 7 種類の通常兵器に小型武器を加えた 8 種類の兵器の移転許可基準を規定し，人道国際法・国際人権法の重大な違反等のために使用される著しい危険が存在すると認める場合にはそれらの移転（transfer）を禁止している。

（f） 領域外での兵器の配備等を禁止する条約

1959 年の南極条約は南極の平和利用を定めるもので，軍事基地と防備施設の設置，軍事演習の実施，兵器の実験および核爆発を禁止している。1967 年の宇宙条約では，核兵器およびその他の大量破壊兵器を地球を回る軌道に乗せること，天体に設置すること，宇宙空間に配置することが禁止され，天体では軍事基地，軍事施設，防衛施設の設置，兵器の実験，軍事演習の実施が禁止されている。1971 年の海底非核化条約では，核兵器その他の大量破壊兵器を 12 海里の外側の海底に据え付けず，置かないことを約束している。これらの条約は，国家領域外で兵器に関する一定の活動をあらかじめ禁止する予防の措置を定めている。

（g） 核実験を禁止する条約

1963 年の PTBT は，大気圏内，宇宙空間および水中における核兵器の実験的爆発を禁止し，防止し，実施しないことを定めており，1996 年の CTBT は，核兵器の実験的爆発を実施せず，禁止し，防止することを定めている。これらの措置は，核実験を実施したことのない国にとっては防止措置となり，核兵器の保有にいたる措置の禁止として理解することができる。また米ソ間の 1974 年の地下核実験制限条約（TTBT）および 1976 年の平和目的核爆発条約（PNET）は，核実験の規模を 150 キロトン以下に制限するものである。これらはすでに

I 軍縮の理論的考察

実験を実施していた国に対して，今後の核実験を制限し禁止することになり，核軍備競争の停止の措置と理解することができる。

　兵器の保有の禁止に関するこの分野におけるほぼすべての措置は，締約国が一定の兵器を保有していないことを前提として，その兵器の保有，取得，貯蔵を禁止するものであり，さらに保有の前段階と考えられる開発，製造などの活動を禁止するものである。伝統的な意味での軍縮には含まれない概念であるが，最近の多くの関連条約はこれらの内容を含んでおり，兵器の保有を前もって禁止することにより，兵器の保有を予防することを目的とする措置であり，軍備または兵器の廃棄を最終目標としていることもあり国際法上の軍縮の概念に含めることが合理的であると考えられる。

（3）　兵器の使用の禁止に関わる措置

　軍縮関連条約と一般に言われる条約の中には，ある兵器の使用禁止のみを定める条約とある兵器の保有の禁止や廃棄とともに使用の禁止を定めている条約が存在している。以下では生物・化学兵器に関する条約，通常兵器に関する条約，核兵器に関する条約，その他の条約について検討を行う。

（a）　生物・化学兵器に関する条約

　1972 年の BWC は使用の禁止を規定しておらず，1993 年の CWC は使用の禁止を明記しているが，両兵器の使用に関しては 1925 年のジュネーブ議定書が存在している。この議定書では，「窒息性ガス，毒性ガス又はこれらに類するガス及び細菌学的手段の戦争における使用の禁止」が規定されている。しかしこの議定書の限界として，「戦争における使用」に限定されていること，また多くの国がこれらの兵器で攻撃された場合に，同じ兵器で復仇する可能性を明示的に留保したことが指摘されていた。保有が禁止されずに使用だけが禁止されると，使用の全面的禁止ではなく，当該兵器の第 1 使用の禁止となる。

　BWC は，条約本文において使用の禁止を規定していないが，前文において，ジュネーブ議定書の有する重要な意義を認識し，同議定書が戦争の恐怖の軽減に貢献しており，また，引き続き貢献することを認識し，ジュネーブ議定書の目的及び原則を堅持することを再確認し，すべての国に対しその目的及び原則を厳守することを要請している。

　藤田久一は，条約に使用の禁止は含まれていないが，生物兵器の使用が禁止されているという認識が前提となっており，総会決議や米国の生物兵器不使用

宣言さらに BWC からして，その使用禁止が絶対的性質を有せざるをえないことが明らかになったといえようと結論している[16]。また山中誠も，BWC に使用禁止を挿入するかどうかで議論が紛糾したところであるが，「結局生物兵器の開発，生産，貯蔵，取得，保有が禁止されれば，使用禁止の規定がなくとも実際問題として生物兵器を使用することは不可能になるという考え方に大多数の諸国が賛同して決着をみた[17]」と述べている。

1993 年の CWC は，第 1 条の一般的義務において，化学兵器を開発し，生産その他の方法によって取得し，貯蔵し，保有すること，および移譲することを禁止し，さらに化学兵器を使用することを禁止し，第 4 条で廃棄することを規定している。その包括的な規定からして，本論で 3 つに整理・分類している廃棄，保有の禁止，使用の禁止のすべての措置を含むものである。

BWC の議論では使用の禁止は必ずしも必要ではなく，当然含まれていると解釈され，また保有の禁止があるので不必要であると一般に考えられていたが，CWC の交渉では，使用の禁止を含めることに積極的な議論が展開され，条約において明示的に規定された。この点に関して，エイミー・スミスソン（Amy Smithson）は，1925 年のジュネーブ議定書は化学兵器の使用を禁止しているが，この禁止アプローチが脆弱であったことは，第 2 次世界大戦中に日本，イタリアが禁止に違反したことに示されており，第 2 次世界大戦直前に新たなより致死的な化学兵器が開発されたことが追加的な措置の必要性を強調したこと，議定書の 140 もの批准国が復仇の権利を留保していたことを挙げ，さらに 1980 年代にイラクがイランに対して化学兵器を使用したこと，最終的な禁止推進力となったものとしては 1990 年にサダム・フセインが湾岸戦争において化学兵器の使用の威嚇を行った事実を提示している[18]。

浅田正彦は，ジュネーブ議定書の使用禁止に関しては暴動鎮圧剤などへの適用をめぐって解釈の対立があったし，非締約国への使用や復仇としての使用の権利を留保する国が少なくなかった点を指摘し，CWC は「いかなる場合にも」

---

(16) 藤田久一「細菌（生物）・毒素兵器禁止条約」『金沢法学』第 17 巻 2 号，昭和 47 年，24 頁。

(17) 山中誠「生物兵器禁止条約──その禁止規定の構造」『ジュリスト』776 号，1982 年，88 頁。

(18) Amy E. Smithson, "Implementing the Chemical Weapons Convention," *Survival,* Vol.36, No.1, Spring 1994, pp.81-82.

I　軍縮の理論的考察

化学兵器を使用することを禁止しているので，第1に，ジュネーブ議定書とは
異なり，国際法上の「戦争」における使用の禁止に限定されず，第2に，復仇
としても禁止され，第3に，非締約国に対する使用を禁止していると述べ[19]，
CWC における使用禁止規定の重要性を強調している。

（b）　通常兵器に関する条約

　1980 年の CCW は，過度に障害を与えまたは無差別に効果を及ぼすことが
あると認められる通常兵器の使用の禁止（prohibition）または制限（restriction）
に関する枠組み条約であり，具体的義務は議定書で定められる。1980 年の議
定書 I は，検出不可能な破片を利用する兵器の使用を禁止しており，1980 年
の議定書 II は地雷議定書で，地雷，ブービートラップ等の使用の禁止または制
限を規定し，1996 年に改正されている。1980 年の議定書 III は焼夷兵器の使用
の禁止または制限を規定し，1995 年の議定書 IV は失明をもたらすレーザー兵
器の使用を禁止し，2003 年の議定書 V は爆発性戦争残存物の除去や被害の防
止を規定している。この条約およびこれらの議定書による規制の内容は，主と
して使用の禁止または制限にのみ関わるものである。

　1997 年のオタワ条約は，まず対人地雷の使用を禁止し，次に開発，生産，
取得，貯蔵，保有，移譲を禁止し，さらに廃棄することを規定しており，使用
の禁止，保有の禁止および廃棄の3つの要素を含む条約である。これは，
CCW の地雷に関する議定書の内容がまったく不十分であるという観点から推
進されたものであり，使用の側面における批判から始まり，保有の禁止と廃棄
をも含む条約となったものである。

　2008 年の CCM は，まずクラスター弾の使用を禁止し，次に開発，生産，
取得，貯蔵，保有，移譲を禁止し，第3に貯蔵されているクラスター弾の廃棄
を規定し，第4にクラスター弾残存物の除去および廃棄が規定されている。こ
れは，CCW の第 V 議定書が部分的に関連するものであったが，それを基礎と
してクラスター弾の使用の禁止，保有の禁止および廃棄の3つの要素を含むも
のとなった。

　オタワ条約と CCM は，CCW における特定通常兵器の使用の禁止または制
限という枠組みから出発し，そこでの使用の禁止の限界を超越するとともに，

---

(19)　浅田正彦「化学兵器禁止条約の基本構造・上」『法律時報』第 68 巻 1 号，1996 年，
　　40 頁。

さらに保有の禁止と廃棄を含める条約へと大きく拡大されていった。したがって，条約では使用の禁止が最初に規定されている。CWC の場合には，保有の禁止が最初に規定され，その後使用の禁止が規定されている点から考えても，これらの条約が CCW の使用禁止を出発点としていることは明らかである。

（c） 核兵器に関する条約

2017 年の核兵器禁止条約は，第 1 条の禁止条項において，（e)項で，核兵器を使用することまたは使用するとの威嚇を行うことを禁止している。この条約は，核兵器の保有に関して広範な禁止を規定しているが，廃棄は規定していない。

非核兵器地帯の設置に関する諸条約には議定書が付属されているが，そこでは核兵器国が当該地帯を構成する非核兵器国に対して核兵器を使用せず使用の威嚇を行わないことを約束している。その意味で核兵器の使用および使用の威嚇の禁止を規定しているが，本稿で検討している他の条約と大きく異なるのは，核兵器の保有を NPT により認められている核兵器国が，地帯構成国への使用の禁止等を定めている点であり，すべての締約国が当該兵器の保有も使用も禁止されている状況とは大きく異なり，特別な制度として取り扱う必要がある。

核兵器に関するこれらの条約は，使用の禁止以外に，使用の威嚇の禁止をも含んでおり，使用の威嚇の問題は国際人道法（jus in bellow）の問題ではなく，国連憲章第 2 条 4 項の武力行使の禁止（jus ad bellum）に関わる問題である。たとえば，1996 年の「核兵器の威嚇または使用の合法性」に関する国際司法裁判所の勧告的意見では，その結論の第 105 項の C 項は，「国連憲章第 2 条 4 項に違反し，かつ第 51 条のすべての要件を満たしていない核兵器による威嚇または使用は違法である」と jus ad bellum の観点から述べ，D項では，「核兵器の威嚇または使用は，特に国際人道法の原則および規則を含む，武力紛争に適用可能な国際法の要件と両立しなければならない」と，jus in bello の観点から意見を述べている[20]。

（d） 環境改変技術に関する条約

1976 年の「環境改変技術使用禁止条約（ENMOD）」は，破壊，損害または障害を起こす手段として広範な，長期的なまたは深刻な効果をもたらすような

---

[20] International Court of Justice, Legality of the Threat of Use of Nuclear Weapons, Advisory Opinion of 8 July 1996, *ICJ Report* 1996, p.44.

I　軍縮の理論的考察

環境改変技術の軍事的その他の敵対的使用を禁止している。この条約は使用の禁止にのみ関わるものである。

3　国際法上の軍縮の課題

（1）　使用の禁止と保有の禁止の関連

　兵器の使用の禁止を定める条約の中には，使用の禁止のみを定める条約，すなわち CCW とその議定書および ENMOD があり，さらに使用と保有の両者を同時に禁止する条約，すなわち CWC，オタワ条約，CCM，核兵器禁止条約が存在している。後者の場合における 2 つの禁止を論理的に考えれば，兵器の保有が禁止された場合には締約国はその兵器を保有できないので，その兵器を使用することは物理的に不可能であり，2 つの禁止は並列的に存在するのではなく，もし使用した場合には，保有してはならないという義務に違反し，さらに使用してはならないという二重の義務に違反していることになるし，論理的には保有が禁止されれば，使用の禁止を規定する必要さえ消滅する[21]。

　しかし，実際の条約形成過程を検討するならば，使用の禁止は存在するが，内容が必ずしも十分ではないので一層充実した形で使用を強化するという意図が見られるし，さらに保有の禁止を含める場合においても，現実に当該兵器が使用されてきており，さらに使用される可能性が高いので，使用の禁止を充実し，さらに保有の禁止をも定めるという方法が採用されている。歴史的に見ても，まず使用の禁止を定めることによって，保有の禁止へと導かれるということはしばしば行われており，両者の間に緊密な関係があることは確かである。

　また「軍備管理」の概念には，戦争勃発時の範囲と暴力性を低減する措置なども広く含まれており，使用の禁止も含めて議論されており，軍備管理には戦争法が含まれているので，それらの点から，兵器の使用の禁止をも含めて軍縮を考えることも可能かもしれない。すわち「広義の軍縮の概念」として，使用の禁止をも含めることは可能かもしれない[22]。

---

(21)　したがって，これらの条約はしばしば「ハイブリッド条約」であると分析されているが，ハイブリッドとは同じレベルにある 2 つの要素を混成しているという意味であり，ここでは保有が禁止されれば使用は起こりえないという上下関係にあるので，適切ではないと考えられる。

(22)　ストックホルム国際平和研究所が刊行している年鑑においては，「軍備管理・軍縮

20

（2） 使用の禁止と軍縮との分離

しかし，国際法の発展過程から考えても，兵器の使用は，戦争における害敵手段の制限の１つとして，伝統的に，「戦争法」，「武力紛争法」あるいは「国際人道法」の一部として取り扱われてきた措置である。国際人道法のさまざまな措置は，歴史的に古くから国際法の１分野として発展してきたものである

ゴラン・リセン（Goran Lysen）は，「軍備の存在に関してとられる措置は，戦争法の条約義務から生じる措置とは本質的に異なる。戦争法に従った措置は戦時に有効である（jus in bello）が，軍縮は平時に有効である（jus pacis）。２つのタイプの条約の目的が異なるので，兵器の存在の規制と使用の規制は，独立しているわけではないが，区別すべき異なる法秩序である[23]」と述べている。

リセンの分析では，平時と戦時が明確に区分されており，戦争が合法であった時代には説得力を持ったであろうが，国連憲章が武力行使の禁止を定めたことにより十分な説得力をもつものではない。国連憲章で一般に武力の行使が禁止されたことにより，戦争法の存在意義が疑問視されることもあったが，現実に武力紛争が発生し続けており，それに対して法的に対応する必要があることから，武力紛争法あるいは国際人道法が一層発展していった。国連憲章第２条４項における武力不行使原則の適用において，国連安全保障理事会の表決制度などを原因として国連が十分対応できなかったことも，国際人道法の重要性を再確認させるものとなった。

さらに内戦の多発により，戦時と平時の区分が不明確になっており，国際人道法が内戦にも適用可能になってきているため，その区別の必要性も低下しているので，その区分を強調することなく，兵器を保有することと兵器を使用することを区別することは可能であり，必要であると考えられる。

CCWはその前文で，「ある種の通常兵器の禁止又は制限を促進することを希望し，その使用の禁止又は制限の分野において達成される成果が，当該兵器

協定」と題する付属Ａにおいて，多くの協定の採択，署名開放，発効の年月日，寄託者，協定の簡潔な内容紹介，当事国が列挙されているが，ここでは「軍備管理」も含まれており，本稿で言及している条約以外にも，ジェノサイド条約，ジュネーブ第Ⅳ（文民）条約，追加議定書Ⅰ，追加議定書Ⅱなども含まれている。"Annex A. Arms control and disarmament agreements," *SIPRI Yearbook 2017: Armaments, Disarmament and International Security,* Oxford University Press, 2017, pp.629-660.

[23] Goran Lysen, *International Regulation of Armaments: The Law of Disarmament,* Iustus Forlag AB, Uppsala, 1990, pp.55-56.

I　軍縮の理論的考察

の生産，貯蔵又は拡散の終止を目的とする軍備縮小についての主要な討議を容易にすることができるものと信じ」と規定しており，「使用の禁止」が「軍縮」の討議を容易にすると述べることにより2つの側面を明確に区別し，両者は異なるものであることを明らかにしている[24]。また兵器の使用禁止については，国際人道法のみならず，国連憲章第2項4条の武力行使禁止原則が関わってくる。

（3）　国際法上の軍縮の概念

以上のような分析から明らかになることは，国際法上の軍縮の概念としては，(1)の兵器の量的規制に関わる措置として，具体的には兵器の制限，削減および撤廃または廃棄を規定する措置が含まれ，さらに(2)の兵器の保有の禁止に関わる措置，具体的には，兵器の研究，開発，製造，生産，取得，保有，貯蔵，移譲，受領，管理，配置，配備の許可などを禁止する措置が含まれるが，(3)の兵器の使用の禁止に関わる措置は，「軍縮」の概念ではなく，隣接専門領域である「国際人道法」(jus in bellow) および武力行使の禁止の法 (jus ad bellum) の概念として研究し，議論することが合理的であり，学問分野の発展のためにも好ましいと考えられる。

前者は武力紛争が勃発していない段階において，兵器を制限，削減，廃棄し，兵器の保有を禁止することにより，武力紛争の防止および武力紛争における兵器の使用可能性を排除することを目的とする措置であるのに対して，後者は武力紛争時に適用される措置であるというのが大きな理由である。CWC，オタワ条約，CCM および核兵器禁止条約では，軍縮の措置と国際人道法の措置の両者が規定されているのは事実であるが，多くの条約はある特定の観点に従って作成されるものであって，その条約の中にさまざまな学問分野の措置を含むことは何ら不思議なことでもないし，しばしば行われていることである。

---

(24)　「国際法の下における核兵器」というタイトルでその問題を包括的に分析しているグロ・ニスチェン等の著書は，今日存在する国際法の下での核兵器の地位を記述し評価するものであるが，それは核兵器の合法性・違法性の評価に関連すると思われるすべての国際法の領域を含めようとするもので，(1)核兵器と *jus ad bellum,* (2)核兵器と国際人道法，(3)国際刑事法，(4)国際環境法，(5)国際軍縮法，(6)国際人権法の6部に分けて分析を行っている。Gro Nystuen, Stuart Casey-Maslen and Annie Golden Bersagel (eds.) *Nuclear Weapons under International Law,* Cambridge University Press, United Kingdom, 2015, 503p.

おわりに

　最後に，国際安全保障における国際法上の「軍縮」の位置づけについての検討が重要であるが，国連を中心とする集団安全保障の考えから分析すれば，「軍縮」は集団安全保障の4本柱の1つとして位置づけるのが適切であると考えられる。国連憲章採択時には，国連憲章第2条3項が紛争の平和的解決を規定し，第2項4条が武力行使の禁止[25]を規定し，第7章，特に第41条と第42条が集団的な制裁を規定し，集団安全保障の3本柱と考えられていた。しかし，国連が活動を始めた時にはすでに核兵器が存在していたという事実があり，その後さまざまな軍縮関連条約が作成されていったことにより，今では集団安全保障は「軍縮」を含む4本柱から構成されていると考えられている。

　2018年5月にアントニオ・グテーレス（Antonio Guterres）国連事務総長が発表した『われらの共通の将来を保障する：軍縮のためのアジェンダ（Securing Our Common Future: An Agenda for Disarmament）』は，軍縮はわれわれの集団安全保障システムの不可欠の部分であり，軍縮は国連憲章に定められた集団安全保障システムの核心であると述べている[26]。

　また彼は，「軍縮は武力紛争を防止するのを助けるツールであり，武力紛争が発生した時にその影響を緩和するためのツールである。軍縮のための諸措置は多くの理由から追求されるものであり，そこには国際の平和と安全保障を維持すること，人道性の諸原則を支持すること，文民を保護すること，持続的発展を促進すること，武力紛争を防止しかつ終結することを含む。安全保障の概念が人間をその中心に据えるよう発展したのと同じように，軍縮の目的および言葉も21世紀における人間の安全保障，国家の安全保障および集団の安全保障に貢献するように発展していく必要がある[27]」と述べ，広義の安全保障に対応する発展を目指している。

　これらの4本柱はそれぞれの分野において発展を目指すものであるが，それ

---

(25)　この分類によれば，国際人道法は，国連憲章第2条4項を中心とする武力行使の禁止に含まれ，国連憲章は jus ad bellum の観点から，国際人道法は jus in bello の観点から武力行使の禁止を規定するものとなる。

(26)　*Securing Our Common Future: An Agenda for Disarmament,* Office for Disarmament Affairs, New York, 2018, pp.vii and 6.

(27)　Ibid., p.ix.

I 軍縮の理論的考察

らは相互依存関係にあるとともに，さらに相互強化関係にある。すなわち1つの分野における進展は他の分野での進展を促進するものである。軍縮の進展のためには武力行使を禁止する国際法の発展が不可欠であるし，軍縮が進展することにより武力行使の禁止の国際法が発展するための状況が設定される。紛争の平和的解決は武力行使の禁止と表裏一体の関係にある。紛争を平和的に解決すべきという国際法の強化は，紛争を武力によって解決させる可能性を削減させ，それは軍備保有の必要性を低下させ，軍縮の進展に貢献するものとなるだろうし，また軍縮が進展することにより紛争の平和的解決を促進することもあり得る。

　国家が軍備を削減し撤廃するには，自国の安全保障を集団的に保障してくれる制度の構築が必要であるし，各国が軍備を削減し軍事力を低減することにより，集団安全保障も一層機能するようになる[28]。

　現代の国際法体系において軍縮は重要な機能を果たしており特に武力紛争（戦争）に反対する法（jus contra bellum）の1領域として，武力行使の禁止，紛争の平和的解決，集団安全保障と相互依存関係にあり，それぞれの領域における国際法の発展が相乗効果をもって，国際の平和と安全保障を強化していくことが期待されている。

---

(28)　黒澤満『核軍縮と国際平和』信山社，2011年，221-226頁，および黒澤満編著『軍縮問題入門［第4版］』東信堂，2012年，12-15頁参照。

2 軍縮規範を取り巻く構造転換
―近年の軍縮進展の背景と今後の展望―

足 立 研 幾

は じ め に

　軍縮はなぜなかなか進展しないのであろうか。近年，特定兵器の軍縮が進展しているが，それはなぜであろうか。そうした動きは，兵器全般の縮減，全廃へとつながるのであろうか。本稿は，軍縮を求める論理や軍縮を阻害する構造がいかなるもので，それらがいかに変容してきたのかを分析することを通して，上記の問いに答えることを試みる。

1　軍縮規範の広まりを阻害する構造

　軍縮とは，軍備の縮減，ないしは全廃を意味する言葉である。軍備管理と時に同義のように用いられることもあるが，軍縮と軍備管理とは異なる概念である。軍縮が軍備をなくすことを目指す一方で，軍備管理は戦略的安定を目指すものである。そのため，軍備管理においては，軍備を規制，制限，削減するのみならず，時として部分的に拡大する措置とることもありうる。軍備が全廃されれば，兵器を用いた暴力がなくなるはずである。軍縮が進展すれば，それだけ人々の生命を脅かされる恐怖が減少する。しかも，軍備購入にかかる資金を他の用途に回すことができる。軍縮を進めることにはメリットが大きい。それにもかかわらず，なぜ軍縮がなかなか進まないのであろうか。

　軍縮が進まない最大の理由は，他者への不信感である。自らが軍備を縮減したり，軍備を全廃したりしたときに，他者も同様の行動をとるのであれば，上記のような軍縮によるメリットが享受できる。しかし，他者にそこにつけ込まれると，自らの安全は大きく損なわれてしまう。他者を信頼できない限りは，軍縮を行うことの危険性は高い。それゆえ，他者を信頼できない社会において，「(特定) 兵器の廃絶を目指して，(当該) 兵器を縮減すべき」という規範 (以降，

25

I　軍縮の理論的考察

軍縮規範)[1]が広まることはなかった。むしろ，自らの身を守るためには「軍備を整えるべき」という主張が支持されることが一般的であった。

　特定兵器の廃絶を目指す動きがなかったわけではない。たとえば，ローマ教皇が積極的に推進したクロスボー（crossbow）廃絶の動きは，そうした初期のものである。クロスボーとは，専用の矢を板ばねの力を用いて，これに張られた弦に引っ掛けて発射する弓である。クロスボーは，安価で素人にも扱いやすいにもかかわらず，金属製の甲冑を容易に貫くほどの威力があった。クロスボーを脅威に感じた騎士たちから反発の声が上がり，その騎士達に自らの安全を依存していた教皇がクロスボー廃絶を推進しようとした[2]。弱者が強者に対抗することを可能とし，秩序をくつがえしかねない兵器だと恐れたことが，教皇がクロスボーの廃絶を進めようとした背景にあるといえる。

　秩序を維持するために特定兵器の廃絶を求める軍縮規範は，自らの身を守るためには「軍備を整えるべき」と訴える規範と対立するものではない。権力者が，自らの身の安全を守るために，弱者にとって有利な兵器の軍縮を進めようとするからである。そして，こうした観点から軍縮を進めようとする動きは，歴史上しばしば見られた[3]。ただし，ある社会内で，特定兵器の軍縮にたとえ合意できたとしても，兵器そのものをなくすことは困難である。ある社会内で特定兵器の軍縮を進めた結果，その社会の外のアクターが当該兵器を用いて攻撃を仕掛けてきた際に極めて不利な立場に置かれかねないからである。

　先述のクロスボーについても，ローマ教皇は，結局は「キリスト教徒へのクロスボーの使用禁止」を求めるにとどまった[4]。しかも，ローマ教皇の権威を

---

(1)　本稿では，「規範」という語は，「一定のアイデンティティを共有するアクターにとっての適切な行動の基準」という意味で用いる。Martha Finnemore and Kathryn Sikkink, "International Norm Dynamics and Political Change," *International Organization,* Vol.52, No.4, 1998, p.891; Peter J. Katzenstein ed., *The Culture of National Security Norms and Identity in World Politics,* Columbia University Press, 1997, p.5; Audie Klotz, *Norms in International Relations: The Struggle against Apartheid,* Cornell University Press, 1995, p.14 など。

(2)　James A. Brundage, *Richard Lion Heart,* Charles Scribner's Sons, 1974, pp.223-224.

(3)　例えば，毒を用いた兵器の軍縮や使用禁止を求める動きはしばしば見られたが，その背景には毒が強者に弱者が対抗する手段となることを恐れた側面があるという。Richard Price, *The Chemical Weapons Taboo,* Cornell University Press, 1997, p.25.

(4)　1139 年に，ローマ教皇インノケンティウス 2 世（Innocentius II）が召集した第 2 ラテラノ公会議において出された典礼 29 では，クロスボーの「キリスト教徒への使用」が禁止された。"Second Lateran Council - 1139 A.D.," Papal Encyclopedia Online, http://

〔足立研幾〕 *2 軍縮規範を取り巻く構造転換*

もってしても，キリスト教社会内でのクロスボー使用禁止すら徹底できなかった。例えば，獅子心王として知られたイギリスのリチャード 1 世（Richard I）は，キリスト教徒へのクロスボー使用が禁止された後の 1199 年に，フランスのシャリュ城（Château de Chalus-Chabrol）包囲中にクロスボーによって受けた傷で死亡したという[5]。自らの身を守る手段にもなる兵器を軍縮すべき，あるいは使用禁止すべきといった規範に従うことには大きなリスクが伴う。信頼できないアクターが存在したり，自らの属する社会外のアクターとの接触が想定されたりする場合，こうしたリスクはそれだけ大きなものと認識される。これが，軍縮規範や，特定兵器の使用禁止規範の広まりが阻害される基本的な構造であった。

2 構造転換のきざし

17 世紀になると，戦争自体に反対するものが現れ始めた[6]。その背景には，30 年戦争をはじめ，当時のヨーロッパにおける戦争が苛烈をきわめたことがある。また，兵器の性能が向上したこともあり，多くの人的被害が生まれていた。そして，印刷技術の向上により出版が盛んになったことも，反戦運動の盛り上がりを後押しした[7]。徐々に強まる反戦運動を受けて，1843 年，ロンドンで第 1 回の国際平和会議（International Peace Congress）が開催された。会議にはアメリカや，イギリスを始めとするヨーロッパ諸国から参加者が集った。その後も 1853 年までに都合 7 回の会議が開催された。19 世紀半ばには，国際平和に関する会議がたびたび開催されていたのである。ただし，彼らは平和を希求する活動を行っていたものの，実は軍縮に対しては消極的であった。自国内で，反戦や軍縮に対する要請がいかに高まろうとも，他国も同様の価値観を共有しているという確信が持てない以上，他国の攻撃からの自衛のために，軍事

---

www.papalencyclicals.net/Councils/ecum10.htm#canons.

(5)　John Gillingham, *Richard the Lionheart, Second Edition,* Weidenfeld and Nicolson, 1989, pp.276-277.

(6)　1650 年代に活動を開始したクエーカーは，反戦を継続的に最初に唱えるようになった団体の 1 つである。John Mueller, *Retreat from Doomsday: The Obsolescence of Major War,* Basic Books, 1989, pp.24-25.

(7)　J. E. Cookson, *The Friends of Peace: Anti-Wear Liberalism in England 1793-1815,* Cambridge University Press, 1982, pp.84-114.

27

I 軍縮の理論的考察

力・兵器を保有することは必須との考え方が根強かった。それゆえ，軍縮規範への支持を求める人々を強く非難するものすらあったという[8]。反戦運動が盛り上がり始めたとはいえ，依然軍縮規範の広まりを阻害する構造は健在だった。

このころ，ヨーロッパ各国では国民軍が一般化しつつあった。その結果，戦争に従事する人の数が増大し，彼らの恐怖を軽減することが戦争を継続する上でも重要な課題となった。権力維持のためではなく，戦闘に参加する兵士の恐怖心を軽減すべく，特定兵器の軍縮や使用禁止を求める声が上がり始めるようになったのである。こうした主張は，戦争継続という目的を重視していた政府関係者によってなされることが多かった。例えば，ロシアのアレクサンドル 2世（Aleksandr II）は，標的に接触した際，爆発し破片を飛散させる弾丸の使用禁止を呼び掛けた。当時，人間などのやわらかい標的に接触しても機能する同様の弾丸が開発されたところであった。この弾丸を兵士に使用しても，1人の兵士を殺傷するに過ぎず従来の弾丸と比べて効果が大きいわけではなかった。一方，その性質上，兵士に対して使用された場合，その傷は悲惨なものとなった。こうした兵器が広範に使用されれば，恐怖心を増大させ，国民の徴用が困難になる恐れがあった。それゆえ，アレクサンドル 2世はこうした兵器の禁止を議論するために，ヨーロッパ各国を，1868 年 12 月，サンクト・ペテルブルクの会議に招いた[9]。

サンクト・ペテルブルク宣言の前文では，文明の進歩は戦争の惨禍を可能な限り和らげる効果を持つべきとしたうえで，すでに戦闘外におかれた者の苦痛を無益に増大したり，その死を不可避にしたりする兵器の使用は戦争目的を逸脱する，と明記された。具体的にどの兵器がそうした兵器に該当するとみなされるのかをめぐっては議論の余地が残っていた。サンクト・ペテルブルク会議では，量目 400 グラム以下の爆発性または燃焼性発射物の使用放棄を宣言することに各国は合意した[10]。この宣言は，国家間の合意に基づいて，特定兵器の

---

(8) Sandi. E. Cooper, *Patriotic Pacifism: Waging War on War in Europe, 1815-1914,* Oxford University Press, 1991, pp.23-27.

(9) Gary D. Solis, *The Law of Armed Conflict: International Humanitarian Law in War,* Cambridge University Press, 2010, p.49.

(10) サンクト・ペテルブルク宣言。なお，会議に参加したのは，オーストリア＝ハンガリー，バイエルン，ベルギー，デンマーク，フランス，イギリス，ギリシャ，イタリア，オランダ，ペルシャ，ポルトガル，プロイセン，北ドイツ連邦，ロシア，スウェーデン，スイス，トルコ，ヴュルテンベルクであった。

〔足立研幾〕　　　　　　　　　　　　　　　　**2**　軍縮規範を取り巻く構造転換

使用禁止を試みたものの嚆矢とされる。従来とは異なる論理によって，特定兵器の使用禁止を定めたこのような宣言に各国が署名したことは，兵器の軍縮や使用禁止が極めて困難な状況に変化が訪れるきざしではあった。

　ただし，この宣言は，あくまで宣言に署名した国の間でのみ，400グラム以下の爆発性または燃焼性発射物の使用を禁止しているに過ぎない。そして，当時，国家として認められていたのは，ヨーロッパのいわゆる「文明国」にほぼ限定されていた[11]。価値観を共有する「文明国」間での戦争において，兵士の恐怖心を緩和すべく，お互いに対する「不必要な苦痛を与える兵器」の使用を禁止しようとしたのである。一方，非文明国に対して，当該兵器を用いることは否定せず，軍縮自体を進めようとするものでもなかった。「非文明国」が存在する以上，軍備そのものを縮小することに，「文明国」が合意することはなかった。

　また，このような宣言が合意された背景として，規制対象となった兵器が広く使用されるには至っていなかったこと，兵器の有効性は従来の弾丸と変わらないと考えられていたことが指摘できる。つまり，ここで規制対象とされた兵器を使用禁止しても，軍事的な影響は小さいと判断されていた点は重要である。一方で，その使用禁止によって，国民の徴用が容易になることを期待した面もあろう。この時期，同様に国民の徴用が困難になることを避けるべく，戦争法の整備が進んでいた[12]。サンクト・ペテルブルク宣言はそうした動きと軌を一にするものといえる。

　とはいえ，サンクト・ペテルブルク宣言が，特定兵器の使用を禁止するにあたって，人道性への配慮を強調していた点は重要である。宣言には，「戦争ノ

---

(11)　サンクト・ペテルブルク宣言の締約国20カ国のうち，ペルシャ，トルコ，ブラジル以外はすべてヨーロッパ諸国であり，地理的にも当時「国家」と認められていたのはほぼヨーロッパに限られていた。とはいえ，徐々にヨーロッパ外との交流，接触が増えるなかで，ヨーロッパ外に位置していても，「文明」基準を満たす主体は自らと対等な国際関係を結べる相手，すなわち「国家」とみなすようになっていった。この辺りの「国際社会」の形成と拡大については，足立研幾『国際政治と規範：国際社会の発展と兵器使用をめぐる規範の変容』有信堂高文社，2015年，第3章を参照。なお，19世紀半ば以降徐々に形作られていった「文明」基準は，遅くとも20世紀初頭には明示的な法的原則となり，当時の国際法の不可欠な一部となった。文明基準の内容については，Gerrit W. Gong, *The Standard of 'Civilization' in International Society,* Clarendon Press, 1984, pp.14-21を参照。

(12)　そうした動きについては，足立・前掲注(11)第2章を参照。

I　軍縮の理論的考察

必要カ人道ノ要求ニ一歩ヲ譲ルヘキ」,「此ノ如キ兵器ノ使用ハ,人道ニ反スル」「戦争ノ必要ト人道ノ法則トヲ調和」といった表現が見られ,人道的な配慮から,本宣言がなされたことが繰り返し述べられている。もともとは,徴兵を容易にし,戦争を継続するためという意図があったにせよ,特定兵器の使用禁止を求める論理として人道性への配慮を用いるようになったことは,その後の兵器に関する規範をめぐる構造を大きく変容させるきっかけとなった。「権力を維持するため」,あるいは「戦争を継続するため」という論理から求める軍縮や兵器規制は,各国の軍事戦略と対立することはあまりない。しかし,人道を目的とする軍縮や兵器規制の要請は,各国の軍事戦略と真っ向から対立する恐れがある。というのも,人道を目的とするそのような要請は,各国安全保障政策と無関係に国防関係者以外の様々なアクターからなされうるからである。

3 「不必要な苦痛を与える兵器」使用禁止規範の広がり

1899 年にハーグ平和会議が開催された。もともと会議開催を呼びかけたニコライ 2 世（Nikolai II）自身,軍拡を抑えることを会議目的と考えていたようである[13]。しかし,会議において,特定兵器が「不必要な苦痛を与える」ので,当該兵器の使用を禁止すべきと訴えられると,サンクト・ペテルブルク宣言において「不必要な苦痛を与える兵器」の使用を禁止すると宣言していた各国は反論することが困難となった。こうして,「軽気球からの投射物」「窒息ガス及び毒ガス」「ダムダム弾[14]」の使用禁止が合意された。その際,いずれの禁止宣言においても,その前文でサンクト・ペテルブルク宣言の趣旨に影響を受けたものであることが明記されている。

また,陸戦に関する慣習法を検討した際にも,あらゆる害敵手段を用いても良いわけではないことが改めて確認された。議論の末採択されたハーグ陸戦条

---

(13)　ウィリアム・ハル（William I. Hull）によれば,1898 年,ロシアでは旧式の大砲を新式の大砲に一新することを避けようと議論を進めるなかで,兵器全般の軍拡抑制へと議論が展開し,この問題を議論するために,各国に会議参加を呼びかけるようになったとのことである。William I. Hull, *Two Hague Conferences and Their Contributions to International Law,* Ginn, 1908, pp.2-3, pp.53-54; Cooper, *Patriotic Pacifism,* p.124.

(14)　ダムダム弾は,弾丸の先端がやわらかいため,命中すると弾頭が変形し,大きな破壊力を有する。人間に対して使用すると,人間の体内で弾頭が大きく変形・爆発するなどして多大なダメージを与え,また弾頭が体内にとどまる可能性が高い。

〔足立研幾〕 **2 軍縮規範を取り巻く構造転換**

約では，毒および毒を施した兵器の使用禁止が明記された（第23条(イ)）。ま
た，「不必要ノ苦痛ヲ与フヘキ兵器，投射物其ノ他ノ物質ヲ使用スルコト」（第
23条(ホ)）の禁止も明文化された。「不必要な苦痛を与える兵器」であること
は，その使用を慎まなければならない理由とみなされるようになった。兵器の
使用禁止規範自体が拡散困難だった状況が変化し始めたのである。

　ただし，これら兵器の禁止宣言は，いずれも締約国の間に限定された禁止で
あった。そして，その締約国も，依然として大多数がヨーロッパの「文明国」
に限られていた[15]。「不必要な苦痛を与える兵器」の使用禁止規範は，あくま
で「文明国」の締約国間のみで共有されるものであった。それゆえ，「文明国」
の締約国間で使用禁止することに同意した「不必要な苦痛を与える兵器」で
あっても，それを削減しようとする動きにつながることはなかった。非締約国
や「非文明国」が存在する限りは，特定兵器を軍縮してしまうと，そうした国
に対して自らが不利な立場に置かれてしまうからである。

　実際，毒ガス禁止宣言が存在したにもかかわらず，毒ガス禁止宣言の非締約
国が参加していた第1次世界大戦では，毒ガスが使用された。ただし，第1次
世界大戦において，あまりに広範に毒ガスが使用されたため，このような状況
を放置すべきではないとの認識も広がった。その結果，1925年には，窒息性
ガスや毒性ガス，あるいはそれらに類するガス及び細菌学的手段の戦争におけ
る使用を禁止するジュネーブ議定書が採択され，1928年に発効した[16]。議定
書前文には，毒ガスを「戦争に使用することが，文明世界の世論によって正当
にも非難されている」と明記されている。戦争を「文明化」するという趣旨の
もと，毒ガス使用禁止の強化が追求されたのである。

　総加入条項を含んでいた毒ガス禁止宣言とは異なり，ジュネーブ議定書は，
「この禁止が，諸国の良心及び行動をひとしく拘束する国際法の一部として受

---

(15)　ハーグ陸戦条約の原加盟国は，23カ国にとどまった。また，そのほとんどはヨー
　　ロッパ諸国で，ヨーロッパ外の原加盟国は，日本，イラン，メキシコ，タイ，トルコ
　　のみであった。1907年に開催された第2回ハーグ会議への参加国は，第1回より大き
　　く増加して44カ国となった。ただし，数が増えたとはいえ，その増加は主にラテンア
　　メリカ諸国の参加によるもので，アジアからの参加国に変化はなく，アフリカからの
　　参加国は皆無であった。

(16)　なお，ジュネーブ会議に先立って，1921年から1922年にかけて開催されたワシン
　　トン海軍軍縮会議の際にも，毒ガスなどの化学兵器使用規制が議論されていた。ワシ
　　ントン軍縮会議から，ジュネーブ会議にかけての化学兵器規制をめぐる議論について
　　は，Price, *The Chemical Weapons Taboo,* pp. 70-92 を参照。

31

I　軍縮の理論的考察

諾」されるとうたっている。議定書締約国のみならず，すべての「国家」にひとしく毒ガスの使用禁止を求めた点で，画期的な議定書であった。加えて，議定書は，毒ガスなどの化学兵器だけでなく，生物兵器の使用も禁止するものだった。人道性への配慮という観点から兵器使用の是非が検討されるようになってきたことが，特定兵器の普遍的な使用禁止を目指す動きへとつながった。

ただし，毒ガス兵器の軍縮規範の形成には至らなかった点には留意が必要である。本議定書は，毒ガスや化学兵器の使用を禁止したものの，その開発，生産，保有は制限しなかった。また，非締約国も含む国家にひとしく毒ガスの使用禁止を求めたものの，「非文明国」に対して，毒ガスを使用することが許容されるかどうかもあいまいであった。実際，議定書採択後も，エチオピアを侵攻したイタリアがマスタードガスを使用したり，イギリスがインドやアフガニスタンで，あるいはスペインやフランスがモロッコで化学兵器を使用したりするなどしていた。これらの国は，「文明」と「野蛮」との間の戦争における毒ガス兵器使用は禁止されていないと主張していた[17]。

兵器使用に際して人道的配慮の必要性が強調されるようになると，特定兵器の使用の是非が，必ずしもその軍事的，戦略的必要性のみから判断されるわけではなくなるという構造転換が起こり始めた。実際，「不必要な苦痛を与える兵器」の使用を慎むべきという合意は，広く「文明国」間で共有されるようになった。とはいえ，「文明国」間で特定兵器の使用禁止が合意されたとしても，その兵器の軍縮を進めようという動きにつながることはなかった。国際社会が「文明国」と「非文明国」とに分かれていると認識されている限り，軍縮規範が実際に各国の行動の基準となるための前提条件すら欠けた状態だった。

4　国際社会の普遍化

戦間期あたりから，「国家」の条件として「地域や文明に関して，あまり厳しい基準を主張しない傾向[18]」も見られるようにはなった[19]。その一方で「文

---

(17)　Price, *The Chemical Weapons Taboo,* p.107.

(18)　James Wilford Garner, *Recent Developments in International Law,* The University of Calcutta, 1925, p.25.

(19)　Gong, *The Standard of 'Civilization' in International Society,* pp.83-85.

32

〔足立研幾〕　　　　　　　　　　　　　　　**2　軍縮規範を取り巻く構造転換**

明」基準を重視する声も依然少なくなかった[20]。ジュネーブ議定書採択後も，「文明国」の「非文明国」に対する化学兵器使用を正当化しようとする言説が少なくなかったことは前節でみたとおりである。しかし，第2次世界大戦中，「文明国」とされた国々は，ドイツによるホロコーストを始め，「文明的」とはいいがたい行動を重ねた。「文明国」と「非文明国」を分けるといった考え方は，激しく非難されるようになっていった。「野蛮な人々などは，互恵的意思を持たないので国家として承認される資格がないなどという主張は，事実にも道理にも反する[21]」，「現代の国際法において，国家承認に際して，文明国と非文明国の区別などない[22]」といった主張が盛んになされた。

　第2次世界大戦後は，「文明」基準が問題とされることはなくなっていった。国連憲章には，国連加盟国の地位は，「平和愛好国家」のすべてに開放されていると明記されている（国際連合憲章第4条第1項）。また，「第2次世界大戦後，大国も小国も等しく国際連合に参加できるような動機づけとして[23]」主権平等規範も尊重され，国際連合憲章第2条に主権平等が明記されることとなった。1960年代に入りアフリカ諸国など多くが独立し国連に加盟すると，国連加盟国が世界中を覆うようになった。1970年に国連総会で採択されたいわゆる友好関係原則宣言においては，国家間の経済的，社会的，政治的，その他の相違にもかかわらず，全ての国家が平等の権利と義務を有することが宣言され

---

(20)　たとえば，チャールズ・ハイド（Charles Cheney Hyde）は，国家として承認される要件として，①国民の存在，②領土の存在，③組織された政府の存在，④対外外交権の保持，⑤領土の住む人々が一定の文明基準に達していることの5つをあげていた。Charles Cheney Hyde, *International Law Chiefly as Interpreted and Applied by the United States,* Little Brown, 1922, Vol.1, pp.16-17. 1927年にリオデジャネイロで開催された第6回米州国際会議に提出された文章にも，国家の要件として「文明」基準が含まれている。International Commission of Jurists, "Projects of International Public Law: Projects No.2," Article 1 (5). なお，この文章は，*American Journal of International Law,* Vo.22, No.1, Supplement Codification of International Law, 1928 に収められている。当該箇所は，p.240. ここであげられていた要件も，国民，領土，政府，対外外交権と，一定の文明基準の5つであった。

(21)　Ti-Chiang Chen (Edited by L. C. Green), *International Law of Recognition with Special Reference to Practice in Great Britain and the United States,* Stevens & Sons Limited, 1951, p.60.

(22)　Georg Schwarzenberger, "The Standard of Civilization in International Law," *Current Legal Problems,* Vol.8, No.1, 1955, p.227.

(23)　篠田英朗『「国家主権」という思想──国際立憲主義への軌跡』勁草書房，2012年，228頁。

Ⅰ　軍縮の理論的考察

た[24]。

　こうして，第2次世界大戦後，次第に平等の権利と義務を有する国家間の社会である国際社会が世界中を覆うようになっていった。「文明国」間の社会の外に，「非文明国」が存在するがゆえに，国家間で兵器の軍縮を進展させることができないという，軍縮規範の広まりを阻害する構造が転換し始めたのである[25]。軍縮規範が，初めて実現可能な「行動の基準」となりうる状況が生まれてきたといえる。そんななか，1960年代後半以降，ナパーム弾など，特定兵器の禁止を求める声が上がるようになった[26]。こうした声を受けて，1979年および1980年に国連会議が開催された。

　会議では，「不必要な苦痛を与える」との訴えがなされていた特定兵器の軍縮については，慎重な立場をとる国が大多数であった。その結果，地雷や，ナパーム弾を含む焼夷兵器については，使用方法に規制が加えられることになったものの，その軍縮は進まなかった。会議で採択された特定通常兵器使用禁止制限条約（CCW）の第1議定書では，当時まだ存在しなかった検出不可能な破片を用いた兵器が禁止された。一方，第2議定書，第3議定書ではそれぞれ地雷，焼夷兵器の使用規制が定められるにとどまった[27]。国際社会が普遍化し，特定兵器の廃絶が具体化しうる状況は生まれつつあった。しかし，激しい冷戦対立が続いていた当時，各国間，とりわけ東西両陣営の国家間の相互不信感が

---

(24)　正式には，「国際連合憲章に従った諸国間の友好関係及び協力についての国際法の原則に関する宣言」である。これは，第25回国連総会で採択された。UN Doc. A/Res/25/2625.

(25)　ただし，現在も，実態としては国家とほぼ同様であるにもかかわらず，様々な理由から国際社会の承認を受けられていない未承認国家は少ないながらも存在する点には注意が必要である。未承認国家については，廣瀬陽子『未承認国家と覇権なき世界』NHK出版，2014年を参照。

(26)　ナパーム弾は，油脂焼夷兵器の1つで，きわめて高温で広範囲を消尽・破壊する兵器である。投下された一帯を焼き尽くす破壊力の大きさ，そしてなによりその被害者の無残な姿が盛んに報道されると，ナパーム弾による空爆が問題視されるようになった。ナパーム弾を問題視したり，禁止を求めたりしたものとして，1968年にテヘランで開催された人権国際会議，1971年の国連総会，1972年の国連総会，1973年に開催された第22回赤十字国際会議などがある。こうした声を受けて，1974年から開催された外交会議では，ナパーム弾の禁止が提案されている。

(27)　第2議定書，第3議定書については，不必要な苦痛を与えたり，無差別な効果を持ったりすることが疑われ，その禁止が検討された地雷や焼夷兵器に対して，戦闘員に対して使用可能であるとのお墨付きが与えられ，合法化された，との批判もある。藤田久一『国際人道法（新版増補）』有信堂，2000年，93-99頁。

〔足立研幾〕 **2 軍縮規範を取り巻く構造転換**

極めて高かった。そうしたなかにあって，特定兵器の軍縮に合意をすることは極めて困難であった。

5 冷戦終焉と軍縮規範の拡散

国際社会が普遍化しつつあるなかで，軍縮の進展を阻んでいたのは冷戦下の各国間の高い相互不信感であった。こうした相互不信感は，冷戦終焉とともに，低減していった。実際，化学兵器軍縮の動きは冷戦終焉を受けて一気に進展した。イラン・イラク戦争で化学兵器が使用されて以降，米ソ間で化学兵器軍縮が議論されていたものの，交渉は停滞していた[28]。しかし，冷戦終焉後，当時のアメリカ大統領ジョージ・ブッシュ（George H. W. Bush）は，それまでの政策を転換し，化学兵器を報復に用いる権利を放棄し，化学兵器を無条件で全廃することを約束した。そのうえで，化学兵器禁止条約交渉を 1 年以内に完成させるよう求める提案を行った[29]。こうして進められた化学兵器禁止条約形成交渉は「冷戦終結直後のきわめて理想主義的な雰囲気のなかで[30]」行われ，1992 年に厳格な検証措置を伴う化学兵器禁止条約案が採択され，1993 年 1 月に署名式が行われた。この条約により，化学兵器はその使用に加えて，開発，生産，貯蔵，取得，保有が禁止され，そしてなによりも既に存在する化学兵器および

---

(28) 1980 年代のイラン・イラク戦争において化学兵器が使用され，化学兵器拡散の脅威が高まった。これを受けて，米ソ 2 国間で化学兵器禁止に向けた交渉が行われた。貧者の核兵器ともいわれる化学兵器使用の矛先が，自らに向くことを恐れた米ソが，その軍縮の動きを主導しようとした。これは，権力を維持するために軍縮を訴える動きといえる。化学兵器軍縮を進めることについては，米ソの利害は一致していたものの，米ソ冷戦対立のなかで，具体的に軍縮を進めることは容易ではなかった。1984 年には，アメリカが，軍縮会議において化学兵器の包括的禁止に関する条約案を提案した。この条約案は，抜き打ち査察を規定する内容を含んでいた。ソ連は，そのような査察は「化学兵器の生産や貯蔵に関係しない国家機密を開示する」として拒否した。ジョゼフ・ゴールドブラット『軍縮条約ハンドブック』日本評論社，1999 年，102 頁。

(29) Thomas Bernauer, "The Control and Disarmament of Chemical Weapons," in Serge Sur ed., *Verification of Disarmament or Limitation of Armaments: Instruments, Negotiations, Proposals (UNIDIR/92/28)*, United Nations Publication, 1992, p.73; 浅田正彦「生物・化学兵器関連の輸出管理レジーム」浅田正彦編『輸出管理──制度と実践』有信堂高文社，2012 年，63-64 頁。

(30) 浅田正彦「軍縮条約における申立て査察（チャレンジ査察）の意義と限界──化学兵器禁止条約を素材として」黒沢満編『大量破壊兵器の軍縮論』信山社，2004 年，254 頁。

I　軍縮の理論的考察

化学兵器生産施設を条約発効ののち原則として 10 年以内にすべて廃棄することが定められた。化学兵器禁止条約は，1 つの範疇の大量破壊兵器を全面禁止し，実際に軍縮を進めることを定めているのである。また，条約遵守を確保する手段として実効的な検証制度を持つ初めての条約でもある。この条約は，発効に必要な 65 カ国が批准した 180 日後の 1997 年 4 月に発効した。こうして，ついに化学兵器の軍縮が進展し始めた。

　化学兵器軍縮が可能となった背景には，化学兵器自体の兵器特性もあると思われる。すなわち，化学兵器は，製造が比較的容易である一方で，ひとたび使用されれば広範囲に甚大な被害をもたらすことが可能となる。それゆえ，貧者の核兵器とも呼ばれ，米ソ (ロ) といった大国にとっては，自らに有利な国際秩序をひっくり返しかねない兵器と認識されていた。冷戦終焉によって，米ソ間の不信感が低減すると，両国がイニシアチブを発揮して，軍縮を進めた。「秩序を脅かしうる兵器」であるがゆえに，米ソ (ロ) が化学兵器軍縮に熱心に取り組んだ側面もあると思われる。

　冷戦終焉後，対人地雷やクラスター弾などの軍縮も大きく進展した。これらの兵器は，大国に有利な秩序をひっくり返しかねない兵器というわけではない。また，軍縮を主導したのは大国ではなく中小国であった。対人地雷やクラスター弾の軍縮が進展した背景には，冷戦終焉に加えて，軍縮規範をめぐるさらに 2 つの構造転換があった。その 1 つ目は，冷戦終焉に伴い，安全保障観が大きく変容しつつあったことである。国家の安全を最優先とする安全保障観が支配的だった状況も，軍縮規範の広まりを困難にする 1 つの構造であった。しかし，いかに国防のためであっても，個々人の安全がないがしろにされるべきではないといった主張が盛んになされるようになり，「人間の安全保障」といった概念が広まり始めた[31]。「人間の安全保障」概念が，国家の安全を最優先すべきといった「伝統的」安全保障概念に取って代わったわけではない。むしろ，「伝統的」安全保障概念は，とりわけ国防関係者の間では依然支配的だった。しかし，「人間の安全保障」概念が広まり，一定程度支持を得るようになかで，軍事的有効性が高くとも非人道的被害をもたらす兵器は廃絶すべき，という声をあげやすい雰囲気が醸成された。

---

(31)　「人間の安全保障」概念は，1994 年に国連開発計画が年次報告書で言及して以降，徐々に広まりつつあった。

〔足立研幾〕　　　　　　　　　　　　　　　　**2**　軍縮規範を取り巻く構造転換

　その際，NGO 等非国家主体の情報収集，発信能力が大幅に向上していたことも重要であった。これが 2 つ目の構造転換である。軍縮を求める論理として人道性への配慮が用いられるようになって以来，様々なアクターが軍縮を求める声を上げる余地は拡大していた。NGO の情報収集，発信能力が高まると，現実に国防関係者以外が軍縮を求める声を上げ，それが社会的に大きなインパクトを持ちうる状況が生まれてきたのである。冷戦が終焉し，民主主義国数がさらに増加するなかで，多くの国において世論に配慮することの重要性が高まりつつあった。こうしたなかで NGO 等が，「不必要な苦痛を与える兵器」の廃絶を求め，大々的な世論喚起キャンペーンを行うと，当該兵器がたとえ国防上有効な兵器とみなされていたとしても，軍縮論議の対象となったのである。

　軍縮規範をめぐるこれらの構造転換が契機となって，それまで広範に使用されてきた対人地雷やクラスター弾の禁止キャンペーンが盛り上がるようになった。それでも，費用対効果の高い対人地雷やクラスター弾の禁止に反対する政府関係者，とりわけ国防関係者は少なくなかった。軍縮会議や CCW のような全会一致が原則のフォーラムで交渉を進めても，その廃絶が合意される可能性はほぼ皆無だった。実際，1995 年から開催された CCW 再検討会議で対人地雷問題が，2003 年に開催された CCW 再検討会議ではクラスター弾問題が議論されたが，いずれも兵器の使用規制強化などが行われるにとどまった。こうした状況を打破したのは，NGO とその主張に賛同するようになっていた一部の国が立ち上げた，兵器廃絶に賛同する国のみによる条約形成交渉プロセスであった。

　対人地雷禁止条約交渉プロセス——いわゆるオタワ・プロセス⁽³²⁾——は，全会一致原則によって議論が停滞するのを避け，賛同国のみによる交渉で迅速に対人地雷を廃絶する条約を作り上げようとした。その際，世論喚起キャンペーンを続けることで，プロセス不参加国に参加を促した。プロセスに明確な期限があったことも各国の早期の決断を促した。「対人地雷を廃絶すべき」という規範に賛同する国が増加し一定数に達すると，一気に多くの国が規範を受容するようになる「規範のカスケード⁽³³⁾」が発生した。1997 年，プロセス開始か

---

(32)　オタワ・プロセスの詳細については，足立研幾『オタワプロセス——対人地雷禁止レジームの形成』有信堂高文社，2004 年を参照。

(33)　新たに出現してきた規範を受け入れるアクターの数が閾値に達すると，一気により多くのアクターがその規範を採用するようになる。このような現象が「規範のカスケー

I　軍縮の理論的考察

らわずか 1 年余りで，例外留保条件のない厳格な対人地雷禁止条約が採択され
た。この条約は，対人地雷の使用，開発，生産，貯蔵，保有，移譲などを禁止
し，保有する対人地雷を廃棄することを定めている。この対人地雷禁止条約に
は，1997 年 12 月の調印式で 120 カ国以上が署名した。その後も条約加入は増
加し続けており，2016 年 9 月末時点で本条約の締約国は 162 カ国となり[34]，
締約国は対人地雷の廃棄を進めている。

　クラスター弾についても，オタワ・プロセスと同様の，いわゆるオスロ・プ
ロセスが 2006 年に立ち上げられ一気にその軍縮に向けた動きが加速した[35]。
2008 年，当時存在したクラスター弾のほぼすべてを禁止するクラスター弾に
関する条約が署名のため開放された。この条約も，条約で定義するクラスター
弾[36]の使用，開発，製造，取得，貯蔵，保持，移譲を禁止するとともに，そ
の廃棄を定めている。オスロ・プロセス開始当初，主要大国が消極姿勢を示し
ていたにもかかわらず，プロセス開始から 1 年余りで条約が形成され，2010
年 8 月に条約は発効した。2016 年 9 月末時点で，119 カ国が本条約に署名，ま

ド」である。このような現象が起こる理由はいくつかあろうが，例えば国の場合は，
同じ行動をとるよう求める圧力，国際的正統性を高めたいという欲求，国家リーダー
が自らの自尊心を高めたいという欲求などが，この現象を起こさせる理由として挙げ
られている。Finnemore and Sikkink, "International Norm Dynamics and Political
Change," pp.903-904。

(34)　対人地雷禁止条約の影響はその非締約国にまでおよぶものとなっている。アメリカ
は自己破壊装置の付いていない対人地雷を 2010 年以降使用しないことを宣言し，ロシ
アも「予見される将来に参加する」意思を表明し，中国・インドについても地雷の究
極的撤廃の支持を表明している。これらももちろん，修辞上のものにすぎないかもし
れない。だが，そうした宣言自体に各国の行動が一定程度規定されることもまた確か
である。足立・前掲注(11) 172 頁。

(35)　オタワ・プロセスと，オスロ・プロセスは，賛同国のみによって，期限を定めた条
約形成交渉プロセスを開始し，世論喚起を行うことで各国にプロセス参加を促す，と
いう点では相似形をなす。ただし，オタワ・プロセスは対人地雷廃絶に賛同する国を
募ったのに対して，オスロ・プロセスは参加国を募る基準があいまいであった。こう
したプロセスの類似点と相違点，その合意については，足立研幾「オスロ・プロセス
──クラスター弾に関する条約成立の含意」，『国際安全保障』第 36 巻 4 号，2009 年，
61-82 頁を参照。

(36)　本条約はすべてのクラスター弾を対象としているわけではない。1 つの子弾が規定
重量（4 キログラム）を超え，全子弾が 10 個未満で，単独の攻撃目標を攻撃し，自
己破壊装置および自己不活性化装置が付いたものは対象外としている。ただし，この
規定によって対象外となるクラスター弾は極めて限定的で，当時使用されてきたほぼ
すべてのクラスター弾が禁止された。

〔足立研幾〕　　　　　　　　　　　　　　*2*　軍縮規範を取り巻く構造転換

たは批准・加入している。軍事的有効性が高いとされたクラスター弾の軍縮が，対人地雷の軍縮に続いて進展し始めた。

　冷戦終焉に伴う安全保障概念の変容，NGO 等非国家主体の能力向上の影響は，対人地雷や，クラスター弾などといった通常兵器軍縮の進展にとどまらない。核兵器問題においても，1995 年に核廃絶を求める NGO のネットワーク「アボリッション 2000（Abolition 2000）」が設立された。そうした動きに呼応し，核軍縮を求める非核国グループの新アジェンダ連合が 1998 年に結成された[37]。新アジェンダ連合は，核廃絶を求める決議案を国連総会に提出するなど，核軍縮の具体的推進を求めている。核軍縮を求める動きが強まったものの，核軍縮はなかなか進展せず，冷戦後はむしろ核拡散が顕在化した。1998 年には，核兵器不拡散条約（NPT）非締約国のインド，パキスタンが相次いで核実験を行った。2003 年には NPT 締約国であるイランの核開発が疑われるようになり，北朝鮮が NPT 脱退を宣言した。

　2005 年の NPT 再検討会議で実質的事項に関する合意文章が作成されなかった事態を受け，核軍縮を求める NGO の間で危機感が広がった。2007 年 4 月には，対人地雷禁止条約形成過程を参考にし，NGO 主導で核兵器禁止条約作りを進めるべきと訴える核兵器廃絶国際キャンペーン（ICAN）が設立された[38]。その間，北朝鮮が 2006 年および 2009 年に地下核実験を行い，核保有を宣言した。また，2007 年には NPT 締約国のシリアが北朝鮮の支援を受けて核開発を進めているとの疑惑が持ち上がるなどした。

　そうしたなかで，核軍縮を求める NGO の声はいっそう大きくなり，NGO の訴えに共感する国も徐々に増加した。アメリカの国防政策の中枢を担ってきた重鎮やバラク・オバマ（Barack Obama）大統領自身から「核なき世界」を追求すべきとの声が上がるようになったのはこうした流れのなかにおいてであ

―――――――――――――

（37）　新アジェンダ連合は，ブラジル，エジプト，アイルランド，メキシコ，ニュージーランド，南アフリカ，スウェーデン，スロベニアの 8 カ国により設立された（スロベニアは，その後脱退）。

（38）　核戦争防止国際医師会議（IPPNW）のオーストラリア・メンバー，ティルマン・ラフ（Tilman Ruff）らは，2006 年の IPPNW 世界大会で，対人地雷禁止条約形成過程を参考に，核兵器禁止条約づくりを行うことを提案し，2007 年，そのラフらが中心となり，核兵器廃絶国際キャンペーン（ICAN）が設立されたという。『朝日新聞』2017 年 10 月 6 日。

Ⅰ　軍縮の理論的考察

る[39]。2010年のNPT再検討会議の最終文書でも核軍縮を進めるための措置がうたわれた。また同文書には，核兵器に関して人道法を遵守する必要性があることを確認するとの文言が入った[40]。国家安全保障だけではなく，人道的な観点からも核兵器問題を見る必要性があるとの指摘がなされるようになってきた[41]。

　このNPT再検討会議において，非同盟諸国による核兵器条約の形成交渉を開始すべきという提案[42]に核兵器国が反対したことを受けて，核兵器の人道的側面に焦点を当てて核兵器問題を見ようとする動きは強まった。2013年から2014年にかけて，「核兵器の人道的影響に関する国際会議」が，ノルウェー，メキシコ，オーストリアで都合3回開催された。2015年には国連総会が，「核なき世界を実現，維持するための具体的かつ実効的な法的措置，法的規定，規範について検討するワーキンググループ」を設置した。そして，2016年10月，ワーキンググループの報告書を受け[43]，2017年に核兵器の禁止条約交渉を開始するとする決議を採択した[44]。ワーキンググループの報告書も，交渉開始を決めた国連総会決議も，いずれも「いかなる核兵器使用であれ，それが引き起こす壊滅的な人道的結果を深く憂慮し（強調は筆者)」，核兵器軍縮交渉を進めるよう求めている。

　そして，上記決議に従い，3月，および6月から7月にかけて核兵器禁止の

---

(39)　2007年2月，キッシンジャー（Henry Kissinger）元国務長官，ペリー（William Perry）元国防長官，シュルツ（George Schultz）元国務長官，ナン（Sam Nunn）元上院議員の4人が，ウォール・ストリート・ジャーナル紙に「核なき世界」を追求すべきと主張する論考を寄稿した。George P. Schultz, William Perry, Henry A. Kissinger and Sam Nunn, "A World Free of Nuclear Weapons," *Wall Street Journal,* January 4, 2007。また，2009年，アメリカのオバマ大統領はチェコ共和国のプラハにおける演説で「核なき世界」における平和と安全保障の実現を目標として掲げた。Remarks of President Barack Obama at Hradcany Square Prague, Czech Republic on April 5, 2009. https://obamawhitehouse.archives.gov/the-press-office/remarks-president-barack-obama-prague-delivered.

(40)　*2010 Review Conference of the Parties to the Treaty on the Non-Proliferation of Nuclear Weapons Final Document, Volume 1,* p.19.

(41)　NPT最終文章以外でも，たとえば，日本が国連総会に提出し採択された核軍縮決議の前文には，核兵器使用によって非人道的な結末がもたらされうることへの憂慮や，人道法への言及が2010年以降見られる。

(42)　NPT/CONF.2010/WP.47.

(43)　UN Document, A/RES/70/33.

(44)　UN Document, A/C.1/71/L.41.

ための法的拘束力のある文章を交渉する国連会議が開催され，7月7日に122カ国の賛成で，核兵器禁止条約が採択された。この条約は，核兵器の使用や開発，実験，製造，生産，保有などのほか，核兵器使用の威嚇も禁止している。ただし，本条約は核兵器廃棄については定めておらず，また本条約に核兵器国は一切署名していない。それゆえ，本条約は直接的に核軍縮につながるものではない。ただし，本条約採択において，欠かせない役割を果たしたとして，ICANが2017年のノーベル平和賞を受賞した。本条約成立を契機として，今後「核兵器軍縮を進めるべき」という声がさらに強まる可能性はある。

おわりに――軍縮規範のゆくえ

　前節までで見てきたように，軍縮規範を求める論理や，その背景にある構造はこの間大きく転換してきた。当初は，自らの権力を維持するため，あるいは戦争継続のために，軍縮が訴えられることが多かった。しかし，戦争継続のため，兵士の恐怖心を軽減すべく人道の観点から兵器問題に言及するようになったことは，軍縮規範をめぐる構造を大きく転換させるきっかけとなった。各国がひとたび「不必要な苦痛を与える兵器の使用を禁止すべき」という規範を受け入れると，そうした国々は，その軍事的必要性の高低にかかわらず，「不必要な苦痛を与える兵器」の使用禁止に反論することが困難になっていった。とはいえ，国際社会が「文明国」と「非文明国」に二分されている限り，いくら「文明国」間で特定の兵器の使用禁止規範が広がろうとも，その兵器の軍縮が進むことはなかった。

　しかし，第2次世界大戦以後，徐々に国際社会の普遍化が進み，冷戦終焉に伴って国際社会内の相互不信感が相当程度減少すると，軍縮規範をめぐる構造はさらに大きく転換し始めた。加えて，安全保障概念の変化，非国家主体の能力向上が進む中で，化学兵器や対人地雷，クラスター弾などの軍縮が進展した。核兵器についても，その軍縮を求める声の高まりを受けて，核兵器禁止条約が締結されるに至った。今後，さらに多くの兵器について軍縮規範が拡散することは可能なのだろうか。そして，それら兵器の軍縮が実際に進展し，究極的には兵器の全廃が達成されることはありうるのだろうか。

　軍縮規範をめぐる構造が大きく転換し，軍縮規範が国際社会において受け入れられる素地が拡大してきたことは確かである。ただし，近年，いくつかの兵

I　軍縮の理論的考察

器の軍縮規範が広まった背景にある非国家主体の能力向上という構造転換は，軍縮規範が国際社会で受け入れられる可能性を大きく狭める恐れもある点に留意しなければならない。情報収集，情報発信能力を向上させた非国家主体が，常に軍縮を求めるわけではない。情報収集能力を向上させた非国家主体のなかには，そうした情報を兵器入手のために用いるものも少なからずいる。また，冷戦終焉によって，旧ソ連邦内で蓄積されていた核兵器，あるいは化学兵器や生物兵器の関連物質，製造技術の管理が甘くなった[45]。

　化学兵器を用いたテロ事件である地下鉄サリン事件は，対人地雷禁止運動が盛り上がり始めたまさに1995年に発生している。この事件を起こしたオウム真理教は核兵器，化学兵器，生物兵器の研究・開発を進め，サリンガス，VXガスなどの開発に成功していた。核兵器の非国家主体への拡散についても，2004年にパキスタンのカーン（Abdul Q. Khan）博士が中心となっていたとされる「核の闇市場」が存在していることが明るみに出るにおよび，現実的なものと感じられるようになった。

　国家が暴力を独占しているという前提があるからこそ，国際社会が普遍化し，国家間の不信感が低減すると，軍縮規範が広まることが可能になった。もし，非国家主体が国家を脅かすほどの暴力を保有するようになれば，軍縮を進めることが困難になる。いかに国家間で軍縮規範に合意したとしても国家間で構成される「国際社会」の外の，非国家主体が暴力を用いて国家の存立を脅かす恐れがでてくるからである。むろん，これまでも国家が暴力を完全に独占できていたわけではない。しかし，国家を脅かしうるほどの暴力を，非国家主体が保有しうる状況が生まれてきたことは，もしかすると軍縮規範をめぐる最も大きな構造転換となるかもしれない。

　非国家主体が核兵器などの大量破壊兵器を手にした場合，これまでの各国の軍事戦略は大幅な見直しを迫られる可能性がある。というのも，核による報復攻撃を恐れない非国家主体に対しては核抑止が効かない恐れがあるからである。2002年6月，アメリカは弾道弾迎撃ミサイル制限条約（ABM条約）から脱退し，ミサイル防衛の開発に邁進するようになった。その背景には，ならず者国家の脅威に加え，非国家主体による脅威に対応しようとした側面もある。当時のア

――――――――――――――――――

(45)　この辺りの状況については，デイヴィッド・ホフマン『死神の報復：レーガンとゴルバチョフの軍拡競争』白水社，2016年に詳しい。

〔足立研幾〕 　　　　　　　　　　　　　　　*2*　軍縮規範を取り巻く構造転換

メリカ大統領，ジョージ・ブッシュ（George W. Bush）は，守るべき国家も国民も持たないテロ組織に対しては，「抑止」「封じ込め」は効果がなく，自衛のために「先制攻撃」が必要であると主張した(46)。

　こうした発言や行動からは，非国家主体が国家を脅かしうるだけの暴力を保有する可能性が出てきたことは，軍縮規範の構造をさらに転換させるだけでなく，軍備管理の土台をも掘り崩しうることが看取される。非国家主体が実際に国家を脅かしうるだけの暴力を手に入れれば，各国は軍縮どころではなくなる。それどころか，これまで国家間で合意してきた軍備管理や，暴力行使にかかわるルールすらも捨て去らざるを得なくなるかもしれない。抑止や均衡，戦略的安定といったものは，非国家主体による暴力に対してどこまで有効か不明だからである。そのような状況になれば，近年の軍縮の進展は，国家と非国家主体とが何の合意もなく暴力を行使する無秩序状態に陥るまでの間にみられた，泡沫の夢だったということになりかねない。非国家主体への兵器，とりわけ大量兵器の拡散を防止することが，これまで各国間で積み重ねてきた軍備管理や暴力行使にかかわるルールを守れるかどうか，そして今後軍縮規範がさらに広まっていくかどうか，のカギを握っているといえる。

---

(46) "President Bush Delivers Graduation Speech at West Point," United States Military Academy, June 1, 2002, http://georgewbush-whitehouse.archives.gov/news/re-leases/2002/06/20020601-3.html.

43

3 軍縮／軍備管理概念の再検討
──軍備の道徳的評価をめぐる冷戦期の対立と現代における再燃──

福 田　　毅

は じ め に

　言葉の一般的な意味からすると，軍縮（disarmament）とは軍備の削減・全廃を意味し，軍備削減以外の措置も含む軍備管理（arms control）よりも狭い概念であるが，現在では，軍縮・軍備管理と一括りにされ，軍備規制全般を指す用語として用いられることも多い。しかし，1950年代末に軍備管理という概念が登場した当時，それは従来の軍縮に対するアンチ・テーゼとして提示されていた。この文脈における軍縮とは，軍備の削減・全廃という事象を指す中立的な概念ではなく，軍備は全廃あるいは最低限度まで削減されるべきとの思想や信条を意味している。そして，軍縮論者と軍備管理論者の対立の根源には，軍備や抑止に対する考え方の根本的かつ和解不可能な相違が存在した。

　現在では両者の対立は下火となっているが，対立の構造は完全に解消されていない。例えば，核兵器禁止条約の支持派と反対派は，冷戦期の軍縮論者と軍備管理論者と同様に，核抑止の正当性をめぐって対立している。そこで，本稿では，まず，冷戦期の軍縮論者と軍備管理論者のそれぞれが何を目標とし，どのような手段でそれを達成しようとしたのか，両者は何をめぐって対立していたのかを再検討する。これと関連して，冷戦初期に東西間で行われた全面完全軍縮交渉の挫折についても言及する。その上で，現在の軍備規制を戦略的目的のための措置と人道的目的のための措置に分類した上で，軍備規制をめぐる近年の対立点を冷戦期と比較しながら考察する。

I 軍縮の理論的考察

1 冷戦期における軍縮／軍備管理の対立

軍縮と軍備管理の最大の相違は，軍備に対する評価にある。軍備の大規模削減・全廃を求める軍縮論者は，軍備こそが戦争の原因だと考える。一方，軍備管理論者は，軍備が戦争の原因となる場合もあれば，戦争防止に寄与する場合もあるとの立場に立つ。つまり，軍縮論者が軍備を「悪」と見なすのに対し，軍備管理論者は，そうしたアプリオリな道徳的判断は不可能であるばかりか，時として害をもたらすと主張しているのである。

もっとも，軍縮と軍備管理を単純に対比することはできない。軍備管理が目的や鍵となる概念を共有する学問的ディシプリンとして登場・発展したのに対して，軍縮はより多義的で自然発生的な「ムーブメント」という側面が強く，軍縮支持者の中でも軍備に対する見解には相違があった。一方で，軍備管理も，当初は戦略的安定性という概念をベースとして米ソ間の核戦力のバランスに焦点を当てていたが，現在では，より広範な対象を扱うようになっている。あくまでも以下で対比されるのは，軍備を「悪」と見なし，軍備の大規模削減・全廃を求めた軍縮論者と，戦略的安定性を重視した初期の軍備管理論者である。

（1） 軍備を「悪」と見なす軍縮論者

軍備全廃論の古典で最も有名なのは，やはりイマヌエル・カント（Immanuel Kant）であろう。カントは 1795 年に刊行された『永遠平和のために』の中で，常備軍の全廃を訴えた。その理由は，人間が国家により殺人の手段として利用されることは非倫理的であるばかりか，常備軍は他国を絶えず戦争の脅威に晒し，無制限の軍拡競争をもたらすからというものであった。また，カントは，軍拡に伴う軍事費の増大に苦しむ国家が，その重荷から逃れるために（即ち，敵対国を抹消し軍事支出の必要性そのものを消去するために）先制攻撃に訴える可能性にも言及している[1]。

ただし，カントも，国家や国民が自衛権を完全に放棄すべきとは考えていなかった。それは，国民が自発的に一定期間，自らや国家を防衛する目的で武器使用の訓練をすることをカントが容認していたことからも明らかである[2]。た

---

(1) イマヌエル・カント（宇都宮芳明訳）『永遠平和のために』岩波書店，1985 年，16-17 頁。

(2) 同上，17 頁。

〔福田　毅〕　　　　　　　　　　　　　　　*3*　軍縮／軍備管理概念の再検討

だし，こうした措置だけで国家や個人の不安を解消することは難しい。そのため，カントは，常備軍廃絶後に国家・個人の自由と安全を保障する手段として，共和制国家からなる連合の結成を提唱したのである[3]。

　その後，ナポレオン戦争などを背景として，19世紀初頭から欧米で平和団体が設立されるようになるが，その思想的背景は宗教的平和主義，道徳復興運動，自由貿易主義，社会改革運動，国際主義など多様で，自衛目的の武力行使を容認する団体も多かったとされる[4]。19世紀の平和運動でも過剰な軍事支出は批判されていたが，軍縮は国家間の紛争調停に関する法制度を確立した後の課題と見なされており，また，軍縮の要求が自国軍に対する非愛国的攻撃と見なされることを懸念する声も存在した[5]。しかし，欧州に多大な惨禍をもたらした第1次世界大戦の後には，軍縮を求める市民運動が欧米で急速な盛り上がりを見せた。そして，戦間期の平和主義者の中には，第1次大戦の真の原因は「軍備と軍事物資の蓄積」であったと考える者も存在した[6]。米国大統領ウッドロー・ウィルソン（Woodrow Wilson）もその1人であり，1918年1月8日に発表した14ヵ条の平和原則の中で，「国内の安全に支障のない最低限度まで国家の軍備を削減する」ことを各国に求めた[7]。そして，ほぼ同趣旨の規定が，1919年の国際連盟規約にも盛り込まれたのである（第8条）。

　戦間期の平和主義者が最も熱烈に歓迎し期待したのが，1932年に開始された世界軍縮会議であった。この会議では，主要国の軍備全般を対象とする軍縮が討議されることとなっていた。国際連盟を支持する国際的な非政府組織（NGO）であるIFLNS[8]は会議に際して，軍備全廃に向けた第1段階の措置として，戦車，重自走砲，爆撃機，潜水艦，化学兵器などの攻撃的兵器を禁止することを求めた[9]。こうした措置は質的軍縮（qualitative disarmament）と呼ばれ，

---

(3)　同上，38-45頁。

(4)　David Cortright, *Peace: A History of Movements and Ideas,* Cambridge University Press, 2008, pp.25-27, 31.

(5)　Ibid., pp.95-96.

(6)　マイケル・ハワード（奥村房夫ほか訳）『戦争と知識人　ルネッサンスから現代へ』原書房，1982年，116頁。

(7)　Woodrow Wilson, "Address of the President of the United States Delivered at a Joint Session of the Two Houses of Congress, January 8, 1918."

(8)　各国の国際連盟協会の連合体で，正式名称は「International Federation of League of Nations Societies」。

(9)　Cortright, *Peace,* pp.103-104.

I 軍縮の理論的考察

その目的は，侵略に用いられることの多い兵器を禁止することにより，国家が開戦に踏み切る可能性を抑えることにあった。こうした発想は，戦略研究の分野で1980年頃に登場した攻防バランス理論（攻撃側が有利な場合に戦争は生起しやすく，防御側が有利な場合には攻撃側も開戦に慎重になるとの理論）とほぼ同様であり，事実，攻防バランス理論でも質的軍縮の有効性が指摘されることがある[10]。ただし，攻防バランス理論では，攻防バランスを決定するのは兵器だけではなく，また，攻撃的兵器と防御的兵器を区別することが困難である点も強調される[11]。一方，イギリスのフィリップ・ノエル＝ベーカー (Philip Noel-Baker) は，両兵器の区別は困難との主張は「詭弁」に過ぎず，「攻撃に役立つ兵器の全般的な廃止が，国防力を強化し世界の一般的な安全を増大させる」のだと主張する[12]。ノエル＝ベーカーや，この後で取り上げるイギリスのロバート・セシル (Robert Cecil)，スウェーデンのアルヴァ・ミュルダール (Alva Myrdal) は皆，20世紀の代表的な軍縮思想家・活動家であり，その功績でノーベル平和賞を受賞した人物である。と同時に，彼らは外交官や政治家として軍縮交渉に長く携わった経験を有しており，その主張を単純な理想主義と切り捨てることはできない。

セシルは世界軍縮会議の場で，軍事支出の上限設定，質的軍縮，各国の軍備を監視する国際システムの創設を提案した。質的軍縮についてセシルは，具体的に排水量1万トン超の艦艇，潜水艦，戦車，大口径火砲，全軍用機等の全廃を主張し，「論理的な結論として，侵略的な力の除去は最後には完全な安全をもたらす」のだと述べている。しかも，セシルによれば，この措置は更なる「軍縮に向けた真の第一歩」に過ぎない[13]。また，米国大統領ハーバート・フーヴァー (Herbert Hoover) も，戦車，爆撃機，化学兵器等の全廃を1932年6月

---

(10)　Stephen Van Evera, "Offense, Defense, and the Causes of War," *International Security,* Vol.22, No.4, Spring 1998, p.40.

(11)　例えば，次を参照。Robert Jervis, "Cooperation under the Security Dilemma," *World Politics,* Vol.30, No.2, January 1978, pp.167-214; Stephen Van Evera, "The Cult of the Offensive and the Origins of the First World War," *International Security,* Vol.9, No.1, Summer 1984, pp.58-107.

(12)　フィリップ・ノエル＝ベーカー（前芝確三・山手治之訳）『軍備競争 世界軍縮のプログラム』岩波書店，1963年，343-344頁。

(13)　*Records of the Conference for the Reduction and Limitation of Armaments, Series A, Verbatim Records of Plenary Meetings, Volume I, February 2nd-July 23rd, 1932,* League of Nations, 1932, pp.197-198.

に提案した[14]。しかし，各国政府は質的軍縮が容易に実現可能だとは考えていなかった。イギリス政府内には攻撃的兵器と防御的兵器の区別は非現実的との見解が存在していたし，また，フーヴァーの提案も軍縮に好意的な国内世論向けのリップサービスという側面が強かった[15]。セシルにしても，政府代表団に参加して欲しいとの政府の要請を断って IFLNS 代表の資格で会議に参加していたのであり，それ以前から軍縮政策をめぐってイギリス政府と対立するようになっていた[16]。結局，1933 年にドイツでナチスが政権を握り，会議から離脱したこともあり，世界軍縮会議は何ら成果を挙げることができないまま幕を閉じた。

　第 2 次世界大戦で明らかとなった核兵器を含む近代兵器の破壊力は，軍縮論者の危機感を一層強めた。1958 年の著書でノエル＝ベーカーは，「近代兵器は国防の可能性を壊滅させてしまった」のであり，「それに対する防御の方法は現在および将来にわたって存在しない」と断言している[17]。また，軍備が戦争をもたらすという確信にも変化はなかった。ノエル＝ベーカーは，「軍備競争は戦争のたった一つの原因ではなかったが，それは一つの強力なそして恒常的に作用する要因であった」と述べ，軍備競争は「戦争は不可避だ」との考えを助長し，国家の政策決定における軍部の影響力を極度に増大させ，敵対的な同盟の形成を促すと警鐘を鳴らした[18]。こうした危機意識から彼は，まず大量破壊兵器（WMD）の即時廃棄とその他の軍備の大規模削減を行い，その後に，爆撃機，戦車，空母等の攻撃的兵器を全廃した上で，国内治安の維持と国連の軍事的強制行動参加に必要な最低限のレベルを越える軍事力の保有や軍事研究を禁止することを目標に掲げた。ノエル＝ベーカーは，この提案は「理想主義」ではなく「現実的な常識」に過ぎないと主張し，次のように述べる。「近代的な軍備が国家の安全をまもりうるなど，いまなお信じこんでいる人たちこそロマンチストなのだ。……今日ではどの国にとっても……徹底的な軍縮措置

---

(14)　ノエル＝ベーカー・前掲注(12)345-347 頁。

(15)　松永友有「ジュネーブ軍縮会議に至るイギリス国際軍縮政策とフランス安全保障問題」榎本珠良編『国際政治史における軍縮と軍備管理 19 世紀から現代まで』日本経済評論社，2017 年，134-135，144-145 頁。

(16)　Gaynor Johnson, *Lord Robert Cecil: Politician and Internationalist,* Routledge, 2013, pp.205-206.

(17)　ノエル＝ベーカー・前掲注(12)3-4 頁。

(18)　同上，63-64 頁。

I 軍縮の理論的考察

以外に，軍事的防衛策はない」[19]。

ミュルダールも，軍備を否定的に見ていた。彼女によれば，「兵器の生産や輸出は……それを入手する国家に戦争行為の準備をさせ，さらに戦争状態に入ることを促進するもの」であり，「軍備競争は知的にみて不合理であり，かつ道徳的に不健全である」[20]。さらにミュルダールは，武力を背景とする国家の対立は，国内政治や個人の生にも負の影響を与えると主張する。彼女は，次のように述べる。「国際関係が日増しに現実政治（リアル・ポリティーク）として通常の道徳的戒めの外で権力の言葉で議論されているという事実は，……国内的な社会秩序に衰頽的結果をもたらしているに違いない」[21]。こうした考えから，ミュルダールは，核兵器とその運搬手段及び通常兵器の質的・量的な削減，化学兵器・残酷な対人兵器・無差別的兵器・環境兵器の禁止，海洋空間の非軍事化，海外基地の撤去を，当面の措置として行うよう求めた[22]。

ただし，彼女は，ノエル＝ベーカーが提案したような全面軍縮は当面不可能であり，段階的な措置を積み上げるしかないと考えていた[23]。とはいえ，ミュルダールも軍備廃絶に反対していたわけではなく，最終目標はあくまでも軍備廃絶であった。そこに至る過程については論者により見解の相違はあるが，軍縮の思想においては，軍備は戦争をもたらす「悪」であり，究極的には廃絶されるべきものと考えられていたと言える。

（2）　全面完全軍縮（GCD）交渉の失敗

ミュルダールが全面軍縮の可能性に悲観的だった一因は，それが資本主義諸国と共産主義諸国の間のプロパガンダ戦に利用されていたからである。双方は，相手が全面軍縮に応じないことを承知した上で，自らが平和愛好勢力であることをアピールするために，各種の提案を行っていた。最初の提案はソ連による

---

(19)　同上，484-485 頁。

(20)　アルヴァ・ミュルダール（豊田利幸・高榎堯訳）『正気への道　軍備競争逆転の戦略 I』岩波書店，1978 年，22，28 頁。

(21)　同上，27-28 頁。

(22)　アルヴァ・ミュルダール（豊田利幸・高榎堯訳）『正気への道　軍備競争逆転の戦略 II』岩波書店，1978 年，215-216 頁。

(23)　ミュルダールは，「一気に全面的合意に到達する試みを放棄する一方で，われわれは個々の措置を結合して，完全な統合体とする解決を求めなければならない」と述べている。ミュルダール・前掲注(20)151 頁。

〔福田　毅〕　　　　　　　　　　　　　　　　*3* 軍縮／軍備管理概念の再検討

もので，1927 年 11 月に国際連盟の軍縮関連会議の場でソ連代表のマクシム・リトヴィノフ（Maxim Litvinov）が，陸海空軍の解体，全兵器の廃棄，義務履行を監視する国際機関の設置などを盛り込んだ条約案を提示した[24]。ソ連は 1932 年の世界軍縮会議でも同様の提案を行い，戦争をなくす唯一の方法である軍備全廃に賛同しない資本主義諸国は偽善的だと非難した[25]。この会議でリトヴィノフは，「完全かつ全面的な軍縮は戦争を終わらせる唯一の方法」であり，規制の詳細をめぐり各国が長々と議論する必要もなく，違反行為の発見も容易だと述べ，全面軍縮の優位性を訴えている[26]。

　冷戦初期にも，WMD と通常兵器の双方を対象とする包括的な軍縮案が国連の場で協議されていた。例えば，ソ連は 1951 年 12 月に，当面の措置として原子力兵器を禁止するとともに，安保理常任理事国 5 ヵ国の通常兵器を 1 年以内に 3 分の 1 削減することを提案し，米英仏も 1952 年 5 月に，当面の兵員数を米ソ 100-150 万人，英仏 70-80 万人とし，他の国についても人口の 1 パーセント以下とすることを提案した[27]。1954 年 11 月には国連総会でも，「全ての軍隊および通常兵器の規制，制限，大規模な削減」と，WMD の完全禁止を定める軍縮条約の合意に向け努力するとの決議が採択されている[28]。さらに 1959 年 9 月には，ソ連の最高指導者ニキータ・フルシチョフ（Nikita Khrushchev）が，全面完全軍縮（General and Complete Disarmament: GCD）に関する政府宣言を国連総会に提出した。その内容は，国内治安維持のための最低限の武装組織の保有のみを各国に認め，陸海空軍を廃止し，軍が保有する全兵器を廃棄する上，軍事研究・兵器開発や軍事目的の支出も禁止するというものであった[29]。

　この宣言を受け国連総会は 1959 年 11 月に，GCD の早期実現を求める決議

---

(24)　前田寿『軍縮交渉史 1945 年-1967 年』東京大学出版会，1968 年，720 頁。

(25)　Hedley Bull, *The Control of the Arms Race: Disarmament and Arms Control in the Missile Age,* Frederick A. Praeger, 1961, pp.33-34.

(26)　*Records of the Conference for the Reduction and Limitation of Armaments,* pp.82, 85-86.

(27)　前田・前掲注(24)225-228，263-266 頁。

(28)　A/RES/808 (IX), November 4, 1954. 米国は 1955 年になると，核兵器の禁止や東西間の緊張の根本的な解消が不可能であることを理由として，それ以前の諸提案を棚上げすると表明したが，その後も協議は合意の見通しがほぼないまま継続した。前田・前掲注(24)304-336，343-346 頁：ノエル＝ベーカー・前掲注(12)10-26 頁。

(29)　"Declaration of the Soviet Government on General and Complete Disarmament," A/4219, September 19, 1959.

I　軍縮の理論的考察

を採択した(30)。そして，これを踏まえ米ソは1961年9月に，GCDを多国間軍縮交渉の目標とすべきとの共同声明を国連総会に提出した。この声明で米ソは，国内秩序の維持と国連軍への兵員提供に必要なレベルを超える武力を国家が保有することを禁じるGCDを支持し，それを実現するため軍隊の解体，軍事基地の閉鎖，兵器製造の中止，WMDとその運搬手段の廃棄，軍事訓練施設の閉鎖，軍事支出の中止等を行う必要があると主張している(31)。翌1962年には，ソ連が，4年以内の軍備全廃や査察権限を持つ国際軍縮機構の創設を定めた全48条からなる「厳重な国際管理の下における全面完全軍縮条約」の草案を，米国も条約案の概要を示した詳細な文書を18ヵ国軍縮委員会に提出した(32)。

　米ソは，GCDをある程度は真剣に検討していたようである。例えば，1961年6月4日の米ソ首脳会談では，フルシチョフがGCDは「戦争を防ぐ最もラディカルな方法」だと強調し，ジョン・F・ケネディ（John F. Kennedy）も，仮に米ソがGCDに合意した場合，ソ連はあらゆる場所への査察を認めるのかと質問するなど，かなりの時間を割いてGCDが協議されている(33)。また，1962年11月に米国の軍備管理軍縮局（ACDA）局長が大統領に提出した文書も，「我々は全面完全軍縮という目標を放棄してはならない」とした上で，GCDの詳細な条件を検討している(34)。しかし，米国の情報機関は，ソ連によるGCDの提案は国際世論の支持を獲得し，西側に反軍縮とのレッテルを貼るための

---

(30)　A/RES/1378 (XIV), November 20, 1959.

(31)　"Letter Dated 20 September 1961 from the Permanent Representatives of the Union of Soviet Socialist Republics and the United States of America to the United Nations Addressed to the President of the General Assembly," A/4879, pp.3-4.

(32)　"Soviet Proposal Submitted to the Eighteen Nation Disarmament Committee: Draft Treaty on General and Complete Disarmament under Strict International Control, March 15, 1962," and "United States Proposal Submitted to the Eighteen Nation Disarmament Committee: Outline of Basic Provisions of a Treaty on General and Complete Disarmament in a Peaceful World, April 18, 1962," US Arms Control and Disarmament Agency, *Documents on Disarmament 1962,* pp.103-127, 351-382.

(33)　"Memorandum of Conversation, Meeting between the President and Chairman Khrushchev in Vienna, June 4, 1961," *Foreign Relations of the United States, 1961–1963, Volume VII, Arms Control and Disarmament,* p.89.

(34)　"Memorandum from the Director of the Arms Control and Disarmament Agency (Foster) to President Kennedy, Recommendations Regarding Resumption of Geneva Disarmament Negotiations, November 20, 1962," Ibid., pp.612-617.

〔福田　毅〕　　　　　　　　　　　　　　　　*3*　軍縮／軍備管理概念の再検討

「政治的道具」に過ぎないと分析していた[35]。また，フルシチョフも前述の首脳会談で，米国が GCD を受け入れなければソ連は核実験の禁止に同意しないと明言し，GCD を交渉のカードとして利用する姿勢を見せていた[36]。

　1961 年 9 月の米ソ共同声明後，18ヵ国軍縮委員会でも GCD に関する協議が行われたが，結局，東西両陣営が合意に達することはなかった[37]。核不拡散条約（NPT）の第 6 条は，締約国が核軍縮のみならず「厳重かつ効果的な国際管理の下における全面的かつ完全な軍備縮小に関する条約について，誠実に交渉を行う」と規定しているが，具体的な交渉は行われていないのが現実である。GCD の挫折は，軍縮論者の挫折でもあった。ただし，米ソが GCD をプロパガンダに利用したという事実は，全面的な軍縮を求める強い世論が存在することを大国も理解していたことを意味している。

（3）　戦略的安定性を重視する軍備管理論者

　1950 年代末に登場した軍備管理論者が関心を持っていたのは，核兵器の禁止や包括的軍縮が現実的に不可能な状況の下で，いかにして戦争，特に核戦争を防ぐのかという問題であった。戦争の防止という点では，軍縮も軍備管理も目標は同じである。しかし，軍備管理論者は，軍備を「悪」と見なす従来の軍縮のアプローチでは，この目標を達成できないと考えていた[38]。

　初期の軍備管理論者の中心人物であるトーマス・シェリング（Thomas C. Schelling）らによる軍備管理の定義は，「戦争が発生する可能性，戦争が発生した場合の範囲と暴力［の程度］，戦争に備えるための政治的・経済的コストを低下させるために行われる，潜在的敵国間のあらゆる形態の軍事的協力」と

---

(35)　"National Intelligence Estimate, Attitudes of Key World Powers on Disarmament Issues, April 6, 1961," Ibid., p.37.

(36)　"Memorandum of Conversation, June 4, 1961," Ibid., p.91.

(37)　前田・前掲注(24)755-833 頁。

(38)　ただし，エマニュエル・アドラー（Emanuel Adler）によれば，初期の軍備管理コミュニティには，軍縮を無益と考え，核抑止に基づく安定を重視するグループと，軍備を国家間の対立の源泉の 1 つと見なし，将来的な軍縮を実現するまでの次善の策として軍備管理を容認するグループが存在していたが，共に短期的な軍備管理の有効性を認めていた。本稿で中心的に検討するのは，前者のグループの主張である。Emanuel Adler, "Arms Control, Disarmament, and National Security: A Thirty Year Retrospective and a New Set of Anticipations," *Daedalus,* Vol.120, No.1, Winter 1991, p.4.

53

Ⅰ　軍縮の理論的考察

いうものである[39]。ほぼ同様に，ヘドレイ・ブル（Hedley Bull）も，軍備管理の目的を，国際安全保障の向上（戦争発生の可能性の低減），軍備競争の抑制，軍備に費やされる経済的資源の解放としている[40]。中でも軍備管理論者が重視していたのは，戦争発生の可能性の低減であった[41]。そして，この目的を達成するために，軍備管理論者は，国家間の合意に基づき「軍隊や兵器，軍事施設の位置，量，即応態勢，種別」などを管理しようとしたのである[42]。

それでは，どういった基準に基づき軍備を管理すればよいのか。軍備管理理論の革新性は，この問題について理論的あるいは「科学的」な回答を与えたことにあった。その回答とは「戦略的安定性」と「抑止」であり，これらこそが軍備管理論者が共有する中核概念であった。戦略的安定性という概念の原型を最初に示したのは，アルバート・ウォルステッター（Albert Wohlstetter）の1959年の論文「デリケートな恐怖の均衡」である。彼は，米ソが共に相手の報復能力（反撃手段）と社会を破壊する能力を持つ状況は，先に攻撃しないと自らが破壊されることを意味するため，双方が先制攻撃を行おうとする可能性が高く危険だと指摘し，次のように述べている。「明らかに，こうした状況は極めて不安定である。一方で，攻撃を仕掛けた場合，攻撃側も［相手からの報復により］破滅的なダメージを蒙ることが明白であれば，仮に相手に大きなダメージを与える能力を持っているとしても攻撃を差し控える大きな理由となるであろう。防護された報復能力は，合理的に計算された攻撃を抑止するという点のみならず，偶発的な戦争の機会を減らす誘因を双方に与えるという点においても，安定的な影響を及ぼすのである」[43]。

---

(39)　Thomas C. Schelling and Morton H. Halperin, *Strategy and Arms Control,* Twentieth Century Fund, 1961, p.2.

(40)　Hedley Bull, *The Control of the Arms Race: Disarmament and Arms Control in the Missile Age,* Frederick A. Praeger, 1961, pp.3-4.

(41)　Ibid., p.25.

(42)　Robert R. Bowie, "Basic Requirements of Arms Control," *Daedalus,* Vol.89, No.4, Fall 1960, p.708.

(43)　Albert Wohlstetter, "The Delicate Balance of Terror," *Foreign Affairs,* Vol.37, No.2, January 1959, p.230. 戦略的安定性概念の形成過程については，次を参照。Michael S. Gerson, "The Origins of Strategic Stability: The United States and the Threat of Surprise Attack," Elbridge A. Colby and Michael S. Gerson eds., *Strategic Stability: Contending Interpretations,* US Army War College Press, 2013, pp.1-46.

〔福田　毅〕　　　　　　　　　　　　　　　**3　軍縮／軍備管理概念の再検討**

　戦略的安定性という用語の使用法は論者により様々であるが[44]，先制攻撃の誘因が低く，戦争が発生しにくい状態を指すという点では概ね一致している。そして，その状況を生み出し，維持するのは，敵の先制攻撃（第1撃）を受けても生き残ることが可能で，敵に先制攻撃を思いとどまらせるほど強力な報復能力（生存可能な第2撃能力）だとされる。シェリングは，次のように述べる。「先制攻撃の優位をなくしたり劇的に減らしたりすることができれば，攻撃するインセンティヴそのものが減るだろう。……均衡が安定的であるのは，どちらも，先に攻撃しても相手の反撃能力を破壊できない場合である」[45]。このように，報復の脅威で相手に行動を思いとどまらせることは懲罰的抑止と呼ばれるが，そうした事象自体は取り立てて目新しいものではない。軍備管理理論の新奇性は，米ソのような潜在的敵対国の「双方」が懲罰的抑止能力を持つことが安定につながり，かつ，その状態は「お互いの」利益になると主張したことにある。東西が激しく対立していた当時の状況の中で，安全保障の領域においてさえ米ソ間には共通の利益があると論理的に説明したことの意義は決して小さくなかった[46]。

　そして，軍備管理論者がこのように主張できたのは，初期の軍備管理理論が核兵器の存在を前提として構築されていたからであった。そもそも戦略的に安定した状況は「手詰まり」を意味し，現状維持勢力にとっては好都合であるが，現状打破勢力にとっては必ずしも好ましくない。この状況に双方が利益を見いだすのは，両者が共に戦争を望んでいない場合だけである。そして軍備管理論

---

(44)　例えば，エルブリッジ・コルビー（Elbridge Colby）は，戦略的安定性を第1撃の安定性（核報復能力の存在により先制攻撃の誘因が低い状態），危機の安定性（危機が管理不可能になりにくい状態），軍備管理の安定性（軍拡のスパイラルが発生する恐れのない状態）に分類している。梅本哲也も，戦略的安定性を危機の安定性と軍備競争の安定性（軍備管理の安定性と同義），抑止の安定性に分類する。一方，土山實夫は，危機の安定性を先に攻撃しないと相手に攻撃されるという不安がない状態と解釈し，主に核抑止に適用される戦略的安定性と区別している。Elbridge Colby, "Defining Strategic Stability: Reconciling Stability and Deterrence," Colby and Gerson eds., *Strategic Stability,* pp.48-49; 梅本哲也『核兵器と国際政治 1945-1995』日本国際問題研究所，1996年，100-101頁；土山實夫『安全保障の国際政治学 焦りと傲り（第2版）』有斐閣，2014年，190-192頁。

(45)　トーマス・シェリング（河野勝監訳）『紛争の戦略 ゲーム理論のエッセンス』勁草書房，2008年，241頁。

(46)　Robert Jervis, "Arms Control, Stability, and Causes of War," *Political Science Quarterly,* Vol.108, No.2, Summer 1993, p.240.

Ⅰ　軍縮の理論的考察

者は，核兵器の絶大な破壊力を所与とすれば，合理的な国家は少なくとも全面的な核戦争を望まないだろうと想定した[47]。また，1発でも相手に大打撃を与えることのできる核兵器は，生存可能な第2撃に最適の兵器だと考えられた。事実，シェリングは冷戦終結直後に，初期の軍備管理論者の多くは軍備管理そのものよりも核兵器政策に関心を持ち，核抑止理論の精緻化を目指していたと回想している[48]。こうして生み出されたのが，相互確証破壊（MAD）という考え方であった。

　軍縮と軍備管理の相違の1つは，軍備管理が兵器の数以外の要因にも大きな関心を払う点にある。軍備管理は戦力のバランスを重視するが，単純に兵器の数量を均衡させればよいと考えるわけではない。戦略的安定性を維持するためには，相互の報復能力の生存可能性を高めることに加え，偶発的な事故，相手の意図の誤解，技術革新などによって安定が崩れることを防ぐ必要がある[49]。そうした観点から導かれた政策が，報復能力の生存可能性向上（堅牢な地下サイロに格納された大陸間弾道ミサイル（ICBM）や移動式ICBM，潜水艦発射弾道ミサイル（SLBM）の整備等），相手の報復能力を無力化する手段の制限（弾道弾迎撃ミサイル（ABM）や複数個別誘導弾頭（MIRV）化ICBMの制限等），偶発事故や誤解の防止（ホットライン協定や相手国への査察を通じた戦力の透明化等）であった。

　また，多くの軍備管理論者が強調したのが，軍備の削減は時として害をもたらすという点である。例えば，シェリングは，次のように述べている。報復用兵器の生存可能性を向上させるためには核ミサイルの数が多い方が好ましい場合もあるため，「軍縮が文字通り安定をもたらすといったことは自明の結論ではない」[50]。これは，戦略的安定性を向上させるのであれば，軍備管理は「特

---

(47)　事実，1960年代に安全保障担当大統領補佐官を務めた米国のマクジョージ・バンディ（McGeorge Bundy）は，次のように述べている。「報復の可能性が一定程度あるとすれば，米国であろうとソ連であろうと，正気の政治指導部が意図的に核戦争の開始を選択する可能性は文字どおり皆無である。……双方の正気の人間にとって，恐怖の均衡は圧倒的なまでに説得力がある」。McGeorge Bundy, "To Cap the Volcano," *Foreign Affairs,* Vol.48, No.1, October 1969, p.9.

(48)　Thomas C. Schelling, "The Thirtieth Year," *Daedalus,* Vol.120, No.1, Winter 1991, p.24.

(49)　Schelling and Halperin, *Strategy and Arms Control,* pp.50-51.

(50)　シェリング・前掲注(45)246頁。同様の指摘として，Schelling and Halperin, *Strategy and Arms Control,* p.58; Bull, *The Control of the Arms Race,* pp.60-62; Joseph S. Nye Jr., "Arms Control and International Politics," *Daedalus,* Vol.120, No.1, Winter 1991, pp.147-

〔福田　毅〕　　　　　　　　　　　　　　　　　　　　　　3　軍縮／軍備管理概念の再検討

定の種類の兵器を増強することも拒むものではない」ことを意味する[51]。軍備の削減・廃絶は軍縮にとっては目的であるが，軍備管理にとっては目的ではなく，戦略的安定性を向上させるための手段の1つに過ぎない。即ち，軍備管理の立場からすると，戦略的安定性を損ねる兵器の存在は「悪」であるが，それを向上させる兵器の存在は「善」なのである[52]。

　なお，軍備管理論者は，当初から自らの理論が通常兵器の管理や不拡散・輸出規制にも適用され得ると指摘していた[53]。もちろん，戦略的安定性という概念を核兵器の領域に限定することに，合理的な理由は存在しない[54]。一方で，通常兵器が戦略的安定性や抑止という考え方に馴染みにくいのも事実である。バリー・ポーゼン（Barry R. Posen）の指摘するように，通常兵器は核兵器より威力が小さく，また，部隊間の連携が失われると行動に大きな支障が生じるため，第1撃を受けた後にどれだけの兵力があれば十分な報復力となるのかを計算することが難しい。また，第1撃で相手の戦力を壊滅させることは事実上不可能であるため，国家はその後の戦闘で勝利することが可能だと考えやすい[55]。そのため，通常兵器の軍備管理においては，戦力バランスを均衡させるために数量規制を行う場合でも戦略的安定性が厳密に適用されることはなかった。一方で，核抑止でも重視される軍備の透明性や相互コミュニケーションの担保などは，信頼醸成措置（CBM）として通常兵器分野にも導入された。

（4）　軍縮／軍備管理の主要な対立点

軍備管理概念が登場した当時，軍縮論者の一部は軍備管理論者の考え方に強

148.

(51)　D. G. Brennan, "Setting and Goals of Arms Control," *Daedalus,* Vol.89, No.4, Fall 1960, p.693.

(52)　この点では，軍備管理と質的軍縮の間には，一定の類似性があると言える。例えば，シェリングは，一般に攻撃的兵器と防御的兵器を区別することは困難ではあるが，核兵器に関しては第1撃に適した兵器を制限することが有益になるだろうと指摘している。シェリング・前掲注(45)249-250頁。

(53)　Schelling and Halperin, *Strategy and Arms Control,* pp.38-39.

(54)　例えば，自律型致死兵器システム（LAWS）に戦略的安定性概念を適用した例として，Jürgen Altmann and Frank Sauer, "Autonomous Weapon Systems and Strategic Stability," *Survival,* Vol.59, No.5, October/November 2017, pp.117-142.

(55)　Barry R. Posen, "Crisis Stability and Conventional Arms Control," *Daedalus,* Vol.120, No.1, Winter 1991, pp.219-222.

I　軍縮の理論的考察

く反発した[56]。一方，軍備管理論者は，場合により軍備の削減・全廃（事象として軍縮）が戦争防止に貢献することを認めつつも，軍備は「悪」であり廃絶されるべきという考え（思想としての軍縮）は拒絶した。両者の対立は，いわば必然であった。なぜなら，両者は，戦争の原因，軍備全廃の妥当性と現実性，国際関係に対する基本姿勢，抑止の評価の点で，大きく考え方を異にしていたからである。こうした相違は根源的な世界認識にかかわるものであり，容易に乗り越えられるものではなかった。

　軍縮論者は，国家を戦争へと駆り立てる一因は軍備（競争）であり，それがなければ戦争が生起する可能性はほぼ消滅すると考えていた。例えば，ノエル＝ベーカーは，「軍備の競争が相互の恐怖，疑惑，緊張を生んで国際関係を悪化させているのだから，軍縮条約によって軍備競争に終止符が打たれるならば，それによって国際関係が改善され緊張は緩和し，重要な政治問題の解決が容易になることは必至である」と主張する[57]。こうした考えは，国際関係論の系譜でいう「リアリスト」から，強く批判されてきた。例えば，ハンス・J・モーゲンソー（Hans J. Morgenthau）は，次のように述べる。「人間は武器をもっているから戦うのではない。人間は戦うことが必要だと考えるから兵器をもつのである。仮に武器を取り上げても，人間は空拳だけで戦うか，それとも戦うための新しい武器を身につけるであろう」[58]。同様に，マイケル・ハワード（Michael Howard）も，軍備は国家間の対立への反応であり，仮に軍備が無くとも国家間の対立は解消されず，逆に軍備の不在により相手国の抵抗を恐れる必要がなくなるため，小国に対する大国の圧力を抑制できなくなる可能性もあると指摘する[59]。

　軍縮論者は，軍備廃絶後の世界を安定させる方策について，説得力ある議論を提示できなかった。GCD の提案では，国内治安の維持等に必要な武力の保

---

(56)　例えば，ミュルダールは，軍備管理は「われわれの思考や行動を軍縮にはほとんど効果のない妥協の産物である「軍備管理方策」を受容する方向にもってゆく……一種のすりかえに過ぎない」と批判し，軍備管理という用語の使用の「ボイコット」を呼び掛けている。ミュルダール・前掲注(20)xix 頁。

(57)　ノエル＝ベーカー・前掲注(12)74 頁。

(58)　ハンス・J・モーゲンソー（現代平和研究会訳）『国際政治 権力と平和』福村出版，1986 年，426 頁。

(59)　Michael Howard, "Problems of a Disarmed World," *Studies in War and Peace,* Viking Press, 1971, p.230.

〔福田　毅〕　　　　　　　　　　　　　　　　**3　軍縮／軍備管理概念の再検討**

持は各国に認めるとされていた。しかし，ハワードの言うように，その目的で
保有できる武力の限度を決定することは容易ではなく，また，国際的警察力を
一手に握る国際機構の主導権をめぐって国家は激しく争うであろう[60]。一方，
モーゲンソーは，仮に軍備を全廃したとしても，ひとたび戦争状態が生起すれ
ば兵器の生産と使用が再開されることは疑い得ないと指摘する[61]。軍備管理論
者も基本的に「リアリスト」であり，国際社会のアナーキー性を所与と見なし，
国家は自助により安全保障を追求せざるを得ないと想定していた[62]。例えば，
シェリングらは，国家間の対立は根絶できないのであるから，国家が暴力に頼
る必要を極小化するインセンティヴを与えながら，人間の自己破壊能力を管理
することが永遠の課題になると述べている[63]。

　軍縮論者も，現状の国際システムの下では軍備廃絶がほぼ不可能であること
を認めていた。しかし，彼らは，国際システムを変革し軍備を廃絶することが
必要であり，可能なのだと考える点で「リアリスト」と大きく異なった[64]。こ
の点を特に強調したのが，日本の「アイデアリスト」である。例えば，坂本義
和は，これまでの「軍縮交渉の成果が皆無に近いことの一つの理由は，それが
兵器を管理・削減・禁止することに焦点をしぼり，そうした兵器体系を支えて
いる人間社会の政治構造にメスを入れようとしない点にある」と指摘し，「軍
備といった暴力手段に依拠して利益を得たり，それに依拠しなければ利益を失
うという政治構造を変えることが，軍縮の必須の条件」だと主張する[65]。広瀬
善男も，軍縮とは「主権国家間の権力政治の除去，人権の尊重と平和状況の恒
久的実現という，いわば伝統的な国際秩序の基盤的変更を前提とするアプロー
チ」であり，「国家中心の価値観を，人間を中心とする価値観に基礎的に変更
しようとするアプローチ」なのだと説いている[66]。

---

(60)　Ibid., pp.232-233.

(61)　モーゲンソー・前掲注(58) 428 頁。

(62)　Jervis, "Arms Control, Stability, and Causes of War," pp.239-240. ただし，戦争の原因
　　　が人間本性にあるのか，それとも国際システムの特質にあるのかといった論点は，軍
　　　備管理理論の射程外である。

(63)　Schelling and Halperin, *Strategy and Arms Control,* p.5.

(64)　John Baylis, "Arms Control and Disarmament," Id. et al. eds., *Strategy in the Contem-
　　　porary World: An Introduction to Strategic Studies,* Oxford University Press, 2002, pp.184-
　　　185.

(65)　坂本義和『軍縮の政治学(新版)』岩波書店，1988 年，v-vi 頁。

(66)　広瀬善男「国連と軍縮 法的分析とその現代的課題」『国際法外交雑誌』第 69 巻

I　軍縮の理論的考察

こうした視点からすれば，軍備管理は国際関係の現状を固定化・再生産する装置と解釈される。それゆえ，広瀬は，軍備管理とは「権力国家の構造原理を基本的に維持し，国家的利益の保持を中心目的としながら，パワー・ポリティクスの手段として，軍備のコントロールをはかろうとする」ものだと批判する[67]。坂本も，軍備管理が想定する「合理性」に疑いの目を向ける。坂本は，国家は相手が裏切ることを前提として最も害の少ない選択を行うと想定する限り軍拡は避けられないと指摘し，軍備の削減・廃絶は双方にとって利益なのだから，自らが先に一方的な軍縮を行い，「相手方もそれに見合った軍縮を行う……可能性があるという側に賭けてみる」べきだと主張する[68]。坂本によれば，「国際関係をジャングルの法則の支配する権力政治の場と想定し，それを前提にした上でミニマックス的な意味での「合理的」な行動をとるのではなくて，国際政治にはそれと違った面がありうるという可能性の側に賭けるという行為によって権力政治そのものを変えていく」ことが必要なのである[69]。

事実，軍備管理は，軍備のドラスティックな削減を目指さず，現状の安定を維持し，将来における不安定化を回避しようとする傾向にある。それは，冷戦期においては東西（米ソ），冷戦後においては西側諸国の優位性を固定化するものであり，急速に軍事力を増大する他の国家は安定を損ねる危険な存在と見なされることとなる。例えば，現在の西側諸国は，「ならず者国家」への兵器拡散を阻止しようとする一方で，自らの核・通常戦力を問題視することはない[70]。それゆえ，リチャード・フォーク（Richard A. Falk）は，軍備管理は米ソによる国際政治の支配を承認し，支配の安定性を強化してきたと糾弾するのである[71]。軍備管理論者のブルも，この点を率直に認めている[72]。しかし，だか

4/5/6 号，1971 年 70 頁。

(67)　同上 76 頁。

(68)　坂本義和「権力政治を超える道」湯川秀樹ほか編『核時代を超える　平和の創造をめざして』岩波書店，1968 年，54-55 頁。

(69)　同上 66 頁。

(70)　Keith Krause and Andrew Latham, "Constructing Non-Proliferation and Arms Control: The Norms of Western Practice," *Contemporary Security Policy,* Vol.19, No.1, 1998, pp.40-41.

(71)　Richard A. Falk, "Arms Control, Foreign Policy, and Global Reform," *Daedalus,* Vol.104, No.3, Summer 1975, p.40.

(72)　Hedley Bull, "Arms Control and World Order," *International Security,* Vol.1, No.1, Summer 1976, pp.4-6.

らといって坂本の提唱するような「賭け」に踏み切ることは,「リアリスト」の立場からすれば,安定性が崩れた場合のリスクを考慮しない無責任な冒険である。そのためブルは,世界政府の創設や戦争の放棄によって世界を作り替えようという提案は現実の国家が直面する問題を無視しており,国家が取り得る現実的選択肢とはなり得ないと述べ,そうした思考を「国際関係に関する思想の堕落」と切り捨てたのであった[73]。

軍縮と軍備管理の対立は,政策レベルでは抑止への評価に集約される。軍備管理論者にとって抑止は必要悪であるが,軍縮論者は,抑止という名目で兵器の存在を正当化することを容認しなかった。例えば,坂本は,軍備管理とは相互抑止を論拠とする「既成事実としての核兵器の消極的な合理化」に過ぎないと批判し,「抑止の正体」とは「相手に脅威を与える政策」であり,それゆえ「抑止のための軍備管理は,軍拡を促進し,軍縮をますます困難にする」と断定する[74]。恐らく坂本は,兵器を用いて脅し合うことを正当な行為と認めれば,脅威の連鎖により軍備競争が発生することは避けられず,その連鎖を断ち切るには抑止という考え方を放棄するほかないと考えていたのであろう。

特に核抑止については,その不安定性も問題視された。抑止は常に破綻する可能性があるが,核抑止の破綻は大惨事をもたらしかねない。そのため,核抑止に依存することは余りにもリスクが高く,核兵器の廃絶のみが万が一の事態を避ける方策であるという議論にも一定の説得力がある。また,国家を合理的アクターと見なすシェリングらの合理的抑止理論は,誤算や誤解が原因で抑止が破綻する可能性などを重視する次世代の抑止理論家からも「エレガントではあるが的外れ」と批判された[75]。一方で,1980年頃になると,米国の核戦略家の一部は,ソ連がMADを受け入れているか分からない以上,ソ連を抑止するためには実際に核戦争を戦い勝利する計画を米国が持たねばならないと主張

---

(73)　Bull, *The Control of the Arms Race,* pp.26-27.

(74)　坂本・前掲注(65)50, 58頁。

(75)　Richard Ned Lebow and Janice Gross Stein, "Rational Deterrence Theory: I Think, Therefore I Deter," *World Politics,* Vol.41, No.2, January 1989, p.218. 1970-80年代の抑止理論家は,心理学的アプローチなども採用しながら通常兵器の領域における抑止にも焦点を当て,認識バイアスに基づく誤算や誤解,国内政治の状況,報償への期待なども抑止に重大な影響を及ぼすと指摘した。例えば,次を参照。Robert Jervis, "Deterrence Theory Revisited," *World Politics,* Vol.31, No.2, January 1979, pp.289-324.

I 軍縮の理論的考察

した[76]。抑止理論は兵器の使用を前提としているため，こうした議論が浮上しても不思議ではない。しかし，軍縮論者の目には，合理的抑止理論への批判も，核戦争勝利論者の主張も，抑止の危険性や不完全性を象徴するものと映ったであろう。

事実，シェリングも，核抑止が万能だとは考えていなかった。彼は早いうちから，核兵器は通常兵器とは異質な存在で，実際に使用されることはないであろうとの社会的な伝統や期待（核のタブー）が存在すると指摘していた[77]。2005年に行われたシェリングによるノーベル経済学賞受賞演説は，授賞理由のゲーム理論についてはほぼ一言も触れず，核のタブーのみを話題とするものであった。シェリングは，第2次大戦後に核兵器が使用されなかった理由は核のタブーが存在したからであり，中性子爆弾や平和的核爆発が否定されたのも，それらが核兵器は「生得的に悪」であるとの信念を損ねてしまうからだと述べている[78]。さらにシェリングは，「核兵器は使用されてはならず，核兵器を使用した国はヒロシマの遺産を侵害する者と判定されるという慣習」を強化することを理由として，米国は包括的核実験禁止条約（CTBT）を批准すべきだと主張したのであった[79]。

この演説からも分かるように，シェリングは戦略的安定性のみでは不十分であり，核抑止は道徳的な規範によって補強される必要があると考えていた。と同時に，シェリングは，核兵器廃絶が不可能であるからこそ，各種の制度や規範で重層的に核兵器を縛ることが必要だと見なしていたとも言える。シェリングの言葉は，彼が決して論理万能主義者ではなく，道徳や人道にも敏感であったことを示している。しかし，軍縮論者の立場からすると，彼の言葉は，軍備管理論者でさえ抑止という概念を完全には信頼していないことの証左でもある。核のタブーの重要性を強調したとしても，核抑止に対する軍縮論者の不安や不満を解消することはできない。軍備や国際社会に対する考え方の本質的相違を考慮すれば，軍縮論者と軍備管理論者の間の溝を埋めることは，ほぼ不可能で

---

(76)　Colin S. Gray and Keith Payne, "Victory Is Possible," *Foreign Policy,* No.39, Summer 1980, pp.14-27.

(77)　シェリング・前掲注(45)368頁；Schelling, "The Thirtieth Year," p.30.

(78)　Thomas C. Schelling, "An Astonishing Sixty Years: The Legacy of Hiroshima, Prize Lecture, December 8, 2005," *Les Prix Nobel,* 2006, pp.365, 369.

(79)　Ibid., p.375.

〔福田　毅〕

あった。

2　軍備の道徳的評価をめぐる現代の対立

（1）　人道的目的のための軍備規制の「ラディカル」化

　現在では，軍備廃絶を求める声は，市民社会の側からもあまり上がらなく
なった。しかし，一般的な意味での軍縮を求める世論が消失したわけではない。
GCD の失敗後，市民社会の軍縮・平和運動は，軍備規制の領域では核兵器な
ど特定兵器の廃絶に焦点を当てるようになった。そして，そうした運動が極め
て強い影響力を持つようになった結果，軍備規制の一部が「ラディカル」化し，
かつての軍縮／軍備管理の対立に似た緊張が生まれつつある。

　現在の軍備規制を理解するには，戦略的目的のための軍備規制と人道的目的
のための軍備規制を区別することが有益である。前者は，自国の安全の増大ま
たは国際安全保障の向上を目的とし，国家間のパワー・バランスや戦略的安定
性を考慮して行われる軍備規制で，概ね軍備管理に対応する。後者は，兵器が
人間にもたらす苦痛や災厄の根絶・緩和を目的とし，人道的な基準に基づいて
行われる軍備規制である。この原型は，国際人道法（IHL）の原則に基づく戦
闘の手段と方法（兵器とその使用法）の規制である[80]。両者は必ずしも対立的・
排他的なものではなく，双方の目的が交錯し，相互補完的な役割を担う場合も
多い。例えば，国家は，IHL の原則に基づき特定兵器の違法性を判断する場合
にも，当該兵器の禁止が国家間のパワー・バランスに及ぼす影響を重視する。
また，化学兵器の禁止は，IHL に基づく非人道的兵器の禁止という側面と，パ
ワー・バランスを大きく崩しかねない潜在力を持つ兵器の禁止という側面を併
せ持っている。当然，重層的な複数の規範で兵器を禁止する方が実効性も強化
されるので，こうした現象は軍備規制にとって好ましいものである。

　戦略的目的のための軍備規制でも，近年では先進国間の核・通常兵器規制だ

---

(80)　IHL では，「過度の傷害または不必要な苦痛」を与える戦闘手段・方法，区別原則
や均衡原則を満たすことのできない戦闘手段・方法などが禁止される。区別原則とは，
戦闘員・軍事目標と文民・民用物を区別し，前者のみを攻撃対象とすることを，均衡
原則とは，攻撃によって得られる軍事的利益と攻撃の結果生じる付随的被害の均衡を
とることを意味する。こうした原則については，次を参照。福田毅「国際人道法にお
ける兵器の規制とクラスター弾規制交渉」『レファレンス』第 687 号，2008 年 42-49 頁。

I 軍縮の理論的考察

けでなく，途上国への兵器移転やWMDの不拡散が重視されるようになっているが，それ以上に大きく変化したのが人道的目的のための軍備規制である。IHLでは，思想としての軍縮とは異なり兵器全般について善悪の判断は行われないが，原則に合致しない兵器は違法な非人道的兵器であり，禁止されるべき「悪」と見なされる。しかし，国家は人道的考慮よりも軍事的必要性を優先することが多いため[81]，違法(悪)と認定された兵器はそれほど多くない。要するに，人道的目的のための軍備規制は，長らく大きな成果を挙げていなかったのである。しかし，人道の概念が拡大し，現在では人間の安全保障と総称される開発や人権などの視点が軍備規制に導入された結果，この状況に変化が生じた。まず，冷戦終結後の第3世界における地域紛争・内戦への関心の高まりを背景として，開発，犠牲者支援，紛争後の社会の再統合といった視点が，小型武器の移転規制などに反映されるようになった[82]。紛争地で活動するNGOも，こうした動きを後押しし，取組の実施にも関与した。この結果，従来は開発に焦点を当てていたNGOも，軍備規制について関心と発言権を持つようになった。

対人地雷も，紛争後に民間人を無差別的に殺傷すると同時に，途上国の開発を妨げる存在として位置付けられた。この状況を問題視するNGOと有志国が主導して1997年に採択されたのが，対人地雷禁止条約である。同条約には，地雷被害者の治療や社会的・経済的復帰の支援に対する援助を締約国が可能な場合には実施するとの規定も盛り込まれている（第6条）。そして，こうした潮流が更に拡大し，クラスター弾条約，武器貿易条約，核兵器禁止条約がそれぞれ2008年，2013年，2017年に採択された。これら一連の条約は，国家安全保障よりも人間の安全保障を重視する「人道的行為としての軍縮」の成果とさ

---

(81) 軍事的必要性が優先された結果，IHLは暴力を正当化・合法化する手段となったとの指摘もある。Chris af Jochnick and Roger Normand, "The Legitimation of Violence: A Critical History of the Laws of War," *Harvard International Law Journal,* Vol.35, No.1, Winter 1994, pp.49-95.

(82) 例えば，2001年の国連小型武器行動計画では，小型武器の非合法取引が貧困，低開発・持続可能な開発，子供兵士問題，女性や高齢者の蒙る被害に関連することが明記され，紛争後の武装解除・動員解除・社会復帰（DDR）の実施や，紛争の被害を蒙った子供の家族・市民社会への再統合とリハビリといった措置の実施が盛り込まれた。United Nations, "Programme of Action to Prevent, Combat and Eradicate the Illicit Trade in Small Arms and Light Weapons in All Its Aspects," A/CONF.192/15, 2001, paras.2, 3, 6, II-21, II-22.

〔福田　毅〕　　　　　　　　　　　　　　　*3*　軍縮／軍備管理概念の再検討

れる[83]。

　このように，現在の人道的目的のための軍備規制は，従来のIHLの枠組み
を大きく超えるものとなった。それと同時に，こうした流れの中で，IHLの原
則の解釈も変容し始めた。対人地雷とクラスター弾については，IHLの原則に
照らした兵器の違法性が重要な論点となったが，軍事的必要性を重視する国家
は禁止に消極的であったし，現在でも違法性を認めていない国が少なからず存
在する。しかし，人道的考慮を最大限に優先する国家やNGOは，これらの兵
器を非人道的な「悪」と見なし，その禁止に反対する者を道徳的に非難した。
さらにNGOは，人道的目的のためにIHLの原則を拡大解釈することも躊躇し
なかった。例えば，ヒューマン・ライツ・ウォッチの事務局長ケネス・ロス
（Kenneth Roth）は，自分たちはIHLを柔軟に解釈し，「特定の軍事行動は悪い
ものだということを大衆に納得させる規範」を創設するために，法的に言えば
IHLの原則を適用できない事態にもそれを適用してきたと認め，次のように述
べている。「それは我々が対人地雷とクラスター弾について採用したアプロー
チだ。これまでずっと意識的に採用してきたアプローチだ」[84]。続けてロスは，
これまで軍はIHLを自らに都合よく解釈していたが，NGOの介入により軍は
IHL解釈の独占を失い，大衆も対人地雷やクラスター弾は無差別的兵器だとの
NGOの主張に即座に賛同したのだと強調する[85]。

　こうした変化を肯定的に捉える研究者も少なくない[86]。従来のIHLに対す
るアプローチでは，実質的な軍備規制がほとんど進展していなかったことも事
実である。しかし，ラディカルなまでに人道が重視されるようになった結果，
軍事的必要性を重視する陣営からの反発も招いている。もともと「国際人道
法」という用語は，赤十字国際委員会（ICRC）が1960-70年代に戦争法・武力

---

(83)　John Borrie and Vanessa Martin Randin eds., *Alternative Approaches in Multilateral Decision Making: Disarmament as Humanitarian Action,* United Nations Institute for Disarmament Research, 2005.

(84)　Kenneth Roth, "The Human Rights Movement and International Humanitarian Law," Carrie Booth Walling and Susan Waltz eds., *Human Rights: From Practice to Policy: Proceedings of a Research Workshop Gerald R. Ford School of Public Policy University of Michigan October 2010,* University of Michigan, 2011, pp.27-28.

(85)　Ibid., pp.31-32.

(86)　例えば，次を参照。Amanda Alexander, "A Short History of International Humanitarian Law," *European Journal of International Law,* Vol.26, No.1, February 2015, pp.109-138.

紛争法に代わる概念として提示したもので，軍の中には当初から「人道」という言葉に対する反感が存在した。例えば，米軍の法務官ヘイズ・パークス（W. Hays Parks）は，ICRCは「マルクス・レーニン主義の辞書」から「人道」という用語を持ち込み，ルールの採択に反対する者は「非人道的」であるとのイメージを生み出そうとしたと批判し，本質的に非人道的な戦争行為を律する法の名称としてIHLは不適当だと述べている[87]。近年では，人道的考慮ばかり重視するIHLと，軍事的必要性も重視する戦争法・武力紛争法は全くの別物であり，IHLは法的実体のない「政治的プロジェクト」に過ぎないとの指摘まで出ている[88]。

　このような見解は極論に近いが，軍備規制における人道の位置付けをめぐって深刻な対立が発生しかけている兆候でもある。事実，米露中などの軍事重視国は，対人地雷等の禁止に背を向け続けている。前述したようにIHLは軍備全般を「悪」と見なすものではなく，軍事的必要性にも配慮することで，冷戦期における軍縮論者と軍備管理論者の間に存在したような和解不可能な対立が生起することを避けようとしてきた。しかし，IHLでは特定の兵器は非人道的な「悪」と見なされるのであり，いかなる兵器を悪と見なすかの判断基準について見解が分裂するようになれば，特定兵器の「善悪」をめぐる対立は深刻なものとなり得る。この判断基準はIHLに基づく軍備規制において最も重要な原則であり，人道的目的のための軍備規制の「ラディカル」化が一層進めば，冷戦期のような原理原則をめぐる対立が再燃する可能性もある。

（2）　抑止をめぐる対立の再燃

　核兵器禁止条約の成立は，人道的目的のための軍備規制の「ラディカル化」を改めて印象付けるものであった。しかも，この条約は，対人地雷やクラスター弾の禁止条約と異なり，抑止をめぐる対立を再び激化させた。冷戦期から戦略環境が大きく変化したため，核抑止肯定論者も単純に，米露間の戦略核の応酬の恐怖が安定をもたらしていると主張することはできなくなった。しかし，近い将来に核を廃絶することができない以上，敵対国による攻撃，少なくとも

---

(87)　W. Hays Parks, "Air War and the Law of War," *Air Forces Law Review,* Vol. 32, No. 1, 1990, p.72.

(88)　Page Wilson, "The Myth of International Humanitarian Law," *International Affairs,* Vol.93, No.3, May 2017, pp.578-579.

〔福田　毅〕　　　　　　　　　　　　　**3**　軍縮／軍備管理概念の再検討

核攻撃を防ぐ上で核兵器は一定の役割を果たし得ると考えている点に変化はない[89]。一方，核抑止否定論者の反論も，抑止を名目とする核兵器の正当化に向けられている点は，冷戦期と同一である[90]。

　核抑止否定論者の批判が，大国が支配する秩序の正当性に向けられている点も，冷戦期と似通っている。例えば，核兵器廃絶国際キャンペーン（ICAN）の主要メンバーらは，核抑止を容認することは核兵器の唯一の役割が大量殺人であるという事実を隠ぺいするに等しいと批判し，事故を含め核爆発・核攻撃の可能性が僅かでもある以上，「人間の運命を一握りの国家が左右する世界秩序」を容認し続けるべきではないと主張している[91]。また，ICAN に参加していた研究者も，核抑止のディスコースは「小国や市民社会の懸念を軽視して超大国に特権を与えるもの」であり，「男性上位の「保護」イデオロギーと，人間や環境への影響に関する懸念を切り捨てる「客観的」で超合理主義的な功利主義とされるものに依拠している」と糾弾する[92]。

　こうした対立は，特定兵器の「善悪」という道徳的価値判断に起因するものであり，原理的に解消不可能である。禁止支持派は，禁止条約を成立させ，これらの兵器に「非人道的」との「烙印」を押すことで，条約非加盟国をも拘束する禁止規範を創設することを目指している[93]。しかし，こうした戦術が成功する保証はない。道徳的非難が高まれば高まるほど，互いの溝は深まり，妥協や譲歩が難しくなる。また，抑止と同様，スティグマタイゼーション（烙印を押すこと）の効果は，客観的に測定できない。特に核兵器は過去約 70 年間使用されておらず，今後も不使用が続いたとしても，それが禁止条約による「烙

---

(89)　核兵器ほど顕著ではなかったが，対人地雷やクラスター弾でも，禁止消極派・反対派は，兵器の放棄が自国の抑止力に及ぼす否定的な影響を懸念していた。福田毅「クラスター弾に「烙印」は押せるか　オスロ・プロセスをめぐる言説の分析」『国際安全保障』第 37 巻 4 号，2010 年 73-76 頁。

(90)　近年の核兵器廃絶論者による核抑止批判として，例えば次を参照。ウォード・ウィルソン（広瀬訓監訳）『核兵器をめぐる 5 つの神話』法律文化社，2016 年。

(91)　Ray Acheson, Thomas Nash, and Richard Moyes, *A Treaty Banning Nuclear Weapons: Developing a Legal Framework for the Prohibition and Elimination of Nuclear Weapons,* Article 36 and Reaching Critical Will, 2014, pp.6, 8.

(92)　Matthew Bolton and Elizabeth Minor, "The Discursive Turn Arrives in Turtle Bay: The International Campaign to Abolish Nuclear Weapons' Operationalization of Critical IR Theories," *Global Policy,* Vol.7, No.3, September 2016, p.387.

(93)　福田・前掲注(89)76-78 頁。

印」の効果なのかを判断することは困難であろう。一方で，クラスター弾の場合のように禁止条約成立後も兵器の保有や使用が続けば，国際政治の現実の前では道徳的規範など無力だというシニシズムが助長されてしまう可能性もある。

ただし，核兵器禁止条約は，核抑止にとっても有益な面がある。核兵器は，対人地雷やクラスター弾と異なり，抑止を主たる目的とする兵器である。シェリングの例からも分かるように，核抑止肯定論者も，核のタブーが強化され，核使用の敷居が高くなることを望んでいる。このタブーが敵対国による核使用を抑制するのであれば，それは核保有国とその同盟国にとっても利益となり得る。もっとも，これらの国は，核抑止が成立しなくなるほどタブーが強くなることには抵抗するかもしれない。

おわりに

冷戦期における軍縮と軍備管理の対立は基本的な道徳的価値をめぐるものであり，深刻かつ和解不可能であった。そして，軍備全廃という理想について言えば，それを求めた知識人や市民社会は，パワー・ポリティクスを打ち破ることができなかった。しかし，軍縮を支持する声はなくならず，現在のNGO等は，人権や開発を含む人道全般を重視した特定兵器の禁止や移転規制に焦点を絞って活動するようになった。そして，冷戦終結後に緊張が緩和し，NGOの発言力が増大したことなどを背景として，「人道的行為としての軍縮」が大きく前進した。

これは歓迎すべき事であるが，一方で，軍事的必要性や抑止を重視する論者と人道的考慮を重視する論者の間で，再び道徳的価値をめぐる対立が生じ始めている。後者の論者も，軍備全般を「悪」と見なしているわけではないため，現在の対立は和解不可能とまでは言えない。しかし，少なくとも特定の兵器の「善悪」をめぐっては，大きく判断が分かれるようになっている。この「善悪」の判断基準は軍備規制の中核に位置するものであり，それをめぐる対立が存在することは決して好ましいものではない。こうした対立は，新たな軍備規制を行う際の障害となるし，また，既存の規範の正当性を損ねる要因にもなる。しかし，それが道徳的価値に関わるものである以上，この対立を解消することは容易ではないだろう。

4 新たな兵器の合法性審査を事例として
──国際人道法・国際刑事法と軍縮国際法との協働

福 井 康 人

は じ め に

新たな兵器の合法性審査は，特定通常兵器使用禁止制限条約（CCW）[1]にお
ける自律型致死性兵器システム（LAWS, Lethal autonomous weapons system）に
係る議論が 2014 年から 3 年間の非公式協議を経て，2017 年から政府専門家会
合（GGE）[2]プロセスに移行して引続き行われる際に，その論点の 1 つとして
議論された。2018 年に入ってからも 4 月及び 8 月に GGE が開催され[3]，これ
までと同様に LAWS の定義問題，人間・マシーン相互関係等の論点を巡って
議論が継続している。LAWS については実存しない兵器を巡る議論ということ
もあり，殆どの論点で議論の出口が見いだせず，各国の見解の収斂は容易でな
い[4]。

このような LAWS の問題は新たな技術（emerging technology）の問題として

---

(1)　CCW (and Protocols) (as amended on 21 December 2001), 1342 UNTS 137 (entered into force on 2 December 1983).

(2)　CCW Doc. CCW/CONF.V/10, 23 December 2016, p.4, para.23.

(3)　CWC Doc. CCW/GGE.1/2017/3, 20 November 2017, pp.1-13; Non-paper: Chair's summary of the discussion on Agenda item 6 (a) 9 and 10 April 2018 Agenda item 6 (b) 11 April 2018 and 12 April 2018 Agenda item 6 (c) 12 April 2018 Agenda item 6 (d) 13 April 201.

(4)　最近の議論については福井康人「自律型致死性兵器システム（LAWS）を巡る最近の動向」CISTEC ジャーナル 174 号（2018 年）129-135 頁，「LAW 等に見られる新たな兵器の国際的な規制を巡る議論の動向」CISTEC ジャーナル 178 号（2019 年）166-176 頁参照。なお，2018 年に入ってからも 4 月及び 8 月に 2 回にわたり政府専門家会合が開催されているも同様の状況が続いている。また，最終的な成果物を巡っても，これまでの一連の CCW 附属議定書交渉のように最終的には附属議定書を目指すことを前提にして GGE プロセスが開催されているものの，2017 年 GGE ではドイツ及びフランスが共同提案した作業文書（CCW Doc. CCW/GGE.1/2017/WP.9, 7 November 2017, pp.1-4. 参照）で政治宣言及び行動規範の具体的提案が行われるなど，既に落しどころを模索する動きも見受けられる。

I　軍縮の理論的考察

捉えられていることから，付随してジュネーブ諸条約第1追加議定書[5]第36条の規定する新たな兵器の合法性審査の論点も注目されている。同規定は国際人道法の法体系の中では必ずしも中核に位置するものではないものの，2016年サンレモ円卓会議において主要議題とされ[6]，SIPRI等特に欧米シンクタンクは高い関心を示している。尤もこの問題は第1追加議定書が合意されて以来議論されており[7]，特にCCWとの関連においてもこれまでも新たな技術として盲目化レーザー兵器を対象とした第Ⅳ議定書交渉の関連で議論された[8]。これが特にLAWSの検討の機会に再び脚光を浴びていることから，先行研究の中でも同条が漸く注目されるようになったとするものもある[9]。

　このような次第もあり，本稿では国際人道法の一要素である新たな兵器の合法性審査の規定を事例として，どのような合法性審査のアプローチがあり，特に軍縮国際法といった関連分野の国際法が合法性審査の基準としてどのような形で関与し，これらが第1追加議定書第36条の履行における軍縮国際法を含む複数の国際法分野の協働をもたらして，相互強化に資するかにつき検討する。このため，先ずは第1追加議定書第36条についての解釈につき述べた上で，合法性基準のアプローチとその実証性につき主要国の国家実行を通じて明らかにする。更に，合法性審査に適用される国際法の諸規則について，先ず第1追加議定書第36条1項にある**「この議定書にある諸規則」**について，更には**「他の国際法の諸規則」**について具体的内容を明らかにする。その上で，今日

---

(5)　Protocol Additional to the Geneva Conventions of 12 August 1949, and relating to the Protection of Victims of International Armed Conflicts (Protocol I), 1125 UNTS 3 (Entry into force on 7 December 1978). なお，本稿で論じるジュネーブ諸条約第1追加議定書第36条は「締約国は，新たな兵器又は戦闘の手段若しくは方法の研究，開発，取得又は採用に当たり，その使用がこの議定書又は当該締約国に適用される他の国際法の諸規則により一定の場合又はすべての場合に禁止されているか否かを決定する義務を負う。」と規定する。

(6)　Weapons and the International Rule of Law: 39th Round Table on Current Issues of International Humanitarian Law (Sanremo, 8th-10th September 2016), International Institute of Humanitarian Law, 201

(7)　浅田正彦「国際法における新兵器の取扱い」『世界法年報』第7号，1987年，17-34頁。

(8)　岩本誠吾「「新」兵器の使用規制――レーザー兵器を素材として」村瀬信也＝真山全編『武力紛争の国際法』東信堂，2004年，387-391頁。

(9)　William Boothby, 'Dehumanization: Is There a Legal Problem under Article 36?' *Dehumanization of Warfare-Legal Implications of New Weapon Technologies,* Springer, 2018, p.21.

〔福井康人〕　　　　　　　　　*4　新たな兵器の合法性審査を事例として*

までに作成されている主要な軍縮条約も，後述するように具体的な審査基準と
して機能することから，具体的な兵器カテゴリー（NBC 兵器，通常兵器等）に
適用した場合を想定し，この新たな兵器の合法性評価の有用性とその課題につ
いても併せ考察する。

1　新たな兵器の合法性審査

（1）　第1追加議定書第 36 条の解釈

　新たな兵器の合法性審査については，第1追加議定書第 36 条の規定に従い，
「締約国は新たな兵器又は戦闘の手段若しくは方法の研究，開発，取得又は採
用する場合に，その使用がこの議定書又は当該締約国に適用される他の国際法
の諸規則により一定の場合又はすべての場合に禁止されているか否かを決定す
る」国際的義務を課されることである。このためここで解釈上問題となるのは，
先ず「新たな兵器又は戦闘手段若しくは方法」は何を指すか，この義務のトリ
ガーとなる「研究，開発，取得又は採用」とは何を指すかである。更にその際
に適用される基準としては「その使用がこの議定書又は当該締約国に適用され
る他の国際法の諸規則により一定の場合又はすべての場合に禁止されているか
否か」が問題となる。

　同規定ではその使用禁止が条件となっているように，武力紛争の規制を念頭
に置いたものであるため，当該兵器の使用が禁止されているか否かに重点が置
かれている。他方で，軍縮国際法では使用以外の行為も規制の対象とされてい
ることが多い。その一例はクラスター弾条約であり，同条約では使用の他に開
発，生産，取得，貯蔵，保有，移譲，更には禁止行為の援助，奨励，勧誘も禁
止対象とされている。また，このような使用禁止の義務については，国際人道
法を H.L.A ハートにいう第一次規則[10]とした場合第二次規則としての国際刑
事法にも見られるので，併せて検討する必要がある。更に，国際法の規則の中

---

(10)　H.L.A.Hart, *The concept of Law (third edition)*, Oxford University Press, 2012, pp.94-
　　95.
　　　第一次規則及び第二次規則については，法学者ハートが提唱しているもので，人に
　　対して何事かをするよう，あるいはしないように要求する規則を第一次規則とする一
　　方で，新たに第一次規則を導入して廃止・変更し，あるいは多様な仕方でその適用範
　　囲を確定し，その作用の統制が出来るようにする規則を第二次規則として各種法体系
　　の分類を試みる考え方である。

I　軍縮の理論的考察

には慣習法化したものあり，特に国際人道法の場合は赤十字国際委員会 (ICRC)
が慣習法規則集を発刊しており，これらは慣習法として有力な学説としてみな
されている。

　新たな兵器等の表現の関連で，後述のとおり，米国は核兵器に第1追加議定
書は適用されないとしているものの，米ロ間で合意された SALT-II 条約には類
似する表現が見られる。例えば SALT-II 第4条9項は「各締約国は 1979 年 5
月 1 日の段階で新たなタイプの軽 ICBM の発射テスト及び配備を行ったもの
を除き，新たなタイプの ICBM の発射テスト及び配備を行わない。」と定めて
おり[11]，第1合意声明で 1979 年 5 月 1 日が新たなタイプか判断する上でのカッ
トオフデートとされている他，ICBM の推進方式が異なる場合は新たなタイプ
と見なすとしている。このように見ると，どの時点から新たな兵器と見なすか
とのカットオフデート及び「新たな兵器」に使用される基本的な諸元を基に，
判断される必要があることがわかる。しかしながら，そもそも同条に基づく判
断が各締約国に任されていることもあり，客観的な議論を行うのが容易でない
のが現実である。もっとも，少なくとも既存の兵器の改良型の場合は「新たな
タイプ」とされても新たな兵器には該当しないとの見方もあろうが，当該兵器
の主要部分に抜本的に「新たな技術」が使用される場合は「新たな兵器」に該
当するものと思われる。

　次に，この義務のトリガーとなる「研究，開発，取得又は採用」については，
他の条約の例を見ると，先ず研究及び開発については，化学兵器禁止条約
(CWC)[12]では許容された研究から化学剤の製造を区別するとの手法が取られ
ており，化学兵器の製造の準備が特定の器具や適用される手法により明らかに
なるとされ，開発自体はその対象が実際に存在するようになり，供用されるよ
うになることと説明されている[13]。これは一般的な意味での説明の域を超える
ものではなく，対象となる兵器毎に読み替えて解釈する必要がある。また，取
得については核兵器不拡散条約（NPT）が「製造若しくはその他の方法で取得

---

(11)　Treaty Between The United States of America and The Union of Soviet Socialist Repu-
　　　blics on the Limitation of Strategic Offensive Arms (SALT II) https://www.state.gov/t/
　　　isn/5195.htm#treaty
(12)　CWC, 1974 UNTS 45 (entered into force on April 1997).
(13)　Walter Krutzsch, Eric Myjer, and Ralf Trapp (eds.), *The Chemical Weapons Convention:
　　　A Commentary,* Oxford University Press, 2014, p. 65.

〔福井康人〕　　　　　　　　*4*　新たな兵器の合法性審査を事例として

(to manufacture or otherwise acquire)」[14]との表現を使っていることから，製造 (manufacture) は核兵器が製造される際には一般的であり，輸入等製造する以外の何らかの方法で入手することを指す。採用については当該兵器が制式に従い調達されることを指し，日本の場合は自衛隊法第78条により任務の遂行に必要な武器の保有が認められることとなる。

（2）　合法性審査基準のアプローチとその実証性

先行研究等を見ると合法性審査の基準には概ね2つのアプローチが見られる。

先ず，第一のアプローチは第1追加議定書第36条に該当する国際文書を列記する手法である。例えば，ICRC の新たな兵器の合法性審査ガイドは各締約国の便宜を考慮して代表的な条約等を掲載している[15]。具体的に見ると，まずセント・ピータースブルグ宣言，ハーグ陸戦条約，1925年毒ガス議定書，生物兵器禁止条約（BWC），環境改変技術禁止条約[16]（ENMOD），CCW 及び第 I から第 V までの附属議定書，CWC，対人地雷禁止条約，ICC 規程等が列挙されている。もっともこの ICRC ガイドは2006年の時点で第36条に照らして作成されたものであり，その後作成されたクラスター弾条約や ICRC 慣習法規則集[17]等も今日では考慮される必要があるのは言うまでもない。

また，第2のアプローチは合法性審査の場合に適用される基準となる原則を示すものである。例えば，ウィリアム・ブースビィ（William Boothby）は5つ

---

(14)　Treaty on the Non-Proliferation of Nuclear Weapons729 UNTS 161 (adopted on 1 July 1968, entered into force on 5 March 1970).

　　　NPT 第1条は核兵器国の義務として，「締約国である核兵器国は，核兵器その他の核爆発装置又はその管理をいかなる者に対しても直接又は間接に移譲しないこと及び核兵器その他の核爆発装置の製造若しくはその他の方法による取得又は核兵器その他の核爆発装置の管理の取得につきいかなる非核兵器国に対しても何ら援助，奨励又は勧誘を行わないことを約束する。」と規定しており，同第2条は同様に非核兵器国の義務を規定している。

(15)　ICRC, A GUIDE TO THE LEGAL REVIEW OF NEW WEAPONS, MEANS AND METHODS OF WARFARE MEASURES TO IMPLEMENT ARTICLE 36 OF ADDITIONAL PROTOCOL I OF 1977, 2006, pp.11-13.

(16)　Convention on the Prohibition of Military or Any Other Hostile Use of Environmental Modification Techniques, 1108UNTS151 (entered into force on 5 October 1978).

(17)　ICRC, Customary International Humanitarian Law Volume I: Rules, CUP, 2005, pp.1-161.

I　軍縮の理論的考察

の基準を提示している[18]。即ち，(1)兵器が通常の状況で使用される場合に当該兵器が過度の傷害や不必要な苦痛を齎さないこと，(2)兵器が広範，長期的かつ深刻な損害を与えることを目的とする又は与えること，(3)無差別攻撃の禁止を遵守しうる兵器であること，(4)条約又は慣習法が特定の規則を当該兵器の使用を禁止又は制限するものでないこと，(5)武力紛争法の将来の発展に当該兵器が影響を受けないことである。類似の指摘は ICRC の新たな兵器の合法性審査ガイド 1.2.2.1. 及び続く 1.2.2.2. にも言及があるが，ここでは第 1 追加議定書第 51 条(5)(b)の均衡性原則も挙げられている。

　これらの事例を見ると，第 36 条の前提である第 1 追加議定書に規定された諸原則を体現する規則（国際人道法，国際人権法，国際環境法及びこれらを反映する第二次規則たる国際刑事法）により，新たな兵器の使用が禁止又は制限されている場合が該当するとして，適用される諸原則の規則を明示するものと，具体的な国際条約を特定して例示するものとして，明確な審査基準となっていることがわかる。もっとも，「当該締約国に適用される」条件が付されて，当事国要件又は広く慣習法化している事実が確認される必要があり，この条件を満たす場合は締約国でなくても拘束されることとなる。学説の中には条約形成の途中にあるものも含めることが望ましいとするものもあるが[19]，条文を素直に読むと「当該締約国に適用される」必要があり，当該国に対して慣習法の形であっても適用可能であることが必要になるものと解される。

　以上を押さえた上で，この新たな兵器の合法性につきどのような国家実行が行われているか見てみる。本稿校正（2018 年 9 月末）の時点で第 1 追加議定書は 174 の締約国を数えるが，そのなかで新たな兵器の合法性審査の国家実行についてインターネット上に公開しているのは英国等一部の国に限られている[20]。このように，米国，英国等の一部の国はネット上に設立根拠や関係する軍事教範等も含めて情報公開しているものの，兵器開発には国家安全保障上の

---

(18)　William H. Boothby, *Weapons and the Law of Armed Conflict,* OUP, 2008, pp.345-346.

(19)　Justin McClelland, The review of weapons in accordance with Article 36 of Additional Protocol I, IRRC June 2003 Vol. 85 No 850, pp.409-410.

(20)　UK Weapon Reviews, Ministry of Defense, Development, Concepts and Doctrine Centre.2016. なお，2018 年 8 月の GGE にオーストラリアは自国の国家実行に係る作業文書を提出した。See also CCW Doc. CCW/GGE.2/2018/WP.6, The Australian Article 36 Review Process, 30 August 2018, pp.1-5.

〔福井康人〕　　　　　　　　　　　　*4*　新たな兵器の合法性審査を事例として

考慮が強く働くため，総じて公開されている情報が限定的である[21]。

　そのような中で，SIPRI が 2017 年末に公表した調査結果[22]はこれまでの CCW 会合等での公開情報に加えて独自に調査した結果を加味したものであり，主要国の審査制度を公開情報ベースで纏めた数少ない公開文献となっている。それでも明らかになったのは約 10 ヶ国に過ぎず，実際に 174 の締約国の残りの国は具体的に第 36 条の義務をどのように遵守しているのか，外部からはわからない状況にあるのが実情である。もっとも，ほとんどの国では国防省系の組織が同条の履行を担っている実態がある[23]。なお，日本における国家実行については，研究，開発，調達，配備などの検討を行う防衛省での会議には法務官が必ず出席し，その意見が反映されることにより新たな兵器の合法性の評価が行われるとのことである[24]。

　次に，まず新たな兵器又は戦闘手段若しくは方法の定義であるが，ベルギーは殺傷性・非殺傷性を問わず如何なるタイプの武器を指し，兵器システム，投射物，弾薬，火薬，人等に作用するように考案された火薬としており，戦闘の手段も同定義に含まれるとしているが，戦闘の方法は，ベルギー軍一般指令

---

(21)　ネッタ（Netta）ICRC 法務官へのインタビュー（2017 年 2 月 21 日，於：ジュネーブ ICRC 本部）LAWS をめぐる議論の中で新たな兵器の合法性審査が新たに注目を浴びたため，2016 年に ICRC が第 1 追加議定書締約国に対して調査票を送付して任意に回答を求めた上で，これをもとに現在 2006 年版ガイドラインの改訂作業を進めており，2019 年には改定版が出るとの由。もっとも，各締約国との関係もあり，調査結果そのものは非公開とならざるを得ない模様である。なお，新ガイドラインの構成は大きくかわらない模様であり，新たな技術の事例等その後の新たな進展が新ガイドラインには反映される予定の由。

(22)　Vincent Boulanin and Maaike Verbruggen, *SIPRI compendium on Article 36 reviews,* SIPRI, 2017, pp.1-28.

(23)　例えば，ベルギーは独立した法的審査委員会が，ドイツは国防省内の運営委員会が，オランダは国防省の国際法・通常兵器使用諮問委員会が，ニュージーランドは国防省法務局が，ノルウェーは国防国際法委員会が，スウェーデンは独立の兵器計画監視国際法代表団が，英国は国防省外局の開発・概念・ドクトリンセンターが，米国は陸軍・海軍・空軍ごとに法務官（Attorney）が審査の指揮をしており，それぞれの軍ごとに分離独立した合法性審査メカニズムが確立されている。

(24)　第 3 回 LAWS 非公式協議（公開会合）での日本代表団関係者（防衛省防衛政策課部員）の発言による。その後，安部総理は 2019 年 2 月 1 日に参議院本会議での山口公明党代表質問に対する政府答弁において，「(LAWS について) わが国は，有為な人間の関与が必須であるとの立場であり，人間の関与が及ばない，完全自律型の致死兵器の開発を行う意図は有していないとの立場を表明してきている。（以下略）」として開発意思を有しない意思を明確にした。

I 軍縮の理論的考察

J/836 には規定されないものの，敵と戦うための戦術・技術と理解されている。他方，ドイツは当該兵器が合法性審査に付されるかはケースバイケースであるとしつつも，兵器については人間を殺傷し又は攻撃又は防御能力を排除・低減し又は目標物を破壊または損害を与えるものとする。また，戦闘の手段については兵器ではないものの，攻撃・防御能力に影響を与えるものとし，戦闘の方法については特定の軍事作戦，能力を支援し，敵のこのような能力を減じるための軍事作戦方法のための計画，概念又はドクトリンとしており，こうした兵器の定義に基づき新しい兵器が定められる[25]。

更に，スウェーデンについては武器の明確な定義を置いていないが，警察等の使用する武器についても審査する由であり，スイスについても合法性法制審査のための武器等の定義を設けていないものの，合法性審査を行っている由である。また，米国は陸軍・海軍・空軍ごとに微妙に異なる定義を使用しており，例えば，米国陸軍は全ての通常兵器，弾薬，物質，道具，又は考案物で，敵の人員，物質又は財物を損傷，破壊，無力化するものと定義している他，兵器システムについては武器そのもの及びその運用に必要な構成物であるが，個人または財物に直接の損傷又は損害を与えるものに限定されず，放射物，小型武器，爆発物，及び物理的に破壊し障害を生じせしめるその他の考案物を含むと定義している。

日本における兵器の規制は，銃刀法（銃砲刀剣類所持等取締法），武等法（武器等製造法），火取法（火薬類取締法）及び外為法（外国為替及び外国貿易法）により重層的に行われているものの，特に武等法第2条により銃砲，銃砲弾，爆発物等が武器（兵器）に指定されている。このようなものの中で新たな兵器に該当するものがあれば，上述のとおり，防衛省内で審査が行われている。この

---

(25) オランダは厳密な兵器・戦闘の手段及び方法の定義を定めずに合法性審査を実施している由であり，害や損害を生じせしめる兵器は予見される損害のレベルにかかわらず審査の対象になるとのことである。ニュージーランドは兵器及び弾薬については敵対する戦力に害を与えるために定義又は適用された考案物であり，全ての武器，銃器，システム，爆発装薬，爆弾及びミサイルを含むとする他，この定義はまだ使用されていない試験中の兵器や弾薬を含むとされるものの，戦闘の手段及び方法については厳密な定義を設けていないとのことである。ノルウェーは兵器について如何なる戦争の手段，兵器システム・計画，本体であり特に戦闘に適しているとされ弾薬や類似の機能を有する兵器の一部と定義している。もっとも，戦闘の手段及び方法については作戦計画ガイドライン及び交戦規定（Rules of Engagement）により定められるとして明示的な定義を置いていない。

〔福井康人〕　　　　　　　　　*4　新たな兵器の合法性審査を事例として*

ように限られた国のデータしかないものの，そもそも兵器の定義等につき当該国の法令，軍事教範等に明確な定義を置いていない国があるのが現状である。なお，適用される基準については概ね上記の1.(2)で述べた国際人道法・国際刑事法及び軍縮国際法が該当するものの，スイスなどは当該兵器が法執行目的に使用される場合もあるとして国際人道法のみならず国際人権法も基準にすべきとしている[26]。このように，第36条の実施においては軍縮国際法を含む複数の国際法分野の協働が見られ，相互にその規範性の強化に役立っている。

2　合法性審査に適用される国際法の諸規則

第1追加議定書第36条1項は「その使用がこの議定書又は当該締約国に適用される他の国際法の諸規則により一定の場合又はすべての場合に禁止されているか否か」と規定する。このため，先ず，第1追加議定書により使用が禁止されている場合，更には当該締約国に適用される他の国際法の諸規則により使用が禁止されている場合を見てみる。

（1）「この議定書の諸規則」

第1追加議定書を例に取ると，例えば，危険な力を内蔵する工作物及び施設の攻撃を禁止する第58条のように，武器の種類を問わず特定の攻撃を禁止する規定もあれば，武器の使用に係る一般原則的なものもある。具体的には第1条2項，第35条，第55条，第48条等がこのような一般的な武器使用の禁止原則または基本原則の例である。

（a）　マルテンス条項

第1追加議定書第1条は一般原則及び適用範囲を定めており，第1項で謳われたこの議定書の尊重義務に続いて，特に第2項は「陸戦に関する法規慣例に関する条約（ハーグ陸戦条約）」の前文に見られるいわゆるマルテンス条項の一例である[27]。即ち，国際人道法の分野において，法典化条約によって明示的に

---

(26)　Vincent Boulanin and Maaike Verbruggen, *SIPRI compendium on Article 36 reviews,* SIPRI, 2017, p. 9.
　　　例えば，オランダは第36条の条文を引用して双方のアプローチが該当するとしている。
(27)　ハーグ陸戦条約前文には「一層完備シタル戦争放棄ニ関スル法典ノ制定セラルルニ

I　軍縮の理論的考察

規律しない場合であっても，慣習法上の規則によって規律される場合があることを確認するものである。これは武力紛争法の法典化が進行しても国際人道法を完全なものとすることは困難であり，条約によって明示的に規制されないことは当然許されるとする考え方を排除し，将来において技術の進歩に関らず国際人道法の原則を適用可能とするために規定されている。これには，例えば，「サイバー兵器」のような無形物であっても対応し得る柔軟性を提供する「兵器，戦闘の方法及び手段」の表現等[28]と共に，法の欠缺を防止する観点から重要な働きをするものである。

　更に，このマルテンス条項は法の根底にある「倫理」との結節を提供するものであると言うことができる。即ち，「人道の法則（laws of humanity）及び，公共の良心の命ずるところ（the dictate of public conscience）等に由来する国際法の原則」が大前提にあるため，公共の良心は倫理の観念に繋がるものである。また，このマルテンス条項の内容については，ジュネーブ諸条約の廃棄条項（例えば第1ジュネーブ条約第63条）の制限として，条約を廃棄した国についても条約に含まれる原則が慣習国際法となっている普遍的規則である限りにおいて，廃棄後も引き続きその原則によって拘束されることを明示したものであることとされているなど普遍性の高いものである。このためその後に作成されたCCWや2017年に作成された核兵器禁止条約にもこれらの前文に関連する文言が見られる。

　特に，マルテンス条項に続き重要となるのは，戦闘の方法及び手段に係る基本原則について規定する第35条である。同条では，まず第1項において，「いかなる武力紛争においても，紛争当事国が戦闘の方法及び手段を選ぶ権利は無制限でない。」という原則が確認されている。これは1907年のハーグ陸戦条約第22条が「交戦者ハ，外敵手段ノ選択ニ付無制限ノ権利ヲ有スルモノニ非ス。」と規定したことを端緒とするものであり，いかなる武力紛争においても，紛争当事国が戦闘の方法及び手段を選ぶ権利は無制限でないという一般国際法

至ルマデハ，締約国ハ，其ノ採用シタル条規ニ含マレサル場合ニオイテモ，人民及ビ交戦者ガ以前文明国間ニ存立スル慣習（the Usage established among civilized people），人道ノ法則（laws of humanity）及ビ，公共ノ良心ノ命ズルトコロ（the dictate of public conscience）等ニ由来スル国際法ノ原則ノ保護及ビ支配ノモトニ立ツコトヲモッテ適当ト認ム。」と規定している。

(28)　Karen Hulme, "Weapons," *Research Handbook on International Conflict and Security Law: Jus ad Bellum, Jus in Bello and Jus post Bellum,* 2013, Edward-Elger publishing, p.319.

〔福井康人〕　　　　　　　　　　　*4*　新たな兵器の合法性審査を事例として

上も確立されているものである。

（b）　過度の傷害又は無用の苦痛

　更に第1追加議定書第35条第2項は「過度の傷害又は無用の苦痛を与える兵器は，投射物及び物質並びに戦闘の方法を用いることは禁止する。」と規定する形で制限をかけている。これはハーグ陸戦条約第23条が「特別ノ条約ヲ以テ定メタル禁止ノ外，特ニ禁止スルモノ左ノ如シ」，とした上で，(ホ)が「不必要ノ苦痛ヲ与ウベキ兵器，投射物其ノ他ノ物質ヲ使用スルコト」を制限する規定を経て，この原則も一般国際法上確立されたものと見なされている[29]。

　このような国際人道法の規則は，人道主義の要請に軍事的必要性を勘案した上で成立していることから，「過度の傷害」又は「無用の苦痛」と言った概念もこうした国際人道法の設計思想に基づく必要がある[30]。このため，特定の兵器を事例として，得られる軍事的効果と人道上の考慮との比較において，後者が著しく大きいと判断される場合にこのような兵器が禁止されると解されるものの，同規定はこうした一般原則に反する兵器の禁止していることを確認しているのみで，特定の種類の兵器を規律したものではない。このためその閾値の設定にはどうしても主観的なものを排除することは困難であることは否めない。もっともこの原則はその後の軍縮国際法の条約にもみられ，例えば．紛争終了後にも戦闘員のみならず戦闘に無関係な文民にも障害・苦痛をもたらすかとの時間軸で見た場合の「過度の傷害」や「無用の苦痛」といった概念は，紛争終了後という紛争に無関係な状態でも障害や苦痛を与える点で過度や無用の基準を超えることから，明確に両原則には反するものである。対人地雷及びクラスター弾等は戦闘が終了した後も戦闘員のみならず，文民に苦痛を与えるという点で，明らかに軍事的効果により正当化しえないものである。

---

(29)　もっとも，セント・ピータースブルグ宣言（1868年，日本は未締結）は「既ニ戦闘外ニオカレタル人ノ苦痛ヲ無益ニ増大シ，又ハソノ落命ヲ必然ニスル器ノ使用ハ（戦争ノ）目的ノ範囲ヲ超エル」ことに鑑み「400グラム以下ニシテ爆発性又ハ燃焼性ノ物質ヲ充テタル発射物ヲ使用セシムル自由ヲ放棄センコトヲ約ス。」と規定している事例は，このような考え方の先鞭をなすものである。

(30)　ICRC, Weapons that may Cause Unnecessary Suffering or have Indiscriminate Effects (report on the work of experts), 1973, pp.12-13.
　　　この「過度の傷害」や「無用の苦痛」と言った概念も相対的な概念である上に，ハーグ陸戦条約の仏語版と英語版で相違があることが専門家会合報告書でも指摘されている。

I 軍縮の理論的考察

他方，この点は ICRC 慣習法規則にも取り上げられており[31]，この原則が第二次規則である国際刑事法に反映されたものとして国際刑事裁判所ローマ規程(ICC 規程)[32]第 8 条 2 項（XX）の規定があげられる。同条は，「武力紛争に関する国際法に違反して，その性質上過度の傷害を与え若しくは無用の苦痛を与え，又は本質的に無差別な兵器，投射物及び物質並びに戦闘の方法を用いること」が，戦争犯罪を構成することになるとして規定している。もっとも罪刑法定主義の観点から構成要件が厳格に示されており，「包括的な禁止の対象とされ」かつ「改正によって附属書に含められること」が条件とされている。

（ｃ）　自然環境の保護

更に，第 1 追加議定書第 35 条 3 項は，「自然環境に対して広範，長期的かつ深刻な損害を与えることを目的とする又は与えることが予測される戦闘の方法及び手段を用いることは，禁止する。」と定める。即ち，戦闘に際しては自然環境に対して広範，長期的かつ深刻な損害を与えることは禁止されており，いわば予防原則が適用されている。奇妙にも，ほぼ同時期に同じジュネーブで軍縮国際法として交渉された（ENMOD）にも同条と類似の表現がある。即ち，ENMOD 第 1 条では「破壊，損害又は傷害を引き起こす手段として広範な，長期的な又は深刻な効果をもたらすような環境改変技術の軍事的使用その他の敵対的使用」が禁止されている。もっとも，解釈に正確を期すために英文正文を見ると，ENMOD は widespread, long-lasting or severe であり，第 1 追加議定書は widespread, long-term and severe であるため，3 要件が同時に作用する必要があり，ENMOD の適用範囲は第 1 追加議定書のものよりも広いと解される[33]。

---

(31)　ICRC, IHL Database, Customary IHL, Rule 70. Weapons of a Nature to Cause Super-fluous Injury or Unnecessary Suffering.

(32)　Rome Statute of The International Criminal Court, 2187 UNTS 90 (entered into force on 1 July 2002).

(33)　ちなみに，「環境改変技術」とは自然の作用を意図的に操作することで地球・宇宙の構造・運動等に変更を加える技術であり，ENMOD ではその軍事的利用が禁止の対象とされている。他方，第 1 追加議定書では自然環境に損害を与えることを目的又は予見される戦闘の方法・手段が禁止の対象とされており，両者の禁止の対象は微妙に異なるとされる。もっとも ENMOD では附属了解（understanding）が専門家協議委員会の検討結果として作成されており，shall が使用されていることから，他の文言からも条約と不可分の一体をなすものと解釈されうる。同附属了解によれば，「広範」とは数百キロ平方メートルの範囲をさすとされ，「長期的」とは数か月から 4 半期（10〜30

80

更に，第35条の規定と類似している第1追加議定書第55条による自然環境の保護の義務[34]との関係についてであるが，第35条の基本原則は戦闘の手段の制限の観点から規定されている。他方で，第55条は住民の健康や生存の保護といった保護法益に重点が置かれた明示的な禁止規定であり，交渉時にも両者は異なるとして第55条の文言は維持された。なお，第二次規則としてのICC規程を見ると，第8条2項(b)(iv)は「予期される具体的かつ直接的な軍事的利益全体との比較において，攻撃が自然環境に対する広範，長期的かつ深刻な損害であって，明らかに過度となりうるものを認識しながら故意に攻撃すること。」を戦争犯罪の一つとして規定しており，ENMODや第1追加議定書よりも認識・故意が要件化されるなど，より高い閾値が設定されている[35]。このように，武力紛争時における自然保護についても，重層的な規定が存在するが，特にICC規程では既に犯罪化されていることもあり，更なる判例法の発展が期待される。

（d） 無差別兵器禁止の原則等

最後に，第1追加議定書第48条の規定する文民たる住民を敵対行為の影響からの一般的保護に係る一般原則についてである。同条は，「紛争当事者は，文民たる住民及び民用物を尊重し及び保護することを確保するため，文民たる住民と戦闘員とを，また，民用物と軍事目標とを常に区別し，及び軍事目標のみを軍事行動の対象とする。」と規定している。これは文民目標区別主義を確保する上で極めて重要な原則であり，無差別兵器の禁止に繋がるものである。また，この原則は同規定により実定法として制定されているのみならず，

年との説もあり）を指すとされ，「深刻な」とは人間の生活，天然資源及び経済資源その他の財産に重大な破壊・損害をもたらすものとされている。

(34) 第1追加議定書第55条は，その第1項において，「戦闘においては，自然環境を広範，長期的かつ深刻な損害から保護するために注意を払う。その保護には，自然環境に対してそのような損害を与え，それにより住民の健康又は生存を害することを目的とする又は害することが予測される戦闘の方法及び手段の使用の禁止を含む。」とし，更に第2項において「復仇の手段として自然環境を攻撃することは，禁止する。」と規定している。なお，ENMODと第1追加議定書の環境規定の起草過程も含めて考察されたものとして，権南希「武力紛争時における環境保護に関する国際規範の形成——ENMOD, 第一追加議定書における環境保護関連規定を中心に——」『關西大學法學論集』第61巻第1号，2011年，71-122頁。

(35) ICC規程第8条2項(b)(iv)の規定も含めた議論については，以下の文献参照 Ines Peterson,'The Natural Environment in Times of Armed Conflict: A Concern for Internatiiona lWar Crimes Law?' *Leiden Journal of International Law,* 22 (2009), pp. 325-343.

I 軍縮の理論的考察

ICRC慣習法規則11（無差別攻撃の禁止），同12（無差別攻撃の定義）等[36]においても慣習法上の規則であることが確認されており，第1追加議定書の締約国以外の国や交戦団体に対しても適用されうる点は重要である。

なお，第二次規則たる国際刑事法の事例としてICC規程を見ると，先述の第8条2項(b)(xx)には「本質的に無差別な兵器，投射物及び物質並びに戦闘の方法」の使用は戦争犯罪を構成するとして，明示的に処罰の対象となることを規定している。更に，関連する判例法を見ると，クラスター弾条約成立前の2007年6月12日の段階でICTYマルティチ（Martić）事件判決第1審及びその後の上訴審により，人口密集地であるザグレブ市街地の攻撃にM-87 Orkanを使用したことを事例として，「その性能及び射撃距離から特定の標的を攻撃することは不可能であることは明らかであり，M-87 Orkanは無差別兵器であり，ザグレブのような密集している市街地を攻撃することは多数の死傷者を出すことになる。」と判断した上で，1回目の攻撃でそのような結果になることを認識していたと判示した[37]。

更に，上記以外でも，国際人道法の基本原則及び派生規則の中で重要な概念として36条を解釈する際に関連し得る国際人道法の基本原則として，軍事上の必要性，人道の原則及び均衡性の原則があげられる。まず，軍事上の必要性は，紛争当事者に対し，武力紛争の正当な目的（最小の人的・資源の消費を以って可能な限り最速の時間で敵を全面的又は部分的に屈服させること）を達成するために必要な程度及び種類の武力行使を認める原則である[38]。また人道の原則は正当な軍事上の目的を達するために必要でない苦痛，損害又は破壊を行うことを禁止する原則である[39]。更に，均衡性の原則は軍事活動の巻き添えによる文民の死亡若しくは損害，民用物の損傷又はこれらを複合した損害が予想される軍事的利益を過度に超えてはならないとする原則であるが[40]，均衡性の原則は軍事上の必要性の原則と人道の原則から生じる利益を均衡させるものであ

---

(36)　ICRC, IHL Database, Customary IHL, Rule 11. Indiscriminate Attacks; Rule 12. Definition of Indiscriminate Attacks.

(37)　ICTY, The Trial Chamber, Case No. IT-95-11-T Prosecutor v. Milan Martić, pp.165-166, paras 461-463.

(38)　JSP383, The Joint Service Manual of The Law of Armed Conflict, p.21.

(39)　Ibid, p.22.

(40)　Ibid, p.25.

82

〔福井康人〕   *4* 新たな兵器の合法性審査を事例として

る(41)。

（2）「他の国際法の諸規則」

以上，新たな兵器の合法性審査に関係する国際人道法の基本原則について述べたが，この制度の判断基準としては，更に「当該締約国に適用される他の国際法の諸規則」により使用が禁止されているか否かについても重要である。もっとも，「当該締約国に適用される」必要があるため，第1追加議定書第36条の条文を忠実に読む限り，ここでいう国際法の諸規則は条約であれば既に発効しており，更に当該国は締約国であるのみならず，当事国である必要がある。また，慣習法とされているものについても，いわゆる「一貫した反対国」(persistent objector)」の学説(42)に見られるような慣習法として疑義が呈示されるようなものであってはならない。

以下では，逆に代表的な兵器カテゴリーそれぞれについて，適用されうる軍縮国際法・国際人道法及び国際刑事法に照らし，一般論として兵器の合法性評価はどのようになるかその関連規則に検討を加える。もっとも，本稿は「新たな兵器又は戦闘手段若しくは方法」を対象とするものの，トランプ米新政権が新型核兵器開発の開発計画を公表し，更に，新たな生物合成物質の開発可能性が取りざたされていることもあり，今後の議論に資するためにも，実際に上記1.(2)のアプローチを考慮し，第1追加議定書第36条に関係する国際条約にも照らして既存の兵器も対象にした場合を想定した議論も，併せ取り上げることとする。

（a） 核 兵 器

核兵器との関連については，これまでは特定地域に限定された非核兵器地帯条約の中には核兵器の使用禁止が規定されているものもあり，例えばトラテロルコ条約は同条約の適用される地域では核兵器の使用は禁止されている。もっともこれは非核兵器地帯といった限られた地域でのみ禁止されていたが，そのような中で2017年7月に核兵器禁止条約が採択され(43)，本稿校正（2018年9

---

(41) 鈴木和之『実務者のための国際人道法ハンドブック』内外出版，2013年，34頁。

(42) James A. Green, *The Persistent Objector Rule in International Law,* Oxford University Press, 2016, pp.3-7.

(43) The Treaty on the Prohibition of Nuclear Weapons, 57ILM2 (not yet entered into

Ⅰ　軍縮の理論的考察

月末）の時点で署名国 69 ヶ国，締約国 19 ヶ国であり，未発効である[44]。同条約第 1 条に列挙された禁止行為の中で，d 項には「核兵器その他の核爆発装置の使用，あるいは使用するとの威嚇」が含まれており，同条約では核兵器の使用は明確に禁止されているものの，核兵器国を中心に強く反駁されている現状がある。

　ここで国際司法裁判所（ICJ）の判例を見ると，1996 年核兵器の使用・威嚇の合法性に係る勧告的意見では当時の状況を反映して，「いかなる慣習国際法も条約も核兵器の包括的かつ普遍的な禁止するものは存在しない（本文パラ 62 及び主文 B)」と判示していた[45]。更に，2016 年 10 月に判示された核軍縮義務事件（マーシャル諸島対英国等先決的抗弁）では核兵器の使用禁止についての新たな判断は示されなかった[46]。なお，第二次規則における核兵器使用の犯罪化の動きについては，2010 年 ICC 規程運用検討会議では，核兵器使用の犯罪化についての提案が行われたものの，麻薬，人身取引，テロ等とともに最終的に核兵器の犯罪化については未合意のまま今日に至っている[47]。

　もっともアイルランド，ベルギー，ドイツ，イタリア，オランダ，スペインは第 1 追加議定書が通常兵器のみに適用されるとして解釈宣言を行い[48]，特に

---

　　force).

[44]　UNTC, Chapter XXVI, Disarmament, 9. Treaty on the Prohibition of Nuclear Weapons, New York, 7 July 2017.
　　　　at https://treaties.un.org/Pages/ViewDetails.aspx?src=TREATY&mtdsg_no=XXVI-9&chapter =26&clang=_en (as of 30 June 2018)

[45]　Legality of the Threat or Use of Nuclear Weapons, Advisory Opinion, I CJ Reports 1996, para.62, p. 253; para. 105, p.266.

[46]　もっとも我が国における原爆判決（いわゆる下田判決：東京地裁昭和 38 年 12 月 7 日）では核兵器の使用について，傍論においてではあるものの判断を下した貴重な判例であり，米軍による原爆投下について当時の国際法上の違反であったかについて検討を行った上で，無某守都市に対する無差別攻撃を禁止し，軍事目標主義の原則を定め，更に無用な苦痛を与える害敵手段を禁止する国際慣習法に反する違法な戦闘行為に当たるとして判示した。

[47]　Julian Fernandez et Xavier Pacreau (ed.), *Statut de Rome de la Cour pénale internationale–Commentaire article par article,* Pedone, 2012, p.255.

[48]　Julie Gaudreau, 'The reservations to the Protocols additional to the Geneva Conventions for the protection of war victims,' *International Review of the Red Cross,* No. 849, March 2003, pp. 154-198.
　　　　第 1 追加議定書に付された留保の分析が行われている同文献では核兵器関連の分析もなされているが，特にアイルランドが第 35 条第 1 項との関係で，核兵器の潜在的な破壊効果に鑑み，第 1 追加議定書に直接規律されずとも，1996 年の核兵器の使用・威

英国は留保[49]，フランスは留保及び宣言として核兵器に関する規則には適用されないとしている[50]。例えば，ベルギーは「この批准された文書の交渉経緯に鑑み (in view of the travaux préparatoires for the international instrument herewith ratified)」，同議定書が通常兵器が使用される武力紛争においてのみ国際人道法の保護が強化されるために作成されたことを強調する解釈宣言を行っている[51]。また，米国は条約交渉会議には参加したものの，第1追加議定書を未締結であり，外交会議では第1追加議定書が導入した新たな規則は核兵器を規制も禁止もしないという趣旨の発言をおこなっている[52]。

このようにジュネーブ諸条約から第1追加議定書への人道法の展開過程で行われた「核兵器抜き作業」の結果として[53]，第36条を根拠に新たな核兵器について合法性審査を行うことについては一定数の国から反対があるものと思われるが，理論上は核兵器についての合法性審査は不可能ではないばかりでなく，実際に核兵器についての法的評価を行った先行研究も存在する[54]。もっともべ

嚇の合法性勧告的意見に確認された既存の国際法の規則に服する点を取り挙げている点を特筆すべきものとしている。

(49) United Kingdom of Great Britain and Northern Ireland, Reservations (also extended to the territories mentioned in 2 July 2002 declaration), para. (a).

(50) France, Réserves et Déclarations, para.2.
フランスの留保は核兵器の使用を規律・禁止するものではない理由として，フランスの自然権としての核兵器の使用する権利の行使 (Nécessaires à l'exercice par la France de son droit naturel de légitime défense) を妨げるものでないとしており，同国の核兵器使用の権利は固有の自衛権の行使としてあり得るものと捉えられていることが伺われる。

(51) Belgium, Interpretative declarations made at the time of ratification, para. 1.
標準的な留保又は解釈宣言は例えばベルギーのものであるが，その他のドイツ，スペイン等もほぼ同一内容の解釈宣言を行っており，いずれも NATO 加盟国の非核兵器国であることから核シェアリング政策上の影響を排除するために，明らかに事前調整が行われてこれらの留保又は解釈宣言が行われているものと推察される。

(52) John A. Boyd, "Contemporary Practice of the United States Relating to International Law," AJIL, Vol. 72, No. 2 (Apr., 1978), p.407.

(53) 藤田久一『核に立ち向かう国際法』法律文化社，2011年，91-113頁。
なお，核兵器の使用と戦争犯罪については，真山全「「核兵器使用と戦争犯罪―戦争犯罪処罰に至るまでの国際法上の関門(上)(下)」『広島平和研究所ブックレット』第5巻，2018年，49-94頁参照。藤田教授は，一般住民保護の一定規定が核兵器使用そのものによって直接違反されざるを得ない点を指摘した上で，人道法の展開につれ核兵器の使用可能の余地が狭められることから，核戦略上要請される"使える核兵器"との矛盾が増大するからであると指摘する。

(54) Gro Nystuen et al. *Nuclear weapons under international law,* Cambridge University

Ⅰ　軍縮の理論的考察

ルギーの解釈宣言に見られるように，第1追加議定書が通常兵器のみを対象とする交渉経緯はあるものの，今後 NBC 兵器を含む適用を想定した，複数の欧州人権裁判所判例に見られるような発展的解釈[55]のように，交渉経緯を超えて新たな「核兵器」が合法性審査に付されるかである。そもそも発展的解釈の事例も欧州人権裁判所や WTO 等限られた管轄の下の試みであり，国家安全保障上の問題に直結する核兵器の問題はこのような司法制度による解決に馴染まず，ICJ 核軍縮義務事件を巡っての英国等の留保にも見られるように，現実には様々な困難に直面する可能性が高いものと思われる。しかしながら，反対する国のある中でも核兵器禁止条約が成立するなど，核兵器を巡っては新たな動きもみられるため，本件に係る国際社会の規範意識の変化が生じうるのか注視する必要がある。

（b）　BC 兵器

上述のように，第1追加議定書が大量破壊兵器を対象としないと解釈されるなかで，生物・化学兵器の使用禁止については，CWC のみならず近年のシリア関連安保理決議や第二次規則による規制も含めて比較的多数国の支持を得ている。まず，生物兵器について，BWC 第1条は開発，生産，貯蔵等を禁止するのみであるものの，第4回運用検討会議の決定により第1条の趣旨に鑑み，「如何なる方法及び如何なる状況においても」生物剤の使用を禁止することを確認した[56]。また，化学兵器の使用については，一般的義務を規定する CWC第1条第1項(b)が「化学兵器を使用すること。」を禁止している。もっとも，CWC では如何なる場合においても使用禁止されているものの，工業，農業，研究又は制約の目的等の平和目的等の除外規定がおかれている。

更に，近年は自然に生成する生物剤のみならず，生物技術により人工的に合成される生物剤が製造され使用される可能性があるため，「新たな生物兵器」として現行の BWC の抜け穴となる可能性が生じることから，2011 年に開催された第7回 BWC 運用検討会議の結果，これらのものについても同様に BWC

　　Press, 2014, pp.1-503.

(55)　坂元茂樹『人権条約の解釈と適用』信山社，2017 年，17-18 頁。

(56)　BWC Doc. BWC/CONF.IV/9, PART II, p.15.
　　　ウィーン条約法条約 31 条 3 項(a)は「条約の解釈又は適用につき当事国の間で後にされた合意」を文脈とともに条文の解釈に使用することから，同条の文書により「事後の合意」として禁止されると理解されている。

が適用されることが確認され[57]。なお，第二次規則の国際刑事法の観点からは，ICC 規程成立時に国際的武力紛争における戦争犯罪として既に盛り込まれていたのみならず，2010 年 ICC 規程運用検討会議決議第 5 により，第 8 条 2 項 (d) (xiii) 毒物又は毒物を施した兵器，(xiv) 窒息性ガス，毒性ガス又はこれらに類するガス及びこれらと類似の全ての液体，物質又は考案物を使用することが非国際的武力紛争における戦争犯罪として追加されており，BC 兵器の使用の犯罪化も実現している。

（ c ） 通 常 兵 器

先ず，通常兵器については CCW 附属議定書により，検出不可能な破片を利用する兵器，地雷，ブービートラップ等（改正された議定書は非国際紛争にも適用され，一定の地雷（探知不可能なもの又は自己破壊機能を有さないもの）の使用制限や移譲の規制が盛り込まれるなど規制強化，焼夷兵器，失明をもたらすレーザー兵器，爆発性戦争残存物（ERW）が禁止又は規制されている他，対人地雷禁止条約，クラスター弾条約が作成されている。また，第二次規則については 2010 年 ICC 規程運用検討会議決議第 5 により，第 8 条 2 項 (d) (xv) 人体内において容易に展開し，又は扁平となる弾丸（例えば，外包が硬い弾丸であって，その外包が弾心を全面的にはしておらず，又はその外包に切り込みが施されたもの）を使用することは禁止された他，2017 年 ICC 締約国会議の決議により，先述のいわゆるダムダム弾のみならず，失明をもたらすレーザー兵器についても構成要件とともに非国際紛争を含めて戦争犯罪の対象となることが確認された[58]。

その他にも，これまで議論の俎上にあがった新な通常兵器として，白リン弾，劣化ウラン弾，バンカーバスター爆弾等があり，最近では LAWS，サイバー兵器，超音速兵器等も議論の俎上に上がっている。いくつかの事例を見ると，例えば，白リン弾は誤爆等を防止するために白煙により攻撃目標の確認にも使用されるが，人口密集地で使用された場合は火傷を始め相当程度の人的被害が予見されるため，兵器の使用自体は合法であっても使用方法の違法性が問われることは十分あるものと思われる。LAWS についても，将来仮に出現した際には国際人道法が適用されることが GGE で確認されており，サイバー兵器につい

---

(57)　BWC Doc. BWC/CONF.IV/9,Part II, paras. 5-6.,

(58)　ICC Doc. ICC-ASP/16/Rev. 4 , 14 December 2017, pp.1-4.

I 軍縮の理論的考察

ても通常の有形物である兵器ではなくプログラム言語のような形態を取ったとしても，上記で述べた原則又は適用可能な実定法又は慣習法が存在する。

結びに代えて

以上，国際人道法の要素であるジュネーブ諸条約第1追加議定書第36条に規定された新たな兵器の合法性審査制度について見たが，新たな兵器の合法性の審査に際して，実定法については①既に作成されて発効に向けて（使用禁止に向けて）進行している（*in statu nascendi*）条約，②第一次規則たる軍縮国際法，国際人道法等により使用禁止・制限が行われているもの，③第二次規則たる国際刑事法等により特に使用の犯罪化が行われているもの，更には④こうした規則が既に慣習法化されて遍く適用される場合があり，これらの規則によりどのように規制・禁止されているか，使用禁止に係る規則の程度・普遍性を勘案した上で合法性の判断の基準とするためには，総合的に判断を行う必要がある。

また，この制度の事例を見ると，その際に適用される軍縮国際法及び国際人道法，更にはその第二次規則である関連する国際刑事法とはどのような関係にあるであろうか。第36条は新たな兵器の合法性審査につき，特に使用規制の観点から軍縮国際法を中心に（関連する国際人道法等も含めて）審査の基準になりうる点が重要である。通常兵器以外の兵器については，同条が適用されうるのかとの見解の相違が存在するとの制約はあるものの，基本的には軍縮国際法，更には国際人道法及び国際刑事法も当該兵器の使用禁止や犯罪化を通じて，規範性の強化に資するものと思われる。特に軍縮国際法の基本的義務にある使用の禁止・制限が，第36条を通じて適用されることになるため強化されるものであり，逆に国際人道法自身も特に兵器法が軍縮国際法や国際刑事法の関連規則により規範性が強化され，3つの法体系が相互に作用してより堅固な禁止規範になる。

本稿で見たように，このような軍縮国際法をはじめ，3つの異なった国際法の法体系が交差して，相互の規範性の強化に資することになるが，この新たな兵器の合法性審査を巡ってはどのような課題を抱えているであろうか。筆者は第1追加議定書そのものが抱える問題として，第一に，東南・南西アジアの紛争国を中心とする未締結国の存在，第二に，新たな兵器の合法性審査手続の標準化の必要性，第三に，信頼醸成措置としての更なる活用があるものと考えて

いる。

　まず，第一の課題については，ジュネーブ諸条約第1追加議定書の締約国数は174ヶ国と現時点でもそれなりの普遍性を確保できているものの，具体的に国名を挙げるとトルコ，インド，パキスタン，ミャンマー，タイ，インドネシア，東チモール，パプアニューギニア，ジプチ，ソマリアといった武力紛争の絶えない地域が未加入であり，これらの国に同議定書を締結させる国際社会の努力が必要である。また，武器輸出国としてのみならず，PKOや有志国連合のリード国として何らかの形でこれらの地域紛争に関与することが多い米国についても締約国でないとの制約があることから，米国についても第1追加議定書の締結に向けて国際社会が働きかけを行う必要がある。

　また，第二の課題については，新たな兵器の合法性審査制度において，適用すべき法が実定法又は確立された慣習法であり，更に当事国要件を課されるため，そもそも同条適用に際しては現実には様々な制限を受ける。36条の適用上，その使用がこの議定書又は当該締約国に適用される他の国際法の諸規則により一定の場合又はすべての場合に禁止されているか否かを決定する義務を負うのは最終的に解釈権を有する締約国であることから，締約国の裁量が大きく，特に本来的には適用されることが望ましい国際法の規則であっても当該締約国の裁量により適用されない可能性がある。更に，新たな兵器の合法性審査を確実に実施していることを公表している国は限られることから，ICRCガイドライン等に基づき標準的な審査方法が確立されて，上述の第一の課題で述べた国も含めて，より多くの国が新たな兵器の合法性審査を確実に実施する必要がある。

　更に，第三の点については，そもそも新たな兵器については国家安全保障上の考慮から兵器の技術的諸元の公開については消極的になる国が多い中で，国際の平和と安全を確保する観点から信頼醸成措置として同制度が更に活用される必要がある。その際には，特に秘密の保護を確保した上で，報告制度が求められる原子力分野等他の類似分野の事例を参考にしつつ，適切な透明性が確保されることが重要であり，こうしたことを念頭に置いた新たな制度設計が求められている。

　以上見たように，新たな兵器の合法性審査制度を巡っては第1追加議定書が合意されてから40年近く経過しているにもかかわらず，システマティックに実施されるためにはまだまだ残された課題が少なくなく，対象となる兵器も限定されているのが実情である。そのようななかで，国家安全保障上の考慮もあ

Ⅰ　軍縮の理論的考察

り極めてゆっくりとした進捗しか見られない軍縮国際法ではあるも，反対する国が少なくない中で核兵器禁止条約が成立するなど新たな動きもみられ，本稿で取り扱った関連分野の国際法との更なる協働を意識した関連条約の履行が求められる[59]。

〔本稿は広島市立大学特色研究費及び科研費「国際安全保障環境に対する科学技研イノベーションの影響プロセスと規定要因の解明」課題番号〔17H02494〕の研究成果の一部である。〕

---

[59]　UN Doc. CCPR/C/GC/36, 30 October 2018, pp.15-16, パラ 65〔271〕
　　　　なお，この関連で自由権規約委員会が 2018 年 10 月に発表した第 6 条関連一般コメント第 36 は「人間の感情及び判断力が欠如している自律型兵器システムの開発は，その使用の法的責任の問題を含めて，困難且つ倫理的な問題を惹起する。委員会は，それ故に，当該兵器の使用が自由権規約第 6 条及び他の適切な国際法の規範に合致しない限り，そのような兵器システムが開発されるべきでなく，戦時若しくは平時において，作戦に投入されるべきではない。」として，いかなる場合でも適用除外が認めらえない 6 条を根拠としつつ，同条等に合致すべきであるとの新たな見解を示した。

5 軍縮への安全保障観——共通の安全保障の再考察

高 橋 敏 哉

は じ め に

　ポスト・ポスト冷戦期ともいわれる今日，冷戦後の90年代に見られた趨勢を反転するかのように，安全保障の名の下，軍備の増強と近代化が主要国の間で押し進められてきた。停滞する米露の軍縮，両国に中国，インドを加えたアジア太平洋地域の軍備の積極的な展開，それに伴うこの地域での中小国や我が国の軍備の近代化はその例である。また各国で一般化しつつある国家安全保障政策は，安全保障を国家単位で志向する考え方を後押ししてきた。しかし，安全保障は自国の軍備の増強と近代化のみでなし得るものなのだろうか。またそれは政治現象として，あるいは規範的意味において「軍縮」とそもそも対峙するものなのだろうか。安全保障を概念として見た場合，それは本来，国際政治あるいは外交の1つの目的であり，軍事という手段そのものを指すのではない[1]。安全保障は軍縮を手段として排除せず，その考え方において，軍縮を手段とし得るものなのである[2]。このような国際環境と安全保障と軍縮の連関の可能性を踏まえ，安全保障の概念レベルでの議論を再検討し，それと軍縮の関係を明確にすることは，軍縮研究における緊要な課題の1つであるといえる。本論文は，安全保障と軍縮は一定の範囲において協働し得るという視点から，その知的意味での嚆矢ともいえる1982年のパルメ委員会による「共通の安全保障（Common Security）」を再分析し，今日の軍縮への障害となっている安全保障の思考レベルでの動向を指摘しながら，軍縮と安全保障が切り離される傾向が増した時代において，共通の安全保障観の再構築による軍縮というアプ

---

(1)　例えば，Kalevi J. Holsti, *International Politics: A Framework for Analysis, sixth edition,* Englewood Cliffs, 1988, pp.83-6.

(2)　2000年代に入ってからの国内の国際関係学の安全保障論では，核兵器による戦略的安定や抑止という観点から，軍縮の議論を安全保障政策の外に置く傾向が顕著である。

I　軍縮の理論的考察

ローチの可能性を提示する(3)。

　最初に安全保障からの軍縮へのアプローチの背景と意義に触れる。次に，パルメ委員会による共通の安全保障を概略し，国内では十分に説明されてこなかったこの報告の諸点と論理について明確にする。第3に，ポスト冷戦期から今日に至るまでに見られる安全保障を巡る思考の変化として，①国家安全保障という政策枠組みの隆盛，②安全保障での軍事的論理（military logic）の優勢，③強い安全保障政策を打ち出す大国の政治姿勢の3つを指摘し，それぞれがどのように共通の安全保障が目指した安全保障概念の再構築を阻害する思考なのか分析を行う。最後に共通の安全保障観の再構築による軍縮の可能性を試論として提示したい。

1　安全保障からの軍縮

　軍縮は一般的に，一定の軍備の体系を減らし，あるいは廃止する過程を指し，また特定の兵器が廃止される最終状況を指す(4)。国内の議論において軍縮は人道といった規範や国際法の観点から論じられることが多く，そこでは規範的な正当性や国際法による制度化が議論の中心にある。一方，軍縮は国際政治の課題でもあり，経験主義，実証主義的な研究の対象でもある。国際関係学（International Relations）において軍縮は重要な隠れた関心であり，軍縮と対峙する軍拡と戦争の関係は，そのテーマの1つとして長年研究がなされてきた(5)。従来，この分野は軍縮とは対峙する軍備競争に焦点を当て，軍備競争と戦争の関係が研究の一般的対象となってきた(6)。「軍縮とその条件」を探る研究は，国際関

---

(3)　欧米での安全保障，軍縮，紛争研究での学術の蓄積は至って自明であるが，従来，国内の研究において安全保障と軍縮の関係を海外の学術研究も踏まえ言及している例は極めて少なかった。また，パルメ委員会の共通の安全保障の分析の例も至って限られており，この分野の研究は事実上まだなされてこなかった。

(4)　Rebecca E. Johnson, "Disarmament," *International Encyclopedia of Political Science,* SAGE, 2011, http://sk.sagepub.com.virtual.anu.edu.au/reference/download/intlpoliticalscience/n154.pdf.

(5)　軍縮も軍備（武装）も政治的なものであるという主張の例として，John S. Conway, "Disarmament Reconsidered," *International Journal,* Vol. 13, No. 2, Spring, 1958, p. 100.

(6)　軍備競争と戦争の因果関係，あるいは相関関係に関する研究は，海外での国際関係学における戦争研究あるいは紛争研究における主要なテーマの一つであった。この軍

〔高橋敏哉〕　　　　　　　　　　　　　　　　　**5** 軍縮への安全保障観

係学の黎明期である 1920 年代の議論を中心に広く指摘することができるが，その後，この分野は必ずしも十分な発展をみていない[7]。ヘドレー・ブル（Hedley Bull）は，「軍縮のレベルは国家間の政治的緊張に根ざす。この緊張を減ずることが，軍備のレベルを減ずることに繋がり得ると期待できる」とし，政治的緊張—それは安全という感覚の不存在を暗示するものであるが—と軍縮の関係を示唆する[8]。また初期の戦争研究の大家であるクインシー・ライト（Quincy Wright）は，精緻化された議論ではないものの，軍縮の諸条件を経験主義的に探究し，戦争の終結，（武器の）陳腐化，（第 3 国の登場による）関心の転換に加え，安全保障（の感覚の達成）をあげている[9]。またフレドリック・シューマン（Frederick L. Schuman）は，「平和主義者は軍備が戦争を招き，軍縮が平和につながるとするが，現実はその逆に近い。平和があり得ると思える時に，戦争の機械は削減され，紛争の予測は軍備における競争につながる」とし，軍縮を無条件に平和に結びつけることの単純さを排し，平和があるとする相互認識，つまり安全であるという感覚が軍縮の前提にあるべきとする[10]。国家間での安全という感覚が軍縮に向けて重要である点は，国際関係学の自由主義の系譜で戦間期のアイデアリストであるフィリップ・ノエルベーカー（P. J. Noel-Baker）も指摘する。彼は軍縮を達成する上で国家間における不公平さが生まれること，そして自由に軍備を展開していた時と比し，軍縮において個々の国家の安全保障への危険が生まれることは避けるべきであると主張する[11]。軍縮には相互に安全であるという感覚が求められるのである。このような古典的な議論は昨今の国内の軍縮の議論で言及されることがないが，安全保障と軍縮は同方向に向かうものであり，前者の実現が後者の実現に結びつくことを示唆する重要な議

　　備競争 - 戦争論争の紛争研究での概略について例えば，Susan G. Sample, "Arms Races and Dispute Escalation: Resolving the Debate," *Journal of Peace Research,* Vol. 34, No. 1 (Feb., 1997), pp. 7-22.

[7]　例えば，Walter Millis, "Conditions of Disarmament," *Social Science,* Vol. 33, No. 4, October, 1958, p.226.

[8]　Hedley Bull, "Disarmament and the international system," in J. E. Spence (ed.), *Theories of Peace and Security: A Reader in Contemporary Strategic Thought,* Macmillan, 1970, p.138.

[9]　Quincy Wright, "Conditions for Successful Disarmament," *Journal of Conflict Resolution,* Vol. 7, No.3, 1963, pp. 286-292.

[10]　Frederick L. Schuman, *International Politics,* 5th ed. , McGraw-Hill, 1953, p.230.

[11]　P. J. Noel Baker, "Disarmament," *Economica,* No. 16, March, 1926, p.6.

Ⅰ　軍縮の理論的考察

論の出発点ともいえよう。

　安全保障からの軍縮へのアプローチの課題は，具体的に軍縮を実現する安全保障の状況とはいかなるものかいう点にある。軍縮における主観的な条件を認識面から研究する立場は存在してきた。例えば，ダニエル・フレー（Daniel Frei）は，冷戦期の米ソの公式文書を分析し，そこに見られる脅威に関する認識のギャップを指摘し，米ソ間の軍縮の難しさを指摘しながらも取るべき政策を提示したが，この立場からの研究は十分な理論化が出来ていない[12]。一方，戦争を選択しない主観の関係について国際関係学における蓄積を指摘できる。カール・ドイチェ（Karl Deutsch）の安全保障共同体論や，1990 年代以降の構成主義による安全保障共同体論は，戦争を選択しない国家関係の成立条件として主観，あるいは間主観の問題を扱う[13]。それは必ずしも軍縮の議論に結び付けられていないが，軍縮は戦争を選択しない関係の前提にあるものといえ，その議論は重要な示唆を持つ[14]。

　一方，このような認識面での議論を越え，安全保障の概念や思考の在り方そ

---

(12)　Daniel Frei, *Assumptions and Perceptions in Disarmament,* United Nations Publications, 1984.

(13)　Karl Deutsch, et al., *Political Community and the North Atlantic Area: International Organization in the Light of Historical Experience,* Princeton University Press, 1957. 1990 年代の構成主義の業績として，例えば，Emanuel Adler and Michael Barnett (eds.), *Security Communities,* Cambridge University Press, 1998.

(14)　議論の可能性として，国際安全保障の根幹に安全保障のジレンマを見て，その解決から軍縮を検討することもできよう。安全保障のジレンマとは，自国の防衛的な軍備拡張であっても，その意図が相手国には明確でない以上，相手国は安全保障の観点から最悪の事態を想定した対抗策を取らざるを得ず，結果的に自国の防衛的軍備ですら安全保障環境を悪化させる矛盾をもたらすことを指す。安全保障のジレンマの克服を軍縮への条件として指摘した例として，高橋敏哉 「軍縮への間主観要素としての安全保障のジレンマ：軍縮研究と安全保障研究の結節点」日本軍縮学会 2017 年度年次大会，東京工業大学，2017 年 4 月 15 日。この場合，軍縮につながる安全保障の諸条件とは，論理上，①客観面では，自国の安全保障のために軍備強化しなければならない周辺の軍備状況の改善であり，②主観面では，軍備増強により安全保障を図ろうとする不信感と意志の不存在といえる。しかし，客観的な意味での軍備強化の無い状況はまさに軍縮と同義であり，この場合，軍縮の安全保障上の前提として重要なことは主観面に存在すると見てよいだろう。安全保障のジレンマの議論は例えば以下のものに見られる。Herbert Butterfield, *History and Human Relations,* Macmillan 1951; John Herz, *Political Realism and Political Idealism: A Study in Theories and Realities,* University of Chicago Press, 1951; Robert Jervis, "Cooperation under the Security Dilemma," *World Politics,* Vol. 30, Issue 2 January 1978, pp. 167-214.

〔髙橋敏哉〕   5 軍縮への安全保障観

のものを検討し，軍縮を目指す議論が存在する。それは共通の安全保障に代表される安全保障観の問題である(15)。この立場は，従来の防衛や力の均衡（バランス・オブ・パワー）といった軍事に偏重した安全保障のメカニズムの意義を相対化し，それを乗り越える新たな安全保障の思考や政策のフレームワークを作ろうとするものである。安全保障観の転換からの軍縮の提案の初期の例として，集団的安全保障の提案や欧州統合の構想等を見出だすことが出来る。そこでは安全保障とはそもそも何か，それはどのような基盤の上で作られるべきかという議論が提示され，最終的に軍縮を実現する道を示唆するものである。本論文の検討する共通の安全保障は，安全保障の概念の転換と軍縮を結びつけるこの流れの議論として位置付けられる。

2　パルメ委員会と共通の安全保障

（1）　パルメ報告の背景

　パルメ報告は，スウェーデンの首相であったオロフ・パルメ（Olof Palme）(1927-1986) を議長とする「軍縮と安全保障問題に関する独立委員会」が1982年に発表した『共通の安全保障：軍縮のためのプログラム（Common Security: A Programme for Disarmament)』を指す(16)。パルメは国際的な課題への関心が高く，第3世界の諸国の権利や，軍縮や核兵器に関する課題に関し，積極的な発言と行動をしていた人物であった。この委員会は，超大国，大国，その他の国を含む17か国からの当時の政治指導者を中心として構成され，17名のメンバーの内，4名は首相経験者（現職含む），5名は外相経験者（現職含む）であった。同委員会は，「軍縮と軍備管理のための望ましく，また達成可能な方向性を，国家安全保障と国際安全保障を確保するための包括的なフレームワークの中」で明確にすることを意図していた(17)。このようなコミッション型外交は，アイデアと制度をつなぐものである(18)。ギャレス・エバンス（Gareth Evans)

---

(15)　安全保障観は，安全保障の領域の議論と区別される。後者は，軍事安全保障，経済安全保障，社会的安全保障，環境安全保障などの分野別の区分である。

(16)　パルメは1969年から1979年と1982年から暗殺される1986年まで首相を務めた。

(17)　*Common Security: A Programme for Disarmament, The Report of the Independent Commission on Disarmament and Security Issues under the Chairmanship of Olof Palme,* Pan Books, 1982, p.187.（以下，Palme).

(18)　Gareth Evans, Foreword, in Ramesh Thakur, Andrew F. Cooper and John English

I　軍縮の理論的考察

はゲームチェンジャーとしてアイデアの転換をコミッション型外交の規範的効果とする[19]。

　パルメ報告の背景あるのは，当時の欧州における核抑止の危機的状況であった。同報告は第2次冷戦といわれた1980年代前半の米ソ関係の中で，両超大国が世界の核兵器の95パーセントを保有し，その核弾頭数は4～5万に達し，欧州は戦域・戦術核が数千も配置される核の均衡の最前線にあった時期に，安全保障上の危機に直面していた欧州の視点から出されたものである[20]。超大国の核抑止の最前線にあった欧州では，その核兵器の数と質の増強と，核戦略に関して柔軟戦略が登場するに当たり，核の限定的使用の可能性が囁かれた時期でもある。同報告は「下降するスパイラル」に陥っていた「東西の軍拡競争の方向転換」を試みる狙いを持ち，核兵器の先行不使用（no-first-strike）や中欧での戦域・戦術核不配置地域（Battlefield-nuclear-weapon-free zone）（BNWFZ）の設定，非攻撃的防衛（non-offensive defence）という新しい防衛概念も含むものであった[21]。東西対立の中で一方的ではない相互の軍縮を進めるべく，具体的な提言を行ったのがこのパルメ報告であった[22]。

（2）　パルメ報告とその再分析

（a）　パルメ報告の概要

　パルメ報告は共通の安全保障という新しい安全保障のアイデアを掲げ，そこから核兵器を中心とした軍縮を意図するものであった[23]。それは，1980年代初頭での核抑止に対する批判でもあった。「軍備を通じた抑止の現在の便宜性」に代わる「共同の生存へのコミットメント」を通じ国際平和を目指すのであっ

(eds.) *International commissions and the power of ideas,* United Nations University Press, 2005, p.x.

(19)　Gareth Evans, Commission Diplomacy, in Andrew Cooper, Jorge Heine and Ramesh Thakur (eds.), *Oxford Handbook of Modern Diplomacy,* Oxford University Press, 2013.

(20)　William T.R. Fox, "Book Review: Common Security: A Programme for Disarmament," *Worldview,* Vol.25, No. 11, November 1982, p.24.

(21)　Ibid.

(22)　Ibid.

(23)　この一般的理解の例として，Geoffrey Wiseman, "The Palme Commission: New thinking about security," in Thakur, Cooper and English (eds.) *International commissions and the power of ideas,* pp.46-75.

〔高橋敏哉〕   5 軍縮への安全保障観

た(24)。同報告は核抑止による核兵器の安全保障上の効用を認めるのではなく，核兵器自体の存在を共通の脅威とし，その削減の必要性を説く(25)。安全保障は対抗（against）するのではなく，共に（with）実現するものだと考える。この安全保障観は冷戦後期の欧州の軍縮に知的意味で重要な役割を果たした。核時代においては一国による安全保障は不可能であり，また相互不信から出てくる軍拡では継続的に安全保障を図ることはできないとした。そして，その論理はより精緻な検証に値するものでもあり，共通の安全保障は核抑止の限界を越えようとする考え方なのである。それは「安全保障への非競合的アプローチ」であると同時に，「劇的なレベルでの軍縮に通じる道づくり，より強力な国連の必要性，第3世界の発展」といった複数の視点を含む。そして中核となるものは，安全保障の「思考の転換」による核軍縮という視点であり，「習性となった考え方（mindset）を壊し」，「新たな概念的なフレームワーク」を作ることを意図する(26)。「軍備競争のコストと危険性として，政治的緊張と不安定さの加速，通常兵器による軍事紛争の永続化，核戦争の危険の上昇，軍事費への経済的，社会的負担の増大」を指摘し，従来型の思考を続けるのであれば，それは解決しないとする(27)。この思考の転換による安全保障と軍縮へのアプローチには，当時はまだ名付けられることもなかった国際関係学の構成主義的なアプローチの1つの原型を見出すことができる(28)。共通の安全保障の考え方は，旧ソビエトのミハエル・ゴルバチョフ（Mikhail Gorbachev）大統領の「新思考外交」に多大な影響を与えたのである(29)。その学術的な反応は，北欧や英国では好意的なものがあり，ストックホルム平和研究所（Stockholm International Peace Research Institute）などではそれに呼応する研究や出版が見られたがたが，現実主義の強い米国においては至って無視される傾向があったのである(30)。

---

(24)　Palme, *Common Security,* p.139.

(25)　例えば，遠藤誠治「共通の安全保障は可能か──『日本の安全保障』を考える視座」遠藤誠治，遠藤乾編集代表『安全保障とは何か』岩波書店，2014 年 285-6 頁。

(26)　Andy Butfoy, "Recasting Common Security," Working paper, Department of International Relations, Australian National University, 1995, p.1.

(27)　Palme, *Common Security,* p.100.

(28)　構成主義が国際関係学の理論分野に登場する 1980 年台の以前に，その原型を見出す立場として，例えば，Paul R. Viotti and Mark V. Kauppi, *International Relations Theory, 5th edition,* Longman, 2012, p.277.

(29)　例えば，Butfoy, "Recasting Common Security," p.1.

(30)　例えば，Wiseman, "The Palme Commission: New thinking about security," pp.51-4.

Ⅰ　軍縮の理論的考察

　パルメ報告は，大きく分けて共通の安全保障としての幾つかの原則の提示と，当時の欧州の安全保障状況を踏まえた具体的な政策提言の2つから構成される。前者の共通の安全保障の原則は以下の通りである。第1に，全ての国は安全保障への正当な権利を有するとする。これは超大国や大国の論理でリードされがちであった国際安全保障に関し，中小国や第3世界の国の安全保障を含んだ発想が必要であることを主張するものであり，安全保障の受益範囲を広げた発想の転換を求めるものである。第2に，軍事力は国家間の論争を解決するための正当な道具ではないとする。軍事中心の安全保障の限界を正当性の欠如という論理で主張するものである。第3に，国の政策を表明するときには自制が肝要であるとする。国家の政策，とりわけ対外政策においては，強硬策が国内的背景から支持される傾向があるが，この安全保障上の問題を指摘する。第4に，安全保障は軍事的優位によっては達成されないとし，第2の原則の補完をする。第5に，共通の安全保障のためには，軍備削減および質的制限が必要とし，その手段としての軍縮を打ち出す。最後に，軍縮交渉と政治的事件との「連関」は避けるべきであるとする。これは一時的な政治的目的や思惑による軍縮交渉の脆弱さを主張するものである[31]。しかし一方で，軍縮は国際政治における和解を伴うものでなければ実現は難しく，この両者の協働も必要とするのである[32]。

　パルメ報告はこのような共通の安全保障の諸原則を打ち出すとともに，それを実践していく政治過程も重視し，以下のような具体的な軍備管理と軍縮のプロセスを包括的に提案する。大項目として，1) 核の挑戦と東西関係，2) 質的軍備競争の抑制，3) 国家間の信頼確保，4) 国連の安全保障体制の強化，5) 安全保障の地域的アプローチ，6) 経済安全保障を示し，それぞれに小項目をあげ提言する。最初の核の挑戦と東西関係であるが，核抑止を一時的な便法に過ぎないとして，米ソ間の戦略兵器の削減と質の制限を訴える。戦略兵器制限条約（SALTⅡ Treaty）の推進を支持し，それに続く新たな条約の推進により，更に「相当低い，安定した水準」での「戦力の均等」を求める。それは，核の第1撃の恐怖を減少させるレベルを求めるのである。そして，注意すべきは1972年の弾道弾迎撃ミサイル（ABM）制限条約の維持を主張する。核への脆弱性を

---

(31)　Palme, *Common Security,* pp.8-11.

(32)　Ibid., p.10.

敢えて維持すること，つまり核抑止の効能を活かしながら，共通の安全保障を
追求するという立場である。欧州に関しては通常兵器の均衡を低水準にするこ
とに加え，中距離と短距離の核兵器の地域的な脅威を減じるために実際的なア
プローチを提案する。それは欧州非戦場核地帯であり，また中性子爆弾のよう
な兵器の登場の中で，核兵器と通常兵器の明確な区別の必要性であり，そして
中距離核兵器の削減である。更に欧州での非化学兵器地帯構想や，信頼と安全
の醸成措置を提案する[33]。

　第2に質的軍備競争の抑制をあげるが，これは核兵器保有国に限らず，全て
の国家が追求すべき目標としている。ここでは全面的核実験禁止条約の推進，
対人工衛星兵器の禁止，化学兵器に関する軍縮条約の推進，核兵器不拡散条約
（NPT）への全ての国の加入，核燃料サイクルの安全保証措置，通常兵器の移
転制限をあげる[34]。第3に，国家間の信頼確保として，軍事費と軍事研究開発
に関する信頼醸成措置をあげる[35]。第4に，国連の安全保障体制の強化として，
安保理と国連事務総長の権限の効果的な活用，そして，集団的安全保障体制の
強化の提言を行っている。それは安保理常任理事国と第3世界の国々の間での
政治的協定とパートナーシップを通じたものであり，従来の国連の紛争予防，
解決機能の強化を狙うものである[36]。第5の安全保障の地域的アプローチであ
るが，安全保障の考え方を転換させることに関し地域レベルの潜在性を高く評
価し，安全保障と協力に関する地域レベルの会議の推進，地域単位での平和地
帯の創設，そして非核兵器地帯の推進を提言する[37]。最後に経済的安全保障で
あるが，今日でいう人間の安全保障の先駆的な見解として，貧困と欠乏の無い
世界で人々が尊厳と平和の下に生きることの必要性を指摘する。その中で，軍
事支出の問題，軍備による経済発展の阻害，軍縮と経済的安全保障に関する地
域会議の提唱を行っている[38]。

（b）　安全保障レベルでの相互依存

　パルメ報告の分析において1つ目として注意すべきは，安全保障の相互依存

---

(33)　Ibid., pp.140-52.
(34)　Ibid., pp.152-60.
(35)　Ibid., pp.160-1.
(36)　Ibid., pp.161-7.
(37)　Ibid., pp.167-72.
(38)　Ibid., pp.172-6.

I　軍縮の理論的考察

という問題提起である。相互依存は，経済関係で一般的に使われる用語であり，国際関係学においては，1970年代末のジョセフ・ナイ（Joseph Nye Jr.）とロバート・コヘイン（Robert Keohane）による『力と相互依存（Power and Interdependence）』の文脈で理解されることが一般的である[39]。しかし，その数年後にまとめられたパルメ報告においてもこの用語が使われ，それが安全保障分野に適用されている点は興味深いといえよう。共通の安全保障の前提にある問題意識は，核兵器の進展という技術の進歩と軍備の諸外国への拡大の中で，国家の個別の安全保障へのアプローチの限界を指摘するものである。その主張の中核は，核兵器の登場は安全保障を相互依存的なものにしたという点である[40]。高度化した核兵器の時代において安全保障は相互的においてのみ得られるという視点である。そして，「国家はもはや他国の犠牲の上に安全保障を追求できない。それは，協力的な諸理解によってのみ得ることが出来る」と明言する[41]。単独の国家による軍事力に関する一方的な決定では，結局はどの国も安全保障を確保することが出来ないのである[42]。そして軍備の背景には，「安全保障は他者の犠牲の上に成り立ち得るという誤った仮定」があると指摘する[43]。このような核兵器が広範に存在する時代においては，各国の安全保障も相互に依存しており，「各国が協力して核軍縮を実現することを通じて，自国のみの安全ではなく共通の安全保障を追求すべき」とするのである[44]。

　パルメ報告は軍事技術の進展が安全保障での相互依存をもたらしたと見る。軍事技術の進歩が，安全保障環境を悪化させたのである[45]。それは軍事的安全保障の根幹にある軍事技術が自然にもたらす結果であり，時代の流れとともに抗しきれない変化であるといえよう。この相互依存は共通の安全保障を追求する上で重要な転機であるが，同時に脅威の強大化を示すことでもあり，軍事技術の進展を止めることも重要な課題となる。それが，共通の安全保障の提言において広く見られる軍備の質的制限といえる。そして，このような状況の中で

---

(39)　Ibid., pp.152-76.

(40)　Ibid., pp.6-7.

(41)　Ibid., p.4.

(42)　Ibid.

(43)　Ibid.

(44)　遠藤・前掲注(25) 286 頁。

(45)　Palme, *Common Security,* pp.2-3.

100

〔髙楠敏哉〕　　　　　　　　　　　　　　**5　軍縮への安全保障観**

戦争を防ぐことは共通の責任となる[46]。ある種の運命共同体の誕生であり，それが共通の第1目標になるのである。また，共通の安全保障は，相互依存の運命を超大国だけでなく，第3世界の国に拡大した議論を提示する。安全保障の相互依存を受けた政策の調整は，当時の超大国であった米ソから始める必要があり，またその動きは，最もこの安全保障問題で脆弱な途上国にも影響を与えるものであるとする[47]。

（c）　人道的理由からの核軍縮の限界

2番目に注意すべきことは，パルメ委員会の共通の安全保障は，人道的理由からの軍縮を進めることの限界を出発点としている点である。「人道は核兵器ならびに通常兵器の制限に向け，限定的な進歩しかなさず，軍縮に向け軍備拡大を停める諸段階にも進めなかった」とする[48]。すなわち，人道的な意味での核軍縮や軍縮への動きは従来からあるものの，それだけではこの軍縮への道は拓けてこなかったとするのである。この点は注意すべきであり，共通の安全保障を人道的意味での平和論と結びつけることは出来ない。人道的理由からの軍縮を否定するのではなく，それは限界があるとの指摘なのである。無論，パルメ自身もヒロシマを訪れたエピソードを序文に記しており，人道的な動機を彼は活動の背景に持っていたと推察される[49]。しかし，この個人的な動機と共通の安全保障で展開される論理は，明確に一線が引かれたものなのである。

この視点は共通の安全保障の本質を理解する上で重要である。すなわち，共通の安全保障は，人道主義的な規範からの軍縮の限界への理解の上に成り立つ，ある種，合理性からの軍縮のアプローチなのである。安全保障上の実際的且つ合理的な理由から軍縮への道筋を示し，合理的思考の貫徹による安全保障からの軍縮への思考が見られる[50]。安全保障での考え方の根本的転換を主張するものの，求められる判断の根拠は合理性であり，それは更にいえば，理性や普遍主義への信頼なのである。共通の安全保障での安全保障の相互依存，共通の安

---

(46)　Ibid., p.7.

(47)　Ibid., pp.6-7.

(48)　Ibid., p.1.

(49)　Ibid., p.vii.

(50)　安全保障政策における合理性は，国際関係学で広く共有されている仮定である。そこでは，軍事的な均衡などが合理性の結果として論じられる。一方，共通の安全保障における合理性からの評価は既存研究では見いだしにくいものである。この点は人道的理由からの軍縮とは一線を画す重要な点である。

I 軍縮の理論的考察

全保障の必要性，あるべき政策へという一連の思考は，国家を越え普遍的に共有されると仮定される合理性の判断の中で完結する仕組みになっている。核兵器の非人道性の主張は排除しないが，それは実際の軍縮には限界のある発想であり，それを乗り越え軍縮を進める上で必要なことは合理的判断であるとする。

（d） 安全保障の物理的生存という意味への限定

　第3にパルメ報告は，安全保障の保護対象を物理的生存に限定し，そこから保護対象の共通化の可能性を示唆する。そこでは物理的生存以外の要素は意図的に排除されているのである。国家間の「イデオロギーや政治的立場」の絶対的な解決を安全保障の中核に置くのではなく，共通の基盤である物理的生存に焦点を置くのである[51]。前述したように，安全保障は曖昧な概念であり，政治の選択によりその保護する価値は決まり，また拡大する。例えばラウラ・ニヤック（Laura Neack）は，国土防衛と国民保護，政治的独立と自律性，経済的繁栄を国家安全保障の価値の例として指摘する[52]。更に，多くの国で共有されるこのような価値のみならず，文化や歴史に根付く特殊的価値も存在する[53]。安全保障の中核にある価値は，物理的生存のみならず，国家威信，自律性，国家体制，政治イデオロギーをも含む可能性を持ち，そのことが安全保障自体を政治的なものにし，あるいは歪めてしまうのである。安全保障の保護対象の価値が何かという点は，政策の枠組にも影響を与える。チャールズ・ケグレー（Charles W. Kegley, Jr.）は「価値は状況の定義だけでなく，目標や優先度の設定，目的を実現するため代替的手段，特定の目的を達成するのに最も可能と思われる選択に影響を及ぼす」とする[54]。価値は安全保障の思考及び政策全般に影響を与えるのである。パルメ報告はイデオロギーや政治体制を越えた安全保障の保護対象の価値の拡大を排除し，純粋にそれを物理的生存に限定することで，イデオロギーや体制の違いを越えた共通の安全保障観の確立を目指すものであ

---

(51) Ibid., p.8.
(52) Laura Neack, *Elusive Security: States First, People Last,* Rowman & Littlefield, 2007, p.17.
(53) 文化的価値，社会的価値と国家安全保障における諸研究とその課題について，Toshiya Takahashi, "China in Japan's National Security," Chapter 1, PhD thesis, Australian National University, 2015.
(54) Hadley Arkes, James W. Child, Charles W. Kegley, Jr., and Terry Nardin, "Perspectives on Values, Ethics, and National Security," in Richard Shultz, Roy Godson, and Ted Greenwood (eds.), *Security Studies for the 1990s,* Brassey's, 1993, p.37.

〔髙橋敏哉〕　　　　　　　　　　　　　　　　**5　軍縮への安全保障観**

り，安全保障の概念の再整理を行い，より客観的な安全保障観の確立に貢献するものであったといえる。

　また共通の安全保障は，安定という国際安全保障での短期的，あるいは暫定的目標と，安全保障が本来求めるべき生存という目標との区別を明確に行った。しばしば，国家間の安定は安全保障の目標そのものと理解されがちであり，国際関係学の現実主義においては，力の均衡（バランス・オブ・パワー）自体を最終目的と捉えがちである。しかし，安定とは「必ずしも，平和や調和を意味するものではない[55]。」それはあくまでも「均衡」に過ぎないのである[56]。一方，安全保障は生存を失われる恐怖からの解放である。核抑止で得られるものはあくまでも恐怖を活用した一定期間の安定に過ぎず，安全保障の最終的解決とは別の問題である。パルメ報告は，安全保障においては「安定」を越えた野心的な目標を持つべきとした[57]。核抑止を要素とする戦略的安定は短期的且つ暫定的なものとして，安全保障の最終目的として認められないのである。パルメ報告は安全保障を概念的に精緻化し，その本来の目的は物理的生存にあると明確にしたのである[58]。

（e）　現実の政治プロセスとしての共通の安全保障

　第4に，共通の安全保障は，原則の提示だけではなく，具体的な軍縮へ向けての政治的プロセスを含む包括的な過程である。「共通の安全保障の原則は，特定の状況の中での政治的，軍事的環境に合わせ仕立てられるべきもの」であり，相互の疑いと不安を取り除きながら，軍縮と安全保障を達成すべきものなのである[59]。共通の安全保障はそのための政治的プロセスを始めることを強く主張する[60]。そこでは，一方的な軍縮ではなく，相互に均衡を取りながらの軍

---

[55]　Kalevi J. Holsti, *International Politics: A Framework for Analysis, fifth edition,* Englewood Cliffs, 1988, p.74.

[56]　Larry E. Sullivan, "Stability," in *The SAGE Glossary of the Social and Behavioral Sciences,* 2009. http://knowledge.sagepub.com.virtual.anu.edu.au/view/behavioralsciences/n2407.xml?rskey=c9ilfb&row=2.

[57]　Palme, *Common Security,* p.7.

[58]　パルメ報告を安全保障における「生存主義者」と捉える見方については，例えば，Ramio Väyrynen, "Introduction: towards a strategy of common security," in Stockholm International Peace Research Institute, *Policies for Common Security,* Taylor & Francis, 1985, p.1.

[59]　Palme, *Common Security,* pp.100-1.

[60]　Ibid., p.6.

103

Ⅰ　軍縮の理論的考察

縮を追求していく必要がある[61]。なぜなら，それは交渉国全てにとって安全保障につながる軍縮を目指すからである。また，それは不可逆的なプロセスでなければならない[62]。共通の安全保障は概念レベルに留まらず，政策プロセスに包括的且つ密接に関わる議論といえよう。

　この政治プロセスの強調は，具体的には冷戦後に東南アジア諸国連合（ASEAN）などで安全保障のコンセンサス作りに見られた「協力的安全保障」（Cooperative Security）につながるものである[63]。この意味でパルメ委員会の共通の安全保障は歴史的な事象を越え，その後の安全保障における協力や対話といった側面への理論的土台になっているのである。また共通の安全保障は，国際システムそのものの改革を目指すものである。それは，「政治的緊張，戦略的不安定，兵器技術の継続した洗練化，核戦争の恐怖に特徴づけられる」当時の「国際システムを越えた改革されたシステムを叙述したもの」である[64]。原則の主張だけではなく，安全保障でのプロセスでの改革を通じ，最終的には国際関係全体の変化を目指す野心的な議論といえるのである。

（3）　パルメ報告での共通の安全保障の影響

　パルメ報告は安全保障の体系の転換を目指す大きな思考の実験と政策実行のプログラムであった。共通の安全保障は冷戦後期の欧州の文脈での産物であったことは否めないが，その論理は安全保障における重要な理論的問題への解決策を示すものである。第1に，共通の安全保障は安全保障のジレンマを解決する手法である点である。ウィリアム・フォックス（William T. R. Fox）は，安全保障のジレンマを限定的ながら脱出する方法として共通の安全保障を評価し，その報告での提言にある中欧での戦場核非配備地帯にその可能性を見る[65]。また，共通の安全保障の非攻撃的防衛の考え方は，安全保障のジレンマを最小化する工夫でもある。2つめは，前述した冷戦後の協力的安全保障への理論的影

---

(61)　例えば，Fox, "Common Security," p.25.

(62)　Palme, *Common Security,* p.7.

(63)　共通の安全保障と協力的安全保障にある「安全保障の相互性」については，Craig A. Snyder, "Regional Security Structures," in Craig A. Snyder (ed.) *Contemporary Security and Strategy,* Macmillan Press, 1997, pp.113-4. その相違について例えば，Butfoy, "Recasting Common Security," pp.1-2.

(64)　Väyrynen, "Introduction: towards a strategy of common security," p.1.

(65)　Fox, "Common Security," pp.24-5.

響である。相互の安全保障を満たしながら，協力を進めていく共通の安全保障のプロセスは，様々な場面で応用でき，上記の安全保障のジレンマの描く相互不信の解決や，信頼構築に向かう政治過程の背景にあるべき意識の在り方を示すものといえよう。

そして確認すべき点は，共通の安全保障は安全保障から軍縮への新しい体系の提示であり，新しい安全保障の概念の提案に留まらないという点である。共通の安全保障を1980年代初期のパルメ委員会の報告の議論のみで捉えるのは，その後の研究や政策の流れを見れば誤った理解である。パルメ委員会の提案はその後の西側の政策に織り込まれたと言ってよい。それは，中距離核戦略，戦略核，欧州の通常兵器，化学兵器，包括的核実験禁止条約などに見られるのである[66]。また，非攻撃的防衛（non-offensive defence），防衛的防衛（defensive defence），非挑発的防衛（non-provocative defence）などを包括する概念としての意義を指摘するものもある[67]。そして前述したように共通の安全保障の本質は，安全保障における相互性と協力の必要性であり，その意味での実践は，冷戦後に一定の歩みを見せてきたものといえる[68]。この「パルメ報告を越えた」共通の安全保障は，それに関する「権威的な定義」や「厳格な理論」があるわけではなく，あくまでも安全保障に関する「一般的な見方の集合体」なのである[69]。共通の安全保障は1980年代の歴史的事象ではなく，その後も本質を維持しながら，幾つかの姿に変わってきた安全保障への考え方といえる。すなわち，時代に応じ，それは姿を変え，その文脈の中で新たな共通の安全保障を生み出す学術の流れとして捉えるべきといえよう[70]。

3　今日の核（軍事力）の有用性の議論の論理

（1）　ポスト冷戦期，ポスト・ポスト冷戦期の安全保障の思考の変化

上述のように共通の安全保障が時代を越える体系を持つことは自明ながらも，パルメ報告の諸原則と提案された諸政策を今日の時代にそのまま適用すること

---

(66)　Wiseman, "The Palme Commission: New thinking about security," p.62.

(67)　Ibid., p.50.

(68)　この流れの理解について例えば，Butfoy, "Recasting Common Security," p.2.

(69)　Ibid.

(70)　Ibid.

I　軍縮の理論的考察

には幾つかの限界がある。同報告が出されたのは米ソ超大国間の軍事的緊張の高まった時期であり，核兵器の脅威はこの2国間の核戦争の可能性に絞られていた。また，報告の焦点は，その超大国間の対立を受けての欧州の安全保障と軍縮の問題であった。ポスト冷戦期，またポスト・ポスト冷戦期の国際安全保障の環境は大きく変わった。核抑止の重要性は変わらないものの，核不拡散が大きな課題に変わった。また，多極化への変化の中で，超大国間の核の開発競争の時代から，多極間で核抑止を含んだ安定を如何に確保するかが焦点になってきた。技術の進歩と伝播は当時から遥かに進んでしまっている。更に2010年代における米中の南シナ海での対立，ウクライナへのロシアの軍事介入，シリアへの米露の軍事介入，北朝鮮のミサイル開発等の中で安全保障の考え方にも変化が見られてきた。それは共通の安全保障が追い求めてきた方向とは反対の動きを示唆するものである。以下では，①国家安全保障という政策枠組みの隆盛，②安全保障での軍事的論理（military logic）の優勢，そして，③強い安全保障政策を打ち出す大国の政治姿勢の3つを指摘したい。

(2)　3つの変化

(a)　国家安全保障という政策枠組みの隆盛

　第1に，今日の問題として国家安全保障という政策枠組みの隆盛が指摘できる。冷戦までは米国に限られていた国家安全保障戦略（NSS）や国家安全保障会議（NSC）等が冷戦以降，我が国を含む主要国の間で広く見られるようになった。前者は個々の国家の保持する価値を明記し，それを保護するための中期的な原則と政策を宣言するものである。冷戦期までは米国に限られていたが，冷戦後にはロシア，中国，英国，豪州，カナダ，インド，日本などで作成されている。一方，後者は，国家安全保障のために，定期的あるいは非定期的に開催される意思決定，あるいは政策調整，または危機管理に関する行政府における機関である。米国では1947年の国家安全保障法によりNSCが設立されたが，他国にその動きが大きく広がったのは冷戦後である。主要国として，ロシア，中国，英国，豪州，カナダ，インド，日本の例が挙げられるが，中小国においても数は増えている。国家安全保障は安全保障の対象を国家に限定し，その国家の得た価値を守ることを中核に置く[71]。それは，「国民」を守ることを強調

---

(71)　この定義として，Arnold Wolfers, "'National Security' as an Ambiguous Symbol," *Poli-*

〔髙楠敏哉〕　　　　　　　　　　　　　　　　　　　5　軍縮への安全保障観

し，それに対する反論を国内的に困難にさせる論理である。国家安全保障は政府の立場を国内政治的に正当化させる政治性を持つ[72]。

　国家安全保障の枠組みには，共通の安全保障が図ろうとした安全保障思考の転換とは逆の動きが指摘できる。1つの国家単位での安全保障を正当化するのが国家安全保障である。安全保障の対象を至って国内的に純粋化するものであり，それは共通の安全保障とは好対照のものである。そこでは安全保障の保護対象での共通性の発見，相互依存の重視といった知的努力は排除され，国家の枠内からの思考が展開される。そこには，他国と共に（with）に安全保障を進めるという論理を薄め，独自の価値の保護を中心に置く排他性を持った論理がある。国家の枠を強調し自他の区別の中で安心感を確保し，他国の国家安全保障との対立を招きやすい構図を作るのである。

（ｂ）　安全保障での軍事的論理の優勢

　2つ目として，軍事的論理の安全保障の議論での優勢が指摘できる。軍事的論理は軍事化や軍国主義とは異なる。それは軍事的勝利を確保する，あるいは軍事的敗北をしないことを目指す論理である。それは軍事的勝利を確保する，あるいは軍事的敗北をしないことを目指す論理である。認識された脅威に対し，軍事的な均衡を図り，軍事的な対策を行い，そして場合によっては脅威を上回る軍事力の展開を促すものである。換言すれば安全保障問題の解決に軍事的な対処を同一化させる思考といえよう。この論理の優勢には2つの影響が指摘できる。1つは，軍事の政治的利用の拡大である。軍事力は必ずしも戦争を前提としたものではない。例えばトーマス・シェリング（Thomas C. Schelling）は，兵器に重要な政治的な意味を指摘し，そこに戦争ではない政治的な意図を相手に与える効果を見た。「暴力は，それが脅威を与え，使われない時，最も目的に叶い成功する。」とする[73]。軍備は国家にとって政治的な影響を与える重要な道具なのである。また，強制外交（coercive diplomacy）の動きも軍事力の脅威を使った国際政治の範囲を拡大した[74]。2つ目は，新興国の軍事力の拡大と

---

　　tical Science Quarterly, Vol. 67, No. 4, December 1952, p.484.

(72)　この議論は広く国家安全保障の学術論壇で共有されているものである。例えば，Wolfers, "National Security". Barry Buzan, *People, States & Fear, second edition,* Lynne Rienner, 1991, Chapter 1 and 2.

(73)　Thomas C. Schelling, *Arms and Influence,* Yale University Press, 2008.

(74)　強制外交とは，敵対者に行動を止めさせる，あるいは既に乗り出している行動を元に戻させるよう説得するために，外交的また軍事的手段を用いることを指す。以下参

Ⅰ　軍縮の理論的考察

近代化である。とりわけアジア太平洋地域での軍事の拡大は顕著なものである。この地域での軍事費は地域別で 2014 年にヨーロッパ・中央アジアを抜き，北米に次ぐ第 2 位になった[75]。東アジア地域では，2007 年から 2016 年の間に 74 パーセント軍事費が増大した[76]。軍備競争は観察できないものの，経済成長が軍事費の増大を押し上げている[77]。またこの地域での米国，中国，日本，インドの間に海軍における軍備競争を指摘する立場もある[78]。

　軍事的論理の安全保障での優勢は，共通の安全保障の軍事力は国家間の論争を解決するための正当な道具ではないとする第 2 の原則，安全保障は軍事的優位によっては達成されないとする第 4 の原則を否定していく動きである。軍事的論理は，他国との安全保障関係を軍事的勝利，あるいは軍事的な敗北はしないことに矮小化する。そしてそれは共通の安全保障が相対化しようとした軍事の安全保障での役割を再び重視することでもある。大国間で軍事の政治的外交的利用が広く一般化し，政治目的を背景にした軍事展開が躊躇なく行われるようになっているが，戦争の偶発性という冷戦期の核の均衡で懸念されていたことへの注意の低下が指摘できよう。実際に使う軍事力と見せる軍事力は区別し得るとする見方もあろうが，それは軍事力の脅迫を受けた国や指導者がそれを実際の脅威と感じるか否か次第であり，偶発的な紛争や非合理的判断に基づく脅威のエスカレートへの憂慮は議論の外に置かれているのである[79]。

（c）　強い安全保障政策を打ち出す大国の政治姿勢

　3 番目として国家安全保障の問題と関係するが，冷戦後においても大国における指導者が強い安全保障政策を打ち出す傾向は消えていない。そのパターン

　照，Alexander L. George, *Forceful Persuasion: Coercive diplomacy as an alternative to war,* United States Institute of Peace, 1991, p.5.

(75)　Justin George, Dongfang Hou, and Todd Sandler, "Asia-Pacific Demand for Military Expenditure: Spatial Panel and SUR Estimates," *Defence and Peace Economics,* 2 Feb, 2018. p.3

(76)　Trends in World Military Expenditure, 2016, SIPRI Fact Sheet, April 2017, p.5.

(77)　Stefan Markowski Satish Chand, and Robert Wylie, "Economic Growth and Demand for Military Expenditure in the Indo-Pacific Asia Region," *Defence and Peace Economics,* Vol. 28, issue 4, 2017, pp.473-490.

(78)　例えば，Geoffrey Till, *Asia's Naval Expansion: An Arms Race in the Making?,* Routledge, 2012.

(79)　類似の議論として，攻撃的能力と防御的能力の区別の難しさに関しては，安全保障のジレンマの中の議論として有名なものである。

〔髙橋敏哉〕　　　　　　　　　　　　　　　　　　　5　軍縮への安全保障観

は様々であるが，「悪の国家」であるとして実際に対外戦争を行う場合（2003年イラク戦争など），軍事力の投入により支配を強硬に確立する場合（2014年のロシアのクリミア侵攻など），軍事力も含めた強硬姿勢を見せ，相手国の行動の変化を狙う強制外交（1995-96年の第3次台湾海峡危機など），そして，戦争を辞さない強硬な外交的ポスチュアを活用した外交（プーチン露大統領，トランプ米大統領などのケース）があげられよう。このようなケースのほぼ全てにおいて，国内政治における強いリーダーシップを意識した政治姿勢を見ることができる。

　この変化は，共通の安全保障の国の政策を表明するときには自制が肝要であるとする第3の原則の完全否定であるといえる。このような大国の政治姿勢は，対外的緊張の政治的活用であるとともに，より高圧的でない政策でも安全保障上の対外的目的は達成できる可能性があるにも関わらず，敢えて強い姿勢を取ることで，本来の安全保障が目指すべき物理的生存を「越えた」政治成果をあげようとするものである。そこには，国家や政治指導者の威信や，高い国内支持の確保などが安全保障という目的とすり替わる姿が見える。更に，このような高圧的な政策はポピュリズムとも結びつき，国内の不満層に排外主義を鼓舞し，強硬策を支持する世論や政治集団を作る結果を生む。共通の安全保障が敢えて原則の中にいれた「慎重な国家政策」は，このような政治による安全保障の歪曲を憂慮していたものであったといえよう。安全保障がその目的達成に不必要なまでの強硬性を持った場合，生まれてくるのは国家間の相互不信と，それに対する同様な他国あるいは政治集団からの報復であり，軍縮につながる安全保障環境とは大きく異なる条件が形成されるのみなのである。

4　共通の安全保障観の再構築
——物理的生存と安定した政治的プロセス

　このポスト冷戦期，あるいはポスト・ポスト冷戦期と呼ばれる時代において，化学兵器や対人地雷，またクラスター爆弾等の軍縮は進むものの，核兵器や他の通常兵器の軍縮は進んでいない。このような中で，共通の安全保障はどのような示唆を停滞する軍縮に与え得るものなのだろうか。共通の安全保障は，誰が安全保障の受益者なのかにつき安全保障の概念を拡大し，1980年代の欧州を中心としながらも，包括的な軍縮に向けた原則と政策を包含する体系であった。しかし，上述の国家安全保障の政策枠組みの隆盛と国内向けの強い安全保

I 軍縮の理論的考察

障政策を見せる大国の姿勢は，安全保障の単位を国家に閉じ込めようとするものといえる。また，軍事的論理の優勢は，軍事の安全保障での重要性と武力の展開に政治的意味を見出すことで，共通の安全保障の原則を無視させていく動きである。このような共通の安全保障の諸原則を否定していく安全保障の思考の時代において，安全保障からの軍縮への出発点として重要なことは，パルメ報告の共通の安全保障を再分析しその本質を明確にすることである。

　パルメ報告による共通の安全保障における最も注目すべき視点は，「物理的生存」に安全保障の保護対象を限定した点にある。今日，互いの脅威を主張しながらも，軍縮の方向に相互に政策が向かっていかないのはなぜか。その根底にあるのは，安全保障の保護対象である生存の意味が曖昧化，あるいは必要以上に拡大化していることが指摘できよう。物理的生存という根源的な安全保障の価値が，安全保障政策の中で曖昧になっている。無論，それは今日に限ったことではなく，それ自体が安全保障の宿命ともいえる[80]。冷戦時代には米ソのイデオロギー，中国の毛沢東思想，あるいはイランのイスラム原理主義などが示すように，安全保障の保護対象が物理的生存を越えたイデオロギーや体制保護などへ拡大する現象が広く見られた。ポスト冷戦期においても，イスラム過激派の思想や，強力なナショナリズムを打ち出す外交により，本来，安全保障の中核にあるべき物理的生存の議論が曖昧になっている。このことは，核兵器の脅威の下では国家間の物理的な生存は相互依存の関係であるという，最も自明な事実から目をそらさせる結果になっている。共通の安全保障の再構築で必要なことは，安全保障の議論において，イデオロギーや体制，あるいは威信といったような付随的な価値は保護対象から取り去り，保護すべき対象を純粋に物理的な生存に限定させていくことである。これは，共通の安全保障がその主張の前提に置く「安全保障での相互依存」の確認につながり，物理的生存を相互に確保するために，相互の軍縮が必要であるという論理の出発点を形成するのである。

　パルメ報告の共通の安全保障は更に重要な点を指摘する。それは，共通の安全保障は政治プロセスを前提としたものであり，その中で作り出していくものという点である。共通の安全保障の第3の原則は，国家の政策表明での自制を

---

(80)　国家安全保障に本来的である価値の拡大と縮小についての議論は，例えば，Wolfers, "'National Security' as an Ambiguous Symbol," p.489.

110

呼びかける。それは，抑制されないナショナリズムや不要に相手を刺激する政策の陥穽を意味する。国家の政策，とりわけ対外政策においては，強硬策が国内的背景から支持される傾向は否定できないが，その安全保障上の問題を指摘するのである。不必要な強硬策は対外的な不信感を生み，その国との関係で安全保障は達成されることはないのである。また，共通の安全保障は軍縮や安全保障で重要なことは相互性であるとする。共通の安全保障の第1原則で，全ての国は安全保障の権利があるとするのは，敵も味方も含め，互いが安全である状態を作り上げることが共通の安全保障であるという宣言なのである。軍縮は互いの安全保障を実現する形で進めなければならず，相互の譲歩が生み出すものなのである。そのために必要なことは，安易に不信感を醸成する態度や政策は控えなければならない点である。非合理的な政治的利益に振り回されない安定した政治プロセスを維持することで，軍縮への道を確実にすることができる。共通の安全保障は，政治指導者の恣意的な政治プロセスの撹乱に対する，重要な対抗的議論を提示するともいえる。

　以上の点から，共通の安全保障が想定する軍縮政策は，従来，軍縮政策として位置付けられてきたものより広いものが含まれると考えるべきである（表1）。それは政治的プロセスを安定させるものも含むのである。従来は軍縮交渉やその条約に関わる政策が軍縮政策と呼ばれてきた(A)。しかし，政治プロセスが重視される共通の安全保障では，BやCに関わる政策が軍縮への安全保障環境の整備に重要な役割を果たす。それは相互の信頼感を管理するものである。また外交的なポスチュアや発言(D)も，それが相手国の安全保障に関する認識に影響を与える限りにおいては，軍縮の前提に関わる広い意味での「軍縮政策」になり得るのである。パルメ報告の共通の安全保障は，この「広義の軍縮政策」を政策提言に内包する。合理的な議論から軍縮を実現させる共通の安全保障は，その土台となる国際政治環境の整備を相互の譲歩を通じた政治プロセスにより促す。軍縮には明示的に軍縮と関連した政策とは異なる広大な政策の裾野が存在するのである。共通の安全保障はそこに向け，政治，外交の積極的な関与を求めるものともいえよう。

表1

| A | 軍縮交渉・条約への政策 | 伝統的軍縮政策 |
| B | 軍縮の諸条件を作り上げる認識に関わる政策 | 拡大した軍縮政策 |

C	相互信頼に関わり価値の両立を図る政策	拡大した軍縮政策
D	広い範囲の政治的・外交的ポスチュア・発言	軍縮に関係し得る政策

おわりに

　パルメ委員会による共通の安全保障は，第2次冷戦といわれた1980年代前半の欧州の文脈で提示されたものであるが，それは単なる歴史的な事実ではなく，今日まで続く安全保障からの軍縮への可能性を明らかにした1つの体系である。核抑止という軍縮への最も強い抵抗となっていた当時の安全保障の論理に入り込み，安全保障の世界から軍縮が当然であることを導き出したのである。今日，国家安全保障概念やその政策の隆盛，安全保障での軍事的論理の優勢，そして大国の強硬な安全保障政策が見られる中で，共通の安全保障が目指した安全保障の枠組みへの関心が低下していることは否めない。このような中で重要なことは，人道的理由のみならず，安全保障の観点からの軍縮に合理性，あるいは正当性があることを政策決定者のみならず広く一般市民が共有することである。人道的理由のみから来る軍縮の主張は，安全保障の必要性からくる軍備の拡大や均衡の議論に十分な歯止めをかけることが出来ていない。それは後者も十分な「論理」を背景にしているからである。

　パルメ報告での共通の安全保障は，今日の軍縮の停滞に対し，安全保障からアプローチするための重要な示唆に富んでいる。それは，安全保障の保護対象を物理的共存に絞り，各国の安全保障を共通の利益として位置付けていることである。そして，その保護が至って合理的な判断で決断し得ることを見せている点である。この立場からの安全保障と軍縮は協働的関係にあり，排他的なものではない。共通の安全保障が安全保障の概念を探求し精緻化する中で得られた「物理的生存」と，その保護への「合理性」は，今日でも変わることのない軍縮への重要な考え方の出発点なのである。

Ⅱ

核兵器の軍縮・軍備管理

6 核軍縮における「橋渡し」
──建設的対話に向けた論点整理──

秋 山 信 将

は じ め に

　近年，核軍縮をめぐって，安全保障を重視する立場と核の非人道性（規範）を重視する立場の間で厳しい論争が起き，その対立が顕著になっている。

　この数年，米国とロシアは核を含む戦略的関係において利害の相違が顕在化し対立を深めている。米ロは，両国間の核軍備管理を規定する新戦略兵器削減条約（新 START 条約，2021 年失効予定）の後継条約の中で対処すべき兵力の内容，すなわち交渉のアジェンダの設定をめぐり意見の隔たりがあり，交渉の席に着くことができていない。また，米国は，2019 年 2 月にロシアの条約違反を理由に中距離核戦力全廃条約（INF）からの脱退を宣言した。また，安全保障環境の改善を核軍縮の前提とする米国は，2018 年 4 月末から 5 月初めにかけて開催された 2020 年核兵器不拡散条約（NPT）運用検討会議第 2 回準備委員会において，「核軍縮のための条件を創出する（Creating Conditions for Nuclear Disarmament: CCND）」という作業文書を提出した[1]。この文書は，現在の安全保障環境の悪化を深刻にとらえ，同作業文書で述べられているような条件を満たすことができなければ核軍縮は進められないという米国ドナルド・トランプ（Donald Trump）政権の厳しい立場を示している。米国以外の核保有国も，核軍縮に対し消極的な姿勢を強めており，2009 年のバラク・オバマ（Barack Obama）大統領によるプラハ演説によって盛り上がった「核なき世界」への機運は，少なくとも核保有国の間ではほぼしぼんでしまったと言ってよいであろう。

　一方，核軍縮への機運もこれまでにない高まりを見せている。核兵器の非人

---

(1) "Creating the Conditions For Nuclear Disarmament (CCND)", Working paper submitted by the United States of America, NPT/CONF.2020/PC.II/WP.30, 18 April, 2018, https://undocs.org/NPT/CONF.2020/PC.II/WP.30.

Ⅱ　核兵器の軍縮・軍備管理

道性を強く訴え，NPT を通じた核軍縮に進展が見られないことに不満を募らせた非同盟諸国などの非核兵器国や市民社会が一連のプロセスを主導し，2017年に国連において核兵器禁止条約（TPNW）が採択された。この取り組みにおいて市民社会を中心とした支持の獲得で大きな貢献をした核兵器廃絶国際キャンペーン（ICAN）は，ノーベル平和賞を受賞した。

　核軍縮の取り組みに熱心な非同盟諸国などは，安全保障環境の悪化を理由に核軍縮に消極的な姿勢を示す核保有国に対し，核軍縮に安全保障上の条件を付けることは，事実上核軍縮を進めることはないとの意思を示すものではないか，本来核軍縮は NPT 第 6 条上の法的義務であり，安全保障上の条件如何に関わらずこれを進める義務があると批判する[(2)]。

　一方，安全保障を重視しステップ・バイ・ステップで取り組むべきとするグループと，人道面を重視し直ちに核廃絶の行動に移るべきとするグループの間を「橋渡し」する必要性を主張し，そのような行動を取る国も出てきた。これらの「橋渡し」の主張は，日本や欧州諸国など，非核兵器国ながら米国の拡大核抑止が安全保障政策の重要な一部をなす国々に多く見られる。

　このように対立が先鋭化する模様を，外務省の主催する「核軍縮の実質的な進展のための賢人会議」が 2018 年 4 月に発表した報告書では，「この分断は深く，またとても強固なもので，異なる立場の国々の間で重要な事柄に関する有意義なやり取りができなくなっている」と表現している。そして，このような分断を「橋渡し」し，礼節（civility）ある議論を核軍縮に取り戻す必要があると述べる[(3)]。

　安全保障の議論と人道の議論を「橋渡し」することは容易ではない。それは，TPNW の採択に至るプロセスで積極的な役割を果たしたスイスの同条約への姿勢に象徴される。

　スイスは同条約の採択の際に賛成票を投じているにもかかわらず，当面批准しないことを明らかにした[(4)]。その理由は，安全保障である。もしスイスが

---

(2)　2020 年 NPT 運用検討会議第 3 回＜第 2 回？ご確認ください＞準備委員会のクロージング・セッションにおけるブラジルなどの発言。

(3)　核軍縮の実質的な進展のための賢人会議『効果的な核軍縮への橋渡し―2020 年 NPT 運用検討会議のための提言』2018 年 3 月 29 日，https://www.mofa.go.jp/mofaj/files/000358857.pdf。

(4)　FDFA Information, the Federal Council, Switzerland, Press release, "The Federal Council decides not to sign the Treaty on the Prohibition of Nuclear Weapons at the present

TPNW に署名すれば，自衛の究極的状況において行動の自由を制約し，核兵器国やその同盟国との自衛のための同盟（すなわち北大西洋条約機構（NATO））の枠内において核の傘の下に入る選択肢を明示的に放棄することになるからである[5]。このように，TPNW の成立過程においてそれを推進してきた立場の国でさえも TPNW に無条件で加入することを躊躇しているという状況は，国際政治における安全保障の現実が，核軍縮を進めていくうえで「核なき世界」の理想や理念によってのみでは超越が困難な問題であることを示唆している（なお，その後スイス連邦議会は政府に対し TPNW に加入するよう勧告を出している）。

　核軍縮に対して安全保障からアプローチする立場と，規範や道徳からアプローチする立場の隔たりを埋めるには，両者の建設的な関係を取り戻すための政治的な歩み寄りが必要であることは言を俟たないが，そのためには，そのような歩み寄りのために対話の場を設け，また対話の窓が開いた際に両者が議論すべき論点を整理しておくことが必要であろう。

　本稿では，安全保障の論理と人道性の論理の間で深まりつつある溝を埋め，核兵器を廃絶するために真剣に向き合わなければいけない「困難な問題」について，安全保障の側面，法的・制度的側面，そして規範的側面から整理し，各主張について論点を提示することで今後の議論のあり方を示すこととしたい。

1　安全保障的側面

　核兵器の安全保障における役割を論じるには，2つの観点からのアプローチが必要であろう。すなわち，戦争を優位に戦うための実戦使用のための兵器としての評価と，国家間の対立を実戦へとエスカレートさせることを防止する，抑止のためのツールとしての評価である。後者については，国家の国益の実現というより高度な政治的目標の追求においてどのように核兵器が関与するのか

---

　　time," August 15, 2018, https://www.admin.ch/gov/en/start/documentation/media-releases.msg-id-71821.html.

(5)　The Federal Department of Foreign Affairs of Switzerland, *Report of the Working Group to analyse the Treaty on the Prohibition of Nuclear Weapons,* June 30, 2018, https://www.eda.admin.ch/dam/eda/en/documents/aussenpolitik/sicherheitspolitik/2018-bericht-arbeitsgruppe-uno-TPNW_en.pdf.

Ⅱ　核兵器の軍縮・軍備管理

を検討する必要がある。

　核兵器の登場は戦争の概念を変化させたが，1945 年にバーナード・ブロディ
(Bernard Brodie) は，「従来軍事組織の役割は戦争に勝利することにあったが，
今後主たる目的は戦争を回避することになり，それ以外に有用な目的はない」
と述べ，究極的に核兵器に残るであろう唯一の目的を示唆する[6]。また，トマ
ス・シェリング (Thomas Schelling) も，「相手にただ苦痛を与えること自体に
は何の意味もないが，相手に苦痛を与えるのは，相手の行動に影響を及ぼし，
相手にある決断や選択を強いるため」であり，核兵器の価値剥奪能力はバーゲ
ニング・パワーとなり得る，と国家間の関係性の確立における核兵器の効用を
説く[7]。

　ただし，そのような圧力や力の行使に抗した場合に受ける苦痛，すなわち国
家や国民が支払うべき代償にどれだけ耐えることができるのか，逆に苦痛を与
える側から見れば，自らの持つ能力が相手にとってどれだけ脅威となり得るの
かは，各国の置かれた国際的，社会的，経済的，そして地理的環境によって差
異が生じ，したがって，画一的に定義することは困難である。

(1)　核兵器の「価値」をいかに評価するか

　核兵器の価値を評価するにあたっては，国家の戦略目標（あるいは実現すべ
き価値）と，その実現のための最適手段となり得るかという観点からなされる。

　国家の対外行動においてその目標を実現するための手段は非強制的，強制的
手段に大別される。非強制的な手段には，二国間，多国間の対話や交渉，調停
が含まれる。強制的手段は，さらに軍事的（軍事力の行使）と非軍事的に分け
られ，非軍事的手段には経済的，政治的制裁が含まれる。強制的・非強制的の
中間的手段として強制力行使の意図を示す威嚇があるが，これは強制力を前提
とするものである。さらに，効果的な手段を選択にあたっては，政策の効果，
合目的性，他の手段との代替可能性を判断要素とする。

　政策の「効果」には，軍事的効用，政治的効用の両面がある。核兵器が担う
とされる「抑止」の役割とその信頼性は，この両者の総合的な作用として存在
するといえよう。

---

(6)　Bernard Brodie, ed., *Absolute Weapon,* Harcourt, Brace, 1946, p.76.

(7)　Thomas C. Schelling, *Arms and Influence,* Yale University Press, 1966, esp. pp.69-91.

118

〔秋山信将〕   **6** 核軍縮における「橋渡し」

　代替可能性は，核兵器を使用した場合に得られるのと同等の価値が他の手段によって得られるか否か，当該手段へのアクセス可能性（物理的，財政的），直面する国内外の政治環境における法的，倫理・規範的受容可能性を総合して判断される。逆に核兵器を選択する場合においても，他の手段と上記のような要素を比較衡量し，その適切性を判断すべきであろう。また，効果の遅効性・即効性についても考慮する必要があろう。

　代替可能性の検討において通常兵器と核兵器の有用性を比較評価する際には，核兵器により実現可能な政策目標をどう定義するかも評価の結果に影響を与える。そこでは，得られる価値だけでなく，核兵器使用に対し想定される報復によって失われことが想定される価値との間のトレードオフの設定が重要である。

　核兵器の軍事的役割には，戦場・戦域に展開する敵兵力に打撃を与えることを想定した戦術的な使用と，敵の交戦能力の源泉（とりわけ本土）となる戦略拠点や産業インフラなどを破壊する戦略的な使用が想定される。なおこの区分は，紛争のエスカレーションが管理され，戦術レベルでの核兵器の使用は必ずしも国家の破滅をもたらすような大規模な報復を招かないことが前提となる。

　他方で，政策の手段が逆に国家の戦略を規定する要因にもなりえる。アレクサンダー・ジョージ（Alexander George）とリチャード・スモーク（Richard Smoke）は，アメリカの外交政策が抑止戦略に過度に依存してきたと評している[8]。ローレンス・フリードマン（Lawrence Freedman）が指摘するように，「いったん抑止が教義（doctrine）となってしまえば，それは，戦略的関係に関するより一般的な理論へと昇華する」。すなわち，戦略の選択における硬直性が生まれる可能性もある。抑止論はある意味できわめて強力な論理であるがために，「戦略の核心でもある，政治的な文脈と，パワーのための道具（抑止）との間にあるダイナミックな相互作用の感覚を次第に排除してしまう」のである[9]。

（2）「秩序の兵器」としての核

　核兵器が「使えない（あるいは使わせないための）」兵器としてその主たる役割が武力行使の抑止にあると認識されるようになった結果，核抑止が機能した

---

(8)　Alexander L. George and Richard Smoke, *Deterrence in American Foreign Policy,* Columbia University Press, 1974.

(9)　Lawrence Freedman, *The Evolution of Nuclear Strategy,* St. Martin's Press, 1981, p.15.

Ⅱ　核兵器の軍縮・軍備管理

ことがその不使用の主たる要因であったとの議論は，冷戦期の米ソの対立がな
ぜ実際の武力紛争にエスカレートしなかったかを説明するものとして有力であ
る。ジョン＝ルイス・ギャディス（John Lewis Gaddis）は，『ロング・ピース』
の中で，経済関係や文化交流などが戦争を防止するというリベラリズム的秩序
観を否定し，核兵器の存在が戦争へのエスカレーションを防止した事例などを
挙げ，「核抑止は，ポスト第二次世界大戦の国際システムが維持してきた，最
も重要な行動メカニズム」であると論じた[10]。

　もっとも，心理的な威圧を相手に与えることにより，自らが望むような行動
（あるいは行動を取らないこと）を相手に選択させる「抑止」という考え方自体
は古くから存在するものであり，核兵器に特有の機能でもない。とはいえ，19
世紀ヨーロッパの勢力均衡のように，核兵器登場以前の軍事力の役割の中で
「抑止」は，直接的な軍事力の行使である攻撃や防衛に対し，一種付随的な機
能として認識されていた。

　冷戦期を通じ，そして現在に至るまで，安全保障面における国際秩序構造の
基礎をなすのは，米ロ間の核軍備管理レジーム[11]に裏打ちされた，いわゆる
「制度化された相互確証破壊（MAD）」を通じた相互核抑止による戦略的安定
である[12]。米ロの間には，厳密には戦力の均衡は存在していないにもかかわら
ず，均衡的な関係が存在しているという相互了解が成立している状態にあると
いってもよい。この「制度化されたMAD」の状態は，冷戦が終焉した後も，
米ロの核をめぐる関係を規定するものとして存在し続けている。

　「戦略的安定」の状態は，ある意味では人為的な戦略的均衡点に関する了解
であるが，安定の均衡点を具体化させたのが軍備管理レジームである。軍備管
理の取り決めには，相互に関係が安定的な状態にあるという了解を制度化し，
そしてその合意された均衡点からの離脱を試みることによって関係性が不安定
化し意図せざるエスカレーションを防止する意味がある[13]。

---

(10)　ジョン＝ルイス・ギャディス（五味俊樹他訳）『ロング・ピース：冷戦史の証言
　　　「核・緊張・平和」』芦書房，398頁。

(11)　新START条約，INF条約，CFE条約や，協調的脅威削減プログラムなど軍備管理
　　　条約を維持するうえで有効な各種取り決めを含む。

(12)　戸崎洋史「米露間軍備管理問題──『新しい戦略関係』への移行と課題」松井弘明
　　　編『9.11事件以後のロシア外交の新展開』日本国際問題研究所，2003年。

(13)　なお，米ソは，相手の意図について必ずしも正確に認識していたわけではないこと
　　　が，冷戦後公開された資料から判明している。また，正確な相互認識は安定性の向上

〔秋山信将〕　　　　　　　　　　　　　　　**6**　核軍縮における「橋渡し」

　このような相互抑止を基盤にした「戦略的安定性」の概念の下に存在してきた米ロ（米ソ）の戦略的関係と二極構造を中心とした国際秩序は，一方で，戦略レベルにおける安定性を強調するがために生起する小規模な紛争や，サブシステム・レベルでの安定性に関する懸念については，国際秩序に影響を及ぼすものではないと認識され，ある意味では米ロの「戦略的安定性」に回収されうるものとして扱われてきた。

　つまり，地域紛争や内戦など，比較的小規模な紛争が，米ソ両国の戦争へと発展せず，国際秩序を脅かし，世界全体を不安定化させるには至らなかったのは，相互抑止による大国間関係の安定化機能によるという考え方は，少なくともそのような大国間関係が国際秩序を規定してきたと考えられてきた時代において有力であった。

　なお，この「制度化された MAD」の副次的な合意は，核拡散を防止することは双方にとって利益であるという認識に基づく米ロ（米ソ）間の核不拡散分野における協調関係である。この副次的な合意である核不拡散上の相互利益とは，国際秩序におけるパワーの分布を変え秩序の不安定化につながりかねない，新たな核兵器国の増加を阻止するということで国際秩序の「多極化」を抑制する点にあった。多極化の抑制は，国際秩序の安定とともに，米ロにとって自国の優位を維持することが容易な国際システムの維持に貢献する。

　ところが現在，米ロ両国が相互の国益の相違，社会的価値体系の相違，また地政学的要件の相違などを考慮しつつも，相互の関係の安定性のためにこれらの相違を収斂させて形成された軍備管理レジームは，両国の戦略的利益の相違の拡大や，現代の複雑な兵器体系・戦力構成により，従来と同様の形を維持していくことが困難になりつつある。米ロ両国は，2021 年に失効する現行の新START 条約の後継をめぐる交渉において，ミサイル防衛や通常弾頭を装備した「迅速なグローバル打撃（prompt global strike）」などを交渉の対象にするか否かをめぐり対立している。このことは，まさに両国の兵器体系の多様化や戦

に寄与するものの，両者の戦略的競争という関係を考慮すれば追求することは困難であった。また，両者のエスカレーション・ラダーも非対称であった。この点を突き詰めて考えれば，冷戦期の米ソ間の戦略的安定性は，戦略レベルにおける戦力の冗長性によってもたらされたオーバー・キルの状態に依存し，その結果，戦力が厳密には均衡していなかったとしても両国の関係は安定しているとの解釈が可能である。この点は，核兵器の削減が進み，戦力の冗長性が解消された場合に問題となる可能性がある。

II 核兵器の軍縮・軍備管理

略的利益の乖離によって，従来の条約で定義されてきた「戦略兵器」の領域の
みで戦略的安定の均衡点を見出すことが次第に困難になってきていることを示
している。

また，経済的にも，また軍事的にも大国として地域のみならずグローバルに
も大きな影響力を獲得しつつある中国の存在が，そのような安定的な秩序のあ
り方を模索するうえで大きな挑戦となっている。中国の保有する弾頭数は300
ほどと見積もられているものの[14]，戦略原潜の導入や長射程の地上移動式ミサ
イルの開発など，第二撃能力の残存性を改善させるなど核戦力の質的能力を著
しく向上させている。

現在のところ，米国は中国との間で相互脆弱性を公式に認めるには至らず，
また中国も米国との間で自国の戦力に規制をかけるような軍備管理に関して交
渉する意図はないと見られている。しかし，両国の戦略的競争が激化しつつあ
るように見える中，両国の核をめぐる関係が，今後何ら枠組みの無い中で安定
的に維持されていくと見るのは楽観的すぎるのではないか。しかし同時に，米
ロの軍備管理レジームが曲がり角に来ているのと同様の理由で，米中の軍備管
理のアジェンダを適切に設定することは非常に困難な作業となろう。

（3） エスカレーション・コントロールと核兵器の役割の縮小

「戦略的安定性」が，核兵器の存在とそれを管理しようとする国家間の関係
が国際秩序の安定化装置としての機能の妥当性を議論するものであるのに対し，
核兵器が存在する中での紛争のエスカレーション・コントロールの困難さは，
核兵器による秩序の不安定性の一因を成している。

米国が冷戦初期に採用していた大量報復戦略が直面したジレンマは，小規模
の侵略に対する核兵器使用の妥当性である。目標と手段の間に不均衡が存在す
る場合，政治的，戦略的に核兵器の使用が妥当であると判断できない可能性が
出てくる。ここから限定核戦争の議論[15]，そしてエスカレーション・コント

---

(14) 例えば，*SIPRI Yearbook* 2017 など参照。

(15) 例えば，ヘンリー・キッシンジャー（森田隆光訳）『核兵器と外交政策』駿河台出
版社，1994 年（原典は 1957 年刊行）。キッシンジャーは，核による大量報復戦略に
よって全面核戦争を抑止しつつ，欧州正面における限定核戦遂行能力の重要性を論
じた。

ロールの可能性をめぐる議論[16]へと発展していく。

エスカレーション・コントロールとは，紛争のエスカレーションは，回復不可能な大量報復へと向かうものではなく，可逆的プロセスであるとの考え方に基づくが，その中で信頼性のある抑止の戦略があるとすれば，対象となる攻撃目標（あるいは標的の価値）に対して相応の手段でなくてはならない。その場合，対象となる攻撃目標の価値が大きければより強大な破壊力を持つ手段を，そうでなければそれなりの手段を選択するという，手段と目標の間に一定程度の均衡性（proportionality）が成立していることが必要となる。

2010 年の「核態勢見直し（NPR)」においては，核兵器の役割を限定化し，多様な手段によって抑止力を担保すべきとの議論が進んできた[17]。2010 年NPR は国家間の核戦争の可能性は著しく低下したとの前提に立ち，核不拡散や核セキュリティを重視し，核兵器使用の想定について，従来よりも狭い解釈を採用し，核兵器の役割を低減させることを目指すとした[18]。もちろん，これは抑止が不要になったということを意味するわけではない。核の脅威の変容によって核抑止の役割が相対化されたということであろう。また，核兵器の使用される状況及び対象の選択は，純粋な戦術的，戦略的必要性の判断において，均衡性の原則が重視されるようになってきていることを示唆する。均衡性の原則の重視は，戦略的，戦術的考慮のみならず，道義的，道徳的配慮の要素が戦略，戦術の選択を通じてより浸透してきたと見ることも可能である。

しかしながら，核兵器の役割を縮小する方向性は，2018 年 NPR においては影をひそめる。同 NPR は，ロシアや中国との戦略的競争への回帰が鮮明になり，両国による，戦略核，非戦略核戦力の増強，米国の通常戦力における優位への挑戦（宇宙，サイバー，接近阻止・領域拒否（A2/AD)，抗堪性の向上を含む)，国際約束の違反（ロシアによる中距離核戦力全廃条約（INF 条約）違反など)，国

---

(16)　Richard Osgood, *Limited War: The Challenge to American Strategy,* University of Chicago Press, 1957. オズグッドは，戦争のエスカレーションは，紛争を解決において，戦争の目的に対して合理的だと考えられるコストの範囲内で問題を解決するために，お互いの意思や胆力（nerve）を試す，コントロール可能な可逆的プロセスだとみなすべきと論じた。

(17)　*Nuclear Posture Review* 2010.

(18)　アメリカもしくは同盟国やパートナー国に対する核攻撃を抑止することを核兵器の「唯一の目的」とすべきとの議論もあったが，そのような政策を採用するには至らなかった。

Ⅱ　核兵器の軍縮・軍備管理

際秩序への挑戦を最大の課題と位置付けている。また，両国にイラン，北朝鮮を含め，それぞれの脅威に対して画一的な（one-size fits all）アプローチではなく，テーラード（tailored）なアプローチを必要としていると論じる。

ロシアについては，紛争への介入を阻止するために早い段階での（戦術）核兵器の使用を示唆する「escalate to de-escalate」ドクトリンへの対抗の必要性を述べている。またアジアにおいては，脅威が多様化する中，潜水艦搭載型核トマホーク（TLAM-N）の退役によりエスカレーション・ラダーにギャップが生じ，戦略核への依存が増していると分析し，こうした課題への対応として，低出力の核弾頭の配備や海洋発射型の巡航核ミサイルなどを挙げている[19]。

これらについては，核兵器使用の敷居を下げ，核兵器の役割を再び大きくするものであるとの批判が寄せられている。ロシアは，そもそも「escalate to de-escalate」ドクトリン自体を否定し，また米国の指摘するINF条約の違反についても否定し，むしろ米国の違反を非難する。米ロ軍備管理レジームが曲がり角に差し掛かっていることは先に述べたとおりであるが，このような両国の核戦力をめぐる見解の相違の拡大は米ロ二国間の政治的対立の一部との見方もあるが，国際戦略環境の変化，技術の進化などの構造的要因が従来の軍備管理レジームに対する挑戦として影響を与えている側面も看過されてはならない。

（4）　地域の安全保障力学の重要性

米ロ（米ソ）関係における核の役割は，それぞれの同盟関係を通じ欧州やアジアの安全保障環境を規定してきたという意味でグローバルな性質をもっている。従来，地域の安全保障秩序は，最終的には米ソの戦略的関係の文脈に還元されうるものとして，グローバルな秩序のサブ・システムとして存在してきたといえよう[20]。

しかしながら，冷戦後，グローバルなレベルでの米ロの戦略的関係と地域レベルでの安全保障秩序の接続が複雑な様相を呈するようになってきている。とりわけ，核拡散の観点から見ると，南アジア，中東，そして北朝鮮を抱える東アジアに見られるように，グローバルなシステムに還元されない（あるいは還

---

(19)　*Nuclear Posture Review* 2018.

(20)　とりわけ，欧州と東アジア。他方，米ソの戦略的関係の文脈に還元されえない地域は，「第三世界」として，ある意味ではこのような核の存在を中心としたグローバルな戦略秩序の理解からは除外された。

元されることを拒否する）地域の戦略的ダイナミクスが核保有の重要な要因の一つとなっている。

　東アジアでは，北朝鮮が6度の核実験や累次にわたるミサイル実験などを通じてそれなりの核能力を獲得したと見られ，その能力は地域各国，とりわけ日本にとって重大な軍事的脅威となっている。一方で，2018年6月12日に北朝鮮の金正恩委員長と米国のトランプ大統領がシンガポールで会談を行い，以降，見通しは必ずしも明るくないが「非核化」をめぐる交渉が行われている。しかし，非核化のプロセスが急速に進展しないとすれば（それは技術的にも困難である），北朝鮮の核のリスクとは当面共存を強いられることになる。他方，北朝鮮からすれば，核兵器は自国の安全保障上必要な兵器であるが，その存在により国際政治上の存在感を高め，また米国から体制の保証等を引き出す政治的な取引のツールとして極めて有用性が高いと見ることもできる。

　中東においては，核兵器を保有するイスラエルと核開発の疑惑があるイランを軸にした地域大国間の戦略的競争が繰り広げられている不安定な安全保障構造の中に，核拡散のリスクが存在している。また，南アジアにおけるインドとパキスタンの関係における核兵器の重要性については言を俟たない。地域レベルにおいては，他国による侵略を抑止するという軍事的な目的のみならず，むしろ政治力学上優位を確保することにも核兵器による威嚇の有用性を見出すことになろう。

　地域特有の安全保障のダイナミクスは，核軍縮を構想するうえで欠かせない要素である。バリー・ブザン（Barry Buzan）が指摘するように，安全保障のドメインは，脅威がどこまで影響を及ぼすのかによって定義されるものであるとするならば，多くの国にとって安全保障の論理は地域規模で定義される[21]。画一的に適用可能な抑止の論理ではなく，いわゆるテーラードの抑止が必要とされるのと同様，テーラードな軍縮のアプローチが必要ということになる。

（5）「安全保障」の複雑化

　抑止すべき対象（もしくは対象との関係性）が多様化しているということは，とりもなおさず適用される抑止の論理が多様化することも示唆する。近年，テ

---

(21)　Barry Buzan and Ole Waever, *Regions and Powers: The Structure of International Security,* Cambridge University Press, 2003.

II 核兵器の軍縮・軍備管理

ロリズムなど非合理的なアクターによる脅威に対する抑止が困難であるとの認識が高まっている。それゆえに，核不拡散やカウンター・テロリズム，それに強靱性，国土安全保障の重要性が増している。安全保障，とりわけ抑止を巡る関係は双方向性が特徴であるが，双方がその能力や意思，そしてお互いの認識についてコミュニケーションをする中で関係が構築される。そのようなコミュニケーションが不可能なテロリストや，いわゆる「ならず者国家」のようなアクターとの間では，とりわけ核抑止の役割は限定的というよりは，むしろ実効性が乏しいという状況も想定されよう。

また，現在米中の戦略的競争をめぐる議論が激化しているが[22]，経済的相互依存が深化する米中間での核抑止の考え方を複雑にする。グローバル化したサプライ・チェーンや金融のボーダレス化は，国家が追求すべき国益と国家の領土の保全の同一性を否定する方向に深化し，またその影響を拡大させている。このような状況は，米国のパワーの相対化という，グローバル化のもう一つの側面と合わせ，国家間の安全保障上の対立と経済面における相互依存の共存のなかで，核攻撃による報復という核抑止の中核的な機能が発動可能なのかという疑問を喚起する。

また，最近の国際安全保障環境において，核兵器の役割についてより精緻な整理が必要になるであろう展開としては，新しい disruptive technology（サイバーなど）の広がりや，いわゆる「グレー・ゾーン」あるいは「ハイブリッド型」と呼ばれる，通常の武力行使とは異なる軍事的，非軍事的手段による圧力が混在するような新たな脅威の形態への対処などがある。この問題は，核のリスクを削減するためのあるべき軍備管理の姿を見出す困難さという視点からも極めて重要な問題を提起する。

2 法的側面：国際法的規範と核兵器の使用[23]

国際社会における核の意味を考えるにあたっては，その存在を法的にどう見

---

(22) 米国は，中国による知的財産権の侵害や技術盗取（産業スパイ），あるいはサイバー攻撃などに対して非難を強めており，一部の中国製通信機器については安全保障上の理由からその使用をやめ，また同盟国などにも使用中止を呼び掛けた。

(23) 本来，NPT 第 6 条の軍縮の具体的な措置に関する交渉義務およびその「法的ギャップ」に関しても論じるべきであるが，すでに多くの論考が出されているので本稿では

〔秋山信将〕　　　　　　　　　　　　　　　**6　核軍縮における「橋渡し」**

るべきかの検討も必要である。

　核兵器使用（武力行使）の正当性を法的に論じる場合，通常は jus in bello（手段における正当性），jus ad bellum（目的の正当性）という 2 つの法理からアプローチすることになろう。さらに近年，国連による授権を待たずに実施された人道的介入を正当化する議論や，その反対に国連安保理で授権され実施された武力行使の結果として人道危機がもたらされる事態が発生していることなどを受け，武力行使の結果からもその正当性を判断すべきとの議論である，jus post bellum（結果の正当性）の法理取り上げられるようになってきている。本節では，この三つの法理から核兵器の存在に関する論点を提示する。

（1）　核兵器使用という手段の正当性をめぐる問題

　近代から現代にかけて，欧州においては幾多の紛争を経験する中で戦争のルールが形成されてきた（ハーグ陸戦規則（1907 年），ジュネーブ諸条約（1949 年）及びその第一，第二議定書など）。これは，戦争遂行時の人道主義が社会の規範として定着してきた過程と捉えることも可能である。技術の進歩により戦争に使用される兵器の殺傷能力が高まり，さらに国民が幅広く戦争に動員されるようになるにしたがって，戦争の規模もそれに伴う被害も拡大したこと，毒ガス兵器など殺傷の残虐性が高まったことがその背景にある。さらに，国民の国家の意思決定への関与が拡大するにつれ，政府が国内外の世論から戦争への支持を得るために，戦争の「正しさ」を説明する必要性が出てきたことも指摘されよう。

　このため，長期的に健康に影響を残すような被害，無差別の殺りくなど無辜の市民への被害など，戦争行為によってもたらされる不必要な残虐性を持つ手段（兵器）は，戦争を遂行する手段の選択として許容されるべきではないという議論が高まり，それが毒ガス兵器やダムダム弾の使用の禁止に結び付き，まだ戦闘員と一般市民を区別し，一般市民の殺戮を禁じる差別性の原則の確立につながった。

　この議論に基づけば，市民への二次被害が想定されることから，核兵器の使用は本来であれば大きく制限されるべきである。しかし，この議論は，国家生存のための究極的な核兵器使用の正当化の論理の中で十分追及されてこなかったように思える。

　　割愛する。本稿で言及しないのはその重要性を否定するものではない。

Ⅱ　核兵器の軍縮・軍備管理

　jus in bello の論理はまた，武力行使の目的と手段の間の均衡性（proportionality）のもとで核戦略の策定の方向性を一定程度規定しうる可能性を持つ。米国の核戦略においては，損害を限定しエスカレーションを防ぐ観点から，全面核戦争による破滅を回避することを目指している。2010 年 NPR でも，核兵器が使用される状況をより限定する議論（例えば，核使用の「唯一の目的」化などを通じた，報復の均衡性の厳格化）がなされている。また標的の選定においても，対兵力（counter-force）打撃を中心とする戦略的目標に重点を置き，都市などの対価値（counter-value）打撃は採用していない。このような戦略的目標を攻撃する際の付随的損害がどの程度許容されるかという点は，核兵器の使用の正当性を論じるうえでより詳細に議論すべき問題であろう。

　ジュネーブ条約第一追加議定書では，無差別な攻撃を禁じる規定の中で，付随的損害について，「予期される具体的かつ直接的な軍事的利益との比較において，巻き添えによる」文民や民用物に対する被害が「過度」であることが予期されるような攻撃は，無差別な攻撃として違法としている（第 51 条 5 項 (b)）。核兵器を使用した場合，その破壊の規模を考えればこのような付随的損害が発生することは容易に予期されうる。

　ただし，このような原則を考慮する際には，あえて民間施設に隣接する地点に戦略拠点等を立地させることで，民間の二次被害（付随的損害）を不可避的なものとして攻撃を躊躇させる行為の可能性も考えられる。その場合，立地した側の責任についても考慮が必要となろう。この点に関しては，1963 年の下田事件裁判の判決が参考になる。同裁判では，広島，長崎両市が防守地域（占領を企図して接近する敵地上部隊に対し抵抗する地域。その地域内においては民用物であっても軍事目標としてその全域を破壊することが認められる）であったか否かが論点の一つとなった。東京地方裁判所の判決では，占領を企図して接近する米軍地上部隊が両市近傍になかったことから，両市は防守地域とはみなされず，軍事目標のみ破壊が許される無防守地域全域を破壊したとして両市への原爆投下は違法であると判断された。つまり，判決は，両市への核攻撃が合法か否か判断するために，まず両市が無防守地域であるか否かを判断し，無防守地域であると判断したうえでそれを根拠に付随的損害として文民や民用物の被害が許容されえないとしている。

　なおこの判決では，「具体的かつ直接的な軍事的利益」とは，戦争に勝利するというような戦略的な利益ではなく，より限定的な範囲での利益（戦術的勝

利）を想定したものと解釈している[24]。また，下田裁判の判決は，広島，長崎両市に対する核攻撃という特定の事例に関しその合法性を判断しており，核兵器の使用一般について判断をしているわけではなく，この判例をもって核兵器の使用一般が違法であるとの結論を導き出すことはできない。

　ただし，標的が無防守地域であるか否かに論点を収斂させることについて，ジェフェリー・ルイス（Jeffery Lewis）とスコット・セーガン（Scott Sagan）は，核戦争において数百万の死を「付随的損害」としてもたらしうる標的の選定を行う「戦略的爆撃」が，容易に法律上および道義上の正当性の議論を乗り越え，そのことを政策立案者が抑止の名の下に簡単に受け入れすぎることを批判する。彼らによれば，核抑止が機能するか否かは，突き詰めれば，多くの無辜の人々が核攻撃の報復で殺害されるという究極の想定に依拠しているが，これは，核抑止を圧倒的な核優勢によって担保すべきとの主張だけでなく，「確証破壊」と「対価値打撃」に依拠した「最小限抑止」の主張にも当てはまる。標的が軍事目標であるか否かという点に関心を絞り込むことによって道徳的および法的複雑さを回避しようとしつつ，核抑止が機能するために民間人への被害に対する恐怖を計算に入れ，大量の民間人への付随的被害の脅威が抑止力の基礎を構成するのであれば，そのような付随的被害は，もはや付随的と位置付けるには矛盾があることになる[25]。

　軍事的必要性の原則の判断は，核攻撃の対象となる標的が正当な軍事目標であったか否かのみならず，手段としての核兵器が標的の破壊のために必要であり，かつ許容の範囲内であったかどうかも対象とすべきであろう。国際司法裁判所（ICJ）の勧告意見においても，下田判決においてもそれらに対して言及がなされている。

　また，核による報復という核抑止の根幹をなす論理に関しては，戦時復仇の観点からも検討がなされるべきであろう。戦時復仇は，それを制限もしくは禁止するための議論が重ねられているが，戦時の違反行為への対処の必要性など

---

(24)　真山全「核兵器使用と戦争犯罪――戦争犯罪処罰に至るまでの国際法上の関門」（上），広島平和研究所ブックレット第5巻『戦争の非人道性――その裁きと戦後処理の諸問題』2018年，63頁。

(25)　Jeffrey G. Lewis and Scott D. Sagan, "The Nuclear Necessity Principle: Making U.S. Targeting Policy Conform with Ethics & the Laws of War," *Dædalus, the Journal of the American Academy of Arts & Sciences,* 145 (4), Fall 2016, p.68.

Ⅱ 核兵器の軍縮・軍備管理

から，禁止は実現していない。2017年に成立したTPNWは，第一条第一項
（d）において，いかなる状況における核兵器の使用またはその威嚇を禁止して
いる。しかし，戦時国際法の厳格な適用により，想定される核兵器の使用目的
のうち違法となる状況がいくつか特定されうるとしても，戦時復仇が違法性阻
却事由となる，すなわち慣習国際法上も禁止される（結果としてTPNW第一条
第一項（d）が慣習国際法として非締約国も拘束する）までには至らないとすれば，
（対価値打撃が想定される最小限抑止であったとしても）核抑止を非合法化するこ
とはできない。

また，TPNWが50カ国の批准により発効したとしても，それが直ちに慣習
国際法化するわけではなく，条約上の義務を負わない非締約国は核兵器使用お
よび威嚇の禁止の法的制約を受けることはない。もしTPNWの条項が非締約
国の行動に何らかの制約を課す契機になるとしたら，それは政治的な規範とし
て各国の意思決定に影響を与える可能性であろう。

（2） 核兵器使用の目的から見た正当性

jus ad bellumについては，国連憲章の武力行使禁止（第2条4項）および自
衛権（第51条）がその根拠を提供するが，解釈によっては核兵器の使用を許
容する論理を提供するものとなる。1996年のICJの勧告的意見では，核兵器
の使用・威嚇は「一般的に国際人道法に違反する」ことを明確に示した。ただ
し，「国家の存亡に関わる自衛の極限的な状況」においては合法か違法か「判
断できない」としている[26]。

本来この法理の下でも戦争遂行の目的を達成するための核兵器の使用の必要
性は，著しく限定されるべきと解されるが，例えば，ロシアの「escalate to
de-escalate」ドクトリンなど現在の核保有国のドクトリンの中では，比較的広
い解釈がなされているとも考えられる。周縁部における紛争への介入がロシア
の「存亡」に関わる自衛の極限的状況と判断されうるかは議論の余地が残る。

ICJの勧告的意見は，核使用の合法性に関する判断であり，もしいかなる場
合でも核兵器の使用が違法化されれば核兵器の保有は非合理的であるとの議論
も可能であるが，核抑止の視点からは，保有すること自体が究極的な威嚇とし

---

(26) 『核兵器の威嚇または使用の合法性に関する国際司法裁判所の勧告的意見』，第105
　　 節EおよびF，1996年7月8日。

130

て抑止力を持つとの考え方もありうる。このような状況の想定は，核兵器の存在の非合法化の阻害要因となろう。

（3） 核兵器使用の結果から見た正当性

戦争における正義を論じる視角としては，jus ad bellum および jus in bello ほど論じられていないが，武力行使の結果についてその正当性を判断するという jus post bellum の概念についても考察が必要である。この法理に立脚すれば，主権国家の自衛権との関係でいえば，核による報復に訴えることは，無辜の人々を人質に取りまた脅迫するという意味では，必ずしも望ましい手段ではないものの，自国の国民を守るという国家としての究極の目的を果たし自国民に対する核兵器（あるいは通常兵器）による攻撃を防ぐのであるから，結果としてよいことである，との議論も可能だ[27]。

この概念は，「核の非人道性」を支える，あるいは核兵器の使用を否定または限定する議論にいくつかの視点を提供しうる。核兵器の使用によってもたらされた付随的被害，後遺症などが，核兵器の使用による「正義の回復」という結果に対して受忍の範囲を超えないのかどうかに関し，例えば，核兵器使用の環境への影響を例にとると，戦争当事国以外にも及ぶ可能性が高いが，それは核兵器使用の結果もたらされる個別の便益と比して他者もしくは国際社会全体が甘受すべきものであるのか，といった論点は，「核の非人道的結末に関する会議」のプロセスにおいても取り上げられてきたテーマである。特に戦争当事国ではない第三国で発生した付随的被害（国の存続が不可能になるような状況や人類の居住が長期にわたり困難になるような環境の現出も含む）については，核兵器使用の結果として正当性が明確に否定され得る状況ともいえ，「国家の存亡に関わる自衛の極限的状況」から核兵器の使用を正当化したとしても，それによって善意の第三者たる紛争当事国以外の国が被った被害に対する賠償責任はだれが負うべきか，といった問題も今後提起されることになろう。

ただし，従来から言われるように，正義は「政治的結果」を考慮して初めて存在するのであるとすれば，その正義は，「勝者によって規定された正義」であり[28]，道義性に係る議論も，少なくとも短期的にはそのような文脈において

---

(27) スタンリー・ホフマン（寺澤一監修，最上俊樹訳）『国境を超える義務——節度ある国際政治を求めて』三省堂，1985 年，103 頁。

(28) 本稿は，笹川平和財団主催の研究会「核兵器の役割再検討」での議論に依拠してお

II 核兵器の軍縮・軍備管理

なされるものであると推定される。また，法的な問題を議論し，国際法の論理を通じた制裁を想定したとして，国家（指導者）の道義的責任が，国際社会全体の公益よりも主権国家の利益に対し負うものである状況（換言すれば，前者が後者を超越するという社会規範が確立したとは言い難い）の中，果たしてそれがどれだけ各国の核兵器使用の選択に影響を及ぼすことができるのかという疑問は残るであろう。

3 規範的側面

（1） 核のタブーは定着したか：「主権国家」規範との関係において

1945年8月以来の70年にわたる核兵器の不使用に関して，核抑止が機能してきたからだという議論に対するアンチテーゼとして，禁忌感（タブー）を強調する議論がある。ニナ・タネンワルド（Nina Tannenwald）は，倫理的，社会的，あるいは人道的側面からタブーが醸成されてきた結果だと主張する[29]。また，タネンワルドの言う「タブー」というほど規範の力を強調するわけではないが，一定程度規範の力を認める議論としては，国家の利益に照らし，核兵器の使用が国家により大きな不利益をもたらすがゆえに不使用を選択してきたという議論もある[30]。

規範の力や文化が国家の行動を規定するとするコンストラクティビスト的な議論は，その濃淡は別にして，軍事的合理性や政治における合理主義を超越する[31]。

り，同研究会の報告書『「核の忘却」の終わり ― 核兵器復権の時代』（勁草書房，2019年）所収の，第7章「「秩序の兵器」としての核と分裂する世界」と一部内容が重複する。

(29)　Nina Tannenwald, "The Nuclear Taboo: The United States and the Normative Basis of Nuclear Non-Use," *International Organization,* Vol. 53, No. 3 (Summer 1999), pp. 433-468; Nina Tannenwald, *The Nuclear Taboo: The United States and the Non-Use of Nuclear Weapons since 1945,* Cambridge University Press, 2007.

(30)　Daryl G. Press, Scott D. Sagan and Benjamin A. Valentino, "Atomic Aversion: Experimental Evidence on Taboo, Traditions, and the Non-Use of Nuclear Weapons," *American Political Science Review,* February 2013, pp. 1-19; T. V. Paul, The Tradition of Non-Use of Nuclear Weapons, Stanford University Press, 2009 など。

(31)　なお，このことは，個々の政策決定者が時に非合理的とも見えるような判断を下す可能性を排除するわけではない。このような政策決定過程に伴う核のリスクについては，すでに Scott Sagan が各所で指摘する通りである。

〔秋山信将〕　　　　　　　　　　　　　　　　　　　　***6***　核軍縮における「橋渡し」

　国際社会には法執行をつかさどり，強制力を備えた中央権力が不在であるという前提に立ち，国家は自己の生存を最優先に考慮すると想定する現実主義的国際政治観や，国家の究極の生存についての戦略を構築するという観点から核戦略を構想する戦略的合理性の下においては，倫理や規範は，一定程度の評価はあるとはいえ国家の行動を最終的に規定する要素とはなり得ないと考えられる。他方，政治においては，政策の決定はつねに「正しい」選択を追求することが想定されているが，「正しさ」の基準の選択には物理的な便益のみならず，政治的，社会的な便益も考慮されよう。モーゲンソーが言うように，「国際政治に及ぼす倫理の影響力を過大評価したり」，あるいは「過小評価したりすることがないように警戒しなくてはならない」[32]。

　国家による政治的，社会的便益の判断において道徳や規範が他の要素を凌駕する影響力を持ちうるかは，以下のような点によって判断がなされるであろう。第一に，どの程度まで倫理や規範が国家の意思決定に介在する余地があるのか，第二に，それら道徳や規範はどの程度普遍的なのか，すなわち国家の政治社会体制の違いや置かれた安全保障環境に関わらず等しく道徳や規範が国家の行動に影響を及ぼしうるだけ強力なのか否か，そして第三に道徳や規範は少なくとも予見しうる将来にわたって不変（もしくは持続可能）なのかどうかである。

　現在の主権国家を主たる構成要員と想定する国際社会では，その主権国家の行動基準は，基本的には主権国家を基礎単位とする枠組みの中で形成された価値体系に依拠する。一方で，核兵器の廃絶を支持する議論として，核兵器の存在は，人類全体にとってのリスクであり，核兵器を保有する国家は，事故や誤算など本来使用すべきでない状況において核兵器が爆発したとしても，その結果として人類全体が生存の危機に晒されるが故に，核兵器は廃絶させるべきだという議論がある。すなわち，国家安全保障よりも「人間の安全保障」を優先すべきとの主張である。「国家の存亡がかかった究極的な状況」において，核兵器の使用を断念するということには2つの含意がある。1つは，国家の究極の利益ともいえる国民の生存よりも他者の利益を優先させることになるということである。このような決定は，国家指導者としての責任を放棄することになるのかどうか。もう1つは，国家の存亡がかかった究極的な状況において核兵

---

(32)　H. J. モーゲンソー（現代平和研究会訳）『国際政治——権力と平和』福村出版，1986年，247頁。

器を使用するとなれば，敵国からも同様に核の報復を受ける可能性があり，いずれにしても国家は滅亡へと導かれる可能性が高い。このような核の応酬によって，自国の存立を確保できないときに第三国を巻き込むことが許容されえるのかどうかということである。

この場合，国家の行動における道義性の判断基準は，国民の利益という視点が優越し，グローバルな視点から人類全体の公益を考える思考や，人間一人一人の福祉や安全に注目する「人間の安全保障」のような考え方は，おそらく究極の選択を迫られた場合，（当然為政者の判断によるが）国益に優先させるべきものとは考え難い。

さらに，国際社会は，国内社会以上に多様であり各国の文化や価値観が異なるため，多国間の交渉によって成立しうる国際制度や国際機関は多様な文化や価値観の最大公約数を集約した「ミニマム・コモンデノミネーター」的な存在となり，普遍的な規範や価値の確立は概念的，理論的には想定しえたとしても，具体的な政策へと体現し，効果的に運用していくことは容易ではなく，長い間の慣行の積み重ねが求められる。またそのような慣行の積み重ねも極めて脆弱な場合が多い。また，国際社会は，秩序を強制する意思と能力を持つ中央権力が存在せず，秩序を「強制」的に形成するだけ力とその行使の正当性を特定の国際機関や，ましてや国家に与えることは物理的にも制度的にも不可能である。

このような一般的な国際規範の脆弱性という特徴に鑑みると，73年間の核兵器の不使用を「核のタブー」の定着と見たとしても，主権国家の役割という別の規範との関係性の中では論理的に優越性を導き出すことは容易ではない。

（2）　核兵器使用の非人道性規範について

核兵器の非人道性は，言うまでもなく広島，長崎への原爆投下や，第五福竜丸事件を含む1950年代に相次いだ核実験による被害などが広く知られるようになって以降，認識されてきた問題である。戦争に関する人道主義的なルールすなわち国際人道法や戦時国際法は，国際社会において戦争が不可避なものであるならば，「文明的」な戦争とすべく，悲惨さを軽減するとの考えを共有し，「人道主義が，交戦国の利益と幸運にも偶然一致した」ことで実現した[33]。

---

(33)　足立研幾『国際政治と規範──国際社会の発展と兵器使用をめぐる規範の変容』有信堂，2015年，特に第2章。

冷戦終結以降は，米ソの対立に代わり，地域紛争や内戦が国際安全保障上の重要課題として注目を集めるようになり（実際の統計的なデータを見ても，国家間戦争よりも内戦や一方の当事者が非国家主体である戦争が圧倒的に多い），その中で人権侵害や大規模な人道的被害への関心が高まった。こうした「人道問題」への関心の高まりは，戦闘時の二次被害，とりわけ民間人の巻き添えに対する世論の批判や，対人地雷やクラスター弾の禁止条約に象徴されるように，特定兵器の法的禁止を求める主張という形になって戦争のあり方に影響を与えるようになった。核兵器の非人道性が注目されるようになり，国際社会において支持が高まってきたのも，このような安全保障政策における人道主義の要請（戦争の惨禍を軽減させる政治的な要請）の高まりという文脈の中に位置づけることもできる[34]。ただし，核兵器禁止条約をめぐる一連の動きは，人道規範の法制化というよりも，法的禁止を通じた規範の確立と見るべきであろう。

2000年代以降，核をめぐる人道主義的議論が規範論を超えて盛り上がってきた背景の1つに，米国における核兵器使用のリスクの蓋然性をめぐる議論がある。いわゆる「四賢人」による2007年の『ウォール・ストリート・ジャーナル』の論説[35]は，国際政治における核のあり方をめぐる議論に一石を投じるものであった。2009年には，米国のオバマ大統領（当時）が，この論説を受ける形で「核なき世界」を目指すという演説を行った。演説は，核軍縮に焦点を当てたというよりも，核の脅威について包括的に論じるものであったが，核軍縮（「核なき世界」）について，核兵器を使用した唯一の国として，米国が「核なき世界」を目指す道義的責任があるとして究極的に目指すべき方向を示した。

オバマ前大統領自身は「核なき世界」の実現可能性の見通しについては慎重な姿勢を示していたが，この演説が国際世論に与えた影響は大きく，同演説を受け国際社会における核軍縮の機運は大きく盛り上がった。2010年NPT運用検討会議では，初めて核兵器の「非人道性」に関する記述が最終文書に盛り込まれた。その交渉過程においては，核兵器に対する人道面からの言及に対して核兵器国は当初後ろ向きであったが，途上国などから出された強い主張に，日

---

(34) Beatrice Fihn, "A New Humanitarian Era: Prohibiting the Unacceptable," *Arms Control Today,* Vol. 45, No. 6, July/August 2015, http://www.armscontrol.org/ACT/2015_0708/Features/A-New-Humanitarian-Era-Prohibiting-the-Unacceptable.

(35) George P. Schultz, William Perry, Henry Kissinger, and Sam Nunn, "A World Free from Nuclear Weapons," *The Wall Street Journal,* January 4, 2007.

II 核兵器の軍縮・軍備管理

本を含む西欧諸国なども理解を示すようになり，最終的には核兵器国もそれを受け入れた。

それ以降，「核の非人道性」の側面を強調し，核兵器を非正統化しようとする動きが，政府レベルおよび市民社会レベルで高まった。2013 年から 2014 年にかけて 3 回の「核の非人道的結末（humanitarian consequences of nuclear weapons）」に関する国際会議が開催され，さらに実質的に核兵器の法的禁止の可能性に焦点を当てた「多国間核軍縮交渉の前進に関するオープンエンド作業部会」を経て，国連総会における核兵器禁止条約の交渉開始の決議の採択（2016 年 12 月）へとつながった。

この一連の動きは，国際社会における核兵器の価値を論じるうえで，道義性，道徳の側面が無視できないものとなっていることを示している。ただし，条約によって国家の行動が規制されるのは，当該条約の加入国だけであり，近い将来発効したとしても新たな法規範（国際慣習法）の確立を約束するわけではない。それは，現在の核保有国はいずれも，TPNW が成立したとしても当面批准することはなく，同条約の成立によって最も大きな影響を受けるであろう核保有国の米，英，仏は，条約の成立時点において同条約を認めないとの声明を発していることは[36]，同条約が発効したとしても国際慣習法成立の要件をみたさないことを意味する。

推進側も当然そのような事態を見越した上での条約制定の動きである。いかに多数によって条約が成立したとしても，それが，非締約国の行動を法的に拘束することにならないのみならず，規範が国際慣習法となり，核兵器の禁止に法的基盤を与えると見なされるようになると想定するのは困難であろう。推進側も当然ながらこのような法理は理解している。むしろ，同条約を推進する動きでは，政治的な意味での規範を形成することができるかどうかが焦点である。すなわち，国際社会の各国が，同条約が規定する特定の価値（すなわち核兵器に係る活動一切の禁止）に対して自発的な支持（adherence）とその規範実現のための行動をとるようになるのかどうかが重要である。TPNW 発効にむけた運動の戦略の特徴は，規範に法的基盤を与えることを目指すのではなく，核兵器の禁止もしくはタブーの強化という政治的な規範の確立を促進するために，

---

(36) "Joint Press Statement from the Permanent Representatives to the United Nations of the United States, United Kingdom, and France Following the Adoption of a Treaty Banning Nuclear Weapons," July 7, 2017, https://usun.state.gov/remarks/7892.

136

条約制定のプロセスを活用するところにあると言えよう。

（3） 規範が機能する条件と限界

規範的アプローチが有効に作用する国際環境には，いくつかの条件が想定されよう。第一に，国際社会の構成員（国家）が高い社会性を持っていること，第二に，規範からの逸脱事例が社会全体に致命的なダメージを与えないことである。

構成員が社会性を持っているというのは，社会の規則や規範により構成されている秩序に対して協調的な姿勢を取るという意味である。協調的というのは，例外的に規則や規範の不遵守や逸脱に該当する行為があったとしても，不遵守や逸脱を修正し遵守に回帰する姿勢を維持することである。北朝鮮のように，一旦加入した条約から脱退を宣言し条約の価値規範から逸脱する行為を行った上に，国際取り決めへの回帰との取引に報酬を得ようとすることは，協調的な行動とは言えない。また程度の差こそあれ，国際規範の影響に対する「耐性」が強く，自国の政策が国際規範にあまり影響されない国も少なくない。

また規範からの逸脱事例が社会全体に致命的なダメージを与えないこと，という点は，核兵器の持つ壊滅的な人的，物的損害をもたらすという特性を考えると，その条件を満たすことは不可能なように見える。

核軍縮が進み，国際社会に核兵器がほとんど存在しない状況においては，核兵器1発あたりの軍事的，政治的限界効用は非常に大きくなるであろう。となれば，国際社会の態様（あるいは国家間の安全保障関係）が，核の存在以外に現在とは大きな変化がないのであれば，規範からの逸脱のインセンティブも自ずと高くなることが想定されよう。規範からの逸脱のリスクを下げるためには，核兵器や軍事プログラムの不在を担保するための保障措置や検証のメカニズムが必要であろうし，万が一規範からの逸脱事例が実際に発生した場合には，遵守へと回帰させるための強制的手段を想定しておく必要があろう。

以上のような点を勘案すれば，確かに規範の浸透が国家の社会性を促進することがあるとはいえ，規範の効果は普遍的かつ自律的に持続的に国際社会全体にもたらされるとはいえない。規範からの離脱事例の発生などシステムの失敗が発生した場合の対処方法があらかじめシステムの中に組み込まれ，そしてそれらが実効的であるとの国際社会の合意が形成されていなければ，現在核兵器の存在が自国の安全保障にとって死活的な問題だと認識している国は，核兵器

Ⅱ　核兵器の軍縮・軍備管理

禁止の「規範」に自国の安全保障を依存することは，リスクが大きいと考えざるをえないであろう。

<h1 style="text-align:center">おわりに</h1>

以上論じてきたのは，核兵器の「禁止」を安全保障，法，規範の側面から見た場合，多くの制約や限界が存在するという現実である。とりわけ，自国の安全保障政策の中に核兵器の存在が深く埋め込まれている国家にとって，現状からの変更はこのような理論上の困難さ以上に政治的な困難さに直面することであろう。

逆にかかる政治的な困難さがあるがゆえに，核の非人道性という旗を立てた政治運動によってそれを超克していくという潮流が生まれたともいえる。核兵器が大国間の関係のあり方，そして戦争の意義を変え，その結果として戦後の国際政治の構造を決定づけてきたことは否定できないが，裏を返せば，核兵器の廃絶は，国際政治の構造を変容させる意味を持つ出来事であり，大きな政治的なモメンタムを作り上げることなくして達成しえないであろう。その意味では，国際世論が盛り上がり，核兵器をタブー視する規範が醸成され普遍的に共有されていくことは必要である。

ただ同時に，そのような事業であるからこそ，「核なき世界」の国際安全保障秩序のあり方をあらかじめ想定しておくことは重要である。「核なき世界」を実現させるまでの「非核化」の実務的措置は極めて多岐にわたりかつ複雑で，その実施は技術的にも，そして政治的にも繊細なプロセスとなる。核廃絶の最も困難な部分は，核兵器がゼロになるまでの過程をいかに安全に管理するかであると言っても過言ではない。

国家間の関係が根本的に変容しない限りは，安全保障の領域において，「抑止」という概念は当面有用性を維持することであろう。となると，核兵器の廃絶とは，核兵器を抑止に使用しない，すなわち核兵器に依存せずとも国家間で武力行使へとエスカレートすることを防止できる関係性を確立することが可能かどうかが重要なポイントとなる。安全保障政策から「抑止」という機能自体がなくならないことを前提とすれば，核抑止に代わる抑止のあり方を模索する必要がある。その要素は，通常兵器を通じた戦力の均衡，サイバーや宇宙など非伝統的なドメインにおける競争，それに信頼性，実効性，持続性が高い国際

的な安全保障（保証）や包括的な軍備管理の取り決めなどを組み合わせることによって，武力の行使を回避する重層的メカニズムを構築していく必要がある。その場合には，相互の不信といかに付き合っていくかがカギとなろう。そのような安定性を維持するためのメカニズムはより詳細かつ複雑になることが考えられ，関係国のより強靱な持続的関与の担保が求められることが想定される。

　「核なき世界」が実現すれば，その便益は世界全体に広く還元されることになる。核軍縮によってもたらされる損益の総和は，国際社会にとってはプラスとなろう。一方，それを実現させる過程においては，核兵器の存在が自らの安全保障に直接的に関わってくる国が直接的なリスクを背負うことになる。現実の政治過程の問題としてみれば，このようなリスクとコスト負担の偏在を引き受けるだけのインセンティブもしくは強制力をどのように引き出すのかが課題となろう。

　これまでの人類の歴史を振り返れば，平和がいかに脆弱なものであるのかを思い知らされる。そしてこのような脆弱な平和を維持するために様々な国際制度やルールが生まれてきた。そしてこれらの制度やルールを維持するために多くの英知が動員され，また多大な政治的コストが支払われてきた。

　「核なき世界」も，達成するまでの道のりだけでなく，達成した「核なき世界」をいかに持続させていくかは，達成するまでの道のりと同等かそれ以上に困難な課題であろう。そのためにも，基本的な立場を乗り越え，本稿で言及した「困難な問題」に正面から向き合い，それらの可能性と限界を踏まえ，「核なき世界」の安全保障的，法的，そして規範的な構造設計について構想していくべきであろう。

7 核軍備管理の10年
──対立／核関係の多極化
および抑止体系の多様化の含意──

戸崎洋史

は じ め に

日本軍縮学会設立6日前の2009年4月5日，バラク・オバマ（Barack Obama）米大統領がプラハで，「核兵器のない世界での平和と安全保障を追求するという米国の約束を，明確にかつ確信をもって表明」[1]し，核軍備管理・軍縮の機運は最高潮に達した。その熱狂は同年10月，「国際政治の中で新たな機運を作り出し……核兵器のない世界のビジョンが軍縮・軍備管理交渉に力強い刺激を与えた」[2]として，具体的な成果を待つことなくオバマにノーベル平和賞が授与されたことにも表れていた。

しかしながら，2010年4月の米露新戦略兵器削減条約（新START）の締結，ならびに同年4～5月の核兵器不拡散条約（NPT）運用検討会議における最終文書のコンセンサス採択を境に，核軍備管理・軍縮は停滞に陥る。逆に，核保有国は核戦力の近代化・強化を続け，核抑止力への依存を高めてきた。2017年7月には，こうした状況に不満を強める非核兵器国と市民社会のイニシアティブで核兵器禁止条約（TPNW）が成立したが，核保有国とその同盟国は交渉会議に参加せず（オランダを除く），条約への署名も拒否しており，核兵器の数・役割の低減などという形で核軍備管理・軍縮の実質的な進展を導く条約になるとは，少なくとも当面は期待し難い。

機運の急騰と急落を経験した核軍備管理・軍縮の10年を，どのように捉え

---

(1) "Remarks by President Barack Obama in Prague As Delivered," White House, April 5, 2009, https://obamawhitehouse.archives.gov/the-press-office/remarks-president-barack-obama-prague-delivered.

(2) The Norwegian Nobel Committee, "The Nobel Peace Prize for 2009," Press Release, October 9, 2009, http://www.nobelprize.org/nobel_prizes/peace/laureates/2009/press.html.

Ⅱ　核兵器の軍縮・軍備管理

ればよいのか。1945 年の国際場裡への登場以来，他の兵器を凌駕する破壊力
と影響力を持つ核兵器は特別な兵器と位置付けられ，軍備管理・軍縮に係る議
論でも核問題が中核を占めてきた。同時に，そうした兵器に関する軍備管理・
軍縮だからこそ，国際システムにおける力の分布をはじめ，多様な要因からの
影響を他の兵器よりも強く受けつつ，その動向が形成されていく。本稿では核
軍備管理——「軍備管理は理論上軍縮……を含む広い概念であるが，軍縮が軍
備の削減・撤廃を意味するのに対して，軍備管理は国際関係の安定化を図るた
め，各国間の軍事力の均衡を考慮しながら規制・制限することに重点を置
く」[3]との相違がある——に焦点を当てつつ，プラハ演説以降の 10 年間につい
て，システムレベルの動向が，対立関係および核関係の多極化，ならびに戦略
的含意を持つ非核兵器（戦略的非核兵器）の発展可能性による抑止体系の多様
化とも相俟って，核軍備管理の停滞にいかに作用してきたのかについて，考察
することとしたい[4]。

1　力の移行と核軍備管理

（1）　プラハ・アジェンダの背景と限界

　核軍備管理は，主として 2 つの系統で構成されてきた。1 つは，核超大国た
る米露（ソ）間の核抑止力に係る均衡維持を企図した勢力均衡型の 2 国間核軍備
管理である。もう 1 つは，冷戦の 2 極構造下では米ソ，冷戦後の単極構造下で
は米国という覇権国の優越を維持すべく主導し，他の核保有国・非核兵器国の
核活動に対する統制を主眼とした覇権主義型の多国間核軍備管理（不拡散を含
む）である。特に後者に関しては，米国（および冷戦期のソ連）は他を圧倒する
力を背景に，安全の保証や経済的便益の提供といったインセンティブ，あるい
は制裁措置などのディスインセンティブを用いつつ NPT や包括的核実験禁止

---

(3)　日本軍縮学会編『軍縮辞典』信山社，2015 年。本稿でも，軍備管理と軍縮を概ねそ
　　うした意味で区別して用いることとする。軍備管理と軍縮の概念に関しては，福田毅
　　「軍縮／軍備管理概念の再検討——軍備の道徳的評価をめぐる冷戦期の対立と現代にお
　　ける再燃」（本書第 3 章）も参照。
(4)　力，利益および規範という観点から，いずれも力の移行期には核軍備管理の推進力
　　にはなり難いことを論じたものとして，拙稿「新 START 後の核軍備管理の停滞——力
　　の移行の含意」神余隆博，星野俊也，戸﨑洋史，佐渡紀子編『安全保障論——平和で公
　　正な国際社会の構築に向けて』信山社，2015 年，第 6 章も参照。

142

〔戸﨑洋史〕 　　　　　　　　　　　　　　　　　　　　7　核軍備管理の 10 年

条約（CTBT）などの策定に強い指導力を発揮した。

　オバマは，こうした構図の根幹を変更しようとしたわけではない。プラハ演説へのスポットライトは「核兵器のない世界」に当てられたが，オバマ自身の関心は，冷戦後の米国の各政権と同様に核不拡散や核セキュリティの強化にあり，核問題に係る他国やテロ組織など非国家主体の管理に重心が置かれていた。しかしながら，先制行動（preemptive action）や体制転覆（regime change）を含め，拡散防止・阻止のための米国および賛同国（有志連合）による強制・強要を重視した先代のジョージ・W・ブッシュ（George W. Bush）政権とは異なり，各国の自発的な受諾や実施を導くとしたプラハ演説からは覇権主義的なトーンは感じられなかった[5]。

　オバマのアプローチを象徴するのが，核兵器のない世界に向けた「努力を米国だけで成功させることはできないが，先導し，開始することはできる」[6]とのプラハ演説の一節である。オバマ政権発足当時，前政権が開始した 2003 年のイラク戦争を契機に，「帝国」とも称された米国の力が低下する一方で，BRICs（ブラジル，ロシア，インド，中国）をはじめとする新興国の急速な台頭により，国際システムにおける力のバランスが大きく変動する力の移行（power transition）[7]が進み，冷戦後の単極構造が終焉するとの見通しが現実味を帯びていた[8]。米国という「最大の力の保有国が単独の行動ではその目標を達成で

---

(5)　ブッシュおよびオバマ両政権のそれぞれの核軍備管理・不拡散政策に関しては，拙稿「大量破壊兵器拡散問題への対応――『ポスト冷戦後』の米国の政策とそのインプリケーション」『国際公共政策』第 8 巻 1 号，2003 年 10 月，99-112 頁；拙稿「オバマ政権の核軍縮・不拡散政策――ビジョンと成果のギャップ」『国際安全保障』第 41 巻 3 号，2013 年 12 月，46-62 頁などを参照。

(6)　"Remarks by President Barack Obama in Prague As Delivered."

(7)　力の移行に関しては，A. F. K. Organski, *World Politics,* New York: Alfred A. Knopf, 1958; Randall L. Schweller, "Managing the Rise of Great Powers: History and Theory," Alastair Iain Johnston and Robert S. Ross, eds., *Engaging China: The Management of an Emerging Power,* Routledge, 1999, chapter 1; 野口和彦『パワーシフトと戦争――東アジアの安全保障』東海大学出版会，2010 年などを参照。

(8)　米国家情報会議（NIC）が国際社会の中期的な動向を予測するものとして 4 年毎に公表する報告書『グローバルトレンド』の 2008 年版では世界的な多極システムの出現を，また 2012 年版ではパクス・アメリカーナの終焉を予測していた。U.S. National Intelligence Council, *Global Trends 2025: A Transformed Worlds,* November 2008; U.S. National Intelligence Council, *Global Trends 2030: Alternative Worlds,* December 2012.

143

Ⅱ 核兵器の軍縮・軍備管理

きない」という「21世紀における米国の力のパラドックス」[9]も指摘された。プラハ演説での，核兵器のない世界に向けた「努力を米国だけで成功させることはできない」との一節には，そうした国際情勢に対するオバマ政権の認識が多分に反映された。

しかしながら，オバマは同時に，そうした努力の「先導・開始」に対する自信を明言する。そのための施策が，米国による核不拡散体制の三本柱（核不拡散，核軍縮，原子力平和利用）の尊重，とりわけ「核兵器のない世界」の唱道と核軍備管理の具体的な推進であった。ブッシュ政権の外交・安全保障政策が米国の卓越を前提とし，単独行動主義の色彩が濃いものだったのとは異なり，オバマ政権は，米国の力が相対的に低下するなかでも，ビジョンと模範を示して他国を惹きつけ，対話と協力，相互尊重などを通じて共通課題の解決を図るという「問題解決の秩序」[10]を志向するとの穏健な態度で臨めば，引き続き指導力を発揮できるとの考え——ヘンリー・ナウ（Henry R. Nau）によれば，オバマは米国の軍事的・経済的資源の低下が，むしろ傲慢さの印象を緩和するのに役立つとすら考えていた[11]——に根差し[12]，ルールや制度，多国間主義，スマートパワーなどを重視した。核軍備管理・不拡散政策もそうした方針と軌を一にしていた。

機運の維持にはコミットメントの具現化が不可欠であり，オバマ政権は米露核軍備管理交渉およびNPT運用検討会議の成功を目指した。このうち前者については，米露はわずか1年あまりの交渉で，両国の配備戦略核弾頭数をそれぞれ1,550発以下に削減する新STARTを締結した。この条約は，戦略核兵器の大規模な配備が創出した米ソ相互確証破壊（MAD）状況の制度化により，「戦略戦争（産業，国民，あるいは戦略軍事戦力に対する攻撃を含む）を戦う公算

---

(9) Joseph S. Nye, "Recovering American Leadership," *Survival,* Vol. 50, No. 1, February-March 2008, p. 67.

(10) 梅本哲也「オバマ政権の世界観と米国の外交・安全保障政策」『国際問題』第619号，2013年3月，41頁。また「問題解決の秩序」に関しては，久保文明・中山俊宏・渡辺将人『オバマ・アメリカ・世界』NTT出版，2012年，23頁。

(11) Henry R. Nau, "Ambitious Diplomacy, Fading Firepower," *National Review Online,* August 13, 2012, http://www.nationalreview.com/articles/313656/ambitious-diplomacy-fading-firepower-henry-nau.

(12) James M. Lindsay, "George W. Bush, Barack Obama and the Future of US Global Leadership," *International Affairs,* Vol. 87, No. 4, 2011, pp. 777-778; Nau, "Ambitious Diplomacy, Fading Firepower."

144

〔戸﨑洋史〕   7 核軍備管理の10年

が低い状態」[13]としての戦略的安定の維持を企図した冷戦期の米ソ核軍備管理とは異なり，核超大国間の抑止関係の安定化を軍事的観点から追求したものでは必ずしもない。新START交渉に際して，ロシアは，自国が保持できる規模に米国とともに戦略核戦力を削減することで，米国と同等の核超大国としての地位を維持したいとの誘因を持っていた。これに対して米国は，上述のように核不拡散体制の強化という観点から，プラハ演説でのコミットメントを具現化し，他国に模範を示す手段として，ロシアとの核軍備管理条約締結を必要としていた。冷戦の終結により，一触即発の敵対関係が解消された両国が軍備管理を通じて核戦争の回避を追求する必要性は低下したが[14]，米露はその後も相異なる利益を調整する関係管理の手段として2国間の戦略核軍備管理条約を活用し，新STARTでもこれが踏襲されたのである[15]。

　また，新START成立直後に開催された2010年NPT運用検討会議では，核軍縮・不拡散などに関する64項目の「行動計画」を盛り込んだ最終文書がコンセンサスで採択された。2005年の前回会議では失敗した最終文書の2010年会議での採択は，これを通じて核軍縮の機運をさらに高めたいという非核兵器国と，そうした機運を背景に核不拡散や核セキュリティの一層の推進を図りたい米国の思惑が一致し，双方が一定の譲歩を重ねたことによるものであった。プラハ演説や新START成立も，会議参加国に合意形成を促す重要な要因にもなった。

　しかしながら，これを境に核軍備管理は停滞に向かう。米国は2013年6月，ロシアに戦略・非戦略核兵器双方の一層の削減を提案したが[16]，ロシアは，米国による北大西洋条約機構（NATO）の加盟国領域への非戦略核兵器の配備，ならびに中・東欧諸国への弾道ミサイル防衛（BMD）システムの配備などを理由に米国提案を一蹴した。そもそもロシアは，自国が維持し得る戦略核戦力の規模への米国との削減が新STARTによって実現したこと，ならびに非戦略

---

(13)　Paul Stockton, "Strategic Stability between the Super–Powers," *Adelphi Papers,* No. 213, 1986, p. 3.

(14)　Jeffrey A. Larsen, "An Introduction to Arms Control and Cooperative Security," Jeffrey A. Larsen and James J. Wirtz, eds., *Arms Control and Cooperative Security,* Lynne Rienner Publishers, 2009, pp. 9-12.

(15)　拙稿「米露軍備管理──新STARTの『暫定性』とその課題」『立法と調査』第309号，2010年，57-73頁などを参照。

(16)　"Remarks by President Obama at the Brandenburg Gate," Berlin, June 19, 2013, https://obamawhitehouse.archives.gov/the-press-office/2013/06/19/remarks-president-obama-brandenburg-gate-berlin-germany.

II 核兵器の軍縮・軍備管理

核兵器では米国に対して数的優勢にあることから，核兵器のさらなる削減への関心を急激に低下させていた。そのロシアは，中距離核戦力条約（INF条約）に違反した地上発射巡航ミサイル（GLCM）の実験・配備が強く疑われた[17]。

多国間核軍備管理に目を転じると，CTBTの発効促進や兵器用核分裂性物質生産禁止条約（FMCT）の交渉開始に進展はなく，2010年NPT運用検討会議で合意された核軍縮に関する「行動計画」の多くも実現には至らなかった。核不拡散に関しても，イラン核問題に関する包括的共同作業計画（JCPOA）の成立を除けば，オバマの任期中，北朝鮮による活発な核開発は続き，国際的な核不拡散制度の強化も低調であった。

さらに，オバマは任期最終の2016年に，核兵器の先行不使用（NFU），警戒態勢の低減，新STARTの期限延長，核戦力更新計画の再検討，核実験禁止に関する安全保障理事会決議の採択という5つの措置を検討したが，実現したのは最後の措置だけあった[18]。国内外で大きな議論となったNFU政策の採用については，たとえばアシュトン・カーター（Ashton Carter）国防長官が「ドクトリンを変更する意図はない」[19]と発言するなど，国務，国防およびエネルギー長官が揃って反対した[20]。また，米国の同盟国——なかでもロシアに対する脅威認識を強める中・東欧諸国，あるいは北朝鮮の核・ミサイル能力の強化に直面する韓国——も，米国がNFUを採用すれば，敵は米国の核報復を懸念することなく通常戦力を使用できると考えかねないことなどを挙げて，反対したと報じられた[21]。

---

(17) U.S. Department of State, "Adherence to and Compliance with Arms Control, Nonproliferation, and Disarmament Agreements and Commitments," April 2017, https://www.state.gov/t/avc/rls/rpt/2017/270330.htm などを参照。

(18) Josh Rogin, "Obama Plans Major Nuclear Policy Changes in His Final Months," *Washington Post,* July 10, 2016; David E. Sanger and William J. Broad, "Obama Unlikely to Vow No First Use of Nuclear Weapons," *New York Times*, September 6, 2016 などを参照。

(19) "Remarks on Sustaining Nuclear Deterrence As Delivered by Secretary of Defense Ash Carter," Minot Air Force Base, Minot, North Dakota, September 26, 2016, http://www.defense.gov/News/Speeches/Speech-View/Article/956630/remarks-on-sustaining-nuclear-deterrence.

(20) Paul Sonne, Gordon Lubold and Carol E. Lee, "'No First Use' Nuclear Policy Proposal Assailed by U.S. Cabinet Officials, Allies," *Wall Street Journal,* August 12, 2016.

(21) Josh Rogin, "U.S. Allies Unite to Block Obama's Nuclear 'Legacy,'" *Washington Post,* August 14, 2016. 日本については，安倍晋三首相がハリー・ハリス（Harry Harris）米太平洋軍司令官に対して，米国によるNFU政策の採用は拡大抑止力の弱体化を招くと

オバマの核軍備管理に対するアプローチを規定した最も重要な要因の1つは，力の移行というシステムレベルの構造変化であった。しかしながら，その構造変化は同時に，オバマのアプローチを機能不全に陥らせ，現在に至るまで核軍備管理停滞の要因となってきた。

（2）　制約要因としての力の移行

力のバランスは，多元的な国際システムにおける国際秩序と利益配分，あるいは価値や規範を必ずしも共有しない国との関係を規定する最も重要な要素の1つであり，その変動は安全保障環境をしばしば不安定化させる。なかでも力の移行は，主導国が構築・維持してきた国際秩序や利益配分に不満を持つ台頭国に，それらの修正を試みる機会を与え，結果として主導国（現状維持勢力）と台頭国（修正主義勢力）の間で全面戦争にも発展しかねない程の，システムレベルでの厳しい対立を招き得ると論じられてきた。

もちろん，力のバランスの変動が核軍備管理に常に否定的に働くわけではない。新しい国際システムへの移行過程で，主要国が核軍備管理は国益に資するとの考えを共有して協力すれば，実効性のある措置や制度が成立する可能性は高まる。また，冷戦終結・ソ連崩壊の直後には，唯一の超大国となった米国が他を凌駕する力を背景に，国際秩序再構築の手段として，化学兵器禁止条約（CWC）やCTBTなど(核)軍備管理の推進に指導力を発揮し，他国も概ねこれを受容した。しかしながら，21世紀に入って顕在化してきた力の移行においては，米国主導の国際秩序に対するロシアおよび中国の異議申し立てや挑戦をはじめとして，現状維持勢力と修正主義勢力が力のバランスを巡り厳しい競争を展開するなかで，核軍備管理に対して強い制動が働いている。

軍備管理は，保有する軍事力の量的・質的側面，あるいはその使用の態様などへの規制を通じて成立時点での力のバランスを固定化する（またはこれに大きな変更は加えない）という，現状維持志向の強い施策である。将来の力のバランスについて，修正主義勢力が自らに有利に傾くと期待する場合，あるいは

の懸念を伝えたと報じられたが，安倍首相は「核兵器の先行使用についてのやりとりはまったくなかった」と述べて，その報道を否定した。 "Abe Tells U.S. of Japan's Concerns over 'No First Use' Nuke Policy Being Mulled by Obama," *Japan Times*, August 16, 2016; "Abe Denies Conveying Concern to U.S. Commander over 'No First Use' Nuke Policy," *Japan Times*, August 21, 2016.

II　核兵器の軍縮・軍備管理

現状維持勢力が修正主義勢力の台頭を阻止できると考える場合など，主要国間の見通しに合意がないような不確実性・不安定性が高い状況下では，「国際システムにおける軍事的・外交的パワーの最上位の形態である…構造的な力（structural power）を与える」[22]核兵器に関して，軍備管理を通じてバランスを固定化する誘因は低いであろう。米国が唯一の超大国としての地位を確立した冷戦終結直後とは大きく異なり，21世紀の力の移行は多極化が予想されつつも将来の力のバランスが容易には予見し得ない。こうしたなかで，2国間，それ以上に多国間で勢力均衡型の新たな核軍備管理が実現する可能性は低いと言える。また，米国がかつてほどの強い指導力を国際場裡で発揮できず，陰りの見られる米国に反した行動をとる余地を台頭国が見出す状況で，覇権主義型の核軍備管理が成立する可能性も小さい。

核軍備管理の目的は，核戦力の取得，使用，量的・質的側面などに制限を課し，安全保障を相対的に強化することである。安全保障環境が不安定化し，核保有国が核兵器の役割を重視する状況では，核兵器使用や核軍拡競争を抑制する手段として核軍備管理の役割に対する期待が高まるが，現実には逆に動揺をきたすことが少なくない。自国による一方的措置や他国への強制措置でない限り，核軍備管理の成立には，当事国の利益や関心を可能な限り反映させるべく調整を重ね，受諾可能な権利・義務を構成していく必要がある。特に多国間核軍備管理は，その義務の影響を強く受けると考えられる可能な限りすべてのステークホルダーが，程度の差はあれ安全保障が強化される（あるいは少なくとも弱体化しない）と認識することが成立の要件となる。

しかしながら，力の移行期にそのバランスを巡る競争が先鋭化するなかでは，核戦力・態勢に関して各国が受諾可能な制限の程度は小さくならざるを得ず，さらにそのなかで主要なステークホルダーが受諾可能な最大公約数を見出すの

---

(22)　T. V. Paul, "Power, Influence, and Nuclear Weapons: A Reassessment," T. V. Paul, Richard J. Harknett and James J. Wirtz, eds., *The Absolute Weapon Revisited: Nuclear Arms and the Emerging International Order,* University of Michigan Press, 1998, pp. 20-21.「構造的な力」とは，スーザン・ストレンジ（Susan Strange）によれば，「世界の政治経済構造を形づくり，決定するような力」であり，「どのように物事が行なわれるべきかを決める権力，すなわち国家，国家相互，または国家と人民，国家と企業等の関係を決める枠組みを形作る権力，を与えるもの」とされ，これらの「所有者が他人に対して，ある特定の決定または選択を行うべく直接的にある力をかけることなく，他人が持っている選択の範囲を変えることができる」という特性を持つ。スーザン・ストレンジ『国際政治経済学入門——国家と市場』東洋経済新報社，1994年，38-46頁。

〔戸﨑洋史〕　　　　　　　　　　　　　　　　　　7　核軍備管理の10年

は容易ではない。むしろ，不透明で不確実な将来に対するヘッジとして，一定
の柔軟性を保ちつつ核兵器を維持することに核保有国が関心を強めるとすれ
ば(23)，核軍備管理による「拘束」を可能な限り回避したいと考えるであろう。

　また現状維持勢力には，修正主義勢力の台頭に直面する状況での核軍備管理
への強い関心の表明が，力による対抗を躊躇したとの「弱さ」の露呈とみなさ
れれば，修正主義勢力がこれに乗じて攻勢を強めかねず，力のバランスを巡る
競争に不利に働くことへの懸念がつきまとう。プラハ演説における「核兵器が
存在する間は核抑止力を維持する」との強調，また2016年の核軍備管理に係
る検討の結末は，「核兵器のない世界」を唱道したオバマでも，核抑止態勢，
ならびにその先にある力のバランスにマイナスに作用しかねない核軍備管理に
は，米国の模範を示すものであったとしても踏み切れなかったことを意味して
いた。

　2017年1月に発足したトランプ（Donald Trump）米政権は，力の移行を前政
権以上に強く意識しつつ，核軍備管理への消極性を鮮明化させている。2018
年2月に公表した「核態勢見直し（NPR）」では，クリミア併合をはじめ旧ソ
連圏での勢力圏再確立を企図するロシアや，領土・海洋権益への強い自己主張
を繰り返し，アジア太平洋における影響力拡大を積極化する中国が，「冷戦後
の国際秩序・行動規範の大幅な修正を模索」するなど「大国間競争の復活に直
面している」ことへの危機感を露わにした(24)。

　また，国家安全保障における核抑止力の役割を重視する一方，核軍備管理に
関しては，「戦略対話，リスク削減コミュニケーション・チャネル，核兵器の
安全性・安全保障に関連するベストプラクティスの共有を通じて，核保有国間
の潜在的な誤算を回避するために透明性および予見可能性を向上させる」よう
なものであれば「検討する用意がある」と述べるにとどまる(25)。トランプ政権

---

(23)　オバマ政権も，核弾頭の信頼性・安全性といった点を主たる理由に据えつつ，十分
　　な数の予備の核弾頭を保持するとの政策を明確にしていた（U.S. Department of Defen-
　　se, "Report on Nuclear Employment Strategy of the United States: Specified in Section
　　491 of 10 U.S.C.," June 19, 2013, p. 7）。そこに，将来の予期せぬ事態へのヘッジという
　　観点が全く念頭になかったとは考えにくい。

(24)　U.S. Department of Defense, *Nuclear Posture Review*［以下，NPR］, February 2018,
　　pp. 6-7.

(25)　NPR, p. XVI. また米国は，2018年のNPT運用検討会議準備委員会に提出した作業
　　文書「核軍縮に向けた条件の創造（CCND）」で，すべてのNPT締約国は核軍縮の前
　　提となる地政学的環境を改善するために協働する責任があり，地域の緊張緩和と紛争

II　核兵器の軍縮・軍備管理

から見れば，オバマのアプローチは機能せず，米国が核軍備管理へのコミット
メントに拘束され，核兵器の数・役割を低減し，新しい核戦力の開発・取得も
ほぼ行わない間に，「潜在的な敵対国は国家安全保障戦略における核兵器の役
割も，展開する核兵器の数も低減せず，むしろ明確に逆の方向に動いてき
た」[26]。

　現下の力の移行が米中露を主軸に多極構造への転換を予見させ，主導国と台
頭国，さらにはこれに次ぐ他の主要国の動向や政策展開が力のバランスの推移
とともに変動しつつ複雑に連関するという，動態的で不確実性の高いプロセス
であることも，核軍備管理の推進を難しくしている。なかでも，競争・対立関
係が複雑に絡む状況では，A国によるB国に対する行動に，第三国たるC国
が不安感を持ち，あるいは目標達成の機会の到来と捉えて行動し，これが拡
大・連鎖するとの安全保障トリレンマ（security trilemma）[27]を招き，結果とし
て意図しない規模・態様での緊張状態や軍拡競争を招くことになりかねない。
しかも，国際システムだけでなく核関係も多極であるとの状況は，将来的に敵
対する可能性のある組み合わせのいずれにおいても信頼性のある相互抑止が確
立するまで，核戦力維持・強化の誘因が残るという問題もある[28]。

　核保有国間では，すでに核兵器の削減を巡る意見の相違が顕在化している。
冷戦期から2国間で核兵器の削減に従事してきた米露は，新START後の核軍
備管理に関して，中国——NPT上の5核兵器国のなかで唯一核兵器を削減せず，
核戦力の近代化を積極的に進め，弾頭数も漸増させている——が，両国との核
バランスを急速に縮める（rush to parity）機会と捉える可能性への懸念をたび
たび示唆してきた。米露の核兵器削減プロセスに両国以外の核保有国も参加す
るべきだとのロシアの主張[29]には，そうした懸念が反映されている。これに

　　低減，検証体制の強化，透明性の強化を含む信頼・安全保障措置などを追求する必要
　　があると主張した（NPT/CONF.2020/PC.II/WP.30, April 18, 2018）。

(26)　NPR, p. 7.

(27)　Linton Brooks and Mira Rapp-Hooper, "Extended Deterrence, Assurance, and Reassu-
　　rance in the Pacifc during the Second Nuclear Age," Ashley J. Tellis, Abraham M. Den-
　　mark, and Travis Tanner, eds., *Strategic Asia 2013–14: Asia in the Second Nuclear Age,*
　　National Bureau of Asia Research, 2013, pp. 292-293.

(28)　James J. Wirtz, "Beyond Bipolarity: Prospects for Nuclear Stability after the Cold
　　War," Paul, Harknett and Wirtz, eds., *The Absolute Weapon Revisited,* pp. 150-151.

(29)　"Statement by Russia," at the Third Session of the Preparatory Committee for the 2015
　　NPT Review Conference, Cluster 1, New York, April 30, 2014.

対して中国は，「最大の核軍備」を保有する国々，すなわち米露が核兵器削減を先導すべきだと強調し，「条件が整えば」他の核兵器国は多国間交渉に参加すべきだと主張する[30]。ただ，その具体的な「条件」は明示されていない。米露の核削減に伴い，中国を含む他の核保有国との核戦力に係る格差が縮小するなかで，多極の核のバランスをいかなる方向性で設定するのが適当か[31]，国際システムや核関係の多極化はその困難さを一層際立たせている。

こうしたなかで2017年7月に成立したTPNWは，核軍備管理・軍縮の停滞・逆行に対する非核兵器国および市民社会からの異議申し立てであり，力のバランスや国家安全保障といった側面が重視されてきた核軍備管理・軍縮のパラダイムを，人道主義や規範を重視したものへと転換・再構成する試みでもあった。これが将来的に，核軍備管理・軍縮にどのように作用していくかは分からない。しかしながら，核保有国（や同盟国）には少なくとも現状で，国家安全保障上，あるいは力のバランスを巡る競争において重視する核抑止力を，人道や規範といった観点から放棄するとの考えはない。また，人道アプローチは「構造的な力」に欠けており[32]，その点で核兵器の担ってきた役割を補完できるわけでもない。

2　対立関係の多極化および抑止体系の多様化

（1）　地政学的競争と多極の核関係

核軍備管理を巡る状況の複雑化は，システムレベルでの力の移行が，アジア，欧州および中東といった地域での主要国による地政学的競争という形で展開されていることも影響している。もちろん，冷戦期および冷戦後も，安全保障問題の多くは地域レベルで争われてきた。しかしながら，主要な地域問題の多く

---

(30)　NPT/CONF.2020/PC.I/WP.36, May 9, 2017. 英仏も同様の立場であり，フランスは，「2015年2月19日の大統領演説で述べたように，『他国，特にロシアおよび米国の核戦力がそれぞれ200～300発の規模に削減されれば，フランスも同様に対応する』」としている（"Statement by France," General Debate, First Session of the Preparatory Committee for the 2020 NPT Review Conference, May 3, 2017）。

(31)　多極世界における戦略的安定の複雑性については，Brad Roberts, "Strategic Stability Under Obama and Trump," *Survival,* Vol. 59, No. 4, August-September 2017, pp. 61-62 を参照。

(32)　Nick Ritchie and Kjølv Egeland, "The Diplomacy of Resistance: Power, Hegemony and Nuclear Disarmament," *Global Change, Peace & Security,* Vol. 30, No. 2, 2018, pp. 121-141.

Ⅱ 核兵器の軍縮・軍備管理

は，冷戦期には米ソ 2 極構造，また冷戦後は米国単極構造という文脈に最終的には収斂した。これに対して現在の力の移行では，中国やロシアが，米国の力の相対的な低下の間隙を縫い，力の重要な構成要素として核兵器も明示的・暗示的に活用しつつ，地域レベルで勢力圏拡大や秩序修正を試み，これに現状維持勢力の米国やその同盟国・友好国が対抗し，さらに核兵器を保有する地域諸国も直接的・間接的に関与するとの複雑な競争・対立が展開している。そうした地域ではいずれも，領土問題など当事国間の譲歩が難しく，武力衝突への発展も懸念されるような具体的な争点が顕在化しており，敵対国への抑止・対処能力として，核保有国は核抑止力の役割を再認識している。

こうした状況は，武力衝突が結果として核レベルにエスカレートする危険性を高めかねない。たとえば，通常戦力で劣勢にある核保有国がこれを補完すべく，あるいは自国の核戦力が敵の攻撃で無力化される前に，核兵器の早期使用が必要だと考えるかもしれない。また，核兵器を人的被害の寡少な場所などに早期かつ示威的に使用して核戦争への決意を示すことで，さらなる核使用の威嚇に信憑性を持たせて敵の武力行使継続やエスカレーションを抑止し，自らに有利な状況での紛争終結を目指す「エスカレーション抑止（escalate to de-escalate）」への懸念も高まっている[33]。

さらに，命中精度の向上など核・ミサイル戦力の技術的発展は，米露のみならず中国など後発の核保有国にも拡がり，敵対国の攻撃に対する阻止・撃退や自国・同盟国の損害限定といった拒否的抑止態勢の手段を拡充しつつある。たとえば，中国が 2018 年に実戦配備を公表した DF-26・地上配備中距離弾道ミサイル（IRBM）は，空母など海上艦艇への攻撃が可能な精密誘導能力があるとされる。また，北朝鮮は 2017 年 3 月に実施した発射実験で，スカッド ER あるいはノドンと見られる準中距離弾道ミサイル（MRBM）を 4 発同時に発射し，日本の排他的経済水域（EEZ）の一定範囲内に着弾させた。敵の攻撃に対する阻止・撃退や損害限定を目的とする軍事力行使の敷居は，報復攻撃のそれよりも低い。また，被抑止国は抑止国の損害限定能力の強化を，防御的手段としてだけでなく攻撃を支える手段と認識し，それを凌駕する攻撃能力や損害限

---

(33) NPR, p. 30 では，ロシアがそうした核兵器の使用オプションを維持しているとの強い警戒感が示された。また，Matthew Kroenig, "A Strategy for Deterring Russian Nuclear De-Escalation Strikes," Atlantic Council, April 2018 なども参照。そうした目的・態様での核兵器の使用は，ロシアだけでなくいずれの核保有国も遂行できる。

〔戸﨑洋史〕   7　核軍備管理の 10 年

定能力の強化に駆られかねない。こうした作用・反作用は，制御の容易でない
軍拡競争に発展し得る。

　核軍備管理制度を構築する際に重視される核バランスも，上述のような地域
では合意が得られにくい。いずれの地域でも，関係する核保有国が持つ核戦力
の数的・質的な非対称性が大きい一方で，地域レベルでは保有する核戦力全体
の優劣ではなく，その地域に投射できる核戦力の優劣が抑止の成否や危機の結
末の決定要因となる(34)。特に，域外諸国——多くの場合は米国——が地域にどの
程度の能力を振り向けるか，追加的な増強がどれだけ可能かは，地域の核バラ
ンスを大きく左右する。また，地域の抑止関係では，利益や決意のバランスが
決定的な影響を及ぼし，この点では一般的に域外諸国よりも係争問題に強い利
害を有するであろう域内諸国に有利に働く。これに対して域外諸国は，地域敵
対国との利益や決意に係る非対称性を能力の側面で補完し，抑止の実効性の強
化を模索するかもしれない。トランプ政権が，短期的には低威力核弾頭の潜水
艦発射弾道ミサイル（SLBM）への搭載，ならびに中長期的には核弾頭搭載可
能な海洋発射巡航ミサイル（SLCM）の導入という，新たな能力の獲得を打ち
出した(35)理由の一端は，米国の核抑止能力における地上・海洋配備非戦略核
ミサイル能力の欠落——米国の潜在的・顕在的な敵対国はそれらを保有・増強
している——が，地域紛争での抑止失敗をもたらし得るとの懸念であった。

　しかも，地政学的競争が展開される地域では 3 つ以上の核保有国——北東ア
ジアでは米中露と北朝鮮，南アジアでは中印パ，欧州では米露英仏——が関係
し，なかでも米中露は複数の地域問題に関与しており，地域内および地域間の
双方で安全保障トリレンマが生じる可能性を高めている。特に後者について言
えば，複数の地域の安全保障問題に関与する国にとって，地域 A では実施可
能だが，別の地域 B では抑止力低下などの懸念から実施し得ない核軍備管理
措置がある場合，地域 B への対応における否定的な影響を回避すべく，地域
A でも実施を見送ることが考えられる。地域レベルでの核軍備管理の推進は，
域内の多極の核関係に加えて，その地域間の相互作用からも抑制され得るので
ある。

---

(34)　Paul Huth and Brice Russet, "Deterrence Failure and Crisis Escalation," *International
　　　Study Quarterly,* Vol. 32, No. 1, March 1988, pp. 29-45.
(35)　NPR, pp. 52-55.

Ⅱ　核兵器の軍縮・軍備管理

（2）　戦略的非核兵器の多様化

対立関係の多極化に加えて，抑止体系の多様化も，核軍備管理の今後に少なからぬ含意を有している。戦略的非核兵器には，物理的な破壊をもたらす通常精密攻撃能力（弾道・巡航ミサイル，通常即時全地球的攻撃兵器（CPGS）や極音速滑空飛翔体など）および弾道ミサイル防衛（BMD），ならびに指揮統制系統への妨害手段となる宇宙兵器およびサイバー兵器が挙げられる[36]。それらの発展は，核戦力の残存性を脅かす，あるいは核攻撃と同等の戦略的インパクトを持つ攻撃を敢行し得るといった可能性を予見させている。

核戦力・関連施設は核保有国にとって最も貴重なアセットであり，同時に敵の最初の攻撃目標となるため，残存性を確保すべくミサイル基地（特にサイロ）や指揮統制システムを含む核戦力・核兵器関連施設の堅牢化（地下化など），あるいはミサイル発射機の移動式化といった施策が講じられる。そうした攻撃目標を効果的・効率的に無力化するためには，爆発威力の大きな核兵器の使用が必要だとされてきた。これが戦略的非核戦力で遂行可能になるとすれば，核兵器の役割と使用可能性を低減できるかもしれず，その意味では戦略的非核兵器の発展は核軍備管理にプラスに働く可能性もある。しかしながら，少なくとも現状では，抑止体系の多様化という趨勢はむしろ核抑止を巡る状況を複雑化させ，核軍備管理の進展を阻害する要因として働きかねないとの懸念が，より強く論じられているように思われる。

たとえば，戦略的非核兵器の発展は，拒否的抑止態勢強化の負の側面として，抑止関係の不安定化を招きかねない。核兵器よりも戦略的非核兵器のほうが，「非核」である分だけ使用の敷居が低いとすれば，危機時にはこれを用いて敵の核戦力を破壊したいとの誘因を高め得る。逆に，戦略的非核兵器により核攻撃能力の無力化が懸念される状況では，それに至る前に核兵器を使用したいという誘因に駆られかねない。また，衛星攻撃兵器（ASAT）やサイバー兵器などによる攻撃で核戦力に係る指揮統制系統が混乱すれば，誤解や誤認，事故，

（36）　戦略的含意を持つ兵器・技術が核問題に与える含意に関しては，James M. Acton, "Technology, Doctrine, and the Risk of Nuclear War," Nina Tannenwald and James M. Acton, *Meeting the Challenges of the New Nuclear Age: Emerging Risks and Declining Norms in the Age of Technological Innovation and Changing Nuclear Doctrines,* American Academy of Arts & Sciences, 2018; Stephen J. Cimbala, *The New Nuclear Disorder: Challenges to Deterrence and Strategy,* Ashgate, 2015, chapter 3 and 5 などを参照。

偶発的あるいは非公認などの意図せざる核兵器使用のリスクも高まる[37]。とりわけ地域紛争では，当事国間の近接性から軍事行動に関する意思決定の時間も短くなることから，常に適切な判断が高い緊張状態でなし得るとは限らない。

戦略的非核兵器によって核戦力の脆弱性が高まる状況では，核保有国はその保全と残存性の強化を目的として，第二撃能力の削減を抑制するだけでなく，多様な運搬手段の保持を含めて数的・質的に強化したいと考えるであろう[38]。運用面でも，核兵器使用に係る警戒態勢の高度化や，核兵器先行使用オプションの維持が志向されよう。米国のNPRでは，「米国，同盟国およびパートナーの死活的利益を防衛するために，極限の状況においてのみ核兵器の使用を検討する」との従来の政策を繰り返しつつ，その「極限の状況」——一般的には人命への甚大な損害や国家存亡の危機を意味すると解される——には，「米国や同盟国の国民，インフラ，核施設，指揮統制，警戒システムに対する重大な戦略的非核攻撃も含む」[39]とした。また，戦略的非核兵器で劣勢にある国は，これを核兵器で補完する誘因を高めよう。こうしたことは，戦略的非核兵器の発展が，核兵器の削減や使用の制限といった核軍備管理への抑制要因として働き得ることを意味している。

戦略的非核兵器の軍備管理は進展しておらず，この側面から核軍備管理への影響を緩和することは，現状では期待し難い。宇宙軍備管理については，ロシアや中国が主導して，「宇宙における兵器配置，および宇宙空間物体に対する武力による威嚇もしくは武力の行使の防止に関する条約（PPWT）」の策定を提案しているが，米国のBMD計画に対する牽制を企図したものだと目され，その両国はASAT開発を継続しているとみられるなか，米国をはじめ西側諸国は

---

(37)　James M. Acton, "Escalation through Entanglement: How the Vulnerability of Command-and-Control Systems Raises the Risks of an Inadvertent Nuclear War," *International Security,* Vol. 43, No. 1, Summer 2018, pp. 56-99 などを参照。また，特にサイバー攻撃との関係に関しては，Patricia Lewis and Beyza Unal, "Cyber Threats and Nuclear Weapons Systems," John Borrie, Tim Caughley and Wilfred Wan, eds., *Understanding Nuclear Weapon Risks,* UNIDIR, 2017, pp. 61-72; Beyza Unal and Patricia Lewis, "Cybersecurity of Nuclear Weapons Systems: Threats, Vulnerabilities and Consequences," *Research Paper,* Chatham House, January 2018 などを参照。

(38)　Keir A. Lieber and Daryl G. Press, "The New Era of Counterforce: Technological Change and the Future of Nuclear Deterrence," *International Security,* Vol. 41, No. 3, Spring 2017, pp. 4-49 などを参照。

(39)　NPR 2018, p. 21.

Ⅱ　核兵器の軍縮・軍備管理

条約案に一貫して反対している[40]。そもそも ASAT の「多様性や汎用性，あるいは平和目的と軍事目的の境界の曖昧さは，抜け穴のない条約の作成を難しくして」[41] おり，「『宇宙兵器』をより広く解釈して規制しようとすれば，『宇宙兵器』として企図しない活動までも制限される可能性があり，逆により狭く解釈して規制しようとすると，抜け穴が生じ，条約や措置の意義を損ないかねない」[42]。サイバー空間については，汎用性が極めて高く，多くが民間所有のインフラによって構成され，また世界経済に深く統合されていることが，国家をベースとした規制的管理や伝統的な軍備管理を難しくしていると指摘されている[43]。

　核兵器と戦略的非核兵器との双方を勘案した軍備管理の構築を目指すとしても，その能力の大きな相違・非対称性から，いかなる形で抑止バランスを計算し，制度構築につなげることが合理的かについて，関係国の合意を得ることは容易ではない。米露核軍備管理では，BMD が最も重要な論点の1つとなっている。ロシアは，米国の BMD システムによりその戦略核抑止力が脅かされていると主張して米露核軍備管理の対象に含めるべきだと主張するのに対して，米国は BMD が北朝鮮やイランといった地域敵対国からの弾道ミサイル攻撃に対する防御的手段であり，ロシアの戦略核抑止力を損なうものではないとして，ロシアの主張に反対している。BMD 以外の戦略的非核兵器の多くは発展途上で，その核抑止力に対する実際の効果や影響を現時点では予見できず，それらを抑止バランスに織り込んだ軍備管理措置の構築は難しい。

3　核軍備管理への当面の取り組み

ウィリアム・ウォーカー（William Walker）によれば，核秩序（nuclear order）

---

(40)　宇宙軍備管理に関しては，青木節子「21 世紀の宇宙軍備管理条約案の現状と課題」（本書第 19 章）などを参照。

(41)　日本国際問題研究所軍縮・不拡散促進センター『宇宙空間における軍備管理問題』平成 19 年度外務省委託研究，2008 年 3 月，84 頁。

(42)　『同上』83 頁。

(43)　Götz Neuneck, "Transparency and Confidence-Building Measures: Applicability to the Cybersphere?", Götz Neuneck and James Andrew Lewis, eds., *The Cyber Index: International Security Trends and Realities,* United Nations Institute for Disarmament Research, 2013, p. 113; Katharina Ziolkowski, "Confidence Building Measures for Cyberspace-Legal Implications," NATO Cooperative Cyber Defense Center of Excellence, 2013, p. 88.

〔戸﨑洋史〕　　　　　　　　　　　　　　　　　　　　7　核軍備管理の10年

は，「管理された抑止のシステム（a managed system of deterrence）」と「管理された自制のシステム（a managed system of abstinence）」という2つの相互補完的な協調システムによって構成されてきた[44]。しかしながら，力の移行に伴い国際システムの将来が不透明化するなかで，核関係の多極化や抑止体系の多様化とも相俟って，核秩序は大きく揺らいでいる。核保有国は核抑止力の維持・強化に対する関心を高め，その抑止関係も不安定化の度合いを強めてきた。また，核兵器を含め国力を最大限に活用して国益の最大化を目指す厳しい競争に直面して，核保有国は核軍備管理を通じて自国の核戦力や核活動に制約が加わることに消極的である。国際システムとそこでの安全保障関係の流動化は，それらの従属変数たる核軍備管理について，将来のあるべき姿に係る合意を難しくしている。

　こうしたなかで，当面の施策として取り組むべきは，複雑で流動的な国家間関係や安全保障環境の一限の悪化を防ぐとともに，核兵器がもたらし得る不安定化の助長を根気強く抑制する努力だと思われる[45]。軍備管理は，その概念が生まれた1960年代に，「戦争の可能性，戦争勃発時の範囲と暴力性，ならびに戦争準備に要する政治的・経済的コストを低減するための，潜在的な敵国間でのあらゆる種類の軍事的協力」[46]と定義された。力の移行期に「協力」できる分野や範囲は限られていようが，それをいかに見出していけるかが，今後の核軍備管理，核秩序，さらには国際秩序を左右していくと思われる。

　まずは，核軍備管理に係る既存の制度の維持である。当然ながら，冷戦時の二極構造，ならびに冷戦終結後の単極構造の下で構築されてきた核軍備管理に関して，制度構築時の前提条件や背景要因が変われば制度の意味や実効性も変わる。安全保障および核を巡る新たな状況を受けて修正が必要な制度もあるであろうし，機能不全に陥った制度は淘汰されよう。他方で，安全保障情勢の不

---

(44)　William Walker, "Nuclear Order and Disorder," *International Affairs,* Vol. 76, No. 4, October 2000, p. 706-707. また，William Walker, *A Perpetual Menace: Nuclear Weapons and International Order,* Rouledge, 2012 も参照。

(45)　Harold Brown, "New Nuclear Realities," *Washington Quarterly,* Vol. 31, No. 1, Winter 2007-2008, p. 18; James M. Acton, "Bombs Away? Being Realistic about Deep Nuclear Reductions," *Washington Quarterly,* Vol. 35, No. 2, Spring 2012, pp. 49-50; Robert Legvold, "Managing the New Cold War," *Foreign Affairs,* Vol. 93, No. 4, July/August 2014, pp. 82-84.

(46)　Thomas C. Schelling and Morton H. Halperin, *Strategy and Arms Control,* The Twentieth Century Fund, 1961, p. 2.

II　核兵器の軍縮・軍備管理

透明性・不安定性が高まるなかで，既存の核軍備管理が核を巡る動向に一定の予見可能性を与えてきたという側面は無視できない。また，急激な制度改革がかえって混乱をもたらし得ることにも留意しなければならない。

　そのうえで，核兵器使用の回避を最低限の共通の利益として再確認すること，その共通の利益を保全するために，対立関係の厳しい状況でも実施可能な措置を講じていくことが求められる。まずは具体的な争点がある地域問題について，そこでの緊張関係が危機，武力衝突，さらには核兵器使用に至るのを抑制すべく，関係の改善に向けた取り組みを重ね，核抑止力への依存を低減し得る安全保障環境を醸成すること，これと並行して，緊張が続くなかでも当事者間に「ゲームのルール」を提供し，核兵器の使用を抑制する施策を講じていくことが必要である。核レベルへのエスカレーションが「青天の霹靂」ではなくグレーゾーン事態など低強度事態に起因する公算が高いとすれば，①低強度から高強度に至る事態の規模・烈度，②そこで使用され得る兵器体系，③武力行使がなされる空間を勘案した三次元の紛争予防メカニズムの発展が課題となる。

　たとえば第1に，危機や武力衝突での短時間で意思決定が求められる状況で，当事国間の誤解や誤認，事故や偶発的・不測の事態などによる意図せざる核兵器の使用[47]を防止するために，平時・有事を問わず適切に機能するコミュニケーション・チャネルを首脳間，関係閣僚間，関係省庁間，担当者間など冗長的に構築することが挙げられる[48]。また，誤解や誤認の可能性を低減するために，エスカレーションの潜在的な道程を事前に特定すること，意図せざるエスカレーションのリスクに関して関係国間で分析し議論することなども提案され

---

(47)　たとえばパトリシア・ルイス（Patricia Lewis）らは，核兵器が不用意に用いられかけた13の事例を概観し，考えられていたよりも核兵器使用の可能性は高かったこと，核兵器の不使用は抑止の効果よりも個々の意思決定者が救ったという側面が強いことなどを論じた上で，核兵器が存在する限り，不注意，事故，あるいは故意の核爆発のリスクは残ることから，核兵器廃絶までの間，慎慮ある意思決定が最優先課題だとする報告書を公表した。Patricia Lewis, Heather Williams, Benoît Pelopidas and Sasan Aghlani, "Too Close for Comfort: Cases of Near Nuclear Use and Options for Policy," *Chatham House Report,* April 2014. これに対して核兵器国は，そうした使用を防止するために，様々な措置を適切に講じてきたと強調している。核兵器国の主張をまとめたものとして，広島県，日本国際問題研究所軍縮・不拡散促進センター『ひろしまレポート2017年版』2017年3月，40-41頁を参照。

(48)　危機管理成功の要件はコミュニケーションの透明性だと論じたものとして，Stephen J. Cimbala, *The New Nuclear Disorder: Challenges to Deterrence and Strategy,* Ashgate, 2015, pp. 69-72 などを参照。

ている[49]。意図せざるエスカレーションの防止には，警戒態勢の低減・解除，核弾頭の運搬手段からの取り外し，核兵器の先行不使用といった措置も提案されているが，抑止力の低下につながるとの懸念も根強く，中国など一部の国を除いて——その中国についても，特に複数個別誘導弾頭（MIRV）化ICBMや新型戦略原子力潜水艦（SSBN）の配備に伴い，そうした政策を転換する可能性も指摘されている[50]——採用されていない。それでも，そうした核兵器使用のリスクがあるとすれば，まずは核抑止力に影響を与えない措置から講じていくことが求められよう。

　第2に，安全保障ジレンマ／トリレンマからの軍拡競争の抑制である。安全保障ジレンマには，動機，意図，能力に対する不確実性から生じる「解釈のジレンマ（dilemma of interpretation）」と，適当な対応に関する不確実性から生じる「対応のジレンマ（dilemma of response）」の2つの側面があるとされ[51]，後者については前述の危機管理コミュニケーションがその緩和に機能するであろう。前者に対しては，「国の意図および能力に関する，より大きな予見可能性という結果をもたらし，そのことで相互理解を促進し，緊張を緩和し，誤解を低減」[52]するものとして，保有する能力，核戦略やドクトリンに関する透明性の向上や信頼醸成措置が重要である。それらは，核兵器の数的・質的削減を推進する際の基盤にもなる。

　第3に，核レベルへのエスカレーションが懸念される事態についても信頼醸成措置などが講じられるべきであろう。欧州連合（EU）のイニシアティブによる「宇宙活動に関する国際行動規範」の策定に向けた議論でも取り上げられている宇宙デブリの発生防止に関する透明性・信頼醸成措置は，宇宙アセットへの物理的攻撃を抑制することが期待される。また，核戦力の指揮統制システ

---

(49)　Forrest E. Morgan, "Dancing with the Bear: Managing Escalation in a Conflict with Russia," *Proliferation Papers,* Winter 2012, p. 26.

(50)　米国防総省の報告書では，中国の先行不使用政策には曖昧性もあるとしている。U.S. Department of Defense, *Annual Report to Congress: Military and Security Developments Involving the People's Republic of China 2017,* May 2017, p. 60.

(51)　Ken Booth and Nicholas J. Wheeler, *The Security Dilemma: Fear, Cooperation and Trust in World Politics,* Palgrave, 2007, pp. 4-5.

(52)　Nicholas Zarimpas, "Introduction," Nicholas Zarimpas, ed., *Transparency in Nuclear Warheads and Materials: The Political and Technical Dimensions,* Oxford University Press, 2003, p. 7.

Ⅱ　核兵器の軍縮・軍備管理

ムに対するサイバー攻撃の禁止や対策も提案されている[53]。人工知能（AI）が核戦略や抑止の安定性にいかなる影響を与えるか，現時点では予見するのは難しく，壊滅的な損害を引き起こす可能性も，あるいは国際的な緊張を緩和する役割を担う可能性もあるが，その挑戦が顕在化する前に，潜在的な影響に関して考察を始める必要があるとも論じられている[54]。

　第4に，今後の戦略関係や核関係を見据えた，関係国による対話や協議の開始・継続である。たとえば，力の移行における中核的な国々として，米露中は2カ国間あるいは3カ国間で，今後の国際システム，ならびに戦略的非核兵器の多様化がもたらし得る戦略関係の複雑化を踏まえた戦略的安定のあり方と，そこでの核軍備管理が果たすべき役割[55]に関して，より緊密に議論することが考えられる[56]。また，核保有国，同盟国，さらには他の国々が，核問題に関して戦略論および人道的側面の両面から議論を深めていくことも重要である。もちろん，現下の安全保障環境では，また核保有国の核戦略や抑止態勢に大きな相違があるなかでは，能力面だけでなく，核兵器先行不使用，警戒態勢低減・解除といった核兵器の使用に係る軍備管理について，多国間での合意を構築することは難しい。だからこそ，安定性の維持に必要な抑止力としての役割・効果と，核兵器の使用可能性の低減が交差するポイントを見出し，核兵器のリスクに対応していかなければならない[57]。また，そうした議論は，核兵器

---

[53]　Unal and Lewis, "Cybersecurity of Nuclear Weapons Systems."

[54]　Edward Geist and Andrew J. John, "How Might Artificial Intelligence Affect the Risk of Nuclear War?" RAND Corporation, 2018.

[55]　リントン・ブルックス（Linton Brooks）は，他国との関係を最重要視していることを示すこと，安定的な戦力構成を促進すること，ならびに他国や国際社会への透明性を示すことを挙げている。Linton Brooks, "Can the United States and Russia Reach a Joint Understanding of the Components, Prospects and Possibilities of Strategic Stability?" International Luxembourg Forum on Preventing Nuclear Catastrophe, ed., *Revitalizing Nuclear Arms Control and Non-Proliferation,* National Institute of Corporate Reform, 2017, p. 86.

[56]　戦略的安定に関しては，梅本哲也『米中戦略関係』千倉書房，2018 年 ; Brad Roberts, The Case for U.S. Nuclear Weapons in the 21st Century, Stanford University Press, 2016; Zenel Garcia, "Strategic Stability in the Twenty-First Century: The Challenge of the Second Nuclear Age and the Logic of Stability Interdependence," *Comparative Strategy,* Vol. 36, No. 4, 2017, pp. 354-365 などを参照。

[57]　人道主義は核兵器を決して廃絶することはできないかもしれないが，核兵器の使用が選択肢として検討され得る状況を低減することによってリスクを低下することができると論じたものとして，Malcolm Chalmers, "Responses to Lewis A. Dunn's Proposal

〔戸﨑洋史〕　　　　　　　　　　　　　　　　　　　7　核軍備管理の10年

の数・役割の低減をはじめとする核軍備管理の将来的な推進にも寄与するもの
となろう。

おわりに

　力の移行が国際システムの多極化を予見させ，そこに核関係の多極化や抑止
体系の多様化が絡むことで，冷戦期以来の勢力均衡型あるいは覇権主義型の核
軍備管理は──それらが高度に制度化されたことからなおさら──さらなる進
展や推進が見通し難くなっている。当面は，国際・地域安全保障の不安定化が
核兵器の使用という結末に至るのを防ぐべく，関係国間の最小限の共通利益を
見出し，核を巡る状況の一層の悪化を防ぎつつ，核軍備管理のさらなる進展が
可能になるまでの時間を稼ぐことが求められよう。「核革命を無効化する確実
な方法はない。国際的な外交的協調，政治的解決，ならびに軍事的・戦略的合
理性の組み合わせのみが，第二核時代における核戦争のリスクを低減し続ける
ことができる」[58]のだとすれば，そこでの核軍備管理には少なくとも主要国間
の協調が不可欠であろう。核兵器使用のリスクを低減し，また核がもたらす不
安定化を抑制するための，力の移行期においてもなし得る最低限の取り組みに
係る協力は，そのための重要な基礎にもなると考えられる。

---

　　of 'Strategic Elimination," *Nonproliferation Review,* Vol. 24, No. 5-6, November-December
　　2017, p. 467.

(58)　Stephen J. Cimbala, *The New Nuclear Disorder: Challenges to Deterrence and Strategy,*
　　Ashgate, 2015, p. 235.

161

8 核兵器禁止条約の意義と日本の課題

川 崎　哲[1]

は じ め に

　2017 年 7 月 7 日，核兵器禁止条約（Treaty on the Prohibition of Nuclear Weapons: TPNW）が採択された。現在，各国による署名・批准が進んでおり，50 カ国が批准した後に同条約は発効する。採択にあたり国連加盟国の 3 分の 2 近い 122 カ国が賛成したことにみられるように，この条約は圧倒的多数の非核国に支持されている。一方，核武装国（nuclear-armed states）[2]やその同盟国はこの条約を批判し，署名・批准しない姿勢をとっている。日本もその一つである。

　本稿では，核兵器禁止条約成立の意義を概観した上で，日本にとっての政策的な選択肢を論じる。まず，米国と同盟関係にある日本が同条約に加入するための条件を検討したうえで，さらに，加入するかしないかにかかわらず，同条約が定めた課題を日本が実行していく可能性について論じる。

1　核兵器禁止条約成立の意義

（1）　核兵器禁止条約の成立過程

　核兵器禁止条約は，「人道イニシアティブ」と呼ばれる有志国家と非政府組織（NGO）の連携により作り上げられた。2010 年 4 月の赤十字国際委員会（ICRC）の声明が端緒となり，2012 年には核兵器の非人道性に関する共同ステートメントが発表され，2013 年から 2014 年にかけてはノルウェー，メキシコ，オーストリアで計 3 回，核兵器の人道上の影響に関する国際会議が開催された。これら諸国は，2007 年に発足した非政府組織（NGO）の連合体である

---

(1)　本稿は筆者の個人的な見解に基づくものであり，筆者が属する組織を代表するものではない。

(2)　本稿では，核兵器不拡散条約（NPT）締約国であるかどうかを問わず核兵器を保有している国を「核武装国」（nuclear-armed states），それ以外の国を非核国と呼ぶ。

Ⅱ　核兵器の軍縮・軍備管理

核兵器廃絶国際キャンペーン（ICAN）と連携し，2015 年からは非人道兵器た
る核兵器を法的に禁止するための動きを進めた。2015 年核兵器不拡散条約
（NPT）再検討会議（Review Conference）では，同条約第 6 条の定める核軍縮の
「効果的措置」として核兵器禁止条約が議論され，2016 年には法的禁止を議論
する国連オープンエンド作業部会（OEWG）が開かれた[3]。

　核兵器の法的禁止については，1997 年以降，モデル核兵器禁止条約（Nuclear
Weapons Convention: NWC）が NGO によって提唱されていた。これは化学兵器
禁止条約（CWC）のように，核兵器を禁止しその完全廃棄の過程を定める包括
的な条約の提案である。これに対し 2010 年以降の人道イニシアティブは，核
兵器を非人道兵器としてまず禁止し，廃棄や検証措置は追って定めればよいす
る「禁止先行」型モデルを提唱した。

　OEWG の勧告と 2016 年末の国連総会決議（71/258）を経て，2017 年 3 月か
ら 7 月にかけて国連本部で条約交渉会議がコスタリカを議長に開催された。
ICRC や ICAN，広島・長崎の被爆者，オーストラリアやタヒチの核実験被害
者も発言し貢献した。一方，すべての核武装国は参加を拒否した。

　核兵器禁止条約は，非核有志国と市民社会が主導して作り上げた新しい国際
法規範である。条約前文には，被爆者や核実験被害者が被った「受け入れがた
い苦しみ」が記された。2017 年のノーベル平和賞は，核兵器禁止条約の成立
に「革新的な努力」をしたことを評価して ICAN に授与された。

（2）「核武装国抜きの条約」がもつ意義

　核兵器禁止条約は，核兵器を非人道兵器と断じて核兵器に関わるあらゆる活
動を例外なく禁止し，核兵器廃棄の基本的な道筋を規定している。同時に，核
被害者の権利を定めている。

　この条約に対しては，核武装国が参加する見通しがないことから，「実効性
がない」としばしば指摘される。だが，条約推進諸国や NGO は，核武装国が
すぐには条約に参加しないだろうことを当初から想定していた。

　「禁止先行」条約の最大の意義は，核兵器を禁止する法的規範を確立するこ
とによって核兵器に対する政治的，経済的，社会的圧力を強めることにある。

　核兵器の使用が国際人道法違反であるとの法的規範が確立することで，核兵

（3）　経緯は，川崎哲『新版　核兵器を禁止する』岩波書店，2018 年を参照。

器の使用に対する敷居はこれまで以上に高くなる。使えない兵器の維持や更新に巨額の予算を投じることの正当性も疑問視されていく。また，核兵器が非人道兵器と定められることは，銀行や金融機関による投資引き揚げ (divestment) を促進する効果もある。実際，核兵器禁止条約の採択から一年足らずのうちに30 の銀行が核兵器製造企業への投資をやめたことが報告されている[4]。さらに，核兵器に悪の烙印が押される (stigmatization) ことによって，社会的な意識また価値観といった意味でも，反核兵器の規範が強まることになる。

こうした圧力が核軍縮を加速させ核不拡散を強固にする効果をもたらすということが，条約推進諸国や NGO が「禁止先行」型を提唱した理由であった。対人地雷やクラスター弾の禁止条約のときにも，主要保有国が条約に入らないにもかかわらずその使用，製造，取り引きを大幅に減らす効果がみられた。この先例を核兵器に応用したアプローチということができる[5]。

なお筆者は，2017 年の核兵器禁止条約は「禁止先行」型にとどまらず包括的 NWC につながる要素を合わせもつと考えているが，これについては後述する。

（3）「人道性か安全保障か」を越えて

核兵器禁止条約に対するもう一つの典型的な批判は，核兵器禁止条約は安全保障の現実を無視しているというものだ。しかし，核兵器禁止条約の推進諸国や NGO は，いかなる核兵器の使用も壊滅的な人道上の結末をもたらし，あらゆる国家の存立基盤を揺るがすと指摘してきた[6]。人道性と安全保障を対立概念としてとらえることは適切ではない。

実際，核抑止力に依存する安全保障政策をとる国々の間でも，核兵器禁止条約への関与を模索するさまざまな動きがある。条約交渉会議には，オランダが

---

(4)　Pax and ICAN, *2018 Don't Bank on the Bomb Report,* March 2018.

(5)　「禁止先行」型条約を提唱する主たる論点は，次を参照。Ray Acheson, Thomas Nash, Richard Moyes, *A treaty banning nuclear weapons – Developing a legal framework for the prohibition and elimination of nuclear weapons,* Reaching Critical Will and Article 36, 2014

(6)　Austria's working paper to Open-ended Working Group Taking Forward Multilateral Nuclear Disarmament Negotiations, "Nuclear weapons and security: A humanitarian perspective." A/AC.286/WP.4, 22 February 2018.

Ⅱ　核兵器の軍縮・軍備管理

北大西洋条約機構（NATO）加盟国から唯一参加した[7]。

　条約採択後は，NATO加盟国のなかで同条約に加入するための条件やその影響について調査する動きが出ている。ノルウェー[8]，イタリア[9]，アイスランド[10]，オランダ[11]でこうした動きがある。さらに，NATO加盟国ではないが西側に近い安全保障政策をとる国として，スウェーデンでは核兵器禁止条約に関する調査担当者が任命されたほか[12]，スイスでも政府と議会が活発に議論している[13]。

　これに比べて日本では，核兵器禁止条約は「（核兵器のない世界に向けた）我が国のアプローチと異なる」（括弧内引用者）ので署名・批准しないとの政府方針が示されて以来[14]，活発な議論があるとはいえない。そこで次に，日本が禁止条約に加入するにはどのような条件が必要であるかを検討する。

2　核兵器禁止条約と核抑止力依存

（1）　核兵器の違法化と核抑止の否定

　核兵器禁止条約は前文で，核兵器のもたらす壊滅的な人道上の結末に対する「深い憂慮」を表し，いかなる核兵器の使用も国際人道法違反であるとの考察を示したうえで，「軍事および安全保障の概念，教義，政策において核兵器へ

---

(7)　PAX, "Dutch Parliament: the Netherlands needs to negotiate an international nuclear weapons ban treaty," 28 April 2016.

(8)　沢田千秋「ノルウェー議会迫る　核禁止条約加盟　平和賞お膝元で来月決議へ」『東京新聞』2017年12月24日。

(9)　ICAN, "Italian parliament instructs Italy to explore possibility of joining the Nuclear Ban Treaty," 20 September 2017.

(10)　Alpingi resolution 193/148 "Bann við kjarnorkuvopnum,"（アイスランド語），https://www.althingi.is/thingstorf/thingmalalistar-eftir-thingum/ferill/?ltg=148&mnr=193 .

(11)　PAX, "Dutch Parliament asks for more concrete steps in nuclear disarmament," 21 November 2018.

(12)　Stockholm International Peace Research Institute, "SIPRI fellow to lead inquiry on Sweden and the Treaty on the Prohibition of Nuclear Weapons," 25 October 2017.

(13)　ICAN, "Switzerland's First Chamber in favour of joining Nuclear Ban Treaty without delay," 5 June 2018. Federal Department of Foreign Affairs of Switzerland, "Report of the Working Group to analyse the Treaty on the Prohibition of Nuclear Weapons," 30 June 2018.

(14)　「核禁止条約前進促す　被爆72年広島平和宣言　首相『批准せず』明言」『中国新聞』2017年8月7日。

166

〔川崎 哲〕　　　　　　　　　　　　　　　　　　　　**8**　核兵器禁止条約の意義と日本の課題

の依存が続いていること」を「憂慮」している。

　その上で第1条（禁止事項）では，締約国は「いかなる状況下でも」次のことを行わないとして，核兵器の開発，実験，生産，製造，他の方法による取得，保有，貯蔵（(a)），核兵器やその管理の移譲および受領（(b)，(c)），核兵器の使用，使用するとの威嚇（(d)），これらの行為の援助，奨励，勧誘（(e)，(f)），自国内への配置，設置，配備（(g)）を全面的に禁止している。

　1996年7月8日の国際司法裁判所（ICJ）の勧告的意見は，核兵器の使用・威嚇は「一般的には」違法だが「国家の存亡に関わる自衛の極限的な状況」では合法か違法か判断できないとしていた。これに対して核兵器禁止条約は「いかなる状況下でも」これらを禁止している。

　こうした規定に照らせば，核兵器禁止条約は核抑止政策を否定するものであり，核抑止力に依存する政策をとる国は加入できないと解釈するのが順当である。核抑止とは「核兵器によって相手国を恐れさせ，攻撃を思いとどまらせようとすること」[15]であり，核兵器の使用を前提としているからである。

　日本は「核兵器の脅威に対しては，核抑止力を中心とする米国の拡大抑止が不可欠」という政策を採用している[16]。政府は，核兵器禁止条約に署名できない理由を問われて，朝鮮民主主義人民共和国（北朝鮮）のような相手に対しては通常兵器による抑止だけでは困難で「核兵器による抑止が必要」だとしたうえで「核兵器禁止条約に参加すれば，この米国による核抑止力の正当性を損なう」からだと説明している[17]。

（2）　核兵器禁止条約と軍事同盟，「核の傘」

　一方で核兵器禁止条約は，核武装国と軍事同盟を結んでいる国が条約に加入することを禁止していない。条約第18条は，締約国がすでに結んでいる協定による義務を「この条約と矛盾しない限りにおいて，害さない」と定めている。日米安全保障条約（1960年）や北大西洋条約（1949年）は，条約自体においては核兵器について何ら規定していない。それゆえ，これらの条約の下で米国と

---

(15)　岩波書店『広辞苑』第五版，1998年。
(16)　「国家安全保障戦略」および「平成26年度以降に係る防衛計画の大綱」，共に2013
　　　年12月17日閣議決定。
(17)　衆議院予算委員会における原口一博委員に対する河野太郎外務大臣の答弁，2018年
　　　1月30日。

Ⅱ　核兵器の軍縮・軍備管理

軍事同盟関係にある非核国が，自国は今後核兵器に関わる活動には一切関わらないと決定し，それが同盟の他の当事国によって了解されたならば，理論上，核兵器禁止条約に加入することは可能である[18]。

これは「核の傘」の下にとどまったまま核兵器禁止条約に加入できるという意味ではない。より正確にいうと，「核の傘の下にとどまる」というのが同盟国に核兵器の使用・威嚇を求める政策を維持するという意味であるなら，そのような状態では核兵器禁止条約に加入できない。しかし「核の傘の下にとどまる」というのが，核兵器をもつ国との同盟関係にとどまるというだけの意味なら，一定の条件下で条約加入の余地はある[19]。その条件とは，自国は核兵器には一切関わらないという立場を確立することであり，一切関わらないということの意味は条約第1条に定められた禁止事項との関係で定義づけられる。

米国の核兵器を拒否するが核以外の軍事協力を続けている国として，ニュージーランドが挙げられる。1984年にデイビッド・ロンギ（David Lange）労働党政権は核艦船の寄港拒否を宣言し，米・豪・ニュージーランド安全保障条約（ANZUS条約）を「核抜き」同盟とすることを求めた。米国はこれに反発したが，ニュージーランドは非核政策を貫いた。それでもニュージーランドは，太平洋の平和維持活動やアフガニスタン，イラクへの部隊派遣などを通じて米国との安全保障協力を行っている。

NATOの場合は，同盟の基本戦略を定めた戦略概念および累次の宣言が「核兵器が存在する限りNATOは核の同盟」とうたっている[20]。だがNATO加盟国でも核兵器への実際の関与はさまざまである。ベルギー，ドイツ，イタリア，オランダ，トルコの5カ国は米国の核兵器を配備している。一方で，デンマーク，ノルウェー，スペインのように平時において自国領内に核兵器を配備することを認めないという国もあれば，アイスランドとリトアニアのように平時か

---

(18)　Bonnie Docherty, "New Clinic Reports Call on NATO Members, Sweden to Join Nuclear Weapon Ban Treaty," Human Rights Program, Harvard Law School, 7 June 2018. 諸国の政策が核兵器禁止条約の規定に合致しているか違反しているかの分析ににについては右を参照。Norwegian People's Aid, *Nuclear Weapons Ban Monitor 2018*, October 2018.

(19)　松尾一郎「核禁止条約『核の傘の下でも可能』　交渉まとめ役が見解」『朝日新聞』2017年8月9日。この記事においては，「核の傘の下にとどまる」ことが，核兵器をもつ国との同盟関係にとどまるという意味で使われていると考えられる。

(20)　North Atlantic Treaty Organization (NATO), *The 2010 Strategic Concept:Active Engagement, Modern Defense,* November 2010, para 17; *Brussels Summit Declaration,* 11 July 2018, para 35.

〔川崎　哲〕　　　　　　　　　　　　**8**　核兵器禁止条約の意義と日本の課題

戦時かを問わず自国領内への核兵器配備を認めていない国もある[21]。したがって，同盟関係にあるからといって核兵器に関して画一的な政策に縛られると考えるべきではない。

（3）　条約第1条と「核の傘」

核武装国と同盟関係にある非核国のいかなる行為が核兵器禁止条約第1条に抵触するのだろうか。以下，とりわけ日本の事例に引き寄せながら検討していく。

（a）　開発，製造，保有

NPT締約国である非核兵器国は，すでに核兵器を受領，製造，取得しないことをNPT第2条によって義務づけられている。核兵器禁止条約第1条のうち(a)(b)(c)で定める製造，取得，保有，貯蔵，移譲の禁止は，すでにNPTによってカバーされている。

ただし，同第1条(a)は核兵器の「製造」だけでなく「開発」も禁止していることから，NPTよりも幅広く，核兵器の製造に至る一連の過程を禁止しているといえる。また，同条(a)の「実験」は，包括的核実験禁止条約（CTBT）が禁止する「核爆発実験」に限定されていないことから，未臨界実験やコンピューター・シミュレーションなども含まれているといえるだろう。

（b）　配備，持ち込み

NATOの非核5カ国が米国の核兵器を自国内に配備していることはNPT違反にならないというのが一般的な解釈である。しかし核兵器禁止条約は，核兵器を「自国領内あるいは自国が管轄また管理するいかなる場所にも」核兵器を「配置，設置，配備」してはならないと定めているので（第1条(g)），NATO5カ国はこれに触れる。だが，このような国でも核兵器禁止条約に加入することはできる。加入した上で申告し（第2条1項(c)），「可能な限り速やかに」核兵器を撤去し完了後に申告をすればよい（第4条4項）。

日本の場合は，原子力基本法（1955年），非核三原則（1967年），NPT（1976年批准）により，核兵器の開発，製造，保有は禁止されており，核兵器を持ち込ませてはならないとされている。核兵器の「持ち込み」に関しては，一時的

---

(21)　Stein-Ivar Lothe Eide, *A Ban on Nuclear Weapons: What's in it for NATO?*, International Law and Policy Institute, Policy Paper No. 5, 2014, pp. 6-8.

169

Ⅱ　核兵器の軍縮・軍備管理

な通過・寄港は黙認するという密約が日米間に存在し，それは今でも生きている。すなわち，日本が非核三原則を遵守し続ける限り，日本はNATO5カ国のように核兵器を「配置，設置，配備」することはないが一時的な「通過・寄港」を許す可能性はある。

「通過の許可」を禁止事項に含めるかどうかは交渉会議で激しく議論された。実効性や検証の困難さを理由に反対意見が出され，結果的に含まれなかった。この反対論の背景には，通過禁止を義務化すれば米艦船の活動を著しく制約するからとの政治的配慮があったと指摘されている。一方，明示的規定がなくても，通過や寄港の許可は，核兵器の使用や配備の「援助」（第1条(e)(f)）に含まれると解釈することも可能である[22]。

（c）　使用の威嚇

非核国が他国の核抑止力に依存するということは，自国の防衛のために他国に核兵器の使用を依頼するということである。これは，核兵器使用の「威嚇」（第1条(d)）と，「援助，奨励，勧誘（assist, encourage, induce）」（第1条(e)(f)）の2つに関わる問題である。

まず使用の威嚇について検討する。威嚇は，核兵器禁止条約の当初原案では禁止事項に含まれていなかったが，交渉過程で盛り込まれた。威嚇を入れることを求める立場からは，威嚇は核抑止政策の本質であり，威嚇の禁止によって核抑止政策の違法性を明確にできるとの主張があった[23]。一方，威嚇を入れることに否定的な立場からは，国際人道法の基本は特定戦闘行為の禁止であり，使用が禁止されればその威嚇も当然許されないので盛り込む必要がない，化学兵器や対人地雷など既存条約は威嚇は禁止しておらず核兵器にだけ威嚇を定めることは核兵器に特別の地位を与えてしまう，といった指摘があった[24]。ICANは交渉会議期間中，化学兵器禁止条約と同様に核兵器使用の「軍事的準

---

(22)　Gaukhar Mukhatzhanova, "The Nuclear Weapons Prohibition Treaty: Negotiations and Beyond", *Arms Control Today,* Vol.47, No.7, September 2017, https://www.armscontrol.org/act/2017-09/features/nuclear-weapons-prohibition-treaty-negotiations-beyond.

(23)　Peace Boat, "Developing a Robust Nuclear Weapons Ban Treaty," A/CONF.229/2017/NGO/WP.19, 17 April 2017; Ray Acheson, *Banning Nuclear Weapons – Prohibitions for a Nuclear Weapons Ban Treaty,* Reaching Critical Will, June 2017, pp. 4-5.

(24)　Hirofumi Tosaki, Nobuo Hayashi, *Implication of a Nuclear Weapons Ban Treaty for Japan,* International Law and Policy Institute, and Center for the Promotion of Disarmament and Non-proliferation, the Japan Institute of International Affairs, November 2016, pp. 18-20.

〔川崎　哲〕　　　　　　　　　　　　***8***　核兵器禁止条約の意義と日本の課題

備活動（military preparations）」を禁止することを主張した(25)。

　最終的に，第1条には「威嚇」が盛り込まれた。「軍事的準備活動」は盛り込まれなかったが「あらゆる形での援助，奨励，勧誘」が盛り込まれた。

　盛り込まれた「威嚇」は「使用するとの威嚇（threaten to use）」である。「使用の威嚇（threat of use）」に比べた場合，一般的な威嚇状態という以上に「使うぞ」といって脅す積極的行為という語感がある。だがこれはあくまで語感であって，両者の厳密な違いを論じることは困難である。

　さて，日本など非核国が「自国の安全保障政策は米国の核抑止力に依存するものである」と公言することは，核兵器禁止条約が禁止する「威嚇」にあたるだろうか。核抑止とは核兵器の使用を前提としており，抑止力の本質は威嚇効果である。核抑止力への依存を公言することは，潜在的な敵国に対して核使用がありうるぞとのメッセージを発しているものである。したがって，核抑止力依存政策を公言することは，核兵器禁止条約が禁止する「威嚇」にあたるという主張には説得力がある。

　一方で，核抑止力依存を一般的に公言したとしても，それは相手国を特定して具体的な脅し行為をしているわけではない。一般に「武力による威嚇」とは，軍事力による示威，国境紛争に際しての関係地域への軍隊の集結，他国沿岸海域への軍隊の派遣といった行為をさし「自国の主張，要求を受け入れなければ武力を行使するとの意思，態度を示すことにより，相手国を威嚇すること」(26)だと解釈されている。一般的に核抑止力に依存することは，核兵器の力を背景にして何らかの要求を他国に突きつけているわけではないから，威嚇とまではいえないとの主張も成り立つ。ICJ は1996年の勧告的意見のなかで，核抑止政策が国連憲章2条4項の禁ずるところの「武力による威嚇」にあたる可能性について言及しているが，違法性の判断は下していない(27)。

　実際のところ日本は，米国の核抑止力に受動的に依存しているわけではなく「その信頼性の維持・強化のために，米国と緊密に連携していく」と公言して

---

(25)　ICAN Briefing Paper, "General obligations in the Convention on the Prohibition of Nuclear Weapons." 15 June 2017; Reaching Critical Will, *Nuclear Ban Daily,* Vol.2, No. 3, 19 June 2017, pp. 2, 8.

(26)　日本国憲法9条1項の定める「武力による威嚇」に関する政府解釈。「金田誠一衆議院議員提出武力攻撃事態に関する質問に対する答弁書」，内閣衆質154第66号（2002年5月24日）

(27)　核兵器の威嚇または使用の合法性に関する国際司法裁判所の勧告的意見，48，67節。

いる[28]。2017年の安倍晋三，ドナルド・トランプ（Donald Trump）両首脳による共同声明は「核及び通常戦力の双方によるあらゆる種類の米国の軍事力を使った日本の防衛に対する米国のコミットメント」を宣言している[29]。

これらのことから，日本は，米国による核兵器の使用を前提とし，その威嚇効果を期待した政策を積極的にとっているといえる。今日の日本の政策が直接的な意味で核兵器の使用の威嚇を構成しているかどうかについて議論の余地があるとしても，少なくとも，米国による核兵器の使用・威嚇を「援助，奨励，勧誘」しているというべきである。

（d） 援助，奨励，勧誘

核兵器禁止条約第1条(e)は，締約国は，この条約で禁止された活動に関わることについて「いかなる者に対しても，いかなる形においても，援助，奨励，勧誘（Assist, encourage or induce, in any way, anyone）」を「いかなる状況下においても（under any circumstances）」してはならないと定めている。

この「援助，奨励，勧誘」の詳細な定義は確立していないが，条約の趣旨や「いかなる形でも」という表現に照らせば，幅広く解釈することが妥当である。交渉会議のなかで争点になった融資や通過，軍事的準備活動は，最終的に明示的禁止事項には入らなかったものの「援助」に含まれると解釈するとの見解が複数の国から表明されている[30]。

「援助，奨励，勧誘」に何が含まれるのかについては，これから条約締約国会議のなかでさらに議論されていくことになろう[31]。そのさい先例として，対人地雷禁止条約における同種の条項が参考になる。対人地雷禁止条約は第1条で対人地雷の使用を禁止すると共にその開発から製造，保有，移譲までを包括的に禁止し，それら禁止された活動のいかなる「援助，奨励，勧誘」も禁止している。核兵器禁止条約の第1条(e)は，対人地雷禁止条約の当該箇所と同じ表現を使っている。

---

(28) 国家安全保障戦略および「平成26年度以降に係る防衛計画の大綱」。

(29) 日米共同声明，2017年2月10日。

(30) United Nations meeting coverage DC/3723, "Conference to Negotiate Legally Binding Instrument Banning Nuclear Weapons Adopts Treaty by 122 Votes in Favour, 1 against, 1 Abstention," 7 July 2017.

(31) 援助・奨励の解釈の参考として右の文献がある。Stuart Casey-Maslen, "The Nuclear Weapons Prohibition Treaty: Interpreting the Ban on Assisting and Encouraging," *Arms Control Today*, Vol.48, No.8, October 2018.

〔川崎　哲〕　　　　　　　　　　　　　　**8**　核兵器禁止条約の意義と日本の課題

　対人地雷禁止条約における「援助」の定義について，地雷禁止国際キャンペーン（ICBL）は次のように整理している。「援助」には，「対人地雷の使用の計画に参加すること」，「対人地雷の使用を許すような交戦規定に同意すること」，「対人地雷を使用する命令を受け入れる，他国に使用を要請する，または対人地雷を使用するために他国を訓練すること」，「他国による対人地雷の使用によって意図的に軍事的利益をえること」，「対人地雷の保安，保管または輸送を提供すること」などが含まれる。同条約締約国の多くは非締約国との共同軍事作戦において対人地雷の使用に関わる活動には参加しないと宣言をしているが，一部の国々は「積極的には」あるいは「直接には」参加しないという限定的な注釈を付けている[32]。

　核兵器の「援助」には何が含まれるかについては，核兵器禁止条約交渉に先立つ 2016 年 OEWG の議論が参考になる。OEWG では各国が，今後交渉される核兵器禁止条約に含むべき禁止項目を提案し，そのリストを議長が報告書に付した。米国政府は，OEWG への参加を拒否していたが，そのリストを入手し分析して，これらの禁止は NATO の同盟上の義務に反するとの書簡を NATO 加盟国に送付した[33]。

　この書簡のなかで米国は，リストに「核戦争計画への参加」，「核ターゲティングへの参加」，「他国の核兵器を管理または使用する人員の訓練」，「通過，寄港，配備等の許可」などがあることを問題視した。そして，これでは核兵器の作戦計画や訓練を行うことや，米艦船の寄港，航空機の通過が条約違反となると指摘した。米国はさらに，リストに「直接または間接の援助，奨励，勧誘」が挙げられていることに着目し，これは「米国による拡大核抑止の基盤を破壊する」ものだとした。書簡ではこのほか，NATO のなかからこのような禁止条約への署名国が出れば，欧州での核・通常両用攻撃機の運用や，核兵器作戦に対する通常兵力による支援，さらには，核計画グループ（NPG）の協議に支障を来すと指摘されている。

　日本の場合はどうか。日米間では NATO におけるような核兵器の直接的な共同運用は想定されておらず，そのような訓練も作戦計画の組織もない。しか

---

(32)　International Campaign to Ban Landmines, "Fact Sheet: Mine Ban Treaty Special Issues of Concern（Article 1, 2, 3）1999–2014," *Landmine and Cluster Munition Monitor,* June 2014, pp 1-2.

(33)　ICAN, "US pressured NATO states to vote no to a ban, " 1 November 2016.

173

し 2010 年以降，日米両国は拡大抑止協議として核兵器の運用について協議している。報道によれば，日本の外務，防衛両省幹部が核攻撃目標を決める戦略軍司令部センターや大陸間弾道ミサイルの発射司令室，核ミサイルを搭載できる戦略原子力潜水艦の内部に入って，米側からの説明を受けるなどしている。また，日米両国が核攻撃を受けた場合に備えた軍事，外交上の対応策を協議する机上演習も行われている[34]。

日本政府は，バラク・オバマ（Barack Obama）政権下での米国の核軍縮に懸念を示すメッセージを発し[35]，2015 年の防衛協力新ガイドラインの下で米国の核戦力を積極的に支える態勢を築いてきた[36]。日本の自衛隊機が米国の核搭載機をエスコートすれば，それ自体は非核任務であったとしても核兵器の使用・威嚇の「援助」にあたる可能性が高い。

このように考えると，今日日本は米国による核兵器使用の準備やそのための協議に参加しており，核兵器の使用・威嚇を「援助，奨励，勧誘」していると考えるのが妥当である。

（4）　核兵器に関する日本政府の見解

これらの問題は，日本国憲法との関係でも問われる。そもそも日本は，憲法9 条 1 項によって武力による威嚇や武力の行使を「永久に放棄する」としている。そのことと，核兵器の使用や威嚇を前提とした核抑止政策は，どのように整合性をもつのだろうか。

日本国憲法 9 条と武力行使の関係は，主に自衛隊の活動範囲という観点で長く議論されてきた。今日の政府見解によれば，日本に対する武力攻撃あるいは「存立危機事態」が発生した場合に，他に適当な手段がないときには「必要最小限度の実力」の行使が認められる。また，自衛隊が他国に対するいわゆる「後方支援」を提供する際には，それ自体が武力の行使に当たらず，さらに「武力の行使と一体化」するものであってはならない。

---

(34) 牧野愛博「米，極秘核施設を開示　日本など同盟国に『核の傘』不振拭う狙い」『朝日新聞』2013 年 7 月 30 日。

(35) 藤田直央「『核なき世界』に日本が異論　米 NGO アナリストが証言」『朝日新聞』，2018 年 4 月 1 日。

(36) 藤田直央「『核の傘』頼るだけから積極貢献へ　始まりはオバマ政権」『朝日新聞』，2018 年 6 月 4 日。

（a） 核兵器の使用に関する政府見解

　核兵器と憲法9条の関係について政府は，1978年3月11日に内閣法制局長官の文書「核兵器の保有に関する憲法第九条の解釈について」を出して以来，「自衛のための必要最小限度を超えない実力」の範囲内にとどまる限りは核兵器であるからといってその保有は禁止されていない，ただし非核三原則の下で日本は核兵器を保有しないという政策をとっている，と説明している。1998年6月の国会では核兵器の使用はどうかと問われたが，政府は，保有に関する上記の説明にのっとって，使用についても「我が国を防衛するために必要最小限度のものにとどまるならば」可能との見解を示した[37]。

　この見解を示した大森政輔内閣法制局長官は，引退後，自身の回顧録の中で，当時内閣法制局のなかでこの見解の妥当性について議論があったことを紹介しつつ，今日核兵器禁止条約が成立しICANにノーベル平和賞が与えられたという情勢の中で「機会があれば見解を覆し，前記答弁は間違いである旨表明すべきかと自問自答」している[38]。

　1998年6月の答弁のさい大森長官は，「ただ，この問題は国際法，国際社会においてもるるその考え方が推移している問題でございますので，その国際的な考え方の推移に応じて常に検討を重ねていくべき問題ではあろう」と述べていた。

　ICJにおいて核兵器の使用・威嚇の合法性が問われたときに，日本政府は，核兵器の使用は「その絶大な破壊力あるいは殺傷力のゆえに，これは国際法の思想的な基盤にある人道主義の精神にも合致しない」としつつ，「今日の実定国際法に違反するという判断が国際社会の法的認識として成立するには至っていない」との見解を示していた[39]。しかし今日，核兵器禁止条約が成立し，それが実定国際法として発効することが間近に迫っている。「国際社会の法的認識」はまさに今変わりつつあるのであって，上記のような日本政府の見解は見直しを迫られる。

　核兵器の使用はいかなる場合も国際人道法違反であるとの国際法が生まれた。それでも，それは締約国しか拘束しないといって，自衛のためであれば許容さ

---

(37)　参議院予算委員会，1998年6月17日。
(38)　牧原出『法の番人として生きる　大森政輔元内閣法制局長官回顧録』岩波書店，2018年，296-297，328-332頁。
(39)　衆議院予算委員会における羽田孜内閣総理大臣の答弁，1994年6月6日。

II 核兵器の軍縮・軍備管理

れると主張することは可能である。しかし1946年の日本国憲法は，広島・長崎の惨害をふまえた平和憲法として生まれ維持されてきたものである。核兵器が国際法で禁止された今日において，この憲法は核兵器の使用を自衛のためなら容認しているのだと解釈し続けるのだとすれば，それは被爆国のもつ平和憲法という歴史的，国際的意義を大きく損なう。

国会では，憲法における自衛隊や自衛権の位置づけを明確にすべきとの議論が高まっている。だとするならば，日本が定めるところの「自衛権」には国際法で禁止された核兵器の使用が含まれるのかどうかについて，真摯な議論が改めてなされなければならない。

（b）　核兵器の使用・威嚇との「一体化」

核兵器の使用・威嚇を禁止する国際法が作られた今日，日本の自衛隊等の活動が核兵器の使用・威嚇と「一体化」するのかということはもう一つの重要な論点である。核兵器の使用・威嚇が禁止されたことを受けて，今後は核兵器の使用を戦争犯罪や人道に対する罪と認定しようとする動きが出てくるだろう。仮に日本が核兵器禁止条約に加入しないままであったとしても，日本の行為が犯罪と一体化しているとして非難される可能性があるといえる。

具体的には，日本が行っている演習，作戦情報の共有，輸送，補給といったことが，米国の核兵器の使用・威嚇と一体化するものでないかどうか。核兵器という国際法で違法化された兵器について，日本はどの程度までの関与が可能で，どの程度以上は許されないのかということの議論が，憲法9条との関係でもなされなければならない。

（c）　まとめ－日本がとりうる選択肢

日本が非核三原則を遵守し続けることを前提とする限り，核兵器禁止条約の禁止条項のなかで日本が抵触する可能性があるのは，威嚇と援助，奨励，勧誘のみだろう。留保を認める条約であれば，これらの条項だけ留保して加入することもできるが，同条約は第16条で留保を認めないと定めている。だが，日本のような国が，威嚇と援助，奨励，勧誘の定義についての自らの解釈を宣言したうえで加入するということはできる。

日本は，日米安保条約の下で米国との安保協力を行うけれども核兵器には関わらないとして，そのための線引きを示したうえで，核兵器禁止条約に加入することができる。日本は対人地雷禁止条約に加入したさい，条約の非締約国たる米国の軍隊に対して支援活動を行うとしても地雷の輸送は行わないというこ

〔川崎　哲〕　　　　　　　　　　　　**8**　核兵器禁止条約の意義と日本の課題

とを政府として決定し，それを米国に通告して了解をえた[40]。核兵器について同様のことができないという根拠は，少なくとも法的には見あたらない。

　政治的には，日本が核兵器には関わらないという政策決定を行うと，米国の選択肢を狭め日米関係に悪影響をもたらすという見方があろう。だが反対に，核兵器が禁止され核兵器不使用の規範が強まっていくなかで，事実上使えない核兵器よりも非核の能力に焦点を当てたほうが現実的でありかつ安全保障政策上も実質的な意味があるとの見方もできる。

3　核兵器禁止条約の義務の積極的履行

（1）　積極的義務の履行

　核兵器禁止条約は，核兵器に関わるいかなる活動も「してはならない」という禁止事項に加えて，締約国が「しなければならない」積極的義務（positive obligations）を課している。主たる義務は，核武装国が核兵器を国際検証下で廃棄する義務，および，各国が核兵器の被害者に援助を提供する義務である。

　これらの義務の履行は，条約の非締約国にとどまったままでも可能である。締約国会議は，条約発効後1年以内に初回が開かれその後は2年に一度開かれるが，条約非締約国も国際機関や市民社会とともにオブザーバーとして招待される（条約第8条）。

　日本がこれらの分野で自発的かつ積極的に活動し，その成果を禁止条約の締約国会議に還元することは，核軍縮の前進への実質的な貢献として国際的に評価されるだろう。日本が同条約に加入するかしないかという議論と平行して，いわば同条約の部分的履行としてこれらに取り組めば，それは条約締約国と非締約国の有益な「橋渡し」にもなる。

（2）　核兵器の廃棄と検証

（a）　核兵器禁止条約第2〜4条

　核兵器禁止条約第2〜4条は，核武装国が将来条約に加入してくることを想定した条項である。締約国は核兵器を保有しているかどうか申告し（第2条），保有していない場合は保障措置を受け入れ（第3条），保有している場合には

（40）　第143回国会参議院外交・防衛委員会会議録，1998年9月29日

177

廃棄，検証を義務づける（第4条）。そこには核武装国が「廃棄してから条約に加入する」または「条約に加入してから廃棄する」という2つの道筋がある。今後指定される国際機関が廃棄を検証し，締約国は定期報告義務を負う。

禁止条約交渉会議のエレイン・ホワイト（Elayne Whyte）議長は，当初原案を示した際に，これを「南アフリカ・プラス」と表現した[41]。かつて核兵器を開発したが1990年代初頭に自ら廃棄し国際的検証を受け入れた南アフリカにならい，そのモデルをさらに発展させようということである。原案段階では廃棄の道筋に曖昧さが残っていた[42]が，その後南アフリカやアイルランドが主導して第4条を整理した。

第4条では，条約に加入した時点で核兵器を保有する国は，核兵器を即時に運用から外し，核兵器計画を「検証の下で不可逆的に廃棄するための法的拘束力をもち期限のついた計画」の下で解体しなければならない。廃棄完了の期限は第一回締約国会議で定められる。ここでいう核兵器計画には「すべての核兵器関連施設の廃棄または不可逆的な転換」が明示的に含まれる。こうした国は，国際原子力機関（IAEA）との間で保障措置協定を結ぶことが義務づけられる。条約締約国は今後，核兵器計画の不可逆的な廃棄を交渉し検証するに適格な国際機関を指定する。締約国会議では，「検証の下で期限のついた不可逆的な核兵器計画の廃棄のための措置」が議論され「追加議定書」が定められる（第8条1項(b)）。

検証制度の詳細やいかなる国際機関がこれを担うかといった問題は，今後の課題となった。同条約については保障措置（第3条，第4条）が不十分だとの批判もあるが[43]，これらの条文には「将来採択されうる追加的な関連文書を害することなく」との但し書きがついており，より強力な保障措置の策定が将来にゆだねられている。

これら検証，保障措置，国際機関のあり方は，締約国会議で議論される最重要の課題群といえる。議論が進展し追加議定書等が結ばれれば，核兵器禁止条約に廃棄・検証の制度が加わることになる。つまり2017年に「禁止先行」型

---

(41) Non-paper by the President on verification objectives, 22 May 2017.

(42) Draft Convention on the Prohibition of Nuclear Weapons, A/CONF.229/2017/CRP.1, 22 May 2017.

(43) Jeffrey Lewis, "Safeguards Challenges in the Nuclear Weapons Ban", *Arms Control Wonk,* 10 July 2017.

として作られた核兵器禁止条約は，それ自体として将来 NWC に近いものに発展する可能性を有しているのである。

（b） 朝鮮半島非核化への応用

2018 年以降，韓国の文在寅（Moon Jae-in）大統領のイニシアティブの下で，北朝鮮の核問題の対話による解決努力が進んでいる。同年 4 月 27 日の南北板門店宣言で「朝鮮半島の完全な非核化」の目標が合意され，6 月 12 日にはシンガポールでの米朝首脳会談で再確認された。

米国政府は「完全，検証可能で不可逆的な非核化（complete, verifiable, and irreversible denuclearization: CVID）」を掲げてきた。核兵器禁止条約は，その問いに対する一つの答えをすでに示している。

仮に北朝鮮が核兵器禁止条約に加入することを決断した場合には，同国の非核化は条約第 2〜4 条にしたがう廃棄・検証の最初のケースとなる。むろん，新たに朝鮮半島非核化条約を締結するとか，関係する複数国間の国際枠組みを別途作るといったことも可能である。だが核兵器禁止条約によるものであれ，他の枠組みによってであれ，廃棄・検証が直面する課題は基本的には同じである。核兵器禁止条約はすでに成立しているわけだから，非核化についてはまずこれを活用しつつ，その他政治的，経済的取り引きについては別の条約や合意を慎重に交渉し追求していくということが，賢明な方法だろう。

核兵器廃棄の検証については，日本は「核軍縮検証のための国際パートナーシップ」（IPNDV）の研究活動に参加している。日本がこの分野を主導すれば，それは核兵器禁止条約の強化と朝鮮半島の非核化の両方に資する。それは，規範の強化と安全保障の「橋渡し」ともいえ，人的，技術的，財政的な貢献が期待される分野である。

なお，核兵器禁止条約の朝鮮半島への応用は，これにとどまらない。北朝鮮と韓国の両国がこの条約に加入すれば，一方で北朝鮮の核兵器を検証下で廃棄させつつ，他方で韓国が核兵器を配備したり核の使用を援助したりすることを法的拘束力をもって防ぐことになる。つまり，南北双方から核の脅威を取り除く。ここに日本が加われば，実質的な北東アジア非核兵器地帯の土台が築かれる。北朝鮮の核廃棄の過程に米国と中国が加われば，それは将来，米中を含む東アジアの核軍縮の枠組みへと発展させることができる。

（3）　被害者援助と環境回復

核兵器禁止条約は第6条で，核兵器の使用や実験で被害を受けた人々の援助と，核兵器の使用・実験に関連する活動で汚染された環境の回復を締約国に義務づけている。第7条は，その実施のための国際協力を定めている。

これらは，1997年の対人地雷禁止条約や2008年のクラスター弾禁止条約にも同様の規定がある。このように，人道・人権法の観点も併せもった軍縮条約のアプローチは「人道的軍縮」（humanitarian disarmament）と呼ばれている[44]。

被害者には「年齢やジェンダーに配慮」し「差別のない」形で「医療ケア，社会復帰，心理的支援」また被害者の「社会的，経済的包摂」を提供する（第6条1項）。条約前文には，核兵器が放射線等を通じて女性に対して偏った(disproportionate)影響をもたらすことや（第4節），核実験等の活動が先住民族に偏った影響をもたらしてきた（第7節）との認識が記されている。

この条約における援助の規定は，加害国による被害国に対する賠償ではなく，現に存在する被害者の人権問題と環境汚染に対処するというものである。それゆえ，加害行為がなされたのが本条約成立以前であっても，今日もたらされている被害に対して当然に適用される[45]。むろん加害国を免責するものではなく（第6条3項），加害国の責任については被害者援助のための国際協力という文脈で別途規定している（第7条6項）。

環境回復は，核実験に伴う放射線による汚染を想定しているものだが，「実験または使用に関連する活動」（第6条2項）という表現からは，核兵器開発の他の活動も含むことを示唆している。

これらの規定の主眼は，日本政府により一定の援護が実施されている広島・長崎の被爆者よりも，実態解明すらいまだ進んでいない世界の核実験被害者にあるといえる。

被害者援助と環境回復は，今後，締約国会議における主要議題の一つになろう。日本は，唯一の戦争被爆国として被害者援助にまさに取り組み，2011年の福島の原発事故以降は，広範囲の除染という環境回復にあたってきた。まさ

---

(44)　Bonnie Docherty, "Understanding Victim Assistance and Environmental Remediation Under the Treaty on the Prohibition of Nuclear Weapons," Human Rights Program, Harvard Law School, 10 April 2018.

(45)　Matthew Bolton, "A brief guide to the new nuclear weapons ban treaty," *Just Security,* 14 July 2017.

〔川崎　哲〕　　　　　　　　　　　　*8*　核兵器禁止条約の意義と日本の課題

に当事国たる日本が，これらの分野で国際協力が始まろうというときに参加しなければ，大きな落胆を呼ぶだろう。

　日本の市民社会にも重要な役割がある。核被害者への援助や環境回復の複雑さと困難さを日本の市民は当事者として知っている。すなわち核の被害は直接的な人体や環境への影響にとどまらず，社会的差別や心理的問題（いわゆるPTSD等）と重なる。低線量被ばくの影響評価は困難さを伴うため，透明性と説明責任が重要である。日本が経験してきたこれらの教訓が生かされなければならない。

　日本政府は，核兵器禁止条約に加入するしないにかかわらず，被害者援助と環境回復への基金拠出や，核被害援助策の提言をできる立場にある。政府はかつて「核兵器使用の多方面における影響に関する調査研究」を有識者を集め行ったが（2013年度），同様の手法がとれるだろう。NGOも独自に提言を出すなどして，政府が見落としがちな被害の複雑性について注意喚起を行うことが求められる。

おわりに

　核兵器禁止条約の成立は，これまで核をもつ5大国が中心であった世界の秩序に対して，核兵器は絶対悪であるという命題を掲げた価値転換の動きを象徴している。それと同時にこの条約は，核軍縮の検証やそのための国際協力といった「非核の安全保障」を促進する実際的なツールをも提供している。

　本稿では，核抑止政策の見直し，核廃棄の検証，核被害者の援助といった課題を取り上げ，日本にできることを検討した。禁止条約に関して一部NATO諸国で行われているような調査が日本の国会でも開始されたとき，本稿でなされた考察は基礎的な論点になると思われる。

（2018年11月脱稿）

9 核軍縮交渉義務の発展過程とその機能

山 田 寿 則

は じ め に

　国際連合は成立当初から核兵器の全廃を目標として活動を推進してきた。だが，国連憲章には加盟国の軍縮義務は規定されておらず，国連総会決議 1(I) に始まる総会諸決議においても軍縮交渉の原則は示されることはあったが，核兵器不拡散条約（NPT）以前において加盟国に核軍縮義務を明示的に創設する決議は存在していない。

　したがって，NPT 第 6 条に規定される核軍縮につき誠実に交渉を行う義務は，NPT が 5 核兵器国を含めてきわめて普遍化するに至った今日，核兵器のない世界実現のための唯一の普遍的な法的基盤となっている。また，同条は，核軍縮だけでなく，全面完全軍縮に関する条約についても交渉対象としており，この義務は核軍縮のみならず広く軍縮一般の義務として中心的な地位を占める。

　だが，このような極めて普遍的な核軍縮義務の存在にもかかわらず，1970年の NPT 発効以来 50 年を迎えつつある今日においても，核兵器のない世界はいまだ見通し得ない。その途上には，核軍縮をめぐる国際政治や安全保障上の諸課題が数多く存在するからだけではない。法的観点からは，上記の核軍縮義務には一定の脆弱性が存在することが指摘できる。即ち，NPT 第 6 条は，文言上は「誠実に交渉する」ことのみを義務づけており，これを超えて交渉の対象とすべき措置を具体的に規定してはいない[1]。また，その交渉期限も明記されていない。これらの点から，従来，NPT 第 6 条は核軍縮交渉のみを義務づけているとの解釈を核兵器国はとってきたし，学説上も第 6 条は核軍縮義務を課すものではなく，法的義務の内容は交渉を行うことである[2]，あるいは「後の条約締結のために交渉を誠実にかつ成功を目ざして行なうべき合意」と

---

(1)　Mohamed. I. Shaker, "The Evolving International Regime of Nuclear Non-Proliferation", *Recueil des Cours,* tome 321, 2006, p. 145.

(2)　黒沢満『軍縮国際法の新しい視座』有信堂，1986 年，181 頁。

183

Ⅱ　核兵器の軍縮・軍備管理

みるものであって，条約を締結すべき義務ないし現在または将来の条約に加入すべき義務には至らず，それを交渉すべき義務にすぎない[3]，とされてきた。

　加えて，第6条の交渉主題には核軍縮に加えて全面完全軍縮条約も含まれていることから，生物・化学兵器及び通常兵器の軍縮も核軍縮の進展に考慮すべきとの見解も主張されることがあり，これが核軍縮を遅らせる要因となっている。核兵器国側の論者は，全面的かつ完全な軍備縮小に関する条約交渉よりも核軍縮の先行を義務づけているわけではないと解釈している[4]。また，国連総会が示したNPT交渉原則でも，全面完全軍縮の中に核軍縮が位置づけられている（国連総会決議2028（XX）2項(3)）。これに対して，非核兵器国や市民社会はあくまでも第6条は核廃絶を約束したものとみている[5]。

　これらの点から第6条の義務は曖昧であり，核軍縮を促進する法的基盤としては脆弱なのではないかとの疑問が生じる。

　本稿では，まず，NPT第6条の核軍縮義務を中心とする軍縮義務の形成発展過程を跡付け，それぞれの時期と場において核軍縮義務がどのように理解され議論されてきたかを検討する。そのうえで，第6条の核軍縮義務が核軍縮の促進にどのような機能を果たしてきたか，そして果たしうるかにつき考察する。

---

(3)　藤田久一『軍縮の国際法』日本評論社，1985年，53頁。

(4)　Christopher A. Ford, "Debating Disarmament: Interpreting Article VI of the Treaty on the Non-Proliferation of Nuclear Weapons", *The Nonproliferation Review,* Vol. 14, No.3, November 2007, pp. 404-405. 国連総会でもこの点は議論となっており，後述のマレーシア決議をめぐって，決議提案国のマレーシアが，NPT第6条の義務を全面完全軍縮に結びつける他国の主張に対して反駁し，NPTは核軍縮交渉と全面完全軍縮をともに行なう義務があることを規定するにすぎないと主張している（A/C.1/53/PV.18, 29 October 1998, 3)。

(5)　第6条をめぐる核兵器国と非核兵器国の対立については以下参照。阿部信泰「核軍縮・不拡散問題における国際機関の役割と課題」浅田正彦・戸崎洋史編『核軍縮不拡散の法と政治』信山社，2008年，69-95頁；James Crawford and Philippe Sands, "Legal aspect of a nuclear weapons convention", *African Yearbook of International Law,* Vol. 6, 1998, pp. 153-179.

1 核不拡散条約における核軍縮義務

（1） 第6条義務の成立過程

　1959年，アイルランドの提案に基づく国連総会決議1380（XIV）を一つの契機として，核兵器の不拡散に関する条約作成の動きがはじまり，1965年の国連総会において，18カ国軍縮委員会（ENDC）に条約審議の原則を示す決議2028（XX）が採択された。ここでは，①拡散の抜け穴を設けない，②核保有国と非保有国の責任・義務のバランスをはかる，③全面完全軍縮，とくに核軍縮への1歩となる，④実効性確保の規定を設ける，⑤非核兵器地帯の権利を害しない，この5点が主要な原則として示された。これに基づきENDC及び国連総会において条約審議が進められ，1968年6月12日の国連総会におけるNPT推奨決議（決議2373（XXII））の採択へと結実した（署名開放は同年7月1日，発効は70年3月5日）。

　NPTの交渉過程においては，第6条のような核軍縮措置は，当初の米ソそれぞれの条約案本文には存在していなかった。両国は，核不拡散問題と核軍縮措置を結合することに一貫して反対しており，同一条約で両者を扱うことに反対した。1965年8月17日の米国案では，前文において全面完全軍縮に言及し，同年9月24日のソ連案では，同じく前文において核軍縮に言及するのみであった。これに対して非核兵器諸国は，核不拡散問題と核軍縮措置を結合させることを主張した。

　翌1967年8月24日に同時に提出された米ソ同一条約案でも，その前文において，核軍備競争の早期停止の意図の宣言，核兵器及びその運搬手段の除去を容易にするための国際間の緊張の緩和及び諸国間の信頼の強化の促進の希望といった，現行条約前文に存在する規定が含まれていたが，核軍縮に関する規定は本文にはなかった。これに対してメキシコが核軍縮に関する新条項を本文に挿入すべきとの具体的提案を行い，米ソ両国はこの提案にそって，1968年1月18日に米ソ第1次改訂条約同一案を提出した。第6条については，この第1次改訂条約同一案がほぼ現行となっている。

　ここで注目しておきたいのは，第1に，メキシコ提案で規定されていた，核兵器の実験禁止，製造停止及び貯蔵廃棄等といった個々の具体的措置は，第1次改訂条約同一案ではすべて削除され，「核軍備競争の停止及び軍備縮小に関する効果的措置」とされた点である。もっとも，スウェーデンの提案に基づき

II 核兵器の軍縮・軍備管理

部分的核実験禁止条約（PTBT）前文で規定されていた包括的核実験禁止の達成と交渉の決意が，その後前文に挿入されている。また，その後，スウェーデンの提案により「軍備縮小」の前に「核」の語が追加された。

第2に，メキシコ提案にあった「誠実に交渉を行うことを約束する」という部分は前記米ソ第1次改訂同一案で維持されている。この誠実な交渉義務は，米ソ2大国が唯一受け入れ可能な解決策であるとして，多くの国に受け入れられた。この交渉義務は，その含意を幅広く解釈することなくしては認められなかったのであり，交渉それ自体は目的ではなく，早期に具体的結果を達成する手段であることについては一般的合意が存在したとされる[6]。

第3に，義務の主体について，メキシコ案では各核兵器国であったところ，米ソ改訂同一案では各締約国とされ，非核兵器国も含まれることとなっており，全面完全軍縮条約については非核兵器国にも交渉義務が課せられることとなった[7]。

（2）　第6条義務の解釈

このように成立した第6条については，非核兵器国側には，第6条は目的ではなく，核兵器国と非核兵器国の間でその義務と責任のバランスを回復する手段であり，核軍縮達成に向けた1歩との認識が存在した[8]。だが，文言上，第6条の核軍縮義務は，交渉義務に過ぎず，とくに交渉主題が特定されていないことから，軍縮義務が曖昧であると受け止められてきた。とくに交渉主題の選定は核兵器国に委ねられているとも解されてきた[9]。実際，NPTの交渉過程で米国代表は，NPTは「さらなる核軍縮措置の達成に向けたひとつのステップ」であることに皆が合意していると発言しているが，バランスの回復には言及していない[10]。第6条の解釈についてはその成立時にすでに締約国間で対立が存在していた。

他方，再検討会議という履行監視メカニズムが存在することで，義務履行が

---

(6)　Mohamed I. Shaker, *The Nuclear Non-Proliferation Treaty: Origins and Implementation, 1959–1979,* Oceana Publications, 1980, p. 572.

(7)　黒沢『軍縮国際法の新しい視座』165-177頁。

(8)　Shaker, *The Nuclear Non-Proliferation Treaty,* p. 647.

(9)　黒沢『軍縮国際法の新しい視座』181頁。

(10)　ENDC/PV.376, 11 March 1968, para. 37.

〔山田寿則〕　　　　　　　　　　**9　核軍縮交渉義務の発展過程とその機能**

事後的にチェックされる仕組みが取られている。第6条は再検討会議のメカニズムと併せてみると，「プログラム法的性格」[11]を有していると見ることもできるし，「継続的な交渉の枠組みの制度化」[12]とも説明される。では，再検討会議において第6条はどのように機能してきたであろうか。

（3）　NPT再検討会議における核軍縮義務をめぐる議論

　NPTの成立以降，米ソ(露)間で結ばれた核軍備管理条約の多くは，NPT第6条に言及している。第6条は2国間核軍縮・軍備管理交渉を促す法的背景となってきた[13]。このような点からすれば，第6条義務は核軍備の制限乃至は削減に関する措置の法的根拠を提供したと見ることができる。他方，再検討会議では，このような2国間措置の交渉とそこで合意された措置の実施を根拠とした核兵器国による第6条遵守の主張に対しては，非核兵器国側からの批判がみられる[14]。

　これまで9回開催された再検討会議のうち，コンセンサス文書の採択に成功した会議は第1回（1975年），第3回（1985年），第5回（1995年），第6回（2000年）および第8回（2010年）の5回である。再検討会議は「前文の目的の実現及びこの条約の規定の遵守を確保するようにこの条約の運用」（NPT第8条3）を検討するとされるが，実際には，文書採択に成功した会議においても常に第6条及び前文の履行の評価についてのコンセンサスが成立しているわけではない。評価についてのコンセンサスが成立している第3回及び第6回の再検討会議についてみると，第6条の履行評価は，単に核軍縮交渉の継続をもって肯定的評価を与えられているわけではなく，一定の結果の達成が肯定的に評価される傾向にある。第3回再検討会議は，再検討期間において何らの協定も達成されなかったので，会議は，前文8項から12項に含まれる熱望はかなえられておらず，第6条の目的（objectives）も達成されていないと結論した[15]。また第6回再検討会議は，CTBTの採択と署名開始等一定の成果の達成

---

(11)　藤田『軍縮の国際法』78頁。
(12)　Shaker, *The Nuclear Non-Proliferation Treaty,* p. 647.
(13)　黒澤満『軍縮国際法』信山社，2003年，8頁。
(14)　浦田賢治編著『核不拡散から核廃絶へ』日本評論社，2010年，111-116頁。
(15)　NPT/CONF.III/64/I, Annex I, 21 September 1985, p. 12.

187

Ⅱ 核兵器の軍縮・軍備管理

につき「歓迎」等の評価を与えている[16]。しかし，第6回会議では，1996年の国際司法裁判所（ICJ）核兵器勧告的意見を想起してはいるが，そこで判示されたいわゆる核軍縮誠実交渉・完結義務への言及は回避されている[17]。また，履行評価は，第6条の義務そのものではなく，第6条及び前文についてである。このように，第6条義務それ自体は，条約運用の評価基準としての機能を果たしているとはいえず，むしろ条約又は第6条の目的が評価基準となってきた。再検討会議は本来，条約の運用を検討する場であって，義務違反を認定し責任の追及を行う場として予定されていないが，実際上も，そのような場としては機能していない。

なお，条約目的の認識については変化がみられる。第1回再検討会議の最終宣言では，目的（Purposes）の項目において，締約国は，まず「条約の諸原則及び諸目的（principles and objectives）に対する変りない確信」を再確認すると言及し，ついで，①核兵器のより一層の拡散を防止すること，②核軍備競争の停止を達成すること及び核軍縮の方向で効果的な措置を取ること，③適切な保障措置の下で原子力の平和利用における協力を促進すること，この3点についての国際的努力において，条約の果たす重要な役割が再確認されている[18]。第3回再検討会議の最終宣言でも，NPTの諸目的として，①核兵器その他の核爆発装置の拡散の防止，②核軍備競争の停止，核軍縮及び全面完全軍縮条約，並びに③原子力の平和利用の分野における締約国間の協力の促進，この3点を明示している[19]。

NPTがこの3点を目的とすることについての理解は，現在でも変化していないが，その相互関係については変化がみられる。第1回再検討会議最終宣言では，条約普遍化のためには核兵器国と非核兵器国との責任と義務のバランスが重要であり（前文2, 3項），核拡散防止の目的は，核軍縮により一層促進されることが明記された（前文5項）。ここに「核不拡散のための核軍縮」という関係が明瞭に看取される。他方，NPTの無期限延長を決定した第5回再検討会議の決定3[20]では，①条約の完全遵守，②無期限延長及び③普遍的参加

---

(16) NPT/CONF.2000/28 (Parts I and II), 19 May 2000, pp. 13-14.
(17) Ibid., p. 15.
(18) NPT/CONF/35/I, Annex I, 30 May 1975 pp. 1-2.
(19) NPT/CONF.III/64/1, Annex I, 21 September 1985, p. 1.
(20) NPT/CONF.1995/32 (Part I), 11 May 1995, pp. 12-13.

〔山田寿則〕　　　　　　　　　　**9　核軍縮交渉義務の発展過程とその機能**

の必要性，この3点が，国際の平和と安全に不可欠であり，かつ核兵器の完全な廃棄（complete elimination）及び厳重かつ効果的な国際管理の下における全面完全軍縮条約という究極的な諸目標の達成に不可欠であることが言及されている（前文2項）。ここでは，国際の平和と安全並びに核軍縮（核廃絶）達成に不可欠な条件としての不拡散，すなわち「核軍縮のための核不拡散」という，両者の関係性の変化を読み取ることが可能である。第6回再検討会議においても，大多数の国は核兵器国の核軍縮の法的約束との関係で不拡散義務を受け入れていることが想起され[21]，13項目の実際的な措置の中に「すべての締約国が第6条の下で約束している核軍縮に導くような，核兵器の全廃を達成するという核兵器国による明確な約束」が合意された[22]。第8回再検討会議では，「条約の目的に従い，すべてにとっての安全な世界を追求し，核兵器のない世界の平和と安全を達成することを決意」[23]し，すべての締約国が「NPT及び核兵器のない世界という目的に完全に合致した政策を追求することを誓約」することに合意している[24]。

　このように，条約又は第6条が核兵器の全廃（核兵器のない世界）を目的とすることについて再検討会議のなかで合意されてきたことが，第6条義務の交渉主題に関する主張に一定の影響を及ぼしている。例えば，第1回再検討会議においては非核兵器国から軍縮措置についての具体的提案が行われた（追加議定書I及びII）。だがこれは，核兵器国と非核兵器国との責任及び義務の受諾可能なバランスを確立することが目的とされ，必ずしも核兵器の全廃に関する提案ではなかったし，これに関するコンセンサスは成立していない[25]。これに対し，第5回再検討会議以降は，核兵器の全廃を目指すことが合意されることに伴い，そのための措置の追求の努力が言及されるに至った（第5回再検討会議の「原則と目標」の核軍縮の節，第8回会議の「結論と勧告」Biii）。核兵器の全廃が条約又は第6条の目的として位置づけられることにより，第6条義務の交渉主題に核兵器全廃措置の追求が含まれるようになった。

　同時に，第5回再検討会議以降，核軍縮の原則についてもコンセンサスが成

---

(21)　NPT/CONF.2000/28 (Parts I and II), 19 May 2000, p. 2, para. 2.

(22)　Ibid., p. 14, para. 6.

(23)　NPT/CONF.2010/50 (Vol. I), 28 May 2010, p. 19.

(24)　Ibid, Action 1, p. 20.

(25)　黒沢『軍縮国際法の新しい視座』187-195頁。

Ⅱ　核兵器の軍縮・軍備管理

立し，伝統的に軍縮に際して確認されてきた安全保障の確保に加えて，不可逆性，検証可能性及び透明性の原則も確認されるに至った（第8回再検討会議「結論と勧告」行動2）。加えて，この過程において，少なくとも再検討会議のコンセンサスのレベルでは，核軍縮と全面完全軍縮の追求とが分離されたとみられる現象も生じている（第5回再検討会議の「原則と目標」では同一項目（4(c)）であったが，第6回再検討会議の13項目の実際的措置では別項目となり，第8回再検討会議の「結論と勧告」では全面完全軍縮への言及は脱落している）。

　このように第6条義務は，締約国の行動の厳格な評価基準となってはいないが，再検討会議における交渉に法的基盤を与えるとともに，その交渉成果としてのコンセンサスによって，内容を充実させてきた。とくに，核兵器の「全廃」がNPT及び第6条の目的として明確化され，重視されてきたことは第6条の解釈にとり重要である。これに関して，2000年のいわゆる「明確な約束」が，核兵器国による核全廃義務を意味するかが問題となる。とくに再検討会議におけるコンセンサスがウィーン条約法条約（VCLT）第31条3(a)における「後にされた合意」に該当するかをめぐり議論がある[26]。第6条義務は交渉義務であり「結果の義務」ではないという立場からすれば，前記「明確な約束」の文言は結果の義務を意味しており，明らかに従来の第6条義務の範囲を越えて，第6条の改正と同様の帰結を生み出す。かかる帰結を含めて5核兵器国を含むすべての条約当事国が「合意」しているかどうかは必ずしも明らかではない。しかし「明確な約束」への「合意」を少なくとも第6条義務の目的の明確化（核兵器の全廃を目的とした交渉義務）に関する合意と解することは可能に思われる。

---

(26)　Daniel H. Joyner, "The legal meaning and implication of Article IV of the Non-Proliferation Treaty", *Nuclear Weapons under International Law,* Cambridge University Press, 2014, pp. 397-417. なお，国際法委員会（ILC）は第70会期（2018年）において「条約解釈に関する後の合意及び後の慣行」の結論草案をそのコメンタリーとともに採択し，国連総会に送付した（A/73/10, 17 August 2018）。その結論11（締約国会議の枠組で採択された決定）の3項では，締約国会議の枠組で採択された決定は，コンセンサス採択を含む採択の形式及び手続にかかわらず，条約解釈に関する締約国間の後にされた合意を表明する限りにおいて，VCLT第31条3における後の合意又は後の慣行を体現するとした。

190

2 1996年ICJ核兵器勧告的意見と核軍縮誠実交渉・完結義務

1996年，ICJは，核兵器の使用・威嚇の合法性に関する勧告的意見（核兵器勧告的意見）[27]において核兵器の使用・威嚇の一般的違法性を明示したが，他方で，自衛の極端な状況における核使用・威嚇の法的地位について確言できないことを明らかにした（105項（以下，主文）2E）。ICJは，この不確定性がもつ国際法と国際秩序の安定性に対する悪影響を指摘し，これを救う方途として「以前から約束されている完全な核軍縮」を最適な手段として位置づけ，これに検討を加えている（98項）。その結果，ICJは「厳重かつ効果的な国際管理の下におけるあらゆる点での核軍縮に導く交渉を誠実に遂行し，かつ完結させる義務が存在する」（主文2F）と結論した。

このICJが示した核軍縮誠実交渉・完結義務は，NPT第6条における核軍縮交渉の義務について従来一般になされてきた解釈と比べて，以下3点の特徴をもつ。①核軍縮交渉を誠実に行なうだけでなく，それを完結させることまでを義務とした点，②全面完全軍縮にまったく言及せず，全面完全軍縮から独立した義務として提示した点，③NPT第6条の義務としてだけでなく，慣習法上の義務として言及しているとみられる点，である。

まず，①については，かかる義務がNPT第6条の義務の解釈として妥当なものであるかどうかが問題になる。第6条義務が完結義務を含むとするなら，米ロ英仏中の核兵器国は，核軍縮交渉を誠実に遂行し，これを完結させることを条約上義務づけられていることとなり，核兵器のない世界に向けての議論を大きく前進させる可能性がある。これにつき，「完結義務」を積極的に根拠づける判事は少ない。モハメド・ベジャウィ（Mohammed Bedjaoui）所長の宣言でも，そもそも交渉義務と完結義務という二重の義務はNPT以前から成立してきたという立場を主張するにとどまっており，他に完結義務の具体的な法的根拠を論じる判事はいない。

次に，②については，この義務が全面完全軍縮から切り離されているとされる[28]。また，「あらゆる点での」核軍縮にも言及しており，通常軍縮を前提条

---

(27)　International Court of Justice, *ICJ Reports 1996,* 1996, pp. 226-267.

(28)　J. Crawford and P. Sands, "Legal aspect of a nuclear weapons convention", *African Yearbook of International Law,* Vol. 6, 1998, pp. 161-162; V. P. Nanda, "International Law, Nuclear Weapons, and Twenty-First Century Insecurity", in *The Challenge of Abolishing Nuc-*

Ⅱ　核兵器の軍縮・軍備管理

件とすることなく，核兵器の全面的廃絶を達成する義務が存在することを認定したとみることができる[29]。そうであるなら，通常軍縮の停滞は核軍縮措置を促進しない根拠として援用することができなくなり，核軍縮を推進する立場からすれば望ましいものである。

　最後に③について，ICJ は勧告的意見本文において NPT 第 6 条の解釈として，この義務に言及した（99 項）。だが主文 2F においては，義務の名宛人を特定せず，単に義務が存在するとだけ述べた。また，本文においても，「国際社会のほぼ全体」や「すべての国」に言及する（100 項）。これらのことから，ICJ は前記義務を慣習法上の義務として示しているとも解される。核軍縮誠実交渉・完結義務が慣習法上確立しているとすれば，インドやパキスタン，イスラエルなど NPT 非締約国にもこの義務は及ぶこととなり，国際社会全体の核軍縮を大きく推進する力となることが期待される。しかし，慣習法性をめぐっては判事の間でも見解は分かれており，学説上も慣習法性の論拠の不明確さが指摘されている[30]。

　したがって ICJ が判示した主文 2F の義務は，その内容・根拠についてはなお不明確さが指摘されており，核兵器国の政策を大きく変更させるにはいたっていない。実際，この事件における米国代表であったマイケル・J・マテソン（Mlchael J. Matheson）は，交渉を完結させる義務は，交渉期間や交渉の場につき具体的内容を欠いているため，米国の核政策に変更を必要とするものではないとしている[31]。

---

　　lear Weapons, D. Krieger ed., 2009, Transaction Pub., p. 95.

(29)　「あらゆる点での」核軍縮を新しい概念として指摘するものとして，阿部信泰「核軍縮・不拡散問題における国際機関の役割と課題」浅田正彦・戸﨑洋史編『核軍縮不拡散の法と政治』信山社，2008 年，69 頁。

(30)　たとえば，ベジャウィは，裁判所の判示は条約上の義務についてであることと示唆しつつ，この義務がそれを超えてエルガ・オムネスな対抗力と慣習法性をもつこと主張している（*ICJ Reports 1996,* para. 23, p. 273-274）。シュヴェーベルは，NPT 非締約国の義務としては疑問だとし（Ibid., p. 329），小田は，F 項は NPT 第 6 条の再録にすぎないという（Ibid., p. 373）。また，藤田久一は慣習法性の不明瞭さを指摘する（H. Fujita, "The Advisory Opinion of the International Court of Jusitce on the legality of nuclear weapons", *International Review of the Red Cross,* No. 316, 1997, p. 64）。

(31)　彼は，核軍縮誠実交渉・完結義務は NPT 第 6 条の規定に基づき判示されたと言及して，同義務が第 6 条の義務の解釈と位置付けられているとの理解を示唆する。Michael J. Matheson, "The opinions of the International Court of Justice on the threat or use of nuclear weapons", *American Journal of International Law,* Vol. 91, No. 3, 1997, p. 434.

〔山田寿則〕　　　　　　　　　　　　　**9　核軍縮交渉義務の発展過程とその機能**

　なお，裁判長であったベジャウィは，退任後次のような見解を示している。まず，NPT第6条の誠実交渉義務を「交渉の合意」（pactum de negociando）であるとしたうえで，ラヌー湖事件仲裁判決を引用しつつ，交渉の合意の内容は多様であることを指摘する。次に，NPT締結の際の事情として，核軍縮の誠実交渉義務の特殊性，即ち，核軍縮は，1945年以来コンセンサスのある目的となっていた点を指摘し，ここから誠実な核軍縮交渉義務は全面的な核軍縮という結果を達成する義務として分析できると主張する。加えて，NPT交渉者は第6条を不拡散義務と対応させることを意図しており，これは1965年の総会決議2028（XX）の要請に基づくものであって，1995年の無期限延長の際にもこの義務の相互主義的性質は再確認された。ゆえに，第6条はNPTに不可欠であって，その違反は条約の「重大な違反」とみなしうる，と主張する[（32）]。このように，ベジャウィは，主に①国連創設以来核軍縮はコンセンサスのある目的であること，②NPT第6条の義務は非核兵器国の不拡散義務と対応関係にあることに基づき第6条義務は完結義務を含むものであると解している。

3　国連総会におけるICJ核兵器勧告的意見フォローアップ決議

　ICJが示した核軍縮誠実交渉・完結義務は，核兵器の廃絶を追求する立場からすれば，有力かつ正統性のある根拠とみられ，これに基づき市民社会から具体的に「モデル核兵器禁止条約」（MNWC）が主張された。これはコスタリカの手により国連総会やNPT再検討会議の場においても提起された[（33）]。

　国連総会においては，ICJ勧告的意見をうけて，1996年から毎年，この勧告的意見のフォローアップ決議（いわゆるマレーシア決議）が採択され，核兵器禁止条約（NWC）に至る多国間交渉の開始が呼びかけられている。これら諸決議に共通しているのは，①ICJ勧告的意見において核軍縮誠実交渉・完結義務があることが全員一致で結論されたことを強調し，②「核兵器の開発，生産，

（32）　モハメド・ベジャウィ「国際法，信義誠実，そして核兵器の廃絶」浦田賢治編著『核不拡散から核廃絶へ』日本評論社，2010年，178-187頁；M. Bedjaoui, "L'humanité en quête de paix et de développement (I)", *Recueil des Cours,* tome 324, 2006, pp. 9-529, and "L'humanité en quête de paix et de développement (II)", *Recueil des Cours,* tome 325, 2006, pp. 9-542.

（33）　メラフ・ダータン他著（浦田賢治編訳）『地球の生き残り〔解説〕モデル核兵器条約』日本評論社，2008年。

Ⅱ　核兵器の軍縮・軍備管理

実験，配備，貯蔵，移譲，威嚇または使用の禁止および全廃を規定する」NWC の早期締結に至る多国間交渉を開始することでこの義務を履行することを諸国に呼びかけること，この 2 点である。また，2010 年の決議 65/76 からは前文で MNWC に言及している。なお，核兵器禁止条約（TPNW）成立後の2017 年の決議 72/58 においては，TPNW 採択を歓迎するととともに（前文 17項），上記②については，TPNW を含む「厳重かつ効果的な国際管理の下におけるあらゆる点での核軍縮に至る多国間交渉への即時的関与をすべての国に呼びかける」ことに変化している。

　この決議に対する投票行動をみると，毎年 20〜30 カ国が反対票を投じ，20数カ国が棄権している。反対国の中心は米国，ロシア，英国，フランス及びイスラエルであり，他方で，核保有国のうち中国，インド，パキスタン及び北朝鮮は賛成票を投じている。また，イランも賛成票を投じ続けている。新アジェンダ連合は，当初からこの決議にほぼ賛成してきている。なお，日本，韓国，ドイツ，オーストラリアといった核兵器依存国は賛成ではなく棄権にまわっている。

　さらに，この決議は，①を規定する条項について 2006 年まで分割投票が行われており，それぞれ数カ国の反対，棄権がみられるだけである。ほぼ一貫して反対票を投じたのは，米露とイスラエルであり，核保有国のうち中国，インド，パキスタンは賛成票を投じ，英仏も反対ではなく棄権にまわることがあった[34]。

　このようにみると，核軍縮誠実交渉・完結義務の存在を受容（黙認）する国は核保有国を含めて広がっており，米露（およびイスラエル）が一貫して反対しているにすぎない。ICJ 勧告的意見で示された核軍縮誠実交渉・完結義務は一般国際法として確立しているといえるかもしれない[35]。ただし，決議の文言を仔細に見ると，義務の存在を再確認するものではなく，ICJ が全員一致でかかる義務の存在を判示したことを強調するものであるから，かかる事実の強調が直ちに賛成投票国の法的確信の表明といえるかどうかは，慎重に検討する必

---

(34)　山田寿則「軍縮義務の形成と展開」浦田賢治編著『核不拡散から核廃絶へ』日本評論社 2010 年，327-329 頁。

(35)　後述の核軍縮交渉義務事件でのカンサーダ＝トリンダーデ判事反対意見では，このマレーシア決議は核軍縮を交渉し達成する慣習法上の義務を示しているとする（*ICJ Report 2016,* pp. 928-930, paras. 51-56）。

194

要がある。また，ICJが示した核軍縮義務の内容の理解が核保有国と非核保有国とで異なっている可能性も否定できない。米国でさえ，その投票説明において誠実交渉義務が交渉完結義務を含むものだとの認識を示唆している[36]。しかし，「誠実な交渉追求の責務は，本来的に交渉を成功裏に完結させることの追求を含む」との米国代表の発言は，厳密には「結果の義務」としての完結義務を意味しているとは言い難いし，ICJが示した義務はNPT第6条と同じ内容だとの言及や，ステップ・バイ・ステップのプロセスこそ唯一現実的なアプローチであると述べていること，ICJの判断が勧告的意見にすぎないとも指摘していることからしても厳密な意味で核軍縮誠実交渉・完結義務を受け入れているとは言いがたい。

なお，このように誠実交渉義務と交渉完結義務とを表見的に同一視しつつも，ステップ・バイ・ステップのアプローチに影響しないとの理解は，前述のマトソンの見解と軌を一にしている。確かに，ICJが判示した交渉完結義務には，達成の期限も交渉の主題及び様態も明示されておらず，完結義務の違反／不遵守を判断することは容易ではない。またNPT再検討プロセスは前述したようにそのような場としては機能していない。この点からすれば，誠実交渉義務と交渉完結義務との差異を論じることにはさほど実益がないようにも思われる。しかしながら，マレーシア決議の特徴は，交渉完結義務の存在を根拠とした交渉主題の特定（義務履行としてのNWC締結交渉）にある。このような交渉主題の特定は，以下の核軍縮の人道的アプローチにおいても異なる視点から追求されたのであって，同アプローチの下で核軍縮交渉義務は核兵器禁止条約（TPNW）成立への法的根拠の一つとなった。

4 人道的アプローチにおける核軍縮義務の理解

（1） 赤十字の主張

2010年ごろから始まる核軍縮の人道的アプローチに基づく取組みにおいても，核軍縮義務は議論されてきた。2010年，ヤコブ・ケレンベルガー（Jakob Kellenberger）赤十字国際委員会（ICRC）総裁は核軍縮に関する演説を行っ

---

(36) A/C.1/55/PV.25, 30 October 2000, pp. 16-17; A/C.1/56/PV.18, 30 October 2001, p. 12.

た(37)。この立場は赤十字運動で共有され，2011 年赤十字代表者会議で採択された決議 1(38)ではすべての国家に対して「現行のコミットメントと国際義務に基づき」法的拘束力を持つ国際協定によって核使用を禁止し完全除去する交渉を誠実に行いかつ「完結させること」を要請した（3 項）。ICRC が準備した背景文書(39)は，この箇所につき NPT 第 6 条と ICJ 核兵器勧告的意見主文 2F がともに援用されているが，両者の関係性は必ずしも明らかではない。

　ICRC は 2015 年にも見解を表明し，核使用防止の必要性から法的拘束力を持つ国際協定によって核使用を禁止し完全除去する目的で交渉するとの「現行の義務とコミットメントの履行」を求めた。ここでは交渉の完結に言及すると共に，交渉について時間拘束的な枠組みを設けることを諸国にアピールしてきたことに言及している(40)。

（2）　2013 年国連総会 OEWG における議論

　2013 年には国連総会の下に，「核兵器のない世界の達成と維持のための多国間核軍縮交渉に前進する提案を発展させること」を任務とする核軍縮に関するオープンエンド作業部会（OEWG）が設置された。ここでは，「核兵器のない世界という目的（objective）の達成における法的ギャップ」の存在が指摘され，これを埋める選択肢が議論されている(41)。この問題を提起したオーストリアは，作業文書において，核軍縮と核兵器のない世界の達成と維持に向けた義務とコミットメントについて，核保有国と非核兵器国との間に見解の相違があること

---

(37)　ICRC News release 10 / 64, "Nuclear weapons: historic opportunity to ensure they will never be used again", 20 April 2010.

(38)　Council of Delegates 2011, Resolution 1 "Working towards the elimination of nuclear weapons", 26 November 2011.

(39)　Background document prepared by the International Committee of the Red Cross, Council of Delegates of the International Red Cross and Red Crescent Movement, 26 November 2011, https://www.icrc.org/eng/resources/documents/report/nuclear-background-document-2011-11-26.htm.

(40)　第 32 回赤十字国際会議（2015 年）に提出された ICRC による「国際人道法と現在の武力紛争の課題」と題する背景報告書。Background report on international humanitarian law and the challenges of contemporary armed conflict, 32IC/15/11, 31 October 2015, p. 59.

(41)　Report of the Open-ended Working Group to develop proposals to take forward multilateral nuclear disarmament negotiations for the achievement and maintenance of a world without nuclear weapons, A/68/514, 9 October 2013.

196

を指摘した。即ち，NPT 第 6 条は唯一の多国間軍縮義務だが，曖昧に定式化されており，「誠実な交渉」は幅広い解釈に委ねられている（パラ 12）。ICJ 勧告的意見が示す核軍縮義務は NPT を越える普遍性をもつが，「誠実に核軍縮を交渉する」具体的措置が何かについては幅があり，意見自体も勧告的である（パラ 13）。核兵器国は NPT でのコミットメントを非拘束的で政治的とみなしており，その解釈を選択的に行う（パラ 14）。NPT 非締約国は核軍縮を支持する宣言を長期間にわたり出しており，政治的コミットメントとなっている（パラ 15）。非核兵器国は再検討会議の成果を含め，NPT の義務とコミットメントは第 6 条の義務の発展及び運用とみており，不拡散規定との間に関連性を見出している。NPT における核軍縮の約束・成果は，政治的宣言を超えて，取引の準法的拘束力のある要素であるとの見解が非核兵器国に広がっており，NPT の無期限延長を疑問視する声もある（パラ 16）。こう指摘して，オーストリアは，NPT ではこのような見解の相違があり，コンセンサス採択される文言はさら各自の解釈を助長することにも触れ，その相違を議論すべきとして問題を提起した（パラ 17，18）。

2013 年 OEWG は必ずしも特定の結論を得るための場ではなかったが，最終報告書においては，「OEWG は，核兵器のない世界という目標の達成に向けて，現在の国際的な法的枠組みなどにある法的ギャップを，既存の法的諸文書を補完する一つあるいは複数の多国間の法的文書によって埋める選択肢について議論した」とされ，「この文脈において，核兵器を禁止する条約（a treaty banning nuclear weapons）という選択肢が検討された。」とされた（パラ 35）。

この 2013 年の OEWG では，核軍縮義務をめぐる核兵器国と非核兵器国との見解対立が問題として提起され，それが法的ギャップとして認識されたこと及びこれとの関連で後の核兵器禁止条約（TPNW）に繋がる議論が提起されたことが注目される。

（3）　人道の誓約での主張

翌 2014 年にオーストリア政府の主催により開催された「核兵器の人道上の影響に関するウィーン会議」を契機に，オーストリアは「オーストリアの誓約」（後に「人道の誓約」と改称）を発表し諸国に賛同を求めた。同会議では，核軍縮義務そのものが議論のテーマとはならなかったが，同誓約においては，「すべての NPT 締約国に対し，第 6 条に基づく既存の義務を早期かつ完全に履

Ⅱ　核兵器の軍縮・軍備管理

行するとの自国の誓約を一新するよう求める。そしてそのために，核兵器の禁止及び廃棄に向けた法的なギャップを埋めるための効果的な諸措置を特定し，追求するよう」求めた[42]。ここでは，第6条の交渉義務の交渉主題となる核軍縮の「効果的措置」の追求が主張されている。

（4）　2016年国連総会OEWGにおける議論

2015年NPT再検討会議における最終文書案[43]では，核兵器使用の人道上の壊滅的帰結への深い憂慮が核軍縮分野での努力を下支えする鍵となる要素であることが強調され，第6条の完全実施のためのあらゆる効果的措置の追求が呼びかけられた（パラ154(1)，(2)）。これをうけて，再検討会議は，国連総会に対して第6条の完全実施のための効果的措置を特定し精緻化するためのオープンエンド作業部会（OEWG）の設置を勧告していた（同（19））。同会議では中東地帯問題をめぐりコンセンサスが得られず，この最終文書案は採択に至らなかったものの，同年の国連総会は翌2016年にOEWGを設置する決議を採択した。この2016年のOEWGでは「核兵器のない世界の維持・達成に締結が必要となる具体的で効果的な法的措置，法的規定および規範を実質的に扱う」こと等が任務とされ，その実質的作業と「合意された勧告」に関する報告書を総会に提出することとされた[44]。

2016年OEWGでも2013年OEWGから提起されている「法的ギャップ」が引き続き問題となった。2016年OEWG報告書[45]では，「NPTの条文が，同条約第6条を履行するために追求されるべき特定の具体的措置に関しては，特定の指針を与えていないこと」及び「効果的な法的措置の発達が，同条約第6条における核軍縮義務の実施にあたり要請されてきていること」が留意されている（パラ24）。また，OEWGの審議では法的ギャップが存在すると考える「多くの国」と存在しないとする「一定の国」との見解の相違があることが指摘されている（パラ25，26）。

---

(42)　Humanitarian Pledge, Government of Austria, December 2014, https://www.bmeia. gv.at/fileadmin/user_upload/Zentrale/Aussenpolitik/Abruestung/HINW14/HINW14vienna_Pledge_Document.pdf.

(43)　NPT/CONF.2015/R.3.

(44)　A/RES/70/33, 7 December 2015.

(45)　A/71/371, 1 September 2016.

しかし，法的ギャップ存否の前提となるNPT第6条の理解については，双方の理解は近接しているように思われる。法的ギャップがあると主張する人道の誓約を支持するオーストリア等の127か国は，その作業文書(46)おいて「NPT第6条は，法的拘束力のある多国間核軍縮義務であり，多国間核軍縮努力の一般的基礎だ」としつつも，第6条は「いかなる種類の交渉が誠実に追求されるべきか，また核軍備競争停止に関する効果的措置とは何であるべきかについて特定の指針を与えていない」ことを認める（パラ2）。しかし「第6条義務に基づき，多様な効果的措置が，特に1995年，2000年，2010年に核兵器なき世界を維持・達成するために必要なものとして，NPT再検討会議の最終文書でやや詳細に特定されてきた」（パラ4）としたうえで，「NPTの構造そのものがその完全実施のためには追加の法的（および非法的）措置を要請する」として，2010年行動計画の行動1はこれを強調しているという（パラ5）。さらに，ビルディング・ブロック・アプローチ，包括的兵器禁止条約，禁止条約ないし枠組条約という異なるアプローチはすべて，第6条実施といかに核兵器のない世界を達成すべきかを目的としており，核兵器の禁止と全廃への異なる道筋を表す，とも指摘する（パラ6）。ここには，再検討会議の合意を通して，核兵器のない世界の達成がNPT第6条の交渉義務の目的として確立してきたという理解が示唆されている(47)。このように，人道的アプローチをとる諸国は，NPT第6条の交渉義務の目的（核兵器のない世界の達成・維持）を強調することで，交渉主題の特定化を推し進めた。

これに対し，NATO諸国も法的ギャップに関する作業文書を提出した。オランダの作業文書(48)では，「諸国は，多くのコンセンサスでの再検討会議の最終文書と一方的声明に反映されたように，そして核兵器勧告的意見でICJが確認したように，NPT第6条の規則が行為の義務だけではなく結果の義務も含んでいると，継続してみなしてきた」（パラ9）とし，さらに「核兵器のない世界を達成し維持する明白な集合的義務が存在する」（パラ10）とも述べて，第6条の義務がICJ勧告的意見で判示された結果の義務を含むことを明示的に認める。だが，実施のために更なる措置が必要なのはどの多国間文書も同じで

---

(46) A/AC.286/WP.36, 4 May 2016.

(47) なお，オーストリア独自の作業文書では，核保有国・同盟国と人道イニシャチブとの安全保障観の相違を指摘する（A/AC.286/WP.5, 22 February 2016, paras. 11-12.）。

(48) A/AC.286/WP.16, 2 April 2016.

Ⅱ　核兵器の軍縮・軍備管理

あって，第6条に法的ギャップは存在しない。実施措置は，変化する事情と課題に対応して諸国が決定しなければならない，と主張する（同前）。そのうえで，結論的に，「NPTは，すべての核兵器の全廃に努力し，これを達成することをわれらに義務付ける唯一一般的に適用される国際法規則を含む」としつつも，核兵器のない世界に向けた要素は，NPT第6条の誠実な実施により決定される，と主張している（パラ12）。

また，カナダの作業文書[49]では，「第6条の法的義務は明確であり，誠実な交渉遂行を要求する」としたうえで，ICJ核兵器勧告的意見の主文2Fを援用して「第6条は明確な結果（あらゆる点での核軍縮）を達成する義務と，特定の行動をとることで（誠実な交渉の遂行）この結果を達成する義務を含んでいる」ことを認める（パラ5）。しかし，カナダは，第6条の完全な実施を妨げているのは，法規範の不在ではなく，交渉条件を創出するための信頼と政治的意思の欠如であると主張し，軍縮達成措置の決定には交渉による追加的討議が必要であることを第6条起草者は意図したと指摘する（パラ6）。

オランダとカナダは，いずれも第6条が核兵器のない世界を目標とした交渉完結義務（結果の義務）であることを認めたうえで，その交渉措置の決定には集団としての締約国に一定の裁量があるとの理解を示している。

2回のOEWGにはインドとパキスタンは参加したが，5核兵器国は出席してないことからすれば，NPT締約国の一般的見解が示されたとは言い難いが，NPT再検討会議での議論を勘案すれば，NPT第6条における交渉義務が核兵器のない世界を目標とした交渉を行う義務であることについては共通の理解が存在すると思われる。第6条の義務が結果の義務を含むことについては，核兵器に依存する諸国からも肯定的な見解が示されているし，すでにマレーシア決議に関連して米国も近似した見解を示している[50]。そこでの争点は，第6条に基づきこの時点において「いかなる種類の交渉」が要請されるのか，つまり第6条義務の交渉主題は何か，核兵器全廃に直結する法的文書の交渉であるか，に収斂している。

人道的アプローチの下での法的ギャップという問題提起は「完結義務」を直接援用しなかったが，第6条の義務における交渉目的（核兵器のない世界の達

---

(49)　A/AC.286/WP.20/Rev.1, 27 April 2016.

(50)　註36参照。

〔山田寿則〕　　　　　　　　　　**9**　核軍縮交渉義務の発展過程とその機能

成・維持，つまり核兵器の全廃）の共有を確認することで，交渉主題を核兵器全廃措置に収斂させることに成功し，同時に第6条の義務が結果の義務を含むことへの容認を推し進めたともいえる。

5　核軍縮交渉義務事件における議論

　人道的アプローチの取組みと並行して，2014年にマーシャル諸島共和国が核保有9カ国を相手取り核軍縮交渉義務の不履行の認定等を求めてICJに提訴した。この核軍縮交渉義務事件において，ICJは2016年に判決を下し，「紛争」の不在を理由として原告の請求を却下した[51]。本件は本案段階に至らなかったが，核軍縮交渉義務の内容に関する一定の議論が行われている。

　原告は請求訴状において，第1にNPT第6条に規定されている核軍縮交渉義務を基礎とし，第2にその慣習法性を主張するとともに，第3に「信義誠実」の義務をこの核軍縮交渉義務とは別個の独立した義務としてとりあげた。

　第1のNPT第6条の義務については，①NPTは核兵器国と非核兵器国との「取引」を基盤に成立し，第6条はこれに関する最も重要な条文であること[52]，②第6条の義務は行動（実施）の義務だけではなく，結果の義務をも含んでいること[53]，③第6条の義務はエルガ・オムネスな性格を有していること[54]，この3点を主張した。

　第2の第6条義務の慣習法性については，ICJ意見における判示[55]，国連総会および安保理の決議[56]を根拠として挙げ，とくに，核軍備競争の早期停止義務については慣習法上の核軍縮義務としての独自性を強調した[57]。

　第3に信義誠実の義務については，まず，これが国際法上確立した義務であるとしたうえで，この信義誠実の義務の射程が，国連憲章の義務に及ぶこと（国連憲章第2条2項），並びに「国際法の一般に承認された原則及び規則」お

---

(51)　*ICJ Reports 2016*, pp. 255-278, 552-574, and 833-857.

(52)　Application against UK, 24 April 2014, paras. 1, and 82.

(53)　Ibid., para. 84.

(54)　Ibid., para. 85.

(55)　Ibid., paras. 87-89.

(56)　Application against India, 24 April 2014 para. 45, and Application against Pakistan, 24 April 2014, para. 40.

(57)　Application against UK, paras. 91-92.

Ⅱ　核兵器の軍縮・軍備管理

および「国際法の一般に承認された原則及び規則に基づき効力を有する国際的な合意」に基づき生じる義務にも及ぶこと（1970年友好関係原則宣言）を指摘している。また，核実験事件 ICJ 判決を引用して，信義誠実の原則が，法源にかかわりなくその法的義務の創設と履行を支配する基本原則のひとつであり，信用と信頼は国際協力に固有のものであると主張している[58]。次に，核軍縮義務との関係性については，国連総会はすべての国に対して信義誠実の要請に応えるように要請しているとしたうえで，繰り返し NPT 第6条は行動および結果の双方を要請しているとして，諸国は核兵器の全廃という結果を達成しなければならないと強調している[59]。最後に，信義誠実の原則により，条約の趣旨および目的の実現を妨げる行動は禁止されること，さらに，合意された目的の達成に対する国のコミットメントが疑問となるような行動は，その達成に向けた協力を成功させるために不可欠な信用を根底から損なうものであることを主張している。加えて，これらすべてが，慣習国際法上の義務を誠実に履行する義務にも等しく適用される，とする[60]。

これに対し被告となった3か国はいずれも管轄権の不在乃至請求の受理可能性を争ったため，核軍縮義務の内容に関して法廷においては詳細な主張は行っていないが，法廷内外で次のように見解を表明している。

まず，英国は，2015年第9回 NPT 再検討会議に提出した国家報告[61]において，NPT が核兵器のない世界達成を目標としていることを示唆し，再検討会議での合意を重視する姿勢を示したが，他方で第6条が履行の期限を明示していないことを理由に，第6条はいわゆる核兵器の近代化を許容しているとの見解を示した。ここに，核兵器のない世界を目標とした交渉の追求という米国と類似した見解を見出すことは可能である。

インドは，法廷での答弁書において「原告所論の義務は，一貫して条約およびそれに含まれる義務に反対してきた非当事国に対して義務を課す慣習法の性格を獲得し得ない」[62]として，第6条義務の慣習法性を否定した。インドによるマレーシア決議への一貫した賛成については，2014年8月27日付で国連に

---

(58)　Ibid., paras. 93-95.

(59)　Ibid., paras. 96-97.

(60)　Ibid., para. 98.

(61)　NPT/CONF.2015/29, 22 April 2015.

(62)　Counter-Memorial of India, 16 September 2015, p. 41, para. 93

202

〔山田寿則〕　　　　　　　　　　**9**　核軍縮交渉義務の発展過程とその機能

提出した文書[63]において「政治的支持」であるとしている。ここからは，核軍縮誠実交渉・完結義務の慣習法性は否定するが，ステップ・バイ・ステップのアプローチは内容上同義務と概念上は矛盾しないという立場がうかがえる。

　パキスタンは，インドと異なり，第6条義務の慣習法性を積極的に否定するのではなく，原告がNPT第6条と同一内容の義務を慣習法として主張していることに着目して，パキスタンによるICJ強制管轄権受諾宣言における多数国間条約の留保，必要第三国の法理等の観点から管轄権及び受理可能性につき争っており，核軍縮義務の実体的内容についての見解は必ずしも明らかではない[64]。

　また，個別意見において核軍縮義務に言及する判事がいる。カンサーダ・トリンダーデ（Cançado Trindade）判事は，国家意思を重視する実証主義を批判し，普遍的法的良心（universal juridical conscience）が国際法の究極の実質的法源であるとする立場から，核兵器のない世界をもたらす義務も至上命題であって国家意思の派生物ではないと主張する[65]。そのうえで，国連総会決議を重視し，これら諸決議に基づきICJ勧告的意見が示した完結義務も慣習法として確立していること[66]，核兵器の違法と禁止に関する共同体の法的確信は確立していること[67]，NPTの3つの目標（不拡散・平和利用・核軍縮）の達成も普遍的義務であり，共同体の法的確信となっていることを指摘する[68]。同判事は，実証主義を否定する立場から，普遍的な法を前提として核軍縮義務を論じている。

　ベジャウィ特任判事は，核軍縮に関する紛争がNPTに本来的に組み込まれていることを示すなかで，軍縮義務を論じる[69]。同判事は，NPTの不平等性により，大多数の非核兵器国の自衛権が制限されており，これによりNPTはやがて解消されなければならない国家不平等を創設したと主張する[70]。このよ

---

(63)　A/69/131/Add.1, 11 September 2014, p. 3.

(64)　Counter-Memorial of Pakistan, 1 December 2015, pp. 20-66. なおパキスタンは法廷における弁論を欠席した。

(65)　Dissenting opinion of Judge Cançado Trindade in the Marshall Islands v. United Kingdom case, 5 October 2016, para. 115.

(66)　Ibid., para. 56.

(67)　Ibid. para. 146.

(68)　Ibid., para. 216.

(69)　Dissenting opinion of Judge ad hoc Bedjaoui in the Marshall Islands v. United Kingdom case, paras, 5 October 2016. 59-67.

(70)　Ibid., para. 62.

Ⅱ　核兵器の軍縮・軍備管理

うな文脈からすれば，第 6 条が「果てしない軍縮交渉の結果としての主権の決定的喪失を意味しえないことは明らか」[71]であり，「成果達成の合理的見通しぬきに交渉過程にのみ焦点をあてる第 6 条の解釈」は国家平等への回帰を妨げると批判する。また，95 年の無期限延長の意味は，核軍縮という目標達成に時間がかかることを理解するゆえに，再延長の決定を避けたのであり，無限に延長されることを予期してはいないと説く[72]。なお同判事は，完結義務の強行性及び義務違反のエルガ・オムネス性についても言及する[73]。同判事は，NPT の不平等性は自衛権の制限であり，核軍縮の達成により将来的に回復されねばならないとし，その法的根拠として国家主権の平等原則を援用している。NPT における核兵器国と非核兵器国の不平等性の回復を論拠とする核不拡散と核軍縮とのいわゆるグランド・バーゲンは一般に政治的な権利義務関係であると理解されているが，同判事は，（少なくとも対英訴訟の個別意見においては）NPT 第 6 条の義務の解釈につき，自衛権と国家平等原則という「国際法の関連規則」（VCLT 第 31 条 3(c)）を考慮した法的な解釈を展開している。

　本件では，原告は主に交渉完結義務と信義誠実の原則を根拠に，NPT 第 6 条（及びそれと同内容の慣習法）から国家に要請される交渉行動を特定しようとし，その違反の認定を ICJ に求めたが，本判決において第 6 条の義務及び核軍縮誠実交渉・完結義務についての解釈は示されなかった。その点では，本事件は核軍縮交渉義務に影響を与えなかったように見える。加えて，ICJ の争訟手続によって核軍縮交渉義務の違反乃至不履行を追及する途を狭める結果をももたらした。即ち，主要な核保有国である米露仏中は ICJ の強制管轄権を受諾しておらず，加えて，一部の被告（英国及びパキスタン）は ICJ の強制管轄権受諾宣言における留保事項を事後的に追加した[74]。原告による新提訴の可能性は理論上残ってはいるが，かかる状況下では ICJ の争訟手続において核保有国を相手取り同義務の違反を追及することは事実上困難となった。しかし，核兵器に依存する非核兵器国を被告とした争訟事件の提起及び国連総会を通じて核軍

---

(71)　Ibid., para. 64.

(72)　Ibid., para. 66.

(73)　Ibid., paras. 65 and 67.

(74)　英国による 2017 年 2 月 22 日付の宣言では，NPT の他の核兵器国すべてが管轄権を受諾しかつ訴訟当事者となる場合を除き核軍縮・核兵器関連請求・紛争を ICJ の管轄から除外した。パキスタンによる 2017 年 3 月 29 日付の宣言では，本質上パキスタンの国内管轄権内にある事項に関する紛争を ICJ の管轄から除外した。

〔山田寿則〕　　　　　　　9　核軍縮交渉義務の発展過程とその機能

縮義務の履行問題について ICJ に勧告的意見が求められる可能性は残っている。
この点で，原告の請求訴状及び各判事の個別意見を手掛かりにした同義務解釈
の精緻化の追求が今後予想される。

6　核兵器禁止条約（TPNW）交渉会議

　2016 年 OEWG の勧告を契機に設置された交渉会議において TPNW が採択
された（2017 年 7 月 7 日）。

　その前文 17 項では，1996 年 ICJ 核兵器勧告的意見主文 2F で示された核軍
縮誠実交渉・完結義務を「再確認して」いる。交渉会議においては，議長原
案(75)ではこれを「確認して」とあった箇所が議長原案修正案(76)では「再確認
して」と変更された。この義務を ICJ が全員一致で示したことに言及する趣旨
の提案がキューバ，カザフスタン及びニュージーランドからあったが，ほぼ原
案が維持された。他方で，オランダは，NPT を参照すべきと指摘し，イラン
も NPT 第 6 条の文言を参照した条項を主張し，完結義務への言及を回避しよ
うとした。しかし，採択段階では TPNW に慎重な態度を示したスウェーデン
や反対票を投じたオランダもこの義務については特段の異議をさしはさんでお
らず，この核軍縮誠実交渉・完結義務が現行法であるとの認識は交渉国にほぼ
共有されているように思われる。なお，リヒテンシュタインは，現行の義務で
あることを強調する趣旨の修正を提案していた(77)。

　交渉過程では NPT 第 6 条を参照する提案は退けられたが，他方で，TPNW
を推進する諸国は，TPNW 採択後も国連総会及び NPT の場において依然とし
てこの条約を NPT 第 6 条と結び付け，同条でいう核軍縮に関する「効果的措
置」であるとして主張している(78)。これは，第 6 条義務と核軍縮誠実交渉・完

---

(75)　A/CONF.229/2017/CRP.1, 22 May 2017, p. 2.

(76)　A/CONF.229/2017/CRP.1/Rev.1, 27 June 2017, p. 2.

(77)　各交渉参加国の修正文案については交渉会議の公式サイトに掲載されている以下の
文書を参照。Compilation of amendments received from States on the preamble - 19 June
2017; Comments by Liechtenstein on 22 May 2017 Draft Convention on the Prohibition of
Nuclear Weapons; Compilation of amendments received from States on the revised pre-
amble - 29 June 2017; Compilation of amendments received from States on the revised
draft text submitted by the President dated 27 June 2017 (A/CONF.229/2017/CRP.1/Rev.1,
30 June 2017).

(78)　Statement by Austria at First Committee of the United Nations General Assembly on 3

205

Ⅱ　核兵器の軍縮・軍備管理

結義務とが同じ内容の義務であるとの理解に立つことを示している。

おわりに

核兵器の全廃は，国際連合発足の当初から国連にとり実現すべき目標と位置付けられてきたが，国連憲章上は加盟国に全廃達成の法的義務は課せられていない。NPT第6条における核軍縮交渉義務は，交渉主題と交渉期限の不特定性等から，核軍縮促進の法的基盤としての脆弱性を抱えながらも，再検討会議による運用検討メカニズムと組み合わせられることで，NPT成立以降の継続的核軍縮交渉の法的基盤として機能してきた。

この再検討プロセスは，第6条義務違反の法的責任を追及する場として機能するよりも，事後的な合意が形成され，交渉目的の明確化（例えば2000年第6回再検討会議における「明確な約束」）とそれに伴う交渉主題の特定化が進み，交渉義務としての第6条義務の内実を充実させる役割を果たしてきた。

他方，国連の主要機関（ICJ及び総会）においても，第6条の核軍縮義務をめぐる議論が存在する。1996年の核兵器勧告的意見でICJは，核軍縮誠実交渉・完結義務の存在を判示した。これは，核兵器の全廃を達成する「結果の義務」と解される点で第6条の義務を超えるものとみなされ，その法的根拠の不明確性や勧告的意見における判示であるにもかかわらず，国連総会決議において，非核兵器国によって核兵器禁止条約交渉開始の法的根拠として援用されてきた。2016年の核軍縮交渉義務事件判決では，原告は核保有国による核軍縮誠実交渉・完結義務の違反を主張したが，ICJは「紛争」不在を理由に請求を退け，同義務の曖昧さにつき判断を下すことを回避した。他方で，原告の請求訴状及び同判決に付された諸判事の個別意見を手掛かりとして同義務の解釈が一層探求される可能性が生じている。

核軍縮への人道的アプローチの下でTPNWに至るプロセスでは，第6条義務及び核軍縮誠実交渉・完結義務における「法的ギャップ」の存否が争点の一つとなった。しかしこの議論は，「法的ギャップ」（法の欠缺）の有無を問いつつも，NPT第6条及び核軍縮誠実交渉・完結義務において特定されていない

October, 2017; Treasa Dunworth, "The Treaty on the Prohibition of Nuclear Weapons", *ASIL Insight,* Vol. 21, Issue 12, 31 October 2017; Chair's factual summary (working paper), NPT/CONF.2020/PC.II/WP.41, 16 May 2018, paras.40-41.

交渉主題につき，「法的ギャップ」を埋めるための「法的措置」を交渉主題とすることを狙いとした問題提起と捉えられるのであり，国連総会の下において非核兵器国が主導する形で法的措置としての TPNW が交渉主題として選択された。結果的に TPNW 前文では核軍縮誠実交渉・完結義務が再確認されている。第 6 条の義務及び核軍縮誠実交渉・完結義務は，2017 年 TPNW の成立の法的根拠の一つとして機能したといえる。とともに，第 6 条の義務は核軍縮誠実交渉・完結義務であることを容認する見解も核兵器依存国にも存在するようになった。現在，NPT プロセスにおいては，TPNW が第 6 条の交渉主題たる「効果的措置」に該当するかが一つの争点となっている。

NPT 第 6 条の交渉義務は，曖昧さを抱えつつも再検討プロセスとともに核軍縮交渉の枠組みの法的基盤として機能してきた。ICJ 勧告的意見で判示された核軍縮誠実交渉・完結義務は，第 6 条の解釈として提示されつつも，第 6 条の射程を超える内容を含んでおり，法解釈上の争点を抱えながらも，核軍縮交渉の枠組みを NPT から国連総会にまで拡大させ，TPNW の成立を導いた。今後も，第 6 条義務及び核軍縮誠実交渉・完結義務は，その解釈上の曖昧さの解明を課題としつつも，核兵器全廃措置を交渉主題とする主張の根拠として機能し続けることが予想される。核兵器国は NPT に拘束される限り，非核兵器国とともにこの交渉主題と「誠実に」向き合うことが必要となる。

10 揺らぐ核軍備管理体制
──ロシアの視点──

岡 田 美 保

は じ め に

2018 年 2 月 5 日，ロシア外務省と米国国務省は，ロシアと米国がそれぞれ，「戦略攻撃兵器の一層の削減及び制限のための措置に関する米国およびロシアの間の条約」（以下，「新 START」）の義務を履行したとする声明を発表した[1]。新 START は，発効の 2011 年 2 月 5 日から 7 年以内に，現地査察を含む検証措置の下で，米ロが配備する大陸間弾道ミサイル（ICBM），潜水艦発射弾道ミサイル（SLBM）及び戦略爆撃機（以下，「戦略運搬手段」）の総数を 700 基・機以下に，配備・非配備を合わせた戦略運搬手段を 800 基・機以下にすること，並びに配備 ICBM・SLBM に搭載される弾頭及び配備戦略爆撃機に搭載される核弾頭（以下，「弾頭」）の総数を 1,550 発以下にすることを義務付けたものである。弾頭数について，新 START 発効後，最初に交換されたデータと，2018 年 2 月時点のデータを比較すると，米国は 1,800 発から 1,350 発へ，ロシアは 1,537 発から 1,444 発に削減しており（表 1「米ロの新 START 上の核戦力の推移」参照），一定期間内に弾頭数を条約の設定した上限以下に削減するという意味での核軍縮は，小幅ながらとりあえず進んだことになる[2]。

しかしながら，核軍備管理及び核軍縮を取り巻く政治状況は，新 START 発効以降，大きく後退していると言わざるを得ない。近年，顕われた変化の第一は，核兵器の役割の再浮上である。ウクライナ危機後，ロシアが核兵器に言及しての脅しを行うようになったことをきっかけに，欧米諸国では，ロシアが核

---

(1)　МИД РФ, "Заявление МИД России," 5 февря 2018г.；US Department of State, "Key Facts about New START Treaty Implementation," February 5, 2018.

(2)　ただし，表 1 から明らかなように，戦略配備運搬手段数に関しては，米国は 882 基から 652 基への削減である一方，ロシアは条約上の削減目標以下の範囲内ながら 521 基から 527 基へと微増している。

209

表 1：米ロの新 START 上の核戦力の推移

米 区分 （条約上限）	2011 年 2 月	2011 年 9 月	2012 年 3 月	2012 年 9 月	2013 年 3 月	2013 年 9 月	2014 年 3 月	2014 年 9 月	2015 年 3 月	2015 年 9 月	2016 年 3 月	2016 年 9 月	2017 年 3 月	2017 年 9 月	2018 年 3 月
配備戦略核弾頭 (1550)	1800	1790	1737	1722	1654	1688	1585	1642	1597	1538	1481	1367	1411	1393	1350
配備戦略運搬手段 (700)	882	822	812	806	792	809	778	794	785	762	741	681	673	660	652
ロ 区分 （条約上限）	2011 年 2 月	2011 年 9 月	2012 年 3 月	2012 年 9 月	2013 年 3 月	2013 年 9 月	2014 年 3 月	2014 年 9 月	2015 年 3 月	2015 年 9 月	2016 年 3 月	2016 年 9 月	2017 年 3 月	2017 年 9 月	2018 年 3 月
配備戦略核弾頭 (1550)	1537	1566	1492	1499	1480	1400	1512	1643	1582	1648	1735	1796	1765	1561	1444
配備戦略運搬手段 (700)	521	516	494	491	492	473	498	528	515	526	521	508	523	501	527

（出典：米国国務省 HP "New START: Fact Sheets"
〈http://www.state.gov/t/avc/newstart/c39906.htm〉より筆者作成。）

兵器使用の敷居を下げているのではないか，さらには，紛争の初期段階におけ
る核兵器の使用を想定することで第三国の介入を抑止するという「紛争緩和の
ためのエスカレート（escalate to de-escalate）」政策を採用しているのではない
かと推測された。そして，ドナルド・トランプ（Donald Trump）政権は，この
推測を前提に核態勢見直し（NPR）を策定した。そこでは，小型核兵器の開発
が明記され，「国民やインフラ，核施設などへの重大で戦略的な非核攻撃」に
対しても核兵器の使用が留保されるに至っている。

　第二に，新STARTの有効期限は10年間であり，2021年2月5日に失効す
ることになっているが，新たな条約の交渉の見通しは立っていない。ロシアは，
新STARTの履行声明の中で，新STARTの下での米国の削減義務の少なくと
も一部は，ロシアによる確認なく行われた運搬手段の改変によって履行された
ものであるとして，同条約に対する米国の姿勢を批判する一方で，新START
で認められている，米ロ両国の合意による5年以内の条約延長を切望している。
だが，欧州や中東における安全保障上の利害対立やロシア・ゲート疑惑，英
国・ソールズベリーにおけるロシアによる元ロシア軍情報機関幹部への化学兵
器使用疑惑（スクリパリ事件）など，米ロの対立は戦略関係全般で深刻化して
おり，条約の延長は危ぶまれている。

　第三に，2018年10月21日，トランプ（Donald Trump）大統領は，射程
500～5,500kmの地上発射弾道・巡航ミサイル（以下，中距離ミサイル）の米ロ
による全廃を規定した中距離核戦力（INF）条約から脱退する意向を表明し，
同22—23日にボルトン（John Bolton）大統領補佐官がモスクワを訪問して米
国の意向をロシア側に伝達した。12月2日に米国は，2か月以内の条約履行を
ロシアに求めたが，その後の協議やロシア側の弁明は不調に終わった。

　2019年2月2日に米国は，条約からの離脱と履行停止を表明，これを受け
てロシアも条約の履行停止を表明した。一方の締約国に対する他方の締約国の
脱退通告から6ヶ月後に終了するとの規定に沿って，8月2日で条約は終了す
ることになる。

　この問題は，2014年7月に米国が，射程500-5,500キロメートルの地上発
射巡航ミサイルの保有，生産，飛翔実験を禁じている中距離核戦力(INF)条約
義務にロシアが違反していると公的に提起して以降[3]，ロシアがこれを否定し

---

(3)　U.S. Department of States, *Adherence to and Compliance with Arms Control, Nonprolife-
ration, and Disarmament Agreements and Commitments*, July 2014, p8.

続けて平行線をたどっていた。ところが，2017年2月，問題のミサイルの部隊への配備が進められているとの報道がなされ[4]，米国連邦議会が，2018会計年度の国防授権法案に，条約違反への対抗措置（移動式地上発射巡航ミサイルの研究・開発を含む）の予算を計上してから事態は急速に悪化してきたものである。

新STARTの延長は，少なくとも手続き上は行政府の判断のみで決定できるとはいえ，終了をむかえるINF条約問題の動向と独立して新STARTだけが平穏に延長される可能性は低減しており，核軍備管理体制は，存否の分岐点に立たされているといえる。

このような米ロ間の核軍備管理体制の現状を，ロシアはいかに認識し，今後いかなる対応を取ろうとしているのか[5]。また，ロシアの戦力整備は，ロシアの核使用政策や米ロの核軍備管理にどのような影響を与えるのだろうか。この問いに答えるためには，ロシアの核使用政策の推移や，ロシアが進めてきた戦力整備の持つ意味合いとその持続可能性について把握しておくことが必要であろう。以下では，第一に，ロシアの核使用政策の推移と米国の対応について述べ，第二に，ロシアが進めてきた戦力整備の進捗について，数的側面，質的側面から検討する。第三に，財政的基盤の観点から，ロシアの戦力整備の持続可能性について検討し，第四に，以上が米ロ間の既存の核軍備管理体制（新STARTとINF条約）に持つ意味合いを検討することとしたい。

1　核使用政策

（1）敷居は下げられたのか

ロシアの抑止制策における核依存の高さそれ自体は，今に始まったことではない。冷戦終結による緊張緩和を受け，1993年11月に公表された「軍事ドクトリン基本規定」は，通常戦力においては旧ソ連時代の大規模侵略対処という前提から離れ，地域対処レベルにとどめる方針を打ち出した。その一方で，核使用政策については，それまでの先行不使用政策を取り下げ，核兵器不拡散条

---

(4)　Michael Gordon, "Russia Deploys Missile, Violating Treaty and Challenging Trump," *New York Times*, 14 February 2017.

(5)　ロシア及び中国が関わる軍備管理・不拡散体制や，中国を含めた核軍備管理体制の可能性に関するより包括的な研究として，次を参照。小川伸一「権力移行期の挑戦国（ロシア，中国）と軍備管理・不拡散」『国際問題』第672号，2018年，27-37頁。

約（NPT）上の非核兵器国に対する消極的安全保証（NSA）を明示したうえで，①核兵器保有国と同盟関係にある非核兵器国による軍事攻撃の場合，②非核兵器国が核兵器保有国と共同してロシアに対する介入ないし軍事攻撃を実施または支援する場合について，核兵器の使用を留保する立場へと転換した。その後，ロシアの財政的混乱により装備更新が滞る一方，米国の圧倒的な軍事的優位に支えられた「卓越」戦略の展開により，ロシアが抑止を核戦力に依存する度合いは高まっていくことになった。さらに，ポーランド，チェコ，ハンガリーの北大西洋条約機構（NATO）加盟は，ロシアの政治・軍事指導部には，米国優位の地政学的顕れとして受け止められた。

1999 年 3 月に開始されたコソボ空爆で，米空軍の戦略爆撃機や NATO 各国空軍の戦闘爆撃機からの GPS 誘導爆弾，英米海軍艦艇からの巡航ミサイルを用いての精密誘導攻撃が展開されたことは，ロシアの核依存を決定的なものとした。通常戦力の使用可能性の高さを踏まえれば，核抑止によって通常戦力装備の量的・質的劣勢を補うほか，ロシアに選択肢はなかった。1999 年 3 月から国家安全保障会議書記の職にあったウラジーミル・プーチン（Vladimir Putin）は，コソボ空爆をふまえて抑止政策の再検討を行い，1999 年 4 月 29 日の国家安全保障会議会合では 3 件の文書が採択された。そのうち 1 件は戦術核兵器の発展計画に関するもので，開発中の戦術ミサイルシステム「イスカンデル」を攻撃戦力の主力とすることとされ，同システムに核弾頭を搭載することも否定されていない，と報じられた[6]。

2000 年 1 月と 4 月に改訂された国家安全保障構想及び軍事ドクトリンは，抑止力としての核戦力の重要性を引き続き強調する一方，武力による侵略によって「他のあらゆる危機的状況の解決手段が尽きるか，あるいは効果がないと判断したとき」について核兵器の使用を留保している（国家安全保障構想）[7]。危機的状況としては，①ロシアまたはその同盟国に対して核兵器ないしその他の大量破壊兵器が使用された場合，②ロシアの安全保障が危機に瀕している状況において通常兵器を使用した大規模な侵略が行われた場合，③ NPT 上の非核兵器国が核兵器保有国と共同で侵攻してきた場合，または侵攻を支援した場

---

(6)　Игорь Коротченко, "Отечественный ядерный комплекс разваливается- Совет Безопасности РФ наметил меры по его реанимации," *Независимая газета*, 30 апреля 1999г.

(7)　МИД РФ, "Концепция национальной безопасности Российской Федерации," 10 января 2000г.

II　核兵器の軍縮・軍備管理

合が挙げられた（軍事ドクトリン）[8]。2002年6月には，米国が弾道弾迎撃ミサイル制限条約（ABM条約）から脱退して同条約が失効したことにより，ロシアは米国のミサイル防衛（MD）計画に歯止めをかける制度的基盤を失った。他方，ロシア周辺諸国では，親ロ政権の転覆や国内システムの変革など，ロシアから見れば，さらなるNATO拡大に繋がりかねない事態が発生した。

　こうした変化を受けたロシアの核使用政策変更の直接的な契機となったのは，2008年8月のグルジアとの戦争である。この戦争は，結果としてはロシアの勝利に終わったものの，ロシア軍の装備や指揮統制システムが旧式で非効率であることが露呈された。また，戦闘の規模や形態，目的に照らして過剰な反撃が展開されたが，それは，実戦での使用に耐える装備が，大規模戦争で使われるべき装備に限られていたためである。ロシアがトビリシ占領に至らずにフランスの仲介を受け入れたのは，長距離巡航ミサイルを搭載した米国艦隊が黒海へ展開したためだと言われている[9]。

　他方，グルジアとの戦争は，NATO新規加盟国のロシアに対する脅威認識を刺激し，米国，NATOの対ロ戦力整備を促進することになり，通常戦力格差は一層拡大することになった。NATOは，冷戦後初めて，ロシアの侵略からのポーランド及びバルト諸国防衛を想定した作戦計画（米英独及びポーランドの計9個師団の使用とポーランド北部及びドイツの軍港からの米英艦艇による洋上攻撃を想定）を立案するに至った[10]。ロシアから見れば，ロシア周辺において紛争が発生した場合のNATO，米国の介入の可能性は高まっており，しかも，戦闘が通常戦力に限定されるならば，ロシアにとって著しく不利な戦いとなることが予想された。

　ロシアは，核戦力はもちろん，通常戦力についても，装備更新の遅れを取り戻すための本格的な戦力整備計画の策定に着手するとともに，通常戦力における劣勢が緩和されるまでの間，再びロシア周辺において紛争が発生した場合を想定して，軍事ドクトリンを改訂することとした。検討段階におけるニコライ・パトルシェフ（Nikolai Patrushev）国家安全保障会議書記の発言によれば，第一に，それまでの軍事ドクトリンは，「大規模戦争」，「地域戦争」よりも小

---

(8)　Президент РФ, "Военная доктрина Российской федерации от 21 апреля 2000г."

(9)　Andrew Kramer, "NATO Ships in Black Sea Raise Alarms in Russia," *The New York Times*, 27 August 2008.

(10)　"WikiLeaks cables reveal secret Nato plans to defend Baltics from Russia," *The Guardian*, 6 December 2010.

規模の「局地戦争」における核兵器の使用可能性を想定していなかったが，新ドクトリンでは，局地戦争においても核兵器の使用可能性を想定する。第二に，国家安全保障が危機にさらされている場合，状況と潜在的な敵の意図如何によっては，核兵器が予防的に使用される可能性も否定されない[11]。おそらく，この発言に対して寄せられた強い反応を考慮して，実際に公表された新たな軍事ドクトリンは，より慎重な内容となった。

2010年2月に公表された軍事ドクトリンでは，ロシアおよび（または）その同盟国に対して核兵器ないしその他の大量破壊兵器が使用された場合および「ロシアに対する通常兵器を用いた国家の存立自体を脅かす侵略の場合」に核兵器の使用を留保するとされた[12]。核兵器使用の要件は，「安全保障が危機に瀕している状況における大規模な侵略の場合」から「国家の存立自体を脅かす侵略の場合」へと「引き上げられた」のである。

他方で，2010年の軍事ドクトリンでは，核兵器先行使用の範囲と対象が広められた。2010年の軍事ドクトリンは，1999年版までは明示していたNPT上の非核兵器国に対するNSAへの言及が失われた。これは，核兵器保有国と共同関係にないNPT上の非核兵器国との紛争においても，ロシアが核兵器の先行使用に踏み切る可能性を否定しないことを意味している。さらに，1999年版では核兵器の使用の決定過程に関しては，特に言及がなかったのに対して，2010年の軍事ドクトリンでは「大統領が決定する」との一文が加わり，決定に関する大統領の大幅な裁量が確保された。また，軍事ドクトリンの採択と同時に，核兵器の使用について詳述しているとされる「核抑止の分野における2020年までの国家政策の原則」という非公開の文書も採択された。つまり，2010年の軍事ドクトリンは，核使用の要件を引き上げる姿勢を見せながらも，いついかなる時誰に対して核兵器が使用されうるのかについて，意図的にあいまいさを演出し，不確実性を高めた側面を有していた。ロシアの抑止政策における核依存は，2010年の軍事ドクトリンでピークに達したと言えよう。

その反面，2010年の軍事ドクトリンの検討過程で問題とされたのは，核使用の敷居を低下させ，核抑止への依存を高める過程で，核兵器国との関係において，また，非核兵器国との関係において，どのように「抑止の信頼性」を確

---

(11)　Владимир Мамонтов, "Меняется Россия, меняется и ее военная доктрина," *Известия*, 22 октября 2009г.

(12)　Президент РФ, "Военная доктрина Российской Федерации от 5 февраля 2010 года."

Ⅱ　核兵器の軍縮・軍備管理

保していくのか，という点である[13]。アンドレイ・ココーシン（Andrei Kokoshin）元国防次官を始めとするロシアの代表的な軍事戦略の専門家らは，抑止が機能するためには，抑止される側が，（ロシアを）攻撃した場合には，必ず報復されると信じるに足る技術的可能性を（ロシアが）提示しなければならない。抑止の信頼性を確保する観点から重視すべきは，核兵器よりもむしろ，長距離精密誘導の潜水艦発射，洋上発射，空中発射の通常弾頭のミサイルであり（INF 条約によって地上発射ミサイルの保有は制限されている），軍事行動の過程で，「核使用の前段階における抑止（предъядерное сдерживание）」として長距離精密誘導兵器の使用の脅しがありうることを明示すべきだと主張した[14]。2010 年の軍事ドクトリンは，核兵器への依存を高めながらも，核使用に関する項目の冒頭に新たに，「武力による戦略抑止の措置を実行するにあたり，精密誘導兵器の使用が想定される。」との一文が加えられ，核兵器使用の前段階に通常戦力（精密誘導兵器）による抑止を加える方向性が示されたのである。

　しかしながら，ウクライナ危機後の一定期間，ロシアが核兵器の使用可能性をほのめかす言動を繰り返したことで，欧米諸国では，ロシアが「紛争緩和のためのエスカレート政策」を採用しているとの主張が相当の信憑性を持って語られるようになった。例えば，マシュー・クローニグ（Matthew Kroenig）は，2015 年 2 月に行われた上院軍事委員会において，2014 年 3 月のニコライ・ソコフ（Nikolai Sokov）の論文[15]を引用して，ロシアが 2000 年代初頭から「紛争緩和のためのエスカレート（escalate to de-escalate）」政策，すなわち，「通常戦争の早期において，ロシアにとって有利な条件を敵に呑ませて和平に持ち込むために限定的な核兵器の使用を威嚇し，必要であれば使用する」政策を推進していると証言している[16]。

　しかしながら，専門家の多くからは，否定的な見解が寄せられている。その

---

(13)　А.А. Кокошин, *Статегическое ядерное и неядерное сдерживанте в обеспечении национальной безопасности России*, Москва: URSS, 2015г., с.87.

(14)　А.А. Кокошин, там же, с.99.; А.А. Кокошин, А.Г. Савельев, В.Я. Потанов, *К Вопросу о возможносной структуре и содержании новой редакции Военной донторины*, Москва: URSS, 2009г. , с.182.

(15)　Nikolai Sokov, "Why Russia calls a Limited Nuclear Strike 'de-escalation,'" *Bulletin of the Atomic Scientists*, March 13 2014.

(16)　Statement of Dr. Matthew Kroenig, Hearing on "Regional Nuclear Dynamics," Senate Armed Services Committee, 25 February 2015.

理由として，①「紛争緩和のためのエスカレート」が公的なロシアの核政策であるとする根拠がほとんどない。また，軍人らが強く主張したことは確かであるとしても，2010年軍事ドクトリン公表までの経緯は，彼らの主張が採用に至らなかったことを示している。②核兵器の使用を想定しているとされる演習（Zapad-2017など）のシナリオは，「紛争緩和のためのエスカレート」論者の想定（紛争における戦術核兵器の早期使用）と合致しない。③ロシアは確かに戦術核兵器を多数保有しているが，戦術核兵器の運搬手段が両用であることを強調し，戦術核の戦場への展開に注目しているのはもっぱら欧米の政府(間)機関やメディアである，などが挙げられている[17]。

　さらに，ウクライナ危機を受けて2014年12月に改訂された軍事ドクトリンからは，ロシアが「紛争緩和のためのエスカレート政策」を採用していることの根拠を見出すことはできない。ここでは，「ロシアに対する通常兵器を用いた国家の存立自体を脅かす侵略の場合」に核兵器の使用を留保するとする2010年の核兵器使用基準が踏襲された。また，引き続きNSAへの言及はなされていない一方で，2010年版における，地域紛争において「通常戦力のほか核兵器が使用されうる」との表現，及び「通常戦力を用いた軍事紛争（大規模先生及び地域戦争）の発生により，国家の存在自体が脅威にさらされる場合には，核兵器の保有により，軍事紛争が核軍事紛争に転じうる。」との表現が削除されており，核兵器の先行使用に関して，2010年の軍事ドクトリンよりも慎重な姿勢へ移行していることが確認できる。さらに，「武力による戦略抑止の措置を実行するにあたり，精密誘導兵器の使用が想定される。」との一文は，核使用の項目の前項目として独立して扱われている。

　とはいえ，ロシアによる核の威嚇に対する欧米諸国の敏感な反応は，対ロ抑止態勢に深刻な波紋を投げかけた。実際，トランプ政権は，ロシアが「紛争緩和のためのエスカレート政策を採用している」ことを事実と見なしてNPRを作成したのである[18]。

---

(17)　Burno Tertrais, "Russia's Nuclear Policy: Worrying for the Wrong Reasons," *Survival*, vol.60, no.2, April-May 2018, pp.33-44.; Oliga Oliker and Andrey Baklitskiy, "The Nuclear Posture Review and Russian 'De-escalation:' A dangerous solution to a nonexistent problem" *War on the Locks*, 20 February 2018.；Kristin Ven Bruusgaard, "The Myth of Russia's Lowered Nuclear Threshold," *War on the Locks*, 22 September, 2017.

(18)　2018年3月に行われた上院軍事委員会公聴会で上院議員に質問されたジョン・ハイトン（John Hyten）戦略軍司令官は，「2000年4月にそのようなプーチンの発言があっ

Ⅱ　核兵器の軍縮・軍備管理

（2）米国核政策の「ロシア化」

トランプ大統領は，ロシアの国際社会での孤立状況に終わりが見えず，また，欧米の対ロ制裁でロシア経済が行き詰まっていた，まさにその時に選出された。選挙キャンペーン中，トランプ候補は，プーチン大統領は偉大な指導者である等の発言を繰り返していたこともあり，選出から就任前後までの短い期間，プーチン大統領は，トランプ政権下で，ウクライナや中東における対立のみならず米ロ関係全般を改善させ，あわよくば対ロ制裁を緩和・解除し核軍備管理の問題も好転させることができるとの期待を高めていた。しかしながら，ロシアの期待感は，就任直後から，徐々に警戒感に転じていった。

　プーチン大統領は，2017年1月28日に行われたトランプ大統領との最初の電話会談でまず新STARTの延長問題を持ち出した。この時，トランプ大統領は，補佐官に確かめるために保留した後，「それはアメリカよりもロシアに有利な，オバマ政権による悪い合意の一つだ。」と答えたとされる。電話会談に関するプレスリリースでは，このやり取りは削除された[19]。

　トランプ政権の対ロ姿勢，特に核軍備管理問題へのアプローチについて，プーチン政権は図りかねた。頻繁に入れ替わる高官人事もさることながら，外交に党派対立・党内対立が持ち込まれていることや，トランプの反オバマ志向もあり，ロシアとの核軍備管理体制をどこまで重視するのか，評価し難かった。セルゲイ・ラブロフ（Sergei Lavrov）外相は，2017年3月23日に行われた参謀本部アカデミーでの講義後，将校からの「ロシアとして戦略核の削減交渉を行なうべきか，それともこの問題を二国間交渉の枠外に置くべきか」との質問に答え，「戦略核兵器の制限の問題を含む多くの重要な外交問題におけるトランプ政権の立場は，まだ形成過程にある。トランプは，一方で核戦力の制限においてロシアと互恵的に協力することが米国の利益になると発言しながら，他方で核戦力を近代化し核の三本柱を整備しなければならないとも発言している。米国で軍事予算が確定し，何を優先していくのか，当面は様子をみなければな

た」ことを根拠に「紛争緩和のためのエスカレート政策を採用している」との見方は間違っていないと回答している。United States Senate, "Hearing to Receive Testimony on United Strategic Command in Review of the Defense Authorization Request for Fiscal Year 2019 and the Future Defense Program," Senate Armed Services Committee, 20 March 2018.

(19)　"Трамп раскритиковал договор СНВ-3 в разговоре с Путиным," *Интерфакс*, 9 феваля 2017г.

らない。」と発言した[20]。ロシアによる INF「違反」への対抗措置予算を盛り込んだ国防授権法が議会で可決されたのはこの後のことである。

　トランプ政権が発表した一連の対外政策文書は，ロシアや中国に対して大国間競争の立場から臨む色彩を濃厚に打ち出したものとなった。2017年12月に公表された国家安全保障戦略（以下，「NSS」）は，ロシアと中国を「修正主義国家（revisionist powers）」と位置づけたうえで，これらの競争相手には「力による平和」の立場から，つまり，米国の比類なき軍事力を構築した強い立場から協力を模索するとしている[21]。また，米国は，敵が「核のエスカレーションの威嚇やその他の無責任な核の行動によって，米国やその同盟国を強制することを許さず」，「エスカレーションの威嚇によって，米国が，米国とその同盟国，友好国の死活的利益を守ることを阻まれてはならない」と述べた[22]。さらに，翌年2月に公表された核態勢見直し（以下，「NPR」）は，「ロシアの戦略とドクトリンは，潜在的に，核兵器による強制と軍事的使用を強調するものであり，核のエスカレーションの脅しや実際に核兵器を先行使用することが，ロシアに有利な条件での紛争の "de-escalation" につながるという誤った認識を持っている。」と述べた[23]。さらには，ロシアの「非戦略核システムの量と種類における優位が，危機および紛争の低烈度段階における強制上の有利をもたらす」[24]として，米国は「限定されたものであれ，あらゆる核の使用を米国が受け入れないことをロシアに理解させる」必要があるとしている[25]。

　そのために NPR では，まず，潜水艦発射弾道ミサイル（SLBM）Trident D5 の弾頭を低威力化し，より長期的には低威力核弾頭を搭載した海洋発射巡航ミサイル（SLCM）を導入するという方針が示された。SLBM 弾頭の低威力化は，「米国の地域抑止能力に突破可能な隙間（exploitable "gap"）が存在するという誤った認識」を正すために有益な方策であると同時に，「必要とされている非

---

(20)　МИД РФ, "Выступление и ответы на вопросы Министра иностранных дел России С.В.Лаврова в ходе лекции для высшего офицерского состава Академии Генштаба," 23 марта 2017 года.

(21)　White House, *National Security Strategy of the United States of America*, December 2017, pp.25-27.

(22)　Ibid., p.31.

(23)　U.S. Department of Defense, *Nuclear Posture Review*, February 2018, p.8.

(24)　Ibid., p.53.

(25)　Ibid., pp.30-31.

Ⅱ　核兵器の軍縮・軍備管理

戦略手段の地域的なプレゼンスをもたらす」ものとされ，INF 条約に違反しない手段でロシアの条約違反を正すテコにもなりうると位置づけられている[26]。ロシアに対抗する姿勢を明示し，通常戦力での攻撃に対しても核兵器の使用を留保し，局地的な攻撃のために核兵器を低威力化する選択肢を提示している点で，米国がロシアの核政策に追随していると見ることも可能であろう[27]。

　他方，ロシア外務省は，NPR に関する声明を発し，「ロシアのドクトリンにおいて核の役割が強化されているかの言及がなされているが，ロシアの核使用は厳格に制限されている」，「2014 年の軍事ドクトリンは非核抑止システムという概念を採用しており，ロシアは武力紛争を何よりもまず通常戦力，つまり非核戦力によって防止しようとしている」[28]として，ロシアの核使用政策はより厳格であること，核による戦略抑止から通常戦力による戦略抑止への移行を図っていることを明らかにした。

　ロシアでは，NPR について，米国が核戦力におけるロシアの優位を認めたものとして歓迎する論調も見られる[29]。また，上院防衛委員会第一副委員長のフランツ・クリンツェビッチ（Frants Klintsevich）議員（統一ロシア）は，NPR2018 は「ロシアの装備がシリアで成功裏に使われたことへの米国の対応に過ぎず」，「米国のいう新たな核弾頭はそれ自体特異なものではないし，何といってもロシアには対抗手段がある」，「現在の戦争の成否を決するのは核弾頭ではなく情報と最新の技術であり，ロシアはすでにそれを有している」[30]として，戦力整備の成果に自信を見せるとともに，抑止の焦点は，核戦力から精密誘導攻撃能力へ移行しているとの見方を示した。

　しかしながら，長距離精密誘導兵器の使用の脅しによって核依存を低下させようとするロシアの動きは，米国の NPR や INF 条約からの離脱意向表明によって先行きが不透明となっている。プーチン大統領は，（恐らく，ロシアの核政策に関する米国の懸念を払しょくするため）2018 年 10 月 18 日，「ロシアは，

---

(26)　Ibid., p.55.

(27)　Nikolai Sokov, "The Russification of U.S. Deterrence Policy," *The National Interest*, 25 December 2017.

(28)　МИД РФ, "Комментарий Департамента информации и печати МИД России в связи с публикацией новой ядерной доктрины США," 3 февраля 2018г.

(29)　"США признали ядерное преимущество России, сообщили СМИ," *РИА Новости*, 13 января 2018г.

(30)　"Клинцевич оценил новую ядерную доктрину США," *РИА Новости*, 10 января 2018г.

〔岡田美保〕　　　　　　　　　　　　　　　　**10**　揺らぐ核軍備管理体制

ロシアに対する攻撃への反撃としてのみ核兵器を使用する」と発言した。ここ
で言う「ロシアに対する攻撃への反撃」には，従来どおりの基準での先行使用
が含まれると解され，核政策の変更を意図した発言ではないと考えられるもの
の，ロシアの核使用政策に関して，すでに混乱していた欧米諸国の論争を一層
混乱させる結果になった。他方で，ロシア上院の防衛・安全保障委員会は，11
月21日，国家安全保障会議に対して，非核戦略兵器を始めとする新たな軍事
技術の登場に対応して，核兵器の使用基準を見直すべきであるとの要請を行っ
た。2018年末の時点では，文書改訂の動きは具体化していないものの，今後，
核兵器への依存が再び高まる可能性も否定できない。

2　戦　力　整　備

ロシアが新STARTの有効期間中に達成しようとしていた目標は，第一に，
旧式ミサイルの退役に伴う配備核弾頭数の縮減を，新規装備の生産によって埋
め合わせ，米国との数的な「およその均衡」からの転落を回避すること，第二
に，戦略攻撃兵器と戦略防御兵器の相関関係や，通常弾頭搭載の戦略攻撃兵器
（即時グローバル打撃：PGS）など，新STARTで限定的にしか扱われなかった
安全保障上の懸念事項に対処するための戦力整備を進める，の2つであった。
この意味で，ロシアにとって新STARTは，米国と並ぶ「核大国」の地位を確
保しつつ，拡大の一途をたどっていた米国との戦力面，技術面での格差を少し
なりとも縮小する「息継ぎ」の期間をロシアに与えるものであった[31]。

（1）数 的 課 題

2010年末に策定された2011年から2020年までの国家装備計画（GPV2020）
では，ロシア軍全体で2020年までに装備の70%を近代化することが目標とさ
れた。なかでも，戦略核戦力の目標比率は75-80%とされ，最優先項目とされ
た[32]。

GPV 2020では，ICBMについては多弾頭型のSS-27mod2（RS-24/Yars）へ，

---

(31)　拙稿「ロシアの核戦力と新SATRT後の軍備管理―到達点及び出発点としての新
　　START」『国際安全保障』第39巻第1号，2011年，63-79頁。
(32)　Президент РФ, "Совещание по выполнению госпрограммы вооружения в области
　　ядерного сдерживания," 26 июля 2012г.

Ⅱ　核兵器の軍縮・軍備管理

表 2：ロシアの核戦力の構成

内訳		2011 年		2018 年	
		発射基 / 機数	弾頭数	発射基 / 機数	弾頭数
戦略核兵器	SS-18 ICBM	50	500	46	460
	SS-19 ICBM	50	300	20	120
	SS-25 ICBM（移動式）	120	120	72	72
	SS-27 ICBM（移動式）	51	51	18	18
	SS-27 ICBM（固定）	18	18	60	60
	RS-24 ICBM（移動式）	6	18*	90	360
	RS-24 ICBM（固定）			12	48
	SS-N-18（DIII 級 SSBN）	64（SSBN 4）	192	32（SSBN 2）	96
	SS-N-23（DIV 級 SSBN）R-29RM Sineva	16（SSBN 1）	64	96（SSBN 6）	384
		80（SSBN 5）	320		
	SS-N-32（Borey 級 SSBN）Bulava	16（SSBN 1）	96	48（SSBN 3）	288
	Blackjack 爆撃機	13	156	13	132
	Bear-H 爆撃機	63	688	55	484
	計		～2430		2522
戦術核兵器	防空システム等（S-300, 53T6, SSC-1B）		～698		～373
	爆撃機・戦闘爆撃機（Tu-22M3, Su-24, Su-34）		～800		～500
	地上配備ミサイル（SS-21/SS-26, SSC-8）		?		～156
	艦艇配備ミサイル		～590		～810
	計		～2080		～1830
合計			～4500		～4350

（出典：Hans M. Kristensen, Robert S. Norris, "Russian Nuclear Forces, 2011,"
Bulletin of the Atomic Scientists, Vol.67, No.3, pp.67-74; Hans M. Kristensen,
Robert S. Norris, "Russian Nuclear Forces, 2018," *Bulletin of the Atomic Scientists*,
Vol.74, No.3, pp.185-195. より筆者作成）

SLBM については Borey 級 SSBN に搭載される SS-N-32（Bulava）への装備更
新が生産計画の中心とされており，GPV2027 においても引き続き進められる
ことになる。2017 年末時点で，Yars については固定式 12 基と移動式 90 基，
Borey 級 SSBN については 3 隻が配備済みである。これにより，2011 年時点
では近代装備の配備戦略弾頭数は 503 発，新 START 上の配備戦略核弾頭数に
対する比率は 32.7% に過ぎなかったが，2018 年には，1,158 発，80% まで上昇

したことになる（表1「米ロの新START上の核戦力の推移」，表2「ロシアの核戦力の構成」参照）[33]。

これは，新START上の配備戦略核弾頭数の20%程度は，依然として旧式ミサイルが占めていることを意味しており，米国とのおよその数的均衡は，もうしばらくの間，旧式ミサイルの退役時期を調整することで達成されることになる。セルゲイ・カラカエフ（Sergei Karakaev）戦略ロケット軍司令官は2017年12月，SS-18の耐用年数を2024年まで延長する計画であること，また，弾頭製造の受注業者がさらなる延長に向けた措置を進めており，これによって，2025-2027年までの延長が可能になることを明らかにした[34]。戦略爆撃機に関しては，Tu-95MSとTu-160の近代化が行われてきたが，GPV2027においては，Tu-160の再生産に着手する計画となっている。

（2）質的課題

今後の戦力整備の焦点は，第二の質的な課題である。プーチン大統領は，2018年3月の年次教書演説で，「米国による対弾道ミサイル制限条約からの一方的な脱退に対抗するもの」だとして，6種の開発段階の異なる戦略兵器を紹介した[35]。このうち，MD及びPGSに対抗する観点から特に重視されているのが，SS-18の後継ミサイルとして開発されているSS-X-29（Sarmat）と，極超音速ブーストグライド兵器（Avangard）である。

MDに対抗する観点から，軌道の予測を困難にする機動性弾頭の開発は従来から進められており，2017年9月には，Yarsに搭載する新型弾頭の発射実験が成功している[36]。Sarmatは，MD突破が可能な弾頭を搭載可能な投射重量を持つだけではなく，北極圏経由でも南極圏経由でも（米国に）到達可能な発射エネルギーを持つ恐るべき重ミサイルとされている[37]。米国のミサイル防衛

---

(33)　なお，2017年12月に行われた国防省高級幹部会合の場でプーチン大統領は，戦略核戦力における近代装備の比率は2017年末までに79%に達し，ICBMについては2021年に90%に達する，と発言している。Президент РФ, "Расширенное заседание коллегии Министерства обороны," 22 декабря 2017г.

(34)　"Командующий РВСН: комплекс "Воевода" останется в строю как минимум до 2024 года," *ТАСС*, 15 декабря 2017г.

(35)　Президент РФ, "Послание Президента Федеральному Собранию," 1 марта 2018г.

(36)　"Минобороны РФ провело успешный испытательный пуск межконтинентальной ракеты "Ярс"," *Интерфакс*, 12 сентября 2017г.

(37)　"Минобороны РФ: Россия готовит ответ на инициативу США "Быстрый глобальный

II　核兵器の軍縮・軍備管理

表3：ロシア連邦軍における近代装備の比率の推移（%）

	2013	2015	2017	2020
潜水艦	47	51	59	71
洋上艦	41	44	54	71
航空機	23	37	55	71
ヘリコプター	39	63	76	85
地上発射ミサイルシステム	27	64	100	100
砲	51	53	59	79
装甲車	20	37	56	82
多目的車両	40	48	56	72

（出典：ロシア国防省 HP〈http://mil.ru/mod_activity_plan/constr/vvst/plan.htm〉
より筆者作成）

システムは，従来，北半球から飛翔してくるミサイルからの防衛を想定してきたため，南極圏経由を軌道とするミサイルの迎撃は困難である。また，Avangard は，弾道ミサイルに搭載して加速したあと，大気が薄く空気抵抗の低い高高度を飛行することによって，高速性，長射程，機動性を兼ね備えた飛翔体であり，水平面での迂回軌道（弾道ミサイル単体では不可能）をとることによって，MD 網を回避することができるとされている[38]。

　ロシア軍は，両者の配備を急いでおり，Avangard については，2019 年中の配備に向け，2018 年 12 月 26 日に発射実験を行った。また，Sarmat については，すでに発射実験が開始されており，2021 年中の部隊配備が想定されている[39]。Avabgard の早期配備のために，Sarmat に先駆けて既存の SS-19 に Avangard を搭載する計画もあると言われている[40]。

　GPV2020 によって，通常戦力に関しても主要装備の更新が進んでいる（表3「ロシア連邦軍における近代装備の比率の推移」参照）。中でも，重視されている

удар"," *TACC*, 31 мая 2014г.

(38)　Минобороны России, "Комплекс «Авангард» с гиперзвуковым планирующим крылатым блоком,"1 марта 2018г.；"Гиперзвуковой ракетный комплекс "Авангард". Досье," *TACC*, 19 июля 2018г.

(39)　"Источник: первый полк с ракетой "Сармат" должен заступить на боевое дежурство в 2021 году," *TACC*, 29 марта 2018г.

(40)　"Источник: первыми носителями гиперзвуковых блоков "Авангард" станут ракеты УР-100Н УТТХ," *TACC*, 20 марта 2018г.

〔岡田美保〕

のが中・長距離の精密誘導攻撃能力である。2015 年 10 月以降，約 2 年にわたるシリアでの軍事作戦を通じて，ロシアの最新兵器や指揮統制システムの有効性が確認され，米国が独占していた長距離精密誘導攻撃能力をロシアが取得していることが明らかになった。2017 年 11 月，ヴァレリー・ゲラシモフ（Valerii Gerasimov）参謀総長は，国防省高級幹部会合において，ロシアがこの 5 年間で，地上発射ミサイルシステム Iskander-M，潜水艦・洋上艦発射巡航ミサイル Kalibr，長距離爆撃機搭載巡航ミサイル Kh-101 などの精密誘導兵器の配備を進めたこと，特に「バルト海，バレンツ海，黒海，地中海の部隊に Kalibr とともに沿岸防衛ミサイルシステム Bastion，防空システム S-400 を配備したことで，海域及び空域のコントロールを確保した」ことを指摘した。そのうえでゲラシモフ参謀総長は，「精密誘導兵器の整備と極超音速兵器の開発により，戦略抑止任務の付与を非核戦力へ移行することが可能になる」と発言した[41]。

　ユーリー・ボリソフ（Yurii Borisov）国防次官は，GPV2027 における第一の優先課題は核抑止であるとしながらも，精密誘導兵器に特別な関心が払われることを強調した[42]。精密誘導攻撃能力は，もっぱら核戦力に依存してきたロシアの戦略抑止の一翼を担う方向へ進んでいくのか。問題は，戦力整備政策の持続可能性である。

3　財政基盤

（1）2017 年までの実績

　2010 年以降の戦力整備は，順調に進められてきたわけでは決してなかった。GPV は，国防省が取りまとめを行う 10 年間の武力省庁全体の装備調達方針に関する中期政策文書であり，原則として 5 年ごとに改定・代替される[43]。大統領の署名により確定するが，予算法案とは異なり，GPV で提示される 10 年分の計画総額は，実体財源を伴っているわけではなく，個々の予算年の装備費充

---

(41)　Минобороны России, "Выступление начальника Генерального штаба Вооруженных Сил Российской Федерации - первого заместителя Министра обороны Российской Федерации генерала армии Валерия Герасимова на открытом заседании Коллегии Минобороны России," 7 ноября 2017 г.

(42)　"Борисов: особое внимание в новой ГПВ будет уделено высокоточному оружию," *ТАСС*, 23 ноября 2017г.

(43)　Минобороны России, "Государственная программа вооружения (ГПВ)."

II　核兵器の軍縮・軍備管理

当額と直接的には関連付けられていない。

GPV2020 は，グルジア戦争を受け，近代化装備への包括的な更新が緊要であり，そのための集中的な財政投資が必要との認識から策定された。それまで，国防費の対 GDP 比は，基本的には 2% 台で推移していたところ，GPV2020 は，これを超えて軍事への傾斜を強める資源配分上の方向転換がありうることを合意していた。ただし，原油価格の大幅な下落がなければ負担を最小限にとどめながら大規模な装備近代化を図っていくことは可能であると考えられており，2015 年予算案は原油価格 1 バレルあたり 100 ドル，国防費の前年（2014 年予算）比 32.8% 増を見込んだ，極めて楽観的な内容となっていた[44]。

ところが，ウクライナ情勢の緊迫により，2014 年 3 月以降，ロシアからの資本流出が始まり，投資も減速し始めた。7 月末以降は，欧米の経済制裁の強化に伴って資本流出が加速したうえ，9 月前後から原油安が進行し，12 月平均で 1 バレルあたり 58.10 ドル，2015 年 1 月平均は 47.60 ドルにまで落ち込み，GDP 成長率の低減と財政収入の減少が確実な状況となった。

2014 年 12 月 4 日，プーチン大統領は，2015 年予算案における財政支出を 5% 以上減額するよう政府に指示したものの，予算の減額は「国防及び国家安全保障以外の費目に限る」として，国防費の減額は行わないとの立場をとった[45]。しかしながらこの後，さらに経済見通しが厳しくなるなかで，財務省は，歳出を 10% 切り下げる方針を打ち出した。アントン・シルアノフ（Anton Siluanov）財務相（当時）は，国防費についても削減は不可欠であると発言する一方で，オレグ・ボチカリョフ（Oleg Bochkarev）軍需産業委員会副議長（当時）は，「装備プログラムの減額はない」と発言するなど[46]，国防費の減額を求める財務省とこれに抵抗する軍需産業との間で激しい折衝が行われた。

均衡財政と戦力整備の二者択一を迫られたプーチン大統領が選んだのは，戦力整備であり，戦力整備を取ることで生じる財政赤字は，「貯金」の取り崩しで埋め合わせることになった。2015 年 4 月，マイナス成長と財政収入の 17% 減少を受けた 2015 年補正予算案が下院へ提出され，補正予算案では，予備基

---

(44)　"Федеральный закон о федеральном бюджете на 2015 год и на плановой период 2016 и 2017 годов," 1 декабря 2014г.

(45)　Президент РФ, "Перечень поручений по реализации Послания Президента Федеральному Собранию," 4 декабря 2014г.

(46)　Владимир Мухин, "Олег Бочкарев: "Госпрограмма вооружений сокращаться не будет"," *Независимая газета*, 26 декабря 2014г.

226

［岡田美保］　　　　　　　　　　　　　　**10**　揺らぐ核軍備管理体制

表4：ロシア連邦予算における国防費の推移（執行ベース）（2011-2017年）

項目／年	2011	2012	2013	2014	2015	2016	2017
対GDP比（％）	2.5	2.7	2.9	3.1	3.8	4.4	3.1
対歳出比（％）	13.9	14.1	15.8	16.7	20.4	23.0	17.4
国防費総額	1516.0	1812.4	2103.6	2479.0	3181.4	3775.3	2852.3
連邦予算歳出	10925.6	12895.0	13342.9	14831.6	15620.2	16416.4	16420.3
GDP	60282.5	68163.9	73133.9	79199.7	83387.2	86148.6	92037.2

（出典：ロシア国家統計局，連邦出納庁データをもとに筆者算出。）（単位：10億R）

金のおよそ半分が取り崩されることになった[47]。また，この後，財務省と国防省の折衝の結果，国防費も削減は免れないものの，他の武力省庁に要求された10％削減ではなく，3.8％の削減にとどめることが合意された。国防費の対GDP比は，2.5％（2011年）から，3.8％（2015年），4.4％（2016年）と急速に上昇した（表4「ロシア連邦予算における国防費の推移（執行ベース）（2011-2017年）」参照）。

　以上の経緯もあり，GPV2020を引き継ぐGPV（「2016年から2025年までの装備計画（GPV2025）」として検討が進められていた）の策定をめぐっては，政府内で激しいバトルが繰り広げられた。2014年末時点における国防省要求額は，総額30兆ルーブルであったが，財政危機によってこの数値は全く見込みのないものとなり，2018年まで採択を見合わせることが決定された。また，原油価格の下落によって歳入予測が困難になり，それまで，当該予算年に加えた2年間の計画予算を含む形で策定されてきた予算法案は，2016年については，単年度予算法案として策定された。

　ロシアの財政赤字が，2015年から2016年にかけて，対GDP比2.4％から3.7％へと大幅に上昇するなかにあっても，プーチン大統領は戦力整備をあきらめなかった。2016年3月，プーチン大統領は，「財政的な制約は，国防発注履行の質と完遂にいかなる影響も与えてはならない」[48]と指示した。その一方で同月，プーチン大統領は，シリアで功績のあった軍人らの表彰に際し，同軍

---

(47)　Президент РФ, "Внесены изменения в закон о федеральном бюджете на 2015 год и на плановый период 2016 и 2017 годов," 20 апреля 2015г.

(48)　"Финансовые ограничения никак не должны повлиять на перевооружение армии - Путин," *Интерфакс АВН*, 11 марта 2016г.

Ⅱ　核兵器の軍縮・軍備管理

事作戦に要した費用は 3300 万ルーブル（約 5 億ドル）であり，特別の予算措置は行わず演習費から支出したことを明らかにしている[49]。政府全体の歳出削減努力の中で，国防費が優遇されたとはいえ，国防省は，大規模な装備費を確保しながらシリアでの軍事作戦の戦費を捻出したことになる。

（2）2018 年以降の見通し

2018 年の大統領教書演説が 3 月 1 日に実施された背景には，ロシア経済が 2015 年，2016 年の景気後退・財政危機を克服し，2017 年に小幅ながら再びプラス成長に回帰したことを，大統領選の直前にアピールする狙いもあった。2017 年のロシア経済は，前年比 1.5% 拡大した一方，インフレ率はソ連崩壊以来の低水準となる同 2.5% まで低下した。失業率も 5% 台で安定しており，実質賃金は上昇している。2017 年の財政赤字は対 GDP 比 1.5% に抑えられた。2017 年予算法案以降は，3 か年予算案が復活している。

2017 年末に承認された GPV2027 の総額は，約 20 兆ルーブルと，GPV2020 とほぼ同規模であり，ロシア経済が，低率ながらも安定的にプラス成長を続けるならば，GPV2027 の財政基盤を確保していくことは十分可能であろう。しかしながら，米国の追加制裁によるルーブル安や原油価格の変動など，国際環境に振り回されやすいロシア経済が，2015—2016 年のような財政危機を繰り返さない保証はどこにもない。財政リスクに加え，米国の制裁が強化されれば，装備品の生産に必要な資機材の海外からの調達に制約が生じ，これが GPV2027 の足かせになるとも指摘されている[50]。

2015-2016 年の財政危機の経験をふまえ，2018—2020 年の 3 か年連邦予算から，予算の編成や政府系基金の扱いに関して，新たなルールが設けられることになった。2018 年連邦予算を移行期として，2019 年連邦予算以降の均衡財政方針が明確にされたことに加え，政府系基金のうち，枯渇状態にあった「予備基金」を「国民福祉基金」に統合して，国民福祉基金からの財政赤字補てんを認める代わりに支出額に上限が設けられた[51]。

---

(49)　Президент РФ, "Встреча с военнослужащими Вооружённых Сил России," 17 марта 2016г.

(50)　"В госпрограмме вооружений до 2027 года нашли «слабые точки» ," *РБК*, 6 июня 2018г.

(51)　"Федеральный закон от 29.07.2017 г. № 262-ФЗ О внесении изменений в Бюджетный кодекс Российской Федерации в части использования нефтегазовых доходов федерального

また，第4期プーチン政権の新政府では，かねてより国防費の削減を主張し続けていたシルアノフ財務相が第一副首相に登用されるとともに，シルアノフ財務相の前任であったアレクセイ・クドリン（Aleksei Kudrin）が会計検査院長に任命された。クドリンは，連邦予算の「軍事化」に批判的な立場をとっており，人口減少に伴う労働人口の適正配分，資源配分の最適化を視野に入れて，徴兵制の段階的廃止と国防費の段階的縮小（2024年までに対GDP比2.8%へ）を提言している[52]。

各種の経済的制約がある中で，ロシアにとってどのくらいの国防費が適正なのか，という問題は，とりもなおさずロシアの国家としてのあり方，あるべき姿をどう定義するのか，という問題でもある。しかしながら，ロシア社会において，資源配分の前提となるべき国家像に関してコンセンサスが存在しているわけではない。資源依存度の高いロシア経済は，構造的に改革されるべきであり，付加価値の高い産業の定着を図る欧米型の経済立国を志向する立場からは，諸外国との対立を避け，連邦軍の規模も装備品も最小限に抑える方針が提示されることになる。

その一方で，ロシア社会一般には，軍事力こそが自律的な主権国家，大国の基盤であるという価値観も根強く存在しており，現状程度の負担は問題とならない，との声もある[53]。

プーチン大統領は，2018年3月の大統領選挙に際して，「もちろん，国防力強化に必要な注意は払っていかなければならないが，軍拡競争には巻き込まれない。すべての国家との関係を建設的なものとしていく方針だ。」[54]と述べ，諸外国との関係改善によって国防費を適正規模に抑えていく方針を示していた。これは，ウクライナ危機後の国際的な孤立が，2015-2016年の経済危機を招いたのであり，対外強硬路線を続けることの経済的なリスクがロシア指導部内で認識されたためであると考えられる。

さらに，2018年7月に公布された年金受給開始年齢引き上げ措置に対する反対運動は，ロシア社会が，政府の提示する資源配分に無批判であり続けるわ

бюджета," 30 июля 2017г.

(52)　А. Кудрин, И. Соколов, "Бюджетный маневр и структурная перестройка российской экономики," *Вопросы экономики*. 2017. № 9. С. 5-27.

(53)　"Эксперт рассказал, какой будет Российская армия через десять лет," *Московский комсомолец*, 1 июля 2018г.

(54)　"Путин: РФ не будет втягиваться в гонку вооружений," *ТАСС*, 19 марта 2018г.

Ⅱ　核兵器の軍縮・軍備管理

けではないことを示唆するものであった。今回の反対運動において，直接的に国防費と社会保障費と結びつけられた議論が展開されたわけではないが，予想外に広汎で強い反対運動の展開を見たプーチン大統領が，自ら国民に呼びかけ緩和策を提示する事態に発展した[55]。これと併せて，国防省が，国防費の内訳の概要に関して説明する異例の報道発表を行い，また，大統領府も，国防費の規模・内容は，現在の国際情勢に照らして適正であるとの声明を出している[56]。プーチン政権は，今後，少なくとも社会保障費を犠牲にして国防費が増額されているという印象を回避する必要性に迫られている。

4　核軍備管理体制にとっての意味合い

（1）新START

　2018年7月16日に行われた米ロ首脳会談で，プーチン大統領は新START延長問題を改めて提起した。しかしながら，この会談は，米国国内では，ロシア・ゲート疑惑を否定したプーチン大統領の発言を安易に認める形になったことへの反発を招き，トランプ大統領のロシアとの対話姿勢が，今後一層強い批判にさらされる流れを作ることになった。現時点では新START延長の見通しは立っていない。

　仮に，新STARTが，代替する機能を果たす枠組のないまま失効する場合，戦略核戦力の透明性の低下や検証活動の停止など，米ロ双方にとって安全保障上の不利益が生じる。しかし，野放しの軍拡競争を選択するリスクと負担は，ロシアにとってより大きなものとなる。また，仮に新STARTを代替する枠組みの交渉が開始されるとしても，米ロそれぞれの脅威認識は大きく異なっており，脅威認識への対処方法も異なることから，これを曲げるような規制内容を目指すことは現実的ではない。透明性措置に焦点を絞る等，軍備競争に一定の予測可能性を与え，意図せざる軍事衝突のリスクを低減することを目標にせざるを得ないと思われる。この場合，核兵器の数的削減それ自体は交渉の主眼で

---

(55)　Президент Российской Федерации,"Обращение Президента к гражданам России," 29 августа 2018г.

(56)　"В Минобороны рассказали, на что тратят военный бюджет," *РИА Новости*, 27 августа 2018г.; "В Кремле считают затраты на оборону оправданными," *РИА Новости*, 28августа 2018г.

はなくなり，代わって次が主要な争点として浮上するであろう。

第一は，MD をどう位置づけるか，である。米国は，これまで，米国及び NATO の MD は，ロシアの長距離弾道ミサイルに対処するものではなく，技術的にもその能力はない，という立場からロシアの説得を試みてきた。つまり，アメリカ本土防衛用 MD は北朝鮮やイランの長距離弾道ミサイルに対処できればよく，ロシアや中国の長距離弾道ミサイルには対抗しないとの前提で MD を推進してきたアメリカが今後もこの方針を維持し続けるのであれば，ロシアの Sarmat, Avangard への対抗措置を急ぐ必要はないということになる。しかしながら，NSS, NPR は，ロシア及び中国との大国間競争の観点から戦力整備を正当化するアプローチを取っている[57]。今後，米国の MD 計画が，この方針に沿ってロシアの長距離弾道ミサイルに対処する方向へ転換し，Sarmat, Avangard への対抗措置を打ち出していく場合，米ロの戦略核軍備管理の前提は崩壊することになる。

第二に，米国が，引き続き MD はロシアの長距離弾道ミサイルに対処するものではないとの位置づけていく場合，すでに米国及び同盟国の MD 網の構築が欧州でもアジアでも相当進んでいることを考えれば，何らかの具体的制約をかけることは現実的ではない。新 START は，ロシアの強い要望により，前文で「戦略攻撃兵器と戦略防御兵器の間の相互関係の存在を認識」することが明記されたものの，米国は，この文言は，MD 計画に対する具体的な制約とはならないとの立場を取っている。他方で，Sarmat, Avangard を米ロ間の軍備管理の対象とすることに関しては，一定の可能性があると考えられる。新 START の規定上，ICBM 及び SLBM については，通常弾頭を搭載する場合も数的制限の対象に含まれると解されている。まったく新しい枠組みを構築するという野心的な目標を目指すよりも，新 START を維持ないし発展させ，ロシアの新型兵器に数的規制を加えることは，米国にも，予見可能性を与えるものとなろう。ロシアは，新 START の延長によってさらなる「息継ぎ」の時間を確保しつつ，Sarmat, Avangard の配備を早急に進め，後継枠組みの交渉への米国の関心を確保したい考えである。

ただし，NPR は，「軍備管理を進めることそれ自体は米国の目標ではなく」，米国とその同盟国の安全保障，戦略的安定を高め，かつ検証可能・執行可能な

---

(57) 石川卓「トランプ政権の核態勢見直しと軍備管理・不拡散への含意」『国際問題』第 672 号，2018 年，16-26 頁。

Ⅱ　核兵器の軍縮・軍備管理

軍備管理にはコミットするが,「核兵器国が国境を変更し, 既存の規範を転覆し, 既存の軍備管理体制が重大な義務の不履行によって特徴づけられる現状では, これ以上の進展は難しい。」[58]としており, やはり INF 問題の解決がない限り, 新 START 後継条約の交渉はおろか, 延長についても悲観的にならざるを得ない。

　他方, ロシアは, トランプ大統領が新 START 延長提案に応じなかったことを, トランプ自身の発意であるとは判断していないようである。首脳会談の直後, 2018 年 7 月 19 日に行われた在外公館の大使を招集しての会合において, プーチン大統領は, 新 START が 2021 年に有効期限を迎えることに触れながら, 米国における「狭い党益を国益に優先させるグループ」への懸念を表明した[59]。延長に関しては, 手続き的には行政府の判断だけでできる点にまだ期待を持っているのかもしれないが, ロシアが新 START の存続に利益を見出すならば, INF 問題の解決に向け, 何らかの具体的行動を起こすほかないであろう。

(2) INF 条約

　報道及び米国政府によって, 段階的かつ断片的に明らかにされてきたところによれば, ロシアは, 2008 年頃, 既存の SLCM を原型とする巡航ミサイルの開発に着手した[60]。当初, この開発計画は, その内容から SLCM の開発計画であると理解されていた。しかしながら, 2011 年頃から米国は, ロシアが開発段階において, 数度にわたって移動式の発射装置から飛翔実験を実施したことを確認した。これによって, ロシアが開発しているのは SLCM ではなく GLCM である疑いが濃厚となった。また, その移動式の発射装置は Iskander の発射装置と判別ができず, Iskander の発射装置そのものを用いているのではないかと疑われた。INF 条約は, 既存の巡航ミサイルを GLCM に改編することを禁じていない。しかし, GLCM の開発段階で行われる飛翔実験は, 固定式のサイロから行われるべきこと, 同時に, その発射装置は開発実験のみを用途とするもので, 他の発射装置と識別可能であるべきことを義務付けている

---

(58)　U.S. Department of Defense, *Nuclear Posture Review*, February 2018, p.73.

(59)　Президент Российской Федерации, "Совещание послов и постоянных представителей России," 19 июля 2018 г.

(60)　Amy F. Woolf, "Russian Compliance with the Intermediate Range Nuclear Forces (INF) Treaty: Background and Issues for Congress," *Congressional Research Service*, April 25, 2018.

（7 条 11）。

それだけであれば，問題はテクニカルであるとも言える。しかしながら，INF 条約の本質に関わる争点は，ロシアが開発している GLCM の射程である。ロシアが，実際に 500 キロメートル以上の射程で発射実験を行ったのか否かについて，米国は明らかにしてこなかった。とはいえ，米国国務省は，ロシア政府に対し，違反の詳細として，問題とされているミサイルが SSC-8（9M729）であることのほか，ミサイル及び発射装置の詳細（移動式発射装置の設計局，ミサイル及び発射装置の生産社名含む），地上発射巡航ミサイルの飛翔実験履歴（実験における組み合わせとロシアによる開発計画の主旨曖昧化の試みの詳細含む）をすでにロシア側に提示していた[61]。その後，米国国家情報長官が明らかにしたところによれば，ロシアは，7 条 11 を利用して，固定式のサイロから 500km 以上の飛翔距離での発射実験を行う一方，移動式の発射装置からは 500km 以下の飛翔距離での発射実験を行うことにより，INF 条約で禁止されている射程の移動式地上発射型ミサイルの開発と配備に至ったものである[62]。

INF 条約からの離脱意向表明に際して，トランプ大統領およびボルトン大統領補佐官が，二国間条約の一方の当事国であるロシアが違反するという状況が続いていること，ならびに INF 条約の枠外にある中国が中距離ミサイルを増強して米国への脅威を高めていることを理由に挙げた。

INF 条約が規定する地上発射の中距離ミサイルの全廃は，条約の効力が無期限であるだけに，近隣諸国の中距離ミサイル開発・配備にさらされるロシアにとって不利に働くことになり，ロシアでは，以前から不満の声があがっていた。ロシアは，近隣諸国のミサイル増強をふまえ，2007 年 10 月に，INF 条約の多国間化を米国と国連総会に共同提案したが[63]，積極的な反応を得ることはなかった。ロシアの立場からは，INF の開発・取得は，不利な安全保障環境を緩和するためのやむを得ない措置ということになろう。その後，旧ソ連圏諸国との関係を巡る NATO との緊張の高まり，ポーランド及びルーマニアへのミサイル防衛施設の整備もあり，ロシアにとって NATO 諸国を射程に収めうる中

---

(61)　U.S. Department of States, *Compliance Report 2018*, 17 April 2018.

(62)　Office of the Director of National Intelligence, "Daniel Coats on Russia's Intermediate-Range Nuclear Forces（INF）Treaty Violation," 30 November 2018.

(63)　US Department of State, "Joint U.S.-Russian Statement on the Treaty on the Elimination of Intermediate-Range and Shorter-Range Missiles at the 62nd Session of the UN General Assembly," October 25, 2007.

Ⅱ　核兵器の軍縮・軍備管理

距離ミサイルの重要性は一層高まっていると見られる。しかし，条約失効の打撃は，ここでもロシアにとってより大きいものとなる。ロシアは開発した INF を合法的に配備できるようになる一方で，中国やインドの中距離ミサイルに加えて，米国の INF の欧州再配備の脅威に直面することになるからである（ただし，再配備を受け入れる国があるかは不透明である）。

おわりに

　以上で述べたように，冷戦終結以降 20 年余りにわたり，ロシアは，抑止政策における核依存度を高めてきたが，2010 年から 2015 年前後を境として，非核戦力による抑止の能力の構築を模索してきた。

　シリア空爆で，その能力の実戦での有効性が証明されたといえるが，精密誘導攻撃能力が，部分的にせよ，持続的に抑止政策の一部を担うものとなりうるのかは，今後のロシアの経済・財政基盤に依存することとなる。また，INF 条約の終了が近づく中で，非核戦力を重視する政策が今後ロシアの抑止政策の中でどのように位置づけられていくのか，一断と不透明さを増している。

　冷戦後における米ロ関係の振れ幅は大きく，今後も予測不可能であり，劇的な展開の可能性を否定するものではないが，米ロは，新 START と INF 条約問題解決に向けた突破口を見いだせていない。ロシアにとって，米国と並ぶ核大国という公的ステータスは重要な既得権益である。米国がこれを放擲する方針に移行していくとすれば，野放しの軍備競争の中で，ロシアは，核使用政策を含む外交・軍事政策の根本的な見直しを迫られることになるであろう。さらには，中国の軍事力強化，特に中距離ミサイル戦力が米国の方針転換の背景にあるとすれば，米ロ軍備管理体制の維持には，中国を関与させるという困難なハードルが加わることになる。仮に中国が関与した場合も，3 国の間における共通の等式の構築は，一層困難を極めることになろう。

　※本稿は，2018 年 12 月 31 日時点のものである。

◆ Ⅲ ◆
大量破壊兵器の不拡散

11 保障措置検証機能の変遷と今後の展開

菊 地 昌 廣

は じ め に

1970 年に核兵器不拡散条約（NPT）が発効し，高い検証能力を持つ機関として，国際原子力機関（IAEA）が NPT から検証機能を付託された。その検証機能は，これまで様々な局面で改善及び改良され，技術的にも法的にも拡充してきている。その変遷の中で様々な国際約束の違反や不遵守事項を検知し，実態を国際社会に公表してきている。

IAEA 保障措置が国際法制度として強化されたのは，1972 年に成立した包括的保障措置協定（CSA）[1]の検証機能を補完することを目的として作成された追加議定書（AP）[2]が成立した 1997 年時点である。しかし，保障措置の強化は，IAEA が湾岸戦争以降のイラクや朝鮮民主主義人民共和国（DPRK）の核兵器開発に関連する検証の経験から，1990 年頃からの IAEA 理事会による議論や決議に基づき，CSA の法的権限の範囲を全面的に再解釈して検証活動を開始した時点に萌芽が見られる。

そもそも 1970 年代の CSA 成立の時点から，その検証機能には潜在的な弱点があると認識されていた。すなわち，CSA 締約国の冒頭報告の正確性（correctness）[3]を検証する特定査察[4]において，その報告の完全性

---

(1) 日本軍縮学会編『軍縮辞典』信山社，2015 年 9 月，437-438 頁。NPT 締約国が第 3 条に基づき保障措置の受入れに関して IAEA と締結する協定。協定国のすべての核物質を検証の対象とすることから「包括的」と言われている。

(2) 同上，330-331 頁。保障措置強化のために CSA 等による保障措置実施にかかる既存の法的権限に追加された新たな法的権限。

(3) 同上，263 頁。CSA 締約国は，国内のすべての核物質を把握するために国内計量管理制度を構築し，核物質の量や質などを IAEA に申告している。この内容の正確性を IAEA は査察によって確認している。

(4) 同上，343 頁。冒頭報告に含まれる情報を検証するために実施される査察。CSA 第 71 条に規定されている。特定査察で冒頭報告の正確性が確認できた後は，その後の原子力活動に従って通常査察が継続される。

Ⅲ　大量破壊兵器の不拡散

(completeness)[5]を保証し得るか，つまり，冒頭報告の対象となった施設以外に秘密裏に建設され運用されている施設が存在しないことを保証し得るか，という課題であった。この課題は，CSA の法的権限内で実施される検証機能では十分には対応できなかった。IAEA は AP 成立までの期間，必要に応じて段階的に検証機能を強化し，最終的に AP 成立により強化された検証の法的権限を獲得した。

　本論文では，まず，CSA を起案した 1970 年の保障措置委員会の特記すべき議論内容を紹介し，この時点で既に認識されていた CSA による検証の潜在的な弱点と，これを認識しつつ構築した検証手順を紹介する。更に，この CSA 内の検証手段で対処した検証事例と，CSA 内の検証活動では対処できなかった検証事例を論ずる。次いでこの弱点を補完するために 1990 年以降 IAEA 理事会決議等により段階的に付与されてきた法的・制度的権限によって獲得した強化策について論ずる。そして，これら強化策の運用結果として 2000 年代に IAEA が検知した不遵守事例を紹介する。最後に今後の挑戦として，DPRK の非核化検証問題を論ずる。

1　CSA における検証実施上の潜在的弱点と対処方法

（1）　1970 年保障措置委員会における議論と認識

　IAEA は，1956 年に設立されて以来 1970 年に至るまで，IAEA 憲章に基づき段階的に保障措置の実施範囲を拡大してきた[6]。この実績から NPT 草案段階からその検証機関として IAEA が指名されていた。NPT 第 3 条において，NPT を締約した非核兵器国は IAEA との間で保障措置協定を締結し，IAEA による保障措置の実施を受諾することが義務付けられた。

---

(5)　同上，129 頁。CSA 締約国が秘密裏の核兵器開発に繋がる活動を行っているかもしれない，あるいは，瑕疵により申告されない核物質があるかもしれないという仮説に立って，申告内容が完全であるか否かを検証する必要がある。

(6)　NPT に基づく包括的な保障措置が開始されるまで，検証対象施設及び実施方法を規定した協定を追加するという方法で機能を拡大した。1961 年には熱出力が 100MW 以下の原子力施設（INFCIRC/26），1964 年の熱出力の上限値の撤廃（INFCIRC/26 Add.1），1965 年の検証方法の見直し（INFCIRC/66），1966 年の対象施設への再処理施設の追加（INFCIRC/66/Rev.1），1968 年の対象施設への転換・加工施設の追加である。1970 年以前の段階で検証能力を有する機関として国際的に認知されていた。

238

〔菊地昌廣〕　　　**11**　保障措置検証機能の変遷と今後の展開

IAEA では，1968 年 6 月の総会で NPT からの付託による検証責任を負う決議[7]をしており，NPT が同 68 年に署名のために開放されてから，条約の規定に沿った保障措置を実施するための協定案文の作成を開始した。IAEA 理事会決議により 1970 年 7 月に保障措置委員会が設置され作成のための検討が開始された[8]。

保障措置委員会における議論を記録した文書は少ない。後日，参加者等が残した文献[9]によると，平和利用下のすべての核物質を保障措置下に置くという NPT の基本原則に沿った検証機能確立のために，保障措置委員会において多くの事項が議論されたが，そのうちでも，特筆される事項は，検証活動の効率性確保と未申告核物質の検証であった[10]。

効率的な検証活動のあり方については，1970 年当時，活発化してきた原子力産業への IAEA 検証活動による干渉を回避しようとする先進非核兵器国の強い思惑があり，また，当時の国際情勢から核兵器を保有しようとする疑惑国は，おおむね原子力先進国であるとされたことから，ウラン濃縮技術や再処理技術など核兵器開発に関係が深い技術を保有していた国に対する検証機能の確立が急がれた。検証機能を最大限に高めるために，最も効果的な検証活動を可能とする枢要箇所（strategic points）を核物質取扱施設の内部に設定し，ここに検証活動を集中させるという構想であった。このために，締約国に国内の核物質取扱施設の設計情報[11]の提出を義務付け，この情報を分析して枢要箇所を特定し，締約国との補助取極（subsidiary arrangement）[12]によって合意した。これ

---

(7)　Annual report of the board of Governors to the general conference, GC (XII) /380, July 1968, para.2

(8)　Annual report of the board of Governors to the general conference, GC (XIV) /430, July 1970, para.2

(9)　黒澤満『軍縮国際法の新しい視座』有信堂高文社，1986 年 8 月，83-84 頁；"toward the realization of the npt", *IAEA bulletin* Vol 12, 1990, pp.6-7；萩野谷徹『INFCIRC/153 について──その制定の由来と条文の解説──』自費出版文献，平成 11 年 11 月など。萩野谷の文献では，CSA の各条項ごとに保障措置委員会における議論の経緯が紹介されている。

(10)　M.B.KRATZER, "Historical overview of international safeguards," *NUCLEAR POWER EXPERIENCE* VOL.5, IAEA 1983, pp.273-291

(11)　IAEA safeguards glossary 2001 edition, para.3.28. 施設の保障措置適用手段を設計するにあたって，必要な対象施設で取り扱う核物質やその施設の特徴を含む情報。

(12)　日本軍縮学会編『軍縮辞典』信山社，2015 年 9 月，443 頁。CSA 第 39 条において CSA で規定されている適用を効果的かつ効率的に実施するために詳細に規定された文

Ⅲ　大量破壊兵器の不拡散

により，IAEA の査察員の施設内の接近箇所はこの枢要箇所に限定されると解釈された。しかし，この手段は，申告された核物質の転用の効率的な検知が主眼であって，未申告の核物質の検知には効果を持たないものであった。

　未申告の核物質の検証課題は，保障措置委員会の早期から認識されていた。CSA では締約国内のすべての核物質を IAEA の検証下におくことが要請された。締約国は冒頭報告によって締約時点の国内に存在するすべての核物質の種類，量，保管場所，保管形態を IAEA に申告し，IAEA は特定査察により申告された事項の正確性を検証する。論点は，冒頭報告において申告されていない核物質が存在した場合の検証の在り方であった。

　当時，2 つの未申告核物質の存在形態が想定された。第 1 に，申告された核物質取扱施設内に未申告の核物質が存在する（存在が隠されている）場合，第 2 に，未申告の施設に処理のために未申告の核物質が存在している場合である[13]。前者は，施設内の枢要箇所を増加し，これを補助取極で合意することによって検知の可能性を増大できるが，後者は，施設の存在そのものが不明であることから，論理的に具体的な検証機能を構築することは困難である。1970 年当時，申告された核物質取扱施設に対する検証活動（通常査察）の結果を統合化して，未申告の施設や未申告の核物質の存在の疑義を明示しようとする試みが議論された。すなわち，当該国内のすべての保障措置対象施設において申告された核物質の存在が検証され，不明な核物質も存在せず，これら施設間を移動する核物質の整合が取れており，かつ輸出入核物質の申告が，輸入国及び輸出国からの申告と一致するならば，未申告の施設及び未申告の核物質が存在する疑念は希薄であるとする考え方である。そして，もし，このような検証活動によって IAEA が締約国内のすべての核物質の平和利用に関し，満足する結論が導出できない場合には，特別査察[14]を発動することで，冒頭報告の完全

　　　書。申告手続き等を定めた総論部と，個々の施設の査察態様を定めた施設付属書（Facility attachment）とから構成される。

(13)　CAS, para. 106 及び AP article 18. i. CSA 及び AP の定義によると「施設」とは，原子炉，臨界実験装置，転換プラント，加工プラント，再処理プラント，同位体分離プラント，独立貯蔵設備，あるいは一実効キログラム以上の核物質を使用するその他の箇所。「未申告施設」とはこれらの機能を有する「施設」の存在が IAEA に申告されていない施設をいう。

(14)　CSA 第 73 条(b)に「もし，機関が締約国からの説明および通常査察から得られる情報を合めて，締約国から提供される情報がこの協定に基づく機関の責任を履行するために十分なものではないと判断した場合」に起動できると規定されている。

240

〔菊地昌廣〕　　　　　**11**　保障措置検証機能の変遷と今後の展開

性を担保することとなった(15)。

　このような総合的な検証活動により惹起される疑義の事例は，事前にその形態を特定することが困難であることから，CSA では疑義が発生した場合に包括的に対応可能となるように，特別査察の実施権限のみを明示した。未申告の施設や未申告の核物質の存在を含む冒頭報告の完全性を保証する具体的な検証手段は，CSA 成立時点では明示されなかった。

　加えて，保障措置委員会では，特別査察の実施が締約国の健全な原子力活動を阻害することがあるのではないかとの原子力先進国の杞憂もあり，CSA の第 77 条で特別査察実施に当たっては，締約国と IAEA が事前に協議し，合意することを規定した。

　CSA 成立以降の検証機能の技術的議論の多くは，第 28 条の保障措置の目的として記載されている「**有意量**(16)**の核物質が平和的な原子力活動から核兵器もしくはその他の核爆発装置の製造または不明な目的のために転用されることを適時に検知する**(17)**ことおよび早期検知の危惧を与えることによりそのような転用を阻止すること**」に従って，日本や西ドイツ等のように核燃料サイクルを構成する施設を保有する国の転用検知能力構築に関するものであった(18)。

---

(15)　R.ROMETSCH, "VERIFICATION CONSIDERATION", *SAFEGUARDS TECHNIQUS Vol.1 PRICEEDINGS OF SYMPOSIUM KARUSRUHE* 6-10 July 1970, IAEA-SM-133/108, pp.35-38

(16)　IAEA safeguards glossary 2001 edition, para.3.14. 爆発装置 1 発に必要とされるおおよその核物質量。プルトニウムでは 8kg，ウラン -235 の含有率が 20% 以上の高濃縮ウランでは 25kg とされている。

(17)　Ibid., para.3.20. 適時性目標として規定されている。直接爆発装置に組み込むことが可能な形態の直接利用物質では，転用検知までに許容される時間は，1 ケ月とされている。

(18)　David A. V. Fischer, "VIEW POINT: NEW DIRECTIONS AND TOOLS FOR STRENGTHING IAEA SAFEGUARDS", *The Nonproliferation Review, winter* 1996；核燃料サイクル施設を保有する締約国への保障措置適用については，IAEA の場で関係国が参加して多くの議論が進んだ。事例として，「REPORT OF THE CONSULTANTS' MEETING ON THE APPLICATION OF SAFEGUARDS TO MULTIPLE FACILITY FUEL CYCLES」10-14 December 1984, STR-189 などに議論の経過が見られる。

Ⅲ　大量破壊兵器の不拡散

（2）　未申告核物質や原子力活動への保障措置実施クライテリアによる対応と評価

保障措置クライテリア[19]は，元来 CSA に基づいて締約国に対して実施された検証活動結果の評価が，差別的であってはならないとの要請から，統一的な評価基準として 1983 年に策定された。この時の記載は，1 有意量以上の在庫量を有する動力炉又は研究炉等単位体核物質取扱施設（RTF：Reactor Type Facility），在庫量と処理量の合算値が 1 有意量を超えるその他の施設（FOTR：Facility Other Than Reactor），及び，締約国全体（State as a whole）に分けられていた。

その後，評価項目と連動する査察実施事項を明示すべきとの視点から，保障措置実施基準として整備され，1989 年から 2 年間の試行期間を経て改良された「91 - 95 保障措置実施クライテリア」が策定された。これは，1995 年までに限り運用することとされ，その後は，必要に応じて改定していくこととされたが，現在でも AP を批准していない CSA のみの締約国に対して適用されている。

保障措置実施クライテリアは，すべてのタイプの核物質取扱施設及びその他の施設外の場所（LOF）における査察回数や詳細な検証活動を規定しているだけでなく，国全体の検証方法（Verification Activities Coordinated across the State）も規定している。これは，CSA が締約国の平和利用下にあるすべての核物質を検証の対象とすることの原則から，保障措置委員会において議論された申告済みの施設や LOF の保障措置実施結果を統合化して未申告状態で存在する核物質や施設の可能性を払拭するとの原則を明示したものである。

しかし，この規定は，すべての締約国がその国の核物質の輸出入を申告していることが前提であり，核物質の輸出国と輸入国間で共謀し，国際移転を申告しなかったり，あるいは，輸出国が申告の義務を持たない CSA 非締約国であったり，締約国内で採鉱された核物質を正しく申告しなかったような場合には，国全体の検証方法は全く効果を失うことになる。

個々の施設で検証した事実を積み上げて国全体の結論を導出しようとする試みは，締約国の申告の完全性の保証，すなわち未申告の核物質や原子力活動の

---

(19)　IAEA safeguards glossary 2001 edition, para.3.21. 現在の定義では，CSA に基づく責任の遂行に必要な検証活動の要素をまとめたもの。検証活動実施計画の作成及び実施によって得られた検証結果の評価（検証活動や得られた結果がクライテリアに規定されている事項を達成したかどうか）にも使用されている。

存在を払拭するためには必ずしも十分な方法ではなかった。

（3） CSA内活動で解決できた事例（南アフリカ）

　南アフリカは，1970年のNPT成立以来長年条約に加入することなく，1991年7月にNPTに加入，1991年9月16日にIAEAとCSAを締結した。NPT加入に先駆けて，1990年3月に当時のデクラーク大統領が，南アフリカ政府は6発のウラン型核兵器を保有し7発目を製造中であったと公表した。これらは，NPTに加入し，CSAを締結するにあたり，1991年9月までに解体廃棄された[20]。CSA締結を受けて南アフリカ政府は，1991年10月末に9月末時点の保障措置対象となる核物質の在庫量を冒頭報告としてIAEAに提出した。IAEAは，1991年11月から特定査察を開始し，査察チームを22回派遣し，検証対象となる施設やLOFに対して150回を超える保障措置実施クライテリアに基づく査察を実施した[21]。当初南アフリカ政府から提出された冒頭報告は，それまでの核兵器開発の履歴を示す施設の活動を前提とした9月末時点での在庫量を確認できる証拠（evidence）が不足しており，さらなる追加確認が必要であった。6発の核爆発装置に組み込まれていた高濃縮ウランと仕掛品であった7発目の高濃縮ウランは，すべて解体溶解された状態であったことから，これら在庫量とそれまでの核兵器開発活動及びその他の平和目的の原子力活動との整合性を，ウラン-235同位体及びその他のウラン同位体に着目して，物質収支を確定し，申告の整合性を確認した。すなわち，高濃縮ウラン製造施設の製造能力及び製品としてのウラン-235の量と，廃棄物として残されているその他のウラン同位体の量との整合を，施設に残された大量の製造記録を参照して確認した。この時の検証の主眼は，①核爆発装置用のすべての核物質が平和利用に移行し，IAEA保障措置下に置かれていることの保証，②核爆発装置や核兵器開発に使用されていた施設が完全に廃棄されたことの保証，③政府の核兵器解体計画の全容の確認，④過去の核兵器開発の各段階における情報の完全性と正確性の評価，⑤爆発実験（構造実験）に使用された施設の閉鎖の確認，⑥過去に核兵器開発に使用された施設を訪問し，これらが既に核兵器開発の目的で使用されていないことの確認，⑦核兵器開発能力を放棄することの政治的な戦略の将来的

---

(20)　David Fischer, *History of the IAEA, the First Forty years,* September 1997, p.110.

(21)　THE AGENCY'S VERIFICATION ACTIVITIES IN SOUTH AFRICA, GC (XXXVII)
　　　/1075, 9 September 1993 Attachment 1, para.3.

Ⅲ　大量破壊兵器の不拡散

な保証，であった。結果として，IAEA は，冒頭報告の完全性を検証するだけ
でなく，隠された更なる高濃縮ウランが存在しないことを保証することによっ
て，南アフリカの核兵器解体の実態を検証することになった[22]。

　当事国をめぐる国際情勢の変化から，不要となった核兵器を解体廃棄しよう
とする政府の政治的な決定と，検証に対する強い協力の姿勢があって初めて実
現した，CSA に基づく権限の範囲内で完全な検証が可能となった事例である。

（4）　CSA 内活動で解決できなかった事案（イラク，DPRK）

　サダムフセイン政権下のイラクの核兵器開発疑惑は，湾岸戦争以降の国連安
保理決議 687 号による活動によって初めて解明された。イラクは 1972 年 2 月
に IAEA と CSA を締結し，複数の研究炉を含む多くの民生利用核物質取扱施
設で取り扱われていた核物質を IAEA に申告し，検証を受けていた。しかし，
湾岸戦争以前にもいくつかの報道機関の情報などから，秘密裏のウラン濃縮技
術取得疑惑が認識されていた[23]。1990 年までの IAEA の検証は，イラク政府が
申告した情報に基づき，その正確性を確認していた。イラクの CSA 違反が認
識されたのは，国連安保理決議 687 号に従って 1991 年 7 月に国連と IAEA と
の合同チームによって行われた第 3 次査察からである。第 3 次査察直前に，イ
ラク政府は，秘密裏に実施していたウラン濃縮計画を追加申告した。第 3 次査
察の結果が IAEA 理事会に報告され，理事会は，イラクの CSA 義務違反を決
議した[24]。

　CSA 締約国が意図して秘密裏の原子力活動や施設を隠蔽し，IAEA に申告し
なかった場合に，例え報道等による情報でこのような疑義を持ったとしても，
申告されている核物質の国全体での物質収支を意図して整合させてしまえば，
CSA による検証活動ではこれらの疑惑を解明することはできなかった。

　DPRK は，1985 年 12 月に NPT に加入し，NPT 第 3 条 4 項により 180 日以
内に IAEA と CSA 締結のための交渉に入り 18 か月以内に CSA を締結する義

---

(22)　Adolf von Beachmann, Demitrius Pericoss, "Nuclear verification in South Africa",
　　　IAEA Bulletin 1/1995, pp.42-48.

(23)　菊地昌廣「国際保障措置強化に向けて」黒澤満編『大量破壊兵器の軍縮論』信山社，
　　　2004 年 7 月，187-188 頁。

(24)　A REPORT BY THE DIRECTOR GENERAL ON NON-COMPLIANCE BY IRAQ
　　　WITH ITS OBLIGATIONS UNDER THE SAFEGUARDS AGREEMENT CONCLUDED
　　　WITH THE AGENCY, GOV/2530, 16 July 1991 と GOV/2530/Add.1, 9 August 1991.

務を負ったが，交渉を引き延ばし，1992 年 4 月に至って CSA を締結した。同年 5 月に IAEA へ冒頭報告を提出したことを受けて，直後から特定査察が開始された。この冒頭報告には，複数の実験炉，建設中の 2 つの発電炉及びウラン精錬施設とウラン鉱山が含まれていたが，国際社会は 1989 年当時から DPRK にプルトニウムを回収する再処理施設（DPRK は放射化学研究所と称している）が存在することを諜報情報等から承知しており，当初の冒頭報告にはこの再処理施設が含まれていなかった。この放射化学研究所における活動（5 メガワットの黒鉛実験炉で照射され生産されたプルトニウムをこの研究所で回収したのではないかとの疑惑）の解明が必要であった。1993 年 2 月に IAEA は，再処理プロセスの廃液が貯蔵されている設備の追加情報の提供を求め，この施設に対する特別査察を計画し，CSA 第 77 条に従って同施設への立ち入りを DPRK 政府と協議したが，拒否され，その後 DPRK はこれらの施設を地中に埋設し隠蔽した。これを受けて，1993 年 4 月に IAEA 理事会で DPRK の CSA 義務違反（non-compliance）を決議し[25]，6 月に IAEA 憲章 12 条 c 項に従い国連安全保障理事会へ DPRK の CSA 不履行を報告した。その後，DPRK は NPT 脱退を宣言した。この脱退の法的な是非は議論されるところであるが，IAEA は，CSA は継続して有効であるとの立場をとり，交渉の継続を呼びかけている。

　2005 年に 6 者会合により黒鉛炉と放射化学研究所などの施設の凍結が合意され，IAEA の凍結確認が開始されたが，2007 年には査察実施が DPRK から拒否され，IAEA は撤退した。しかし，そもそもこの活動は合意された施設運転の凍結状態を封印や監視カメラを適用することによって確認することだけを目的としたものであり，冒頭報告の完全性を確認するためのものではない。IAEA の CSA に基づく検証の義務は，1993 年以降 25 年を経過した 2018 年 9 月の時点においても完遂されていない。

　イラク及び DPRK は，共に国家が核兵器開発計画を隠蔽し，IAEA の検証活動を欺こうとしたが，イラクは，未申告活動の隠蔽を CSA の権限内では検知できなかった事例であり，DPRK は，未申告活動の検証に CSA で規定されている権限が行使できなかった事例である。

---

(25)　Resolution adopted by the Board on 1 April 1993, GOV/2645 1 April 1993.

Ⅲ　大量破壊兵器の不拡散

2　1990 年以降強化された保障措置手段

(1)　1993 年以前の IAEA 理事会における強化策の議論

イラクと DPRK の事例から，CSA に基づく検証活動は，締約国が申告しない核物質や原子力活動の検知機能が不十分であることを IAEA は確信した。すなわち，検証の対象となるべき施設の設計情報が，それら施設を秘匿することを目的として IAEA に時宜を得た提供がなされなかったこと，それら施設の建設に関連する機微な機器や設備に関連する輸出入情報の提供を受ける（申告を受ける）権限がなかったこと，冒頭報告の完全性を確認するための特別査察の機能が不全であったことが認識された。

IAEA では，CSA に基づく検証活動の法的権限の解釈を確認するために，1991 年 6 月に 1970 年当時 CSA 作成に携わった各国の識者によるいわゆる賢人会議を開催した[26]。この時事務局から提示された論点は，以下の 4 つであった[27]。① 1995 年の NPT 再延長会議に向けて IAEA が採るべき方向性は何か，②十分な保障措置を達成するために如何に効果的で信頼性のある活動を実施すべきか，③保障措置の経費削減に如何に対処すべきか，④このような疑問に対する議論をどのような場で展開すべきか。そして，1991 年 9 月から 1993 年にかけて理事会と事務局においてこれらの弱点を補完する強化策が検討された。

設計情報は，補助取極で新規施設の場合は核物質の搬入の 180 日前までに提供することになっていた。これを，締約国が対象となる施設の建設計画を認可した時点，建設が開始される時点，及び，建設中の各段階で提供し，最終的に核物質搬入の 180 日以前に完全な設計情報を提供するように，補助取極を改定した[28]。

機微な資機材の輸出入に関する情報の提供は，「平和利用のために使用される機微な資機材や非核物質の輸出入に関するユニバーサル報告制度」を構築することになった。しかし，この制度の法的な権限が未構築であったことから，

---

(26)　STRENGTHING OF THE SAFEGUARDS SYSTEM, GC (XXXVI) /1017 15 September 1992, para.4.

(27)　Program Discussion of safeguards, Safeguards Questions to discuss, DG 1991-06-21.

(28)　STRENGTHING OF THE SAFEGUARDS SYSTEM, GC (XXXVI) /1017 15 September 1992, para.5.

〔菊地昌廣〕　　　　　　　　**11**　保障措置検証機能の変遷と今後の展開

ボランタリーベースで運用することになった[29]。

　特別査察は，CSA において特定査察及び通常査察による活動の結論導出が困難である場合には，追加的な情報の利用と追加箇所への検証行為が可能である旨，その権限と義務が再度確認された[30]。特に特別査察により解決されるべき疑義を特定するために必要となる様々な情報取得について議論された。すなわち，保障措置制度以外からの情報の活用，例えば，科学雑誌などの公開情報，機微な資機材や非核物質の輸出情報，及び，加盟国がそれぞれの諜報活動を介して収集した情報の活用の可能性とこれら情報の信頼性や信憑性の是非について議論された。不法活動の表象を認知するために保障措置制度以外の情報活用の有効性は理解できるものの，締約国の CSA 不遵守のケースは一律に特定できるものではなく，不遵守事象の表象は様々であると思われ，かつ特別査察に至るプロセスは不特定であることから，このような情報の活用については，事務局長が責務を持つこととなった[31]。この時点で，IAEA は従来の計量管理情報等保障措置制度内の情報を超える情報活用の道を開くことができた。

（2）　93＋2計画

　IAEA 理事会における議論と並行して，事務局長は理事会で議論されている要請事項を含む保障措置活動の効果的かつ効率的な実施に関して 1992 年 9 月に保障措置実施常設諮問委員会（SAGSI）に諮問し，1993 年 4 月に未申告の原子力活動検知に寄与できる新たな検証技術や手段について答申を受けた。この中に，枢要箇所に特定されていた査察員の接近個所を未申告の施設及び設備を検知するために拡大すること，及び，未申告の原子力施設から放出される極微量の核物質を検知するための環境サンプリングとその分析技術を導入することの提案が含まれていた[32]。同時に新たな技術の導入との引き換えによる従来の

---

(29)　STRENGTHING THE EFFECTIVENESS AND IMPROVING THE EFFICIENCY OF SAFEGUARDS SYSTEM, GC (XXXVII) /1073 September 1993, para.7.

(30)　STRENGTHING OF THE SAFEGUARDS SYSTEM, GC (XXXVI) /1017 15 September 1992, para.4.

(31)　Michael D Rosenthal, Frank Houck, et.al., *REVIEW OF THE NEGOTIATION OF THE MODEL PROTOCOL ADDITIONAL TO THE AGREEMENT*(S) *AND THE INTERNATIONAL ATOMIC ENERGY AGENCY FOR THE APPLICATION OF SAFEGUARDS* VOLUME I/III, BNL-90962-2010, January 2010, pp. 20-22.

(32)　STRENGTHING THE EFFECTIVENESS AND IMPROVING THE EFFICIENCY OF SAFEGUARDS SYSTEM, GC (XXXVII) /1073 September 1993, para.13.

Ⅲ　大量破壊兵器の不拡散

検証手段の合理化案の示唆もあった(33)。例えば，未申告再処理施設検知のための手段を強化することによる，発電炉に貯蔵されている使用済燃料の検証強度の低減である。

SAGSIからの答申事項は1993年6月に理事会へ報告された。理事会は，この答申内容のCSAの法的権限からの逸脱や締約国主権への影響の可能性を指摘し，さらに精査を求めた。これを受けて，1993年12月に「93＋2計画」が事務局内で立ち上げられ，詳細な検討が開始された(34)。

「93＋2計画」が開始された時の議論の規範は，一義的には，査察員やその他の職員の未申告核物質や原子力活動の検知能力向上であった。このためのコスト増加に対処するために，保障措置の効果を維持ないしは改善しつつ，様々な方面での費用対効果の向上策も示唆された。

検証手段強化に向けて具体的に検討された事項は，以下の通り(35)。

活用情報の拡大について

　a.　施設の設計情報の早期提供の枠組み

　b.　IAEA内部情報や公開情報の他，IAEAが利用可能な情報の最大限の活用方法

　c.　機微な資機材及び非核物質の輸出入情報提供制度枠組み

　d.　国の原子力活動の広範な計画の特定

　e.　環境サンプリングにより収集された情報の活用方法

検証のための接近可能箇所の拡大について

　a.　特別査察の活用方法

　b.　原子力サイト外の箇所に対して必要な時点で検証を実施するための接近の許容性

　c.　原子力サイト内の枢要箇所を超えたすべての箇所への接近の許容性

　d.　締約国が要求する管理されたアクセスの導入の是非及び導入形態

　e.　短期通告あるいは無通告でのすべての箇所への検証実施の許容性

　事務局が検討した結果は，最終的にCSAの法的権限内で実施可能な事項と，

---

(33)　STRENGTHING THE EFFECTIVENESS AND IMPROVING THE EFFICIENCY OF SAFEGUARDS SYSTEM, GC (XXXVII) /1073 September 1993, para.14.

(34)　STRENGTHING THE EFFECTIVENESS AND IMPROVING THE EFFICIENCY OF SAFEGUARDS SYSTEM, GC (XXXVIII) /17 29 August 1994, para.2.

(35)　Ibid., para.9.

〔菊地昌廣〕　　　***11*** 保障措置検証機能の変遷と今後の展開

CSA の規定を超えて新たな法的権限が必要となる事項とに分けられて理事会へ報告された。この新たな法的権限が必要となる事項を具現化するために，1970 年当時の保障措置委員会と同様に，1995 年 6 月から 1 年間，理事会の下にオープンエンドの委員会（committee 24）が設置され，AP が草案された。

（3）　AP 成立により IAEA が最終的に獲得した保障措置強化手段

1997 年に AP が成立するに至りそれまでの CSA の強化の議論を含め，最終的に IAEA が実施可能となった保障措置手段を以下に示す。

a.　設計情報の早期提供権限：1991 年から 1993 年までの理事会における保障措置強化策の合意を経て，CSA の補助取極の改訂により取得した。

b.　特別査察起動に必要となる公開情報及び第三者から提供を受けた情報等広範な情報の活用権限：1992 年の保障措置強化に関する総会決議で再確認。その後 AP の Article2 で包括的に規定された。

c.　機微な資機材や非核物質の輸出入に関する情報の入手権限：1993 年の保障措置の効率化の改善及び強化に関する総会決議で取得。その後 AP の Article 2（ix）で規定された。

d.　環境サンプリング採取権限：1993 年の保障措置の効率化の改善及び強化に関する総会決議で取得。その後 AP の Article 6.c で規定された。

e.　国の原子力活動に関する過去，現在，将来情報の入手権限：1994 年の保障措置の効率化の改善及び強化に関する総会決議で取得。その後 AP の Article 2.(x) で規定された。

f.　検証のための CSA で規定された枢要箇所以外の箇所（締約国内のすべての箇所）への接近権限と検証活動実施権限：1994 年の保障措置の効率化の改善及び強化に関する総会決議で取得。AP の Article 4 から Article 11 までの記載で，補完的なアクセス[36]実施権限として規定された。

3　2000 年代の不遵守検証事例

（1）　不遵守特定に至る段階的評価の系譜

不遵守（non-compliance）と不履行（failure）の用語は，IAEA 憲章第 12 条 A

---

(36)　IAEA safeguards glossary 2001 edition, para.11.25.

Ⅲ　大量破壊兵器の不拡散

項第7で使用されている[37]。不遵守は当該国がその保障措置協定等に記載されている事項を意図して遵守しなかった時に使用される[38]。また，不履行は締約国が有する義務を過失または故意に履行しなかった時，例えば，申告の義務を怠った時に使用される。不遵守と判断される要素として，①申告された核物質の転用（diversion），②合意されている記録・報告制度の違反（violation），③査察活動への妨害（obstruction），④適用されている保障措置機器への不当干渉（interference），及び，⑤検証活動の阻止（prevention）がある[39]。

この内，核物質の転用につながる定量的な検証に関する系譜としては，⑥施設の記録と報告（申告）事項間の不一致（discrepancy）[40]，⑦申告された核物質量と実際に検証された核物質量間の差異（defect）[41]，⑧検証活動によって差異が解決されない場合は損失（missing）とみなされ，その量が1有意量を超える場合には転用あるいは不正使用の恐れがある異常（anomaly）[42]と認定される。

IAEAの検証活動は純粋に技術的な客観性をもって実施される。特に特別査察及び補完的なアクセスは，惹起された疑義が，科学的に説明が可能となり解決されるまで，段階を経て複数回実施される。接近のための回数は制限されていない。不一致，差異，異常状態等の疑義を解決するために様々な検証活動を試みるその過程で，事務局は適宜理事会等に対して解明の進展を報告するが，当事国の協力及び協調が得られなかった時，ないし違反事象の背景に核兵器開発が存在したような時には，憂慮すべき事項（matter of serious concern）として懸念と遺憾の意が表明されている。

（2）　CSA不遵守検知の事例

（a）　イラン

2001年までは，IAEAはイランの原子力活動に疑義はないとしてきた。しかし，2002年にイラン亡命組織がイラン国内の秘密裏のウラン濃縮活動や重水製造などに関する疑惑を指摘した[43]ことから，イランと関係国及びIAEAと

---

(37)　IAEA憲章公定訳では，「不遵守」及び「不履行」をまとめて「違反」と訳している。

(38)　IAEA safeguards glossary 2001 edition, para.2.2.

(39)　Ibid., para.2.3.

(40)　Ibid., para.3.25.

(41)　Ibid., para.10.7.

(42)　Ibid., para.3.26.

(43)　"Nuclear Overview in IRAN PROFILE", http:/www.nti.org/e_reserach/profiles/

の間で，核問題の解決に向けた協議が開始された。イランは2003年12月に
APに署名し，翌年12月から2006年2月まで暫定適用された。

　イランの核疑惑は，2005年に発足した核物理学者であった保守派大統領の
アフマディネジャド政権下で拡大した。イランの申告内容に疑義や不一致が見
つかり，その後イランからの前向きな協力が得られない中，IAEAは根気よく
当該不一致を解決するための活動を継続した。イランの原子力発電計画から大
きく乖離した規模のウラン濃縮計画や，プルトニウムの製造に繋がる重水炉計
画の存在が明らかとなり，その不整合についてIAEAとの度重なる協議が行わ
れたが，疑義解消には至らなかった。この段階で，イランの核拡散の動きを
IAEAは技術的には阻止できず，国連安全保障理事会へ通報し，関係国の経済
制裁が発動された。この事態解決のために，EU3＋3（米露中）とイランとの国
際協議が開始された(44)。

　2011年のIAEA理事会報告には，それまでの問題点が，「保障措置協定の範
囲内のもの」と，「範囲外のもの（軍事利用の可能性のあるものを含む）」に分け
て記載された(45)。IAEAは，加盟国から提供された情報や公開情報の分析，衛
星画像の分析，及び，軍事技術開発関連技術者のインタビュ等を介した核兵器
開発につながる未申告の核物質及び活動を発見できる検証機能を構築し，この
機能を駆使することでイランの原子力の軍事利用への可能性を検知した。そし
て，この事実は「イランの原子力計画の軍事利用の可能性（Possible Military
Dimensions: PMDs）」として報告され，「核爆発の開発に係る兆候（Nuclear Ex-
plosive Development Indicators）」として記載された。

　2013年にイランに改革派政権が成立してから，同国の原子力活動に関する
透明性の確保と信頼醸成を基本原則として，EU3＋3との関係改善に向けての
協議が開始され，2年強にわたる粘り強い交渉の結果，包括的共同作業計画
（JCPOA）が合意され(46)，経済制裁は解除された。イランの核拡散に関する国

Iran/1819_1822.html.

(44)　Communication dated 26 November 2004 received from Permanent Representatives
of France, Germany, the Islamic Republic of Iran and the United Kingdom concerning the
agreement signed in Paris on 15 November 2004, INFCIRC/637, 26 November 2004.

(45)　Implementation of the NPT Safeguards Agreement and relevant provisions of Security
Council resolutions in the Islamic Republic of Iran, GOV/2011/65, 8 November 2011.

(46)　Verification and monitoring in the Islamic Republic of Iran in light of United Nations
Security Council resolution 2231 (2015) GOV/2017/48, 13 November 2017.

Ⅲ　大量破壊兵器の不拡散

際的な懸念が払拭され，中東地域の懸念材料の解消に向けて動き出したことの
国際安全保障上の意義は大きい[47]。

（b）リビア

　リビア政府は1975年5月にNPTに加入し，1980年7月にCSAを発効させ
た。しかし，2003年12月まで秘密裏のウラン濃縮を含む核兵器開発計画を遂
行していた。2003年12月19日にリビア政府は国際的に禁止されている核兵
器開発に供することができるウラン濃縮計画及び爆発装置製造計画の放棄を決
定したと国連安保理とIAEAに通告した[48]。湾岸戦争以降，米英政府はリビア
政府と核兵器開発計画の放棄について協議しており，もし，この計画を継続し
た場合には，イラクと同様な攻撃を受けるのではないかとの懸念から，放棄の
通告につながった。しかし，IAEAは，この通告以前に，リビア国内のウラン
濃縮施設の存在を認知していなかった。米国政府は，IAEAが検証に関与する
直前にウラン濃縮に関連する資機材，爆発装置の設計図及び製造図書などを米
国に搬出してしまったが，IAEAの検証はこれら資機材や情報の追跡も含めて
対象とした[49]。2003年12月の段階でリビア政府は，APによる検証を受諾す
ることをIAEAへ通告しており，検証活動は2006年8月から開始された。

　1980年以降秘密裏に輸入された核物質の計量管理報告及び未申告状態で建
設していた複数の原子力施設の設計情報を追加提出した。この段階でCSAを
締結した1980年7月以降，本来保障措置の対象となる情報が未申告であった
として，理事会でCSA違反が決議された[50]。特に，核兵器開発に関連するウ
ラン濃縮や爆発装置の設計図，製造図書を闇市場から秘密裏に取得していたこ
とは，憂慮すべき事項であるとされた。

---

(47)　2018年5月8日米国大統領はJCPOAではイランの核開発を阻止できないとして
　　　JCPOAからの離脱を宣言した。一方IAEAは，同年9月の理事会において，イランは
　　　JCPOAを履行しており，IAEAは核物質の転用が発生していないこと及び未申告の核
　　　物質や活動がイラン内に存在しないことを継続して検証していると表明している。

(48)　Implementation of the NPT Safeguards Agreement in the socialist People's Libyan
　　　Arab Jamahiriya, GOV/2003/82, 22 December 2003.

(49)　Implementation of the NPT Safeguards Agreement in the socialist People's Libyan
　　　Arab Jamahiriya, GOV/2004/12, 20 February 2004.

(50)　Implementation of the NPT Safeguards Agreement in the socialist People's Libyan
　　　Arab Jamahiriya, GOV/2004/18, 10 March 2004. ただし，この決議においては，「in
　　　breach of its obligation to comply with ...」という用語が使用されている。

［菊地昌廣］　　　　　**11**　保障措置検証機能の変遷と今後の展開

（c）　韓　　国[(51)]

　韓国政府は，1975 年 11 月に CSA を締結し，AP には，1999 年 6 月 21 日に署名し，2004 年 2 月 19 日に発効させている。韓国原子力研究所（KAERI）でレーザー同位体分離装置（AVLIS）による様々な実験で，ウランの同位体分離（ウラン濃縮を意味する）を 2000 年に実施していたことを AP の冒頭報告で 2004 年 8 月 23 日に IAEA に通報し，この事実を韓国政府も承知していなかったことを追記した。

　IAEA は事実確認のために速やかに査察チームを派遣し，調査した。この過程で，同位体分離に使用されたウランは，1980 年代に行われたウラン転換作業で製造されたものであることが判明し，過去に申告されていない原子力活動が存在したと結論した。IAEA は，関連施設から環境サンプルを採取し分析した結果，プルトニウムを含む照射済の劣化ウランが検出され，この活動の説明を韓国政府に求めた。これに対し，韓国政府は，1980 年代の初頭に研究規模の劣化ウランの研究炉での照射と，照射物からのウランとプルトニウムの分離試験の実施を明らかにした。また，IAEA は独自に入手した公開情報に基づき，追加説明を要求したところ，1979 年から 1981 年にかけて 3% のウラン - 235 の実験室規模の化学法濃縮を実施していたことも判明した。

　これらの事実から，2004 年 9 月の理事会に，本来 1975 年に締結した CSA で報告が義務付けられていたウラン転換や濃縮，プルトニウムの分離抽出活動などの過去の事実が，IAEA に未報告であったことは憂慮すべき事項であると報告した。そして過去の一連の未報告であった活動の全容を解明し，韓国政府からの申告の正確性と完全性を保証するために，関連するすべての情報の提供を求めた。段階的ではあったが提供を受けた情報に基づき，関連個所を訪問し，記録の検査，関連物質の測定，写真の撮影，環境サンプルの採取，研究に携わった者への聞き取り調査，過去に使用された装置の解体状況の確認を実施した。その結果，1981 年から 2000 年までに未申告状態で行われていた活動を，IAEA への報告不履行（failure to report）として認定し，韓国政府は，遡及して関連活動の計量管理報告を提出した。

　確かに過去に，それも CSA 締結後に未申告状態でウラン濃縮及びプルトニ

---

(51)　Implementation of the NPT Safeguards Agreement in the Republic of Korea, GOV/2004/84, 11 November 2004.

253

Ⅲ　大量破壊兵器の不拡散

ウム分離抽出に関する技術開発を実施していた事実があり，この間の CSA 違反を問われる案件ではあるが，対象となった物質が少量であったこと，AP 発効以降の政府の疑義解明に対する協力の姿勢，及び，IAEA による韓国の原子力活動への強化された検証機能を配慮して，これらの違反は過去の報告不履行として処理された。

(d) エジプト[52]

エジプト政府は，1982 年 6 月に CSA を締約し，1997 年 4 月 1 日に設計情報の早期提供に関する補助取極を改定している。2004 年 9 月に 3 施設と 4 か所の LOF を新たに申告した。IAEA は定常的に公開情報により申告内容の正確性と完全性を確認していた。この活動の中でエジプト政府が申告した情報と IAEA の公開情報において，天然ウラン抽出，ウラン転換，ターゲットウラン照射，プルトニウムの分離抽出の分析との間に差異が発見され，確認作業が必要となった。IAEA の疑義の発端となった事実をエジプト政府に提示し，2004 年 10 月から 2005 年 2 月まで差異解消のための複数回の査察が行われた。一方，エジプト政府は，2005 年 2 月に未報告であった核物質や施設に関する情報の追加申告を IAEA に提示し，同時に関連施設でこれまでに行われていなかった関連施設の設計情報の変更と新たな施設情報の申告を行った。

IAEA 事務局は，2005 年 9 月に理事会に対し CSA に基づく義務のある情報が未申告であったことを報告している。この中には，未申告の核物質や，天然ウランやトリウムの照射及び湿式精錬施設や同位体製造施設の設計情報の未申告及び 2 基の原子炉の設計情報の変更内容の未申告が含まれていた。これらの活動は，政府情報として，また技術情報としてすでに公開されているものの，政府からの IAEA への申告はされていなかった。しかし，報告を提出すべき時期が 40 年から 15 年以前のものであったことから，この遅延は，憂慮すべき事項と理事会に報告された。これに対しエジプト政府は，CSA の義務に対する理解不足であったと認めている。

その後も 2006 年に少量の高濃縮ウランの未報告事案が発生したが，2008 年の年報において解決されたと報告されている。

---

(52)　Implementation of the NPT Safeguards Agreement in the Arab Republic of Egypt, GOV/2005/9, 14 February 2005.

254

〔菊地昌廣〕   **11**　保障措置検証機能の変遷と今後の展開

（e）　シリア

　シリア政府の核兵器開発疑惑は，2008年6月2日に，IAEA事務局長が理事会に口頭で行った報告で明らかになった[53]。引き続く理事会への報告は[54]，同年4月にある加盟国から，2007年9月に炉心に燃料が搬入される前にシリアのデイル・エッゾールの原子炉がイスラエルからの攻撃を受け破壊されたとの情報を入手したというものであった。シリア政府は，当該サイトは軍事目的の施設であり，いかなる原子力活動も実施していないと申し立てたが，IAEAは入手した情報を確認するために2008年6月22日から24日までシリアに査察員を派遣し，当該サイトを訪問して環境サンプルを採取し，破壊されたとされる施設に関連する図書などの提供を求めた。2008年10月には，破壊された施設から採取された環境サンプルの分析結果をシリアに通報し，更なる情報の提供を求めた。これに対し，シリアは，採取されたサンプルに含まれていたウランは，この施設を攻撃したイスラエルのミサイル由来のものである可能性があると反論した。その後IAEAは入手可能なすべての情報により，この施設が原子炉であったかどうか精査した。その結果，破壊された建物は，DPRKの黒鉛実験炉とほぼ同型の可能性が高いと結論した[55]。

　もし，この施設が黒鉛実験炉であったとしたら，CSAに基づく原子炉施設の設計情報の提供が行われておらず，IAEAは，CSA違反が疑われる深刻な問題であるとの認識を表明し，2011年6月にIAEA理事会は，シリアがデイル・エッゾールに未申告の原子力施設を建設し，この原子炉に関する設計情報の提供義務に違反したと決議した[56]。

4　IAEAの検証活動に係る今後の挑戦──DPRKの検証問題

（1）　米朝首脳会談の成果

DPRKは，1992年以降核兵器やミサイル開発を継続し，2017年9月に水爆

---

(53)　Record of the 1206th Meeting, GOV/OR.1206, June 2008, para. 26, 27.

(54)　Implementation of the NPT Safeguards Agreement in the Syrian Arab Republic, GOV/2008/60, 19 November 2008.

(55)　Implementation of the NPT Safeguards Agreement in the Syrian Arab Republic, GOV/2010/63, 23 November 2010.

(56)　Implementation of the NPT Safeguards Agreement in the Syrian Arab Republic, GOV/2014/44, 3 September 2014.

Ⅲ　大量破壊兵器の不拡散

実験を実施するに至った。2017 年 1 月にトランプ政権が発足してから米国との緊張状態が高まり，両国による低次元な相互非難や，DPRK による短中距離あるいは長距離ミサイル実験，米国の重爆撃機の DPRK 領空接近など相互威嚇が継続されたが，2018 年 6 月に米朝首脳会談が開催され，両国間の緊張は著しく緩和した。

　米国をはじめ，日本及び韓国は，2003 年から開始された 6 者会合以来，DPRK に「完全で検証可能かつ不可逆な非核化」（CVID）を要求しており，本米朝首脳会談においても，米国からこの要求が出され，共同宣言に盛り込まれることが期待されたが，結果として DPRK は朝鮮半島の非核化を目指すというこれまでのコミットメントを繰り返しただけで[57]，非核化の道はその後事務レベルで協議されることになった。韓国は，文在寅政権下で融和策を展開し，米朝首脳会談前の南北首脳会談（板門店会談）にて軍事的対立関係の解消を合意している[58]。南北首脳会談と米朝首脳会談により，確かに朝鮮半島の軍事的な緊張感は緩和されたが，日本を含む北東アジアの地域的な安全保障体制の構築や DPRK の完全な非核化は棚上げされた。

（2）　CVID の意味するところ

　CVID の意味するところは，DPRK がすでに保有している複数発のすべての核弾頭を解体撤去し，無力化することが一義的な目的であるが，不可逆的という要請からは，このような核弾頭製造に至るすべてのプロセスの解体あるいは破壊による製造能力の無力化，及び，核開発に係る知識の喪失まで包含される。

　核弾頭解体の検証で不可避なのは，保有弾頭数の正確な申告に基づく検証だけでなく，申告外に秘匿された可能性のある弾頭の有無の確認が求められることである。このためには，核弾頭製造に至るすべてのプロセスを検証し，そのプロセスの運用履歴や残された廃棄物の量や組成を調べて，これまでに製造されたと申告された核弾頭に使用されている核物質量以上の核物質が生産されていないことを確認するという，隠された核弾頭の存在を否定するための確認行為が必要となる。同様な確認行為は，南アの事例にあることを先に示した。

　DPRK で核兵器開発が取りざたされ，国際社会が IAEA の検証を要請したの

---

(57)　米朝共同宣言第 3 項，2018 年 6 月 12 日

(58)　朝鮮半島の平和と繁栄，統一のための板門店宣言第 2 項，2018 年 4 月 17 日。

が1992年であり，93年4月には保障措置協定不遵守を認定されて交渉が決裂してから25年が経過し，この間，DPRKは確実に核兵器開発プロセスを進展させてきた。そこで，それぞれのプロセスの25年の活動を一つ一つ精査して，製造された核弾頭に使用された核物質の総量の妥当性を検証する必要がある。

一般的な核兵器開発に至る経路を図-1に示す。

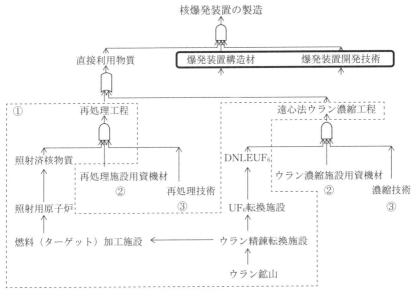

図-1 核兵器開発に至る経路

平和利用の検証では，図内の①の部分は，CSAで，②及び③の部分が，APで検証活動が規定されている。実線で囲んだ部分は，基本的には核兵器を開発し保有している国しか知りえない情報であるが，イランのJCPOAで，既にIAEAはPMDとしてこれらの部分の検証も実施していることは先に示した。

DPRKは，この過程のすべてのプロセスを既に保有しているとみるべきで，プロセスの廃棄・破壊による無力化となると，これら関連する施設がどこにあるか，秘匿施設は存在しないか，これらの施設を再使用できない状態にするための適切な廃止措置は何かなど，検証活動は容易ではない。また，これら施設は，すでに核物質等で汚染されているので，単に爆破して解体してしまえばいいというようなものではなく，環境への放射能拡散影響を配慮した解体撤去となると，無力化技術も簡単ではない。

Ⅲ　大量破壊兵器の不拡散

更に核兵器開発に関与してきた研究者や技術者の知恵や知識の拡散も懸念される。過去に旧ソの核兵器開発や製造に関与してきた研究者や技術者の保護や追跡をナン・ルーガー計画に基づいて実施してきたように，長期にわたって核兵器開発に関する知恵や知識の拡散を防止しなければならない。

（3）　検証のプロセス

DPRK が，非核兵器国であるとの立場を採れば，まず NPT への復帰を慫慂し，CSA を再度効果あるものとした上でその遵守を求め，さらに AP を発効させて広範な検証活動を可能とする IAEA の法的権限を確立することから開始されよう。その後，南アフリカにおける解体核物質の検証と同様に，未申告の核物質及び関連施設が存在しないことの検証を，IAEA が保有する検証技術を駆使して実施し，非核化の結果を技術的な客観性をもって国際社会に保証することになろう。

まず，情報の申告として，CSA によって①保障措置の対象となる施設の申告と施設の設計情報の提供が求められ，②対象施設で保有している核物質の量，種類，形態，保管形状及び保管場所等を冒頭報告として提出することが求められる。次いで，AP によって③国内のすべての核関連サイト内建物の用途や配置図を含む情報の提供や関連資機材の輸入情報等の提供が求められる。

検証は，まず 1992 年時点まで遡及し，この時点で未解明であった申告の不備や既に申告された内容の確認から開始され，その後水爆実験に至る 25 年に及ぶ核兵器開発活動の一つ一つの申告に基づき，その内容の整合性を確認することになる。この時，CSA に基づく特定査察や通常査察による申告内容の正確性の確認と，AP に基づく補完的なアクセスによる申告に隠蔽の事実がないことの完全性の確認が不可欠である。

すなわち，これまでに建設され運用された多様な核兵器関連施設の建設履歴，核物質入手経路，及び，生産の履歴を緻密に分析し，追跡し，現在 DPRK に存在する核物質の量と質が，製造プロセスも含めて完全に解明され，平和利用へ移行したことの確認，及び，核開発関連施設やプロセスが廃棄ないしは平和利用施設として再生され，確実に運用され始めたことの確認をもって CVID が完遂されると理解すべきである。

核弾頭の解体検証は IAEA の活動対象ではないが，取り出された核物質の検証は，IAEA の任務である。IAEA は，解体検証のために，核兵器保有国から

258

〔菊地昌廣〕　　　　　　　**11**　保障措置検証機能の変遷と今後の展開

の援助を受けることになろう。非核化検証のために，国際社会は一丸となって
検証機関を支援する必要がある。

（4）　完全な非核化に至る環境整備

　DPRK の CVID が成功するか否かは，先に完全な非核化を成功させた南アフ
リカの政治的決定の事例からもわかるように，偏に DPRK の CVID 受諾の政
治的な決定と，IAEA による検証活動への協力（cooperation）姿勢による。
IAEA は精緻な検証技術を有し，検証受諾の対話を呼びかけているが，これに
応え得るだけの政治的な利益を DPRK 政府が許容できるか否かにかかっている。
　具体的な政治的な利益は，CVID の進捗との見合いで休戦状態にある朝鮮戦
争の終結を中国やロシアを含めた関係国間，あるいは国連の場（国連軍と中国
義勇軍の戦いであったことを配慮して）で決議することである。そしてこの関係
国間の合意による圧力あるいは寛容で，DPRK の核保有のインセンティブを政
治的に失わせ，更なる CVID の進展を模索すべきである。すなわち，DPRK が
核兵器を維持する国際的な立場を変更し，核兵器を持たないと政治的に決定す
ることにより NPT に復帰し，国際社会の一員として自国の平和を維持した方
がよいと思わせる環境を作ることである。
　しかし，一度核を保有してしまったことから，インドやパキスタンと同様な
NPT 枠外の事実上の核保有国としての立場を主張することも大いに懸念され
る。もし，この主張を国際社会が安易に受け入れることになると，国際的な核
不拡散体制の新たな懸念事項となるばかりでなく，北東アジアの安全保障体制
が大きく変化することになりかねない。国際社会は，DPRK の事実上の核保有
国としての立場の主張を阻止する必要があり，この意味で，CVID の完遂は不
可避となる。

む　す　び

　NPT が発効した 1970 年当時は，核兵器の不拡散に対する国際的なコンセン
サスが形成され，そのコンセンサスの履行（コンプライアンス）の信頼性を客
観的に確認する機能として IAEA 保障措置が成立した。コンセンサスに敬意を
表明する国の信頼性を醸成する機関としての役割を果たしていた。しかし，ポ
スト冷戦時代を迎えた 1990 年代当初から，核拡散の国際的な懸念は大きく変

Ⅲ 大量破壊兵器の不拡散

化し，これに対応するために IAEA の検証能力は強化された。強化の規範は，コンセンサスが履行されているかどうかの確認，すなわち不履行の事実を検知するという，常に締約国の遵守状況に疑念を抱きながら検証活動を展開する方向性をもつものであり，強化以前の検証の規範とは大きく異なった制度が構築された。

この制度の効果は，運用が開始された 2000 年以降の検証事例からも明白である。CSA のみの検証活動で検知できなかった不遵守事例が，この制度の導入により遡及して明らかになったことが効果の証左である。現在 IAEA は，AP による広範囲な活動により締約国全体の原子力活動を俯瞰し，政府から申告された情報の完全性を検証することによって核拡散の懸念を早期に察知し，その懸念事項にかかる申告の正確性を CSA による定量的な活動を介して検証している。最近ではこれを国レベルの保障措置と称し，全締約国に適用している。そして核拡散の可能性の有無を国際社会に通報することによって，核の番人としての機能を果たしてきている。1990 年代の当初に直面した困難を，強化策を介してその機能を変態させてきた IAEA の経験と能力は，評価されるべきものである。

しかし，今後も国際政治が深く関係したイランや DPRK のような解決途上の問題，あるいは，核兵器国の余剰兵器級核物質の処理処分の検証問題など，IAEA が直面することが予想される事項は少なくない。IAEA は，政治的な判断を排除し，国際法として保証された非差別な活動権限の中で，技術的な客観性をもって国際社会に核拡散の懸念を発信する機関である。核兵器の拡散防止は，南アフリカ，イラン，及び，リビアの事例にみられるように，当事国の政治的な決定，あるいは国際政治を介した制裁を含む圧力や和平への協調を介した国際合意によって達成されるものである。検証結果は，このような国際的合意の履行（compliance）の証拠（evidence）として尊重されるべき事実である。IAEA の検証活動は重要な要素ではあるが，この活動だけで核兵器の拡散を防止する決定的な要素にはなり得ない。

常時核武力に裏打ちされた核の傘あるいは核の脅威のバランスを背景とした平和から国際社会が解放されるようになるまで，すなわち核兵器を必要としない国際平和が実現できる時まで，核不拡散及び核軍縮に伴う核武力の無力化や廃棄（平和利用への転換を含む）の事実を確実に検証し，この結果を国際社会に提供する IAEA の活動に期待したい。

12 核不拡散における保障措置とは
── 保障措置の目的の観点からの考察 ──

樋 川 和 子

は じ め に

核兵器不拡散条約（NPT）第3条1項は「締約国である各非核兵器国は，原子力が平和的利用から核兵器その他の核爆発装置に転用されることを防止するため，この条約に基づいて負う義務の履行を確認することのみを目的として国際原子力機関憲章及び国際原子力機関の保障措置制度に従い国際原子力機関との間で交渉しかつ締結する協定に定められる保障措置を受諾することを約束する。（後段略）」と規定している。すなわち，NPT が規定した IAEA 保障措置の目的は，「原子力が平和的利用から核兵器その他の核爆発装置に転用されることを防止する」ということになるが，核不拡散の分野に初めて保障措置の概念が登場した際の保障措置の目的はこれとは異なるものであった。

モハマド・シャーケル（Mohamed I. Shaker）は，NPT の起草過程を詳しく検証する中で，保障措置とは平和的な原子力活動の国際的な管理のことであり，軍縮や軍備管理の分野における他のタイプの管理とは異なるものであるし，保障措置の構成要素の一つにすぎない査察や，核物質防護，原子力安全とも区別されるべきものであると述べつつ，核不拡散の世界で初めて「保障措置（safeguards）」という言葉が登場したのは，1945年11月に発出された米国，英国，カナダによる共同宣言の中においてであったとして指摘している[1]。1945年8月に人類史上初めて，核爆弾が戦争の兵器として使用され，その破壊力を目の当たりにしたことを受け，同年11月15日，米国，英国，カナダの首脳がワシントンで会合し，原子力が破壊目的で使用されることを防ぎつつ原子力の平和

---

(1)　Mohamed I. Shaker, "The Nuclear Non-Proliferation Treaty – Origin and Implementation 1959-1979," OCEANA Publications (1980), 651-775, Volume II, Part 5, Principle (d), Chapter 10: "International Safeguards: Article III," p.654.

Ⅲ　大量破壊兵器の不拡散

利用を促進するための共同宣言を発出した[2]。この共同宣言の中で米国，英国，カナダの3ヶ国は，原子力の利用を国際的に管理する必要性を強調し，同年10月に設立されたばかりの国連の下にこの目的を達成するために勧告を行うことをマンデートとする委員会の設置を提案する。そして，この原子力の国際管理という構想の中で，初めて言及されたのが，原子力分野における保障措置という概念であった。同宣言の中で3カ国は，国連の委員会に託すべきマンデートの一つとして，「違反および（義務の）回避の危険から遵守国を守るため，査察その他の手段による効果的保障措置（For effective safeguards by way of inspection and other means to protect complying states against the hazards of violations and evasions）」にかかる提案を行うべきとしたのである[3]。これはつまり，当時核爆弾を製造可能な知識を有していた米国，英国，カナダの3カ国は，その知識および能力を独占するために，別の言い方をすれば，3カ国以外に拡散させないようにするために，原子力の利用を国際的に管理しようと考え，仮に国際管理のルールを破る国が出た場合に損害を被るであろう遵守国を守るための措置を「保障措置」と呼んだということになる。

　その後時を経て，現在，核不拡散の文脈で保障措置といえば，IAEAの保障措置が念頭におかれているといっても過言ではない。しかしながら，NPTに基づいて策定されたIAEA・NPT保障措置[4]の原型であったともいわれるユーラトム（EURATOM: the European Atomic Energy Community）保障措置や，アルゼンチン・ブラジル計量管理機関（ABACC: the Brazilian-Argentine Agency for Accounting and Control of Nuclear Material）[5]による保障措置のように，国際的保障措置であるIAEAの保障措置とは別の保障措置もあることを忘れてはならない。

　本稿第1章で概観するように，第2次世界大戦終了後，米国，英国，カナダ

---

(2)　"Joint Declaration by the Heads of Government of the United States, United Kingdom, and Canada, November 15, 1945," *Documents on Disarmament 1945–1959 Vol.1,* Department of State Publication 7008, August 1960, pp.1-3.

(3)　Ibid., p.2.

(4)　本稿では，核兵器不拡散条約（NPT）第3条に基づいてIAEAとNPT締約国との間で締結する保障措置をIAEA・NPT保障措置と呼ぶこととする。

(5)　ポルトガル語で，"Agência Brasileiro-Argentina de Contabilidade e Controle de Materiais Nucleares (ABACC)"，スペイン語で"La Agencia Brasileño-Argentina de Contabilidad y Control de Materiales Nucleares (ABACC)"であることから英語でも通常ABACCの略称で呼ばれている。

［樋川和子］　　　　　　　　　　　　　　　　*12*　核不拡散における保障措置とは

以外の国への核不拡散をどのようにして防止するかという問題意識の下，まず
国連を中心に保障措置についての議論がされ，国連での議論が破綻した後に，
1955 年に欧州において，地域機構としてのユーラトムが発足し，1957 年になっ
て初めて国際的な保障措置実施機関としての IAEA が発足する[6]。その後，
1970 年の NPT 発効により，NPT 締約国である全ての非核兵器国は NPT 第 3
条に基づき IAEA との間で保障措置協定を締結することが義務づけられ，NPT
自体の普遍化と共に，NPT・IAEA 保障措置もまた普遍的な保障措置として広
く理解されるようになっていく[7]。その一方で，ユーラトム保障措置は引き続
き，英国，フランスという 2 つの核兵器国を含む EU 加盟国を対象とする保障
措置として機能してきており[8]，1991 年に発足した ABACC もアルゼンチンと
ブラジルの 2 国間による保障措置として機能してきている。

　本稿で改めて述べるように，これらの保障措置の詳細をみてみると，一口に
保障措置といっても，その目的は必ずしも完全に一致している訳ではないこと
が分かる。その結果として，査察を含む保障措置の具体的な手法や，違反に際
しての強制力なども同じものとはなっていない。

　本稿では，一般に保障措置の代名詞のように用いられている IAEA の保障措
置の目的および役割を改めて概観すると共に，2 国間保障措置である ABACC，
地域的保障措置であるユーラトムそれぞれの保障措置の目的および役割を検証
し，保障措置が，強制力を含めその目的を達成するためにどのような機能を有
しているのか分析することで，査察という保障措置の 1 手段のみに焦点をあて
ることなく，保障措置そのものを改めて議論することの重要性について考察し
てみることとしたい。

---

(6)　IAEA の発足は 1957 年であるが，IAEA が保障措置の基本的な手続きなどを規定した
　　初の保障措置文書（INFCIRC/26）を作成し，保障措置業務を開始したのは 1961 年で
　　あった。
(7)　NPT が採択される 1967 年までに IAEA との間で個別に保障措置協定を締結し，
　　IAEA 保障措置を受け入れていた国は 32 カ国あった。
(8)　英国の EU 離脱決定により，今後離脱にかかる手続きが終了すれば，ユーラトム内
　　の核兵器国はフランスのみとなる。

III　大量破壊兵器の不拡散

1　保障措置とは

（1）　核不拡散における保障措置の概念

　核不拡散の分野において初めて保障措置という概念が登場したのは，1945年11月に発出された米国，英国，カナダによる3カ国共同宣言の中においてであった。同宣言の中で保障措置は，「違反および回避の危険から遵守国を守るため，査察その他の手段による効果的保障措置（For effective safeguards by way of inspection and other means to protect complying states against the hazards of violations and evasions）」という形で言及されている。同時に，3カ国同宣言の第3パラグラフをみると，当時の核兵器製造能力保有国が念頭においていた保障措置というものは，それ自体で核兵器製造を防止するものではなく，むしろ，保障措置によって核兵器製造自体を防止することはできないと考えていたことを明らかにしてくれる[9]。

　この保障措置のコンセプトは，その後，3カ国共同宣言と1945年12月にモスクワで開催された英国，ソ連，米国の3か国外相会議で採択されたモスクワ・コミュニケ[10]に基づいて国連の下に設置された原子力委員会にて更なる検討が行われることとなる。国連安全保障理事会のメンバー国とカナダで構成された国連原子力委員会（UNAEC: United Nations Atomic Energy Commission）は，1946年6月12日に第1回会合を開催し，3年後の1949年7月まで断続的に会合を行った。その後，1952年1月11日に国連総会が国連軍縮委員会の設置を決定した際に正式に解散されるが，委員会のマンデートの1つには上述の効果的な保障措置の検討が3ヶ国共同宣言の文言のとおりの形で含まれていた[11]。

　当時の米ソ対立を背景に実質的な合意事項を採択することができないまま解散となった国連原子力委員会であるが，同委員会が採択した第1次報告には，

---

(9)　"Joint Declaration by the Heads of Government of the United States, United Kingdom, and Canada, November 15, 1945," *Documents on Disarmament 1945–1959 Vol.1,* Department of State Publication 7008, August 1960, p1, 第3パラグラフ："No system of safeguards that can be devised will of itself provide an effective guarantee against production of atomic weapons by a nation bent on aggression. Nor can we ignore the possibility of the development of other weapons, or of new methods of warfare, which may constitutes as great a threat to civilization as the military use of atomic energy". それ自体で核開発を防止するためのものではないという点においてはカールソンらと同じ見解となっている。

(10)　Ibid., pp.4-5.

(11)　UN Document, A/RES/1(I).

264

のちの IAEA をはじめとする核分野における保障措置の基礎となる要素が示されていた。例えば，「効果的な保障措置は，ウラン，トリウム及びその生産物である核分裂性物質の生産及び使用を効果的に管理できるかどうかにかかっている」，「平和目的であっても兵器目的であっても，核燃料の製造過程は最後の段階まで同一」であるといった技術的な観点は，その後の IAEA をはじめとする保障措置形成の根底をなすものとなっているし，「秘密裏の核兵器製造の探知は，ほぼ不可能」という見方も，ともすれば看過されがちではあるが，基本的には現在の保障措置の前提となっているものである[12]。

（2）　IAEA による定義

（a）　NPT 成立前の保障措置の目的

1949 年に原子力委員会が解散して以降，核不拡散の問題は，既に核技術を保有する米国，英国，カナダからの不拡散という観点からよりもむしろ，大きな進展はなかったものの，軍縮の文脈で論じられて行くことなる。一方で，仏，ソ連は米国，英国に対抗すべく独自に核開発を進めていく。そのような状況の中，1953 年，アイゼンハワー米大統領の「平和のための原子力（Atoms for Peace）」演説により，再び保障措置が国際社会の注目を浴びることとなる。同演説により IAEA が設立され，IAEA の重要な任務の１つとして保障措置が託されることとなったわけであるが，1957 年に採択された IAEA 憲章で保障措置が実際にどのように規定されているかみてみたい。

まず，同憲章第２条で，機関（IAEA）の目的として以下が規定されている（下線はいずれも筆者によるもの）。

「機関は，全世界における平和，保健及び繁栄に対する原子力の貢献を促進し，及び増大するように努力しなければならない。機関はできる限り，機関がみずから提供し，その要請により提供され，又はその監督下若しくは管理下において提供された援助が**いずれかの軍事的目的を助長するような方法で利用されないことを確保しなければならない**──。」（IAEA 憲章第２条）[13]

---

(12)　First Report of the United Nations Atomic Energy Commission to the Security Council.

(13)　ARTICLE II: Objectives
　　"The Agency shall seek to accelerate and enlarge the contribution of atomic energy to peace, health and prosperity throughout the world. It shall ensure, so far as it is able, that

Ⅲ　大量破壊兵器の不拡散

　このIAEA憲章第2条に規定された目的から，IAEAは原子力の平和利用促進とその軍事利用の防止という2つの役割をもつ機関として通常説明されるわけであるが，保障措置については，この目的から導きだされる任務の1つとしてIAEA憲章第3条A5に以下のように規定されている。

　「機関がみずから提供し，その要請により提供され，又はその監督下若しくは管理下において提供された特殊核分裂性物質その他の物質，役務，設備，施設及び情報が**いずれかの軍事的目的を助長するような方法で利用されないことを確保するための保障措置**を設定し，かつ，実施すること並びに，いずれかの二国間若しくは多数国間の取極の当時国の要請を受けたときは，その取極にし，又はいずれかの国の要請を受けたときは，その国の原子力の分野におけるいずれかの活動に対して，保障措置を適用すること。」[14]

　ここで強調しておきたいのは，原子力の利用を管理するために発足した機関としてのIAEAは，保障措置の目的を核兵器製造の防止ではなく，より広く解釈することも可能な「軍事目的（any military purpose）」への転用を防止としていたことである。IAEAはこの憲章に規定された機能を果たすため，1961年以降，1968年にNPTが成立するまでの間，原子力活動を行なう国との間で個別の保障措置協定を締結することで，原子力施設・設備・核物質の軍事転用を防止する役割を果たすことになる。ただし，当時IAEAが各国との間で個別に締結していた保障措置協定は，どの施設，設備，核物質に保障措置を適用するかなど，保障措置の具体的内容や範囲については全てIAEAが各国と個別に交渉し，合意することになっていたため，実際に適用される保障措置の内容は，それぞれの保障措置協定ごとに異なっていた。また，基本的にこれらの個別の保障措置協定は，原子力活動を行なう国と他国あるいはIAEAとの原子力協力が前提になっていたため，保障措置の対象は，協力に基づいて何が移転されるか

---

assistance provided by it or at its request or under its supervision or control is not used in such a way as to further any military purpose."

(14)　ARTICLE III: Functions

A. The Agency is authorized:

"5. To establish and administer safeguards designed to ensure that special fissionable and other materials, services, equipment, facilities, and information made available by the Agency or at its request or under its supervision or control are not used in such a way as to further any military purpose; and to apply safeguards, at the request of the parties, to any bilateral or multilateral arrangement, or at the request of a State, to any of that State's activities in the field of atomic energy;"

〔樋川和子〕　　　　　　　　　　　　　***12***　核不拡散における保障措置とは

により核物質の場合もあれば，施設や設備の場合もあり，施設には保障措置が
かかるがその施設で使用される核物質には保障措置がかからないということも
あり得た[15]。

　特定の原子力施設や設備，核物質の軍事目的への転用防止という意味におい
ては核兵器製造防止よりも，より広い範囲での防止を目的としているようにも
解釈しうるが，保障措置の適用が原子力活動を行う当事国の要請に基づいて行
なわれることになっていたことから，保障措置の対象も非常に限定的であった
といえる。

（b）　IAEA・NPT 保障措置の目的

　IAEA の保障措置は，その後変遷を経て，核兵器不拡散条約（NPT）の登場
と共に，包括的保障措置協定のモデル（以下，IAEA・NPT 保障措置と呼ぶ）が
作成され[16]，NPT 第 3 条 1 項に従い，「原子力が平和的利用から核兵器その他
の核爆発装置に転用されることを防止する」[17]というより明確な目的へと変
わって行く。NPT の下での保障措置を規定した NPT 第 3 条の起草過程につい
ては，モハマド・シャーケル（Mohamed I. Shaker）が詳細に論じているが[18]，
IAEA・NPT 保障措置とそれまでの IAEA 保障措置との大きな違いは，当時既
に保障措置を確立しつつ合ったユーラトムの例にならい，核物質の転用防止に
焦点をあてたものとなっていることであった。すなわち，NPT・IAEA 保障措
置の対象は，「すべての平和的な原子力活動に係るすべての原料物質及び特殊

---

(15)　1961 年，IAEA は個別の保障措置協定の基本的な手続きなどを規定した保障措置文
　　書（INFCIRC/26）を作成するが，この初めての保障措置文書は，熱出力 100 メガワッ
　　ト未満の原子炉を対象としたものであった。その後，1965 年には，大型原子炉を含む
　　全ての規模の原子炉を保障措置の対象とする文書（INFCIRC/66）が作成され，この文
　　書を改訂する形で対象施設を徐々に拡大した保障措置文書が作成され，1968 年の INF-
　　CIRC/66/Rev.2 作成をもって，NPT 成立以前の IAEA 保障措置文書作成作業は一段落を
　　迎えることとなるが，いずれにしても保障措置の適用対象は各国との個別の協定によっ
　　て決められていた。
(16)　IAEA の保障措置の変遷については，秋山信将編『NPT 核のグローバルガバナンス』
　　第 4 章で詳しく論じている。
(17)　IAEA Document, INFCIRC/153 (corrected), "The Structure and the Content of Agree-
　　ments between the Agency and States required in connection with the Treaty on the Non-
　　proliferation of Nuclear Weapons," June 1, 1972.
(18)　Mohamed I. Shaker, "The Nuclear Non-Proliferation Treaty – Origin and Implementa-
　　tion 1959-1979," OCEANA Publications (1980), 651-775, Volume II, Part 5, Principle (d),
　　Chapter 10: "International Safeguards: Article III."

267

III　大量破壊兵器の不拡散

核分裂性物質」（NPT 第 3 条 1）であり，施設や設備そのものは保障措置の直接的な対象とはないっていない。IAEA・NPT 保障措置は，端的にいえば，原子力が平和的利用から核兵器その他の核爆発装置に転用されることを防止するために，原料物質及び特殊核分裂性物質に保障措置をかける制度ということができる。

2　ユーラトムと ABACC の保障措置

（1）　ユーラトム（the European Atomic Energy Community）
（a）　ユーラトムの設立

ユーラトムは，仏，西ドイツ，オランダ，ベルギー，ルクセンブルク，イタリアの 6 カ国のイニシアティブにより，1957 年のユーラトム条約の締結を経て，1958 年 1 月 1 日に設立された。それに先立つ 1952 年，欧州統合の象徴として，欧州石炭鉄鋼共同体（European Cole and Steel Community（ECSC））が設立されたが，同じく欧州統合の象徴であった欧州防衛共同体（European Defense Community（EDC））構想が 1954 年に頓挫し，ECSC の行方が危ぶまれる中で，欧州統合プロセスの生き残りをかけて生まれたのがユーラトムであったともいえる。ユーラトム加盟国は，EU 加盟国に限定されているが，原子力利用を行なうか否かは各国の判断に委ねされている。

ユーラトムは，ピョートル・シマンスキー（Piotr Szymanski）が指摘するとおり，原子力事業者に国を介さず直接制裁を科すことができる超国家的な機関であり，全ての EU 加盟国に参加が開かれているという特色がある[19]。また，ユーラトムの機関としての主たる目的は IAEA 同様，原子力の平和利用の促進であったが[20]，ユーラトムは，IAEA よりも 1 年早く 1960 年に保障措置を開始している。なお，ユーラトムは，EU の意思決定からは独立した機関であるが，

---

[19]　Piotr Szymanski, "The EURATOM Regional Safeguards System," presentation to the IAEA Forum on a Middle East NWFZ, Vienna, Austria, November 21, 2011, p.1.

[20]　ユーラトムの主目的は以下のように説明されている。
「1. contribute to the formation and development of Europe's nuclear industry; 2. enhance security of energy supply; 3. guarantee high standards of safety for the public and workers; and 4. ensure that nuclear materials are not diverted from intended purposes.」, "50 years of the EURATOM Treaty: reflecting on the past, safeguarding the future," European Nuclear Society, http://www.euronuclear.org/e-news/e-news-16/euratom-treaty.htm.

268

〔樋川和子〕　　　　　　　　***12***　核不拡散における保障措置とは

ユーラトム条約に基づき，欧州理事会がユーラトム保障措置の実施機関として定められており，ルクセンブルクにおかれたユーラトム保障措置機関（EUARA-TOM Safeguards Inspectorate）が，実際にその役割を担っている。

（b）　ユーラトム保障措置の目的

保障措置について規定しているユーラトム条約第 7 章第 77 条～85 条の規定をみると，ユーラトム保障措置は 2 つの目的をもっており，1 つは，目的外利用の禁止，そしてもう 1 つは核兵器の不拡散を含む核物質の供給・利用に関する国際義務の遵守を確保することとされている[21]。

保障措置を規定した条項のポイントをまとめると以下のとおりとなる。

> 　―各国当局を介在しないユーラトムという多国籍機関による直接的な保障
> 　　措置の適用（＝各国との個別の保障措置協定は要しない）。
> 　―対象は核物質のみ。別途の取り決めがない限り，資機材・施設は対象外。
> 　―事業者による申告と査察官による現場査察が主要な要素となっている。
> 　―NPT 第 3 条ができるまで IAEA とは関係なく機能していた。

保障措置の目的という観点に照らし合わせて考えると，ユーラトム保障措置は IAEA の保障措置よりもより限定的な，かつより明確な目的設定をしているということになるし，目的外利用を阻止するために実際にかけなければならない保障措置の手法についても違いがでてきても不思議ではないといえる。

そして，その手法の観点から最も大きな違いと言えるのが，アクセスの問題である。保障措置を担保するためのアクセス権限についてみると，IAEA は追加議定書をもってしても限られた権限しか有していないのに対し，ユーラトムの場合は，転用を適時に探知するための保障措置手段の 1 つとして，文字通りいつでもどこへでもアクセスできる権限を有している（EU 司法裁判所が裁定の権限を有する）[22]。これが可能となるのは，ユーラトムが超国家機関として，加盟国政府の介在させずに直接事業者に保障措置をかけていることからくるといえるであろう。更にいえば，EU 加盟国からなる機関であるため，1992 年のマーストリヒト条約以降，EU 域内への移動が自由という点も忘れてはならな

---

(21)　EURATOM "Nuclear Safeguards Brochure", October 2014, p.1.
(22)　ユーラトム条約第 8 条

269

Ⅲ　大量破壊兵器の不拡散

い。移動が自由な領域における保障措置の実施と査察官の入国に基本的に査証
が必要となる IAEA のような国際機関による保障措置とではこのような点にお
いても違いがあることは注意を要する。

（2）　ABACC (Brazilian-Argentine Agency for Accounting and Control of Nuclear Material) 保障措置

（a）　ABACC の設立

ABACC は，1991 年 7 月 18 日にブラジル，アルゼンチンの間で署名された
「原子力の平和限定利用に関するアルゼンチンとブラジル間の協定（Agreement
Between the Republic of Argentina and the Federative Republic of Brazil For the Exclu-
sively Peaceful Use of Nuclear Energy)」[23] (以下「2 国間協定」) に基づいて，同年
12 月に設立された 2 国間の核物質計量管理機関である。ABACC の保障措置は，
1991 年，すなわち IAEA がモデル追加議定書を作成する以前に設立された核物
質の計量管理に関する共通システムである SCCC (Common System for Accoun-
ting and Control of Nuclear Materials) [24] を土台としている。

　2 国間協定ができる前に，ブラジル，アルゼンチンは，まず，1990 年 7 月に
「ブエノスアイレス共同コミュニケ (Joint Communiqué of Buenos Aires) [25] を，
そして，同年 11 月に「原子力共通政策宣言 (Declaration on a Common Nuclear
Policy) [26] を発出し，大統領レベルで，両国の原子力計画の重要性を確認する
と共に，この分野における両国間の協力の必要性を強調した。SCCC は，この
ブエノスアイレス共同コミュニケの中で設置が謳われたものであるが，同コ
ミュニケは，同時に，この SCCC に基づいた保障措置の設置も決定してい
る [27]。

---

(23)　"Agreement Between the Republic of Argentina and the Federative Republic of Brazil
For the Exclusively Peaceful Use of Nuclear Energy," July 18, 1991, http://www.abacc.org.
br/wp-content/uploads/2009/10/bilateral_agreement.pdf.

(24)　ポルトガル語では "Sistema Comum de Contabilidade e Controle de Materiais Nuclea-
res (SCCC)"，スペイン語では "El Sistema Común de Contabilidad y Control de Materia-
les Nucleares (SCCC)"。

(25)　"Joint Communiqué of Buenos Aires," July 6, 1990, http://www.abacc.org.
br/?p=621&lang=en

(26)　"Declaration on a Common Argentine-Brazilian Nuclear Policy," November 28, 1990,
http://www.abacc.org.br/?p=629&lang=en.

(27)　宣言の該当箇所は以下のとおり。

270

〔樋川和子〕　　　　　　　　　　　　　　　　*12*　核不拡散における保障措置とは

では，この ABACC の保障措置とはどのようなものであろうか。特にその目的に着目してみてみたい。

（b）　ABACC の目的

ABACC の目的は，2 国間協定の第 1 条に規定されている[28]。まず第 1 条 1 項にて，両国は，両国の領域内もしくは管轄下にある核物質及び核施設は，平和目的のみに利用されることを約束している。次に，第 1 条 2 項にて，両国はそれぞれの領域内にて，直接的にも間接的にも，いかなる核兵器についても，実験，製造，生産，取得に関わってはならないこと（(a)），いかなる核兵器の受領，貯蔵，設置，配備またはいかなる形の所有にも関わってはならないこと（(b)）を約束している。

2 国間協定が締結された 1991 年 7 月時点において，アルゼンチン，ブラジルはまだ NPT を締結していなかった。よって，アルゼンチン，ブラジルは，NPT が締約国である非核兵器国に義務づけている非核の義務とはまったく別の法的枠組みの中で，独自の義務を互いに課したことになる。

Both Presidents decided: "1) to approve the Common System for Accounting and Control of Nuclear Materials (SCCC); 2) to establish activities related to the nuclear safeguards; 3) to start negotiations with the International Atomic Energy Agency (IAEA) for promoting the signature of a joint safeguards agreement based on the SCCC; and 4) to take initiative on allowing the full enforcement of the Treaty for the Prohibition of Nuclear Weapons in Latin America (Tlatelolco Treaty), once the safeguards agreement with the IAEA was concluded."

(28)　2 国間協定第 1 条：

1. The Parties undertake to use the nuclear material and facilities under their jurisdiction or control exclusively for peaceful purposes.

2. The Parties also undertake to prohibit and prevent in their respective territories, and to abstain from carrying out, promoting or authorizing, directly or indirectly, or from participating in any way in:

   (a)　The testing, use, manufacture, production or acquisition by any means of any nuclear weapon; and

   (b)　The receipt, storage, installation, deployment or any other form of possession of any nuclear weapon.

3. Bearing in mind that at present no technical distinction can be made between nuclear explosive devices for peaceful purposes and those for military purposes, the Parties also undertake to prohibit and prevent in their respective territories, and to abstain from carrying out, promoting or authorizing, directly or indirectly, or from participating in any way in, the testing, use, manufacture, production or acquisition by any means of any nuclear explosive device while the above-mentioned technical limitation exists.

Ⅲ　大量破壊兵器の不拡散

その観点から，2 国間協定を改めてみてみると，IAEA・NPT 保障措置との大きな相違点は，IAEA・NPT 保障措置が，非核兵器国による原子力活動は平和的なものであるとの前提に基づき，この平和的原子力活動にかかる全ての原料物質及び核分裂性物質を保障措置の対象としているのに対し，ABACC の保障措置は，そのような前提は設けていない。ABACC 保障措置では，上述の 2 国間協定第 1 条からも分かるとおり，平和的原子力活動の枠内で核兵器及びその他の核爆発装置への転用が行われないように保障措置をかけるという考え方ではなく，核物質及び核施設が平和目的でなければならないから，これを確保するために保障措置をかける，という考え方をしている。その結果，例えば，マルコ・マルツォ（Marco Marzo）が指摘しているとおり，ABACC の保障措置は，平和目的であっても核物質関連施設が軍事施設内に所在する場合は，当該軍事施設も対象として含まれることとなっている[29]。

当時まだ NPT 非締約国であったアルゼンチン，ブラジルが[30]，互いに保障しようとしたものは，両国が既に有していた原子力計画を平和利用に限定することであり，これを上述のとおり，まずは大統領レベルでコミュニケ，宣言の発出，続く 2 国間協定をいう形で法的枠組みにし，ABACC による保障措置で担保しようとしたのであった。

3　保障措置がその目的を達成するためのメカニズム

保障措置が保障措置として機能するためには，その目的を達成するための能力を備えているかどうかが重要なポイントとなると考える。

IAEA・NPT 保障措置，ユーラトム保障措置，ABACC 保障措置の目的と，違反に際しての強制力としてどのような措置が想定されているかを便宜的に図 1 にまとめてみた。

IAEA・NPT 保障措置の目的が，平和的原子力活動の下にある核物質の核兵器またはその他核爆発装置への転用防止であることを考えると，この目的を達

---

(29)　Marzo, Marco, "ABACC: Designing and Implementing Bilateral Inspections in Argentina and Brazil," presentation to the conference entitled "Argentina and Brazil: The Latin American Nuclear Rapprochement," Hahel Soreq, Israel, May 16, 1996, http://isis-online. org/596pml.

(30)　アルゼンチンは 1995 年に，ブラジルは 1998 年にそれぞれ NPT に加入した。

272

〔樋川和子〕　　　　　　　　　　　　*12*　核不拡散における保障措置とは

（図1）

	保障措置の目的	当事者	実施機関	強制力
IAEA・NPT 保障措置	平和的原子力活動下にある核物質の核兵器及びその他の核爆発装置への転用防止	NPT 締約国である非核兵器国（原子力活動を行っているかどうかは問わない）	国際原子力機関（IAEA）	IAEA 理事会による不遵守認定と是正措置の要請。是正措置に従わない場合には，安保理への付託可能。
ユーラトム保障措置	鉱石，原料物質及び特殊核分裂性物質が使用者によって申告された使用目的からの転用防止	EU 加盟国（原子力事業者）	ユーラトム保障措置機関	警告，財政・技術支援などの停止，4ヶ月を越えない範囲での措置の実施，原料物質また核分裂性物質の一部または全部の撤去（加盟国が是正措置に従わない場合には，EU 司法裁判所による強制措置）
ABACC 保障措置	領域内もしくは管轄下にある核物質及び施設を平和目的に限定	アルゼンチン及びブラジル（両国とも原子力活動を行なっている）	ABACC 事務局	両国大統領の決定（一方の国が違反を犯した場合は，もう一方の国は協定を破棄または停止可能）

成できなかった例としては，北朝鮮による核兵器製造がある。北朝鮮以外では，IAEA 理事会によって IAEA・NPT 保障措置協定違反が認定され，安保理へ付託された案件として，リビア，イラク，イラン，シリアの核問題があげられるが，いずれの国も，少なくとも国際社会が承知する限り，核兵器や核爆発装置の取得に至ったわけではない。

　北朝鮮の例についていえば，IAEA が 1993 年 4 月に北朝鮮による違反を安保理に付託し，同年 5 月に安保理決議 825 号が採択されたが，IAEA 保障措置が想定する安保理の強制力は機能せず，2006 年 10 月，北朝鮮が核実験実施を宣言し，IAEA・NPT 保障措置がその目的を達成できなかったことが明らかとなった。IAEA・NPT 保障措置の下では，保障措置協定違反はあった場合，IAEA 憲章第 12 条 C の規定に従い，安保理への付託の他にも，保障措置協定の下で提供された核物質，資機材等の返還や，IAEA 加盟国としての特権・権利を剥奪することができる。しかしながら，北朝鮮のように核開発にあたってIAEA・NPT 保障措置協定の下で提供された核物質や資機材をもたず，核開発を続けるために IAEA からの脱退もいとわない国にとっては，IAEA 憲章第 12条 C は転用を防止させるだけの強制力はもたないということになる。

　ユーラトム，ABACC については，これまで保障措置違反が問題となった例

273

Ⅲ　大量破壊兵器の不拡散

はないため，実証的に議論することはできないが，少なくともシステムとして
どのような措置が想定されているかみてみることとしたい。

　まず，ユーラトムについてであるが，ユーラトム保障措置の強制力を考える
上では，ユーラトム条約第 81 条から 83 条が重要となる。

　ユーラトム条約第 81 条は，査察に関する規定を定めており，特に，査察官
には広範なアクセス権を付与している点（inspectors shall at all times have access
to all places and data and to all persons who, by reason of their occupation, deal with
materials, equipment or installations subject to the safeguards provided for in this Chap-
ter, to the extent necessary ...），更に，査察が拒否された場合について，EU 司
法長官による強制権の発動（3 日以内）を規定している点において注目に値する。
また，査察受け入れに遅延がある場合は，ユーラトムとして書面の令状を発出
可能となっている。この点，査察官のアクセスに受け入れ国の同意が必要とさ
れ，仮に受け入れ拒否がなされた場合も，受け入れを強制できるだけのシステ
ムを持たない IAEA・NPT 保障措置との大きな違いといえよう[31]。

　次に，第 82 条は，違反に関する加盟国の義務を規定している。第 82 条に
よれば，違反を探知した場合，査察官は，委員会に違反を報告。委員会は是正
措置を加盟国に要請（理事会にも報告）。加盟国が是正措置に従わない場合，
EU 司法裁判所に付託可能となっている。

　最後に，違反の際の制裁を規定した第 83 条がある[32]。第 83 条は，個人もし

---

(31)　IAEA・NPT 保障措置の下では，査察が拒否された場合，IAEA 憲章第 12 条に基づ
　　き，IAEA 理事会決議が安保理に付託することができるが，イラクの例が示すように案
　　件を付託された安保理が査察受け入れを要請する安保理決議を採択したとしても，査
　　察を受け入れさせるだけの強制権はもっていない。
(32)　ユーラトム条約第 83 条：
　　1.　In the event of an infringement on the part of persons or undertakings of the obliga-
　　tions imposed on them by this Chapter, the Commission may impose sanctions on such
　　persons or undertakings.
　　These sanctions shall be in order of severity:
　　(a) a warning;
　　(b) the withdrawal of special benefits such as financial or technical assistance;
　　(c) the placing of the undertaking for a period not exceeding four months under the ad-
　　ministration of a person or board appointed by common accord of the Commission and
　　the State having jurisdiction over the undertaking;
　　(d) total or partial withdrawal of source materials or special fissile materials.
　　2.　Decisions taken by the Commission in implementation of paragraph 1 and requiring

274

〔樋川和子〕 　　　　　　　**12**　核不拡散における保障措置とは

くは違反について規定している。違反があった場合，ユーラトムは，制裁とし
て，①警告，②財政・技術支援などの停止，③4ヶ月を越えない範囲での措置
の実施，⑤原料物質また核分裂性物質の一部または全部の撤去を実施しなけれ
ばならない（加盟国は自国内で発生した違反事例に着いて措置をとる義務を規定）。

　このように，ユーラトムにおいては，最終的にはEU司法裁判所の介入に
よって強制力のある制裁の発動が可能 となっており，この制裁の発動により，
原子力事業者による目的外の核物質利用という目的自体は，比較的容易に担保
されるのではないかと考える。手続に関しても，IAEAの場合には，シリアの
核問題がそうであったように，IAEA理事会が多数決で不遵守を認定して安保
理に付託したとしても安保理における常任理事国の拒否権行使によって不遵守
是正のための具体的措置が取られない可能性があるのに対して，ユーラトムに
おいては，核兵器国である英国および仏を含めて拒否権を持っている国がない
ということを忘れてはなるまい。

　次にABACCについてである。ABACCのシステムでは，査察官が異常を発
見すると，まずはABACC事務局に通報がなされ，次にABACC委員会に報告
がなされる。これをうけ，ABACC委員会に構成メンバーである両国の外務省
員がそれぞれの外務大臣に報告，外務大臣はそれぞれの大統領に報告し，必要
な是正措置がとられることとなる[33]。そして，より重要なことは，仮に一方の
当事国に協定違反があった場合は，2国間協定第19条により，他方の当事国
は2国間協定を終了，または協定の適用を全部もしくは部分的に停止できるこ

---

　　the surrender of materials shall be enforceable. They may be enforced in the territories
　　of Member States in accordance with Article 164.

　　　　By way of derogation from Article 157, appeals brought before the Court of Justice of
　　the European Union against decisions of the Commission which impose any of the
　　sanctions provided for in paragraph 1 shall have suspensory effect. The Court of Justice
　　of the European Union may, however, on application by the Commission or by any
　　Member State concerned, order that the decision be enforced forthwith.

　　　　There shall be an appropriate legal procedure to ensure the protection of interests
　　that have been prejudiced.

　3.　The Commission may make any recommendations to Member States concerning
　　laws or regulations which are designed to ensure compliance in their territories with
　　the obligations arising under this Chapter.

　4.　Member States shall ensure that sanctions are enforced and, where necessary, that
　　the infringements are remedied by those committing them.

(33)　2国間協定第11条及び第12条

Ⅲ　大量破壊兵器の不拡散

とである。これにより，一方の当事国による協定違反は，他方の当事国による協定上の義務を終了させることにつながるため，ある意味，1940年代に定義された保障措置の発足当時の目的，すなわち，「遵守国を守る」という目的は，達成できるのではないかと考える。

ABACCの目的は，両国の原子力活動を平和利用に限定することにあるため，目的はより高度に設定されているともいえるが，ABACCのシステムでは，まず，隣国同士の二国間協定という性格から，国際機関であるIAEAの保障措置と比べれば，保障措置実施にかかる敷居が相当程度低いものと考えられる。更に，より重要なことは，ABACCの場合，インド，パキスタンと同様，仮に一方が核兵器の取得に成功すれば，他方もそれに追随する蓋然性が高いという意味から，競争関係にある両国が互いに監視し合うというシステムの中で，保障措置はより効果的に機能するという考え方もできるわけである[34]。

4　保障措置の目的に注目した比較

このようにひと口に保障措置といっても，IAEA，ユーラトム，ABACCの3つのシステムを比較してみただけでも，その目的に違いがあり，目的を確保するための手段についても違いがあることが分かる。IAEAの場合は，民生の原子力活動が軍事目的に転用されていないかどうか，ユーラトムの場合は，原子力活動が事前に申告された目的のとおりに行われているか否か，ABACCの場合，原子力活動が平和目的か否かであった。

IAEA，ユーラトム，ABACCの保障措置を比較して論じている例はこれまでもあるが，それぞれの目的と手段という点に焦点をあてて論じている例はあまりない。例えば，チェン・ケイン（Chen Kane）は，ユーラトムはABACCと並んで，中東非大量破壊兵器地帯の検証アプローチを検討する際に参考となるとしているし[35]，ダリル・ホーレット（Darryl A. Howlett）は，ユーラトムを，

---

(34)　ABACCの利点については，拙稿 "Effective Safeguards for the prevention of Nuclear Proliferation: The Traditional International Safeguards System and a Proposal to Complement the System", http://ir-lib.wilmina.ac.jp/dspace/bitstream/10775/3451/1/Hikawa%20.pdf，で詳述している。

(35)　Chen Kane, "Planning Ahead: A Blueprint to Negotiate and Implement a Weapon-of-Mass-Destruction-Free Zone in the Middle East," *CNS Occasional Paper No. 22,* April 2015, p.54.

276

〔樋川和子〕 **12** 核不拡散における保障措置とは

2つの国家が2国間機関を作り互いの国の原子力活動を互いにモニターしあう
ABACCや，各加盟国の原子力活動をIAEAという国際機関がモニターする
IAEAの保障措置と違い，国境を越えた領域において加盟国が介在しない形で
原子力活動を管理し，モニターするという意味において，非常に面白い実証例
であると述べている[36]。また，グレゴワール・マラール（Gregoire Mallard）は，
ユーラトムの例は，国家主体ではなく，非国家主体による核物質の転用防止を
図る上で，技術的な示唆を与えるものとであるとしている[37]。

　しかしながら，IAEA，ユーラトム，ABACCを検証やモニターといった保障
措置の手段の観点や技術的な観点からではなく，どのような目的のために，す
なわち何を保障しようとしているのかという目的の観点からの比較はこれまで
充分になされてきていない。保障措置の目的について論じられることがあると
すれば，もっぱらIAEAの保障措置の目的とは何か，という文脈であり，著名
な専門家の中にも，IAEAの保障措置の目的を本稿でみたような協定に規定さ
れている文字通りの目的ではなく，現実世界に則したより実際的な目的にある
と論じている例もある。例えば，ジョン・カールソン（John Carlson）を始め
とする複数の研究者は，国際原子力機関（IAEA）の保障措置強化の文脈から，
現行のIAEA・NPT保障措置は，原子力が平和利用のみに用いられていること
に対して保証を与えると共に，核物質の転用を抑止する働きを持つ検証措置か
ら成り立っており，保障措置の目的は，発覚の危険を恐れる潜在的拡散国に抑
止として機能する場合を除き，基本的には核開発を「阻止すること」ではない
としている[38]。彼らは，保障措置の政治的目的はむしろ，国際社会に自国の潔
白を示すという意味において，保障措置受け入れ国にも利益となる「保証」を
与えることにある，それ故，保障措置は信頼醸成の観点から重要な役割を演じ
るものであり，新たなシステムの構築にも，こうした信頼醸成措置としての機
能が維持・強化される形で実現されなければならない，としている[39]。目的が

---

(36)　Darryl A. Howlett, *EURATOM and Nuclear Safeguards* (New York: Palgrave Macmillan, 1990), p.6.

(37)　Gregoire Mallard, "Can The EURATOM Treaty Inspire The Middle East? The Political Promises of Regional Nuclear Communities," *Nonproliferation Review,* Vol.15, No.3, November 2008, p.459.

(38)　John Carlson, Victor Bragin, John Bardsley, and John Hill, " Nuclear Safeguards As an Evolutionary System," *The Nonproliferation Review/Winter 1999,* pp.109-110.

(39)　Ibid.

Ⅲ　大量破壊兵器の不拡散

核開発の阻止ではなく，信頼醸成にあるとすれば，自ずと必要とされる保障措置手段も変わってくるであろう。

保障措置の目的に照らし合わせると，ABACC のケースは，違反に際して協定破棄が認められていることからも明らかなように，1940 年代に想定されている保障措置の目的により近い目的設定となっていると考えられるし，片方が違反すれば，もう片方も違反が可能となることから，既に述べたとおり，片方の核開発を防ぎたいと考える限り，そうした相互効果のない IAEA 保障措置のケースと違い，協定違反をしないというインセンティブはより高いといえるかもしれない。それでは，ABACC のシステムであれば，例えば，朝鮮半島の非核化にも有効に機能するかといえば，必ずしもそうとはいえまい。この関連で，フリオ・カラザレス（Julio C. Carasales）は，「アルゼンチン・ブラジルの例が他の地域のモデルとなるかどうかは，一地域の成功例が他の地域に完全に適用できるかという問題がそもそも難しい問題なので慎重な検討を要する。」と述べている[40]。カラザレスによれば，まず，朝鮮半島，インド・パキスタン，中東，ロシア・ウクライナ等との比較で非常に重要なのは，これらの地域と違って，アルゼンチン・ブラジルは競争関係にはあったが，敵対関係にはなかったことにある。また，原子力は機微な分野ではあるが，相互安全保障のみが目的であったわけではないので，他の問題と切り離して独立した問題として扱われたわけではなかったことも大きいといわれている。原子力のみを取り出して信頼醸成を行なおうとするのではなく，他の対立点においても信頼醸成を図ることが相乗効果をもたらし，原子力分野における協力を可能にしたとの見方である。逆を言えば，アルゼンチン，ブラジルのように敵対関係にはないが競争関係にある国の間では，ABACC モデルは一つの良い例となり得るといえよう[41]。

（40）　Julio C. Carasales, "The Argentine-Brazilian Nuclear Rapprochement," *The Nonproliferation Review,* Spring-Summer 1995, pp.39-48.

（41）　アルゼンチンとブラジルがどのように敵対関係から協力関係へと政治的な変動を遂げて来たかについは，ジョン・レディック（John R. Redick）が詳しく論じているが，地政学的な観点や当時の国際情勢といった要素の他に，両国の政治的意思が大きな役割を果たしたという点においては間違いないであろう。

　　　レディックも述べているとおり，アルゼンチンにおける政権交代（1983 年の軍事政権打倒，民政復活）がなければ，両国の敵対関係の終了と競争関係への移行，原子力分野における二国間の協力といったことはあり得なかったかもしれない（John R. Redick, "Latin America's Emerging Non-Proliferation Consensus," Arms Control Today, Vol.24, No. 2 (March 1994), pp.3-9.）。

なおABACCのような2国間のみの機関では，当該2カ国と第3国との関係においては信頼性の観点から充分ではないとの見方もあるので，その点も念のため指摘しておきたい[42]。第3国や国際社会からの完全な信頼を得るためには，アルゼンチン・ブラジルがABACCに加えてIAEAとの間で4者協定を締結したように，国際機関による関与も必要とされるであろう。しかしその際に注意しなければならないのは，IAEAの保障措置の目的をどこに置くかという点をしっかりと見据えた上で，別の保障措置との間の調整を図ることが肝要であるということであろう。

おわりに

近年，特に北朝鮮の非核化などを巡り，核活動の検証や査察についての議論がなされることが多いが，核兵器保有を宣言している北朝鮮に対し，非核化の過程においてどのような保障措置（safeguards）をかけるのかといった議論は専門家の間であまりなされていないのではないだろうか。その背景には，核兵器不拡散条約（NPT）を礎とする現在の国際的核不拡散体制の下，保障措置といえばIAEA・NPT保障措置が念頭におかれるのが通常であり，北朝鮮についても，NPTを遵守し，NPT第3条に規定されるIAEAによる保障措置を受けることが期待されていることがあるからかもしれない。しかしながら，本稿でみたとおり，保障措置と一口にいっても，その目的は様々であり，例えば，北朝鮮の非核化の文脈でも，何を目的に，どのような保障措置を適用するのか，そしてそのためには検証を含めどのような保障措置手段が必要となるかを論じることが重要なのではないかと考える。

IAEA・NPT保障措置の場合は，非核兵器国が核物質を核兵器に転用しないことが目的であるが，この目的を達成するための手段として，具体的には，計量管理や監視，封じ込め，査察といった手段により，申告済みの核物質が「核兵器またはその他の核爆発装置」に転用されていないために，まずは早期探知と考え方から，申告済みの核物質の検証を行うと共に，追加議定書により，未

---

(42)　Togzhan Kassanova, "Brazil, Agentina, and the Politics of Global Nonproliferation and Nuclear Safeguards," Editora UFSM, Federal University of Santa Maria, November 29, 2016, http://carnegieendowment.org/2016/11/29/brazil-argentina-and-politics-of-global-non-proliferation-and-nuclear-safeguards-pub-66286

Ⅲ　大量破壊兵器の不拡散

申告の核物質や核活動を探知する，ということにある。

しかしながら，1940 年代に国連原子力委員会が報告しているとおり，核兵器を開発するとの意志を持った国の秘密裏の活動を探知することは不可能であるという前提に立つのであれば，保障措置に下で秘密裏の核活動を探知するための検証活動にあまりに労力を費やすことは，保障措置の目的を達成するという意味においては，費用対効果は低く，むしろこうした検証措置に加えて，保障措置を有効に機能させるためのメカニズムを検討していく必要があるのではないかと考える。また，仮に核物質の転用や，未申告の核物質，核活動の可能性が探知できたとして，何をもってもしても「核兵器またはその他の核爆発装置」を取得したいと当該国が考えているとしたら，それを阻止出来るのはどのようなメカニズムなのか，伝統的な IAEA の保障措置という概念を離れて改めて検討してみる価値があるのではないかと考える。

また，3ヶ国共同宣言にもあるように，査察というものはむしろ効果的な保障措置を実現するための手段にすぎないのであるとすれば，どのような保障措置を必要とするかによって，どのような査察や検証を行うべきか，もしくはどのような措置を執るべきかということがまずは議論されて然るべきと考える。何を確保したいのかを決めずして査察や検証の議論を行うことは，本末転倒の議論をしているともいえなくない。

その観点から，国を介在しないユーラトムのケースは別にしても，原子力活動を平和目的に限定するという目的をもった ABACC 保障措置については，その目的のみならず，目的を達成するための手段といった観点から，保障措置を考えるにあたって，一層の研究がなされても良いのではないかと考える。カラザレスが述べているとおり，各地域それぞれ独自の問題や困難，利点を抱えているが，アルゼンチン・ブラジルが，両国自身，隣国，更には国際社会にとって利益となる状態を南米で作り上げたことは，他の地域においても重要な教訓となるであろう[43]。

---

(43)　Julio C. Carasales, "The Argentine-Brazilian Nuclear Rapprochement," *The Nonproliferation Review,* Spring-Summer 1995, pp.39-48.

13 北朝鮮の核開発問題と「安全の保証」の原型
── 普遍的原則と地域的取決めの交錯 ──

倉 田 秀 也

問題の所在 ──「安全の保証」の地域的文脈

冷戦終結後の核拡散問題に顕著なことは，それが核兵器不拡散条約（NPT）と国際原子力機関（IAEA）を中核とする国際核不拡散レジームに関わる問題でありながら，地域協議で解決が試みられたことである。ただし，朝鮮民主主義人民共和国（以下，特に断らない限り，北朝鮮と略記）の NPT 脱退宣言（1993 年 3 月 12 日）[1] を受けてもたれた米朝高官協議も，その目的が北朝鮮の核不拡散規範遵守にある以上，いかにそれが地域協議であっても核不拡散の規範と両立しなければならなかった。そこで米朝双方が重視したのが消極的安全保証（NSA）であった[2]。

NSA とは一般に，核兵器国が非核兵器国に対して核兵器の使用，威嚇をしないとする普遍的な宣言措置とされ，今日も非核兵器国が核兵器開発に着手する動機を削ぐ上で核不拡散上の中核的な規範と考えられている。しかし他方，米国が NSA を無条件で確約すれば，同盟国への拡大抑止を無力化しかねない。米国は NSA を原則的に支持しつつも例外を設ける他なかった。米国がそれを定式化したのは，1978 年 6 月 12 日，第 1 回国連軍縮特別総会でジミー・カー

---

(1) 「조선민주주의인민공화국 정부성명」『로동신문』1993 년 3 월 13 일。以下，北朝鮮による NPT 脱退宣言からの引用は，この文献による。

(2) 後のジョージ・W・ブッシュ（George W. Bush, Jr.）政権期，ジェームス・ケリー（James A. Kelly）首席代表は第 3 回 6 者会談（2004 年 6 月 23 日 -26 日，於北京）での「6 月提案」で「暫定的な多国間の安全の保証（provisional multilateral security assurances）」を提起した（倉田秀也「六者会合と『安全の保証』の地域的展開 ── 米国の核態勢と北朝鮮『核保有』の修辞」小此木政夫・西野純也編『朝鮮半島の秩序再編』慶應義塾大学出版会，2013 年，241 頁を参照）。本稿は，米朝「枠組み合意」にある「公式」の「安全の保証」が，ケリーによる「暫定的な多国間の安全の保証」の提案の原型を形成したとの認識に立脚する。

Ⅲ　大量破壊兵器の不拡散

ター（Jimmy E. Carter）大統領の演説を代読してサイラス・ヴァンス（Cyrus R. Vance）国務長官が行った演説であった。そこでヴァンスは，米国が「NPT 加盟国の非核兵器国，あるいはこれと同様の核爆発装置を取得しないことを確約する国際的に拘束力のある公約に署名する国に対しては核兵器を使用しないであろう（will not use）」としたものの，「威嚇」には言及しなかった上，「米本土，米軍，準州，同盟国に対する武力攻撃が他の核兵器国と同盟，あるいは連合して行われた武力行使」は，その例外としていた[3]。

これは「ワルシャワ条約機構条項（Warsaw Pact Clause）」と呼ばれる一文であるが，冷戦期，東欧の非核兵器国が北大西洋条約機構（NATO）諸国に武力行使を行う場合，その非核兵器国の指揮体系をソ連軍が事実上独占するワルシャワ条約機構（WTO）に加盟している以上，ソ連軍の関与は自明とされた。米国は核報復の可能性を留保することで，WTO の非核兵器国の通常兵力行使を抑止することを考えた。「ワルシャワ条約機構条項」には非核兵器国からの批判も多かったが，当時 NPT に加盟していなかった北朝鮮も，ヴァンスの演説について「わが国に対して核兵器を使用することについての米国の意図を盛り込んでいる」[4]と批判し，他方，韓国は 1980 年の NPT 再検討会議で NSA が核不拡散上の原則として一般化されることで，米韓同盟の信頼性を損ねることに危惧を表していた[5]。

ところが，北朝鮮の米朝第 1 ラウンド協議「共同声明」（1993 年 6 月 11 日）では，米国は「核兵器を含む武力を使用せず，かつ，かかる武力による威嚇もしないと保証する」[6]（傍点は引用者）と述べ，ヴァンスが非核兵器国に核兵器

---

(3)　"Statement of Secretary of State Vance: U.S. Assurance on Non-Use of Nuclear Weapons, June 12, 1978," *Department of State Bulletin,* Vol. 78, No. 2017, August 1978, p. 52. 米国の NSA の指針については，See, Nina Tannenwald, *The Nuclear Taboo: The United States and the Non-Use of Nuclear Weapons since 1945,* Cambridge University Press, 2007, p. 283.

(4)　론평원「《평화》의 보자기를 쓴 핵전쟁광신자의 흉악한 몰골」『로동신문』1978 년 6 월 14 일.

(5)　NPT/CONF.IISR；浅田正彦「『非核兵器国の安全保障』論の再検討」『岡山大学法学会雑誌』第 432 号，1993 年，38-39 頁を参照。

(6)　"U. S.-North Korean Joint Statement, June 11, 1993, Geneva," Joel S. Witt et.al., *Going Critical: The First North Korean Nuclear Crisis,* Brookings Institution Press, 2004, pp. 419-420. 以下，米朝第 1 ラウンド協議「共同声明」からの引用はこの文献による。ただし，文中の Geneva は New York の誤記である。

〔倉田秀也〕　　　　　　　　*13*　北朝鮮の核開発問題と「安全の保証」の原型

を「使用」しないとした NSA に「威嚇」もしないことを含めた上で，それを
2 国間関係に読み換え，核兵器に限定されない包括的な「安全の保証」を与え
た。これに対して，カーター訪朝と金日成死去（1994 年 7 月 8 日）を経て，こ
の危機に一応の小康をもたらした米朝「枠組み合意」（1994 年 10 月 21 日）(7)で
は，「核兵器による威嚇や核兵器を使用しない公式の (formal) 保証を与えるで
あろう」（傍点は引用者）とし，「使用」も「威嚇」もしないとした武力を「核
兵器」に限定した上で「公式の」NSA を謳った。米国が「ワルシャワ条約機
構条項」をいかに認識し，NSA と米朝「枠組み合意」をいかに整合しようと
したのか，そこに「公式の」を冠した意図が問われなければならない。

　ここで勘案すべきは，北朝鮮は NPT 脱退宣言以降，冷戦終結直後に朝鮮半
島で輪郭を整えた局地的取決めに背馳する形で対米協議を正当化していたこと
である。北朝鮮は NPT 加盟（1985 年 12 月 12 日）にもかかわらず，在韓米軍に
戦術核兵器が配備されていることを理由に保障措置協定の締結を拒絶していた
が，ジョージ・ブッシュ（George H. W. Bush）大統領が発表した「戦術核撤去
宣言」（1991 年 9 月 27 日）で，保障措置協定の締結を拒絶する根拠を失い，署
名に合意するに至った。さらにその頃，盧泰愚大統領が提起した核に関する南
北協議を経て，北朝鮮は南北相互査察を含む「朝鮮半島の非核化に関する共同
宣言」（1992 年 1 月 20 日署名，1992 年 2 月 19 日発効，以下「南北非核化共同宣言」
と略記）に署名した。これによって北朝鮮は IAEA の査察を受けるとともに，
南北核統制委員会での協議を経て，相互査察を受ける義務を負った。これを
「二重査察構造」と呼ぶことにするが(8)，この構造は NPT 脱退宣言後の米朝高
官協議においても核問題解決の枠組みとして認識されることになる。

　なお 1991 年末，北朝鮮は南北高位級会談で「南北間の和解，不可侵，交
流・協力に関する合意書」（1991 年 12 月 13 日署名，1992 年 2 月 17 日発効，以下
「南北基本合意書」と略記）を交わしていた。とりわけ，北朝鮮はここで，従前
の米朝平和協定の主張を一旦取り下げ，「現在の停戦状態を南北間の強固な平
和状態に転換させるために共同で努力し，かかる平和状態が成就するまで現在

---

(7)　"Agreed Framework between United States of America and Democratic People's Repu-
　　blic of Korea, October 21, 1994," Witt et al., *Going Critical*, pp. 421-423. 以下，米朝「枠
　　組み合意」からの引用は，この文献による。
(8)　倉田秀也「北朝鮮の『核問題』と南北朝鮮関係──『局地化』と『国際レジーム』の
　　間」『国際問題』第 403 号，1993 年，51 頁を参照。

Ⅲ　大量破壊兵器の不拡散

の軍事停戦協定を遵守する」（第5条）ことに合意した。にもかかわらず，北朝鮮は米朝高官協議の過程で「新しい平和保障体系」（以下，「新平和保障体系」と略記）の下に，米朝平和協定を提起し元来の主張に回帰したのである⁽⁹⁾。

　本稿は，北朝鮮のNPT脱退宣言後の米朝高官協議においてNSAが言及され，米朝「枠組み合意」で米国が北朝鮮に対して「威嚇」をしないことを含むNSAに「公式の」を冠する過程を辿り，そこに上述の「二重査察構造」，軍事停戦体制の平和体制への転換という朝鮮半島に固有の安全保障取決めがいかに交錯していたのかに配慮して述べてみる。

1　北朝鮮の安保上の懸念──米朝間争点の3類型

　北朝鮮がNPT脱退宣言でその立場が「米国がわれわれに対する核脅威を中止し，国際原子力機関書記局が独自性と公正性の原則に帰るときまで変わらないだろう」と述べたことで，米国は核問題に限定された米朝協議の必要性を認識するようになった。1993年5月，ウォーレン・クリストファー（Warren M. Christopher）国務長官が主要国大使館に電報を送り，米国務省情報調査局もクリストファーに報告書を示したが，二つの文書が指摘する北朝鮮の安保上の懸念は多くの面で共通していた。前者の文書は，高官協議で北朝鮮が問題解決に誠意があると判断されれば，北朝鮮がいう「米国の核脅威」を解消する用意があるとし⁽¹⁰⁾，後者も「消極的安全保証」に触れていた⁽¹¹⁾。

　ここで指摘すべきは，北朝鮮のNPT脱退宣言を遡る1992年1月，IAEAの保障措置協定への署名直前，朝鮮労働党秘書の金容淳が訪米し，アーノルド・カンター（Arnold Kanter）国務次官ともたれた米朝高官協議である。そこでカンターがNSAの効用を主張したのに対し，金容淳は米国が「核兵器による威

---

(9)　See, Hideya Kurata, "The International Context of North Korea's Proposal for a 'New Peace Arrangement': Issues after the US-DPRK Nuclear Accord," *The Korean Journal of Defense Analysis,* Vol. 7, No.1, Summer 1995, pp. 251-273.

(10)　"KO00876; Secret, Cable, Corrected Copy, 162773, May 28, 1993," p. 3, *The United States and the Two Koreas, Part II, 1969–2010,* Digital National Security Archives," http://nsarchives.chadwyck.collection/contents/KR/; hereafter cited as *The United States and the Two Koreas.*

(11)　"KR00364; DPRK: Preparing for the Talks with United States, Top Secret, Intelligence Summary, May 29, 1993," p. 8, *The United States and the Two Koreas.* ただし，ここで「消極的安全保証」は 'a negative security guarantee' と表記された。

〔倉田秀也〕　　　**13**　北朝鮮の核開発問題と「安全の保証」の原型

嚇をしない」義務を果たしていないと指摘していた[12]。これは米国が北朝鮮を
NPT に留める上で NSA を不可欠な規範と認識し，北朝鮮も「米国の核脅威」
を解消する上で NSA の効用を認識していたことになるが，金容淳が核兵器の
「使用」のみならず，「威嚇」に言及したことには注意が払われなければならな
い。米国は NSA について──第 1 回国連軍縮特別総会でのヴァンスの演説にみ
られるように──非核兵器国に対して核兵器を「使用」しないという姿勢をと
り，核兵器による「威嚇」には言及していなかったからである。

　北朝鮮は NPT 脱退宣言でも，「核拡散防止条約寄託諸国が朝鮮半島に核兵器
を展開せず，われわれに核の威嚇を行わないであろうということを前提に，国
際原子力機関と保障措置協定を締結し，機関の査察を受け入れた」[13]（傍点は引
用者）と言及していた。北朝鮮が NSA に核兵器による「威嚇」しないことを
含めたのは，「ラテンアメリカ及びカリブ核兵器禁止条約」（「トラテロルコ条約」，
1967 年 2 月 14 日署名，1968 年 4 月 22 日発効）が，核兵器の「使用」のみならず，
「威嚇」の自制を明記して以来，1990 年の NPT 再検討会議で行われた NSA に
ついての非核兵器国の主張に同調したものと考えられる[14]。

　これは上の二つの文書がともに指摘していた「チーム・スピリット」米韓合
同軍事演習に関連する。北朝鮮はこの演習を「核戦争の威嚇」と非難していた
が，「チーム・スピリット」は本来，北朝鮮の核開発問題に対応した演習では
なかった。「チーム・スピリット」は 1992 年に中止されているが，それは「南
北基本合意書」を受け，南北高位級会談の継続のため，米韓首脳会談（1992 年
1 月 6 日）での発表を受け，韓国国防部が「対話を通じた南北関係の改善及び
緊張緩和のためにとられる能動的措置の一環」[15]として発表されていた。しか
し，南北核統制委員会が「南北相互査察」の方式で決裂すると，同年 10 月の
米韓安保協議会で「チーム・スピリット」再開の検討が始まり，93 年 1 月に
はその再開が決定された。すなわち，北朝鮮の通常兵力の脅威に対する「チー

---

(12)　Leon V. Segal, *Disarming Strangers: Nuclear Diplomacy with North Korea,* Princeton
　　　University Press, 1998, p.36.
(13)　최성국「반핵평화를 위한 우리 공화국의 일관한 립장」『로동신문』1993 년 5 월 6 일。
(14)　See, NPT/IV/PC.III/19, April 27, 1990; see also, John Simpson, "The Role of Security
　　　Assurances in the Nuclear Proliferation Regime," Jeffrey W. Knopf ed., *Security Assurance*
　　　and Nuclear Nonproliferation, Stanford University Press, p. 261. これについての詳細は別
　　　稿にて論じる。
(15)　『第 4, 5, 6, 7 次南北高位級會談軍代表會談（II）』合同参謀本部，1992 年，212 頁。

Ⅲ　大量破壊兵器の不拡散

ム・スピリット」は、「南北相互査察」の枠組みが生まれたことで、核開発問
題との関連で中止・継続が議論され、北朝鮮がいう核兵器による「威嚇」との
関連で議論されようとしていたのである。

　さらに、後者の文書――米国務省情報調査局がクリストファーに送った報告
書――では、北朝鮮が軍事停戦協定の平和協定への転換を提起するであろうと
強調していた。北朝鮮は冷戦中期より韓国、中国を排除した米朝平和協定を提
案してきたが、上述の通り、「南北基本合意書」で、韓国側の主張に同調して
南北間の平和体制樹立を誓約していた。しかし朝鮮人民軍は、「南北基本合意
書」採択を遡る 1991 年 3 月 25 日、軍事停戦委員会国連側首席代表が韓国軍少
将に交替したことを批判し、本会議出席を拒絶していた。また、NPT 脱退宣
言の直前、朝鮮人民軍は国連側に中立国監視委員会からチェコ代表団を撤収さ
せる意思を書簡で伝えていた。この書簡はチェコが分離独立に際してチェコス
ロヴァキアの継承国家であると主張し、北朝鮮との「何らの合意」もなく中立
国監視委員会に残留したことを批判していた[16]。軍事停戦機構解体の上に米朝
協議が実現すれば、北朝鮮が「南北基本合意書」に反して、米朝平和協定を提
起する可能性は排除できなかった。

2　米朝第 1 ラウンド協議「共同声明」の争点構造
――「核兵器を含む武力」

　1993 年 6 月 2 日、ニューヨークでロバート・ガルーチ（Robert L. Gallucci）
政治軍事問題担当米国務次官補と姜錫柱外交部副部長を首席代表とする米朝高
官協議がもたれた。米国は北朝鮮の安保上の懸念に配慮する措置（複数）をと
る用意があったが[17]、実際の協議では北朝鮮に全面的な保障措置を強く求めて
いた。米国はその第 1 段階として、北朝鮮が NPT に留まり全面的な保障措置
を受けることに対して、北朝鮮の安保上の懸念に配慮する措置をとり、第 2 段
階として北朝鮮が南北相互査察を受けるのに対して、北朝鮮の安保上の懸念に

---

(16) 「미국측은 중립국감독위원회 체꼬슬로벤스꼬대표단 철수문제를 가지고 불순한 정
　　 치적목적을 추구하지 말아야 한다――군사정전위원회 조선인민군 및 중국인민지원군측
　　 비서장이 유엔군 비서장에게 보내는 편지」『로동신문』1993 년 3 월 3 일.

(17) "KO00878; First U.S.-North Korea Meeting about North Korean Nuclear Program, Se-
　　 cret, Talking Points, June 2, 1993," *United States and the Two Koreas*.

286

〔倉田秀也〕　　　　　　　**13**　北朝鮮の核開発問題と「安全の保証」の原型

配慮するさらなる措置をとるとした。そこで米国側は,「核の脅威」を及ぼさないことを保証する合理的な措置（複数）」[18]をとることを明言した。その一つがNSAを指すなら,米朝協議を継続する上での接点はNSAとなるが,米国側が「北朝鮮がIAEAとの協議と南北対話なくしてこの種の会合は行わない」と強調し,北朝鮮が「追加的な再処理活動に従事し,韓国との合意（「南北非核化共同宣言」を指す）に背馳するなら,対話を通じた問題解決に関心はないと結論せざるを得ない」（括弧内は引用者）[19]と発言すると,協議妥結の曙光は失われていった。

　膠着状態のなか,米国務省朝鮮課のケネス・キノネス（C. Kenneth Quinones）は,NPT脱退宣言が効力を発する直前の6月7日から北朝鮮外交部国際機構副局長の李容浩らとの非公式会合をもった。キノネスは「米国も他の核兵器保有国（核兵器国を指す）も,NPT加盟国に対しては核兵器による先制攻撃は行わないと約束している」（括弧内は引用者）と強調した。その「約束」がNPT加盟国の非核兵器国を念頭に置くなら,NSAと同義となる[20]。

　李容浩がNSAを知悉していたとして,「ワルシャワ条約機構条項」を認知していなかったとは考えにくい。李容浩に対してNSAに言及しつつ,北朝鮮にNPT残留を説得したキノネスもまた,「ワルシャワ条約機構条項」を知悉していたであろう。そうだとすれば,両者はともに,あえて「ワルシャワ条約機構条項」に言及せず,NSAを再確認することによって,米朝高官協議で合意を得ようと考えたことになる。

　かくして1993年6月11日,米朝第1ラウンド協議「共同声明」が発表された。ここで指摘すべきは,「核兵器を含む武力を使用せず,かつ,かかる武力による威嚇もしないとの保証」に合意したことである。これは,NSAを中核とする包括的な「安全の保証」といってよいが,米国はこの「共同声明」で初めて,2国間関係で「威嚇」も含むNSAに言及したことになる。しかも,米国が「使用」も「威嚇」もしないとした「武力」に「核兵器を含む」との一文が冠されたことは,翻れば,米国はここで核兵器だけでなく通常兵器について

---

(18)　"KO00879; Lunch Point, June 2, 1993," p. 2, *United States and the Two Koreas.*

(19)　"KO00880; U. S. Opening Statement, June 2, 1993," pp. 2-5, *United States and the Two Koreas.*

(20)　ケネス・キノネス（伊豆見元監修／山岡邦彦・山口瑞彦訳）『北朝鮮——米国務省担当官の交渉秘録』中央公論新社,2000年,179-180頁。

III　大量破壊兵器の不拡散

も威嚇と使用をしないとの原則を確認したことになる。

　すでに米韓両国は南北核統制委員会の決裂を受け，1993年に「チーム・ス
ピリット」を再開していた。この「共同声明」に示された通常兵力を含む武力
不行使は，北朝鮮がNPT脱退宣言以降も非難し続けた「チーム・スピリット」
に関わっていた。この一文は，米国からの「核の脅威」と「チーム・スピリッ
ト」を米国からの「脅威」として同一視して交渉に臨んだ北朝鮮の主張を反映
していた。また，この「共同声明」では米朝双方が「南北非核化共同宣言」へ
の「支持」を表明するに留まり，北朝鮮が南北相互査察を実施すると確約は得
られなかった。この「共同声明」は，喫緊の危機を回避したとはいえ，北朝鮮
の核開発問題の解決に至る過渡的な文書に過ぎなかった。

　姜錫柱もまた，「今後の」協議を強調し，「共同声明」を過渡的文書と位置づ
けていたが(21)，それもこの文書に示された通常兵力を含む武力不行使にも関連
していた。北朝鮮に対する米国からの脅威の源泉の一つは軍事停戦体制にあり，
これを平和協定に転換することは「安全の保証」の一環として位置づけられて
いた。上述の通り，米朝第1ラウンド協議を前に国務省情報調査局は，北朝鮮
は米朝協議で「広範な問題」を提起し，その解決が見込めない限り譲歩するこ
とはないと予見し，「広範な問題」の一つにこの問題を挙げていた。米朝第1
ラウンド協議を通じて，北朝鮮が平和体制樹立問題を提起した記録はないが，
米国との継続協議を前提としていたとき，北朝鮮がいずれこの問題を提起し，
米朝平和協定を核開発問題の最終的解決の一環に位置づけることは排除できな
かった。

　姜錫柱がこの「共同声明」を「過渡的」文書としたことは，北朝鮮とIAEA
保障措置との関係性からも指摘できる。この「共同声明」により北朝鮮は，
NPT脱退宣言を「必要と認める限り一方的に臨時停止させることにした」に
過ぎず，北朝鮮が保障措置協定に違反した状態が改まったわけではなかった。
北朝鮮はNPTからの脱退意思を留保しながら，脱退宣言を「一方的に臨時停
止」するというNPT上の「特殊な地位」を主張して，全面的な保障措置を拒

---

(21)　「조미쌍방이 핵위협을 하지 않으며 서로 상대방의 제도과 자주권을 종중할데 대하
　　여 합의——우리나라 대표단 당장이 뉴욕에서 기자회견 진행」『로동신문』1993년 6월
　　13일 ;「조선민주주의인민공화국과 미합중국은 공동생명을 통하여 내외에 선연한 원칙
　　들에 준하여 평동하고 공정한 기초우에서 궁정적인 결과를 이룩하여야 한다——조선민
　　주주의인민공화국 외교부 강석주 제1부부장의 담화」『로동신문』1993년 6월 19일.

288

〔倉田秀也〕　　　　　　　*13*　北朝鮮の核開発問題と「安全の保証」の原型

絶する一方，NPT 締約国としての権利を主張しつつ，米国に「安全の保証」
を要求したことになる。

　とはいえ，北朝鮮の核不拡散義務の不遵守を追及することで北朝鮮がプルト
ニウムの抽出を強行する可能性が低下するわけではない。そこでハンス・ブ
リックス（Hans Blix）IAEA 事務局長が提起した「保障措置情報の継続性（conti-
nuity of safeguards information）」は，北朝鮮の核不拡散義務不遵守とプルトニウ
ム抽出阻止の二つの課題を一旦分離し，後者を優先するために案出された概念
であった(22)。「保障措置情報の継続性」は「保障措置の継続性（continuity of
safeguards）」として，以降の米朝高官協議の前提となった(23)。

3　李容浩「ノン・ペーパー」と「新平和保障体系」
──「小規模協議」と「包括的取引」

　その後の米朝第 2 ラウンド協議（1993 年 7 月 14 日 -19 日，ジュネーヴ）で北
朝鮮は米国に軽水炉支援を求めたが，北朝鮮が NPT に残留しない限り，原子
力平和利用の「奪い得ない権利」に影響を及ぼさないとし，そのための「設備，
資材並びに科学的及び技術的情報を可能な最大限度まで交換することを容易に
する」とする第 4 条の規定を享受できないと考えられた。したがって，米国は
ここで発表された「合意声明」で，北朝鮮が求めた軽水炉支援について，北朝
鮮が NPT に残留する前提で，「核問題の最終的解決の一環として」という条件
を付けざるをえなかった。

　「合意声明」では，「南北非核化共同宣言」についても「重要性を再確認す
る」とするに留まったが，特筆すべきは，北朝鮮が IAEA との協議を開始する
とともに，「できるだけ速やかに南北協議を開始する用意が依然としてあるこ
とを再確認する」と記されたことであった(24)。IAEA との協議は北朝鮮に「保
障措置の継続性」以上の保障措置を受け入れさせる上で不可欠と考えられ，南
北対話は南北相互査察を実現させる上でも不可欠と考えられた。また，韓国が
「チーム・スピリット」の実施如何について発言力をもつことは南北相互査察

---

(22)　Witt et al., *Going Critical,* p.43.
(23)　"KR00880; U.S. Opening Statement," p. 5, *United States and the Two Koreas.*
(24)　"Agreed Statement between the U.S.A. and the D.P.R.K. Geneva, July 19, 1993," Segal,
　　　Disarming Strangers, pp. 260-261.

289

III 大量破壊兵器の不拡散

の実施にも寄与すると考えられた。これ以降，北朝鮮と IAEA との間の協議と南北対話の再開が，米朝第3ラウンド協議開催の前提条件とされた。

米朝第2ラウンド協議の「合意声明」でも，「安全の保証」については，「核兵器を含む武力を使用せず，かつ，かかる武力による威嚇もしないとの保証」とされ，米朝第1ラウンド協議に謳われた「安全の保証」をそのまま継承する形をとったが，そこに大きな転換をもたらしたのは，1993年10月にキノネスがゲイリー・アッカーマン（Gary L. Ackerman）米下院議員の訪朝に同行した際，李容浩から手交された文書であった。

これは北朝鮮が「核問題の解決（考慮されるべき諸要素）」（括弧内も引用文）として提案した内容を外交的拘束力のない「ノン・ペーパー」として纏めたものである。ここで李容浩は「小規模協議」で，北朝鮮が「IAEA に認められる通常および特定査察」を受け入れ，「チーム・スピリット」中止を発表する日付に関して合意することを挙げていた。これに加え，李容浩は「包括的取引」も提案していた。そこでは北朝鮮が米国に求める措置の筆頭として「核兵器を含む武力を使用せず，その脅しもしないという，法的拘束力のある確約を含む平和協定（ないし条約）の締結」（括弧内は引用文，傍点は引用者）を挙げた。米朝第1ラウンド協議を目前として米国務省情報調査局が予見したように，軍事停戦協定の転換がここに提起されたことになる。それは同時に，米朝第1ラウンド協議「共同声明」と米朝第2ラウンド協議「合意声明」に言及された「核兵器を含む武力を使用せず，かつ，かかる武力による威嚇もしないとの保証」に米朝平和協定を含めることに他ならなかった。事実，これとほぼ同時期，宋源浩外交部副部長が国連総会演説で「新平和保障体系」の名の下に，米朝平和協定を主張していた[25]。さらに，李容浩は「包括的取引」として，米国が北朝鮮に「軽水炉供給の責任を負う」こと，主権と内政不干渉を確約する「完全な外交関係正常化」，「南北朝鮮に対するバランスのとれた政策の誓約」を求めていた。そのなかで，米国が米朝平和協定の締結を却下したのはいうまでもない。李容浩が挙げた「南北朝鮮に対するバランスのとれた政策の誓約」もまた，米韓同盟を弛緩させるものと考えられた。

ただし，キノネスはその記録で，「包括的取引」で北朝鮮がとるべき部分を

---

(25) 「우리공화국은 자주권을 확고히 견지하고 유엔성원국들과의 관계와 협력을 더욱 강화해 나갈것이다——유엔총회 제48차회의에서 한 우리나라 대표단 당장의 연설」『로동신문』1993년 10월 8일.

〔倉田秀也〕　　　　　　　　**13**　北朝鮮の核開発問題と「安全の保証」の原型

伏せているため，これらの措置に対応すべき北朝鮮側の措置は明らかではない[26]。これについてジョエル・ウィット（Joel S. Witt）らによると，李容浩の提案は「小さな取引」と「大きな取引」で構成されていたという。ここでいう「小さな取引」とは，北朝鮮がIAEAの保障措置を「拡大」することに対して，米国が「チーム・スピリット」を中止するというものとされ，キノネスが記録した「小規模協議」と同一と考えてよい。これに対して「大きな取引」で，李容浩は米国に対し法的拘束力をもつ武力不行使の保証を含む平和協定の締結，軽水炉提供の責任，米朝国交正常化，南北朝鮮との関係におけるバランスのとれた政策の誓約を求めたとされ，表現の差異を除いては，李容浩がいう「包括的取引」で北朝鮮が求めた米国がとるべき措置の多くと符合する[27]。ウィットらによると，「大きな取引」で北朝鮮がとるべき措置として，NPTへの残留，保障措置の全面的遵守，南北非核化共同宣言の履行が挙げられているが，これらは李容浩の「包括的取引」でキノネスが伏せた部分に該当すると考えてよい。かく仮定して，北朝鮮の提案において，法的拘束力をもつ米朝平和協定を含む「安全の保証」は，北朝鮮のNPTへの残留，保障措置の全面的遵守，「南北非核化共同宣言」の履行と対応することになる。

4　争点構造の攪乱と調整──「保障措置の継続性」の断絶と回復

これ以降北朝鮮は，李容浩の「ノン・ペーパー」でいう「小規模協議」と「包括的取引」に従って対米協議を進めることを考えたが，「保障措置の継続性」を維持しつつも，「小規模協議」で挙げられた「IAEAによる通常および特定査察」の受け入れを拒絶する一方，「チーム・スピリット」中止の言質を得た後に，「包括的取引」に速やか移行し，米朝平和協定を提議することを考えていた。1993年11月11日，姜錫柱によって明らかにされた「一括妥結」案は，「保障措置の継続性」の前提の上に，李容浩がいう「小規模協議」と「包括的取引」を一括して協議しようとする提案であった[28]。

---

(26)　キノネス・前掲注(20)258-260頁。

(27)　Witt et al., *Going Critical,* pp. 95-96；道下徳成『北朝鮮　瀬戸際外交の歴史──1966 ～2012年』ミネルヴァ書房，2013年，135頁。

(28)　「조선반도의 핵문제는 압력으로 결코 해결 할 수 없으며 오직 대화와 협상의 방법으로만 해결 할 수 있다──조미회담 우리측 대표단 단장인 강석주제1부부장의 담화」

291

Ⅲ　大量破壊兵器の不拡散

これに対して米国は「徹底的かつ広範な（thorough and broad）アプローチ」の下に，IAEA の保障措置に加えて，「チーム・スピリット」実施如何について韓国に発言力をもたせつつ，南北対話を通じて北朝鮮を「南北非核化共同宣言」に謳われた南北相互査察に応じさせることを考えた。11 月 23 日には米韓首脳会談で「チーム・スピリット」の実施如何について韓国が主導的な役割を担うことに合意し，金泳三大統領もこの問題は「韓国が決定する問題」[29] と断言するに至った。韓国がこの問題で発言力をもつことは，米朝平和協定締結を意味する「新平和保障体系」を無力化させ，北朝鮮を「南北基本合意書」に従って南北平和協定に誘導させる上でも有効と考えられた。

　しかし，「徹底的かつ広範なアプローチ」が奏功することはなかった。北朝鮮は──米韓側の意図に反し──1994 年 2 月，米朝第 3 ラウンド協議開催の条件として IAEA との協議と南北対話の再開に合意する過程で，米国に「チーム・スピリット」中止を求めその確約を得た。これは李容浩が提起した「小規模協議」に挙げられた項目の一つが満たされたことを意味したが，これ以降北朝鮮は，「徹底的かつ広範なアプローチ」のいま一つの項目である南北相互査察に応じることなく米朝第 3 ラウンド協議を実現し，「包括的取引」を構成する米朝平和協定に関して協議することを考えた。そのために北朝鮮は，南北相互査察の当事者である韓国との協議を拒絶し続けなければならなかった。3 月の南北特使交換のための実務接触の際，北朝鮮側代表の朴英洙が「戦争が起きれば」，ソウルは「火の海」になるかもしれないと発言したのは，このような意図からであった。しかも，北朝鮮は米朝平和協定に関する協議を実現するためにも，南北対話を拒絶しなければならなかった。実際，北朝鮮は 4 月末，外交部声明を通じて「新平和保障体系」を正式に提案したのである[30]。

　国務省情報局は「新平和保障体系」の提案について，北朝鮮が NPT 脱退宣言と同様に，情勢を不安定化することで米国を協議に取り組ませるためと判断していたが[31]，米国がこの提案を黙殺すると，北朝鮮は IAEA の監視なく燃料

『로동신문』1993 년 11 월 12 일.

(29)　「넓은 세계 밝은 미래로, 지도자회의 및 미국공식방문 귀국보고 (1993.11.29)」『金泳三大統領演説文集（第 1 巻）』大統領秘書室，1994 年，574 頁。

(30)　この間の経緯は，倉田秀也「朝鮮問題多国間協議の『重層的』構造と動揺──『局地化』『国際レジーム』『地域秩序』」岡部達味編『ポスト冷戦のアジア太平洋』日本国際問題研究所，1995 年，279-281 頁を参照。

(31)　"Document 5: DPRK: New Arrangements; The Secretary's Morning Intelligence Sum-

292

〔倉田秀也〕　　　**13**　北朝鮮の核開発問題と「安全の保証」の原型

棒を取り出し，それまでの米朝協議の前提であった「保障措置の継続性」を断絶する措置をとることで，IAEAとの協議なく米朝第3ラウンド協議を実現しようと考えた。ガルーチはこれを深刻に受け止め，米朝第3ラウンド協議の前提が崩れつつあると認めざるをえなかった[32]。また，ガルーチは5月，北朝鮮が約900本の燃料棒を取り出したとのIAEAからの報告を受けると，クリストファーに送付した覚書で，「保障措置の継続性」が損なわれつつあるとしながらも，取り出された燃料棒を査察して得られる「知識の継続性（continuity of knowledge）」は維持されているとのIAEAの見解を紹介した[33]。にもかかわらず，北朝鮮は6月にIAEA要員を寧辺の核施設から追放した上でIAEA脱退を宣言し，「保障措置の継続性」は一旦断絶を余儀なくされることになったのである。

　危機高潮の中でカーター元大統領が訪朝したとき，金日成は米朝第3ラウンド協議開催には，「保障措置の継続性」の回復が不可欠であることを知悉していた。金日成は「核活動の凍結」とともに，IAEA要員を呼び戻しただけはなく，金泳三との南北首脳会談と「軍の相互査察」を約束した。そこで米国は，北朝鮮がIAEAとの協議を通じて保障措置を拡大したわけではないにもかかわらず，「保障措置の継続性」が回復し，金日成が南北首脳会談を約束したことを以って，米朝第3ラウンド協議開催の条件が満たされたと見做した[34]。

---

mary, INR, April 29, 1994 (Top Secret/Codeword)" p. 4, Reading the North Korea Tea Leaves, National Security Archive Electronic Briefing Book No. 421, https://nsarchive2.gwu.edu/NSAEBB/NSAEBB 421/.

[32]　*Developments in North Korea: Hearing before the Subcommittee on Asia and the Pacific of the Committee on Foreign Affairs, House of Representatives, One Hundred Third Congress Second Session, June 9, 1994,* United States Congress. House, 1994, p.5.

[33]　"Document 4: Memorandum, Gallucci to Secretary of State Christopher, in re DPRK Discharge of Reactor Rods from the Yongbyon Reactor, ca. May 18, 1994," North Korea and the United States: Declassified Documents from the Bush I and Clinton Administrations, National Security Archive Electronic Briefing Book No. 164, https://nsarchive2.gwu.edu/NSAEBB/NSAEBB164/.

[34]　"KO00984; Secret, Cable, Forwarded Copy, 167549, June 23, 1994," United States and the Two Koreas. これらの書簡は暫く公開されなかったが，後にカーター訪朝にも同行したマリオン・クリークモア（Marion Creekmore, Jr.）が，姜錫柱によるガルーチ宛ての書簡の全文を公開している（See, Marion Creekmore, Jr., *A Moment of Crisis: Jimmy Carter, the Power of a Peacemaker, and North Korea's Nuclear Ambitions,* Public Affairs, 2006, pp. 245-246）。

Ⅲ　大量破壊兵器の不拡散

　ここで指摘しておくべきは，上述のガルーチによる覚書の中で，米朝第3ラウンド協議で北朝鮮との共同声明を求めるとしつつ，そこで北朝鮮をNPTに残留させた上で特別査察を含む条約上の義務を履行させる上で，北朝鮮に「核の保証（nuclear assurance）」について合意すると言及したことである。ここでいう「核の保証」とは，米朝第1ラウンド協議「共同声明」以来，米国が「威嚇」または「使用」を控えるとした「核兵器を含む武力」から「核兵器」を切り離し，「核兵器」による威嚇または使用をしないことを指す。そうだとすれば，「核の保証」とはNSAを米朝2国間関係に読み換えることを指すことになる。この覚書により，北朝鮮が米朝平和協定を主張するのに対して，米国はそれを拒みつつ，北朝鮮にNPTに残留させる反対給付の一つとしてNSAを与えるという構図が生まれた。

　金日成はこの直後に死去するが，姜錫柱がその当日となる「7月8日声明」で発表した内容は，ガルーチの覚書とは必ずしも一致しなかった。ここで姜錫柱は，「安全の保証」に言及し，「核兵器を使用しない」ことに「法的かつ実質的な保証を米国から得る」ことを「包括的取引」の目標に掲げつつも，その方式について「朝鮮と米国の間の平和協定のなかに含めることができる」と述べた。ここで姜錫柱は，米国からの「核の威嚇」が核問題の「根本的原因」とし米朝平和協定を求めたのである。

　もっとも，姜錫柱は「7月8日声明」でも「後刻この問題はもっと十分に話し合うことができる」と述べ，ガルーチが米朝平和協定を「一考することさえ拒否」すると，姜錫柱は米朝平和協定の「問題の追求をやめた」[35]とも述べた。しかし，北朝鮮が「保障措置の継続性」を一旦断絶してまで求めた米朝平和協定の主張を容易に断念するとは考えられなかった。姜錫柱が米朝平和協定を「包括的取引」から一旦切り離し，「核兵器を使用しないこと」についての「法的かつ実質的な保証を得ること」を優先したとはいえ，米朝平和協定は米朝第3ラウンド協議で提起されることは予見されていた。

---

(35)　キノネス・前掲注(20)312-332 頁。

5 米朝「合意声明」と NSA の形態
── 米朝「枠組み合意」への過渡文書

（1）「ワルシャワ条約機構条項」と「無条件」の NSA の間
── ウクライナとの対比

かくして 1994 年 8 月 12 日，ガルーチと姜錫柱の間で暫定合意として，米朝「合意声明」[36]が発表された。この文書でまず特筆すべきは，「安全の保証」についての文言であろう。この声明で「安全の保証」は，米朝第 1 ラウンド協議「共同声明」以来，米国が「威嚇」または「使用」しないとした「核兵器を含む武力」から「核兵器」が切り離され，米国が北朝鮮に「核兵器による威嚇あるいは使用をしない保証（assurance against the threat or use of nuclear weapons）を与える用意がある（is prepared to provide）」と明記された。ガルーチの覚書の通り，それまで米朝高官協議で議論されてきた「安全の保証」はここで核兵器による「威嚇」をしないことを含む NSA となった[37]。

さらに指摘すべきは，米朝「合意声明」では，米国が北朝鮮に個別的な NSA を供与するにあたって別の前例を踏んでいたことである。1994 年 1 月，ビル・クリントン（Bill J. Clinton）大統領とボリス・エリツィン（Boris N. Yelstin）大統領はウクライナのレオニート・クラフチュク（Leonid M. Kravchuk）大統領に対し，非核化措置と関連して安全の保証を与える用意がある（are prepared to provide）とした上で，非核兵器国に対して核兵器を使用しないことへの確約を再確認する「3 国共同声明」を署名していた。この声明は米国とロシアという特定の核兵器国がウクライナという特定の非核兵器国に対し，NSAに言及した多国間文書であった。この文脈でいえば，米朝「合意声明」は，NSA 原則を米朝 2 国間関係に読み換えたといってもよい。

ただし，「3 国共同声明」は NSA を無条件で謳ったわけではかった。「3 国共同声明」は核兵器による「威嚇」には言及がなかった他，「米露両国，米露両軍，米露両国の同盟国に対する武力攻撃が核兵器国と同盟，あるいは連合して

---

(36) "Agreed Statement between the United States of America and the Democratic People's Republic of Korea, August 12, 1994, Geneva," Witt et al., *Going Critical*, pp. 420-421.

(37) "Document 5: Cable, SecState to All Diplomatic and Consular Posts, Subject: Results of U.S.-DPRK Talks in Geneva, August 22, 1994," p. 3, North Korea and the United States.

Ⅲ　大量破壊兵器の不拡散

行われた武力行使」[38]は除くことを確認していた。これに対して，米朝「合意声明」はこれに類する言及がなかったのみならず，そこで謳われた NSA は核兵器を「使用」しないことに加えて「威嚇」もしない保証を謳っていた。米国は北朝鮮との間で「ワルシャワ条約機構条項」に言及することで，北朝鮮がNSA に関心を失うことは回避しなければならなかった。他方の北朝鮮も，核兵器による威嚇と使用をしない保証を米朝間の文書で確認することで，自らが米国の核不拡散政策上，特殊に扱われることを望んだ。事実，この文書が発表される直前，北朝鮮外交部代弁人は「核兵器保有国（複数，核兵器国を指す）は当然，非核国家（複数，非核兵器国を指す）に対して無条件の核不使用の保証」[39]（傍点および括弧内は引用者）を与えるべきと主張した上で，「米朝協議が朝鮮半島の核問題を根本的に解決」することを望む発言を行っていた。

　しかし米国では，米朝「合意声明」が北朝鮮に「無条件の」NSA を供与したとは解釈されなかった。米国は米朝「合意声明」に謳われた NSA を「米国がウクライナに与えた NSA と酷似したもの」とし，「朝鮮民主主義人民共和国の場合においても核兵器を NPT 締約国の非核兵器国に使用しない公約を再確認する」（傍点は引用者）とする一方で，1978 年の国連軍縮特別総会でのヴァンスの演説を引用しつつ，「米本土，米軍，準州，同盟国に対する武力攻撃が他の核兵器国との同盟，あるいは連合して行われた武力行使を除く」として，「ワルシャワ条約機構条項」が確認していた。米国の認識において，NSA が米朝 2 国間関係で謳われようとも，その例外は北朝鮮にも適用されることになる。米国はあえて NSA を北朝鮮の「外交的勝利」[40]として誇示できるように配慮したのである。

---

(38)　"Selected Documents from the U.S.-Russian Summit: Trilateral Statement by the Presidents of the United States, Russia, and Ukraine," *Arms Control Today,* Vol. 24, No. 1, January/February 1994, p. 21. なお，1994 年 12 月の「ブダペスト覚書」に謳われた NSA も核兵器による「威嚇」には言及していない。See, Sherman W. Garnett, "The 'Model' of Ukrainian Denuclearization," Knopf ed., *Security Assurance and Nuclear Nonproliferation,* p.261.

(39)　「핵무기소유국들의 핵무기독점이 계속 지속된다면 언제 가도 핵군축이 이루어질 수 없다――조선민주주의인민공화국 외교부 대변인 기자의 질문에 대답」『로동신문』1994 넌 8 월 13 일.

(40)　"KO01011; Confidential, Cable, August 22, 1994, pp. 1-4, *United States and the Two Koreas.* この文書は米国が「昨年」（1993 年）にウクライナに NSA に供与したと記していたが，これは「1994 年 1 月」の誤記である。

（2）　保障措置の後退と平和体制樹立問題の再提起──南北対話の留保

　さらに米朝「合意声明」で指摘すべきは，それまでの文書で列挙されていた米朝双方がとるべき措置が問題領域別に纏められたことである。それは，「安全の保証」に最も顕著であった。かつての「ノン・ペーパー」では，米国による「安全の保証」に対して北朝鮮がとるべき措置として挙げられたのは，NPT加盟国としての残留，保障措置の全面的遵守，「南北非核化共同宣言」の履行であったが，米朝「合意声明」ではそのなかから「南北非核化共同宣言」の履行のみを挙げ，「北朝鮮は南北非核化共同宣言を履行する用意が依然としてある（remains prepared to implement）」として纏められた。しかし，姜錫柱は「南北非核化共同宣言」に言及を避けており[41]，そこに謳われた南北相互査察も回避しようとしていた。また，「ノン・ペーパー」で「安全の保証」に対応する措置として挙げられたNPT加盟国としての残留と保障措置の全面的遵守はそこから切り離され，後者については「全面的」が削除された上で共に別項目に移された。別言すれば，NPT加盟国としての残留と特別査察を含む保障措置の全面的遵守は，米国による「安全の保証」が与えられた後まで留保することが示唆されていた。事実，姜錫柱は特別査察を拒絶する姿勢を改めて強調し，軽水炉支援も特別査察とは何ら関連しないと述べていたのである[42]。

　さらに，米朝第3ラウンド協議は休会後，第2セッションに移行するが，休会中の事態は北朝鮮の平和体制樹立に関する提案が原則論に回帰したことを示していた。上述の通り，姜錫柱は8月の再開後の協議で，米朝平和協定の「追求をやめた」と述べ，「安全の保証」から米朝平和協定を切り離す姿勢をみせたにもかかわらず，朝鮮人民軍はさらなる軍事停戦機構の解体に着手していた。とりわけ8月末からの宋浩京外交部副部長の訪中を機に，北朝鮮が中国人民志願軍代表団を軍事停戦委員会から撤収させることを明らかにした[43]。国務省情報調査局は，北朝鮮が平和体制樹立の過程から韓国を排除するとは限らないとし，この領域での南北間の接触に期待を寄せていたが[44]，その判断は裏切られ

---

(41)　「《特別사찰》이라는 말 자체를 인정하지 않는다──우리 나라 대표단 단장이 제네바에서 기자회견 진행」『로동신문』1994년 8월 18일。

(42)　「조미합의성명은 매우 무게있고 의의있는 력사적인 문건──우리 나라 대표단 단장이 제네바에서 기자회견 진행」『로동신문』1994년 8월 14일。

(43)　「군사정전위원회에 와있던 중국인민지원군대표단 철수와 관련한 보도」『로동신문』1994년 9월 3일。

(44)　"Document 9; China/DPRK: MAC "Recall," Top Secret, Intelligence Report, September

Ⅲ　大量破壊兵器の不拡散

ることになる。9月9日，北朝鮮は外交部代弁人談話を通じて，米朝高官協議で「平和協定締結問題を討議し，合意をみることは現時点で当然であり切迫した問題」と述べ，平和体制樹立の当事者を米国と北朝鮮であることを強調し，韓国の発言力を認めない姿勢を明らかにしていた。さらにこの談話は，南北平和体制樹立を約した「南北基本合意書」を「不可侵を公約した合意書」と呼び，その平和体制樹立に関する合意を意図的に等閑視していた[45]。この談話を受け米国務省情報調査局は，それが「南北基本合意書」に従って南北間で平和体制を樹立しようとする韓国の姿勢とは相容れないことを指摘するに至った[46]。

6　米朝「枠組み合意」と「公式の」NSA――二面性と条件性

（1）「9月草案」――保障措置上の義務と南北平和協定の慫慂

　1994年9月24日，米朝第3ラウンド協議第2セッションの開会に際して，米国側が北朝鮮に手交した草案（以下，「9月草案」と略記）は，米朝「合意声明」とその後の展開を重く受け止めていた。まず指摘すべきは，Ⅲの「双方は非核化された朝鮮半島の平和と安全保障のために協働する」のなかで，北朝鮮が「国連安保理にNPT締約国としての残留を通告することに合わせ，米国は公式のNSA（a formal negative security assurance）を与えるであろう（will provide)」と記されたことである[47]。特定の非核兵器国に供与されるべきNSAに「公式の」が冠された例はかつてないが，米朝「合意声明」で米国はNSAについて「与える用意がある」としたことに対して，「9月草案」で「与えるであろう」として意志をより明確にしたのは，米朝第3ラウンド協議に至る過程で北朝鮮が負った保障措置上の義務に対応していた。

　すでに述べた通り，米朝「合意声明」では，北朝鮮のNPT加盟国としての残留と特別査察を含む保障措置の全面的遵守は，米国による「安全の保証」が

2, 1994," p. 2, Reading the North Korean Tea Leaves.

(45)　「남조선당국이 아무리 반대한다고 해도 새로운 평화보장체계는 반드시 수립될 것이다――조선민주주의인민공화국 외교부 대변인담화」『로동신문』1994년 9월 10일。

(46)　"Document 10: DPRK: Raising the Armistice Issue; The Secretary's Morning Intelligence Summary, INR, September 10, 1994 (Top Secret/Codeword)", p. 12, Reading the North Korean Tea Leaves.

(47)　"KR00530; (Classification Unknown), Agreement, September 24, 1994," p.3 *The United States and the Two Koreas.* 以下，「9月草案」からの引用はすべてこの文献による。

298

与えられた後まで留保することが示唆されていた。これに対して米国は，北朝鮮がNPTに完全に復帰せず，保障措置上の不遵守が続く状態でNSAを供与することは，核不拡散の規範とは整合しないと考えた。したがって，米国はNSAを供与する意思を示しながらも，それが実際に与えられるのは，北朝鮮がNPTに完全に復帰し，保障措置の遵守が認められたときであるとする解釈の余地を残した。米国が北朝鮮にそのための措置を速やかにとらせるために，NSAに「公式の」の一文を冠したと解釈される。

実際，「9月草案」は，Ⅳの「朝鮮民主主義人民共和国は核不拡散条約に残留し，同条約の下で保障措置協定の履行を許容する」で，北朝鮮に課せられる保障措置上の義務として，①合意文書署名後3カ月以内に軽水炉と代替エネルギー提供の保証を受け次第，国連安保理にNPTに残留し，その条約の下，保障措置上の義務を全面的に受け入れるとの公式の（formal）通告を行う，②保障措置協定で求められる特定および通常査察を即座に受け入れ，文書署名後6カ月以内に，IAEAが求める全ての措置を受け入れる，③同じく合意文書署名後6カ月以内に，IAEAの正式加盟国として復帰することの三つが挙げられた（傍点は引用者）。「公式の」NSAは就中，①の「保障措置上の義務を全面的に受け入れることを公式の通告を行う」に対応したものと考えてよい。

さらに，米朝「合意声明」で，北朝鮮へのNSAは「北朝鮮は南北非核化共同宣言を履行する用意がある」との一文に対応していたが，「9月草案」では，より詳細に「合意文書署名後3カ月以内」に，北朝鮮が「南北非核化共同宣言」を履行するための交渉を妥結させ，平和と安全保障の促進のため他の南北間チャネルを再開すると記されていた。さらに，ここでは「公式の」NSAと並記する形で，南北双方が「南北基本合意書」を履行する措置をとることを米国は支持すると述べられた（Ⅲ - 3）。この草案で，米国は「朝鮮半島に恒久的平和状態を樹立するために大韓民国と朝鮮民主主義人民共和国がとる措置を支持する」（Ⅲ-4）（傍点は引用者）と記されたのも，北朝鮮が軍事停戦機構の解体を進めるなか，北朝鮮を南北対話に着手させることを目的としていた。NSAに「公式の」が冠されたのもこれに関連していると考えてよい。

（2）「新平和保障体系」拒絶の代価── 「安全の保証」の条件

米朝「枠組み合意」では，米国は北朝鮮に「核兵器による威嚇や核兵器を使用しない公式の（formal）保証を与えるであろう（will provide）」（Ⅲ-1）（傍点は

Ⅲ　大量破壊兵器の不拡散

引用者）と約し，「9月草案」で用いた NSA に直接言及することを避けたが，米国が NSA に「公式の」を冠することに託した意図が貫かれたとは考えにくい。米朝「枠組み合意」は，北朝鮮が NPT 脱退宣言を「一方的に停止した」状態で署名されており，この文書でも「引き続き核不拡散条約の締約国にとどまる」（Ⅳ-1）と明記されたものの，北朝鮮が IAEA から脱退している状態が改まったわけではなかった。そこで北朝鮮が寧辺の核施設に IAEA 要員の常駐を許したのは「保障措置の継続性」の概念であったが，IAEA 要員は核施設の凍結状態を監視する権限が与えられたに過ぎなかった。したがって，「9月草案」で「公式の」NSA に対して北朝鮮がとるべきとした保障措置上の措置の多くが，米朝「枠組み合意」に言及されなかったのは当然といわなければならない。米朝「枠組み合意」では，北朝鮮の保障措置上の義務について「保障措置協定の履行を受け入れる」と述べられたものの，それを「国連安保理に公式に通告する」など「9月草案」にみられた文言は脱落し，IAEA の正式加盟国として復帰することには遂に言及されなかった。

　「9月草案」で保障措置との関連で北朝鮮に課された3つの義務のうち，米朝「枠組み合意」に言及されたのは「保障措置協定で求められる特定および通常査察を即座に受け入れ，文書署名後6カ月以内に，IAEA が求める全ての措置を受け入れる」に関してであるが，特定および通常査察について「即座に受け入れ」は「再開する」に書き換えられた上，期限は明記されなかった（Ⅳ-2）。しかも，「9月草案」では北朝鮮が IAEA に求められる全ての措置を受け入れるのは文書署名後6カ月以内とされていたが，米朝「枠組み合意」でその時期は「軽水炉事業の主要な部分が完成する際に，ただし，主要な原子力部品の引き渡しが行われる以前に」（Ⅳ-3）となった。「9月草案」で北朝鮮に求められた保障措置上の義務は，米朝「枠組み合意」では当時非公開の秘密覚書に纏められたが，そこでも「9月草案」に記された「国連安保理に公式に通告する」は削除された[48]。

　他方，米朝「合意声明」で米国による「安全の保証」に対して北朝鮮がとるべき措置として唯一挙げられたのは「南北非核化共同宣言」の履行であり，「9

---

(48)　"Confidential Minute, Geneva, October 21, 1994," Foreign Affairs, Military, Nuclear Weapons, Living History with Ambassador Robert Gallucci, May 27, 2016, by Beyond Parallel, https://www.documentcloud.org/documents/2829751-1994-U-S-DPRK-Agreed-Framework-Confidentialminute.htm.

〔倉田秀也〕　　　**13**　北朝鮮の核開発問題と「安全の保証」の原型

月草案」でも「合意文書署名後3カ月以内に」北朝鮮が「南北非核化共同宣言」を履行するための交渉を妥結させると記されていたが，米朝「枠組み合意」では，米国の「公式の」NSA に対して，北朝鮮は「南北非核化共同宣言」の実施のための措置を「絶えず講じていく」と述べられたものの，「この文書署名後3カ月以内に」という期限には言及されなかった。北朝鮮は米朝「枠組み合意」後も，「南北非核化共同宣言」の履行を留保することが可能となった。姜錫柱もこれについて，「今回の会談は徹底して核問題の全面的解決に関する朝米間の会談である。（中略）北南対話を試みる雰囲気がつくられるに従って対話を行うであろう」(49)と述べるに留まった。

　そのなかで，米朝「枠組み合意」で米国が北朝鮮の主張を退けた項目は，平和体制樹立問題であった。もとより，米朝「枠組み合意」では，「9月草案」に言及された「南北基本合意書」と南北平和体制樹立に関する言及もみられず，北朝鮮が「南北対話を促進する雰囲気を作り出すのに役立つため，南北対話に取り組む」と述べられたに過ぎなかった。とはいえ，北朝鮮が固執した米朝平和協定の主張を米国が退け続けたことは韓国を安堵させた。保障措置との関連で米国が北朝鮮に示した譲歩は，米朝平和協定の主張を退けた代価であったのかもしれない。しかし，これで北朝鮮が「新平和保障体系」を断念したとは考えにくい。この年の国連総会でも，崔守憲外交部副部長は，「朝鮮半島での緊張を緩和し，平和を保障する上で重要な問題は，朝鮮停戦協定を平和協定に代え，軍事停戦機構に代替する新しい平和保障体系を打ち立てることである」(50)と主張していたのである。

結語 —— 米朝「枠組み合意」における「安全の保証」

　米朝第1ラウンド協議「共同声明」で謳われた「核兵器を含む武力を使用せず，かつ，かかる武力による威嚇もしないとの保証」は NSA を念頭に置く

---

(49)　「조선민주주의인민공화국과 미합중국 사이의 기본합의문은 조선반도의 핵문제해결을 위한 하나의 리정표로 되며 력사적의의를 가지는 문건이다 —— 조미회담 우리나라 단장 제네바에서 기자회견 진행」『로동신문』1994 년 10 월 24 일。

(50)　「유엔은 우리의 새로운 평화보장체계수립제안에 응당한 주의를 돌리고 자기의 의무를 성실히 리행하여야 한다 —— 유엔총회 제 49 차회의에서 한 우리 나라 대표단 단장의 연설」『로동신문』1994 년 10 월 9 일。

301

Ⅲ　大量破壊兵器の不拡散

「安全の保証」であったが，米国が核兵器を含む武力を「使用」しないことの
みならず，「威嚇」しないことを２国間関係で確認したのは，この文書を以っ
て嚆矢とする。以来，米朝高官協議では「安全の保証」に言及するとき，核兵
器を「使用」しないのみならず，「威嚇」も意味するとされた。

　また，その過程で米朝双方は，「ワルシャワ条約機構条項」に触れることを
意図的に回避してきた。1994 年 5 月のガルーチによる覚書以降，米国は威嚇
または行使しないとした「核兵器を含む武力」から「核兵器」が分離され，協
議でも核兵器に特化された NSA が言及されたが，そこでも米国は「ワルシャ
ワ条約機構条項」に言及することはなかった。米国は米朝「枠組み合意」に至
る過程で，ウクライナ非核化のための交渉から多くを援用したが，「3 国共同
声明」が「ワルシャワ条約機構条項」を明記したのに対し ── ウクライナより
もこの条項に該当する蓋然性が高いにもかかわらず ──「ワルシャワ条約機構
条項」が争点になることもなく，米朝「枠組み合意」もそれに言及することは
なかった。米国はこの条項に触れることで北朝鮮が NSA に関心を失うことを
回避し，北朝鮮は米国が NSA の原則のなかで自らが特殊に扱われることを望
んでいた。米朝「枠組み合意」を受け，米国は北朝鮮に対する NSA が従前と
一貫していることを国内的に確認し，韓国に対してもジョセフ・ナイ（Joseph
S. Nye, Jr.）米国防次官補はそこに謳われた NSA が過去米韓間で議論されたも
のと異なるものではないとし[51]，米朝「枠組み合意」と米韓同盟が両立しうる
と説明した。そうだとすれば，米国は北朝鮮に対しては NSA を特殊に扱うこ
とを伝えながら，韓国に対してそれは従前通り，条件付きであることを強調す
ることで米韓同盟を管理しようとしたことになる。

　しかしその間，米国が核不拡散規範との関連で北朝鮮に払った譲歩は小さく
はなかった。米国は当初，北朝鮮の NPT への完全復帰と IAEA の保障措置の
全面的履行を協議の前提とし，南北相互査察を盛り込んだ「南北非核化共同宣
言」の履行を求めたが，米朝「合意声明」から「9 月草案」に至る過程にみた
ように，米国は北朝鮮を NPT に残留させ，国連安保理に対して保障措置上の
義務を全面的に受け入れることを公式に通告させるためにも，NSA に「公式
の」を冠した。にもかかわらず，米朝「枠組み合意」署名に際して，北朝鮮に
求めた義務が記載されなかったため，米国は「公式の」NSA が北朝鮮の保障

────────────

(51)　"KR00538; SecDef Perry's Meeting with Defense Minister Rhee October 2, 1994.

〔倉田秀也〕　　　**13**　北朝鮮の核開発問題と「安全の保証」の原型

措置上の不遵守が続いている状況に対応したものではないことを強調しなければならなかった。米国務省は，「公式の」NSA が「ある特定の状況（under certain defined circumstance)」という条件で，北朝鮮が「NPT を遵守する加盟国（a member in good standing of the NPT)」である限り有効とすることを強調したが[52]，ここでいう「ある特定の状況」とは，北朝鮮が「保障措置の継続性」を遵守し，最終的には北朝鮮が NPT に完全復帰し，保障措置を遵守する状況を指すと考えてよい。

　米国にこのような譲歩を強いたものとして，北朝鮮の「新平和保障体系」を挙げておかなければならない。もとより，米国は「新平和保障体系」を拒絶し，米朝平和協定に関する文言は米朝「枠組み合意」には言及されなかった。平和体制樹立問題が「公式の」NSA と並記される形で挙げられたことを考えるとき，米国が NSA に「公式の」を冠したのは，北朝鮮を南北対話に誘導し，「南北非核化共同宣言」のみならず，南北平和協定を約した「南北基本合意書」を履行させる意図からでもあった。

　確かに，米朝「枠組み合意」は「新平和保障体系」に言及しなかったことは，北朝鮮が冷戦期から米国に求め，「ノン・ペーパー」にも盛り込んだ米朝平和協定の主張を一旦断念したことを意味する。しかし，北朝鮮が「新平和保障体系」の樹立を米朝「枠組み合意」署名後の長期的な課題と位置づけたとすれば，米朝「枠組み合意」が「南北基本合意書」に言及できなかったことは，北朝鮮がその文書署名後に「新平和保障体系」を主張する余地を与えたといわなければならない。

---

(52)　"KR00538; Secret, Cable, October 14, 1994, *The United States and the Two Koreas.*

14 核軍縮・不拡散政策と日本の選択
── 葛藤の継続と変容 ──

向　和歌奈

は じ め に

　2017年7月に成立した核兵器禁止条約（TPNW）をめぐり，国際社会は賛成派と反対派に二分化し，両者の間の亀裂は深まっている。その中にあって，日本は特に難しい立場に置かれてきた。安倍晋三首相が2018年8月6日に広島の平和記念式典で述べたように，唯一の戦争被爆国として核廃絶を訴え続けてきた日本は，「『核兵器のない世界』の実現に向けて，努力を重ねていくこと」を使命としてきた一方で[(1)]，核兵器を全面的に禁止するTPNWに対しては，条約の交渉会議にすら参加せず，明確に反対の姿勢をとり続けてきた。岸田文雄外相は，「今回の核兵器禁止条約については，『核兵器のない世界』を目指す我が国の考え方とはアプローチを異にすると考えています」と述べ，核兵器のない世界を目指すという究極的な目標が同じであったとしても，そこにたどり着くまでの方法が日本の考えとTPNWが示すものとでは必ずしも合致しない点を明確にした[(2)]。こうした日本の基本的な姿勢や政策は，実は冷戦期から大きく変化したわけではない。

　日本は冷戦期から一貫して，国際的な核軍縮・不拡散の積極的な推進を外交政策の重要な柱の1つと位置づけてきた。その中核を担う条約として日本がもっとも重視するのが，1968年に採択された核兵器不拡散条約（NPT）である。核不拡散，核軍縮そして原子力平和利用を三本柱とする国際的な核不拡散体制の礎石であり，核兵器国と非核兵器国の双方が参加するNPTを日本は，「地域や国際社会の平和と安定を提供する一つの重要な国際的合意として，日本の安

---

(1) 「広島市原爆死没者慰霊式並びに平和記念式あいさつ」首相官邸，2018年8月6日，https://www.kantei.go.jp/jp/98_abe/statement/2018/0806hiroshima.html。

(2) 「岸田外務大臣会見録」外務省，2017年7月11日，https://www.mofa.go.jp/mofaj/press/kaiken/kaiken4_000533.html。

Ⅲ　大量破壊兵器の不拡散

全保障向上にも貢献している」と評価してきた[3]。

　しかしながら，その NPT に対して，日本は成立当初から諸手を挙げて賛成していたわけではない。たしかに日本は，1945 年の広島と長崎への原爆投下以来，核兵器使用のもたらす惨禍を訴え続けてきた。NPT の前文に記された理念は，そうした日本の姿勢や平和憲法との整合性も高く，このような平和精神を生かした外交を展開する必要があるという認識は，NPT の交渉や成立当時から各政権に踏襲されてきた。他方で，NPT と安全保障政策の整合性，あるいは NPT に参加することで核武装のフリーハンドが奪われうるとの懸念など，現実的な観点からの利害損得もまた同時に議論されてきた。

　NPT の成立を契機として顕在化した日本の核軍縮・不拡散政策と安全保障政策の間の葛藤は，その後も日本の核をめぐるさまざまな政策決定に際して，繰り返し浮上してきた。なかでもそれが顕著に表れたのが，NPT 無期限延長問題と TPNW の成立という事例を通してであった。

　本稿では，NPT の交渉・成立，NPT の無期限延長，ならびに TPNW の交渉・成立という核軍縮・不拡散にとって節目となってきた事象に焦点を当て，その節目において日本が直面してきた「理想」（核軍縮・不拡散政策の推進）と「現実」（安全保障政策の担保）の葛藤の継続性，そして安全保障の側面に見られる論点の変容についての考察を試みる。

1　NPT の交渉・成立：葛藤の顕在化

（1）「理想」と「現実」の共存

　アイルランドの提案による 1959 年の国連総会決議 1380（XIV）を契機とする核拡散防止に向けた動きは，1964 年頃になると，米ソによる本格的な関心の高まりと具体的な条約案の提出によって，条約の策定を目指す動きへと展開していった[4]。こうしたなかで日本もまた，核拡散防止や NPT に対する自国

---

(3)　外務省軍縮不拡散・科学部編『日本の軍縮・不拡散外交（第七版）』外務省，2016 年 3 月，10 頁。

(4)　NPT の成立過程については，たとえば以下を参照。矢田部厚彦『核兵器不拡散条約論——核の選択をめぐって』有斐閣，1971 年；前田寿『軍縮交渉史 1945-1967 年』東京大学出版会，1968 年，653-713 頁；佐藤栄一「第 3 章 核拡散防止条約の成立と核・非核兵器国」日本国際問題研究所編『国際年報』第 10 巻，1968 年，38-53 頁。

〔向　和歌奈〕　　　　　　　　　　***14***　核軍縮・不拡散政策と日本の選択

の立ち位置や政策を明確にしていく必要に迫られた[5]。

　1965年9月の国連総会で椎名悦三郎外相（以下，肩書はいずれも当時）は，核兵器の拡散を防止するという国際的な潮流を歓迎しながらも，核兵器国のみならず非核兵器国の安全保障も担保する必要があること，すべての国家が真摯にこの問題に取り組み，最終的には条約に参加するべきであること，条約の制定過程においては特に潜在的な核保有能力を有する国家の発言に耳を傾けるべきであることなどを主張した[6]。日本は1967年の段階で，米ソ共同案に基本的には賛成の立場を示していた。ただし，それは諸手を挙げての賛意ではなく，核兵器国が非兵器国の安全保障を十分に考慮すること，そして核軍縮への姿勢を明瞭にすることなど，複数の条件付きのものでもあった[7]。

　こうした立ち位置には，核をめぐる日本の「理想」と「現実」双方の論点が投影されており，それゆえに「葛藤」が生じていた。

　まず，「理想」の側面として，第一に，NPTへの参加という行為を通じて，核戦争勃発の可能性の抑制，米ソ平和共存の強化による平和への貢献，そして平和外交に対する国際的認識の増大が可能であり，国際平和に寄与するという論点が挙げられた[8]。

　第二に，1945年の原爆投下を背景に日本に深く根づいていた核軍縮への「民族的な欲望」を基に，国際社会に対して核軍縮・不拡散への誠実な姿勢を明確に示していく必要があるという論点が挙げられた[9]。NPTの策定を通じて核兵器国に核軍縮をより強く要求できることも，この条約に賛成することで得られる利益として考えられた[10]。それゆえに日本は，核軍縮に対する核兵器国の義務を条約に規定し確認すること，条約内容の改訂も可能とすべく再検討条項を設けること，そして非核兵器国の安全保証（security assurances）に関する核兵

---

(5)　黒崎輝『核兵器と日米関係 アメリカの核不拡散外交と日本の選択 1960-1976』有志舎，2006年，16-17頁。

(6)　佐藤栄一，木村修三編『核防条約 核拡散と不拡散の論理』日本国際問題研究所，1974年，120-122頁。

(7)　『朝日新聞』1967年2月10日。

(8)　外務省「核兵器の不拡散に関する条約へのわが国の加入による利害得失」1969年8月，1頁。

(9)　「第63回国会 衆議院予算委員会議録」第5号，1970年2月25日，3頁。

(10)　外務省「核兵器の不拡散に関する条約へのわが国の加入による利害得失」1969年8月，2-3頁。

307

Ⅲ　大量破壊兵器の不拡散

器国の意思を確認する方法の検討などを積極的に主張していった[11]。

　対する「現実」の側面としては，第一に，原子力の平和利用と国家安全保障の観点が重なり合う問題として，核爆発の平和利用をめぐる論点が挙げられた[12]。たとえば下田武三外務事務次官は，NPT が「平和利用のための核爆発まで禁止するなら，政府としても条約の賛否に重大決意をしなくてはなるまい」と述べ，国内において大きな物議を醸した[13]。これを受けて，二階堂進科学技術庁長官を委員長とする原子力委員会は，核爆発の平和利用は原子力基本法の原則に抵触するものではないとする一方で，平和目的での核爆発装置の開発は軍事利用を目的とする研究と基本的には同じであり，国際管理が難しく，それゆえに日本としてはこのような装置の開発を行わないほうが望ましいとの見解を示し，ことの沈静化を図った[14]。下田の発言は NPT に対する日本政府の態度の一側面に過ぎないとされたが，核兵器開発能力を有しながらも，あえて法的な制限を受け入れるという日本の立場を国際的に知らしめる意図があったともいわれている[15]。こうした議論を経て，日本は，核爆発の平和利用には原則として反対だが，仮に軍事利用と平和利用の区別が可能となり実用化されたならば，非核兵器国もそうした平和利用に関して同等の権利を有するといった規定を条約に盛り込むべきであるとの主張を，NPT 交渉などの場で展開していった。

　第二に，国家安全保障の問題の観点から，日本が NPT によって核兵器の取

---

(11)　『朝日新聞』1967 年 4 月 12 日。

(12)　なお原子力平和利用の問題としてその他に，IAEA による保障措置，あるいは原子力関連資機材・技術などに関する国際協力の可能性についての問題などが挙げられた。たとえば以下を参照。矢田部『核兵器不拡散条約』208-216，220-254 頁；佐藤，木村編『核防条約』162-167 頁；今井隆吉『核軍縮 核軍備管理の実態』サイマル出版社，1987 年，129-130 頁；今井隆吉「核防条約の早期批准を」『中央公論』第 87 巻 3 号，1972 年 3 月，103-105 頁。

(13)　下田の発言には，核開発能力を有しながらも，あえて技術的かつ法的な制限を受け入れるという日本の立場を国際的に知らしめる意図もあったともいわれている。『朝日新聞』1967 年 2 月 10 日。

(14)　『朝日新聞』1967 年 3 月 10 日。

(15)　与党内には，核爆発の平和利用が日本の推進していた全面的核実験禁止の考えと矛盾するものではないとの考えが根強く浸透していたとされる。また，財界や産業界も原子力の平和利用についての権利が制限されることに強い懸念を示し，下田が示した平和目的のための核爆発に関する見解を容認する姿勢を見せた。『朝日新聞』1967 年 2 月 10 日；1967 年 2 月 10 日（夕刊）；『朝日新聞』1967 年 3 月 4 日。

得を禁止されるなど安全保障上の選択肢が限定されることを想定して，アメリカによる核の傘を含む拡大抑止が確実に提供されることを確認する必要があるという論点が挙げられた[16]。当時の政府内には，国内に向けて NPT に対する立場を明確にするだけではなく，タブー視されてきた核武装問題も含めた安全保障問題全般にかかわる核兵器の問題についての議論を可能にするような空気を作り出したいという狙いもあったという[17]。その背景として，1964 年に初の核実験を実施した中国の NPT 不参加が濃厚であると考えられたなかで，日本では将来の不測の事態に備えて条約に期限を設けることの重要性が指摘されていたことが挙げられよう。NPT の成立，あるいは日本のこれへの署名や批准によって，（意思の有無は別として）日本が核兵器を開発・保有するという選択肢が将来にわたって封じられることへの不安は，皆無ではなかった[18]。

　これに関連して第三に，そうした状況で重要な論点として注目されたのが，「核のフリーハンド」論であった[19]。なかでも，中国の核実験に衝撃を受けた一部保守層の政治エリートたちは，沖縄返還問題と日米安全保障条約改定問題を背景に，また日本に核の傘を供与するアメリカがその後ベトナム戦争で敗北を喫したことを受け，「自主防衛論」を展開するなかで，拡大核抑止への信頼性にも疑問を投げかけた。今井隆吉はこれを，「感情的なもの」で，日本が核武装を真剣に考えていたわけでなかったと分析している[20]。しかしながら，それはあながち「感情的」な議論だとはいえなかった。日米安全保障条約がアメリカ側から破棄された場合，NPT を脱退して独自の核武装を進めることをも含めて新たな安全保障政策を検討する必要が出てくるが，これを日米安全保障条約破棄後に行っていると，脅威への具体的な対応に大きな支障をきたしかねない。また，核・弾道ミサイル開発を積極的に推進する中国が日本に核威嚇や核攻撃を仕掛けてきた場合，アメリカが日本に対して拡大抑止の提供を約束し

---

(16)　外務省国際資料部「第 360 回外交政策企画委員会記録」1966 年 2 月 16 日，9 頁；外務省国際資料部「第 336 回外交政策企画委員会記録」1965 年 7 月 28 日，5，7 頁。

(17)　『朝日新聞』1967 年 2 月 11 日。

(18)　『朝日新聞』1967 年 3 月 3 日。

(19)　吉岡斉『原子力の社会史』朝日新聞社，168 頁；外交政策企画委員会「わが国の外交政策大綱」1969 年 9 月 25 日，67-68 頁；「第 489 回外交政策企画委員会記録」1969 年 4 月 30 日，74 頁（年号が未記載のために，1969 年とは限定できないが，同委員会で取り扱われた文書である「核不拡散条約の問題点」が 1969 年 4 月 22 日付になっていることから，同年 4 月 30 日に検討会を催したと推測できる）。

(20)　今井『核軍縮』130 頁。

Ⅲ　大量破壊兵器の不拡散

ていたとしても，実際には日本の防衛のための軍事力行使を躊躇するのではないかという，いわゆる「見捨てられ」の可能性も考えなければならない。そのようななかでNPTに参加し，独自の核武装という選択肢を将来にわたって放棄することが日本の国益にどのような影響を与えるのか，慎重な判断が迫られた。

（2）　拡大核抑止と核武装論の共存

こうして，核問題をめぐる「理想」と「現実」双方からの論点が示されるなか，1967年3月14日に三木武夫外相は衆参両院において，「核兵器の拡散を防止しようという核兵器拡散防止条約の精神に賛成であります」と明言した[21]。ただし，それは国家安全保障の観点からというよりも，むしろ多分に国内政治の文脈でなされたものであった。超党派外交を推し進めたい三木にとって，NPTをめぐる議論や交渉はこれを実現するための好都合な機会であった。三木が積極的に超党派外交政策を展開した背景には，自民党総裁の座を狙う候補者としての立場から，国際的な潮流に抗うことなく，米ソとの協調路線をとることの重要性と，核兵器への忌避を堅持する姿勢を野党や国民に対して示すという思惑が働いていたとされる[22]。

しかしながら，それは安全保障問題をめぐる論点が解決していたことを示すものではなかった。日本はNPT発効直前の1970年2月に条約に署名したが，これに際して日本政府は声明を発表し，批准に係る着眼点として，核軍縮，安全保障，原子力の平和利用の3点に関して問題を挙げ，早期批准を目指す一方でそれが必ずしも簡単な道のりではないことを強く示唆した[23]。実際に，日本はNPTの署名から批准までに6年もの歳月を費やしたが，そこには安全保障政策上の多様な選択肢を維持しておきたいとの思惑が少なからず反映されていた。日本にとって決定的な利益がない限り，安易にNPTを批准すべきではなく，むしろ長期的な観点からの利害損得について慎重に検討するとともに，NPT批准を外交・安全保障政策上の1つの切り札として温存しておくことを

---

(21)　「第55回国会　参議院会議録」第3号（その2），1967年3月14日，11頁；「第55回国会　衆議院会議録」第3号(2)，1967年3月14日，5頁。

(22)　佐藤，木村編『核防条約』133-134頁；『朝日新聞』1967年4月16日。

(23)　「第63回国会　衆議院会議録」第3号(1)，1970年2月14日，5頁。

310

〔向　和歌奈〕　　　　　　　　　　　　**14**　核軍縮・不拡散政策と日本の選択

有効な手段と捉えるべきであるとの戦略的な意見も少なくなかった[24]。

　また，日本を取り巻く安全保障環境が将来どのような方向に動くのか，あるいは核兵器国による非核兵器国への安全の保証が果たして期待通りに機能するのか，NPT 成立当時には当然ながら予見できず，長期的には日本にとって不利な状況が起こる可能性も排除できなかった。この関連で，NPT 批准後の脱退の可能性についても議論の対象となった。NPT 第 10 条 1 項には，「各締約国は，この条約の対象である事項に関連する異常な事態が自国の至高の利益を危うくしていると認める場合には，その主権を行使してこの条約から脱退する権利を有する」と規定されている。日本が脱退を決意するとすれば，それは「異常な事態」に直面しているからであり，そうであれば国内外ではそれが当然の選択として受け止められるかもしれない。他方で，日本が NPT から脱退する場合に生じうる政治的含意——日米関係への影響や東アジア安全保障環境のさらなる悪化など——は，無視できるほど小さなものではなく，そうしたことが条約脱退を強く抑制し，結果として「自国の至高の利益」がさらに危うくなる可能性も懸念された[25]。

　こうしたことに加えて，日本政府には，条約署名後に直ちに批准を目指すとの選択肢を取らず，中長期的な見地から日本の国益や安全保障上の利益への合意を慎重に検討するとの姿勢を維持することで，NPT に対する基本的な賛意を国内外に示しつつ，同時に国内で見られた安全保障の観点も含む様々な懸念を「吸収」する時間を得ようとの考えもあった[26]。

　1974 年に入ると，第 1 回 NPT 再検討会議（1975 年）に向けた準備委員会が

---

(24)　「核拡散防止をめぐる若干の問題点」『内閣官房調査月報』第 20 巻 4 号，1975 年，63-64 頁；「情勢均衡の核"核防条約"をめぐる日本」『政経時潮』第 24 巻 11 号，1969 年 11 月，62-63 頁。

(25)　たとえば以下を参照。矢田部『核兵器不拡散条約論』127-129 頁。

(26)　黒崎『核兵器と日米関係』227-234 頁。なお，条約法に関するウィーン条約第 18 条では，いずれの国も「批准，受諾若しくは承認を条件として条約に署名し又は条約を構成する文書を交換した場合には，その署名又は交換の時から条約の当事国とならない意図を明らかにする時までの間」もしくは「条約に拘束されることについての同意を表明した場合には，その表明の時から条約が効力を生ずる時までの間。ただし，効力発生が不当に遅延する場合は，この限りでない」場合に「それぞれに定める期間，条約の趣旨及び目的を失わせることとなるような行為を行わないようにする義務がある」と定められている。当時の変動的な国際情勢の流れを見極めることが完全にはできない中，元来ならば署名と批准を一連の流れと捉えるべきところ，日本は両行為を別の次元のものとして扱った。

311

Ⅲ　大量破壊兵器の不拡散

開催されることになり，これを契機に日本国内でもNPTの批准をめぐる論争が改めて高まった。与党内では，依然として批准推進派と慎重派が対立する構図が続いていた。最終的に国会での批准に向けた審議を決定したのは三木首相であったが，NPT成立当時に外相を務めていたこともあり，NPTに強い関心を持っていた[27]。

NPT批准に係る議論で重要な論点となったのが，日米安全保障体制の将来像であった。自民党のタカ派をはじめとする一派からは，NPTに加盟することで日本は独自の核武装という選択肢を放棄することになることへの強い躊躇も示された[28]。そこで日本は，国内で「核のフリーハンド」の議論を積極的に展開することで，アメリカに拡大核抑止を提供することの重要性を認識させ，これと同時に，日本自身もアメリカに核の傘を含めた安全保証を求めた。核武装が現実的な選択肢ではないとしながらも，それはアメリカに対する一定の牽制にもなった。政府は日米安全保障体制の長期的な堅持と日本に対する防衛義務をアメリカ側に再認識させると同時に，国内においても適切な防衛および安全保障体制の確立を推し進めることを条件に，NPTをめぐる議論を軟着陸させ，条約批准を目指すという方向に舵を切った[29]。

（3）　小　　括

日本はNPTに対して，上述してきたような安全保障問題に加えて，核兵器国と非核兵器国の不平等性を固定化するものであり，また原子力の平和利用についての取り決めが公平ではないなどの理由を挙げて，不満を示した[30]。しかしながら，フランス，中国，あるいはインドといったNPTに反対する国々と与するよりも，米ソが主導して構築を試みる核不拡散体制のなかで，核兵器国に対して核軍縮義務を履行するよう促していくほうが，日本の外交方針にも沿

(27)　広田重道「『核拡散防止条約』をめぐる論調の特徴点——最近の新聞報道を分析する——」『平和運動』第80号，1975年12月，62頁。

(28)　今井「核防条約の早期批准を」102頁。

(29)　同上。

(30)　今井隆吉「核拡散防止条約の問題点」『ジュリスト』第580号，1975年2月，61頁。なお政府はNPTへの署名に際して，「国際原子力機関との間に締結する保障措置協定の内容は，他の締約国が個別的にまたはほかの国と共同して国際原子力機関との間に締結する保障措置協定の内容に比して，わが国にとり実質的に不利な扱いとなることがあってはならない」との見解を示した。詳しくは以下を参照。矢田部『核兵器不拡散条約』247頁。

312

〔向　和歌奈〕　　　　　　　　　　　　　*14*　核軍縮・不拡散政策と日本の選択

うばかりか，究極的には核廃絶という外交目標にもつながると考えた[31]。それ
はまた，日米同盟を基軸とする日本の現実主義的な安全保障政策とも整合する
ものであった[32]。

　こうして，葛藤は残りつつも，NPT の下で日本は，「理想」と「現実」を共
存させることが可能となった。いうまでもなく，これを可能にしたのは，NPT
の下において非核兵器国が核兵器国に提供される拡大核抑止に安全保障を依存
することが禁止されていないという点でもあった。

　核をめぐる「理想」と「現実」の葛藤とこれらの共存の模索は，その後も日
本の核軍縮・不拡散外交における基本として受け継がれ，また時に揺るがして
ゆく。「効力発生の 25 年後に，条約が無期限に効力を有するか追加の一定期間
延長されるかを決定するため，会議を開催する」（NPT 第 10 条 2 項）との規定
に基づき，1995 年の再検討・延長会議で議論・決定されることになる NPT の
期限の問題をめぐり，日本は再び「理想」と「現実」の葛藤に直面することに
なった。

2　NPT 無期限延長：葛藤の再燃と変容

（1）「理想」と「現実」の狭間

　冷戦終結直後，NPT 締約国の北朝鮮やイラクによる秘密裏の核兵器開発が
発覚し，またアメリカが核兵器を含む大量破壊兵器の不拡散を二極構造終焉後
の国際秩序の再構築における重要な課題の 1 つに位置づけたこともあり[33]，日
本では，NPT を無期限延長によって今後も確実に維持すること，また中国や
韓国を含む近隣諸国に対して日本の核武装への警戒感を高めないことが日本の
安全保障にとって好ましいとの議論が聞かれた[34]。

　他方で，NPT 無期限延長は核兵器国の地位を永続的に固定しかねないとの
懸念や，無期限に条約が延長されたなら核兵器国は核軍縮を着実に実施しなく
なるとの懸念が，日本を含む非核兵器国側に存在した。対する核兵器国側は，

---

(31)　同上。

(32)　黒崎『核兵器と日米関係』84 頁。

(33)　石川卓「変容する軍備管理・不拡散と『新世界秩序』」『国際安全保障』第 35 巻 4 号，
　　　2008 年 3 月，1-16 頁。

(34)　『読売新聞』1993 年 7 月 8 日（夕刊）。

313

Ⅲ　大量破壊兵器の不拡散

無期限延長が達成されない場合，NPT が失効し，場合によっては非核兵器国が核兵器開発・保有に向かう可能性を憂慮した。双方の不安を解消し，想定されうる事態を回避するためにも，核兵器国は NPT の三本柱の 1 つである核軍縮を進めることを約束し，非核兵器国の NPT への支持を継続させる必要性があった。

　日本は自身も共有する非核兵器国側の懸念に鑑み，1993 年 7 月 7～9 日に東京で開催された第 19 回主要国首脳会議（G7 東京サミット）の際，その政治宣言に NPT「無期限延長」の文言を盛り込むことに反対した[35]。NPT 無期限延長を支持する他の 6 か国とは対照的に，日本は，核兵器国に核兵器の保有を認める NPT の不平等性と，これら 5 か国による核軍縮の停滞に不満を示し，条約の無期限延長に固執するよりも核兵器の削減を優先すべきであると主張した。最終的に発表された政治宣言では，日本側の主張とその他 6 か国の主張の妥協案として，「NPT への普遍的な参加並びに 1995 年における同条約の無期限延長及び核兵器の削減という目標を改めて表明する」との一文が合意された[36]。日本にとってみれば，国内に向けては無期限延長を必ずしも支持したわけではないと説明できる一方で，国際的には NPT とその無期限延長の重要性に反対しているわけではないとの立場を強調できるものとなった[37]。

　しかしながら，日本のこうした慎重な態度は，ちょうど同時期に北朝鮮の核開発問題が顕在化していたことと結びつけられ，実際には日本がこれまで取り続けてきた非核政策から後退し，将来的な核武装の可能性を考慮するなかでなされたものではないかとの強い疑念を，一部とはいえ国際社会，とりわけアメリカに抱かせた[38]。たしかに，与党の自民党内には，NPT 無期限延長を支持することによって「核武装の論理的可能性」までも永続的に放棄してしまうことへの漠然とした懸念が，依然として根強く残っていた[39]。ただ，このような「核のフリーハンド」論は抽象的な概念として示されることが多く，実際に核武装の具体的な選択肢を提示して無期限延長に反対する声は聞かれなかったと

---

(35)　Michael J. Green and Katsuhisa Furukawa, "New Ambitions, Old Obstacles: Japan and Its Search for an Arms Control Strategy," *Arms Control Today,* Vol.30, July/August 2000, https://www.armscontrol.org/act/2000_07-08/japanjulaug.

(36)　外務省編『外交青書 1993』第 37 号，外務省，1994 年 6 月，203-205 頁。

(37)　『日本経済新聞』1993 年 7 月 9 日。

(38)　"Japan hints at reversal of bar on nuclear arms," The Boston Globe, July 9, 1993, p.8

(39)　『読売新聞』1993 年 7 月 8 日（夕刊）。

314

いう[40]。

　アメリカからの疑念が強まるなか，NPT 無期限延長に当初反対していた宮沢喜一政権は，日本が核兵器を取得することはありえないと反論する一方で，無期限延長への支持を早急に表明する必要があると政策方針を転換した[41]。1993 年 7 月 27〜28 日に開催された東南アジア諸国連合（ASEAN）拡大外相会議で，武藤嘉文外相が日本の NPT の無期限延長に向けての努力を表明した背景には，このような配慮があったといえよう[42]。さらに，G7 東京サミットから約 1 か月後の 1993 年 8 月に発足した非自民党連立政権の細川護熙首相も，就任会見において NPT の無期限延長を支持する考えを明らかにした[43]。同年秋の国連総会でも，細川首相は演説で，NPT 無期限延長への支持を明言した[44]。

　それにもかかわらず，アメリカでは日本による核武装化への懸念は収束せず，むしろその後も拡大していった。ウォルター・モンデール（Walter Mondale）米駐日大使は，日本が NPT 無期限延長を支持するとの明確な姿勢を示したことからも明らかなように，核武装の可能性はないと会見で述べ[45]，またウィリアム・クリントン（William Clinton）大統領も日本自身は核兵器の保有を望んでおらず，アメリカ政府も日本の核武装を懸念していないと発言した[46]。しかしながら，たとえばサム・ナン（Sam Nunn）上院軍事委員会委員長やリチャード・ルーガー（Richard Lugar）上院議員といった議会の重鎮は，こぞって日本による核武装の可能性について発言した[47]。また，ウィリアム・ペリー（William Perry）国防長官も北朝鮮の核開発問題と結びつける形で，日本を含む北東アジア諸国で核兵器開発の連鎖が生じる可能性に言及した[48]。

　日本の核武装化への警戒感は，アメリカに留まるものではなかった。イギリスでも，政府の安全保障政策検討機関である統合情報委員会に提出された文書

---

(40)　『日本経済新聞』1993 年 7 月 25 日。

(41)　『日本経済新聞』1993 年 7 月 14 日；『読売新聞』1993 年 7 月 17 日。

(42)　『朝日新聞』1993 年 7 月 29 日。

(43)　『朝日新聞』1993 年 8 月 11 日。

(44)　「第 48 回交連総会細川護熙内閣総理大臣一般演説」外務省，1993 年 9 月 27 日，https://www.mofa.go.jp/mofaj/gaiko/bluebook/1993_1/h05-1-shiryou-2.htm#a3。

(45)　『読売新聞』1993 年 11 月 6 日。

(46)　『日本経済新聞』1993 年 11 月 24 日。

(47)　『読売新聞』1994 年 1 月 31 日（夕刊）。

(48)　『読売新聞』1994 年 2 月 8 日。

Ⅲ　大量破壊兵器の不拡散

のなかで，日本は核武装を実現する技術的な能力を有しており，条件が整えば非核政策を放棄する可能性があると記載されたことが報じられた[49]。

このようななか，NPT無期限延長支持の姿勢は，その後，羽田孜政権や村山富市政権にも基本的には踏襲されたが，村山政権下で与党だった自民党，さらには野党だった新進党の一部には，「核のフリーハンド」論が依然として燻っていた。

（2）　日米同盟と拡大核抑止の再確認

くしくも，NPT無期限延長問題と，これに反応する形で日本の核武装問題が論じられた時期は，日米同盟が「漂流」した時期と重なった[50]。日米同盟が主たる軍事的脅威とみなしてきたソ連が冷戦の終結により解体したことで，日米安全保障体制の存在意義が問われたのである。ジョージ・H・W・ブッシュ（George H. W. Bush）政権は，アメリカの軍事戦略の根本的な再検討の一環としてアジア太平洋地域における安全保障環戦略を提示したものの，冷戦終結後の日米安全保障体制や日米同盟のあり方について具体的に示唆しなかった。1993年に発足したクリントン政権も，当初は貿易を国家安全保障の優先的要素に据え，日米同盟の今後のあり方を具体的に検討するには至らなかった。しかも，アメリカが進める貿易政策は日米間の経済摩擦を引き起こし，1994年2月に開催されたクリントン大統領と細川首相による日米首脳会談は，戦後初めて決裂した。同盟関係そのものが傷つくことを憂慮した日米双方は，日米同盟のあり方を検討する必要性を認識した。

1994年8月に村山首相に提出された防衛問題懇談会の「日本の安全保障と防衛力のあり方——21世紀へ向けての展望」（樋口レポート）は，「防衛計画の大綱」の見直しとそれに代わる指針の骨子となるべく考えを提示することを目的とした。そこでは，今後予想される4つのタイプの危険のうちの1つに武器

---

(49)　Nick Rufford "Japan to 'Go Nuclear' in Asian Arms Race," *Sunday Times,* January 30, 1994；『日本経済新聞』1994年1月31日。

(50)　冷戦後の日米関係と日米同盟の再定義については，たとえば以下を参照。船橋洋一『同盟漂流』岩波書店，1997年；五十嵐武士『日米関係と東アジア 歴史的文脈と未来の構想』東京大学出版会，1999年，251-295頁；高木誠一郎「冷戦後の日米同盟と北東アジア——安全保障ジレンマ論の視点から」『国際問題』第474号，2-15頁；志方俊之「米国の安全保障政策と日米安保体制の再定義——ナイ・イニシアチブを中心に」『国際問題』第431号，54-71頁。

316

〔向 和歌奈〕　　　　　　　　　　**14**　核軍縮・不拡散政策と日本の選択

の拡散への懸念が明記され，なかでも旧ソ連解体により核技術や核物質が国際的な規制の外で拡散することへの危険性が指摘された[51]。また，アジア太平洋地域の安全保障環境との関連では，朝鮮半島における核拡散問題も指摘された。そのような環境において，日本の安全保障にとってアメリカの核抑止能力は不可欠なものであると確認され，これに対する「信頼性に揺らぎがないことが，決定的に重要」であると記された[52]。

それにもかかわらず，「樋口レポート」がアメリカを刺激したのは，「日米安全保障協力関係の機能充実」より先に「多角的安全保障協力」の項目を記載したためであった[53]。冷戦の終結によりアメリカが日米同盟への関心を低下させる可能性を見越して，日本の政策決定の現場において現況の日米同盟を基軸とした安全保障政策に代わる新たな政策への関心が芽生え始めているのではないかという不安は，一部とはいえ，クリントン政権内にも広がり始めていた[54]。同政権が想定したこの「新たな政策」には，「樋口レポート」に言及された国連を含む国際的な枠組みや地域的な多国間メカニズムの模索に加え，核オプションを含む独自の防衛政策の強化も含まれていた。

ただし，こうして日米同盟が「漂流」するなかでも，日本では「核のフリーハンド」が真剣に議論されたわけではなかった。たしかに日本は，日米同盟は

---

(51)　防衛問題懇談会「日本の安全保障と防衛の在り方──21世紀へ向けての展望──」（樋口レポート）1994年8月12日，http://worldjpn.grips.ac.jp/documents/texts/JPSC/19940812.O1J.html。

(52)　同上。

(53)　船橋『同盟漂流』256頁。

(54)　Patrick M. Cronin and Michael J. Green, *Redefining the U.S.-Japan Alliance: Tokyo's National Defense Program*, McNair Paper 31, National Defense University, November 1994, p. 2, http://www.dtic.mil/dtic/tr/fulltext/u2/a421885.pdf#search='%E2%80%9CRedefining+the+U.S.Japan+Alliance%3A+Tokyo%E2%80%99s+National+Defense+Program'. 日米同盟の将来への不安に対して，1994年9月に国防次官補に就任したジョセフ・ナイ（Joseph Nye）は，日米同盟における両国の役割や任務について自国政府内で協議する機会を設け，1995年2月「東アジア戦略報告」（通称「ナイ・レポート」）がペリー国防長官によって議会に提出された。この中で日米関係の重要性が明記された。日本側でも，1995年11月に公表された「平成8年度以降に係る防衛計画の大綱」（1994年11月28日閣議決定）で，日米安全保障体制を堅持し，核兵器の脅威に対しては国際的な軍縮努力の中で積極的な役割を果たしながらも，アメリカの核抑止力に依存することが謳われた。たとえば以下を参照。五十嵐『日米関係と東アジア』278-284頁；村田晃嗣「『同盟漂流』から『安保再定義』へ」五百旗部真編『日米関係史』有斐閣ブックス，2008年，301-302頁。

Ⅲ　大量破壊兵器の不拡散

もちろんのこと，冷戦終結後の新たな国際秩序における多国間主義の重要性と，そこでの日本の新たな役割の可能性を模索し始めていた。しかしながら，同盟の再定義が進まず，日本が NPT 無期限延長に 1993 年の時点で反対を示したことで，アメリカでは日本の核武装に関する憶測を呼んだ。結果として日本は，アメリカなどの国際社会からの強いプレッシャーによって，最終的に無期限延長に賛成の姿勢をとることになった[55]。ただし，日本にとっても，日米同盟のこれ以上の「漂流」を回避し，日米同盟の重要性を示すとともに，核武装の意図を改めて否定する機会となったともいえよう。

1995 年 4〜5 月にニューヨークの国連本部で開催された NPT 再検討・延長会議において，日本は条約の無期限延長を支持する 100 余りの共同提案国の 1 つとして名を連ねた[56]。ここでは，無期限延長ではない方法で核兵器国に核軍縮の着実な実施を迫るという意味での「理想」の追求は実現しなかった。しかしながら，無期限延長で核軍縮の推進が抑制されかねないとの日本などの懸念に対しては，無期限延長の決定とともに「条約の運用検討プロセスの強化に関する決定」[57]と「核不拡散と核軍縮のための原則と目標に関する決定」[58]という 2 つの決定が採択された。前者では核軍縮に関する継続的な議論を可能にすべく，無期限延長後も再検討会議を 5 年毎に開催することが定められ，また後者では，包括的核実験禁止条約（CTBT）の 1996 年までの交渉完了，兵器用核

---

(55)　Kurt M. Campbell and Tsuyoshi Sunohara, "Japan: Thinking the Unthinkable," Kurt M. Campbell, Robert Einhorn, Mitchell B. Reiss eds., *The Nuclear Tipping Point: Why States Reconsider Their Nuclear Options,* Brookings Institution Press, 2004, p. 228.

(56)　1995 年の NPT 再検討・延長会議での議論や各国の主張については，たとえば以下を参照。Tariq Rauf and Rebecca Johnson, "After the NPT's Indefinite Extension: The Future of the Global Nonproliferation Regime," *Nonproliferation Review,* Vol. 3, No. 1, Fall 1996, pp. 28-42; Susan B. Welsh, "Interview: Delegate Perspectives on the 1995 NPT Review and Extension Conference." *Nonproliferation Review,* Vol. 2, No. 3, Spring/Summer 1995, pp. 1-24.

(57)　"Decision 1 Strengthening the Review Process for the Treaty," (NPT/CONF.1995/32 (Part 1), Annex) United Nations Office for Disarmament, https://unoda-web.s3-accelerate. amazonaws.com/wp-content/uploads/assets/WMD/Nuclear/1995-NPT/pdf/NPT_ CONF199532.pdf.

(58)　"Decision 2 Principles and Objectives for Nuclear Non-Proliferation and Disarmament," (NPT/CONF.1995/32 (Part I), Annex) United Nations Office for Disarmament, https://unoda-web.s3-accelerate.amazonaws.com/wp-content/uploads/assets/WMD/ Nuclear/1995-NPT/pdf/NPT_CONF199501.pdf.

〔向　和歌奈〕　　　　*14*　核軍縮・不拡散政策と日本の選択

分裂性物質生産禁止条約（FMCT）の即時交渉開始と早期妥結，そして核兵器国による究極的廃絶を目標とした核軍縮努力が強調された。この「究極的廃絶」は，日本が 1994 年に初めて国連総会に提案し，採択された核兵器廃絶決議案で明記された文言でもあった[59]。

（3）　小　　括

上記のように，冷戦期から見られた「理想」と「現実」の葛藤は継続しつつ，さらに日本は新たな葛藤を経験することになった。NPT 再検討・延長会議を前に，日本の「理想」は国外，しかも同盟国であるアメリカによる挑戦を受けたからだ。核兵器国，なかでもアメリカは，冷戦後の国際情勢とそこでの核兵器をはじめとする大量破壊兵器の拡散問題に対応すべく，その重要な施策の 1 つとして NPT の無期限延長を強く推進した。これに対して日本は，核兵器国の地位の永続化と核軍縮の停滞を憂慮し，無期限延長には当初反対の姿勢を見せた。この日本の姿勢に対して，特にアメリカは強い懸念を示し，核武装の可能性を疑う声が台頭した。それは，日本に無期限延長を支持するよう迫る圧力にもなった。日米同盟を安全保障の基軸とする日本は，アメリカの懸念を緩和するために，すぐに無期限延長賛成の姿勢に転じた。それは，核武装の意思がないという姿勢を示す行為でもあった。

換言するならば，NPT 無期限延長が決定したことは，日本が掲げる「理想」からいえば，核不拡散のさらなる推進に寄与する NPT 体制の維持という点では合致するが，核兵器国の地位が永続化しかねないという点からは逆行する。他方で，拡大核抑止を念頭におく「現実」からいえば，NPT は拡大核抑止を禁止しているわけではなかったため，日本が進める政策と矛盾する点はなかったといえよう。

その後，日本による核武装への疑念をもたらす要因の 1 つとなった日米同盟の「漂流」への日米両国の取り組みは進み，同盟関係は着実に強化されていった。1996 年 4 月の「日米安全保障共同宣言」では冷戦終結後の世界における日米安全保障体制の存在意義が明確にされた。1997 年 9 月には，対ソ連を念

---

(59)　United Nations, "Resolutions Adopted by the General Assembly [on the Report of the First Committee (A/49/699)] 49/75 General and Complete Disarmament," (A/RES/49/75), January 9, 1995, http://www.un.org/ga/search/view_doc.asp?symbol=A/RES/49/75&Lang=E.

Ⅲ 大量破壊兵器の不拡散

頭に 1978 年に策定された「日米防衛協力のための指針（ガイドライン）」が，朝鮮半島有事を想定したものへと改訂された。その後も日本は，累次の「防衛計画の大綱」で，日米同盟の重要性と，「核兵器の脅威に対しては，核抑止力を中心とする米国の拡大抑止は不可欠であり，その信頼性の維持・強化のために米国と緊密に協力していく」[60]ことを繰り返し確認した。この間，たとえば 2003 年に北朝鮮の核開発問題を受ける形で核武装論をめぐる議論が一部国内で盛り上がったが，これに対しては否定的な意見が大勢を占め，やがて収束していった[61]。

しかしながら，これで日本の核をめぐる葛藤が解消されたわけではなかった。NPT 無期限延長後，核軍縮は若干の進展を見せたものの，それは非核兵器国を満足させるには程遠く，2010 年の米露新戦略兵器削減条約（新 START）締結以降は停滞が続いた。非核兵器国の不満は，核兵器の非人道的側面に関する議論，そして核兵器の法的禁止という形で具現化していく。その過程で日本は，再び葛藤に直面することになった。

3 TPNW：新たな葛藤の顕在化

（1） TPNW への日本の姿勢

TPNW は，2016 年の国連総会決議に基づき開催された国連での交渉会議を経て，2017 年 7 月 7 日に採択され，9 月 20 日に署名のために開放された。この TPNW に対して日本は，核武装国（NPT 上の核兵器国および NPT 外の核保有国）や核傘下国とともに一貫して反対の立場をとっており，署名しない方針を明確にしている。

2017 年 3 月の交渉会議初日には，高見澤將林軍縮大使が演説で，日本が現時点での法的禁止に反対する理由を以下のように述べ，以降は会議に参加しないことを明言した。

禁止条約を作っても，実際に核兵器国の核兵器が 1 つでも減ることにつながらなければ意味はありません。それどころか，核兵器国が参加しない形で

---

(60) 「平成 26 年度以降に係る防衛計画の大綱」防衛省，2013 年 12 月 17 日閣議決定，5 頁，http://www.mod.go.jp/j/approach/agenda/guideline/2014/pdf/20131217.pdf。

(61) 「特集 是か非か 日本武装論」『諸君』第 35 巻 8 号，2003 年 8 月，22-119 頁；黒澤満「日本の非核政策と核武装論」『阪大法学』第 54 巻 1 号，2004 年 5 月，1-52 頁。

320

条約を作ることは，核兵器国と非核兵器国の亀裂，非核兵器国間の離間といった国際社会の分断を一層深め，核兵器のない世界を遠ざけるものとなります。また，禁止条約が作成されたとしても，北朝鮮の脅威といった現実の安全保障問題の解決に結びつくとも思えません。そうした考えから，我が国は，国連総会の決議に対して反対票を投じました。これまでの議論や検討の結果，現時点において，この条約構想について，核兵器国の理解や関与は得られないことが明らかとなっています。また，核兵器国の協力を通じ，核兵器の廃絶に結びつく措置を追求するという交渉のあり方が担保されておりません。このような現状の下では，残念ながら，我が国として本件交渉会議に建設的かつ誠実に参加することは困難と言わざるを得ません[62]。

上記の演説では言及されなかったものの，日本が TPNW に反対する理由としてより重要だったのが，条約への参加によって拡大核抑止への依存が禁止されることである。たとえば安倍首相は，北朝鮮の核・ミサイル開発との関係を挙げつつ，「日米同盟の下で，通常兵器に加えて，核兵器による米国の抑止力を維持していくことが不可欠です。核兵器禁止条約は，核抑止そのものを否定しており，北朝鮮が参加するという見通しもありません。政府としては，核兵器禁止条約に参加することはできません」と述べた[63]。

TPNW 交渉・成立当時の北東アジアでは，北朝鮮による活発な核・ミサイル開発や実験が続き，日本にも核威嚇が向けられていた。中国は自己主張を強め（assertiveness），領土・海洋権益の拡大を模索し，核戦力の近代化も積極的に推進していた。日本を取り巻く安全保障環境が悪化し，核の脅威も高まるなかで，拡大核抑止への依存を禁止する TPNW を急いで成立させたとしても，北東アジアの安全保障および核をめぐる状況が改善するわけではないのであれば，自ら核兵器を保有しない日本にとって，アメリカの拡大核抑止への依存を高めることがもっとも戦略的かつ現実的な選択になる[64]。

また，日本が求める拡大核抑止の信頼性の強化が根本的には同盟関係の強さに依拠しているとすれば，これを供与するアメリカの意向に反する行動は取り

---

(62) "Statement by H.E. Mr. Nobushige Takamizawa" United Nations, New York, March 27, 2017, http://statements.unmeetings.org/media2/14683256/japan.pdf.

(63) 「第 196 回国会 参議院会議録」第 3 号，2018 年 1 月 26 日，10 頁。

(64) 「特集 核兵器禁止条約と日本政府の考え」外務省編『外交青書 2018』第 61 号，外務省，2018 年 5 月，157 頁。

Ⅲ　大量破壊兵器の不拡散

づらい。日本がTPNW自体に参加するとはもとより考え難かったが，そればかりか条約交渉への参加をも拒否した背景の1つに，そうした考慮がなかったとは考えにくい。アメリカが日本に対して，条約交渉に参加しないよう働きかけ，さらには圧力が講じられたか否かは明らかではない。ただ，アメリカ自身は当初より不参加を明言しており，また2016年10月には北大西洋条約機構（NATO）諸国に書簡を送付し，条約に参加するとアメリカの核戦力による防衛が不可能になるとして，条約交渉開始を定めた国連総会決議に反対票を投じるよう求めていた[65]。岸田外相は当初，「現時点において，この交渉においても，我が国は，核兵器国と非核兵器国の協力を重視する立場から，堂々と議論に参加するべきであると考えています」[66]と発言し，条約交渉への参加の意欲を示していたとされるが，結果として日本が交渉会議の冒頭に上記演説を行い，その後は交渉に参加しないという対応をとった背景には，TPNWへのアメリカの姿勢に歩調を合わせることへの必要性が認識されていたといえる[67]。

（2）　安全保障に係る論点の収斂

他方で，興味深いのは，NPTをめぐる議論では浮上していた日本の核武装論や「核のフリーハンド」論が，TPNWをめぐる議論では台頭しなかったことである。管見の限り，政府はもとより，政治家や専門家のほとんどが，核武装や「核のフリーハンド」の可能性を持ち出して条約への反対を論じることはなかった。また，日本がTPNWに反対の姿勢を示したにもかかわらず，国内外から日本の核武装を懸念する主張が展開されたわけでもなかった。

もちろん，核武装論や「核のフリーハンド」論が日本からすでに消えていた

---

(65)　Committee on Proliferation (CP), "United States Non-Paper: 'Defense Impacts of Potential United Nations General Assembly Nuclear Weapons Ban Treaty'," note by the Secretary, 17 October 2016, http://www.icanw.org/wp-content/uploads/2016/10/NATO_OCT2016.pdf.

(66)　「第192回国会 衆議院外務委員会会議録」第4号，2016年11月2日，5頁。

(67)　TPNWと拡大核抑止の関係については，たとえば以下を参照。戸﨑洋史「核兵器不拡散条約第6条に基づく『効果的措置』－日本の安全保障の視点から－」日本国際問題研究所軍縮・不拡散促進センター編『核兵器不拡散条約（NPT）第6条に基づく「効果的措置」及び核兵器の非人道性にかかわる核軍縮政策』2016年3月，19-33頁；秋山信将「核兵器禁止条約成立後の日本の核軍縮政策」『国際問題』第672号，2018年6月，5-15頁；Hirofumi Tosaki and Nobuo Hayashi, "Implications of a Nuclear Weapons Ban Treaty for Japan," November 2016, IPLN/CPDNP.

わけではない。たとえば，自民党の石破茂元防衛大臣は 2017 年 11 月に，北朝鮮の核・ミサイル問題など北東アジアの安全保障環境との関連から，日本の核兵器保有が国益に反するという前提に立ちながらも，核兵器を「いざとなったら持てるというのは，それは相当な抑止力になる」と発言した[68]。また，TPNW 推進派は，核兵器に人道に反する違法な兵器であるとの烙印を押し，核兵器に依存する国に圧力をかけることを条約策定の目的の一つとしていたが，たとえば日本は核武装の選択肢を温存したいからこそ TPNW に強く反対しているなどと論じて，条約への参加に向けた圧力をかけることもできたはずである。

　では，なぜ NPT の交渉・成立時や NPT 無期限延長時とは異なり，TPNW の交渉・成立をめぐっては，日本の核武装や「核のフリーハンド」が論点とならなかったのだろうか。

　第一に，日本が TPNW に参加しなかったとしても，NPT 締約国である日本は引き続き，その下での核不拡散義務を負うことが挙げられる。1976 年に NPT を批准して以来，日本は NPT を重視する姿勢を繰り返し明言するとともに，IAEA 包括的保障措置およびその追加議定書の積極的な受諾を含め，条約の義務を誠実に遵守してきた。また，NPT からの脱退や条約違反の兆候も見られず，TPNW に不参加という理由だけで，直ちに日本による核武装が惹起されるような状況にはなかった。

　第二に，「至高の利益を危うくしていると認められる」（NPT 第 10 条 1 項）ような厳しい安全保障状況に直面する場合を除き，日本による核兵器の開発・取得は現実的な選択肢ではないとの認識が国内外に定着してきたことが挙げられるだろう。上述のように，日本の核武装論は，NPT 成立時はもとより，近年でいえば 2003 年にも一定の盛り上がりを見せたが，その議論は最終的に，日米安全保障条約の維持・強化と，その下でアメリカから信頼できる拡大（核）抑止が供与されている限りにおいて，独自に核兵器を取得する必要性は低いという結論へと収斂していった。

　その関連として第三に，NPT 無期限延長以降，日米同盟が強化・深化を続けてきたことが挙げられる。アメリカの 2010 年「核態勢の見直し」（NPR）では，同盟国への拡大核抑止を含む安全保障コミットメントの強化が再確認され，

---

(68) 『中日新聞』2017 年 11 月 6 日；『読売新聞』2017 年 11 月 6 日。

Ⅲ　大量破壊兵器の不拡散

その策定過程では日本を含む同盟国との緊密な協議が重ねられた。また，日米間では2010年より，拡大抑止協議が定期的に開催されている。こうした取り組みの積み重ねにより，日本があえて核武装の可能性をちらつかせて拡大核抑止の信頼性をアメリカに確認させるという必要性は低くなった。むしろ，そうした試みは，同盟関係の信頼性を低下させることにもつながりかねなかった。

　第四に，TPNWが抱える対立軸の特異性が挙げられる。NPTの場合はその不平等性，あるいは核軍縮という論点をめぐる核兵器国と非核兵器国の対立が基軸にあるのに対して，TPNWでは，非核兵器国が二分化し，日本など核傘下国が核武装国と同じ側に立って条約推進国と対峙するという構図が生まれた。これにより，同じ側に立つ日米双方が，核武装論や「核のフリーハンド」論を他方に対するカードとして利用し，譲歩を引き出すという駆け引きは起こり得なかった。

　そして第五に，TPNW反対派に対して圧力をかける側の推進派にとっても，日本に対して核武装の論点を持ち出すことは必ずしも効果的な選択肢ではなかったことが挙げられるだろう。それよりも，推進派は，核抑止に依存するという政策が核軍縮を推進するという政策上も，そして核兵器の非人道性という見地からも矛盾を来しているという「葛藤」に訴えて，日本（など核傘下国）による条約への賛成を求めていった。

（3）　小　　括

　TPNWをめぐり展開された安全保障問題に関する議論では，核武装論や「核のフリーハンド」論は聞かれず，論点は拡大核抑止の問題へとほぼ収斂していった。TPNWは条約賛成派による核軍縮停滞への異議申し立てでもあり，その点だけを取れば日本の「理想」と矛盾するわけではない。ところが，2017年の時点で，この「理想」を核兵器の法的禁止という形で推し進めることは，拡大核抑止に依存する安全保障政策を重視するという日本の「現実」の側面を損なう可能性があった。しかも，TPNWが成立したとしても，日本が直面する核の脅威が緩和されるわけではなく，これに日本の安全保障を委ねることも現実的な政策とはいえなかった。

　核軍縮・不拡散推進の「理想」と安全保障政策に係る「現実」との間で日本が直面してきた葛藤は冷戦期以来続いてきたが，TPNWをめぐる議論のなかで，日本政府は，「現実の安全保障上の脅威に適切に対処しながら，地道に，現実

324

的な核軍縮を前進させる道筋を追求することが必要」であり，双方は矛盾しないものであると主張してきた[69]。実際に日本は，拡大核抑止の信頼性の維持・強化のために日米同盟のさらなる強化を模索する一方で，核軍縮に関しては，たとえば1994年以降「核兵器廃絶決議案」の国連総会への提出，2010年より日豪主導の軍縮・不拡散イニシアティブ（NPDI）を通じた核軍縮・不拡散に関する諸提案の発表，あるいは近年では2017年より「核軍縮の実質的な進展のための賢人会議」の開催を通して，TPNWをめぐる議論のなかでより浮き彫りになった核軍縮における国際社会の分断を橋渡しする役割を担おうとするなど，さまざまな努力を行ってきた。

　しかしながら，TPNW推進派や核廃絶を求めるアクターからみれば，それは核軍縮という「理想」よりも安全保障という「現実」をこれまで以上に重視したものであり，「広島・長崎を経験した唯一の戦争被爆国」たる日本への不満や批判は膨らんでいる。日本はTPNWの登場による「理想」の側からの挑戦によって，改めて「理想」と「現実」の葛藤に直面しているのである。

おわりに

　日本が直面してきた「理想」（核軍縮・不拡散政策の推進）と「現実」（安全保障政策の担保）の葛藤は，「理想」と「現実」の顕在化と共存の受け入れ（NPT交渉・成立時）から始まり，同盟国による「理想」への挑戦（NPT無期限延長時）を経て，「理想」と「現実」への新たな挑戦と認識（TPNW成立時）へと，継続されつつも変容してきた。

　現在，日本はTPNWによって二分化された国際社会の修復役を担おうとしている。しかしながら，「現実」的な視点からアメリカを追従する形で歩調を共にしてTPNWへの反対姿勢を貫く限り，TPNW推進派からの信頼は得難く，中立的な立場から橋渡しを行うには限界があるといえよう。他方で，「理想」を重視して条約に賛成すれば，アメリカとの同盟関係，ひいては日本の安全保障は危うくなる。拡大核抑止の必要性を強く認識する限り，日本の葛藤はなくならない。

　2017年1月に就任したドナルド・トランプ（Donald Trump）大統領は，同年

---

(69)　外務省「特集 核兵器禁止条約と日本政府の考え」157頁。

III 大量破壊兵器の不拡散

2月の安倍首相との会談で，日米同盟がアジア太平洋地域における平和と繁栄，そして自由の礎であること，および日本に対して核・通常戦力による拡大抑止を提供することについて確認した[70]。現在，安全保障の観点に限っていえば，日米関係は比較的良好である。しかしながら，トランプ大統領がたびたび指摘する同盟国による負担の小ささへの不満に鑑み，そもそも片務的とも指摘されてきた日米同盟が，今後もこのまま良好な状態で継続する保証はなく，「理想」と「現実」をめぐる葛藤が新たな局面を迎えることも考えられうる。

唯一の被爆国でありながら，同時に拡大核抑止に安全保障を委ねてきた日本にとって，河野洋平外相の言葉を借りるならば，「理想を目指して，現実の判断をしていく」[71]以外の道はないのかもしれない。この実情を受け入れつつ，では，日本はどのように核軍縮・不拡散政策を遂行していけばよいのだろうか。とりわけ，日本が掲げる核廃絶という究極的な目標にこの特殊な立場をどう反映していくべきか。葛藤を直視しつつ，課題への挑戦は続く。

---

(70) 日米首脳会談後に発出された安倍首相とトランプ大統領による共同声明については，以下を参照。「共同声明」外務省，2017 年 2 月 10 日，https://www.mofa.go.jp/mofaj/files/000227766.pdf.

(71) 「第 132 回国会 参議院外務委員会議録」第 11 号，1995 年 4 月 27 日，13 頁。

15 シリアの化学兵器問題

阿 部 達 也

は じ め に

シリアの化学兵器問題が迷走している。国際社会は当初はシリアの化学兵器
廃棄のために協調したものの，使用の疑惑や未申告の疑義などが生じるとその
対応について対立を深めたからである。

国際社会の協調は晴天の霹靂だった。シリアが化学兵器を保有しているので
はないかという疑念は従来から囁かれていた[1]。複雑な中東情勢にあって，自
国の安全保障上の理由からシリアが化学兵器を保有していても何ら不思議なこ
とではなかった。転機は 2013 年 8 月 21 日に訪れる。ダマスカス近郊のゴータ
(Ghouta) において大規模なサリン使用の事案が発生したのである[2]。この事案
を受けて，国際社会はシリアの化学兵器を廃棄することで合意に至る。米露二
国間合意，化学兵器禁止機関（以下，「OPCW」）執行理事会決定，国連安全保
障理事会決議およびこれらに関連する化学兵器禁止条約と国連憲章によって国
際的な枠組が構築され[3]，その実施を通じてシリアが申告した化学兵器は最終
的に 2015 年末までにすべて廃棄された[4]。内戦下のシリアから化学兵器を国外

---

(1)　Testimony of William H. Webster, Director, Central Intelligence Agency, Washington, DC, Global Spread of Chemical and Biological Weapons, Hearings Before the Committee on Governmental Affairs and Its Permanent Subcommittee on Investigations, United States Senate, one hundred first Congress, first session, February 9, 1989, p. 12. See also Philipp C. Bleek and Nicholas J. Kramer, "Eliminating Syria's chemical weapons: implications for addressing nuclear, biological, and chemical threats," *The Nonproliferation Review,* Vol.23, Nos 1-2 (2016), pp.198-201.

(2)　国連事務総長調査手続に基づいてシリア入りしていた調査団はサリン使用の事実を
確 認 し た（UN Doc. A/67/997-S/2013/553, September 16, 2013; UN Doc. A/68/663-S/2013/735, December 13, 2013, Annex）。

(3)　OPCW Doc. EC-M-33/DEC.1, September 27, 2013; UN Doc. S/RES/2118 (2013), September 27, 2013.

(4)　OPCW Doc. EC-81/DG.5, January 25, 2016, para.6.

327

Ⅲ　大量破壊兵器の不拡散

搬出して廃棄するという前例のない作業は文字通り国際社会の協調なくしては実現できないものだった。国際社会の協調はなぜ実現したのだろうか。

　これに対して，国際社会の対立はシリアの文脈で復活した冷戦的思考の産物であった。アサド政権とこれに対抗する反政府勢力の間で展開する激しい内戦は，実質的にはロシアと米国・西欧諸国の代理戦争の様相を帯びていた。一方で，ロシアはシリアのタルトゥス（Tartous）港を使用する権益を有しており，また武器輸出先としてもアサド政権はなくてはならない存在であった[5]。他方で，米国と英国，フランスをはじめとする西欧諸国は化学兵器の使用の疑惑や未申告の疑義が生じると，強権的なアサド政権を批判する立場からこれらの問題を追及する姿勢を強めていったのである。ロシアと米国・西欧諸国の対立は，アサド政権による化学兵器の使用の事実が OPCW・国連共同調査メカニズムによって確認された時点で決定的となった。以後，国連安全保障理事会と OPCW 執行理事会は機能麻痺に陥り，米国，英国，フランスは武力行使を含む一方的な措置で対抗した。国際社会の対立は克服しえないものなのだろうか。

　以上をシリアの化学兵器問題に対する国際社会の対応の全体像とした上で，本稿では国際社会の協調と対立という 2 つの局面について論じてゆきたい。

1　協　　調

（1）　国際的な枠組の構築

　2013 年 8 月 21 日にシリアのダマスカス近郊のゴータで化学兵器の使用と疑われる攻撃によって多数の死傷者が発生した。この事態を受けて，米国，英国，フランスが一方的な軍事行動に出る動きを見せたものの，急転直下，シリアの化学兵器を廃棄することで国際社会は協調することになった。

　シリアが保有を申告したのは約 1290 トンの化学兵器と 26 の化学兵器生産施設である[6]。これらを「最も迅速かつ安全な方法で」廃棄することが国際社会における喫緊の課題となった。そのための国際的な枠組が 4 つの文書，化学兵器禁止条約および国連憲章によって構築されることになった。まず，国際的な枠組を基礎づけたのは 2013 年 9 月 14 日の米露合意である[7]。米露合意はシリ

---

(5)　福富満久『戦火の欧州・中東関係史』東洋経済新報社，2018 年，269 頁。

(6)　OPCW Doc. EC-M-34/DG.1, October 25, 2013, para.4(a).

(7)　OPCW Doc. EC-M-33/NAT.1, September 17, 2013; UN Doc. S/2013/565, September 24,

アの化学兵器廃棄についての指針と方向性を示している。そして，この米露合意を具体化・実質化させたものが，9月27日に採択されたOPCW執行理事会第33回会合決定1と国連安全保障理事会決議2118であり[8]，さらに，廃棄の詳細な要件を定めた11月15日のOPCW執行理事会第34回会合決定1である[9]。国際的な枠組は，次にみるように，法的，技術的，組織的，資金的，政治的な課題について対処している。

　1つ目は技術的な課題である。化学兵器禁止条約は廃棄が自国領域で行われることを想定し（第1条1項(a)），廃棄にあたっては人の安全確保と環境保護を最優先にすることを求め（第4条10項），これに関連して，化学兵器の水中投棄，地中埋設，野外焼却を禁止している（検証附属書第4部(A)第13項）。もっとも，内戦下にあるシリア国内で廃棄活動を行うことにさまざまな困難のあることは容易に想像することができた。そこで，米露合意は国外廃棄の考えを盛り込んだ[10]。OPCW執行理事会は第34回会合決定1において正式に国外廃棄を決定し，国外搬出および国外廃棄の期限を設定した[11]。

　2つ目は法的な課題である。まず，国外廃棄の考えは化学兵器禁止条約に抵触するものであった。廃棄のための国外移譲（transfer）は明示的に認められていないからである[12]。そこで国連安全保障理事会決議によって廃棄のための国外移譲が許可されることになった[13]。次に，化学兵器禁止条約はシリアの加入書寄託から30日後の2013年10月14日になるまで発効しない仕組みになっていた（第21条2項）。しかし，「最も迅速かつ安全な方法で廃棄する」ためには発効を待たずしてシリアを法的に拘束させる必要があった。そこで，シリアの

2013.

(8)　OCPW Doc. EC-M-33/DEC.1, September 27, 2013; UN Doc. S/RES/2118 (2013), September 27, 2013. 阿部達也「シリアの化学兵器廃棄」『法学教室』402号，2014年，82-89頁も参照。

(9)　OCPW Doc. EC-M-34/DEC.1, November 15, 2013.

(10)　OPCW Doc. EC-M-33/NAT.1, September 17, 2013; UN Doc. S/2013/565, September 24, 2013.

(11)　OPCW Doc. EC-M-34/DEC.1, November 15, 2013, paras.2(a) and 3.

(12)　OPCWの実行では，過去にオーストリアで発見された老朽化学兵器が廃棄のためにドイツに移送された事例があり，OPCW執行理事会はこれを事後的に承認している（OPCW Doc. S/784/2009, August 7, 2009, para.5.1）。

(13)　UN Doc. S/RES/2118 (2013), September 27, 2013, para.10.

Ⅲ 大量破壊兵器の不拡散

要請に基づく化学兵器禁止条約の暫定適用を認め[14]，さらに国連安全保障理事会決議によって——憲章第25条に明示的に言及するという方法を用いて——OPCW執行理事会決定の全ての側面の遵守およびその他決議に盛り込まれた内容をシリアに義務づけた[15]。

3つ目は組織に関する課題である。廃棄活動は軍縮の不可欠の要素として検証を必要としている。もっとも，2013年9月末の時点でOPCWはシリアの化学兵器廃棄の検証に十分対応できる状況ではなかった。締約国の廃棄活動がピークを過ぎていたため査察員は減少傾向にあったし，OPCWはそれまでシリアと公式な関係を持っていなかった。そこで，現地で検証活動にあたる査察員の問題については，職員規則によって禁止されている職員の再雇用を例外的に認めることで対応し[16]，検証活動については，「OPCW・国連共同ミッション」の設置により，OPCWはもっぱら検証活動を担当し，検証以外の活動（たとえば，全体的な調整，シリア政府・反政府勢力との折衝，安全確保，通信，ロジスティックス，関係各国との連絡・調整など）について国連の支援を受けることとした[17]。

4つ目の課題は資金である。化学兵器禁止条約は保有国が廃棄の費用および検証の費用のいずれをも負担すると規定している（第4条16項）。他方で，保有国から援助の提供の要請がある場合，締約国はこれに「協力することを約束する」（第4条12項）。この点に関し，シリアは，廃棄および検証のいずれの費用についても負担が困難であるとの立場を表明した[18]。また，OPCWと国連は突発的に発生した任務を遂行するために追加的な資金が必要としていた。そこで，OPCW執行理事会と国連安全保障理事会はいずれも，加盟国に対して資金の提供を要請し[19]，国連に1つ（国連信託基金），OPCWに2つ（「シリア

---

(14)　OPCW Doc. EC-M-33/DEC.1, September 27, 2013, preamble para.11.

(15)　Ibid., preamble para.14.

(16)　Ibid., para.2(e).

(17)　UN Doc. S/2013/591*, October 8, 2013, pp.1 and 3.

(18)　OPCW Doc. EC-M-34/NAT.4, November 15, 2013.

(19)　OPCW Doc. EC-M-33/DEC.1, September 27, 2013, para.3(a); UN Doc. S/RES/2118 (2013), September 27, 2013, para.10.

のための OPCW 信託基金」[20]，「化学兵器廃棄のための OPCW シリア信託基金」[21]），計 3 つの信託基金が設置されることになった。

　最後に政治的な課題について触れておきたい。OPCW 執行理事会と国連安全保障理事会はそれぞれ自らの決定と決議の履行状況を監視することになった。このために OPCW 事務局長は OPCW 執行理事会に対して報告し，さらに国連事務総長を通じてこれを安保理に報告することが要請された。そして，不遵守の場合（いかなる主体による化学兵器の使用を含む）には，国連安全保障理事会が憲章第 7 章の下で措置をとることを決定した[22]。

　それではこのような国際的な枠組の構築が可能となった背景にはどのようなものがあったのだろうか。何よりもまず指摘しなければならないのは，シリアとロシアが米国等による軍事行動を回避したいという強い意思を持っていたということである。8 月 21 日のゴータ事案を受けて，米国[23]，英国[24]，フランス[25]の 3 か国は軍事行動の実施に大きく傾いていた。このような動きに対して，

---

(20)　OPCW Doc. S/1132/2013, October 16, 2013. シリアにおける検証活動の実施に必要な装置および要員ならびに化学兵器の国外搬出および国外輸送の監視のための経費に充てられる。

(21)　OPCW Doc. S/1141/2013, November 19, 2013. cf. OPCW Doc. EC-M-34/DEC.1, November 15, 2013, para.6. シリアの化学兵器物質を国外の商業施設で廃棄するための経費に充てられる。

(22)　UN Doc. S/RES/2118 (2013), September 27, 2013, para.21.

(23)　The White House, Statement by the President on Syria, August 31, 2013, https://obamawhitehouse.archives.gov/the-press-office/2013/08/31/statement-president-syria. 米国のオバマ大統領は 2012 年 8 月の「レッドライン」発言により，アサド政権による化学兵器の使用があった場合の軍事行動を示唆していた（The White House, Office of the Press Secretary, For Immediate Release, August 20, 2012, Remarks by the President to the White House Press Corps, August 20, 2012, https://obamawhitehouse.archives.gov/the-press-office/2012/08/20/remarks-president-white-house-press-corps）。

(24)　"Chemical weapon use by Syrian regime: UK government legal position," August 29, 2013, https://www.gov.uk/government/publications/chemical-weapon-use-by-syrian-regime-uk-government-legal-position. See also *British Yearbook of the International Law,* 1992, pp.826-827; 1999, p.595; 2000, pp.643-646; 2001, pp.695-696. 「人道的干渉」の理論に対する批判として，たとえば，Carsten Stahn, "Between Law-breaking and Law-making: Syria, Humanitarian Intervention and 'What the Law Ought to be'," *Journal of Conflict & Security Law,* Vol. 19, No.1, 2014, pp.29-31.

(25)　Syria – Excerpts from the interview given by François Hollande, President of the Republic, to the daily newspaper Le Monde, August 31, 2013, https://at.ambafrance.org/Syrien-Prasident-Francois-Hollande.

331

Ⅲ 大量破壊兵器の不拡散

ロシアは「国連安全保障理事会を迂回する一方的な強制行動は，どのように制限的であったとしても，国際法に直接違反する」として早くから強く牽制していた[26]。米国等による軍事行動が不可避と思われる中で飛び出したのがジョン・ケリー（John Kerry）米国務長官の発言だった。同長官は，攻撃を回避するためのアサド政権の行動として「来週までに国際社会に対して化学兵器を1つ残らず引渡すこと」を挙げたのである[27]。この発言に即座に反応したのがセルゲイ・ラブロフ（Sergei Lavrov）露外相だった。「シリア政府に対して化学兵器貯蔵施設を国際管理に置くことにとどまらず，化学兵器の廃棄と化学兵器禁止機関への完全な加盟を求める」[28]。そしてシリアはこのロシア提案を受け入れた[29]。このように二国間交渉でも多数国間交渉でもない形で，軍事行動は回避されることになった。

次に指摘できるのは，国際社会が――誰が化学兵器を使用したかという点には触れることなく――化学兵器の廃棄に焦点を当てたことである。誰が化学兵器を使用したかという点について，国際社会は大きく割れていた。8月21日のゴータの事案については，米国，英国，フランスがアサド政権によるサリンの使用を断定し[30]，G20会合のマージンで豪州，カナダ，フランス，イタリア，

---

(26) Comment by the official representative of the Ministry of Foreign Affairs of Russia Alexander Lukashevich regarding the statements of the United States about the forceful action against Syria, August 30, 2013, http://www.mid.ru/en/posledniye_dobavlnenniye/-/asset_publisher/MCZ7HQuMdqBY/content/id/98312.

(27) Remarks, John Kerry, Secretary of State, United Kingdom Foreign and Commonwealth Office, London, United Kingdom, September 9, 2013, https://2009-2017.state.gov/secretary/remarks/2013/09/213956.htm. ただし「アサドにそのつもりはないだろうし，そうすることはできないだろう。」とも付言していた。

(28) Announcement by the Russian Foreign Minister Sergey Lavrov for the mass media regarding the situation with Syrian chemical weapons, Moscow, September 9, 2013, http://www.mid.ru/en/press_service/minister_speeches/-/asset_publisher/7OvQR5KJWVmR/content/id/97430.

(29) Timeline of Syrian Chemical Weapons Activity, 2012-2018, Arms Control Association, https://www.armscontrol.org/factsheets/Timeline-of-Syrian-Chemical-Weapons-Activity.

(30) Government Assessment of the Syrian Government's Use of Chemical Weapons on August 21, 2013, https://obamawhitehouse.archives.gov/the-press-office/2013/08/30/government-assessment-syrian-government-s-use-chemical-weapons-august-21; A map illustrating areas of influence and reportedly affected by the attack was attached, https://obamawhitehouse.archives.gov/sites/default/files/docs/2013-08-30_map_accompanying_usg_assessment_on_syria.pdf; Letter from the Chairman of the Joint Intelligence Committee (JIC) about reported chemical weapons use in Syria, August 29, 2013, https://

日本，韓国，サウジアラビア，スペイン，トルコ，英国，米国が共同でこの立場を支持した[31]。これに対してロシアは，アサド政権が化学兵器を使用する必然性はないことを指摘していた[32]。このような状況において，使用の問題について国際社会が協調して行動をとることは難しい。結果的に，米露間の合意は専ら化学兵器の廃棄に焦点を当てるものとなった。「迅速かつ安全な方法」での廃棄について両国は完全に一致することができたのである。

さらに忘れてはならないのは，米露合意を具体化・実質化させるためには国際社会全体で枠組を構築する必要があったということである。米露合意は枠組を基礎づけるものとして極めて重要な意味を持つものの，それ自体は米露二国間限りの——実質的な当事者であるシリアを含まない——非拘束的な文書にすぎない。シリアを法的に拘束し，さらにOPCWと国連に検証活動の任務を与えるためには，化学兵器禁止条約と国連憲章に規定された手続に従って意思決定を行わなければならなかった。言い換えれば，米露二国間の協調を国際社会の協調に転換させる必要があったのである。国連安全保障理事会決議の交渉について最も難航したのは憲章第7章への言及だった。交渉の結果，措置に法的拘束力を持たせる一方で，憲章第7章には言及しない形がとられることになった[33]。いずれにしても，国連安全保障理事会は決議2118を全会一致で採択した[34]。全15理事国が決議案の共同提案国となったことや，決議の採択後に，賛辞と歓迎の発言が続いたことは，まさに国連憲章を基礎とする多数国間協調外交の理想形を示すものに他ならなかった。

---

www.gov.uk/government/uploads/system/uploads/attachment_data/file/235094/Jp_115_JD_PM_Syria_Reported_Chemical_Weapon_Use_with_annex.pdf; Syrian chemical programme – National executive summary of declassified intelligence, September 2, 2013, http://www.diplomatie.gouv.fr/en/IMG/pdf/Syrian_Chemical_Programme.pdf.

(31)　The White House, Joint Statement on Syria, September 6, 2013, https://obamawhitehouse.archives.gov/the-press-office/2013/09/06/joint-statement-syria.

(32)　Speech and answers to questions from the mass media by Russian Foreign Minister Sergey Lavrov during the press conference on the topic of chemical weapons in Syria and the situation around the Syrian Arab Republic, Moscow, August 26, 2013, http://www.mid.ru/en/web/guest/foreign_policy/international_safety/conflicts/-/asset_publisher/xIEMT-Q3OvzcA/content/id/98738.

(33)　Karim Makdisi & Coralie Pison Hindawi, "The Syrian chemical weapons disarmament process in context: narratives of coercion, consent, and everything in between," *Third World Quarterly*, Vol.38, No.8, 2017, p.1702.

(34)　UN Doc. S/PV.7038, September 27, 2013, p.2.

Ⅲ　大量破壊兵器の不拡散

以上のように，化学兵器の使用という事態に直面した国際社会は，平和的な手段を通じてシリアの化学兵器を廃棄することに焦点を当てることによって協調の枠組を構築した。もっとも，それは誰が化学兵器を使用したかという問題を回避してはじめて実現した「危うい協調」であった。それゆえ，とくにこの問題が再燃した場合には枠組そのものが崩れる可能性を孕んでいたのである。

（2）　国際的な枠組の実施

シリアの化学兵器廃棄に関する国際的な枠組は可能な事項から実施に移された。廃棄完了期限の 2014 年 6 月 30 日までに実施された事項は以下の通りである。

まず，シリアは廃棄に関連して自らに課された義務の履行を進めた。補完情報および冒頭申告を期限までに OPCW に提出し，廃棄活動に関する報告書を執行理事会に毎月提出し，また，カテゴリー3 化学兵器，イソプロパノール，マスタード剤を廃棄し，さらに，化学兵器の生産および混合・充填装置，14 の化学兵器生産施設を廃棄した[35]。最大の課題の 1 つであった国外搬出は，大幅に遅れて 2014 年 1 月 7 日に開始されたものの[36]，6 月 23 日までに 20 回をかけてすべての化学物質に関して実現した[37]。OPCW 要員および OPCW・国連共同ミッションに対して必要な協力を提供してきたことも付言すべきであろう[38]。各国は，このようなシリアの廃棄関連活動をさまざまな形で支援を提供した。キプロスとレバノンは OPCW・国連共同ミッションに作業施設を提供し，ドイツ，イタリア，オランダは要員の航空輸送に協力した[39]。シリア領域内の保管施設から地中海に面したラタキア（Latakia）港に輸送する作業にあたって，ロシアは武装トラック，水槽その他の装備，中国は監視カメラと救急車をそれぞれ提供した[40]。シリアからの国外搬出にはデンマークとノルウェーの輸送船が用いられ，これらの輸送船の安全を確保するためにロシア，中国，英国が軍

---

(35)　OPCW Doc. EC-76/DG.16, July 4, 2014, paras.4-5, 7, 18-20, 28-29.

(36)　OPCW Doc. EC-M-38/DG.1, January 23, 2014, para.4(a).

(37)　OPCW Doc. EC-76/DG.14, June 25, 2014, para.4(a).

(38)　OPCW Doc. EC-M-34/DG.1, October 25, 2013, para.4(e); EC-M-44/DG.1, July 25, 2014, para.4(e).

(39)　OPCW Doc. EC-M-35/DG.1, November 25, 2013, para.16.

(40)　OPCW Doc. EC-M-37/DG.1, December 23, 2013, para.18.

〔阿部達也〕 　　　　　　　　　　　　　　　　　　　*15* シリアの化学兵器問題

艦によって護衛した[41]。そして，化学兵器をデンマークとノルウェーの輸送船から最終廃棄場所の米国艦船ケープ・レイ（Cape Ray）に移すためにイタリアのジョイア・タウロ（Gioia Tauro）港が利用された[42]。そして各国は廃棄および検証のために新たに設立された3つの信託基金に対して任意拠出金を支払った[43]。

　次に，OPCWと国連は密接に連携してシリアによる廃棄関連義務の履行状況を検証し監視した。新たにOPCW・国連共同ミッションが発足し，化学兵器廃棄の検証にあたるため検証その他の活動に従事した[44]。技術事務局は査察活動を開始し，申告された23施設のうち21施設に査察を行い，報告書を執行理事会に毎月提出した[45]。技術事務局はまた，カテゴリー3化学兵器，イソプロパノール，マスタード剤の廃棄を確認し[46]，さらに，13の化学兵器生産施設の廃棄を検証した[47]。OPCW執行理事会と国連安全保障理事会は共に枠組の実施状況を監視した。実際には専らOPCW執行理事会が公式に会合を開催して事務局長とシリアから提出される報告書に基づいて監視を行い，国連安全保障理事会は非公式会合で説明を受けるにとどまった。2014年7月初めに開催されたOPCW執行理事会は，6月30日の廃棄完了期限までに実現した事項に留意する一方で，今後取る必要のある行動として，国外搬出された化学兵器の廃棄，12の化学兵器生産施設の廃棄，未査察施設に対する査察の実施を挙げ，さらに申告の正確性と完全性に関する未解決問題の解決のために技術事務局とシリア当局が協力を継続するよう求めた[48]。

　国際的な枠組の実施の局面において最も考慮されたのは，内戦という「異例な性格」の事態の下で廃棄およびその検証を行わなければならなかったということである。そこで「迅速かつ安全な方法」による廃棄が求められた。迅速性

(41)　OPCW Doc. EC-M-37/DG.1, December 23, 2013, para.19.

(42)　OPCW Doc. EC-M-38/DG.1, January 23, 2014, para.14(f).

(43)　OPCW-UN Joint Mission in Syria, Status of Contributions to the OPCW-UN Joint Mission in Syria, as of July 31, 2014, https://opcw.unmissions.org/sites/default/files/donor_factsheet_310714_final.pdf.

(44)　OPCW Doc. EC-M-34/DG.1, October 25, 2013, para.17. cf. UN Doc. S/2013/591, October 3, 2013; UN Doc. S/2013/603, October 11, 2013.

(45)　OPCW Doc. EC-76/DG.16, July 4, 2014, paras.9-11.

(46)　Ibid., para.12.

(47)　Ibid., para.29.

(48)　OPCW Doc. EC-76/6, July 11, 2014, paras. 6.15-6.17.

Ⅲ　大量破壊兵器の不拡散

は内戦における化学兵器の犠牲者をこれ以上増やさないようにするために重要
となる。また，安全性は内戦下における廃棄およびその検証に従事する要員の
生命および身体に危害が加えられないようにするために確保しなければならな
い。「迅速かつ安全な方法」による廃棄には2つの特徴があった。

　1つには，各国の支援なくして「迅速かつ安全な方法」による廃棄の実現は
不可能だったということである。内戦下のシリアに廃棄とその検証のための費
用がなく，廃棄の技術もないことは自明だった。各国の支援に求心力をもたら
したのは言うまでもなく米露両国である。両国は，米露合意という「言葉
(words)」の実現を支援の提供という「行為 (deeds)」によって示したのである。
まず，米国は自ら廃棄作業を引き受けている。当初はノルウェーとアルバニア
に廃棄を要請していたものの，両国が要請を受け入れないという状況に直面し
て[49]，米国は自らが直接廃棄に従事することにした[50]。公海上の自国艦船ケー
プ・レイ内で廃棄するという前例のない方法によって約600トンの化学兵器
(マスタードおよびサリンの前駆物質) が廃棄された[51]。また，ロシアは，先に触
れたように，武装トラック，水槽その他の装備を提供して化学兵器の国内輸送
を支援し，さらにシリアからの国外搬出にあたりデンマークとノルウェーの輸
送船の安全を確保するために軍艦を派遣して護衛した。

　いま1つには，「迅速かつ安全な方法」による廃棄の状況は一定の柔軟性を
もって検証され監視されたということである。まず，申告，国外搬出および廃
棄について設定された期限のうち，履行されたのは申告だけで，国外搬出およ
び廃棄についての期限はほとんどが履行されなかった。それでも，OPCW執
行理事会は先に見たように微温的な対応をとるにとどめ，制裁措置を課すこと
はなかった。廃棄期限については，そもそもシリアにその履行を求めること自
体が意味をなさなかったともいえる。国外廃棄が決まり，シリアは国外での廃
棄には何ら関与できなくなったからである。OPCW執行理事会は国外搬出さ

---

(49)　Norway Ministry of Foreign Affairs, Syrian Chemical Warfare Agents, October 25, 2013, https://www.regjeringen.no/en/aktuelt/syria_weapons/id744527/; The Guardian, Albania rejects US request to host disposal of Syria's chemical weapons, November 15, 2013, https://www.theguardian.com/world/2013/nov/15/albania-rejects-request-disposal-syrian-chemical-weapons.

(50)　OPCW Doc.EC-M-37/DG.1, December 23, 2013, para.11.

(51)　Paul F. Walker, Syrian Chemical Weapons Destruction: Taking Stock and Looking Ahead, *Arms Control Today,* December 2014, https://www.armscontrol.org/print/6731.

336

れた化学兵器の地位を明確にしている，すなわちシリアは化学兵器が廃棄されるまでの間，廃棄の場所のいかんを問わず，その所有（ownership）を維持すること，シリアは化学兵器がその領域から搬出されることをもってもはや化学兵器を保有し，管轄または管理するものではないこと，シリア以外の関係国（シリアの化学兵器の廃棄を支援する締約国，シリアの化学兵器をシリアから廃棄活動を行う締約国に輸送する締約国，自国領域において廃棄活動を行う締約国）は，シリアの化学兵器に関して保有国であるとみなされず，保有国の義務も生じないこと，である[52]。要するに廃棄期限の義務は事実上その名宛人を失ったのである。そこで，シリアによる義務の履行として最重視されることになったのが国外搬出だと考えられる。その国外搬出は6月23日に完了した。OPCW執行理事会は，国外搬出が少なくとも廃棄完了期限として設定していた2014年前半までに完了したという事実を肯定的に受け止めたように思われる[53]。

廃棄活動は2014年7月以降も継続された。7月9日に地中海の公海上の米国艦船ケープ・レイ内で廃棄が開始され[54]，この作業は約1か月後の8月18日に終了した[55]。その分解物質は公募で選ばれたフィンランドと米国の商業施設および英国とドイツから提供された両国の商業施設に輸送されて処理され[56]，2015年末までにすべての化学兵器の廃棄が完了した[57]。

2 対　立

（1）　国際的な枠組の展開

シリアの化学兵器の国外搬出が完了した頃を境にして，シリアとその後ろ盾であるロシアと，米国・西欧諸国等との間には対立が生じることになる。米国・西欧諸国等はシリアの申告が完全なものであるかについて疑義を提起し，

---

(52)　OPCW Doc. EC-M-34/DEC.1, November 15, 2013, paras.4-5. シリアは化学兵器のこのような扱いを歓迎している（OPCW Doc. EC-M-34/NAT.4, November 15, 2013）。

(53)　OPCW Doc.EC-76/6, July 11, 2014, para. 6. 14.

(54)　OPCW Doc. EC-M-44/DG.1, July 25, 2014, para.5(a).

(55)　OPCW Doc. EC-M-44/DG.2, August 25, 2014, para.5(a).

(56)　OPCW Doc. EC-78/DG.9, February 23, 2015, para.6(a)(b). See also OPCW, Removal and Destruction of Syrian Chemical Weapons, https://www.opcw.org/fileadmin/OPCW/files/Syra_Infographic.pdf.

(57)　OPCW Doc. EC-81/DG.5, January 25, 2016, para.6.

Ⅲ　大量破壊兵器の不拡散

また，アサド政権によって依然として化学兵器が使用されていると申し立てた
からである。

そもそも申告と使用疑惑は廃棄とは異なるアプローチで取り組まなければな
らない問題だということに留意する必要がある。廃棄は目の前にある化学兵器
を物理的に廃棄してゆけばよく，その検証もアクセスが保証されている限り容
易である。設定された廃棄期限を履行できたか否かについても客観的な事実か
ら判断できる。これに対して，申告は自国領域に保管されている化学兵器につ
いての情報を開示するものであって，法的拘束力のある義務とはいえ，意図的
に隠すことは必ずしも不可能ではない。また，使用疑惑はそもそも使用された
か否かを確認する必要があり，さらに，使用が確認された場合には誰が使用し
たのかという点も当然に問題となる。国際的な枠組は新たな展開を通じてこれ
らの問題に対応してきた。そして同時にその過程において国際社会の対立が顕
在化することになった。

1つ目の問題は未申告の疑義であった。シリアの申告は完全なものなのか。
シリアは OPCW 執行理事会決定に基づいて[58]，2013 年 10 月 23 日に冒頭申告
を OPCW に提出した[59]。これに対して米国は，2014 年 3 月 28 日の執行理事
会において，「シリアの提出文書が十分に正確かつ完全（accurate and comple-
te)」であることを検証する」ために申告，修正，情報開示を検討し評価する
必要があると主張した[60]。この主張はその後も繰り返され[61]，EU や他の締約
国もこれに同調するようになる[62]。そこで，技術事務局は 4 月 22 日に申告の
問題を直接協議するために申告評価団（Declaration Assessment Team）をシリア
に派遣した[63]。OPCW 執行理事会は 7 月に技術事務局とシリア当局に対して

---

(58)　OPCW Doc. EC-M-33/DEC.1, September 27, 2013, para. 1(b).

(59)　OPCW Doc. EC-M-35/DG.1, November 25, 2013, para. 5(a).

(60)　OPCW Doc. EC-M-40/NAT.2, March 28, 2013.

(61)　Statement to the Fortieth Meeting of the Executive Council, April 29, 2014, htt-
ps://2009-2017.state.gov/t/avc/rls/2014/225340.htm; OPCW Doc. EC-M-40/NAT.23, May 8,
2013.

(62)　OPCW Doc. EC-M-41/NAT.5, May 22, 2013; OPCW Doc. EC-M-41/NAT.7, May 22,
2013.

(63)　OPCW EC-M-40/DG.4, April 25, 2014, para.10. 申告評価団は，技術事務局が「検証の
活動実施にあたり知るに至ったこの条約の遵守についての疑義，あいまいな点又は不
確かな点」を解消するために行う「締約国との間の協議」（第 8 条 40 項）の一環とし
て理解できるだろう。

申告の「正確性と完全性（accuracy and completeness）」の向上に向けて未解決問題を解決するために」協力を継続するよう求めている[64]。もっとも，申告評価団はその後 2016 年 2 月までの約 1 年半の間に 15 回にわたって派遣されたにもかかわらず[65]，状況の改善につながることはなかった。

2 つ目の問題は化学兵器の使用疑惑であった。アサド政権によって依然として化学兵器が使用されているのではないか。2014 年 4 月頃から塩素ガスの使用疑惑が取り沙汰されるようになった。塩素はその汎用性の高さから廃棄の対象となる化学兵器には含まれていないものの，兵器としての使用であれば使用の禁止される化学兵器とみなされる。化学兵器の使用疑惑を受けて，OPCW 事務局長は自らのイニシアチブで 4 月 29 日に OPCW 事実調査団の設置を決定し，シリアの同意を得て調査のため現地に派遣した[66]。OPCW 事実調査団は 2014 年 12 月までに提出した 3 つの報告書の中で，毒性化学物質が兵器として使用されたことを確認した[67]。2015 年 2 月と 3 月，OPCW 執行理事会と国連安全保障理事会はそれぞれ重大な懸念を表明し，化学兵器の使用に責任のある個人の責任が追及されるべきことを強調した[68]。

このように未申告の疑義と使用の疑惑の問題について，国際社会はまず，申告評価団と OPCW 事実調査団を新たにアドホックに設置することで対応した。どちらもシリア政府の同意に基づいて現地に派遣するという形がとられており，現実的かつ柔軟に運用できる利点がある。もっとも，技術事務局に与えられた任務・権限は決して強いものではなかった。まず，申告評価団はシリアと直接協議するメカニズムにすぎず，協議が平行線に終われば申告に関する疑義は解

---

(64)　OPCW Doc. EC-76/6, July 11, 2013, para. 6. 17.

(65)　OPCW Doc. EC-81/DG.15, March 15, 2016, para.4. See also. OPCW Doc. EC-82/DG.1, March 24, 2016, para. 9.

(66)　OPCW Doc. S/1191/2014, June 16, 2014, p. 1, para. 1.「OPCW 事務局長の一般的な権限（general authority）」というやや曖昧な根拠に基づいて設置されたものであるが（OPCW Doc. S/1191/2014, June 16, 2014, para.4），OPCW 執行理事会による事後の支持によってその根拠は明確になった（OPCW Doc. EC-M-42/3, June 30, 2014, para.7.4. See also OPCW Doc. EC-M-48/DEC.1, February 4, 2015, preamble para.8; UN.Doc. S/RES/2209 (2015), March 6, 2015, para.5）。

(67)　OPCW Doc. S/1191/2014, June 16, 2014, Annex 2, para. 53; OPCW Doc. S/1212/2014, September 10, 2014, Annex 2, para. 29. See also OPCW Doc. S/1230/2014, December 18, 2014.

(68)　OPCW Doc. EC-M-48/DEC.1, February 4, 2015, paras 1 and 4; UN Doc. S/RES/2209 (2015), March 6, 2015, paras. 2 and 6.

Ⅲ　大量破壊兵器の不拡散

消されることはない。この場合に技術事務局にできることといえば，協議によって解消できなかった問題を執行理事会に通報することに留まる（第8条40項）。また，OPCW 事実調査団は化学兵器が使用されたか否かを調査するものであって，それ以外の事項は任務の対象外である。シリア・ロシアと米国・西欧諸国等との間で対立しているのは，誰が使用したかという点であり，この点には一切踏み込むことができなかったのである。そこで，国際的な枠組をさらに展開させることにより，いずれの問題についても措置の強化が図られることになった。

　まず，未申告の疑義に関しては，2016 年 3 月，OPCW 執行理事会が第 81 回会期決定 4 を採択し，事務局には申告評価団を通じて引き続き申告の正確性と完全性を検証する努力を続けること，また，事務局長には申告評価団と並行してシリア政府高官と会合をもつよう要請した[69]。本決定に従い，事務局は引き続き申告評価団をシリアに派遣する一方，事務局長は 2 回にわたりシリア外務副大臣との会合を重ねた[70]。しかし，その結果は芳しいものではなかったことから[71]，11 月に開催された OPCW 執行理事会は第 83 回会期決定 5 を採択し[72]，OPCW・国連共同調査メカニズムが特定した施設およびバルザ（Barzah）とジャムラヤ（Jamrayah）のシリア科学研究調査センター施設を査察する任務を技術事務局に与えた[73]。もっとも，この決定の採択によってロシアと米国・西欧諸国等との対立は明白のものとなってしまった。賛成 28，反対 4（ロシア，スーダン，中国，イラン），棄権 9 という表決が物語るように，これは米国・西欧諸国等が多数決で押し切ったものである。賛成 28 は執行理事会における採

---

(69)　OPCW Doc. EC-81/DEC.4, March 23, 2016.

(70)　OPCW Doc. EC-82/DG.9, May 25, 2016, paras.8-10; UN Doc. S/2016/577, June 28, 2016, Annex, para.8.

(71)　焦点の 1 つとして浮かび上がっていたのは，シリア科学研究調査センター（Scientific Studies and Research Center）の関連部分の申告であった（OPCW Doc. EC-82/DG.18, July 6, 2016, paras. 3 and 5）。シリアは 10 月に冒頭申告を改定し，「シリア科学研究調査センターの一部」に関する情報を提供したものの（OPCW Doc. EC-84/DG.1, October 25, 2016, para. 9），技術事務局によれば，これらは完全なものではなかった（OPCW Doc. EC-84/DG.4, November 23, 2016, para. 9）。

(72)　OPCW Doc. EC-83/DEC.5, November 11, 2016. 採決に至る経緯で米国決定案，ロシア決定案，スペイン決定案の 3 つが提案され，最終的に採決に付されたのはスペイン決定案の改定版だった（OPCW Doc. EC-83/5, November 11, 2016, paras.6.21-6.27）。

(73)　OPCW Doc. EC-83/DEC.5, November 11, 2016, paras.10 and 11.

〔阿部達也〕 **15 シリアの化学兵器問題**

択に必要なぎりぎりの数だった。ロシアは採決前に，バルザとジャムラヤの施設の査察はチャレンジ査察を規定する化学兵器禁止条約に矛盾するばかりか，戦争状態にあるシリアにおいて査察員を軍事施設に派遣する提案は査察員の生命および健康に対する先例のない脅威となりかねないとして決定案を批判した[74]。

　また，使用の疑惑に関しては，使用者を特定しその責任を追及することが不可欠だった。そこで，2015 年 8 月，国連安全保障理事会は全会一致で決議2235 を採択して，新たに OPCW・国連共同調査メカニズムを設置し[75]，OPCW 事実調査団が化学兵器の使用として認定した事案について，化学兵器の使用者を特定する任務を与えた。OPCW・国連共同調査メカニズムは，翌2016 年 8 月と 10 月に第 3 報告書および第 4 報告書を提出し，シリア政府が塩素ガスを使用していたこと，および ISIL が硫黄マスタードを使用していたことを事実として認定した[76]。しかし，アサド政権による使用が認定されると，シリアは，自国が塩素ガスを使用する必要性はなく，報告書には多くの点で明白な弱点があるとしてその証拠力に疑義を呈し[77]，ロシアは，OPCW・国連共同調査メカニズムの結論が「表面的で，説得力を欠くもので，弱い証拠に基づくもの（superficial, unconvincing, and based on weak evidence）」であると批判した[78]。ロシアにとって，OPCW・国連共同調査メカニズムの設置は，「テロ組織による化学兵器の使用による脅威にさらされているという明確な理解（強調は筆者による）」に基づくものだったのである[79]。この理解を否定するような結論をロシアが受け入れるはずはなかった。

　以上のように未申告の疑義と使用の疑惑という 2 つの問題について，国際社

---

(74)　OPCW Doc. EC-83/NAT.20, November 11, 2016; OPCW Doc. EC-83/NAT.24, November 11, 2016.

(75)　UN Doc. S/RES/2235 (2015), August 7, 2015. 決議 2118 とあわせて読むことにより，シリアは同メカニズムの調査を受け入れることを義務づけられた（ibid., para. 7）。

(76)　UN Doc. S/2016/738/Rev.1, August 24, 2016, Annex IV, para.56, Annex VII, para. 53, Annex VIII, para. 70; UN Doc. S/2016/888, October 21, 2016, para. 19; UN Doc. S/2016/738/Rev.1, August 24, 2016, Annex X, para.41.

(77)　UN Doc. S/2016/844, October 20, 2016. See also UN Doc. S/2016/903, November 2, 2016.

(78)　OPCW Doc. EC-83/NAT.20, November 11, 2016; OPCW Doc. EC-83/NAT.24, November 11, 2016.

(79)　UN Doc. S/PV.7893, February 28, 2017, p.7.

Ⅲ　大量破壊兵器の不拡散

会は国際的な枠組をアドホックに大きく展開させることでこれらに対応してきた。そして，その過程において国際社会の対立が顕在化したこともまた否定できなかった。

（2）　国際的な枠組の限界

シリアの化学兵器問題に関する国際社会の対立はさらに深刻化し，一致した対応をとることができなくなっていった。それは一言で言えば国際的な枠組の限界であった。

2017 年 2 月 28 日，国連安全保障理事会は，依然として化学兵器の使用を続けるシリアに対して憲章第 7 章の下で資産凍結，渡航禁止，化学物質の禁輸などの制裁を加える米国および西欧諸国等 42 か国共同決議案を審議した[80]。しかし，ロシアと中国が拒否権を行使したため，決議案は不採択に終わった[81]。ロシアは OPCW・国連共同調査メカニズムの結論が説得力のある根拠を有していないことを改めて強調し，中国は当事者の間で見解の異なる結論に基づく決議案を表決に付すことはシリアの化学兵器問題の解決のためにならないと発言した[82]。これに対して，米国はロシアと中国がアサド政権の責任追及を拒んでいるとして拒否権の行使を激しく非難し，英国もこれに同調した[83]。

このようにシリア・ロシアと米国・西欧諸国等との間の対立が深まる中で枠組の限界はもはや自明のものとなった。そして，両者の対立は 4 月 4 日に発生したカーン・シャイクーン（Khan Shaykhun）の事案によって決定的なものとなる。アサド政権によるサリンの使用の疑いが浮上したからである。サリンの前駆物質はすべて国外に搬出されたはずである。アサド政権がサリンを使用したことが事実であるならば，それはアサド政権が未申告のサリンを保有していたことに他ならない。本来は別個の問題と考えられてきた未申告の疑義と使用の疑惑がここに結合したのである。

4 月 7 日，米国はカーン・シャイクーンの事案に対してアサド政権によるサリンの使用であると断定して単独で武力行使に踏み切った[84]。フランス，英国，

---

(80)　UN Doc. S/2017/172, February 28, 2017.

(81)　UN Doc. S/PV.7893, February 28, 2017, p.4.

(82)　Ibid., pp.7 and 9-10.

(83)　pp.4, 5-6.

(84)　UN Doc. S/PV.7919, April 7, 2017, p.17.

342

〔阿部達也〕　　　　　　　　　　　　　　　　　　*15*　シリアの化学兵器問題

イタリアは米国と同様にアサド政権による使用であるとの立場から米国の行動を支持し[85]，他方で，ボリビア，ロシア，シリアは米国の武力行使が国際法違反であるとしてこれを非難した[86]。米国の武力行使はシリアの化学兵器問題に対処するために構築された国際社会の枠組からの逸脱である。シリア・ロシアと米国および西欧諸国の間の対立は決定的なものとなり，その後は国連安全保障理事会とOPCW執行理事会のいずれもが機能麻痺に陥った。まず，国連安全保障理事会は12日，フランス，英国，米国によるシリア非難共同決議案を審議した。決議案には，シリアに対して4月4日の飛行計画その他の情報をOPCW事実調査団とOPCW・国連共同調査メカニズムに提出するよう義務づける措置が盛り込まれていた[87]。しかし，この決議案は当然のことながらロシアの拒否権に遭う[88]。また，OPCW執行理事会は翌13日，イラン・ロシアから共同決定案の提出を受けた。若干の修正を経て20日に採決に付された決定案には，米国が空爆したシャイラット（Shayrat）空軍基地をOPCW事実調査団の調査対象に含めること，OPCW・国連共同調査メカニズムの調査に関心国の専門家を参加させることなどが含まれていた[89]。しかし，この決定案は賛成わずか6票と可決に必要な28票には程遠く否決された[90]。

　カーン・シャイクーンの事案については，その後のOPCW事実調査団およびOPCW・国連共同調査メカニズムによる調査によってシリア政府軍がサリンを使用したという結論が示された[91]。しかし，ロシアとシリアはOPCW事実調査団およびOPCW・国連共同調査メカニズムによる調査についてさまざまな点から疑問を提示し，その結論を拒絶した[92]。そして，ロシアは，この結

---

(85)　Ibid., pp.5, 8-9.

(86)　Ibid., pp.3, 10, 18. シリアは4月4日の時点で国連事務総長および国連安全保障理事会議長宛の書簡において自らの化学兵器使用を否定した（UN Doc. S/2017/281, April 5, 2017）。

(87)　UN Doc. S/2017/315, April 12, 2017.

(88)　UN Doc. S/PV.7922, April 12, 2017, p.2. 賛成10，反対2（ボリビア，ロシア），棄権3（中国，エチオピア，カザフスタン）により否決。

(89)　Embassy of the Russian Federation to the United Kingdom of Great Britain and Northern Ireland, Draft OPCW decision on Syria chemical incident that Russia proposed and UK opposed, April 25, 2017, https://www.rusemb.org.uk/fnapr/6064.

(90)　OPCW Doc. EC-M-54/2, April 20, 2017, paras.3.3-3.9. 賛成6（アルジェリア，中国，イラン，ロシア，南アフリカ，スーダン），反対21，棄権13により否決。

(91)　UN Doc. S/2017/904, October 26, 2017, p. 10, para. 46

(92)　Comment by the Information and Press Department on the interview with The New

Ⅲ　大量破壊兵器の不拡散

論を導いた OPCW・国連共同調査メカニズムの任務が 11 月 17 日に切れることをとらえて，任務の延長に関する決議案に 3 回にわたって拒否権を発動し，化学兵器の使用者を特定する手続そのものを終了させてしまった[93]。

　化学兵器の使用者を特定するメカニズムはもはや存在しない。2018 年に入るとこのような状況で 2 つの展開がみられた。1 つは使用者の責任追及の問題に取り組む新たなアプローチが立ち上がったことであり，いま 1 つは再度の化学兵器の使用事案に対する米国，英国，フランスの武力行使である。いずれも国際社会の対立を克服するものではなく，むしろ国際的な枠組からの逸脱に他ならなかった。

　1 月 23 日，フランスの主導により「化学兵器使用への不処罰に対する闘いのための国際パートナーシップ」が発足した[94]。同パートナーシップの原則宣言には，化学兵器の拡散または使用に責任を有する者の責任追及のために情報を収集，編集，保有，保存すること，責任者の処罰のために情報共有を促進すること，化学兵器の拡散または使用に関与した個人その他を制裁のために指定するメカニズムを利用すること，化学兵器の拡散または使用に関与した個人その他をウェブサイトに公表することなど 6 項目の行動が盛り込まれている。賛同国はこれまで欧米諸国を中心に日本を含む 30 か国以上に広がっている。

　4 月 7 日，シリアのドゥーマ（Douma）で化学兵器によるものと思われる多数の死傷者が出ているとの報道が世界を駆け巡った。国連安全保障理事会は

York Times by Edmond Mulet, head of the OPCW-UN Joint Investigative Mechanism for Syria, November 11, 2017, http://www.mid.ru/en/web/guest/foreign_policy/international_safety/conflicts/-/asset_publisher/xIEMTQ3OvzcA/content/id/2944603; UN Doc .S/2017/935, November 14, 2017; UN Doc. S/2018/92, February 13, 2018.

(93)　10 月 24 日，41 か国共同決議案（UN Doc. S/2017/884, October 24, 2017）は賛成 11，反対 2（ボリビア，ロシア），棄権 2（中国，カザフスタン）により否決された（UN Doc. S/PV.8073, October 24, 2017, p.5）。11 月 16 日，米国等 7 か国共同決議案（UN Doc. S/2017/962, November 16, 2017）は賛成 11，反対 2（ボリビア，ロシア），棄権 2（中国，カザフスタン）により否決された（UN Doc. S/PV.8105, November 16, 2017, p.3）。11 月 17 日，日本決議案（UN Doc. S/2017/970, November 17, 2017）は賛成 12，反対 2（ボリビア，ロシア），棄権 1（中国）により否決された（UN Doc. S/PV.8107, November 17, 2017, p.2）。11 月 16 日にはボリビア決議案（UN Doc. S/2017/968, November 16, 2017）も賛成 4（ボリビア，中国，カザフスタン，ロシア），反対 7，棄権 4 で否決された（UN Doc. S/PV.8105, November 16, 2017, p.19）。

(94)　International Partnership Against Impunity for the Use of Chemical Weapons, https://www.noimpunitychemicalweapons.org/-en-.html.

〔阿部達也〕　　　　　　　　　　　　　　　　　**15**　シリアの化学兵器問題

10 日に緊急会合を開催したものの，使用者の特定を任務とする「国連独立調査メカニズム」の設置を決定する米国等 26 か国共同決議案[95]とロシア案[96]はそれぞれ，ロシアの拒否権により[97]，また賛成票が 9 を下回ったため否決された[98]，「国連独立調査メカニズム」の結論の審査と要員の決定に安全保障理事会が関与することを求めるロシアと，これに反対する米国等との間で妥協は成立しなかった。13 日，米国，英国，フランスはアサド政権による化学兵器の使用であるとして一方的に武力を行使して，シリアの化学兵器関連施設を破壊した[99]。その中には OPCW 執行理事会決定によって査察の対象とされているバルザのシリア科学研究調査センター施設も含まれていた[100]。

　このように，国際社会の対立が深刻化して国連安全保障理事会や OPCW 執行理事会が機能不全に陥る中で，米国と西欧諸国等は国際的な枠組から逸脱して独自の措置を取ってきた。そこには化学兵器を禁止する規範の弱体化に対する危機感があると考えられる。規範の不遵守という状況が是正されなければ規範それ自体の存在意義が脅かされかねない。

　国際的な枠組から逸脱する措置の 1 つは武力行使であった。武力行使は「さらなる化学兵器の使用を阻止するための措置」として意図されている。その意図に正当性が認められるとしても，武力行使にはさまざまな問題がある。何よりもまず合法性の問題である。今日の国際法において武力行使は一般に禁止されている。国連憲章の下で武力行使禁止原則の例外として他国に対する武力行使が許されるのは，自衛権の場合と国連安全保障理事会による許可のある場合に限られる。2017 年 4 月の米国による武力行使も，2018 年 4 月の米国，英国，フランスによる武力行使も，武力攻撃は発生していないので自衛権を援用することはできず，国連安全保障理事会による許可もない。米国とフランスは法的

---

(95)　UN Doc. S/2018/321, April 10, 2018.

(96)　UN Doc. S/2018/175, April 10, 2018.

(97)　UN Doc. S/PV.8228, April 10, 2018, p.5.

(98)　Ibid., p.9.

(99)　Statement by President Trump on Syria, April 13, 2018, https://www.whitehouse.gov/briefings-statements/statement-president-trump-syria/; PM's press conference statement on Syria: 14 April 2018, https://www.gov.uk/government/speeches/pms-press-conference-statement-on-syria-14-april-2013.

(100)　DoD News, Defense Media Activity, Pentagon Officials Describe Syria Strikes, Hope Assad Gets Message, April 14, 2018, https://www.defense.gov/News/Article/Article/1493718/pentagon-officials-describe-syria-strikes-hope-assad-gets-message/.

345

Ⅲ　大量破壊兵器の不拡散

根拠を明確にせず，英国は「人道的干渉」の理論に基づいて自国の武力行使を正当化したものの[101]，この理論には従来から多くの批判がある[102]。国連安全保障理事会やOPCW執行理事会の場でも明示的に「国際法に違反する」と発言する国があった[103]。

　今回の武力行使はまた，国際社会の枠組を阻害するものである。OPCW事実調査団による化学兵器の使用の有無の認定と，当該認定に基づくOPCW・国連共同調査メカニズムによる使用者の特定という2段階の調査を行うことが想定されているため，最終的に使用者が特定されるまでにはどうしても時間がかかってしまう。実際に，カーン・シャイクーンの事案については事案の発生から使用者の特定までに約6か月の時間を費やした。これに対して米国は事案の発生から1週間以内で武力行使に踏み切っている。これはOPCW事実調査団およびOPCW・国連共同調査メカニズムによる調査の結果を待つことなく自国の主観的な事実評価に基づいて行ったものである。結果的に米国の主観的な事実評価が正しかったとしても，OPCW事実調査団およびOPCW・国連共同調査メカニズムの権威が無視されたことになる。ドゥーマの事案では，OPCW・国連共同調査メカニズムが終了したために利用できないものの，OPCW事実調査団による調査に関する限り同様のことが言える。それだけでなく，米国，英国，フランスの武力行使によってOPCW執行理事会決定に基づく義務的な査察の対象となっていたバルザのシリア科学研究調査センター施設が破壊されたことは非常に大きな問題である[104]。

　さらに，武力行使の効果の問題を指摘できる。カーン・シャイクーンの事案

---

(101)　Syria action – UK Government legal position, April 14, 2018, https://www.gov.uk/government/publications/syria-action-uk-government-legal-position/syria-action-uk-government-legal-position; OPCW Doc. EC-M-58/NAT.4, April 16, 2018.

(102)　Anders Henriksen, "Trump's Missile Strike on Syria and the Legality of Using Force to Deter Chemical Warfare," *Journal of Conflict and Security Law,* Vol. 23, Issue 1, 2018, p.38,

(103)　UN Doc. S/PV.7919, April 7, 2017, p.3 (Bolivia); ibid., p. 10 (Russia); ibid., p.18 (Syria). スウェーデンは「国際法との両立性についての問題を生じさせる」と発言した (ibid., p.14). OPCW Doc. EC-M-58/NAT.16 (Iran), April 16, 2018; OPCW Doc. EC-M-58/NAT.8 (Russia), April 26, 2018.

(104)　技術事務局は査察を実施し（OPCW Doc. EC-85/DG.2, March 23, 2017, para.12; OPCW Doc. EC-87/DG.4, November 24, 2017, para. 11），化学兵器禁止条約の義務に合致しない活動は観察されていないと評価していた（OPCW Doc. EC-88/DG.1, March 23, 2018, para.11）。

〔阿部達也〕　　　　　　　　　　　　　　　　　　　*15*　シリアの化学兵器問題

に対して米国は武力を行使したものの，化学兵器の使用の申立はその後も続いており，使用者が誰であれ，「さらなる化学兵器の使用を阻止するための措置」として機能しているとは言い難い。

　国際的な枠組から逸脱するもう1つの措置は「化学兵器使用への不処罰に対する闘いのための国際パートナーシップ」であった。フランスは，従来から化学兵器の使用者——すなわちアサド大統領ら——の責任を追及すべきであると強調してきた。いずれも実現には至らなかったものの，2013年8月21日に発生したゴータの事案に際しては，国連安全保障理事会決議に関する交渉の過程において，自ら起案した国連安全保障理事会決議案の中に国際刑事裁判所への付託を盛り込んでいたし[105]，2014年5月22日には，国連安全保障理事会に対して，2011年以降のシリアの事態を国際刑事裁判所に付託する決議案を提出していた[106]。

　使用者の責任を追及しようとすれば，それは国内管轄権を有する国において訴追し処罰するかまたは国際刑事裁判所に付託するかのいずれかしか方法はない。しかし，後者は国連安全保障理事会決議案の否決によってその可能性を絶たれている。前者はアサド政権が国内の実効的支配を維持する限りにおいて実現の可能性はない。そうなると有志国による一方的な措置といってもできることは限られてしまう。「化学兵器使用への不処罰に対する闘いのための国際パートナーシップ」は，個人の責任の追及という大きな目標に対して，その具体的な行動は情報の共有，制裁対象者一覧の公表，能力構築のための支援の提供などに留まり，目標を実現するためのものとして決して十分とはいえない。今後は賛同国の拡大の追求と，目標の実現へのより直接的な貢献が課題となるであろう。

　以上のように，米国と西欧諸国等は国際的な枠組から逸脱して独自の措置を取ってきた。もっとも，独自の措置には上記に示したようないくつもの問題や課題があり，国際的な枠組に代替しうるものではない。国際的な枠組の限界が露呈する中にあってもやはり望ましいのは国際的な枠組への依拠なのである。

---

(105)　Syria – Press conference by M. Laurent Fabius, Minister of Foreign Affairs, during his press conference (excerpts), Paris, September 10, 2013, https://uk.ambafrance.org/France-to-propose-UN-resolution-on.

(106)　UN Doc. S/2014/348, May 22, 2014. この決議案はロシアと中国の拒否権に遭って否決された（UN Doc. S/PV.7180, May 22, 2014, p.4）。

Ⅲ　大量破壊兵器の不拡散

そして，英国が中心となって国際的な枠組への回帰が選択されることになった。
2018 年 6 月 27 日，OPCW 締約国会議は第 4 回特別会期を開催し，化学兵器の
使用の脅威への対処に関する英国決定案を賛成 82，反対 24 の多数決で採択し
た[107]。この決定によって，技術事務局にはシリアにおける化学兵器の使用に
関して使用者を特定するための調整を行う任務が付与された[108]。つまり，化
学兵器の使用者を特定するメカニズムが復活することになったのである。しか
し，国際的な枠組への回帰は国際社会の対立の激化という代償を伴うもので
あった。この決定は化学兵器禁止条約の手続に従って採択された OPCW 締約
国会議決定であり，その前文には OPCW 締約国会議の一般的な権限を規定す
る第 8 条 19 項および 20 項への引用が含まれている。少なくとも英国をはじめ
賛成票を投じた締約国は化学兵器禁止条約の範囲内の措置だと認識しているも
のと考えられる。これに対して，ロシア，イラン等は使用者の特定は化学兵器
禁止条約に定められた OPCW の任務を超えるものであり，改正手続を踏む必
要があるとして強く反発した[109]。化学兵器の使用者を特定するメカニズムを
初めて導入したのが国連安全保障理事会決議であったことに鑑みれば，果たし
て OPCW が同じ任務を自ら「創設」することができるのかどうかについて疑

---

(107)　OPCW Doc. C-SS-4/DEC.3, June 27, 2018. 議題を賛成 98，反対 9（中国，キューバ，
　　　イラン，ラオス，ミャンマー，ニカラグア，ロシア，シリア，ベネズエラ）で採択し，
　　　英国決定案に対する 5 つの修正案をすべて否決（カザフスタン修正案を賛成 22，反対
　　　76 で否決，ベラルーシ修正案を賛成 23，反対 78 で否決，ベネズエラ修正案を賛成 20，
　　　反対 79 で否決，イラン修正案を賛成 19，反対 79 で否決，ブルンジ修正案を賛成 23，
　　　反対 78 で否決）した上で，英国決定案が賛成 82，反対 24（ベラルーシ，ボリビア，
　　　ボツワナ，ブルンジ，カンボジア，中国，エリトリア，インド，イラン，カザフスタン，
　　　ラオス，ミャンマー，ナミビア，ニカラグア，フィリピン，ロシア，南アフリカ，スー
　　　ダン，シリア，タジキスタン，ウガンダ，ウズベキスタン，ベネズエラ，ベトナム）
　　　で採択され，ロシア・中国決定案とブルンジ決定案は取り下げられた（OPCW Doc.
　　　C-SS-4/3, June 27, 2018, paras.2-3）。

(108)　Ibid., para.10. ただし，国連安全保障理事会決議に基づいて設立された OPCW・国
　　　連共同調査メカニズムとは異なり，OPCW 締約国会議決定に基づく任務であることか
　　　ら，シリアが技術事務局の実施する調査を受け入れることは法的に義務づけられてい
　　　ないものと考えられる。

(109)　Permanent Representation of the Russian Federation to the Organization for the Pro-
　　　hibition of Chemical Weapons, Legal aspects of the attribution at the OPCW, https://
　　　netherlands.mid.ru/web/netherlands-en/-/legal-aspects-of-the-attribution-at-the-
　　　opcw?inheritRedirect=true>; Statement by Iran at the fourth special session of the Confe-
　　　rence of the States Parties, April 26-27, 2018, https://www.opcw.org/fileadmin/OPCW/
　　　CSP/C-SS-4/en/Iran_-_National_Statement.pdf.

348

問なしとは言えない。やはり OPCW の任務が拡大した感は否めない。今後は国際社会の対立の激化という状況の中でこの決定がどのように実施されていくのか注視していく必要があるだろう。

おわりに

　シリアの化学兵器問題について，国際社会の協調と対立という２つの局面について論じてきた。化学兵器の廃棄は，国際社会の協調の下で国際的な枠組が十分に機能した結果として目に見える形で実現を見た。化学兵器の未申告の疑義と使用の疑惑の問題については，国際社会の対立が顕在化しさらに深刻化する過程において，国際的な枠組の展開，限界，そして回帰という経緯をたどり，その解決が一段と困難な状況となっている。

　国際社会の協調と対立に関する議論から浮き彫りになった点として，より一般的に化学兵器禁止条約体制（国連総会と国連安全保障理事会の関与も含まれる）を改めて理解し直すという観点から，以下２点を指摘することをもって結びに代えることとしたい。

　第１に，廃棄と使用禁止は——いずれも化学兵器禁止条約体制の重要な目的であるが——前者が後者よりも扱いやすいということである。一方で，廃棄は作為を求めるものである。締約国は自らが保有している化学兵器を申告し，これを国際検証の下で廃棄する。一定の時間が必要となるものの，時間をかければ廃棄は必ず実現する。関係する主体も明確である。廃棄の主体は締約国であり，検証は国際機関が担当する。計画を立てることが可能であり，実際にそうされている。要するに，廃棄は予め管理できる。協調に親和的な活動なのである。ここで留意すべきは保有国の意思と行動と協力の３つが廃棄について必要不可欠だということである。未申告の疑義はこれらが十分ではなかったために発生した問題だと考えられる。他方で，使用禁止は不作為を求めるものである。不作為の状況が継続していれば何ら問題は生じない。問題が生じるのは使用という形で義務に違反があった場合である。それゆえ，対応は必然的に事後的なものとならざるをえない。使用禁止は予め管理できない。使用されればそこには使用者（加害者）と被使用者（被害者）がいることになり，対立の要素が潜んでいる。シリアの場合にはこの対立が顕在化したために国際的な枠組の機能不全が生じてしまったのだ。

Ⅲ　大量破壊兵器の不拡散

　第2に，化学兵器禁止条約体制は——国連安全保障理事会の関与を含めたとしても——必ずしも化学兵器に関するすべての問題について対処できるようなものではないということである。規範の設定という実体面ではその包括性と網羅性は担保されているとしても，規範の実効性確保という手続面では，はじめから体制に十分な制度が備えられているかといえばそうとは言いがたく（たとえば，使用者の特定），体制に組み込まれている手続に従って新たに制度を創造しようとしても手続自体に内在的な限界がある（たとえば，国連安全保障理事会の拒否権）。このような状況において，たとえば化学兵器の使用禁止という体制の根幹に関わる規範そのものが弱体化しかねないという場合，これを回避しようと思えば，どうしても体制の枠外で行動することになってしまう。このような動きは，化学兵器禁止条約体制それ自体に対していったいどのような影響を与えていくのだろうか。一方で，体制の補完または強化として肯定的にとらえることもでき，他方で，体制の迂回または阻害として否定的にとらえることもできるだろう。重要なのはその行動が国際法に適合するものであるべきことであり，この一線は決して超えてはならないと考える。

　迷走するシリアの化学兵器問題が解決に向かうのは，やはり国際社会が対立を克服して協調を実現するその時ではないだろうか。

　　＊本研究はJSPS科研費JP26380065の助成を受けたものである。

16 バイオ技術の発展と生物兵器の不拡散
—— グローバル・ガバナンスの発展

田 中 極 子

は じ め に

　生物兵器は,「窒息性ガス, 毒性ガス又はこれらに類するガスおよび細菌学
的手段の戦争における使用の禁止に関する議定書」(通称「ジュネーブ議定書」
(1925 年成立)) によりその使用が禁止され, これを補完する形で成立した「細
菌兵器 (生物兵器) および毒素兵器の開発, 生産および貯蔵の禁止並びに廃棄
に関する条約」(通称「生物兵器禁止条約」(1972 年成立)) により, 包括的に禁
止されている。さらに生物兵器禁止条約を補完し, 2004 年には国連安全保障
理事会が, 生物兵器を含む大量破壊兵器やその運搬手段が非国家主体に拡散す
ることを防止するための決議 1540 を採択した。これらを通して, 生物兵器禁
止条約についてはその締約国が, 安保理決議についてはすべての国連加盟国が,
生物剤を安全に管理することを通して生物兵器の不拡散に取り組んでいる。こ
れらの取り組みがある一方で, 特にバイオ技術の発展は著しく, 医療技術の進
歩やバイオ技術産業の発展に寄与してきた一方で, 同じ技術が意図的に悪用さ
れる懸念があるだけでなく, 安全性が一歩損なわれれば, 経済社会活動や生態
系に意図せず破壊的な影響を及ぼす「ディアルユース性」であることが懸念
され, 生物兵器の不拡散への取り組みに対する深刻な課題となっている。

　本稿は, バイオ技術の発展に伴う生物剤のデュアルユース問題に対して, 生
物兵器禁止条約を中心とした既存の生物兵器の不拡散の枠組みが, その有効性
を維持するためにどのような発展が望まれるかという問いに対してグローバ
ル・ガバナンスの視点から考察する。生物兵器禁止条約や安保理決議 1540 が,
生物兵器の不拡散に対する安全保障領域での取り組みであるのに対して, 世界
保健機関 (WHO) も一義的には公衆衛生の促進を主眼としながら, 潜在的に

＊本稿の作成には, 文部科学省科研費 (15KT0054) の支援を受けた。

Ⅲ 大量破壊兵器の不拡散

危険のある生物剤やバイオ技術の不注意による事故あるいは故意ではないが不適切な使用，意図的で悪意のある使用，また生物兵器の使用等の防止を含むバイオセキュリティの強化へと活動範囲を拡大している。公衆衛生の政策領域におけるバイオセキュリティの概念は，生物剤の有効活用を前提とし，意図的な感染症の発生に予防的に対策することを指す[1]。したがって，生物剤が兵器として悪用される可能性を前提とした生物兵器禁止条約とは原理が異なるものの，ともに生物剤の安全な管理を目的としており，問題領域を超えて相互関連するようになっている。さらに，バイオ技術の発展に伴い，企業やアカデミア，バイオ技術に関わる個人を含む非国家主体が，生物兵器の不拡散における重要な行為主体となっている。特に，科学者コミュニティによるバイオセキュリティの強化を通した生物兵器の不拡散への取り組みが進展している。本稿では，このように，既存の問題領域では対処できないグローバルな問題に対して，非国家主体を含む多様な行為主体により，国家間におけるルールのセットだけではないさまざまな方法を用いて解決しようとする取り組みをグローバル・ガバナンスと位置づける[2]。

本稿では，第一に，バイオ技術の発展が，生物兵器の不拡散に対していかなる脅威を及ぼすかを改めて確認するため，生物剤のデュアルユース性に対する懸念の高まりをバイオ技術の発展に基づき整理する。第二に，生物兵器禁止条約，安保理決議 1540 および WHO が主に国家を一義的な行為主体としていることから，パブリックな規範実現の枠組みと位置づけ，生物兵器の不拡散という規範を実現するために，これらの枠組みがどのような関係性のもとでパブリック・ガバナンスを形成しているかを検討する。第三に，科学者コミュニティが，バイオ技術の発展に伴う生物剤のデュアルユースの懸念に対して，バイオセキュリティという規範を実現するために自己規律的なプライベート・ガバナンスを形成していることを示す。最後に，第一で検討したパブリック・ガバナンスが，バイオ技術の発展に伴う生物剤のデュアルユースの懸念に対してその有効性を維持するために，第二のプライベート・ガバナンスにおける非国家主体を含む多様な行為主体の参加を得て，安全保障分野における伝統的な検証措置ではない様々な方法を用いて行為主体の利益を調整する複合的なグロー

---

(1) 斎藤智也「バイオセキュリティのランドスケープ：公衆衛生と安全保障の視点から」軍縮研究 7 号，2016 年，28-38 頁。

(2) 山本吉宣『国際レジームとガバナンス』有斐閣，2008 年，23 頁。

〔田中極子〕　　　　　　　*16*　バイオ技術の発展と生物兵器の不拡散

バル・ガバナンスへと発展している様態を示す。

1　バイオ技術発展

　2001 年，RAND 研究所は 2015 年までに生じうる地球規模の技術革命として
バイオ技術と情報技術のシナジーを取り上げ，それを「複合領域間技術革命」
と名付け，社会，経済，国際競争力に及ぼす影響の傾向を分析した[3]。特に遺
伝子改変技術は，医療，食糧，農業，環境に著しい改善をもたらす一方で，社
会の安全，倫理に及ぼす影響や生物兵器が設計される可能性があることに言及
している[4]。バイオ技術革命により，平均余命の延長，生命器官の人工的な増
強，農作物の遺伝子改変，生物学的反応により作り出される新たなエネルギー
など，人類の生命や生活に大きな変化をもたらすことから，20 世紀が化学お
よび物理学の世紀だとすれば，21 世紀は生物学の時代であるとも言われる[5]。
　バイオ技術革命において，生物学，化学，工学等の学際的な科学技術を用い
て生命現象を人為的に設計，構成する学問領域である「合成生物学」の発展が
著しい。合成生物学は様々に定義されるが，単純化すれば「生物(学)を簡単に
設計できるようにする学問[6]」といえる。合成生物学の発展の結果，理論的に
はいかなるウィルスや細菌も，遺伝子情報さえあれば作成可能となっている[7]。
世界経済フォーラムは，過去数年継続して合成生物学に関連した技術を「トッ
プ 10 最先端技術（Top 10 Emerging Technologies)」と認識している[8]。さらに合

---

(3)　Philip S. Anton, Richard Silberglitt, James Schneider, *The Global Technology Revolution – Bio/Nano/Materials Trends and Their Synergies with Information Technology by 2015,* RAND National Defense Research Institute, 2001.

(4)　Ibid., pp.7-8.

(5)　Craig Venter and Daniel Cohen, "The Century of Biology," *New Perspectives Quarterly,* Vol. 21, Issue 4, 2004; Anne Glover, *The 21st Century: The Age of Biology, OECD Forum on Global Biotechnology,* November 12, 2012, Paris.

(6)　National Research Council, *Positioning Synthetic Biology to Meet the Challenges of the 21st Century: Summary Report of a Six Academies Symposium Series,* National Academies Press, 2013.

(7)　Jonathan B. Tucker and Raymond A. Zilinskas, "The Promise and Perils of Synthetic Biology," *The New Atlantis,* Spring 2006, pp.25-45.

(8)　World Economic Forum's Meta-Council on Emerging Technologies, *Top 10 Emerging Technologies of 2015,* March 2015, http://www3.weforum.org/docs/WEF_Top10_Emerging_Technologies_2015.pdf.

353

III　大量破壊兵器の不拡散

成生物学の発展により人類の平均余命が 10% 増加すれば，経済，社会，生態系などあらゆる分野に著しい影響を及ぼし，また，バイオエネルギーの製造および実用化が進めばエネルギー市場の様態も様変わりする可能性があることも指摘される[9]。それ故に，バイオ技術革命に大きな関心が集まっている。

　合成生物学の発展により作成された病原体の一例が，1980 年に世界保健機関（WHO）により撲滅宣言された天然痘である。天然痘は死亡率 30% の致死性の高い感染症であり，その撲滅宣言以降，天然痘ウィルスを用いたすべての実験は厳重に管理され，現在はロシアおよび米国の 2 か所の研究施設のみが完全なウィルスの保管を認められている。ところが，1994 年には天然痘ウィルスの遺伝子配列が公開され，インターネット上でその情報が容易に入手できるようになった。1990 年代中ごろ当時は，遺伝子配列を「読む」技術が普及していたにすぎないが，その後の技術発展とともに，遺伝子配列を「書く」技術が急速に普及し，2010 年には WHO が「インターネット接続と DNA 合成装置さえあれば誰でも天然痘ウィルスを入手できるようになった[10]」と警鐘を鳴らすまでに発展した。米国では 1972 年に，また日本でも 1976 年には天然痘の定期予防接種は終了している。合成生物学の発展に伴い，仮に天然痘が再出現した場合には，我々の社会は天然痘に対して極めて脆弱であることが懸念されている。

　さらに 2002 年に，感染性ポリオウィルスの完全人工合成が成功し，注文した遺伝情報によりウィルス作成が自由自在にできるようになったことが示され関心が高まった[11]。2005 年には 1918 年に猛威をふるったスペイン風邪（インフルエンザ）ウィルスが再構築されたことにより，合成生物学のさらなる進歩を決定づけた。これは，「逆遺伝学」と呼ばれるもので，当時スペイン風邪で亡くなった患者の病理組織から，スペイン風邪ウィルスを再構成するための遺

---

(9)　James Stavridis, The Dawning of the Age of Biology, *Financial Times,* January 20, 2014.

(10)　World Health Organization, *Scientific Review of Variola Virus Research 1999–2010,* December 2010, http://www.who.int/csr/resources/publications/WHO_HSE_GAR_BDP_2010_3/en/.

(11)　Jeronimo Cello, Aniko V. Paul, Eckard Wimmer, "Chemical Synthesis of Poliovirus cDNA: Generation of Infectious virus in the Absence of Natural Template," *Science,* Vol. 297, issue 5583, August 9, 2002, 1016-1018; 四ノ宮成祥「生命科学のデュアルユース議論と機能獲得研究の現状」軍縮研究 7 号，2016 年，16-27 頁。

〔田中極子〕 **16** バイオ技術の発展と生物兵器の不拡散

伝子情報を構築するというものである[12]。これに続き，病原体の作成研究は様々に応用され，2010 年には合成人工ゲノムを有する細菌の作成に成功，2016 年には世界最小のゲノムを持つ細菌の作成に成功している[13]。こうした研究は「4D（4 次元）プリンティング」と例えられることもある[14]。3D プリンターが 3 次元のデザインを作りだすのに加え，4D は DNA を使って生物体を作り出すことを指している。

これらの発展に加え，2011 年には 2 件のインフルエンザ研究の論文に注意が集まった。日本人研究者も関わっているその研究内容は，もともと鳥にしか伝播性のない H5N1 鳥インフルエンザの遺伝子を改変し，哺乳類に伝播するウィルスを作成したものである[15]。自然界に存在する遺伝子に新たな機能を追加することから，「機能獲得型（Gain of Function: GOF）」研究と呼ばれる。研究の目的は，このインフルエンザウィルスが自然界でいつどのよう変化しうるか，またどのような遺伝子変異が人類に対してより危険なウィルスへと進化するかを明らかにするためである[16]。2003 年 11 月から 2017 年 3 月までに，H5N1 鳥インフルエンザが人に感染した症例は，東南アジアや中東諸国を中心に 858 件確認されており，そのうち約半数の 453 人が死亡している[17]。感染源は特定されていないものの，感染した鳥との接触によるものが最も多く，持続的な人から人への感染は認められていないことから，人における感染性の変化は認められていない[18]。他方で，遺伝子変異が繰り返された結果，人に伝播性を持つウィルスが出現する可能性も考えられることから，問題となったような機能獲得型研究が意義を持つ。

---

(12)　四ノ宮・前掲注(11)22 頁。

(13)　Clyde A. Hutchison Ⅲ, et. al., "Design and Synthesis of a Minimal Bacterial Gerone," *Science*, Vol. 351, Issue 6280, March, 25, 2016. pp. 1414-1427.

(14)　Laurie A. Garret, Biology, Brave New World: The Promise and Perils of the Synbio Revolution, *Foreign Affairs,* Nov/Dec 2013, Vol.92(6), pp.28-46.

(15)　Martin Enserink, "Scientists Brace for Media, Storm around Controversial Flu Studies," *Science*, November 23, 2011.

(16)　Michael J. Selgelid, "Gain-of-Function Research: Ethical Analysis," *Science and Engineering Ethics,* Vol.22(4), 2016, pp.923-964.

(17)　厚生労働省健康局結核感染症課作成「鳥インフルエンザのヒトへの感染事例の概要」平成 29 年 3 月 30 日，https://www.cas.go.jp/jp/seisaku/ful/yusikisyakaigi/dai14/sankou2.pdf.

(18)　同上。

Ⅲ　大量破壊兵器の不拡散

　さらに合成生物学の研究と並行して，研究のための技術や装置も同時発展している。たとえば2013年には，CRISPR-Cas9というゲノム編集ツールが実用化された。これにより，ゲノム配列の任意の場所を効率的に，正確かつ安価で編集できるようになっている[19]。

　こうした合成生物学の発展は，バイオ技術を巡る環境を大きく変化させた[20]。第一に，バイオ技術研究への主な資金提供者が政府，民間企業，人道主義的な慈善組織であったのに加え，分野・国境を跨るベンチャー投資企業や，クラウドソーシングなどに拡大している。第二に，物理学，情報工学，数学，生命科学などの学問領域が結合して発展している。その結果として第三に，生物学に携わる実務者が，生物学者に加え，技術者やアマチュア科学者へと拡大している。こうして生物学が身近になることにより，第四に，バイオ技術は科学先進国だけでなく地球規模で拡大している。こうした環境の変化の結果，合成生物学の科学技術発展は，国家の経済力や国際競争力にも大きく影響する。

　これまでの生物学的研究においては，病原体の培養や遺伝子操作による組換え体の作成には，出発となる微生物材料の存在が必要であったため，研究室でのバイオセーフティやバイオセキュリティの厳格な基準を設けることにより，危険度の高い微生物が不用意に拡散しないようなセイフティネットが張られていた。しかし，合成生物学が安価かつ容易になると，訓練を受けた生物学者だけではなくより広範な人たちが扱うようになり，専門家内で共有されてきた倫理や安全基準が適用されなくなる[21]。同時に，公的機関により制度化されてきた既存の基準やガイドラインが時代遅れのものとなる。さらに，バイオ技術の発展が国家経済に影響をもたらすということは，その反面，国家の安全保障に計り知れない好機とリスクを同様にもたらすことを意味する。その結果，米国では2016年，ジェームス・クラッパー（James R. Clapper）国家情報長官による世界の脅威評価に関する上院軍事委員会での公聴会において，大量破壊兵器およびその拡散に関する脅威としてゲノム編集が追加されている[22]。

---

(19)　Kate Charlet, "The New Killer Pathogens - Countering the Coming Bioweapons Threat," *Foreign Affairs,* May/June 2018 Issue, April 16, 2018.

(20)　Kavita M. Berger, Diane DiEuliis et.al., *Roadmap for Biosecurity and biodefense Policy in the United States,* Gryphon Scientific, granted by the U.S. Air Force Academy and Defense Threat Reduction Agency, 2018, p.7.

(21)　Garrett, "Biology's Brave New World."

(22)　James R Clapper, *Statement for the Record: Worldwide Threat Assessment of the US In-*

〔田中極子〕　　　　　　　　*16*　バイオ技術の発展と生物兵器の不拡散

2　生物剤のデュアルユース性に対するパブリック・ガバナンス

（1）　生物兵器禁止条約

　合成生物学のデュアルユース研究の問題に主にセキュリティの観点から取り組む多国間枠組みが生物兵器禁止条約（1972 年成立，1975 年発効）である。生物兵器禁止条約は，締約国内での生物・毒素兵器の開発，生産，貯蔵，保有を包括的に禁止する法的枠組みである。生物兵器禁止条約では，「防疫の目的，身体防護の目的その他の平和目的による正当化ができない種類および量の微生物剤その他の生物剤又はこのような種類および量の毒素（原料又は製法のいかんを問わない。）」（第 1 条）を生物兵器と定義している。条約発効時にはすでにDNA の切断や接合の手段が発明されており，条約に「原料又は製法のいかんを問わない」と明記することにより，自然界に存在する生物剤に限らず，生命科学分野の発展がもたらすデュアルユース問題が配慮されているといえる[23]。

　他方で生物兵器禁止条約には，条約の遵守を確認するための検証措置は設けられていない。条約交渉時は米ソによる冷戦期間中であり，侵入的な現地査察を含む検証措置が受け入れられる状況ではなかったという政治的な理由がある[24]。それに加えて技術的な観点からも，生物剤はごく少量であれ生物兵器として悪用される可能性は否定できず，すべての締約国に存在するそのような少量を扱う実験施設を検証対象とすることは不可能であり，いかなる検証措置であれ抜け穴が生じることは免れないことも，検証措置が設けられなかった背景のひとつである[25]。生物兵器禁止条約は，検証措置を伴わないことに加え，条約実施のための常設機関も備えておらず，締約国間で条約実施に伴う継続的な協議や情報共有を行う会議開催も規定されていない。条約実施のための機能としては，発効 5 年後に，条約に関連する科学技術の進歩を考慮し，条約の運用を検討するための会議を開催することが規定されているのみである。この規定に基づき 1980 年に第 1 回運用検討会議が開催され，その後ほぼ 5 年に一度の

---

　　telligence Community, Senate Armed Services Committee, February 09, 2016, p.7.

(23)　田中極子「大量破壊兵器のデュアル・ユース性管理：生物兵器禁止条約における発展」『社会科学ジャーナル』（国際基督教大学）77 号，2014 年，53-77 頁。

(24)　Stimson Center Report No.37, *House of Cards: The Pivotal Importance of a Technically Sound BWC Monitoring Protocol,* Stimson Center, May 2001.

(25)　田中極子「生物兵器禁止条約における条約遵守確保の取り組み」『軍縮研究』7 号，2016 年，6-15 頁。

Ⅲ　大量破壊兵器の不拡散

間隔で計 8 回の運用検討会議が開催されている。

国際関係の特定の分野における明示的あるいは非明示的な原理，規範，ルール，意思決定の手続きのセットを中心として，行為者の期待が収斂していく枠組みを国際レジームと定義するならば[26]，生物兵器禁止条約は，原理および規範を明示しつつも，その実現のためのルールや意思決定の手続きを厳密に制度化していないことから，「柔軟性の高い」[27]国際レジームということができる。この柔軟性を活かし，2001 年以降，生物兵器禁止条約の枠組みにおいては，運用検討会議と運用検討会議の間の期間に，締約国間での情報共有を目的とした締約国会合と専門家会合からなる「会期間活動[28]」が開催され，条約の実施および実効性の強化に必要な各国の取り組みが紹介されている。生物兵器の不拡散の観点からは，会期間活動のテーマとして，バイオセーフティおよびバイオセキュリティの両者の視点を取り入れた病原体や研究施設の安全管理や管理体制の問題が取り上げられている。そこには科学者のための行動規範の促進を含めた科学者，実務者の責任ある行動についても含まれており，バイオ技術の発展に対して理解を深めている。

また，第 7 回運用検討会議（2011 年）ではその最終文書において，国内実施能力強化のために，①バイオセーフティおよびバイオセキュリティに関する自発的な管理基準の実施，②民間および公共部門の専門家に対する意識向上の促進，③生命科学分野で活動する者に対して，条約に基づく義務および関連する国内法や指針の周知を促進，④条約に関連する生物剤や毒素へのアクセスが見込まれる者に対する訓練および教育プログラムの開発，⑤専門家に対する責任文化の促進し，自発的な行動規範の作成，採択および普及が重要であることが認識されている[29]。第 8 回運用検討会議（2016 年）では，会期間活動の継続が合意されないままに終了したが[30]，翌 2017 年に開催された締約国会合におい

(26)　Stephan D. Krasner, "Structural Causes and Regime Consequences: regimes as Intervening Variables," *International Organization,* Vol.36, Issue 2, 1982, pp.185-205.

(27)　山本・前掲注(2)55 頁。

(28)　第 5 回（2002 年），第 6 回（2006 年），第 7 回（2011 年）運用検討会議では，5 年毎の運用検討会議の間の期間を活用して，専門家会合および締約国会合を開催することを決定している。この会合を「会期間活動（Intersessional Program）」と呼んでいる。

(29)　United Nations, "Final Document of the Seventh Review Conference," BWC/CONF. VII/7, January 13, 2012, p.11.

(30)　田中極子「生命科学研究のデュアルユース・ジレンマとバイオテロ対策」『CISTEC ジャーナル』168 号（2017 年）47-57 頁。

〔田中極子〕 *16* バイオ技術の発展と生物兵器の不拡散

て，2018 年から 2020 年の会期間活動として，より体系的な専門家会合の枠組みが合意され，その 1 つとして 3 年間を通して条約に関連する科学技術発展の評価を行うが決定されている[31]。こうした条約の柔軟な運用を通して，条約加盟国は各国が自国における条約遵守の取り組みを共有することにより信頼を醸成し，レジームを維持している。

（2） 国連安保理決議 1540

生物兵器禁止条約が一義的には国家が軍備として生物兵器を用いることを包括的に禁止するのに対して，特に非国家主体を対象とした拡散防止の枠組みとして，2004 年に国連安全保障理事会により採択された安保理決議 1540 がある[32]。決議 1540 は，国連憲章第 7 章の下ですべての国連加盟国に対して決議の履行を義務付けているため，あらゆる枠組みの中で最も普遍性が高い。決議 1540 に基づき，すべての国連加盟国は，「いかなる非国家主体も，特にテロリストの目的のために……生物兵器およびそれらの運搬手段の製造，取得，所持，開発，輸送，移転又は使用並びにこれらの活動に従事することを企てること……を禁ずる適切で効果的な法律を採択し執行すること」（主文 2）が義務付けられている。

その一方で決議 1540 は，何をもって生物兵器とするかの定義はなく，生物兵器の非国家主体に対する拡散防止のためにどのような法整備が必要かという共通認識を示していない。国連加盟国に対して，大量破壊兵器およびその運搬手段が非国家主体に拡散しないよう法整備せよ，と義務付けるにとどまり，それをどのように行うかは加盟国の判断に委ねられている。その結果，時代や環境に応じて変化する大量破壊兵器の拡散リスクを捉えることを可能にしており，昨今の合成生物学の発展によるデュアルユース問題に対処するうえで有益な枠組みを提供している。

決議 1540 は，国連加盟国に対し，生物兵器の不拡散に関しては，生物兵器禁止条約の遵守を改めて徹底することを要請しており，生物兵器禁止条約を補完する役割を担っている。前述したとおり，生物兵器禁止条約はその規範実現のための具体的なルールを定めていないが，決議 1540 は国連加盟国に対して，

---

(31)　United Nations, "Report of the meeting of States Parties," BWC/MSP/2017/6.

(32)　United Nations, Security Council Resolution 1540, S/RES/1540, 2004.

Ⅲ　大量破壊兵器の不拡散

①生産，使用，貯蔵又は輸送において，そのような品目の使途を明らかにし，安全を確保するための適切かつ効果的な措置，②適切で効果的な防護措置，③そのような品目の不正取引および不正仲介を探知し，抑止し，防止し及び対処するための適切で効果的な国境管理及び法執行の努力の策定及び維持を具体的措置として義務付け，④輸出，通過，積換及び再輸出を管理する適切な法令，資金供与及び拡散に貢献する輸送や輸出及び積換に関連する資金及び役務の提供に対する管理，最終需要者管理の確立，そのような品目に対する適切で効果的な国内的輸出及び積換管理の確立，輸出管理に関する法令違反に対する適切な刑事上又は民事上の罰則を確立し執行することを義務付けている（主文3）。さらに，決議の履行状況を検討するために安全保障理事会の補助機関として1540委員会を設立し[33]，国連加盟国は1540委員会に対して決議の履行状況を報告することを義務付けている。また，国内での不拡散管理を履行するためには，関連物質を扱う産業界や社会全般への働きかけが必要であることを認識し，産業界や社会と協力する方法を発展させることを明示的に要請している（主文8(d)）。

特にバイオ技術の発展に伴うデュアルユース管理に対しては，上述のとおり決議1540は，関連物質に関する適切な管理のために，資金及び役務の提供に対する管理を義務付けることにより包括的に対応している。バイオ技術の発展に伴うデュアルユース性に対しては，微生物の安全な管理という伝統的な管理方法では十分ではなく，遺伝子等の情報をいかに管理するかが焦点になっている。情報管理には，学術誌への研究成果発表，学会での発表，インターネットを通した情報共有，研究室内での研究者間での情報の移転などが含まれる。バイオ技術に関する多くの先端研究が国際的かつ学際的になっており，また，資金源や投資元が広範になる中で，こうした技術や情報の非物理的な移転管理の重要性が認識されている。2016年にまとめられた決議1540の国内履行状況に関する包括的レビューでは，科学技術の急速な発展や国際的商業の拡大により，こうした発展が誤用される危険が増加してることを指摘し，同時にテロリズムの様態が変化することにより，こうした科学技術および国際商業の発展が決議

---

(33)　United Nations Security Council, Letter dated 8 December 2004 from the Chairman of the Security Council Committee established pursuant to resolution 1540 (2004) addressed to the President of the Security Council, S/2004/958, 2004.

〔田中極子〕　　　**16**　バイオ技術の発展と生物兵器の不拡散

1540 の履行に影響を及ぼすことを指摘している[34]。包括的レビューを受け，同 2016 年，安全保障理事会は決議 2325 を採択し，国連加盟国に対して大量破壊兵器およびその運搬手段に使用される可能性のある技術や情報の非物理的（intangible）方法での移転を管理する措置を取ることを奨励している[35]。

決議 1540 は，以上のような具体的なルールの履行をすべての国連加盟国に義務付け，安全保障理事会の補助機関である 1540 委員会によって履行状況を検討することを通して，生物兵器禁止条約を補強する役割を担っている。

（3）　世界保健機関（WHO）

WHO は 2005 年，すべての加盟国を法的に拘束する国際保健規則（IHR）を改訂した。IHR に基づき，WHO 加盟国は，原因を問わず国際的な公衆の保健上の緊急事態となりうるすべての事象について WHO に通報すること，また，それに対応する体制を構築することが義務付けられている[36]。改訂の背景には，これまでの IHR が，新興・再興感染症による健康危機に対応できていなかったことに加え，化学，生物，放射能および核（CBRN）によるテロ対策への強化の必要性が認識されたことがある[37]。こうした背景に対応するため，改訂前の IHR が国境における検疫を重視していたのに対して，改訂後 IHR は，発祥地での対策に重点を置き，感染症の予防，検知，対応のための日常的な監視体制の構築や能力強化を重視している。この実現のため，IHR では自然発生的な感染症に限らずあらゆる健康危機に対応するための中核となる能力（コア・キャパシティ）を指定し，その構築を各国に求めている。

他方で，IHR の評価対象となる実験施設は，一般医療または公衆衛生に関連する施設が主であり，研究機関，産業，商業的な実験施設が明示的には対象となっていないことから，バイオ技術の発展に伴うデュアルユース懸念に対して加盟国が十分に対応しているか明確ではない。こうした中，2015 年 10 月，WHO は各国の IHR の履行状況を評価するため，合同外部評価（JEE）を 1 つ

---

(34)　United Nations Security Council, Letter dated 9 December 2016 from the Chairman of the Security Council Committee established pursuant to resolution 1540（2004）addressed to the President of the Security Council, S/2016/1038, 2016, p.10.

(35)　United Nations, Security Council Resolution 2325, S/RES/2325, 2016.

(36)　World Health Organization, International Health Regulations Third Edition, 2005.

(37)　田中・前掲注(30)56 頁。

361

Ⅲ　大量破壊兵器の不拡散

のツールとして導入した[38]。JEE には，バイオセーフティおよびバイオセキュリティに関する具体的な質問項目として，法整備の有無に加え，監視方法，第三者による評価体制の有無，デュアルユース研究に対するバイオセキュリティ監視体制の有無および科学者に対する行動規範の有無等が含まれている[39]。さらに，「公衆衛生とセキュリティ当局の連携」が評価項目に加えられ，公衆衛生当局と法執行コミュニティの連携や訓練の有無が評価の対象になっている[40]。すなわち，JEE では，IHR が生物テロ対応を含む意図的な生物剤の悪用に対しても適応対象であることを明確にし，公衆衛生分野と治安部門が連携することの重要性を明確に認識している[41]。

　WHO は国連の専門機関のひとつであり，国連加盟国がそのメンバーであることから，広義には国連という複合的なレジームの一部であるが，WHO 憲章という明文化された固有の原理及び WHO 総会という意思決定機関を持ち，また常設の事務局があることなどから，WHO をひとつの国際レジームと位置づけることもできる。WHO を保健分野における国際レジームと認識するならば，生物兵器禁止条約とは異なる問題領域において，異なる原理を有する相互に独立した水平的な関係にある。生物兵器禁止条約が生物剤の悪用される可能性を前提として，その厳格な管理を追求するのに対して，WHO は人間の健康促進の観点から，ワクチン等の生物剤の有効活用を奨励する立場であり，その成立時の原理に基づけば相互に矛盾するレジームであるといえる。これに対して，バイオ技術の急速な発展や，グローバリゼーションの一層の進展に伴う人や物の移動の速度や距離の拡大を含む環境の変化により，両者の規範が相互に歩み寄る発展が顕在化している。WHO の原理に基づけば，バイオ技術発展や気候変動等に伴う新興・再興感染症の予防および封じ込めを主目的として，生物兵器禁止条約においては，新たな病原体や微生物が軍事やテロリズムにより悪用されることを防ぐことを主目的として，ともに生物剤の不拡散という規範形成を目指している。

---

(38)　World Health Organization, *Joint External Evaluation Tool – International Health Regulations (2005)*, 2016, http://apps.who.int/iris/handle/10665/204368.

(39)　Ibid., pp.22-28.

(40)　Ibid., pp.61-63.

(41)　斎藤・前掲注(1) 28-38 頁。

〔田中極子〕　　　　　　　　　16　バイオ技術の発展と生物兵器の不拡散

3　科学者コミュニティによるプライベート・ガバナンスの発展

　特に合成生物学に関わる科学者の中では，早い時期からそのデュアルユース性の問題に対する懸念が共有されている。2004年に開始された合成生物学国際会議では，遺伝子合成のスクリーニングや，行動規範，規範倫理，研究装置の誤用に関する報告の在り方等のテーマで，リスクを緩和する取り組みが議論されている[42]。また，遺伝子情報を提供する企業向けに，配列情報をスクリーニングするソフトウェアを開発し，疑いのある注文に対して注意喚起する取り組みや，遺伝子情報を取り扱う企業間での任意の行動規範の策定，合成生物学を扱う学術分野ではスクリーニングを行わない企業からの遺伝子情報を購入しないなどといった取り組みがなされている[43]。米国保健福祉省も遺伝子情報の供給者に対して，その注文が禁止されている病原体の配列と適合していないかを審査するためのガイダンスを発表している[44]。

　同じく2004年には，米国科学アカデミーは，自由な研究活動を確保しつつバイオセキュリティの面から安全で社会に受け入れられる研究を推進するための検討を行い，「Biotechnology Research in an Age of Terrorism（テロリズム時代のバイオ技術研究）」（議長であったジェラルド・フィンク（Gerald R. Fink）の名をとり，通常「フィンク・レポート」と呼ばれる）報告書をまとめた[45]。フィンク・レポートは，「バイオ技術は，同じ技術が人類の生活の改善のための正統な利用と，バイオテロとして悪用される「デュアルユース」のジレンマを象徴している[46]」という問題意識を焦点にしている。レポートでは，バイオ技術研

---

(42)　Stephan M. Maurer, Keith V. Lucas and Starr Terrell, *From Understanding to Action: Community-Based Options for Improving Safety and Security in Synthetic Biology,* University of California, Berkeley, Richard & Rhoda Goldman School of Public Policy, April 15, 2006.

(43)　Gigi Kwik Gronvall, *Synthetic Biology: Safety, Security, and Promise,* UPMC Center for Health Security, 2016.

(44)　Department of Health and Human Services, *Screening framework guidance for providers of synthetic double-stranded DNA,* Federal Register October 13, 2010

(45)　National Research Council of the US National Academies of Sciences, Committee on Research, Standards and Practices to Prevent the Destructive Application of Biotechnology (NRC), *Biotechnology Research in an Age of Terrorism: Confronting the Dual Use Dilemma,* Washington DC, 2004, National Academy of Sciences.

(46)　Ibid., p.1.

363

Ⅲ　大量破壊兵器の不拡散

究には社会的責任が伴うことを認識し，科学者コミュニティによる自主管理を通した規制枠組みが必要であることを提案している[47]。フィンク・レポートは，科学者コミュニティが自発的に取りまとめた提案であり，問題意識の設定からその解決法に至るまで，科学者自らがバイオセキュリティの当事者として問題と向き合った点において，「政府に規制される対象」としてではない科学者コミュニティの取り組みとして評価される[48]。

　フィンク・レポートによる提案の1つに，バイオセキュリティに関する国家科学諮問委員会（NSABB）の設置がある。この提言に基づき，同2004年，保健福祉省の管轄のもとに，国土安全保障省や国防省を含む15の連邦機関および科学者コミュニティから任命された25名で構成されるNSABBが設立された。デュアルユース判定基準の指針や，機微な研究成果の発表の在り方に関する指針，科学者の行動規範等を作成することがその任務である。NSABBは，前述した2011年の鳥インフルエンザ研究のバイオセキュリティ・レビューを行っている。NSABBは2件の研究に対し，当初は対象となる研究が公衆衛生上の準備態勢や予防の観点から重要な研究であることを認識しつつ，この研究により得られた結果が悪用されないよう，ウィルス作成に関する方法論やその詳細は論文に記載すべきではないとの勧告を行った[49]。これに対し，2012年1月に，両研究者および関連するウィルス研究者グループは，H5N1インフルエンザウィルスに関連する研究を一時的に自粛するモラトリアムを宣言し，本件について科学者間で国際的に議論することを提案した[50]。この提案を受け，2012年2月には，WHOが国際会議を開催し，同会議において，改変されたH5N1ウィルスの研究に関するモラトリアムを継続すること，また，早急に部分的な研究結果を公開するよりは，バイオセキュリティの問題を取り上げた上

---

(47)　Ibid., pp.3-4.

(48)　森本正崇「フィンク・レポートを読む一視点 ── 科学コミュニティの主体性」慶應義塾大学グローバルセキュリティ研究所訳『テロリズムの時代における生命工学研究 ──"フィンク・レポート"エグゼクティブ・サマリー』2010年。

(49)　National Institute of Health, "Press Statement on the NSABB Review of H5N1 Research," December 20, 2011, https://www.nih.gov/news-events/news-releases/press-statement-nsabb-review-h5n1-research.

(50)　Ron A.M. Fouchier, Adolfo Garcia-Sastre, Yoshihiko Kawaoka, "Pause on avian flu transmission studies," Nature, Vol.481, January 20, 2012, p.443; Ron A.M. Fouchier, Adolfo Garcia-Sastre, Yoshihiko Kawaoka et al, "Pause on Avian Flu Transmission Research," Science, Vol.335, Issue 6067, January 27, 2012, pp.400-401.

〔田中極子〕　　　　　　　　　　*16*　バイオ技術の発展と生物兵器の不拡散

で完全な結果を公開する方が公衆衛生上の効果が高いことが合意された[51]。該当する 2 件の研究結果については，同年 3 月に，あらためて NSABB が評価し，最終的に 2012 年 6 月号の Nature 誌および Science 誌に修正なしで公表されている。

　一連の議論を通して，デュアルユースの懸念のある研究に対して，安全保障領域の関係者の関心が高まった。また，終了した研究を出版段階で議論しても本質的な解決にならないことが明らかとなり，2012 年 3 月に，米国政府は「生命科学におけるデュアルユース性が懸念される研究を監視するための方針[52]」を策定，2014 年には「生命科学におけるデュアルユース性が懸念される研究を研究機関で監視するための方針[53]」を策定した。これらの方針により，研究の計画の段階でデュアルユース性が懸念されと判断された場合には，リスク低減の計画を含めることが定められた。また，十分な安全性が確保されないと評価された場合には，①研究成果の出版や公表を自主的に控えることを要求，②研究の機密化，③研究資金の打ち切りのいずれかの措置が取られることとなっている。ただし，これらの方針は，政府による資金助成を受けた研究が対象となっており，個人や私企業による研究は対象となっていない。

　さらに，米国は 2014 年 10 月，特にデュアルユースの懸念の高いインフルエンザ，重症急性呼吸器症候群（SARS），中東呼吸器症候群（MERS）ウィルスに関する機能獲得研究に対して，リスク評価に基づく新たな政策が策定されるまでの間，米国政府による研究資金の凍結を決定した[54]。この決定を受け，19 か月の凍結期間に NSABB はリスク評価を行い，2016 年 5 月に最終報告書をまとめている。この報告書では，すべての機能獲得型研究が危険なわけではな

---

(51)　Roy D. Sleator, "Ferretting out the facts behind the H5N1 controversy," *Bioengineered Bugs,* Vol.3(3), pp.139-143, May 1, 2012.

(52)　"United States Government Policy for Oversight of Life Sciences Dual Use Research of Concern," March 29, 2012, https://www.phe.gov/s3/dualuse/Documents/us-policy-durc-032812.pdf.

(53)　"United States Government Policy for Institutional Oversight of Life Sciences Dual Use Research of Concern," September 24, 2014, https://www.gpo.gov/fdsys/pkg/FR-2014-09-25/html/2014-22770.htm.

(54)　"United States Government Gain-of-Function Deliberative Process and Research Funding Pause on Selected Gain-of-Function Research Involving Influenza, MERS, and SARS Viruses," October 17, 2014, https://www.phe.gov/s3/dualuse/documents/gain-of-function.pdf.

Ⅲ　大量破壊兵器の不拡散

く，ごく一部の特に懸念のある機能獲得型研究を十分に監視するには，既存の監視政策では不十分であり，研究の発展に対して適応力のある政策を取れるよう，評価，更新する制度が必要であることを指摘した[55]。同時に，懸念される機能獲得型研究に伴うリスクおよび利益は，ともに国際的な広がりを持つものであり，この問題に対する効果的な監視メカニズムを実現するためには地球規模での関与が必要であることを指摘している[56]。

　そのほか，国境を越えた研究者間の自発的な取り組みのひとつとして，国際的な合成生物学の大会である iGEM (International Genetically Engineered Machine Competition) がある。2003 年にマサチューセッツ工科大学にて開始され，主に大学生，大学院生レベルが参加する世界最大規模の合成生物学の大会である。2018 年の大会には世界各国から 342 チームの参加がエントリーされている[57]。大会の目的は，合成生物学を用いて，人類社会に寄与し市場価値のある製品を作り出すことである。参加者は，細胞を多様な機械を備えた工場とみなし，その機械を遺伝学的に作り替えることにより，求められる製品を効率的に製造することを競い合う[58]。参加者は生き物を扱うことから，この大会では，研究成果が環境や生態に影響を及ぼさないよう，バイオセーフティを重視することに加え，デュアルユース懸念に対するバイオセキュリティの視点も取り入れている。大会委員会には独自のバイオセーフティ・バイオセキュリティを評価するチームがあり，工程がモニターされている[59]。参加者は，科学者および科学者以外のコミュニティとの間でプロジェクトに関する対話を実施することが奨励され，その実施自体も評価の対象となっている。こうした活動を通して，合成生物学に携わる関係者に対して，学生のうちから常にセーフティおよびセキュリティを考慮することを文化として促進することに努めている。

　こうした米国での取り組みは，米国以外の国々における科学者コミュニティにも波及している。たとえば日本では 2011 年に，日本学術会議が「科学・技

---

(55)　"Recommendations for the Evaluation and Oversight of Proposed Gain-of-Function Research," A Report of the National Science Advisory Board for Biosecurity, May 2016, pp.36-37.

(56)　Ibid., pp.38-39.

(57)　iGEM Website, http://igem.org/Team_List?year=2018.

(58)　Susan Matheson, "Engineering a Biological Revolution," Cell, Vol.168 (3), January 26, 2017, pp.329-332.

(59)　iGEM Website, http://igem.org/Safety.

〔田中極子〕　　　　　　　　**16**　バイオ技術の発展と生物兵器の不拡散

術のデュアルユース問題に関する検討委員会」を設置し，2012 年 11 月に報告
書をまとめた。報告書の要点は，科学者や技術者に対し，生命科学分野におけ
るデュアルユース問題を認識し，自ら規範をもって対応する必要性を促し，各
学術分野において具体的な議論や行動を促すことである[60]。また，2005 年に
各国学術会議の連合体であるインターアカデミー・パネル（IAP）が科学者の
行動規範に関して発表した「バイオセキュリティ——に関する IAP 声明[61]」を
受け，日本では，2013 年 1 月に，声明「科学者の行動規範」（2006 年制定）が
改訂されている。行動規範において，科学者の責務として「科学研究の利用の
両義性」の項目が追加され，「科学者は，自らの研究の成果が，科学者自身の
意図に反して，破壊的行為に悪用される可能性もあることを認識し，研究の実
施，成果の公表にあたっては，社会に許容される適切な手段と方法を選択す
る」ことが示された[62]。さらに 2014 年 1 月には，特に病原体を用いた研究に
関して，日本学術会議は，提言「病原体研究に関するデュアルユース問題」を
発表した。そこでは，①各研究者がその危険性を認識すべきこと，またその危
険性に対する限局化の努力をすること，②各研究機関により危険性の認知と研
究を実施するための教育を徹底すること，また，研究機関としても危険性の限
局化の方策を整備し管理すること，③学会にて研究者が本問題に適切に対処で
きるよう教育広報を推進し，論文審査体制について議論すること，④本問題に
関する国際的議論に積極的に参加することが提言されている[63]。

　このほか，日本においては国家の科学技術イノベーション政策に関する提案
を行う科学技術振興機構研究開発戦略センター（JST-CRDS）も，2012 年に「ラ
イフサイエンス研究の将来性ある発展のためのデュアルユース対策とそのガバ
ナンス体制整備」と題する戦略プロポーザルをまとめている。このプロポーザ
ルは，府省等行政機関，資金配分期間，学会などの研究者コミュニティ，大
学・研究機関，研究者個人・研究室に対して，それぞれが研究プロジェクトの
策定時からプロジェクトの各段階において，デュアルユースの懸念を把握し，

---

(60)　四ノ宮・前掲注(11) 21 頁。
(61)　"IAP Statement on Biosecurity," the Interacademy Panel on international issues, No-
　　　vember 2005, http://www.interacademies.org/10878/13912.aspx.
(62)　日本学術会議声明「科学者の行動規範——改訂版」日本学術会議，2013 年 1 月 25 日。
(63)　日本学術会議基礎医学委員会病原体研究に関するデュアルユース問題分科会，提言
　　　「病原体研究に関するデュアルユース問題」，2014 年 1 月 23 日。

Ⅲ　大量破壊兵器の不拡散

適切な教育，対応，措置を実施することにより，「ライフサイエンス研究開発の円滑な社会実装の成果を国民が享受できる体制づくりを優先する」ことを目的としている[64]。このようにして，日本の学術界においても，バイオセキュリティの視点を研究の計画段階から取り入れるとともに，研究者に対する認識の向上に努めている。

　生命科学分野におけるこうした科学者コミュニティの取り組みは，山本のプライベート・レジーム論に基づけば[65]，バイオセキュリティという価値，規範を国際的に広めようとする機能，専門的な知識に基づいてバイオセキュリティを促進するレジーム形成を図る機能，また，それらの価値に基づいたレジーム形成のために政治的に働きかける機能を持っている。科学者が，自らをバイオセキュリティ強化のための主要な行為主体と認識し，自己規律的な取り組みを通して，政府や市民社会を効果的に巻き込み，国際的な動きへとつなげていくプライベート・ガバナンスの発展様態といえる。特定の問題領域を超えたグローバルな課題としてバイオセキュリティを捉え，政府に加え，科学者，市民社会，多国籍企業などの非国家主体を取り込み，倫理教育や対話を含む様々な方法を用いて問題に対処するガバナンスのあり方の一例といえよう。

おわりに──グローバル・ガバナンスの発展

　伝統的に大量破壊兵器の不拡散においては，物質や手段を物理的に管理し，その管理を検証するというアプローチが取られてきたが，生物剤のデュアルユースは，特定の物質や装置などの有形の技術移転を厳格に管理する方法では十分な効果は得られない。科学技術の発展に対して柔軟に対応できる必要があり，そのためには，研究開発サイクルの中に繰り返し評価を行う仕組みが組み込まれることが重要である。さらに，バイオ技術の発展速度と，それに伴うデュアルユース性がもたらす安全保障上のリスクは，いかなる国家，機関，個人であっても，単独で把握するには早すぎて多様であることが指摘される[66]。

---

(64)　科学技術振興機構研究開発戦略センター戦略プロポーザル「ライフサイエンス研究の将来性ある発展のためのデュアルユース対策とそのガバナンス体制整備」2012 年。

(65)　山本・前掲注(2) 345 頁。

(66)　Piers Millett, "The Biological Weapons Convention: Securing Biology in the Twenty-first Century," *Journal of Conflict and Security Law,* Vol.15(1), 2010, pp.25-43.

〔田中極子〕　　　　　　　　　　*16*　バイオ技術の発展と生物兵器の不拡散

その過程における主要な行為主体には，研究に携わるアカデミア，技術革新を促進し管理する政府機関，科学技術の成果の裨益者たる産業界や市民社会が含まれる。これらの多様な行為主体が，継続的かつ包括的に相互作用しながら，グローバル・ガバナンスを発展させることが求められる。

　生物兵器禁止条約，WHO，科学者コミュニティは，活動する問題領域や政策領域は異なり，したがってその原理や行為主体も異なる中で，いずれも潜在的に危険のある生物剤や生命科学技術の不注意あるいは不適切な使用，意図的で悪意のある使用，また生物兵器の使用を防止することを目的として，生物剤の安全管理を強化している。生物剤の安全管理をバイオセキュリティと呼ぶか生物兵器の不拡散と呼ぶかの相違はあるが，安全保障領域の見地からすれば，3者はいずれも生物兵器の不拡散の規範形成及び促進に貢献している（図1）。

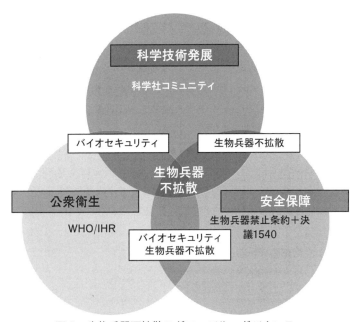

図1　生物兵器不拡散のグローバル・ガバナンス

　生物兵器の不拡散は，安全保障という政策領域を超えたさまざまな問題領域にまたがるグローバルな問題となっており，そこに関わる主体も多様化している。そのような変化の中で，生物兵器禁止条約と安保理決議1540のように，異なる歴史的，安全保障上の背景の中で発展を遂げた枠組みが，生物兵器の不

Ⅲ　大量破壊兵器の不拡散

拡散という同じ問題領域における規範の形成，強化に向けて，相互補完的な関係が構築されている。

　これに対して WHO は，異なる問題領域から同様の規範形成に取り組んでいる。WHO は，生物剤が悪用される可能性を前提として拡散防止のための管理を追求する生物兵器禁止条約とは設立原理が異なるが，潜在的に危険性のある生物剤が不注意あるいは不適切に使用されたり，意図的な悪意の下で使用されることを防ぐためのバイオセキュリティへの取り組みを進めている。WHO と生物兵器禁止条約は水平的な関係にありながらも，情報共有や意見交換，両者の加盟国に共同でアプローチするなどして相互作用し，同じ規範を促進するための関係を構築している。国家が主な行為主体として形成されるこれらの取り組みを通して，生物兵器の不拡散に向けたパブリック・ガバナンスの形成をみることができる。

　こうした国家を主要行為主体とするガバナンスの形成と同時発展的に，生命科学分野における科学者コミュニティは非国家主体によるガバナンスを形成している。プライベート・ガバナンスでは，科学者コミュニティが自ら規範形成を行い，その国際的なネットワークを通して規範の普及を行うとともに，各国においては政府と連携することにより，規範実現のための制度化へと働きかけている。さらに，科学者コミュニティは国際レジームにおいても重要な行為主体へと発展している。生物兵器禁止条約における会期間活動では，締約国政府に加えて広く科学者や市民社会の参加を得て情報共有を行うフォーラムを提供しており，科学者コミュニティはその主要メンバーの一角を担っている。また，WHO による IHR 促進ツールの一つである JEE においては，外部評価者の多くは専門的知見を有する科学者や医療関係者から構成されている。バイオ技術の発展に伴う生物剤のデュアルユース問題に対しては，異なる問題領域を繋ぐ共通項が科学技術発展であり，科学者コミュティはその橋渡しの役割をしつつ規範促進に貢献している。

　バイオ技術の発展に伴う生物剤のデュアルユース懸念が高まる中，生物兵器の不拡散は，既存の問題領域では対処できないグローバルな問題となっており，こうした3者の相互関係の強化を通して，国家間におけるルールのセットだけではないさまざまな方法を用いて解決しようとするグローバル・ガバナンスが発展している。

370

Ⅳ

通常兵器／宇宙の軍縮・軍備管理

17 軍用ドローンを巡る軍備管理の現状と課題

岩 本 誠 吾

1 はじめに

無人航空機（Unmanned Aerial Vehicles, UAVs）[1]は，現代戦の兵器体系において重要な構成要素として組み込まれている。歴史的には[2]，ベトナム戦争（1960・70 年代）で，米軍が通常のカメラを搭載した無人機を低高度・近距離の偵察用として使用し始めた。1982 年のレバノン侵攻で，イスラエルは小型・軽量無人機を活用し多大な戦果を上げた。1991 年の湾岸戦争で，全地球測位システムや衛星通信を利用した遠隔操作の無人偵察機が活躍した。2001 年の9・11 同時多発テロ事件に端を発する対テロ戦争で，ミサイル搭載型の無人戦闘機（Unmanned Combat Aerial Vehicles, UCAVs），いわゆる武装ドローン（armed drones）が使用され始めた。現在では，偵察用・攻撃用を合めて，多種多様な軍用ドローンが存在する（表 1 参照）。

無人機は，有人機と比較して，機体の小型・軽量化が図られ，地上からの発見が困難であり，操縦士の生理的限界に伴う飛行制限もなく，長時間の軍事作戦が可能である。更に，攻撃側は，遠隔操作ゆえ，犠牲者が発生せず，Dangerous（危険な）・Dirty（汚染状況下での）・Dull（単調な）・Deep（縦深性のある）の 4D 任務を安心して遂行できる。特に，武装ドローン操縦士は，モニター画面を見て，一般住民の巻き添え被害を極力回避しつつ，正確にかつ冷静に標的殺害（targeted killing）を実施できる。近年，武装ドローンが対テロ戦争に不可欠な精密攻撃兵器として多用される所以である。

その結果，ドローン攻撃の事例が増加した。しかし，文民被害はやはり看過できない数値を示している。パキスタンでは，2004 年から 2013 年までに少な

---

(1) ドローン（drones）とも称され，民用（娯楽用，商業用，公共用）と軍用（非武装・偵察用，武装・攻撃用）に大別される。

(2) 岩本誠吾「国際法から見た無人戦闘機（UCAV）の合法性に関する覚書」『産大法学』45 巻 3・4 号 2012 年 1 月 136 頁。

Ⅳ　通常兵器／宇宙の軍縮・軍備管理

表 1　[軍用ドローンの区分]

位置付け	特徴・離着陸方式	最大離陸重量	最高高度	航続時間	機　種
戦略用	高高度長期間滞在型 HALE* 滑走路での離着陸	2.5～12.5 t	15,000～20,000m	24～48h	グローバルホーク(米)、ヘルメス900（イスラエル）
戦域用	中高度長時間滞空型MALE** 滑走路での離着陸	1～1.5 t	5,000～8,000m	24～48h	プレデター、リーパー(米)、ヘロン（イスラエル）、翼竜I・II、彩虹3・4・5（中国）
戦術用	カタパルト発進式	150kg～1.5t	3,000～8,000m	2～24h	スキャンイーグル(米)
近距離用	ミニ型・手投げ式	30g未満	150～300m	2h未満	レイヴン(米)
	マイクロ型 (15cm以下)	100g未満	250m	1h未満	
	ナノ型 (7.5cm以下)	25g未満			ナノハミングバード(米)
特殊任務用	突入自爆型 (対レーダー・艦・空)	250kg	3,000～4,000m	3～4h	ハーピー、ハロップ（イスラエル）ASN-301（中国）
	標的 (デコイ)	250kg	50～5,000m	4h未満	コヨーテ (超音速標的機、米)

Maria De Fátima Bento, "Unmanned Aerial Vehicles : An Overview", InsideGNSS, January/February 2008 及び井上・竹内著『軍用ドローン年鑑』2016年8月を参考に著者作成、*HALE(High Altitude Long Endurance)、**MALE(Medium Altitude Long Endurance)

〔岩本誠吾〕　　　**17**　軍用ドローンを巡る軍備管理の現状と課題

くともドローン攻撃が 330 回あり，最低 2,200 名が殺害され[3]，そのうち，文民は 400 名，少なくとも 200 名以上が確実な非戦闘員であった。攻撃側の米国による公開情報[4]では，2009 年 1 月 20 日から 2015 年 12 月末までにパキスタン，イエメン，ソマリア，リビアで 473 回のドローン攻撃が実施され，戦闘員殺害が 2372〜2581 名に，文民殺害は 64〜116 名に上った。ドローン攻撃による文民殺害は，地域住民の攻撃国への憎悪感を惹起する。2009 年以降，国際連合（国連）でもドローン攻撃が議論され[5]，2017 年の国連人権理事会決議[6]及び国連総会決議[7]は，ドローン攻撃を含む対テロ措置が国連憲章，国際人権法並びに国際人道法，特に予防原則，区別原則及び比例原則を含む国際法の義務に従うよう確保することを各国に奨励する。留意点は，武装ドローン自体は国際法違反の兵器ではない，その使用方法によって国際法違反が発生し得る，ということである。

　合法兵器である軍用ドローンの現状を振り返ると，2000 年代は米国・英国・イスラエル 3 か国による事実上の無人機独占状況が長く続いた。しかし，2018 年現在，米国の「新アメリカ財団」の調査によれば[8]，戦闘時の武装ドローン使用国は 9 か国，武装ドローン保有国は 28 か国，武装ドローン開発国は 26 か国に上る。非武装ドローンであれば，少なくとも 90 か国が保有している[9]。更に，軍用ドローンの使用・保有は国家だけでなく，非国家主体（フーシ派勢力，ヒズボラ，ハマス）にも拡散している。

　軍用ドローン使用・保有の急速な地理的拡大（水平拡散）の一因として，その武器貿易が関連する（表 2 参照）。1985 年以降，軍用ドローン輸出の大半が

---

(3)　A/68/389, 18 September 2013, par. 32.

(4)　The White House, Fact Sheet : *Executive Order on the US Policy on Pre & Post –Strike Measures to Address Civilian Casualties in the US Operations Involving the Use of Force & the DNI Release of Aggregate Data on Strike Outside Area of Active Hostilities,* July 01, 2016, https://obamawhitehouse.archives.gov/the-press-office/2016/07/01/fact-sheet-executive-order-us-policy-pre-post-strike-measures-address

(5)　A/HRC/11/2/Add.5, 28 May 2008

(6)　A/HRC/RES/35/34, 13 July 2017, par. 22.

(7)　A/RES/72/180, 30 January 2018, par. 5(u).

(8)　New America, *World of Drones,* https://www.newamerica.org/in-depth/world-of-drones/

(9)　E. C. Ewers, L.Fish, M. C. Horowitz, A. Sander, and P. Scharre, *Drone Proliferation : policy Choices for the trump Administration,* Center for a New American Security, June 2017,p. 4.

Ⅳ　通常兵器／宇宙の軍縮・軍備管理

表2【無人機の輸出入】

期間	無人機の移転数		無人機の輸出・輸入国数	
	無人機	武装無人機	輸入国	輸出国
1985-90	185	0	8	3
1990-94	164	0	4	3
1995-99	192	0	12	5
2000-04	272	0	24	8
2005-09	317	5	26	11
2010-14	428	11	35	10

＊英国『ガーディアン』紙2015年3月16日付を参考に著者作成, George Arnett, "The numbers behind the worldwide trade in drones," *The Guardian,* 16 Mar 2015, https://www.theguardian.com/news/datablog/2015/mar/16/numbers-behind-worldwide-trade-in-drones-uk-israel

偵察用であり，武装用の輸出は米国が英国にリーパーを2機輸出した2007年以降となる。1985年から2014年までの軍用ドローンの最大輸出国はイスラエルであり，輸出全体の60％を占めた。最近，中国は，低価格の偵察用だけでなく，武装ドローンをナイジェリアなどに輸出し，第2の武装ドローン輸出国として存在感を高めている。軍用ドローン市場は，2025年までに523億ドルに達する[10]と見込まれ，軍用ドローン大国である米国の軍需産業界は，近年，輸出規制の緩い国にその市場を奪われていると危惧している。

　軍用ドローンは，水平拡散とともに，垂直拡散（軍事技術の進化）を続けている。米国は，2013年5月及び7月に無人機（X-47B）による航空母艦での発着艦に，そして，2015年4月に無人機初の空中給油実験にも成功し，空母搭載用無人機の開発を着実に推進している。イスラエル製 UCAV ハロップ（ハーピーの後継機）は，設定目標地域の上空を遊弋しつつレーダー発信源を捕捉・追尾・突入・自爆する軍用ドローンであり，2016年4月に当該機を輸入したアゼルバイジャン軍により実戦で初使用された。中国は，2013年11月に，米国，フランスに次ぐ3番目の国家として，ステルス無人機「利剣」の試験飛行

---

(10)　Research and Markets, *Global Unmanned Aerial Vehicle (UAV) Market 2018–2025,* https://globenewswire.com/news-release/2018/04/11/1468273/0/en/Global-Unmanned-Aerial-Vehicle-UAV-Market-2018-2025-Focus-on-UAV-Platforms-UAV-Payloads-UAV-GCS-UAV-Data-Links-UAV-Launch-and-Recovery-Systems.html

376

に成功した。欧州 6 か国による共同開発機ニューロンは，ステルス性能装備の自律飛行型偵察・攻撃用技術実証機であり，2020 年以降の実用化を目指している。更に，2017 年 1 月に米国が 16cm の小型ドローン 103 機の編隊飛行実験に，そして，同年 6 月に中国が固定翼ドローン 119 機の編隊飛行実験に成功した。各ドローンが自律的に飛行間隔を維持する群制御技術は，軍用ドローンの同時多数攻撃，いわゆる群れ攻撃（swarm attack）に利用可能である[11]。軍用ドローンの性能は，急速に遠隔操作型からステルス・集団・自律飛行型へと垂直拡散している。

　合法兵器の武装ドローンは，国際人権法や国際人道法によりその使用方法が規制されているとはいえ，その水平・垂直拡散で文民被害の拡大が懸念される。以下では，国際人権法や国際人道法の観点からではなく，信頼醸成措置を含む軍備管理軍縮法の観点から，現行の通常兵器規制の国際的枠組みとドローンとの関係性及び新たな国際的枠組みを模索する米国の軍用ドローン輸出政策の現状を分析し，軍用ドローン規制に関する今後の課題を検討する。

2　軍用ドローン規制に関連する国際的枠組み

（1）　ミサイル技術管理レジーム

　ミサイル技術管理レジーム（Missile Technology Control Regime, MTCR）[12]は，1987 年 4 月に先進 7 か国（米，英，加，仏，独，伊，日）間で，大量破壊兵器の運搬手段となるミサイル及び関連汎用品・技術の輸出を規制することを目的として発足した。これは，非法律的合意形式（法的拘束力のある国際条約ではなく，自発的政治合意）による輸出管理協調の国際レジームである。参加国は，合意されたリスト品目に関して国内法令に基づき輸出管理を実施する。但し，移転の決定は，「政府が専権的にかつ主権的に行う判断であることが了解」さ

---

(11)　2018 年 1 月にロシアは，シリア内のロシア軍基地に対してジハド勢力による 13 機のドローン攻撃があったことを公表した。Raf Sanchez, "Russia uses missiles and cyber warfare to fight off 'swarm of drones' attacking military bases in Syria", *the Telegraph News,* 9 January 2018. ドローンの群れ飛行例として，2018 年 2 月の平昌五輪の開会式で 1,218 機による演技映像が放送され，閉会式で 300 機の飛行が実演された。

(12)　MTCR の HP http://mtcr.info/, 藤田・浅田編『軍縮条約・資料集〔第 3 版〕』2009 年 134-135 頁。参加国は，2018 年 5 月現在，35 か国である。

IV　通常兵器／宇宙の軍縮・軍備管理

れる（MTCRガイドライン2項）[13]。MTCRは，MTCRガイドラインと付属書[14]から構成され，前者は参加国にMTCRの目的と規制指針を示し，後者はミサイル開発・生産に関連する規制品目を機微度（sensitivity）に応じて分類Ⅰ及びⅡに区分し列挙している。

　分類Ⅰの1.A.2に，搭載能力500キログラム以上かつ射程300キロメートル以上のUAVシステム（巡航ミサイル，標的ドローン，偵察ドローンを含む）が規定されている[15]。表1の戦略用ドローンである高高度長期間滞在型（HALE）UAV及び戦域用ドローンである中高度長時間滞在型（MALE）UAVの一部がそれに該当する。ガイドラインによれば，最高の機微品目である分類Ⅰの規制に関して，(i)輸出目的に関係なく，当該移転は強い拒否推定（a strong presumption to deny），すなわち原則輸出不許可とされる，(ii)分類Ⅰの生産施設の移転は，別途通知があるまで不許可，(iii)例外的に，輸出国が輸入国による保証（輸出国の事前の同意なしに，利用変更や当該品目の改造・模造・再輸出をしないこと）を盛り込んだ拘束力ある政府間約束を締結し，かつ，当該品目が申告された最終用途にのみ供されることを確保するために必要なすべての措置をとる責任を負う場合にのみ許可される。

　分類Ⅱの19.A.2[16]に，1.A.2以外の射程300キロメートル以上のUAVシステム（巡航ミサイル，標的ドローン，偵察ドローンを含む）が規定されている。これには，表1の5,000～8,000メートルの高度で12～48時間飛行するMALE UAV（戦域用ドローン）が該当する。分類Ⅱの19.A.3[17]に，20リットル以上のエアゾール噴霧可能なUAVシステムが規定されている。これら品目は，分類Ⅰの機微品目ほどの厳格な輸出規制ではないが，輸出品目の最終用途の評価やテロリストの入手の危険性など6項目[18]を基準に輸出許可申請が審査される。

---

(13)　*Guidelines for Sensitive Missile-Relevant Transfer,* http://mtcr.info/guidelines-for-sensitive-missile-relevant-transfers/『軍縮条約・資料集〔第3版〕』134頁。

(14)　*Missile Technology Regime（MTCR）Annex Handbook 2017,* http://mtcr.info/mtcr-annex/

(15)　Ibid., p. 7. 生産国は豪，中，仏，独，イスラエル，パキスタン，露，米の8か国。

(16)　Ibid., p. 331.

(17)　Ibid., p.334.

(18)　MTCRガイドライン3項に規定された6項目：大量破壊兵器の拡散に関する懸念，受領国のミサイル計画の能力と目的，大量破壊兵器の運搬システムの開発可能性の観点から見た移転の意味，移転品目の最終用途に関する評価，関連する多数国間協定の適用可能性，規制品目がテロリストに渡る危険。『軍縮条約・資料集第3版』134頁照。

378

〔岩本誠吾〕　　　　　*17*　軍用ドローンを巡る軍備管理の現状と課題

　米国は，MTCR に従い，分類Ⅰの軍用ドローン，特に武装ドローンの輸出を
制限し，偵察用グローバルホークや武装リーパーの輸出許可を，一部の
NATO 諸国や主要同盟国（日・豪・韓）にしか与えなかった[19]。しかし，同種
レベルの軍用ドローンを製造する中国やイスラエルは，MTCR 不参加のため，
それに拘束されず軍用ドローンを輸出している。

　MTCR を巡る今日の論点は，MTCR 非参加国による軍用ドローン輸出問題
の他に，軍用ドローンの取扱い（ミサイルか，航空機か）についてである[20]。
1987 年の発足当時，大多数の軍用ドローンが片道飛行の標的ドローンであり，
分類Ⅰの定義も意味があった。しかし，ミサイルとしての分類は，回収可能な
プラットフォームとしての UAV の根幹的機能も多種多様な民用（農業，国境監
視，インフラ保全）も考慮せず，もはや時代遅れである。現代の軍用ドローンは，
MTCR がミサイルほど規制していない航空機により近いと指摘される。その
ために，米国は，将来の MTCR 見直しのために，2017 年の MTCR ダブリン総
会に，討議用文書を提出した[21]。それは，UAV の分類基準である搭載能力と
射程に速度を追加し，一定の速度以下であれば，一部の軍用ドローンを分類Ⅰ
からⅡに変更するという提案である。今後，航空機としての軍用ドローンの
実態に合わせた MTCR の見直し（輸出規制の緩和）が議論されるであろう。

（2）　欧州通常戦力条約

　欧州通常戦力条約（CFE 条約）[22]は，冷戦時代に，北大西洋条約機構（NATO）
とワルシャワ条約機構（WTO）の加盟国 22 か国が，軍事同盟間の戦争を防止
し欧州地域を安定化するために，大西洋からウラル山脈に至る欧州締約国の全
陸地領域を対象に，攻撃用通常兵器を削減し，当該兵器に関する低水準の均衡

---

(19)　グローバルホークの輸出が韓国（2014 年），日本（2015 年），グローバルホークを
　　　ベースにしたトライトンの輸出が豪州（2014 年）に許可された。武装ドローンの輸出
　　　許可は，英国（2007 年）とイタリア（2015 年）の 2 か国だけであった。*Supra., Drone
　　　Proliferation : Policy Choices for the Trump Administration,* p.10.

(20)　Ibid.　同様の見解として，Michael C. Horowitz, *"Drones aren't missiles, so don't regu-
　　　late them like they are," Bulletin of the Atomic Scientists,* 26 June 2017.

(21)　Chris Cole, "Drones Proliferation and the MTCR: US presents discussion paper," *Dro-
　　　ne War UK,* 02/11/2017.

(22)　Treaty on Conventional Armed Forces in Europe (CFE Treaty), 署名 1990 年 11 月 19
　　　日，発効 1992 年 11 月 9 日，締約国数 30 か国。日本軍縮学会編『軍縮辞典』2015 年 9
　　　月 49-51 頁参照，https://www.state.gov/t/avc/trty/108185.htm#text

379

Ⅳ　通常兵器／宇宙の軍縮・軍備管理

を図る軍備管理条約である。各陣営の保有上限が，戦車2万輌，装甲戦闘車両3万輌，火砲2万門，戦闘用航空機6,800機及び攻撃ヘリコプター2,000機と規定された（4条）[23]。更に，各陣営内での1国の保有上限として，戦車13,000輌，装甲戦闘車両2万輌，火砲13,000門，戦闘用航空機5,150機，攻撃ヘリコプター1,500機と規定された（6条）。

　本条約の定義によれば，戦闘用航空機（combat aircraft）とは，「固定翼又は可変形態翼の航空機で，目標攻撃のための武装及び装備として，誘導ミサイル，非誘導ロケット，爆弾，銃，砲その他の破壊兵器を備えたもの，並びに，この種の航空機で，偵察や電子戦のような他の軍事機能を果たす形式又は型のもの」（2条K）をいう。攻撃ヘリコプター（attack helicopter）とは，「対機甲，空対地又は空対空の誘導兵器使用のための装備を有し，かつ，これらの兵器の統合射撃統制及び照準システムを装備した戦闘用ヘリコプター」を指し，特殊攻撃ヘリコプターと汎用性攻撃ヘリコプターから構成される（2条M）。具体的には，現有型（Existing Types）通常兵器装備議定書において，条約署名時に現有する兵器リストが合意された[24]。

　本条約の締結後に，WTO解体やソ連崩壊により，陣営ごとに設定された削減対象兵器の保有上限数を国別に変更する条約「欧州通常戦力条約適合合意」[25]が締結された。締約国は，具体的に「CFE条約が制限する通常兵器・装備の国別上限議定書」に従い，上記5つの通常兵器を制限することになった（4条）[26]。

　締約国は，締約国間で事前に選定された戦闘用航空機及び攻撃ヘリコプターの現有機種を削減・規制している。更に，CFE条約及び適合合意の作成過程

---

(23)　『軍縮条約・資料集〔第2版〕』1997年，258-260頁。

(24)　Ⅰ節4項に戦闘用航空機として，キャンベラ，F-15，ハリアー，ミラージュⅢなど西側32機種及びミグ29，スホーイ27，ツポレフ22Mなど東側23機種が列挙された。Ⅰ節5項に攻撃ヘリコプターとして，AH-1 コブラ，AH-64 アパッチなど西側15機種及びミル24など東側3機種が列挙された。

(25)　Agreement on Adaptation of the Treaty on Conventional Armed Forces in Europe, CFE-II Treaty, https://www.state.gov/t/avc/trty/115588.htm　署名1999年11月19日，署名国30か国。事実上，署名国は国別で特定通常兵器の削減を実施しているが，ロシア軍のグルジア・モルドバからの撤退不履行によるNATO諸国の未批准とその対抗措置のロシアによるCFE条約の運用停止声明（2007年7月14日）により，適合合意は未発効である。

(26)　『軍縮条約・資料集〔第3版〕』253-254頁。

で偵察ドローンや武装ドローンが念頭にあったと示す証拠もないので，当該ド
ローンは CFE 条約の規制対象外であると限定解釈できる。他方，戦闘用航空
機や攻撃ヘリコプターの定義が有人型か無人型かに言及していないので，法理
論上，偵察又は武装ドローンが含まれると拡大解釈もできる[27]。こうした法解
釈の対立を解消するために，条約締約国の交渉による現有型通常兵器装備議定
書での兵器リストを見直し，リスト内に新たな軍用ドローンの機種を明記する
改正作業が最良の策である（現有型リストの更新手続きについて，同議定書 IV 節）。
その場合，法規制の範囲が明確になる半面，リストの改正交渉による現実的必
要性との時間的ずれが生じかねない。

（3） 国連軍備登録制度

1990・1991 年の湾岸危機・湾岸戦争の一因として，イラクが武器を過大に
蓄積したことによる地域の不安定化があった。その反省から，兵器移転を中心
とする軍備の透明性・公開性を向上させ，各国の信頼醸成や過度な軍備の蓄積
防止を目的として，1991 年に国連軍備登録制度（UNROCA）[28]が発足した。本
制度は，国連全加盟国に 7 分類の通常兵器に関する報告前年度の輸出入量と輸
出入相手国の情報を国連事務局に提供するよう要請している。なお，各国の登
録は国際法上の義務でなく，あくまで自発的措置である。登録対象である通常
兵器の 7 分類の中に，IV. 戦闘用航空機，V. 攻撃ヘリコプターが含まれる。3
年毎に開催される政府専門家会合は，本制度の運用状況の検討と見直しを実施
している。

本制度での戦闘用航空機の定義は，1991 年，偵察用及び電子戦用機種の言
及を除いた CFE 条約 2 条 K の定義を援用していたが，1992 年にその定義に
「特別な電子戦，防空網制圧（suppression of air defence）又は偵察の任務を遂行
する航空機種も含む」を追加した[29]。攻撃ヘリコプターの定義も，CFE 条約 2
条 M の定義に「特別な偵察又は電子戦の任務を遂行する航空機種を含む」を

---

(27)　D. M. Gormley and Richard Speier, "Controlling Unmanned Air Vehicles: New Chal-
lenges," *The Nonproliferation Review,* summer 2003, pp. 7-8.

(28)　United Nations Register of Conventional Arms, A/RES/46/36L, 9 December 1991,
1992 年 1 月 1 日より発足。外務省軍縮不拡散・科学部編集『日本の軍縮・不拡散外交
（第七版）』2016 年，131 頁参照。

(29)　A/47/342, 14 August 1992, par. 14.

Ⅳ　通常兵器／宇宙の軍縮・軍備管理

追加した。

　政府専門家会合は，戦闘用航空機に関連して，2003年に初めて，UAVsの発展及び同登録制度との関係性を[30]，2006年にUAVsの発展に伴い，戦闘用航空機や攻撃ヘリコプターの中にUAVsも包含されるか否か，更に，偵察用UAVsが登録制度の対象とすべきかを議論した[31]。2009年には，登録の新分類として，武装（armed）UAVsの追加提案や，武装UAVsを分類Ⅳの下位分類として包含する提案を検討した[32]。2013年には，上記の議論を踏まえて，戦闘用航空機及び攻撃ヘリコプターは，「有人及び無人の航空機（manned and unmanned aerial vehicles）」を含むと提案し，将来の政府専門家部会がそれを検討すると結論付けた[33]。他方で，加盟国が戦闘用航空機及び攻撃ヘリコプターに武装ドローンを含めて年次報告をするよう勧告している[34]。2016年には，Ⅳ.戦闘用航空機及び無人戦闘用航空機（combat aircraft and unmanned combat aerial vehicles）を登録対象とすることを勧告した[35]。そして，2016年の国連総会決議が，UCAVsを国連軍備登録制度の登録対象に正式に含めた[36]。

　留意点として，戦闘用航空機の中の有人型には，電子戦用，防空網制圧用又は偵察用航空機が含まれているが，無人戦闘用航空機にはそれらが含まれておらず，偵察ドローンは本制度の登録対象から除外された。そして，ヘリコプター型武装ドローンは攻撃ヘリコプターに未だ含まれておらず，その報告も要請されていない。

　UNROCAでは，戦闘用航空機に武装ドローンが含まれるかという法解釈に委ねるのではなく，具体的に「通常兵器の国際移転報告に関する標準形式」[37]

---

(30)　A/58/274, 13 August 2003, par.88.

(31)　A/61/261, 15 August 2006, pars.96 and 97.

(32)　A/64/296, 14August 2009, par. 49.

(33)　A/68/140, 15 July 2013, pars. 45-47 and 63.

(34)　Ibid., par.69.

(35)　A/71/259, 29 July 2016, pars. 55 and 81, Annex I.「Ⅳ (b) 無人の固定翼又は可変形態翼の航空機で，誘導ミサイル，非誘導ロケット，爆弾，銃，砲その他の破壊兵器を使用することにより標的を攻撃するために設計，装備又は改変されたもの。」他方，「Ⅴ. 攻撃ヘリコプター及び回転翼無人戦闘用航空機（Attack helicopters and rotary-wing unmanned combat aerial vehicles）」は，3年後の政府専門家部会で検討される。Ibid., pars. 57, 74 and 82.

(36)　A/RES/71/44, 9 December 2016, par. 3.

(37)　A/71/259, Annex II, *Standardized form for reporting international transfers of conventional arms (Exports and Imports)*.

〔岩本誠吾〕 **17** 軍用ドローンを巡る軍備管理の現状と課題

に武装ドローンが明記されることで，登録対象である通常兵器の範囲が明確化された。

本制度は，全国連加盟国が対象であるとの特長がある半面，各国の自発的報告に依存する脆弱性がある。深刻な課題は，報告数が2001年（126か国）を境に減少し，特に2012年以降激減している現状である[38]。特に，中・仏・伊を含む兵器輸出大国が2015年度分を報告していない。通常兵器の国際移転の約90％がUNROCAに登録済み[39]とは言え，登録国数の減少傾向は，UNROCAによる武装ドローンの輸出入の透明性にとって不安材料である。

（4） ワッセナー・アレンジメント

冷戦の終結に伴い，西側諸国による対共産圏輸出統制委員会（COCOM）は，1994年3月に解消された。一方，湾岸戦争の反省から，地域の安定を損なう恐れのある通常兵器や関連汎用品・技術の過度の移転・蓄積の防止という国際社会の新課題に対応した輸出管理体制の設立が強く望まれた。その要望を実現すべく，1996年7月に通常兵器及び関連汎用品・技術の輸出管理に関するワッセナー・アレンジメント（WA)[40]が発足した。WAは，前述のMTCRと同様に，非法律的合意形式による輸出管理協調の国際レジームである。通常兵器と関連汎用品・技術の供給能力のあるWA参加国が，関連汎用品の兵器転用防止と通常兵器の移転の透明性を確保し，テロリストへの兵器・関連汎用品・技術の流出を防止するために，自国での自主的な輸出管理及び参加国間の自発的な情報交換を行う。COCOMは対象地域を対共産圏諸国に限定したのに対して，WAは特定対象国・地域に限定せず，全国家・地域及びテロリスト等の非国家主体を対象とした[41]。

WA参加国は，WAで合意された輸出管理対象リスト[42]（汎用品・技術リスト

---

(38) 2012年72か国，2013年58か国，2014年52か国，2015年44か国。Stockholm International Peace Research Institute, *SIPRI Yearbook 2017,* p.391.

(39) A/71/259, par. 4.

(40) The Wassenaar Arrangement on Export Controls for Conventional Arms and Dual-Use Goods and Technologies, https://www.wassenaar.org/ 2018年5月現在，米，英，露，仏，独，日を含む42か国参加（中国，イスラエルは不参加）。『軍縮条約・資料集〔第3版〕』137-139頁。

(41) 外務省HP, https://www.mofa.go.jp/mofaj/gaiko/arms/wa/index.html

(42) *The Wassenaar Arrangement Secretariat, Wassenaar Arrangement on Export Controls for Conventional Arms and Dual-Use Goods and Technologies, Public Documents Volume II,*

383

IV 通常兵器／宇宙の軍縮・軍備管理

と軍需品リスト）の記載品目について国内法令[43]に基づき輸出管理を実施する。汎用品・技術リストは，9分類の基本リスト，機微リスト（Sensitive List）及び特別機微リスト（Very Sensitive List）の3種類がある。分類9［推進装置（ロケット推進装置，無人航空機等）］では，UAVs（航続時間が30分以上1時間未満で，かつ風速46.3キロメートル（25ノット）の状況下で飛行可能，航続時間が1時間以上）が列挙されている（9.A. 12）[44]。22項目の軍需品リストの中に，遠隔操作型又はプログラム化可能な自律型のUAVsが明記されている（ML 10）。WA参加国が，本リストに基づく国内法に従い，UAVs輸出の許可を判断する。但し，「如何なる品目の移転の決定もまた移転拒否の決定も，各参加国の専権事項である（II-3）」[45]。

更に，WA参加国は，通常兵器等の移転に関する透明性の向上のために，UNROCAの7分類に基づく付属書3に記載された通常兵器の非参加国向け引き渡しについて，6か月毎に（年2回）自主的に情報交換をする（VI-2）[46]。当該情報には，移転数量，受領国名，様式・型式の詳細が含まれる。UNROCAの分類であるIV. 戦闘用航空機とV. 攻撃ヘリコプターが，付属書3に含まれる。1999年に，付属書3は，攻撃ヘリコプターを軍事・攻撃ヘリコプターに，戦闘用航空機を軍用航空機/無人航空機（military aircraft/unmanned aerial vehicles）に修正された[47]。その付属書3でのUAVsは，「電子戦，防空網制圧システム，偵察任務及び無人航空機からの情報統制・受信システムを含む軍事利用のために特別に設計，変更又は装備された無人機」と定義された。1999年版の本定義は，UNROCAの2016年改訂版でのUAV（電子戦用，防空網制圧用，

List of Dual-Use Goods and Technologies and Munitions List, WA-LIST (17) 1, December 2017.

(43) 日本では，外国為替及び外国貿易法，輸出貿易管理令，外国為替管理令等が該当する。

(44) UAVs（9.A. 12）は，機微リストや特別機微リストに入っていない。

(45) *The Wassenaar Arrangement on Export Controls for Conventional Arms and Dual-Use Goods and Technologies, Initial Elements, as adopted by The Plenary of 11–12 July 1996 (As amended by the Plenaries of 1999, 2001 and 2002),* II-3. 参照「ワッセナー・アレンジメント（WA）ガイドライン」『軍縮条約・資料集〔第3版〕』138頁。

(46) 『前掲書』139頁。なお，汎用品・技術の非参加国向けの拒否案件に関して，基本リスト品目は年2回通報，機微リスト及び特別機微リストの品目は，拒否から60日以内の通報が合意されている（V-2, 3）。

(47) Ian Anthony, "Appendix 11A. Multilateral weapon and technology export controls," in *SIPRI Yearbook 2000,* p. 674.

偵察用 UAV を含まず）よりも広範な情報交換対象を設定している。情報内容も，1996 年の WA 発足当初から，UNROCA に規定された移転数量や受領国名だけでなく様式や型式も含まれる。WA は，参加国が 42 か国と限定されるが，武装ドローンだけでなく偵察ドローンを含む UAVs の輸出管理及び情報交換の枠組みを提供している。

（5） 欧州連合の「共通の立場」

欧州（首脳）理事会（the European Council）は，湾岸戦争の反省から，大量破壊兵器の拡散だけでなく，通常兵器の過剰な蓄積による地域の不安定化を憂慮して，武器輸出の許可に関する共通基準を 1991 年と 1992 年に作成した[48]。欧州連合（EU）は，その共通基準を基に，1998 年に共通外交安全保障政策（Common Foreign and Security Policy, CFSP）の一環として，EU 武器輸出行動準則[49]を採択した。その運用条項 5 項に，EU 加盟国は当該準則により対象とされる軍用装備品の共通リストの早期採択のために作業すると規定された。2000年に，その軍用装備品共通リスト[50]が採択された。当該リスト内に，特に軍事使用に設計・改造された無人航空機（Unmanned airborne vehicles）及び関連装備品が列挙された（10.4）。その後，2008 年に EU 武器輸出行動準則に取って代わる「理事会共通の立場（Council Common Position）」[51]が採択された。これは，規則や指令といった EU 法でなく，その履行状況が欧州委員会で検討されることも又は不適切な移転が欧州司法裁判所で審査されることもない。

共通の立場は，1991 年・1992 年及び 1998 年の共通基準を基に，8 つの武器輸出基準を詳細に規定した（2 条）。それは，1）国連安全保障理事会の制裁その他の国際的約束の尊重，2）最終仕向け地国内の人権尊重及び当該国による国際人道法の尊重，3）最終仕向け地国の国内情勢，4）地域の平和・安全保

---

(48) European council Luxembourg, 28 and 29 June 1991, Presidency Conclusions, Annex VII *Declaration on Non-Proliferation and Arms Exports ;* European Council Lisbon, 26-27 June 1992, *Non-proliferation and exports* (Bull. EC 6-1992, p. 17).

(49) EU Code of Conduct on Arms Exports, 8 June 1998, https://fas.org/asmp/campaigns/code/eucodetext.htm

(50) Common List of Military Equipment Covered by the EU Code of Conduct on Arms Exports, in *Official Journal of the European Communities,* 8. 7. 2000 (2000/C 191/1)

(51) Council Common Position 2008/944/CFSP of 8 December 2008 defining common rules governing control of exports of military technology and equipment, in *Official Journal of the European Union,* 13. 12. 2008. (L 355/99).

障・安定性の保持，5）加盟国及び同盟国の国家安全保障，6）武器購入国の行動履歴，7）受領国内での流出や再輸出の危険性の存在，8）軍事技術の輸出と受領国の技術的経済的能力との両立性，である。当該基準により判断される共通軍需品リストは2000年以降毎年見直され，現在，2018年度版[52]が採択されている。UAVs[53]が，従来と同様に，軍需品リスト22分野の中に列挙された（ML 10)[54]。

EU28か国は，移転や移転拒否の決定が各国の自由裁量に委ねられている（共通の立場4条2項）が，共通の立場に従い，設計・改造された軍用ドローンの輸出許可申請を審査する。理事会の共通の立場は，EUの共通外交・安全保障政策の実施のための方法として，共通の戦略や共同行動とともに列挙され，EU加盟国は自国の政策が共通の立場に適合するよう確保する法的義務がある[55]。

（6）　武器貿易条約

武器貿易条約（（Arms Trade Treaty, ATT)[56]は，「通常兵器の国際貿易を規制し，又はその規制を改善するための可能な最高水準の共通の国際的基準を確立すること並びに通常兵器の不正な取引を防止し，及び根絶し，並びに通常兵器の流用を防止すること」（1条）を目的とする。そのために，国連安保理制裁決議や国際条約に違反する武器移転の不許可（6条），国際人道法・国際人権法・対テロ諸条約の違反に使用される著しい危険性がある場合の武器移転の

---

(52)　Common Military List of the European Union adopted by the Council on 26 February 2018, in *Official Journal of the European Union,* 15. 3. 2018 (2018/C 98/1).

(53)　2012年以降，unmanned airborne vehicles から unmanned aerial vehicles に変更された。

(54)　WAの軍需品リストの文言と同様に，遠隔操作型又はプログラム化可能な自律型のUAVと表記された。

(55)　リスボン条約発効（2009年12月1日）により，欧州連合条約旧12条及が25条に，旧15条が29条に改正された。文言も，Adopting common positions（旧12条）がPositions to be taken by the Union（25条）に，Common positions（旧15条）がUnion positions（29条）に修正された。松井編集代表『ベーシック条約集2009』2009年56-57頁及び同『ベーシック条約集2010』2010年62-63頁参照。

(56)　本条約は，2013年4月2日に国連総会決議（A/RES/67/234 B, 11 June 2013）により採択（賛成154か国，反対3か国，棄権23か国），6月3日に署名開放，50か国の批准書等の寄託90日後の2014年12月24日に発効した。2018年5月現在，締約国数95か国。武器輸出大国の米，露，中やイスラエルは未加入である。

〔岩本誠吾〕　　　**17**　軍用ドローンを巡る軍備管理の現状と課題

不許可（7 条），通常兵器の流用防止措置（11 条），通常兵器の輸出許可に関する記録保存（12 条）及び通常兵器の輸出入の報告（13 条）等が規定された。適用範囲は，UNROCA での報告対象の 7 分類に小型武器及び軽兵器が追加された 8 分類である（2 条）。その中の (d) 戦闘用航空機・(e) 攻撃用ヘリコプターと UAV との関連性について，条約作成過程で議論された。

　ATT 準備委員会議長の非公式文書（14 July 2011）[57] では，(d) Military aircraft (manned or unmanned), (e) Military helicopter (manned or unmanned) と規定された。無人航空機に関連する各国の見解[58]は，次の通りであった。オーストリアとケニアは，2011 年の議長の非公式文書に含まれた示唆を全面支持し，間接的に軍用の航空機・ヘリコプターに UAV が包含されることに賛成した。コスタリカ，インドネシア，アイルランド，マラウィ，英国及びザンビアは，明示的に「有人又は無人（manned or unmanned）」に言及し，軍用の航空機・ヘリコプターへの UAV の挿入に同意した。ポルトガルは，「無人航空機を含む」と明言したのは戦闘用航空機だけで，攻撃ヘリコプターには言及しなかった。

　2012 年 7 月の ATT 国連会議に議長が付託した武器貿易条約草案[59]では，「manned or unmanned」が削除され，(d) Combat aircraft, (e) Attack helicopters と規定された。2013 年 3 月の ATT 最終国連会議では，武器貿易条約の最終条文案[60]として，従来通り，(d) 戦闘用航空機，(e) 攻撃用ヘリコプター（2 条）と規定された。実施全般について，次の条項が規定された。「2 条 1 (a) から (g) までの規定の対象となるいずれの区分についても，各国の定義は，この条約の効力発生時における国際連合軍備登録制度において用いられるものよりも狭い範囲の通常兵器を対象とするものであってはならない（5 条 3 項）」。国連総会[61]は，2013 年 4 月 2 日に当該条約案を採択した。

---

(57)　*Report of the Preparatory Committee for the United Nations Conference on the Arms Trade Treaty, Annex II Chair's non-paper (14 July 2011)*, A/CONF.217/1, 7 March 2012.

(58)　*Compilation of views on the elements of an arms trade treaty*, A/CONF.217/2, 10 May 2012, p. 11（オーストリア），p. 21（コスタリカ），p. 40（インドネシア），p. 42（アイルランド），p. 47（ケニア），p. 55（マラウィ），p. 81（ポルトガル），p.107（英国），p. 115（ザンビア）.

(59)　*Draft of the Arms Trade Treaty*, A/CONF.217/CRP.1, 1 August 2012.

(60)　*Draft decision submitted by the President of the Final Conference, Annex the Arms Trade Treaty*, A/CONF.217/2013/L.3, 27 March 2013.

(61)　A/RES/67/234 B, 11 June 2013.（賛成 154, 反対 3, 棄権 23, 欠席 13）

Ⅳ　通常兵器／宇宙の軍縮・軍備管理

ATT の 2 条と 5 条を重ね合わせて解釈すると，各国は，通常兵器の定義を本条約の発効時（2014 年 12 月 24 日）での UNROCA の適用範囲を最低限とする義務があり，それ以上に適用範囲を拡大し当該条約を適用することが奨励される。軍用ドローンが本条約の規制対象となるか否かの論争があり，「戦闘用航空機と攻撃ヘリコプターについては無人の場合も含めるとの見方が支配的である」[62]との見解が見られる。しかし，前述したように，UNROCA で武装ドローンが正式に戦闘用航空機の登録範囲に含まれたのは 2016 年 12 月 9 日の国連総会決議によってであり，無人攻撃ヘリコプターの登録問題はまだ検討段階にある。従って，ATT での戦闘用航空機及び攻撃ヘリコプターは，軍用ドローンを自発的に規制・報告対象とすることが奨励されるも，法的義務として軍用ドローンを含まないと解釈するのが妥当であろう[63]。

3　米国のドローン輸出政策

（1）　2015 年のドローン輸出政策

米国は，軍用の無人航空システム（Unmanned Aerial System, UAS）[64]の開発・配備において，世界最先端のドローン技術大国である。他の国家も軍用 UAS を使用し始め，巨大な UAS 商業市場も出現しつつある状況の中で，オバマ政権は，米国製 UAS の売却・移転及び爾後の使用が自国の国家安全保障（経済安全保障を含む）及び米国の価値や国際基準と一致するように確保する責任があるとして，2015 年 2 月に UAS に特化した「軍用無人航空システムに関する米国輸出政策」[65]を公表した。軍用 UAS の売却・移転条件として，1）機微シ

---

(62)　榎本珠良「武器移転規制と秩序構想―武器貿易条約（ATT）の実態における課題から―」『国際武器移転史』（明治大学）1 号 2016 年 1 月 57 頁。

(63)　S. C. Maslen, A. Clapham, G. Giacca, S. Parker, *The Arms Trade Treaty:A Commentary,* 2016, p. 85.「この条約の発効時」という文言で，ATT で規制される兵器の範囲を発効時で凍結してしまい，ATT の発効後に UNROCA の枠組みで規制対象兵器を更新しても，当該新兵器は ATT で規制できなくなるとの欠点が指摘される。夏木碧「武器貿易条約（ATT）3 月 27 日条約草案の分析：その 1」（28 March 2013）「武器と市民社会」研究会 HPhttp://aacs.blog44.fc2.com/blog-category-6.html

(64)　UAS は UAV 本体だけでなく，その操縦に必要な装備，ネットワーク及び要員を含めたシステムを指す。

(65)　US Department of State, *U.S. Export Policy for Military Unmanned Aerial Systems, Fact Sheet,* February 17, 2015　https://2009-2017.state.gov/r/pa/prs/ps/2015/02/237541.htm

〔岩本誠吾〕　　　*17*　軍用ドローンを巡る軍備管理の現状と課題

ステムの売却・移転は，政府間の対外有償軍事援助（Foreign Military Sales, FMS）計画により実施する，2）移転審査は，国防総省の技術保全プロセスや対外公開ロセスを通じて実施する，3）各受領国は，売却・移転の条件として最終用途の保証に同意する，4）最終用途の監視や追加的な保全条件が要請される，5）すべての売却・移転は適切な使用原則への同意を含む，と規定した。当該基準に従い，事例ごとに輸出許可が決定される。新政策は，MTCR 下の公約を維持するという。

　米国は，米国製軍用 UAS の移転許可条件として，受領国による適切な使用原則の同意を要請した。使用原則とは，1）国際人道法及び国際人権法を含む国際法に従っての使用，2）武装 UAS は自衛のような国際法上武力行使の合法的な根拠がある場合のみの使用，3）自国民への不法な監視又は武力行使のためには不使用，4）適切な場合，意図せざる負傷や損害のリスク軽減のために，使用に関する技術的・理論的な訓練の UAS 操縦者への提供，である。米国製商業用 UAS の輸出も，輸出管理規則に従って審査される。

　新政策の含意として，ドローン輸出先の同盟国等の作戦能力の強化や連合作戦での相互運用性の向上，米軍への負担軽減を含む国家安全保障や対外政策の利益の促進，UAS 商業市場での米国産業の適切な参加の確保，経済安全保障への貢献が強調された[66]。2015 年 2 月には，例えば，同盟国オランダ向けの非武装 MQ-9 リーパー4 機の FMS が発表された[67]。新政策の誘因として，軍用ドローン輸出の競合国（中国とイスラエル）の登場もある。ドローンの価格

　　　題名は「軍用 UAS」ではあるが，米国製商業用 UAS の輸出規制も本政策の対象である。

(66)　新政策の背景説明として，Paul McLeary and Aaron Mehta , "New Armed UAV Export Rules Help US Firms," Defense News, February 21, 2015, https://www.defensenews.com/air/2015/02/21/new-armed-uav-export-rules-help-us-firms/ 本政策の前提に，2014 年 1 月の大統領政策指令「米国通常兵器移転（Conventional Arms Transfer, CAT）政策」があり，そこに当該政策の 10 目標と 13 基準が規定された。The White House, *Presidential Policy Directive-United States Conventional Arms Transfer Policy (PPD-27),* January 15, 2014, https://obamawhitehouse.archives.gov/the-press-office/2014/01/15/presidential-policy-directive-united-states-conventional-arms-transfer-p

(67)　US Defense Security Cooperation Agency, *News Release The Netherland –MQ-9 Reapers,* Feb. 6, 2015 http://www.dsca.mil/print/759　従来，武装ドローンの輸出は英国に限定されていたが，2015 年 11 月にイタリア保有の MQ-9 リーパーの兵装化が承認された。US Defense Security Cooperation Agency, News Release, "Italy- Weaponization of MQ-9s," 4 November, 2015　http://www.dsca.mil/print/836

Ⅳ　通常兵器／宇宙の軍縮・軍備管理

競争[68]で劣る米国は，使用原則の4）のように，米国の持つ豊富な教訓や良質な訓練の提供によりそれに対抗している。本政策の最後に，米国が同盟国とともにドローン輸出・爾後使用に関する国際基準を形成しようとする国際協議構想が示された。

（2）　2016年の武装UASの輸出・使用に関する共同宣言

米国は，前述の構想の一環として，2016年10月に44か国とともに「武装又は攻撃可能な無人機の輸出と爾後の使用に関する共同宣言」[69]を公表し，武装ドローンの輸出規制に向けた国際協議の開始を訴えた。それは，武装ドローンの誤用が紛争や不安定を煽り，テロリズムや組織犯罪を促進する恐れがあり，参加国は当該システムの責任ある輸出と爾後の使用を確保するために適切な透明性措置が必要であると考えたからである。引き続き承認すべき諸原則5つを列挙する[70]。A. 武装ドローンの使用への国際法の適用可能性，B. 現行の国際軍備管理規範に従った武装ドローンの責任ある輸出の重要性，C. 現行の多国間輸出管理体制の公約厳守に関する受領国の履歴を考慮しての当該体制の諸原則に合致した武装ドローン輸出の実施，D. 軍事輸出報告を含む武装ドローンの輸出に関する自発的な透明性措置の重要性，E. 当該国際基準を設定するための責任ある移転・使用方法の議論の継続である。本共同宣言は，特に，武装ドローンの「責任ある（responsible）」輸出及び爾後の受領国による「責任ある」使用の重要性を強調している。これは，無責任な軍用ドローン輸出国や軍用ドローン使用国への痛烈な非難である。本宣言に対して，低い基準を設定す

---

(68)　米国製プレダターの約500万ドルに対して，類似の中国製翼竜は約100万ドルである。Jeremy Page and Paul Sonne, "Unable to Buy U.S. Military Drones, Allies Place Orders With China,", in The Wall Street Journal, July 17, 2017, https://www.wsj.com/articles/unable-to-buy-u-s-military-drones-allies-place-orders-with-china-1500301716

(69)　US Department of State, *Fact Sheet : Joint Declaration for the Export and Subsequent Use of Armed or Strike-Enabled Unmanned Aerial Vehicles (UAVs),* October 5, 2016, https://www.state.gov/r/pa/prs/ps/2016/10/262812.htm 2017年10月26日付では，米・英・独・伊・日を含む共同宣言国数が45か国から53か国に増加したが，仏・中・露・イスラエルは不参加である。イスラエルは，同宣言が自国のドローン輸出産業に損害を与えると考える。Defense World. Net, "Israel Refuses to Sign US Regulation of Drone Exports Document," October 24, 2016, http://www.defenseworld.net/news/17441/Israel_Refuses_To_Sign_US_Regulation_Of_Drone_Exports_Document#.WxklEORlKUk

(70)　2016年10月5日の共同宣言は，武装UASに関する国際基準の議論のために2017年春に国際会合の招集を予告したが，実現しなかった。

〔岩本誠吾〕　　　**17　軍用ドローンを巡る軍備管理の現状と課題**

るリスクがある，国際人権法・国際人道法を支持する公約を明示すべきである，原則ではなく明確な公約を挿入すべきである，との批判的意見も見受けられる[(71)]。

　2017 年 1 月にオバマ政権から移行したトランプ政権下でも，米国は，軍用ドローンに関する国際基準の確立のために他国と引き続き協議するとした[(72)]。

（3）　2018 年のドローン輸出政策

　トランプ政権は，2018 年 4 月に UAS 輸出に関する新政策[(73)]を承認し，2015 年の政策を新政策に置き換えた。本政策は，米国軍需品リストの権限下でも商務省規制品リストの権限下でも，米国製 UAS の移転全てに適用される。

　本政策の主たる 5 つの目標は，次の通りである。1) 米国企業に対する貿易の機会の増加：地球規模の UAS 市場への障害を撤廃し，自己制約のない競合国に輸出の機会を譲らない。2) 友好国の安全保障及び対テロ能力の支援：米国の UAS 取得により友好国の安全保障や対テロ能力が向上する場合に，友好国の取得を促進する。3) 二国間の関係性の強化：二国関係や相互運用性が米国の国家安全保障や外交利益に資する場合に，米国安全保障の強化手段として UAS 移転を活用する。4) 米国の軍事優位性の保持：他国や非国家団体が米国，同盟国等の安全保障を害する能力の獲得防止に取り組む。5) 大量破壊兵器運搬システムの拡散防止：ミサイルその他の技術に関する国際的不拡散協定を保全する。軍用 UAS 移転は，適用可能な場合，国務省による通常兵器移転政策[(74)]下での評価及び国防総省による技術保全の評価に従う。全ての UAS 移転

---

(71)　*Joint civil society statement on US-led drone export initiative, September 12, 2017,* http://www.article36.org/updates/joint-statement-standards-sep-17/

(72)　U.S. Department of State, *Fact sheet : Joint Declaration for the Export and Subsequent Use of Armed or Strike-Enabled Unmanned Aerial Vehicles (UAVs),* October 16, 2017. https://www.state.gov/t/pm/rls/fs/2017/274817.htm　米国と賛同国は，武装 UAS の輸出・使用に関する国際協議のために 2018 年夏に会合すると予告した。

(73)　U.S. Department of State, *Fact sheet : U.S. Policy on the Export of Unmanned Aerial Systems,* April 19, 2018. https://www.state.gov/r/pa/prs/ps/2018/04/280619.htm

(74)　本政策発表と同じ日に「米国通常兵器移転政策に関する国家安全保障大統領覚書」が公表され，そこに 8 つの政策と 16 の武器移転の基準が規定された。*National Security Presidential Memorandum Regarding U.S. conventional Arms Transfer Policy (NSPM-10), April 19, 2018,,* https://www.whitehouse.gov/presidential-actions/national-security-presidential-memorandum-regarding-u-s-conventional-arms-transfer-policy/

Ⅳ　通常兵器／宇宙の軍縮・軍備管理

は，MTCR を含む米国の国際的な不拡散公約に従い審査されるという。

　移転条件として，武装 UAS 移転は，直接商業売却（Direct Commercial Sales, DCS）又は対外有償軍事援助（FMS）経由で行われる[75]。非武装ドローン移転も，DCS 又は FMS 経由で行われる。DCS 経由の USA 移転が認められることは，時間的にも手続き的にも大幅な輸出規制の緩和となる。民用 UAS はすべて，輸出管理規則に引き続き従い，本政策の目標及び MTCR ガイドライン 3 項の 6 つの不拡散要素に留意する。

　拡散防止及び適切な使用の確保のために，1）軍用 UAS に関する最終用途の保証，2）最終用途の監視及び追加的な保全条件，そして，3）適切な使用原則が規定された。1）に関して，各受領国は，適用可能な国際法，武器輸出管理法や当該履行規則，国際武器取引規則，米国法の他の関連規定，そして，FMS の場合の移転合意に従い，米国製軍用 UAS を使用することに同意する。2）に関して，すべての軍用 UAS 移転が，最終用途の強化された監視及び追加的な安全保障条件に従う場合もある。米国製武装 UAS や MTCR 分類 I の UAS の移転には，米国製 UAS の使用に関する米国政府との定期協議が必要となる。3）に関して，米国製軍用 UAS の適切な使用を確保するために，全ての FMS 及び DCS の売却・移転について，2015 年の政策での使用原則が再録された。

4　まとめにかえて

　先ず，上記の国際的枠組みとドローンとの関係性を振り返る（**表 3 及び 4 参照**）。MCTR は非法律的合意形式の輸出管理協調の国際レジームである。但し，分類 I の UAV システム 1.A.2 は，強い拒否推定，すなわち，原則輸出禁止とされ，政府間約束で最終用途の保証による例外的な場合にしか許可されない。分類 II の 19.A.2 や 19.A.3 の UAV システムの移転の場合でも，最終用途の評価など 6 項目の評価基準に従い輸出許可の審査が行われる。米国は MTCR を遵守し，特に分類 I の輸出を，偵察ドローンや武装ドローンの区別なく，厳格に

---

(75)　DCS は，売却に米政府の輸出許可が必要であるが，相手国が米政府を介さず米企業から直接兵器を購入するので，比較的安価な契約金や迅速な手続きとなる。他方，FMS は，政府間で直接交渉するので，比較的高価な契約金や遅い手続きとなる。経団連防衛生産委員会『米国の防衛産業政策に関する調査ミッション報告』2011 年 7 月 1 日 27 頁。

〔岩本誠吾〕　*17*　軍用ドローンを巡る軍備管理の現状と課題

表3【武器移転関連制度の参加・加盟国一覧】2018年5月現在

	国際条約・枠組み	MTCR1987	CFE条約1990	UNROCA1991	WA1996	EU2008	ATT2013	共同宣言2016
	参加・加盟国数	35	30	193	42	28	95	53
1	米国	○	○	最終提出年2016	○	／	×	○
2	イスラエル	×	／	2015	×	／	×	×
3	英国	○	○	2017*	○	○	×	○
4	パキスタン	×	／	2015	×	／	×	×
5	イラク	×	／	提出なし	×	／	×	○
6	ナイジェリア	×	／	提出なし	×	／	×	○
7	イラン	×	／	1998	×	／	×	×
8	トルコ	○	○	2017	○	／	×	×
9	アゼルバイジャン	×	○	2017	×	／	×	×
10	アラブ首長国連邦	×	／	提出なし	×	／	○	○
11	北朝鮮	×	／	提出なし	×	／	×	×
12	中国	×	／	2014	×	／	×	×
13	南アフリカ	○	／	2012	○	／	○	○
14	イタリア	○	○	2009	○	○	○	○
15	スペイン	○	○	2017	○	○	○	○
16	エジプト	×	／	1992	×	／	×	×
17	ジョージア	×	○	2007	×	／	○	○
18	カザフスタン	×	○	2012	×	／	○	×
19	インド	○	／	2015	○	／	×	×
20	ギリシャ	○	○	2016	○	○	○	○
21	スウェーデン	○	○	2017	○	○	○	○
22	スイス	○	／	2017	○	／	○	×
23	ウクライナ	○	○	2017	○	／	×	○
24	フランス	○	○	2014	○	○	○	×
25	トルクメニスタン	×	／	2010	×	／	×	×
26	サウジアラビア	×	／	報告なし	×	／	×	×
27	ポーランド	○	○	2016	○	○	○	○
28	台湾（地域）	×	／	／	×	／	／	×
	ロシア	○	○	2017	○	／	×	×
	日本	○	／	2017	○	／	○	○

区分（左欄）：1〜9 武装ドローン使用国／10〜28 武装ドローン保有国／他（ロシア・日本）

*2007年版の英国報告に米国からのリーパー輸入報告はあるが，2007年版の米国報告に英国向けリーパー輸出報告はない。https://www.unroca.org/united-kingdom/report/2007/

Ⅳ　通常兵器／宇宙の軍縮・軍備管理

表4【武器移転枠組みの概要】

	MTCR	CFE条約	UNROCA	WA	EU共通の立場	ATT	共同宣言
目的	ミサイル・関連汎用品・技術の不拡散	通常戦力の不均衡解消, 奇襲攻撃力の除去	軍備の透明性・公開性の向上, 信頼醸成	地域の不安定化防止, テロ集団への移転防止	抑圧・侵略の利用や地域不安定化の防止	最高の国際武器貿易基準の確立, 不正取引の防止	輸出・爾後使用の国際基準の協議呼び掛け
実施	国内法による輸出審査	通常兵器の上限設定・兵器削減	兵器移転の登録	国内法による輸出審査, 兵器移転の情報交換	国内法による輸出審査	国内法による輸出審査, 兵器移転の報告	
評価基準	最終用途の評価, テロ集団への移転可能性等の6項目				国際義務・使用者・使用・影響・受領国基準に関する8項目	国際義務違反, 人道法・人権法・対テロ条約違反の危険性	国際法の適用, 現行輸出制度の遵守, 報告など5原則

輸出制限していた。今後，MTCRの見直しで一部のドローンが分類Ⅰから分類Ⅱに変更されドローン輸出が緩和される可能性もあるが，その場合，MTCRの参加国のコンセンサス[76]が必要となる。

CFE条約は，欧州地域での通常戦力の不均衡や奇襲能力を除去する軍備管理条約である。軍事同盟間に関する1990年の条約は発効した。他方，国別の通常兵器保有数に関する1999年の適合合意は，各国が2006年まで順調にその通常兵器を事実上削減していたが，未発効である。固定翼型の武装ドローン・偵察ドローンが当該条約の規制対象である戦闘用航空機に，回転翼型の武装ドローンも攻撃ヘリコプターに含まれると解釈できるかもしれない。しかし，保有規制の機種を指定する現有型通常兵器議定書において軍用ドローンの機種が言及されていないので，軍用ドローンはCFE条約・CFE適用合意の規制対象外であると解するのが妥当であろう。軍用ドローンの機種が主要な戦闘用航空機及び攻撃ヘリコプターとなれば，当然，現有型通常兵器議定書も見直されることになる[77]。

---

(76)　MTCRのすべての決定はコンセンサスによる。*Missile Technology Regime (MTCR) Annex Handbook 2017,* ⅱ.

(77)　CFE条約2条2項，16条2項D（適合合意ではF）及び現行型議定書第4節により，現行型兵器リストは定期的に更新される。

UNROCA は，武器移転の透明性の向上という信頼醸成措置の一環として国連総会決議で設立された自発的な軍備登録制度であり，国連全加盟国に 7 分類の軍備登録を要請している。2013 年の政府専門家部会は武装ドローンの登録を奨励するも，2016 年の国連総会決議が固定翼型武装ドローンだけを UNROCA の登録対象に追加し，固定翼型偵察ドローンや回転翼型武装・偵察ドローンをそれに指定しなかった。3 年後の 2019 年に回転翼型武装ドローンが登録対象に包含される可能性はあるとしても，諸国家による登録実績の減少傾向から，UNROCA が武装ドローン移転の透明性に役立つかは不明である。

WA は，特定の UAV の汎用品・技術や軍需品の UAV の輸出を参加国の国内法により規制する。通常兵器の非参加国向け移転の情報交換は，武装用・電子戦用・防空網制圧用・偵察用ドローンも，そして，移転数量・受領国・様式や形式も含まれるので，UNROCA 以上に包括的でかつ効果的である。

EU の共通の立場は，武器輸出の許可の決定が EU 加盟国の自由裁量に委ねられるが，8 つの武器輸出基準に基づき，武装用や偵察用を含む軍用 UAV の輸出許可申請を審査するように要請している。

ATT は，通常兵器の定義を条約発効日時の UNROCA の定義の範囲を最低限とするので，ドローンを輸出審査や年次報告をしなくとも条約違反ではない。ATT は，締約国に軍用ドローンの輸出管理や信頼醸成のための年次報告を奨励するも，法的義務を課していない。

次に，軍用ドローン大国の米国は，どのような輸出政策を取ったのか。オバマ政権は，2015 年の政策で MTCR の公約遵守や受領国による軍用ドローンの濫用防止のための使用原則の設定など厳格な輸出規制基準を維持する一方で，同盟国等の軍事力強化や相互運用性の向上（国家安全保障）及び米軍需産業への支援（経済安全保障）を根拠にドローン輸出基準の緩和を図ろうとした。2016 年には，武装ドローンの拡散状況を危惧して，その不拡散及び乱用防止のための国際基準策定を呼びかける共同宣言を公表した。

バイ・アメリカン政策の強化[78]を標榜するトランプ政権は，軍用ドローン輸出の規制緩和策を一層推進した。中国が MTCR や WA などの輸出規制レ

---

(78)　2017 年 4 月 18 日にトランプ大統領が署名した「アメリカ製品を買え・米国人を雇え」大統領令，Presidential Executive Order on Buy American and Hire American, April 18, 2017, https://www.whitehouse.gov/presidential-actions/presidential-executive-order-buy-american-hire-american/

Ⅳ 通常兵器／宇宙の軍縮・軍備管理

ジームへの不参加から，競争相手なく中東・北アフリカ諸国に軍用ドローンを輸出している[79]。この状況は，米国が地域の不安定化や受領国の人権状況を根拠に友好国への軍用ドローン輸出を認可せず，当該諸国が中国から軍用ドローンを輸入した結果であり[80]，米国との外交・同盟関係の弱体化を招くことにも繋がる。そのために，2018年の政策は，米国の軍需産業への支援及び同盟国・友好国との関係性や相互運用性の強化を主要目標と設定し，オバマ政権以上に軍用ドローン輸出の規制緩和を図った。本政策は，軍用ドローン被害の増大，地域の不安定化，人権抑圧への濫用などの懸念事項よりも，戦略的，軍事的，外交的，経済的効果を優先する政治姿勢が現れている[81]。

最後に，軍用ドローンの輸出管理を巡る方向性について考えてみたい。MTCR，EUの共通の立場及びWAは，当初より軍用ドローンを規制対象としていたので，各国の国内法により輸出規制の枠組みとして遵守されてきた。しかし，当該枠組みが軍用ドローンの技術的進展に適切に対処できているかを見直す時期に来ている。特に，MTCR設立時と現代のドローン技術・運用方法がまったく異なるので，MTCRの枠内で軍用ドローンを取り扱うことの是非が問われている。UNROCAは2016年に固定翼型武装ドローンを登録対象に追加したばかりであり，ドローン移転の透明性は，今後の報告状況にも依存するが，期待できない。CFE条約もATTも，元来，軍用ドローンを規制対象とせず，軍用ドローン規制にあまり期待できない。このように，現行の国際的枠組みには，軍用ドローン規制に様々な限界が存在するため，軍用ドローンの軍備管理は十分でない。

他方で，軍用ドローンの輸出管理に特化した国際的枠組みの構築に向けた新たな動きとして，2016年の米国主導の共同宣言がある。米国は，中国[82]やイ

---

(79) US Dept. of Defense, *Annual Report to Congress Military and Security Developments Involving the People's Republic of China 2017*, p. 21.

(80) Jeremy Page and Paul Sonne, "Unable to Buy U.S. Military Drones, Allies Place Orders With China," *The Wall Street Journal*, July 17, 2017, https://www.wsj.com/articles/unable-to-buy-u-s-military-drones-allies-place-orders-with-china-1500301716 ;

(81) 2017年6月26日の米印首脳会談で，洋上の哨戒任務用非武装偵察ドローンMQ9Bガーディアン22機の供与方針が決定された。これは，米印がインド洋での中国の海洋進出を牽制する戦略的意図がある。産経ニュース「トランプ政権　インドのモディ首相と初首脳会談」2017年6月27日付　https://www.sankei.com/world/news/170627/wor1706270010-n1.html

(82) 中国は武装ドローンをエジプト，イラク，ヨルダン，カザフスタン，ミャンマー，

〔岩本誠吾〕　　　　　　　　17　軍用ドローンを巡る軍備管理の現状と課題

スラエルの無秩序な軍用ドローン輸出に対して，軍用ドローン輸出規制の緩和
（＝輸出の拡大）で対抗すると同時に，共同宣言を第1歩として，武装ドローン
に関する包括的な「責任ある輸出と爾後の使用」の国際的枠組みの構築を模索
しようと試みる。果たして，米国の軍用ドローン輸出の拡大が，中国やイスラ
エルの自由な輸出政策を抑制し，その結果，両国を新たな国際的枠組みに巻き
込む誘因となるのか。もし何らかの国際的枠組みが構築されなければ，それは，
単に世界規模の軍用ドローン拡散に拍車が掛かり，国際安全保障が不安定にす
るだけである。米国の軍用ドローン政策は国際的枠組み作りのための劇薬とな
るのか，注視する必要がある。

　国家には自衛権があり，当該権利行使のための武器の輸出入を行う正当な利
益が存在する（ATT前文）。他方で，通常兵器の拡散は多くの悲劇を惹起する
ことも，歴史上，明白な事実である。国家存続のための武器移転と人的被害の
防止という正当な要請の対立状況の中で，軍用ドローン，特に武装ドローンの
国際輸出規制枠組みを如何に構築するのか，他の通常兵器と同等かそれ以上に
喫緊の課題である。その点，共同宣言は，米国主導に対する抵抗感や低い基準
設定との批判はあるが，軍用ドローン拡散傾向の現在，軍用ドローン規制の議
論の出発点としての価値は見過ごせない。共同宣言への批判により国際協議が
開催されず，軍用ドローン拡散が放置されることだけは，回避しなければなら
ない。

ナイジェリア，パキスタン，サウジアラビア，トルクメニスタン，アラブ首長国連邦
に輸出した。*Drone Proliferation: Policy Choices for the Trump Administration*, p. 12.

18 武器の入手可能性と暴力
─ 日本の武器所持・携帯・使用規制の事例から ─

榎 本 珠 良

は じ め に

1990 年代以降，主に小型武器・軽兵器規制の文脈で，国内における武器の所持・携帯・使用等の規制に関する国際的な政策論議が活発化した。そして，政府・非政府の組織が，自国の武器所持・携帯・使用等の規制強化に取り組んだり，他国の規制強化に資金的・技術的支援を提供するなどした。同時に，とりわけ英語圏では，武器の入手可能性（availability）と暴力のレベルとの関係について多くの研究が行われ，事例研究を踏まえた理論の見直しが繰り返されてきた。

一見すると，国家やコミュニティに多くの武器が拡散していて，武器の入手可能性が高い場合には，犯罪や武力紛争などの暴力のレベルも高いように思えるかもしれない。しかし，世界の諸事例を見渡せば，武器の入手可能性が高い人間集団において必ず高いレベルの暴力がみられるわけではなく，同じ年に紛争が勃発した国々における武器の入手可能性が一律に高いわけでもない[1]。1990 年代以降の研究を通じては，各時代・各国における武器の入手可能性と暴力レベルとの関係性は，多くの人が直感的に抱きがちな印象よりも複雑かつ流動的で，それぞれの事例の文脈に左右されることが指摘された[2]。そして，各国データを集計して経済指標等の変数を加えて結果を分析したり，武器の入手可能性が高いにもかかわらず犯罪率が低く紛争も起きていない諸事例の共通

---

(1) Nicholas Marsh, "The Availability Puzzle: Considering the Relationship Between Arms and Violence Taking Place within States," *History of Arms Transfer,* No. 6, July 2018, pp. 3-22.

(2) Owen Greene and Nicholas Marsh, "Conclusions and Priorities for Further Research," in Owen Greene and Nicholas Marsh, eds., *Small Arms, Crime and Conflict: Global Governance and the Threat of Armed Violence,* Routledge, 2012, pp. 248-262.

Ⅳ　通常兵器／宇宙の軍縮・軍備管理

点を探るなど，様々な研究が行われてきた[3]。

　こうした研究のなかには，16世紀末から現代までの日本の規制，つまり，豊臣期や江戸時代の鉄砲等の規制から，明治時代の元武士の「武装解除」，第二次世界大戦後の銃砲刀剣類所持規制に至る施策に言及したものもある[4]。そして，16世紀末から19世紀半ばまでの日本については，概して，極めて厳しい武器所持規制が実施され，極度に低減した武器所持率・入手可能性（百姓の丸腰化や武士の銃放棄など）が暴力レベルの低減につながった事例として論じられる傾向がみられる。そのうえで，第2次世界大戦後の日本の厳格な銃砲刀剣類所持規制については，豊臣期以降の歴史を通じて形成された規範と社会的基盤が醸成したものであり，低い暴力レベルに寄与しているとされる。つまり，過去・現在の日本の事例は，一般的に，武器の入手可能性と暴力のレベルの双方が極度に低い，単純な相関関係あるいは因果関係を示す事例として扱われている[5]。したがって，日本の事例に関する研究は，極めて厳格な国内武器所持規制が効果的に実施され日本人が武器を放棄することに同意した理由の解明に焦点が当てられてきた。

　概して英語圏の先行研究は，アメリカの英米文学者であったノエル・ペリン（Noel Perrin）が1979年に著した *Giving up the Gun: Japan's Reversion to the*

---

(3)　例として，次のような研究を挙げることができる。Achim Wolf, Ron Gray and Seena Fazela, "Violence as a Public Health Problem: An Ecological Study of 169 Countries," *Social Science & Medicine,* Vol. 104, March 2014, pp. 220-227; Irshad Altheimer and Matthew Boswell, "Reassessing the Association Between Gun Availability and Homicide at the Cross-National Level," *American Journal of Criminal Justice,* Vol. 37, Issue 4, December 2012, pp. 682-704; Mark Kontya and Brian Schaeferb, "Small Arms Mortality: Access to Firearms and Lethal Violence," *Sociological Spectrum,* Vol. 32, Issue 6, November 2012, pp. 475-490; Matthias Nowak, "Lethal Violence Update," in Anna Alvazzi del Frate, Keith Krause and Matthias Nowak, eds., *Global Burden of Armed Violence 2015: Every Body Counts,* Cambridge University Press, 2015, pp. 49-86.

(4)　Alexander Astroth, "The Decline of Japanese Firearm Manufacturing and Proliferation in the Seventeenth Century," *Emory Endeavors in World History,* Vol. 5, 2013, pp. 136-148; David B. Kopel, "Japanese Gun Control," *Asia-Pacific Law Review,* Vol. 2, Issue 2, July 1993, pp. 26-52; Law Library of Congress, *Firearms-Control Legislation and Policy,* Law Library of Congress, 2013, pp. 117-131; Michael Ashkenazi, "What Do the Natives Know?: Societal Mechanisms for Controlling Small Arms," in Greene and Marsh, eds., *Small Arms, Crime and Conflict,* pp. 228-247.

(5)　Ashkenazi, "What Do the Natives Know?"; Kopel, "Japanese Gun Control".

〔榎本珠良〕　　　　　　　　　　　　　　　*18*　武器の入手可能性と暴力

Sword, 1543-1879 に依拠している[6]。この図書は，主として英語の二次資料に基づき，豊臣期から江戸時代に日本人が銃を手放して日本から銃がほぼ完全に消え去ったと主張するものである。ペリンの議論に対して，日本史研究者は史実に反すると指摘してきたが[7]，彼らの指摘は英語圏での研究に大きな影響を及ぼしてこなかった。

　本稿は，日本における国内武器規制に関する英語圏での先行研究を概観した後，日本史研究者による研究に基づき英語圏の先行研究の陥穽を指摘し，この陥穽が先行研究に対していかなる修正を要請するものかを検討する。そのうえで，日本の事例が武器の入手可能性と暴力の関係に関する研究および政策論議に対して持ちうる示唆を考察する。

1　先行研究における「銃を捨てた日本人」

　英語圏における典型的な議論としては，ドイツの「ボン国際転換センター」(Bonn International Centre for Conversion) の研究者であるマイケル・アシュケナジ (Michael Ashkenazi) が著した論文を挙げることができる。この論文は，ペリンの著作に言及しつつ，以下のように論じている[8]。

　まず，アシュケナジは，1588 年に日本の統治者は「タイコノカタナバリ」(*taiko no kantanabari*)[9]を発布し，武士以外の階級の全ての人々に，刀，弓矢，銃を含めた武器を引き渡すよう命じ，人々はこの命令に従ったと主張する。この施策の実施が可能になった背景として，アシュケナジは，内戦が終わった段階で地域にも中央にも存在していた強固な武装勢力が取り締りを実行することができた点を挙げる。そして，「タイコノカタナバリ」が刀の象徴的な価値を高めて「刀カルト」(sword cult) を生み出すとともに，銃を男らしくない不名

---

(6)　Noel Perrin, *Giving Up the Gun: Japan's Reversion to the Sword, 1543-1879,* David R. Godine, 1979.

(7)　武井弘一『鉄砲を手放さなかった百姓たち：刀狩りから幕末まで』朝日新聞出版，2010 年；武井弘一「日本人は銃とどのように向き合ってきたのか」萱野稔人編『現在知 Vol. 2──日本とは何か』NHK 出版，2014 年；藤木久志『刀狩り：武器を封印した民衆』岩波書店，2005 年；藤木久志『豊臣平和令と戦国社会』東京大学出版会，2012 年。

(8)　Ashkenazi, "What Do the Natives Know?," pp. 232-233.

(9)　「太閤の刀狩り」の間違いと思われる。

401

IV　通常兵器／宇宙の軍縮・軍備管理

誉な武器として貶めたのであり，これが人々に銃を放棄させる要因の一つに
なったと指摘する。また，武士以外の階級に武器を提出させたことにより，武
士階級の権力がさらに増大し，彼らの支配に挑戦することが困難になったとす
る。さらに，アシュケナジは，江戸幕府も銃の使用，開発と生産を阻止すべく
国家規模の取り組みを行い，これが非常に成功を収めて人々の銃所持率が劇的
に低下したために，江戸幕府に対して多くの反乱が発生したにもかかわらず，
多数の銃が使用された事例は極めて稀だったと論じている。

　そのうえで，アシュケナジは，この事例が他の事例に対して示唆を持つ注目
すべき点として，以下の4項目を挙げて説明している[10]。

1. 中央政府は，銃の所持と使用が極めて重大な問題であると認識していた。
   しかし，中央政府はこの問題と暴力全般の問題を異なる問題として切り分
   けて扱った。コミュニティやグループにおける銃規制と，個人対個人の暴
   力の規制は，相互に関連するにせよ別問題である。

2. 各藩も，人々が武器を持てば藩の権威が弱まると考え，銃規制の必要性
   を認識し，幕府に協力した。武士階級も，取り扱いが簡単な銃が広まれば
   平民が権力を持つことになると考えた。中央政府と地方の指導者や武士階
   級が利害を共有していた。

3. 銃規制が人々および国家のエートスやイデオロギーに埋め込まれたため
   に，幅広い支持を得た。銃の使用に対する感情的・イデオロギー的な拒絶
   感を形成することは，銃を規制するにあたり最も重要な要素の一つであろ
   う。

4. 治安が安定し，人々が安全だと感じていた。この時期のシステムは抑圧
   的・強権的で非民主主義的かつ不透明であったが，その著しく抑圧的な規
   則に服従する限り，人々は安全に暮らすことができた。それゆえ，銃は必
   要とされなかった。銃規制において，個人の安心感は無視できない必要条
   件である。

以上の考察に基づき，アシュケナジは，豊臣期と江戸時代に，グループやコ
ミュニティのレベルでの社会的・象徴的・文化的な行為および国家レベルでの
法的行為が複合的に機能したために，人々が銃を放棄したのだと総括してい

---

(10)　Ibid., pp. 233-234, 242.

〔榎本珠良〕　　　　　　　　　　　　　　　*18*　武器の入手可能性と暴力

る[11]。

　このような，16世紀末から19世紀半ばまでの日本で極めて厳しい武器所持規制が実施され，極度に低減した武器所持率・入手可能性が暴力レベルの低減につながったとの議論は，アメリカなどの国内銃規制をめぐる研究者や実務者，メディアによる政策論議にも影響を与えている。

　例えば，2017年に英国放送協会（BBC）ワールドサービスは，現在の日本の銃規制は1958年に導入されたものであり，その背景となる思想は数世紀も遡るのだと報道した[12]。この報道のなかで，ロンドンに拠点を置く非政府組織（NGO）の「アクション・オン・アームド・バイオレンス」の事務局長であり，国内銃規制の強化論者であるイアン・オーバートン（Iain Overton）は，日本の人々は1685年には既に銃を放棄しており，それ以降の規制を通じて，日本の市民生活において銃の必要性がなくなったのだと論じている。そのうえで，オーバートンは，社会に銃が少なければ，必然的に暴力のレベルも低くなると主張している。

　また，アメリカでは拳銃やライフルなどの入手可能性が高く，年間30,000人以上が銃暴力（自殺を含む）により死亡しているが[13]，同国で銃乱射事件が発生した直後のメディア報道にも，オーバートンの主張と同様の論調がみられる。つまり，そうした報道も，しばしば「日本の数世紀もの歴史のなかで醸成された厳格な武器所持規制」を紹介したうえで，より厳格な武器所持規制を通じた武器の入手可能性の低減が暴力のレベルの低下を生む可能性を指摘するなどしているのである[14]。

　同様の認識は，国内銃規制の強化論者だけでなく，銃規制強化に反対する論者にもみられる。例えば，「インディペンデンス・インスティテュート」の研

---

(11)　Ibid., p. 234.

(12)　Harry Low, "How Japan Has Almost Eradicated Gun Crime," *BBC World Service*, January 6, 2017, https://www.bbc.com/news/magazine-38365729.

(13)　Jiaquan Xu, Sherry L. Murphy, Kenneth D. Kochanek and Brigham A. Bastian, "Deaths: Final Data for 2013," *National Vital Statistics Reports,* Vol. 64, No. 2, February 2016, p. 10.

(14)　Chris Weller, "Japan Has Almost Completely Eliminated Gun Deaths - Here's How," *Business Insider Nordic,* October 11, 2017, https://www.businessinsider.com/gun-control-how-japan-has-almost-completely-eliminated-gun-deaths-2017-10; Nicholas Kristof, "How to Reduce Shootings," *New York Times*, February 20, 2018, https://www.nytimes.com/interactive/2017/11/06/opinion/how-to-reduce-shootings.html.

403

Ⅳ　通常兵器／宇宙の軍縮・軍備管理

究ディレクターで全米ライフル協会のメンバーでもあるデイヴィッド・D・コ
ペル（David D. Kopel）は，ペリンの著作に言及しつつ，豊臣政権と江戸幕府が
人々から銃を取り上げ，暴力のレベルが低減し平和な社会が築かれたと論じる。
そのうえで，コペルは，その理由について，当時の日本は階級的抑圧の激しい
全体主義的な独裁国家であり，自由な政治システムが不在であったことを強調
している[15]。そして，近代以降の日本の銃規制は，歴史を通じて醸成された，
個人を集団に従属させる文化や社会に適しており，なおかつ銃は臆病者の武器
だとの考え方が共有され続けたために成功したのだと主張し，同様の規範を西
洋の民主主義国において形成することは困難だとの見方を示すのである[16]。

　以上のように，英語圏の先行研究においては，過去・現在の日本の事例は，
武器の入手可能性と暴力のレベルの双方が極度に低い，単純な相関関係・因果
関係として扱われ，「なぜ日本人が銃を手放したのか」との問いが設定され，
この問いへの「答え」が提示される傾向にある[17]。そして，こうした研究に通
底するストーリーは，国内銃規制の政策論議における規制強化派と規制強化反
対派の双方の主張に組み込まれている。

2　銃を手放さなかった日本人

　前章で紹介した先行研究が依拠するペリンの著作については，1980年代以降，
日本史研究者による批判がなされてきた。彼らの議論の細部については見解の
相違もみられるものの，ここでは主に藤木久志と武井弘一の研究をもとに，ペ
リンの議論への批判を整理する。

---

(15)　Kopel, "Japanese Gun Control"; David D. Kopel, Paul Gallant and Joanne Eisen, "A
　　　World Without Guns," *National Review Online,* December 5, 2001, http://davekopel.org/
　　　NRO/2001/A-World-Without-Guns.htm.
(16)　Kopel, "Japanese Gun Control".
(17)　英語圏においても，歴史学の研究であれば，例えばデイヴィッド・L．ホウェル
　　　（David L. Howell）のように，ペリンの著作を批判し，江戸の社会における銃の役割を
　　　論じるものもみられる。しかし，武器の入手可能性と暴力の関係性を扱う研究や，国
　　　内銃規制に関する政策論議には，こうした英語圏の歴史学者による研究成果も反映さ
　　　れてこなかった。Howell, D. L., "The Social Life of Firearms in Tokugawa Japan," *Japane-
　　　se Studies,* Vol. 29, Issue 1, May 2009, pp. 65-80.

404

〔榎本珠良〕　　　　　　　　　　　　　　　　**18**　武器の入手可能性と暴力

（1）　豊臣秀吉の「刀狩り」

確かに豊臣秀吉は 1588 年（天正 16 年）に刀狩令を発布したが，その規制の焦点となった武器は刀と脇差で，実質的に問題視された行為は所持ではなく携帯であり，対象者は百姓であった[18]。その目的は，百姓を完全に非武装化することではなく，武器の携帯を規制して百姓と武士を外見で明瞭に区別し，兵農分離を完成させ，武士身分を創出し，百姓を農業などに専念させることにあった[19]。百姓が狩猟や害獣駆除のために銃を携帯・所持することは許可されたし[20]，多くの商人は許可を受けて刀と脇差を携帯・所持することができた[21]。しかも，こうした政策は国中で貫徹されたわけではなく，百姓が脇差や刀を携帯した地域もあった[22]。

（2）　江戸時代の規制

江戸時代の規制は時代とともに変動があり，なおかつ，必ずしも全国で一律に同じ規制が適用されたわけではない[23]。多くの藩で百姓は狩猟や害獣駆除のために銃を所持して使用することが許可されていたし[24]，時代と場所によっては百姓が帯刀（刀と脇差の両方を指して携帯すること）を許されていた[25]。

例えば，1624 年（寛永元年）に，豊前（現在の福岡県）小倉藩主の細川忠利は，その城下であった豊前規矩郡（現在の北九州市）において，百姓に帯刀を許可した[26]。また，細川は，1632 年（寛永 9 年）に肥後藩（現在の熊本県）に移封されると，翌年に，大庄屋・小庄屋は刀と脇差を，百姓は脇差を指すべきであり，持っていないものはすぐに買い求めて指すようにと指令し，さらには指さない者に過料を科すことにした[27]。細川が肥後藩の村にある鉄砲に関して行っ

---

(18)　藤木『豊臣平和令と戦国社会』174-179 頁。
(19)　武井『鉄砲を手放さなかった百姓たち』13-16 頁；武井「日本人は銃とどのように向き合ってきたのか」54-55 頁；藤木『刀狩り』。
(20)　藤木『刀狩り』76-83 頁；藤木『豊臣平和令と戦国社会』178-183 頁。
(21)　藤木『刀狩り』77 頁。
(22)　同上，83-107 頁。
(23)　武井「日本人は銃とどのように向き合ってきたのか」；同上，134-187 頁。
(24)　武井「日本人は銃とどのように向き合ってきたのか」；藤木『刀狩り』134-183 頁；藤木『豊臣平和令と戦国社会』18-31 頁。
(25)　藤木『刀狩り』138-139 頁。
(26)　同上，138 頁。
(27)　同上，139 頁。

IV　通常兵器／宇宙の軍縮・軍備管理

た調査によれば，1635 年（寛永 12 年）には領内の 124 ケ所の要地に計 1,630 挺の「地鉄砲」が備えられており，1641 年（寛永 18 年）には 2,173 挺に増えていた[28]。他の地域でも，例えば日向（現在の宮崎県）の山村であった椎葉山の村々には，1745 年（延享 2 年）に 955 軒の戸数に 436 挺の猟師鉄砲があり，1836 年（天保 7 年）には 586 挺の猟師鉄砲が存在していた[29]。百姓が所持する銃の数が，武士が所持する銃の数より多い藩すらあった[30]。例えば，信濃（現在の長野県）の松本藩では，幕府の軍役としてこの藩の武士に課せられた鉄砲が 200 挺であったのに対して，1687 年（貞享 4 年）に藩領の村々で記録された鉄砲の数は 1,000 挺を超えていた[31]。

1637-1638 年（寛永 14-15 年）の島原・天草一揆では，百姓側も，島原藩・唐津藩・幕府側も，所持していた多くの銃や刀，弓矢を使用した[32]。島原・天草一揆においては一揆方の多くが死亡したが，唐津藩の領主であった寺沢堅高が天草で生き残った一揆方を武装解除した際には，鉄砲 324 挺，刀・脇差 1,450本，弓・鑓（やり）少々の武器が没収された[33]。しかも，1638 年（寛永 15 年）に寺沢が失政の責を問われて天草領 4 万石を収公されたのに伴い，山崎家治が天草に国替となったが，山崎は没収された武器を全て百姓に返還した[34]。

町人も脇差を携帯していたし，帯刀することもあった。例えば，1619 年（元和 5 年）に，出羽（現在の秋田県）の佐竹藩では，仙北地域の百姓・町人あてに，「なでつぶり・おしまといつぶり・一束つぶり」（様々な髪型）や「天神ひげ」と並んで，長い脇差や長い柄の刀，朱色の鞘の刀を「御法度」とする指示がなされたが，ここで問題視されたのは帯刀一般ではなかった。問題視されたのは，持ち歩く刀や脇差の外見や体裁であり，規制の趣旨は，百姓や町人に身分相応の身なりをさせることにあった[35]。さらに，こうした指示が出されたという事実は，当時の百姓や町人が，規制を行う必要があると認識されるほどに，多彩

---

(28)　同上，141 頁。
(29)　同上，168-169 頁。
(30)　武井『鉄砲を手放さなかった百姓たち』6-7 頁；武井「日本人は銃とどのように向き合ってきたのか」55 頁；藤木『刀狩り』160-161 頁。
(31)　藤木『刀狩り』160-161 頁。
(32)　同上，5 頁。
(33)　同上，6-7 頁。
(34)　同上，6-7 頁。
(35)　同上，142-143 頁。

406

〔榎本珠良〕　　　　　　　　　　　　　　　*18*　武器の入手可能性と暴力

な刀や脇差を指して外出していたことも示唆する[36]。

　その後，1683年（天和3年）になると，江戸では町人が刀を携帯することが禁止されたが，禁止されたのは携帯であり，所持は問題視されなかった[37]。この規制の目的は，百姓や町人を非武装化することにではなく，武士だけに帯刀を許可して，百姓や町人と武士を外見で明瞭に区別することにあった[38]。

　以上のように，豊臣期と江戸時代の日本人は銃を放棄したわけではなかったし，武士だけでなく農民や町人も様々な種類の武器を所持していた。これらの時代に規制が行われた際には，規制の焦点は武器（とりわけ刀）の携帯に絞られる傾向があり，規制の趣旨は，武士以外の階級を非武装化することというよりも，武士とそれ以外の階級を区別し，より明確な階級制度を創出することにあった。

3　武器の入手可能性と暴力の関係性

　第1章で述べたように，主に英語圏の先行研究においては，豊臣期や江戸時代は，極めて厳しい武器所持規制が実施され，極度に低減した武器所持率・入手可能性が暴力の低減につながった事例として扱われてきた。そして，厳格な規制が効果的に実施され，百姓が丸腰化し武士が銃を放棄した理由が考察されてきた。しかし，この事実関係に誤りがあるとの日本史研究者の指摘を踏まえると，全く異なる問いに答える必要が生じる。つまり，まず，これらの時代のうち幕末期を除く期間については，銃から刀剣に至るまで幅広い武器が所持され，武器の入手可能性も比較的高かったにもかかわらず，武器を使用した私戦[39]が抑制された事例として扱われるべきである。そのうえで，この事例における武器の入手可能性と暴力との関係を再考すべきであろう。

　それでは，こうした視点に立った場合，いかなる分析が可能なのか。ここで

---

(36)　同上，142-143頁。

(37)　同上，142-151頁。

(38)　同上，142-51頁。

(39)　ここでは，私戦とは，豊臣政権や江戸幕府といった中央権力の公的な許可や命令によらない戦闘行為を意味する。豊臣期およびその前後の時代の私戦については，次の文献を参照。鈴木国弘『日本中世の私戦世界と親族』吉川弘文館，2003年；藤木『豊臣平和令と戦国社会』；矢部健太郎「東国『惣無事』政策の展開と家康・景勝——『私戦』の禁止と『公戦』の遂行——」『日本史研究』第509号，2005年1月，34-57頁。

Ⅳ　通常兵器／宇宙の軍縮・軍備管理

は，藤木や武井の研究を踏まえた筆者の考察を，国家レベル，藩レベル，村レベルに分類して示すことにする。

（1）　国家レベル：私戦の抑制

　豊臣秀吉は，明瞭な役割を持つ各階級により構成される国家像を前提に，様々な政策を打ち出した。帯刀の権利を武士に限定することは，治安維持機能を担う武士と他の階級を明確に区別し，戦国時代には村レベルで担った治安維持機能を領主や政権が担う旨を明確にすることを前提にしていた。それ以前の戦国時代には，村の人々が自助のために刀を携帯する必要があった。しかし，治安維持機能を担う階級が形成されれば，村の人々自身が刀を携帯する必要がなくなり，生産活動に集中するだろうと期待された。

　さらに，治安維持機能を担い正当な暴力の担い手たりうる武士と他の階級を区別する政策は，様々な政策と組み合わせたうえで，もはや正当とは見做されなくなった暴力ないし「私戦」を抑制するためのいわば政策パッケージの一部として導入された側面も指摘されている[40]。例えば，豊臣秀吉は，藩同士の領土紛争を禁じ，そうした紛争を調停したり，藩同士の境界線に関して裁定を下したり，紛争当時者の藩に戦闘の停止を求めるなどした[41]。また，彼は，村同士が武器をもって戦うことや海賊行為も禁止し，村同士の紛争に介入して裁判を実施し裁定を下した[42]。そして，実際に武器が私戦に使用された場合，例えば，村同士の戦が起きて刀や銃が使われた場合には，厳罰が科された[43]。以上のような，藩同士・村同士あるいは海賊による私戦を抑制する施策と平行して，豊臣秀吉は刀と脇差を携帯する権利を制限した。この文脈における武器の携帯規制は，階級間の区別を明確にして百姓による私戦を防ぐことを趣旨とするものであった。

　続く江戸時代にも，私戦の抑制が試みられ，武器が私戦に使用された場合には厳罰をもって対応がなされた[44]。例えば，1610 年（慶長 15 年）の徳川秀忠

---

(40)　藤木『豊臣平和令と戦国社会』iv 頁。藤木の議論に対しては反論もみられる。例えば，藤井譲治「「惣無事」はあれど，「惣無事令」はなし」『史林』第 93 巻 3 号，2010 年 5 月，361-389 頁。

(41)　藤木『刀狩り』67-72 頁，228-229 頁；藤木『豊臣平和令と戦国社会』12-76 頁。

(42)　藤木『刀狩り』114-126 頁；藤木『豊臣平和令と戦国社会』77-92 頁，217-239 頁。

(43)　藤木『刀狩り』119-131 頁。

(44)　同上，151-152 頁。

408

〔榎本珠良〕　　　　　　　　　　　　　　　***18***　武器の入手可能性と暴力

令「覚」4カ条の第2条には，百姓が山争いや水争いにおいて弓・鑓・銃など
を用いて戦った場合に，その百姓が属する村ぐるみ処刑される旨が記されてい
る[45]。こうした江戸幕府の対応は，村々の行動にも影響を与え，村では弓・
鑓・銃など様々な武器が所持されていたにもかかわらず，近隣の村との争いに
際しては江戸幕府の対応を恐れて村人が武器の使用を控えた記録が残されてい
る[46]。また，江戸幕府は，百姓一揆に際しては，一揆側が領主に対して銃を発
砲した場合を除いて，領主側が百姓に対して銃を発砲することをよしとしない
姿勢を示していた[47]。そして，後述するように，実際に領主は，百姓一揆に際
する銃の使用に対して非常に慎重な姿勢をとった[48]。

　戦国時代には，村人たちは侵入者や攻撃的な近隣の村々に対して自力で身を
守り，武器を使用して問題を解決する必要があり，そのために様々な武器を所
持し携帯していた。しかし，豊臣期以降の一連の政策を通じて，治安維持機能
を担う階級が形成され，村の治安に関わる重大事項については，村人による自
力救済によってではなく藩や中央のレベルで対処するようになった[49]。なおか
つ，中央権力による公的な許可や命令によらない私戦は抑制され，そのための
鉄砲使用も控えられるようになった。

　ここで留意すべきなのは，私戦をタブー視して抑制しようとする論理は，裏
返せば，中央権力の公的な許可や命令による暴力を正当化する論理である点で
ある。鉄砲を殺傷目的で使用しない一揆勢に対して領主が幕府の許可なく発砲
しないとの方針は，中央権力の許可のもとで一揆勢に対して鉄砲を使用する余
地を残しており，鉄砲の対人使用があらゆる状況において禁止されたことを意
味するものではない。また，当時の藩が幕府の軍役として課された鉄砲を常備
していた事実は[50]，中央権力の公的命令による戦闘行為での鉄砲使用が，禁止
されるどころか自明の前提だったことを示している。したがって，私戦を抑制
する論理の背景に，鉄砲の対人使用全般をタブー視する見方があったとはいえ
ない。その一方で，国家全体で実際に私戦が抑制されていくにつれ，多岐に渡

---

(45)　同上，126-127 頁。

(46)　同上，127-131 頁。

(47)　同上，173-174 頁。

(48)　同上，173-174 頁。

(49)　武井「日本人は銃とどのように向き合ってきたのか」65-66 頁。

(50)　大浪和弥「幕末・維新期における延岡藩の軍備と兵制」『明治大学博物館研究報告』
　　　第21号，2016年3月，1-13 頁。

IV 通常兵器／宇宙の軍縮・軍備管理

る武器を所持していた百姓にとっても，人間を殺傷するために携帯し使用する
必要性は低下していった[51]。

（2） 藩レベル：藩と村の関係性

藩レベルでは，江戸時代までに，次第に領主が自領内の鉄砲を登録して記録
する制度が形成された。つまり，鉄砲の所持を許可制にして，許可を受け所持
されている鉄砲を登録してその記録を保持する制度がみられるようになっ
た[52]。

また，フォーマルな法制度整備の側面に加えて，日本史研究者が強調するの
が，領主と村の間にインフォーマルに形成された関係性である。つまり，江戸
時代までには，領主と村の間に，百姓一揆の際に互いに鉄砲を殺傷等の目的で
使用しないとの暗黙の了解が形成されたといわれる[53]。もちろん，前節で述べ
たように，江戸幕府は百姓一揆の際の鉄砲使用をよしとしない姿勢を示してい
た。しかし，鉄砲を殺傷目的で使用していない一揆勢に対して領主が幕府の許
可なく発砲することを，江戸幕府が成文法のなかで禁止したのは，百姓一揆が
激しくなった18世紀末のことであった[54]。藤木と武井は，安藤優一郎や小椋
喜一郎らによる百姓一揆研究に依拠するなどしつつ[55]，江戸幕府によって成文
法が策定される以前から，領主側・一揆勢ともに概して鉄砲使用を自制し続け
ていたのは，社会における不文の作法ないし暗黙の合意が浸透していたためだ
と論じる[56]。

武井によれば，江戸時代の領主にとって，年貢の徴収や法令の遵守を担う村
は，百姓を円滑に支配するために欠かせない存在であった[57]。次節で述べるよ
うに，日々の鉄砲の規制も村に委ねられた。他方で，百姓は村独自のルールを
定めて主体的に村を運営しつつ，村レベルでは解決できない問題については領

---

(51) 同上，65-66頁。
(52) 武井『鉄砲を手放さなかった百姓たち』115-126頁。
(53) 藤木『刀狩り』173頁。
(54) 同上，175-176頁。
(55) 安藤優一郎「百姓一揆における鉄砲相互不使用原則の崩壊」『歴史学研究』第713号，
　　 1998年8月，1-18頁；小椋喜一郎「百姓一揆における鉄砲のあり方」『歴史評論』第
　　 519号，1993年7月，65-85頁；深谷克己『百姓成立』塙書房，1993年。
(56) 武井「日本人は銃とどのように向き合ってきたのか」133-138頁；藤木『刀狩り』
　　 173-177頁。
(57) 武井「日本人は銃とどのように向き合ってきたのか」59頁。

〔榎本珠良〕　　　　　　　　　　　　　　　　*18*　武器の入手可能性と暴力

主に解決を求めた[58]。村と領主は安定した相互依存関係を作り出しており，領主は百姓の期待に応えることにより社会的な正当性を得ていたため，もし領主が一揆勢に対して鉄砲を使えば，領主と村の間の正常な関係や領主の正当性が失われることになった[59]。むろん，当時の領主は領民による選挙を通じて選出されたわけではないが，領主の正当性については，担うべき役割を果たしていると領民に見做されるか否かに依存していたという[60]。いうなれば，村と領主との間にある種のインフォーマルな社会契約的な関係が成り立っていたというのだ。

　そうした関係が成り立っていたからこそ，百姓が一揆を組織した際に，一揆勢も鉄砲で領主を殺傷しようとはしなかった。つまり，百姓一揆は，概して武力闘争で領主を倒したり領主との関係性を根本的に崩すことを目指した行動ではなく，百姓が社会の一員として領主に異議申し立てをしたり改革・改善を求めたりする手段であり，それゆえ百姓は概して領主側を鉄砲で殺傷することは企図せず，いつも身に着けている笠や蓑を着用し，鎌や鍬など農具や斧などの大工道具などを持参した[61]。百姓が鉄砲を一揆に持ち込んだ際にも，ほら貝などと同様に，百姓を集結させ行動統制するための合図をする鳴物の一つとして使用した[62]。

　このような日本史分野の研究を踏まえれば，領主側も村側も鉄砲を所持していたにもかかわらず，概して互いの殺傷のために使用しなかった藩レベルの大きな要因としては，鉄砲使用の作法をめぐる暗黙の合意およびその背景としての一種のインフォーマルな社会契約的な関係が形成された点を挙げることができるだろう。

（3）　村レベル：日常的な規制実施

　藤木と武井の研究からは，村レベルの詳細かつ日常的な規制行為の積み重ねも見て取ることができる。江戸時代に，百姓が所持・使用する鉄砲については

---

(58)　同上。
(59)　武井『鉄砲を手放さなかった百姓たち』137-138 頁；藤木『刀狩り』173-178 頁。
(60)　武井『鉄砲を手放さなかった百姓たち』137-139 頁。
(61)　同上，135-137 頁；武井「日本人は銃とどのように向き合ってきたのか」60 頁；藤木『刀狩り』176-177 頁。
(62)　武井『鉄砲を手放さなかった百姓たち』136-137 頁。

411

Ⅳ　通常兵器／宇宙の軍縮・軍備管理

藩の所有物と位置付けられ，前節で示したような藩レベルの登録・記録保持制度が形成された一方で，日々の規制の大部分は村レベルに委ねられた[63]。そして，様々な村の記録には，村の人々が鉄砲の所持・使用者の選定――現在の政策用語でいうところのバックグラウンド・チェック（身辺調査）――をした記録や，使用されなくなった鉄砲に封をして安全に保管した記録，鉄砲の修理や買い替えなどの詳細にわたる情報を領主に報告していた記録などがみられる。

　例えば，1749年（寛延2年），武蔵国秩父郡大野村（現在の埼玉県ときがわ町）で鉄砲を所持していた長右衛門という人物は，次の年も同じ鉄砲を使用したいと村に申請したが，許可が下りず，鉄砲の所持を諦めた。審査に加わった人々は，長右衛門が「不埒の立ち廻り」をする「我がまま」な人物であることを問題視した。そして，代わって千助という人物がその鉄砲の所持・使用を申請し，必ず法令を守ることや，猪や鹿が出没したらすぐに出かけて追い払うことなどを誓約して，ようやく許可を得た[64]。また，1759年（宝暦9年）に，大野村の久兵衛の鉄砲を息子・市左衛門が他村に持ち出していることが発覚した事例では，村役人らは鉄砲を没収・封印して預かろうとしたが，周囲からの働きかけを受けて反省した市左衛門が「久兵衛」を襲名したうえで正式に鉄砲を譲り受けることになった[65]。また，この久兵衛が1791年（寛政3年）に離縁した際に同鉄砲を手放した折には，勘兵衛という人物が同鉄砲を封印のまま預かることを親戚らとともに村に申請し，さらに2年後に久兵衛が復縁すると，村の人々は相談のうえで村役人に申請を行い，再び本人に鉄砲を戻すことにした[66]。このように，村の人々は，鉄砲の所持・使用を許可すべき人物を厳格に見極めただけでなく，使用者がいなくなると何かで封をして厳重に保管し，その期間に一度も使用されないよう努めた[67]。他の村の記録をみても，例えば，1677年（延宝5年）正月に上野国甘楽郡本宿町などの三つの村（現在の群馬県下仁田町）で，百姓がそれまでと同様の鉄砲所持を代官に申請した際には，鉄砲に持ち主と村の名を彫り焼き印を押したうえで鉄砲を所持することが認められ，鉄砲を交換する時や破損した鉄砲を修理する時にも藩に届け出るよう指示されてい

---

(63)　同上，115-126頁；武井「日本人は銃とどのように向き合ってきたのか」58-60頁。
(64)　武井『鉄砲を手放さなかった百姓たち』226-227頁。
(65)　同上，227-228頁。
(66)　同上，228頁。
(67)　同上，228頁。

〔榎本珠良〕　　　　　　　　　　　　　　　*18*　武器の入手可能性と暴力

る(68)。

　もちろん，鉄砲に関する規制は藩や村によって異なる場合もあり，完全に同一の規制が国全体で実施されたわけではない。しかし，これらの記録は，鉄砲の所持・使用を希望する百姓を村レベルで審査して「バックグラウンド・チェック」を実施し，許可を受けた者だけが鉄砲を使用するよう日常的に監視し，使用されていない鉄砲を封印して保管するといった規制が，村レベルで一定の自律性をもって実践されていたことを示している。同時に，既存の鉄砲の交換や，破損した鉄砲の修理に関する記録は，百姓が日常的に鉄砲を交換や修理に出すことが可能なほどに，鉄砲およびその製造・修理技術が社会に浸透していたことも示唆している。

　江戸時代の鉄砲規制は，幕末の天保期（1830-1844 年）には次第に綻びがみられるようになった。この頃になると，村に商品経済が浸透し，地主が成長し土地を失う百姓が増え，村を出ざるを得なくなった人々がアウトローとなり鉄砲を持つようになり，治安が悪化したのである(69)。しかし，それまでの 200 年ほどは，鉄砲が広範に入手可能だったにもかかわらず，それが暴力のために用いられることを防ぐための村レベルの規制が日常的に実践され，少なくとも一定程度は機能していたといえる。

　第一節で紹介したアシュケナジは，豊臣期と江戸時代に「日本人が銃を放棄した」理由を，グループやコミュニティのレベルでの社会的・象徴的・文化的な行為および国家レベルでの法的行為が複合的に機能したためと結論付けていた。日本史分野の研究を踏まえた時に，この主張には首肯できる側面がある。しかし，それは「日本人が銃を放棄した」との神話を否定したうえでのことである。銃から刀剣に至るまでの幅広い武器が所持され入手可能性が比較的高かったにもかかわらず，それらの携帯や使用が規制され私戦が抑制された背景には，法的・規範的・社会的な様々な要素が複合的に機能していたと考えられるのである。これらの時代は，銃の放棄により安定がもたらされた事例としてではなく，国家の統一と近世的な国家建設の過程において，階級を区別し私戦を抑制するための法規制が国家・藩・村の各レベルで一定程度は機能し，領主

---

(68)　同上，41 頁。

(69)　同上，138-163 頁。

Ⅳ　通常兵器／宇宙の軍縮・軍備管理

と村の間に一種の社会契約的な関係性やそれを基盤とする不文の合意ないし規範が形成された事例として考察することもできよう。

　同時に，こうした考察は，第2次世界大戦後の日本の銃砲刀剣類所持規制が，歴史を通じて形成された「銃を禁止し放棄する文化」や，銃を男らしくない不名誉な武器と見做すエートスに基づくものでないことを示唆する。そして，豊臣期と江戸時代にそうした文化やエートスが形成されておらず，人々が銃を放棄しなかったのであれば，第2次世界大戦後の日本の銃砲刀剣類所持規制が，なぜ・いかに形成されたのかについても，新たな考察が必要となろう。次章では，明治期から現代までの国内武器規制に関する研究を踏まえて，この問いへの回答を試みる。

4　明治期から現代までの日本の銃規制

　1868年（明治元年）に明治政府が発足した後，同政府は1872年（明治5年）に「銃砲取締規則」を布告し[70]，1876年（明治9年）には「大礼服並軍人警察官吏等制服着用ノ外帯刀禁止ノ件」（通称「廃刀令」）を布告した[71]。「銃砲取締規則」は，華族から平民に至るまで，所持を許可された場合を除いて，軍用の銃砲や弾薬，ピストルの所持を禁じるものであった。この規則の趣旨は，それまで登録制とされていた猟銃だけでなく軍用の銃砲等の所持を新たに登録制にすることであり，所持を禁ずるものではなかった[72]。また，廃刀令は，大礼服着用の時および軍人・警察官の制服着用の時の帯刀を許可した[73]。その趣旨は，帯刀権を，一般民間人に対して許可せず，新たな明治国家の支配権力を担う軍人・警察・官吏といった人々の公的・特権的な身分表象にすることであった[74]。さらに，廃刀令は，一般民間人が刀か脇差かにかかわらず刀剣を公然と腰に帯びて携帯することを禁止したものの，所持は禁止しなかったし，刀剣を懐や袋に包んで持ち歩くことも，刀剣以外の武器を携帯することも禁止しな

---

(70)　「銃砲取締規則」（明治5年太政官布告第28号）。

(71)　「大礼服並軍人警察官吏等制服着用ノ外帯刀禁止ノ件」（明治9年太政官布告第38号）。

(72)　藤木『刀狩り』194-196頁。

(73)　大礼服は，華族や皇族，文官が儀礼等において着用した。

(74)　藤木『刀狩り』198-200頁。

〔榎本珠良〕　　　　　　　　　　　　　　　*18*　武器の入手可能性と暴力

かった[75]。このように，明治期の規制も，人々に軍用銃や猟銃，刀剣類の所持を禁止せず，元武士の武装解除を企図せず，軍人・警察・官吏と一般民間人を明確に区別することを主眼としていた点において，第2次世界大戦後の規制とは様相を異にする。

　それでは，第2次世界大戦後から現在に至る非常に厳格な国内武器所持規制は，誰によりどのような経緯で形成されたのか。ここでは，日本史研究者の荒敬と先述の藤木による研究を踏まえて考察する。

　敗戦直後の1945年（昭和20年）9月2日，連合国占領軍による一般命令第1号が発布された。その第11項「民間の武装解除条項」には，「日本国大本営及日本国当該官憲ハ聯合国占領軍指揮官ノ指示アル際一般日本国民ノ所有スル一切ノ武器ヲ蒐集シ且引渡ス為ノ準備ヲ為シ置クベシ」との指示が記載されていた[76]。荒によれば，連合国が民間レベルの武装解除を追求した直接的理由は，復員兵を含めた民間人に流通していた武器を回収するためと，日本軍部の交戦派や右翼の抵抗を排除するためであったが，それは帝国軍隊の解体と並び，日本の非軍事化の一環でもあった[77]。これに対して，日本政府は，市民保有の軍刀を含む日本刀は個人の私物であり「家宝」であるため接収の対象から除外すべきであると主張して交渉を重ねた[78]。また，日本政府は，市民による拳銃や小銃の所有については政府の許可制を採用しており，既に警察の厳格な監視のもとに置かれていると主張した[79]。

　しかし，占領軍側はとりわけ日本刀に関して妥協を許さなかった。そのため，日本政府は日本刀一般を回収の対象から除外することを断念し，9月15日に地方官憲に対して，民間所有の軍用鉄砲，拳銃，短銃，仕込銃，刀剣，軍用火薬等の蒐集を命じ，美術的・骨董的価値のある刀剣は登録の上所有者に保管させるよう訓令した[80]。この際，日本政府は，一般刀剣は自発的に所轄警察署に

---

(75)　同上，204-205頁。
(76)　「聯合国最高司令官総司令部一般命令第一号」1945年9月2日；荒敬『日本占領史研究序説』柏書房，1994年，41-42頁。
(77)　荒『日本占領史研究序説』38-39頁；荒敬「占領期における非軍事化と武装解除：特に「占領軍の刀狩り」を中心として」『史苑』第51巻2号，1991年3月，15-18頁。
(78)　荒『日本占領史研究序説』42-46頁。
(79)　同上，46頁；荒「占領期における非軍事化と武装解除」18-23頁。
(80)　荒『日本占領史研究序説』46頁；荒「占領期における非軍事化と武装解除」24-25頁；藤木『刀狩り』210-212頁。

Ⅳ　通常兵器／宇宙の軍縮・軍備管理

提出させ，所轄警察署が保管するものとしていたが，これに対して10月に占
領軍側は，例外とする美術刀や猟銃の許可を厳正にして罰則規定を設けること
や，回収された武器を米軍の各司令部に引き渡すことなどを命じた[81]。この命
令を受けた日本政府は，一般刀剣を自発的に提出させるのではなく，一斉臨検
して個別戸口調査を実施する方針に転換し，罰則規定の整備にも取り組んで
いった[82]。

　武器の回収実施にあたって，警察当局は，戦時中から統制下に置いていた町
内会や隣組などの地域末端機構を利用して，情報を周知して武器の提出を促し
た[83]。茨城県，熊本県，静岡県などでは，現地占領軍当局が直接民家に立ち
入って調査したり，県内をくまなくジープで巡回するなどした[84]。回収過程で
は，米軍が特殊電波探知機を使って家宅捜索する，刀剣類が発見された場合に
は軍事裁判にかけられる，といった噂が広まった[85]。なかには，武器を提出さ
せるため，警察が後者の噂をあえて事実として町会長に伝えた事例もあっ
た[86]。こうした状況のなかで，占領軍を恐れて自発的に多くの武器を提出する
人々もみられた[87]。

　内務省警保局警察統計資料によれば，1946年（昭和21年）3月末までに，拳
銃11,918挺，機関銃類22,994挺，小銃類395,891挺，猟銃類384,212挺，大
砲類243門，機関砲類560門，指揮刀を含む軍刀239,160本，銃剣581,206本，
日本刀897,786本，槍類144,407本，火薬および爆薬907,775キログラムが回
収された[88]。その後も武器の回収は続き，1945-1952年（昭和20-27年）の占領
期に各府県で民間武器回収が実施された回数は，平均5-6回であったと推測さ
れている[89]。

---

(81)　荒『日本占領史研究序説』46-49頁；荒「占領期における非軍事化と武装解除」
　　　24-26頁；藤木『刀狩り』211-212頁。
(82)　荒『日本占領史研究序説』49-50頁；藤木『刀狩り』212頁。
(83)　荒『日本占領史研究序説』50-62頁；荒「占領期における非軍事化と武装解除」
　　　28-30頁；藤木『刀狩り』212-213頁。
(84)　荒『日本占領史研究序説』51頁；荒「占領期における非軍事化と武装解除」28頁；
　　　藤木『刀狩り』213頁。
(85)　荒『日本占領史研究序説』53頁；荒「占領期における非軍事化と武装解除」29頁。
(86)　藤木『刀狩り』213-214頁。
(87)　荒『日本占領史研究序説』53頁；同上，213頁。
(88)　内務省警保局『警察統計資料』内務省警保局，1946年，121頁。
(89)　荒『日本占領史研究序説』50頁；荒「占領期における非軍事化と武装解除」28-30

〔榎本珠良〕　　　　　　　　　　　　　　*18*　武器の入手可能性と暴力

　1946 年（昭和 21 年）6 月，日本政府は日米間の合意に基づく形で「銃砲等所持禁止令」[(90)]と「銃砲等所持禁止令施行規則」[(91)]を制定し，鉄砲・火薬および刀剣類の所持を禁止したうえで，猟銃や美術品として価値がある刀剣類，産業用火薬の所持を許可制とし，違反した場合の刑事罰を定めた。その後，「銃砲等所持禁止令」は 1950 年（昭和 25 年）に「銃砲刀剣類等所持取締令」[(92)]に代えられ，これが 1952 年（昭和 27 年）の主権回復後は法律としての効力を持つものとなり，一部修正を経て 1958 年（昭和 33 年）に「銃砲刀剣類所持等取締法」[(93)]が制定され，現在まで幾度となく細かな修正が加えられている。

　このような経緯を踏まえても，第 2 次世界大戦後の日本の銃砲刀剣類所持規制について，数世紀にもわたる日本の歴史のなかで形成された「銃を禁止し放棄する文化」や，銃を男らしくない不名誉な武器と捉えるエートスに基づくものとは考えにくい。むしろ，戦後日本における銃砲刀剣類所持規制の形成は，占領軍側の要求による部分が大きかったといえよう。言い換えれば，合衆国憲法修正第 2 条に人民が武器を保有し携帯する権利を規定し，頻発する銃犯罪に直面しているアメリカこそが，占領下の日本において世界で最も厳格な国内武器所持規制を創出したのである。そして，その厳格な規制は，敗戦国の軍だけでなく一般市民も武装解除し非軍事化するための施策として開始された。現在に至る日本の銃砲刀剣類所持規制の基本方針は，市民による政策論議から生まれたものでも，日本の歴史を通じて形成された文化やエートスが醸成したものでもなく，戦争に敗れた旧敵国に対するアメリカの徹底的な武装解除・非軍事化政策を基盤にして形成されたといっても過言ではないだろう。

おわりに

　1970 年代にペリンが *Giving up the Gun* を著した時，高度な鉄砲という武器を自発的に捨て去り刀剣の時代に回帰して一定の平和を築いた国の物語は，核兵器による人類破滅の危機を懸念し核兵器の放棄を願った人々を勇気づけ刺激

　　頁；藤木『刀狩り』212-213 頁。
(90)　「銃砲等所持禁止令」（昭和 21 年 6 月 3 日勅令第 300 号）。
(91)　「銃砲等所持禁止令施行規則」（昭和 21 年内務省令第 28 号）。
(92)　「銃砲刀剣類等所持取締令」（昭和 25 年政令第 334 号）。
(93)　「銃砲刀剣類所持等取締法」（昭和 33 年 3 月 10 日法律第 6 号）。

Ⅳ　通常兵器／宇宙の軍縮・軍備管理

したといわれる[94]。そして，現在も，主に英語圏の多くの人々は，この物語を事実と見做している。それゆえに，英語圏の先行研究において，日本の過去・現在の事例は，武器の入手可能性と暴力のレベルの双方が極度に低い，単純な相関関係・因果関係を示す事例として扱われてきた。そして，この認識に基づいて，日本において極めて厳格な規制が効果的に実施されて人々が銃を手放した理由の解明が試みられてきた。アメリカの銃規制をめぐる議論においても，銃規制賛成派は，銃を捨てた歴史を通じて現代日本の厳格な武器所持規制が形成されて安全な社会がもたらされたと論じ，銃規制反対派は，豊臣政権と江戸幕府の独裁的・専制的な統治下においてこそ人々の銃放棄が達成できたのであり，民主主義国たる現代アメリカではそのような規制は可能でも適切でもないと主張する。

　しかし，日本史研究者は，この物語は幻想であると指摘してきた。豊臣期と江戸時代に日本人は銃を手放したわけではなかったし，農民が銃も刀・脇差も奪われて丸腰になったわけでもなかった。むしろ，武士も町人も農民も刀や脇差を所持することが概して可能だったし，銃は農民にとって日々の害獣駆除のために必要であった。

　このような指摘を踏まえた時，豊臣期と江戸時代における武器の入手可能性と暴力との関係性については，全く異なる問いに答える必要が生じる。つまり，この時代に，武器が広範に入手可能であったにもかかわらず，なぜ私戦が抑制され一定の平和が保たれたのかという問いが浮かび上がるのである。本稿は，日本史研究者の研究をもとに，この新たな問いに答えることを試みた。そして，第2次世界大戦後の日本の銃砲刀剣類所持規制が，なぜ・いかに形成されたのかについても，一定の考察を行った。

　日本の国内銃規制について英語圏の先行研究において事実と見做されてきた物語を再考することは，この事例が現代のアメリカ等における国内銃規制をめぐる政策論議に対して有する示唆に関しても，再検討を促すことになろう。日本の事例は，社会から銃をなくし人々を丸腰にするための教訓というよりも，社会において銃を規制し武装暴力を抑制するための，より具体的な教訓を提示すると考えられる。つまり，この事例は，銃所持の許可制度の義務化，登録・

---

(94)　川勝平太「訳者あとがき」ノエル・ペリン（川勝平太訳）『鉄砲を捨てた日本人：日本に学ぶ軍縮』中央公論新社，1991年，176-185頁。

〔榎本珠良〕　　　　　　　　　　　　　**18**　武器の入手可能性と暴力

記録制度の確立，許可にあたっての「バックグラウンド・チェック」，銃の安全な保管，人々と中央・地方政府および国内治安組織との間の信頼関係の構築といった事柄について，より現実的かつ実践的な教訓を示すものといえよう。

　同時に，本稿の研究は，一次資料やそれに基づく研究が英語以外の言語で記述される場合に，歴史学者や社会学者，人類学者らとの対話や共同研究を通じた慎重な研究が必要なことも示唆するだろう。オーウェン・グリーン（Owen Greene）とニコラス・マーシュ（Nicholas Marsh）が解説するように，1990 年代以降に武器の入手可能性と暴力との関係性について多くの研究がなされ，当初は「確立した事実」と見做された事柄に対して，再考が繰り返されてきた[95]。しかし，このテーマに関する研究と政策論議は，主として北米や西ヨーロッパを中心とする地域の研究者や実務者，メディアによってなされており，現在も彼らは日本の事例に関する神話を事実と認識している。そして，英語圏の研究や報道において，日本語での情報が認知されにくい状況を鑑みれば，話者が比較的少ない他言語での情報もまた看過されやすいことが推察できよう。

　最後に，本稿の研究を踏まえれば，第 2 次世界大戦後の銃砲刀剣類所持規制が日本社会に根付き，広範に許容ないし支持されるようになった理由を解明する必要が生じるだろう。荒によれば，当初，占領軍の方針に抵抗していた日本政府は，次第に占領軍に協力し，詳細な規制方法を提案し規制を実施していった[96]。そして，その後の日本の銃砲刀剣類所持規制は，日本人の手によって幾度とない修正が加えられ，国内で大きな批判や抵抗を受けずに受容されているといえよう。こうした現象については，占領軍による強制という側面のみで説明することは困難であり，さらなる研究を要するだろう。

　　謝　辞

　本研究の一部は，文科学省私立大戦略的基盤形成支援事業（平成 27 年〜平成 31 年），JSPS 科研 JP16K17075，JP16KT0040 の助成を受けて実施した。本稿は，拙稿 "Giving Up the Gun?: Overcoming Myths about Japanese Sword-Hunting and Firearms Control," *History of Global Arms Transfer,* No. 6, July 2018, pp. 45-59 をもとに，大幅な修正を加えたものである。本稿の作成過程において多くのコメントをくださったオスロ国際平和研究所（PRIO）のニコラス・マーシュ（Nicholas Marsh）氏，歴史学の視点からの助言をくださった明治大学の横井勝彦氏と沖縄

―――――――――――――――

(95)　Greene and Marsh, "Conclusions and Priorities for Further Research".
(96)　荒『日本占領史研究序説』38-66 頁；荒「占領期における非軍事化と武装解除」。

Ⅳ　通常兵器／宇宙の軍縮・軍備管理

　大学の武井弘一氏，そして本書の編者の先生がたに御礼を申し上げる。

19 21世紀の宇宙軍備管理条約案の現状と課題

青 木 節 子

はじめに：これまでの宇宙の軍備管理・軍縮の状況と本稿の射程

　宇宙の軍備管理・軍縮規定の中核は，1967年に発効した「月その他の天体を含む宇宙空間の探査及び利用における国家活動を律する原則に関する条約」（以下「宇宙条約」）[1]第Ⅳ条に反映されている[2]。その内容は，宇宙空間においては大量破壊兵器（以下「WMD」）の配置の禁止，地球以外の天体においては，軍事利用のほぼ全面的な禁止である[3]。

　現状，宇宙の軍事利用として主要な活動は，敵の軍事行動を把握するための画像偵察衛星や電子偵察衛星，自国のミサイルの精度を向上させる測位航法調時（PNT）衛星，敵のミサイル発射を探知する早期警戒衛星など，軍隊の地上での活動を支援するための衛星利用であることに異論はない。このような軍事利用については，すでに1990年代半ばまでに民生・商用利用との区別が曖昧になりつつあった。たとえば，米空軍の運用するGPS/PNT衛星が無償で世界

---

(1)　610 UNTS 205. 2018年1月1日現在，107カ国が当事国である。A/AC.105/C.2/2018/CRP.3, 9 April 2018, p.10.

(2)　宇宙条約以外には，部分的核実験禁止条約（PTBT），月協定，環境改変技術敵対的使用禁止（ENMOD）条約等が関係するが，宇宙条約を超える規制を主要な宇宙活動国に課すものではない。これらの条約による規制については，See, e.g., Setsuko Aoki, "Law and Military Uses of Outer Space," in Ram S. Jakhu and Paul Stephen Dempsey (eds.), *Routledge Handbook of Space Law,* Routledge, 2017, pp. 200-206.

(3)　月その他の天体上の活動については，同条約第4条に広範に亘る禁止事項（「軍事基地，軍事施設及び防備施設の設置，あらゆる型の兵器の実験並びに軍事演習の実施」）が列挙され，かつ，宇宙空間での活動には明記されない「もっぱら平和的目的のため」の利用義務が課せられているため，残余の軍事利用を想像することは困難であることから，「非軍事」利用を意味するという解釈が有力である。See, e.g., Stephan Hobe, Bernhard Schmidt-Tedd, and Kai-Uwe Schrogl (eds.), *Cologne Commentary on Space Law,* Vol.1, Carl Heymanns Verlag, 2009, pp. 81-85. 筆者は，結論は妥当であるとしても，「もっぱら平和的目的のために」利用する義務自体は非侵略利用を意味し，天体上の非軍事利用義務を直接導くものではないと考える。

421

Ⅳ　通常兵器／宇宙の軍縮・軍備管理

に提供する信号が，カーナビ，精密地図，精確な時刻管理を必要とする金融市場役務などに使用され世界の民生利用に深く浸透しており，また，各国軍隊が経費節減のために，商用衛星の通信容量，画像などを購入する慣行が確立していたからである[4]。そのため，軍事目的の活動のみを抽出して禁止や制限をかけることは，その意義は別として，技術的には著しく困難であることが認識されていった。そこで，軍事目的の専用衛星や汎用衛星の利用を「宇宙のミリタリゼーション」と定義し，これは既に多用されているため国際法上許容されているとし，宇宙空間にむけて，宇宙空間において，または宇宙空間から行われる国連憲章の禁止する「武力による威嚇又は武力の行使」（第2条4項）を「宇宙のウェポニゼーション」と位置づけて包括的にまたはその一部を禁止すべきであるという提案が，軍縮会議（CD）を含む国際場裏でなされてきた[5]。禁止範囲としては，地上から宇宙空間への攻撃を含めるべきか否かが特に議論の分かれるところであった。しかし，20世紀中に提案されたいかなる条約案も交渉の段階に進むことはなく，宇宙軍備管理条約作成は挫折した[6]。

　21世紀に入り，長期的に安定し持続可能な宇宙活動に対する脅威としての宇宙ゴミ（以下，「スペースデブリ」または「デブリ」）の低減が喫緊の課題とされるようになった。その流れの中で，民生宇宙活動の促進と国際協力を目指す国連宇宙空間平和利用委員会（COPUOS）が2007年に採択した「COPUOS スペースデブリ低減ガイドライン」[7]の第4ガイドラインは，間接的に対衛星（ASAT）兵器の実験，使用の制限を規定する[8]。宇宙環境保護を主要な目的として採択された技術ガイドラインではあるが，同年1月の中国の ASAT 実験がもたらした衝撃により採択が促進されたことは明白であり[9]，軍備管理を側面

---

(4) See, e.g., Loring Wirbel, *Star Wars: US Tools for Space Supremacy*, Pluto Press, 2004, pp.114-115; Michael N. Schmitt, "International Law and Military Operations in Space," *Max Planck Yearbook of the United Nations Law,* Vol.10, 2006, p.98.

(5) 日本軍縮学会編『軍縮辞典』信山社，2015 年，29 頁。

(6) CD/9, 26 March 1979; CD/274, 7 April 1982; CD/476, 20 March 1984; CD/851, CD/OS/WP.24, 2 August 1988; CD/939, CD/OS/WP.37, 28 July 1989.

(7) A/62/20 (2007), Annex, pp.47-50.

(8) Ibid., p. 49. 第4ガイドラインは，長期間残留するデブリを発生させる軌道上の宇宙機（spacecraft）およびロケット軌道投入段の意図的な破壊その他の有害な干渉は回避しなければならないと規定する。意図的破壊が必要なときには十分低い高度で破壊を行い，デブリの残留期間を可能な限り短縮することが要請される。

(9) A/AC.105/869, 15 March 2006, paras. 92-114, Annex II (p.39); A/AC.105/890, 6 March

422

〔青木節子〕　　　　　　　　　　**19**　21 世紀の宇宙軍備管理条約案の現状と課題

から支援する規範と評価することもできるだろう。ガイドライン自体は非拘束的文書だが[10]，国内宇宙法を有する国の衛星運用許可条件に含まれることにより，拘束力を有する義務となることもある[11]。

　COPUOS は民生宇宙活動のみを扱う場であるが，国連事務総長が 2011 年に設置を決めた「宇宙活動における透明性・信頼醸成措置（TCBM）」に関する政府専門家会合（GGE）[12]や，欧州連合（EU）がイニシアティブを取り，2012 年 1 月以降は米日加豪等も積極的姿勢に転じた「宇宙活動に関する国際行動規範」採択を目指す有志国会合[13]は，軍事・民生を含むすべての宇宙活動を対象として，宇宙安全保障の規範設定に取り組んできた[14]。しかし，両者とも，条約の作成は困難と判断し，法的拘束力をもたない文書の作成を目指した。前者は，2012-2013 年の 3 回の会合を経て，2013 年 7 月に各国が自発的に履行すべき TCBM 措置を勧告する文書を採択した[15]。後者は，2014 年 3 月以降はテキストが改定されることもなく，2015 年 7 月の有志国会合[16]を最後に，会合自体が開催されない状態である。あくまでも条約づくりを主張するロシア，中国等の姿勢もあり，国際行動規範づくりは挫折したと評価されるだろう。

———————————

　　2007, paras. 79-121, Annex IV (pp.42-46).

(10)　国内のデブリ低減制度構築の努力を促すものとしては，COPUOS の 2 つの小委員会が構成する緩やかな国家報告制度も存在する。COPUOS 科学技術小委員会では，2008 年以降，デブリ低減ガイドライン履行の技術的側面についての各国の自主的な報告が行われ，法律小委員会では，2009 年以降，法制度的側面が報告されている。See, e.g., A/AC.105/935, 20 April 2009, paras.148-162. また，各国・国際機関が実施するデブリ低減措置を適宜アップデートしたものが，国連宇宙部 HP に掲載されている。http://www.unoosa.org/oosa/en/ourwork/topics/space-debris/compendium.html.

(11)　日本については「人工衛星等の打上げ及び人工衛星の管理に関する法律」（宇宙活動法）（2016（平成 28）年法律第 76 号）第 22 条 1-4 号。

(12)　A/RES/65/68, 13 January 2011, para.2.

(13)　See, e.g., Council of the EU, 17175/08, PESC1697, CODUN 61 17 December 2008; Idem, 14455/10. PESC 1234, CODUN 34, ESPACE 2 COMPET 284, 11 October 2011; Press Statement, Hillary Rodham Clinton, "International Code of Conduct for Outer Space Activities," 17 January 2012, https://2009-2017.state.gov/secretary/20092013clinton/rm/2012/01/180969.

(14)　A/RES/65/68. また，現行草案として最新の 2014 年 3 月 31 日版の国際行動規範案参照。http://www.eeas.europa.eu/archives/docs/non-proliferation-and-disarmament/pdf/space_code_conduct_draft_vers_31-march-2014_en.pdf.

(15)　A/68/189, 29 July 2013.

(16)　たとえば外務省，「『宇宙活動に関する国際行動規範』多国間交渉会合」，2015 年 9 月 8 日，https://www.mofa.go.jp/mofaj/fp/sp/page22_002266.html.

Ⅳ　通常兵器／宇宙の軍縮・軍備管理

　2020 年代間近になり，条約による軍備管理を目指す動きが再び活性化されつつある。21 世紀に宇宙軍備管理条約案を積極的に提案した国は，中国とロシアの 2 国にとどまるが，その努力は一貫性と継続性に富むものであり，次第に非同盟諸国（NAM）を含む途上国の支援も獲得していった。ついに，2017 年の国連総会決議は，国連事務総長が招請する GGE において，「宇宙空間における軍備競争の防止（PAROS）」についての法的拘束力を有する文書の実質的要素を議論し，コンセンサスに基づき 2019 年に報告書を採択することを求めるまでになった[17]。宇宙活動についての GGE はこれまで 2 回開催されているが，2 回とも軍備管理の前提となる信頼醸成措置（CBM）／TCBM 措置を議論するものにとどまり，条約案に向けての議論を射程に含めたものは 2018 年 8 月に開催されるものが始めてである[18]。

　GGE/PAROS の結果がいかなるものとなるにせよ，今後の宇宙軍備管理条約案は，21 世紀にロシアと中国が CD に提出した一連の条約案——そのなかでも特に 2014 年提案——が基準となることは間違いない。そこで，本稿はこれら 4 つの軍備管理条約案をその禁止事項を中心に考察し，条約案に対する各国，特に米国の反応や国際情勢を視野に入れつつ，合意が可能な宇宙軍備管理条約案の方向性を考察する。4 つの条約案とは具体的には，2001 年に中国が単独で提出した「宇宙空間のウェポニゼーションの防止に関する条約案」，2002 年にロシアと中国が共同で提案した「宇宙空間における兵器配備（deployment），および宇宙空間物体に対する武力による威嚇または武力の行使の防止に関する条約案」（「PDWT」）および同案とほぼ類似ながら条約名称を「配備」から「配置」に変え，定義条項を加えて提出された 2008 年のロ中共同提案「宇宙空間における兵器配置（placement），および宇宙空間物体に対する武力による威嚇または武力の行使の防止に関する条約案」（「PPWT」），さらに 2014 年に提案された PPWT 改訂版を指す（4 つの条約案の内容やタイトルについては，法技術的側面の説明の便宜のために，次節以降のそれぞれの箇所において正式名称を今一度繰り返し用いる）。

　なお，以下，原典が「outer space」である場合に対応する語としては，極力

---

(17)　A/RES/72/250, 12 January 2018.

(18)　初回 GGE は 1991 年に設置され，1993 年に国連事務総長に報告書を提出した。A/RES/45/55B, 4 December 1990, para.3; A/48/305, 15 October 1993; A/RES/48/74, 7 January 1994.

424

〔青木節子〕　　*19*　21世紀の宇宙軍備管理条約案の現状と課題

「宇宙空間」を用いるが，既に慣用的に「宇宙」が使用される場合には，「宇宙」と記す。また原典が「space」である場合はすべて「宇宙」とする。

1　中国の単独提案（2001年）

中国は2000年2月，CDに作業文書を提出し，現行国際法規範では宇宙の軍備競争に対応することができずPAROSは不可能であるとして，PAROS条約の必要を訴えつつ，同条約に含めるべき9項目を提案した[19]。具体的な禁止事項は，宇宙空間で の兵器（兵器システムおよびその構成要素を含む）の実験，配備，使用であった[20]。翌年には，同作業文書を具体化する形で「宇宙空間のウェポニゼーション防止に関する条約案」を提出した[21]。21世紀最初の宇宙軍備管理条約案（以下「中国案」）である。中国案の具体的禁止事項は，①宇宙空間におけるあらゆる兵器，兵器システムまたはその構成要素の実験，配備（deploy），使用，②宇宙空間において戦闘目的で使用することが可能なあらゆる兵器，兵器システムまたはその構成要素の地上，海中，大気圏内での実験，配備，使用，③軌道上に打ち上げられたあらゆる物体の戦闘行動への直接の参加，④他国，地域，国際組織，団体が条約により禁止する活動に参加するよう援助，奨励することである[22]。

中国案は，「宇宙空間」を海抜100キロメートルより上の空間と定義するほか，「兵器」，「兵器システム」，「兵器システムの構成要素」の定義規定を置く[23]。禁止事項以外の宇宙の軍事利用は適法である旨が明記される[24]が，同条約案には，国連憲章第51条に基づく自衛権の行使が認められる旨の規定はない[25]。検証規定はなく，その要否は将来の考慮に委ねる旨が括弧付きで記述されるにとどまる。しかし，CBMに該当する自国の宇宙活動計画，射場の位置や範囲，打上げ実績や当該物体の情報などについては，公表・報告義務が課

---

(19)　CD/1606, 9 February 2000.

(20)　Ibid., p.4.

(21)　CD/1645, 6 June 2001.

(22)　Ibid., p.3.

(23)　Ibid.

(24)　Ibid., p.4.

(25)　自衛権の明記は，2008年のロ中共同提案（後述3(1)参照）以降見られるようになった。

Ⅳ　通常兵器／宇宙の軍縮・軍備管理

される[26]。

　中国案の最大の特色は，それ以降の条約案に比べて禁止規定が包括的なことである。宇宙空間での兵器の実験，配備，使用が禁止されていることに加え，宇宙空間での戦闘行為に使用する能力がある兵器の地球での実験，配備，使用が明確に禁止されている。2002年以降のロ中案では，これらの禁止規定は消え，兵器の宇宙空間配備/配置[27]のみが禁止事項となる。したがって，中国案では，地上配備型ASATシステムはもちろんのこと，地上配備型対ミサイル攻撃システム──弾道弾迎撃ミサイル（ABM），弾道ミサイル防衛（BMD），ミサイル防衛（MD）──でASAT能力も併せて有する兵器も禁止されるが，それ以降の提案では禁止事項から除外される。中国案のもう1つの特色は，条約の実施機関（Executive Organization: EO）および紛争解決手続等の条約の履行確保を管理するシステムならびに条約の最終条項（改正，期間，脱退，署名・批准，発効，正文）等，条約の構造全体が2002年以降の3つのロ中共同提案と酷似している点である[28]。21世紀の宇宙軍備管理条約案の禁止事項範囲を除く基本的構造は，2001年に確立したといってよい。

　ロシアと中国は，21世紀以降，ロシア主導とみられる宇宙軍備管理条約づくりで緊密に協力しているが[29]，中国案で示された地上配備型兵器の実験，配備，使用禁止規定が2002年以降消えたのはなぜだろうか。本稿の結論部分で推測する。なお，一連の条約案の特色としては強制措置を伴うEOの機能等興味深い点もあるが，本稿は禁止事項の範囲に焦点を当て，それ以外の要素は，禁止事項と関係する限りにおいて簡潔に述べるに留める。

---

(26)　CD/1645, p.4.

(27)　条約案のタイトルは，2002年案では「配備（deployment）」，2008年案以降は「配置（placement）」が使用される。注(31)，(49)，(68)参照。

(28)　CD/1645, pp.2-6. EOは同一の名称で，現行ロ中案（2014年）まで提案され続けている。2002年のPDWT案，para. VIII，2008年の第1次PPWT案，第VIII条，2014年の第2次PPWT案，第VI条。

(29)　中国の軍縮大使は，ロシアや友好国との密接な協力のもとに，中国案を発展させる形で，2002年以降のロ中案を作成したと発言している。CD/PV.933, 31 July 2003, pp.6-7.

2　ロ中 PDWT（2002 年）と各国の見解

（1）　PDWT の概要

　2002 年，ロシアと中国は，ベトナム，インドネシア，ベラルーシ，ジンバブエ，シリアとの共同提案という形で，「宇宙空間における兵器配備（deployment），および宇宙空間物体（outer space object）[30]に対する武力による威嚇または武力の行使の防止に関する条約案」（以下「PDWT」）を提出した[31]。ロ中案は，さらに 2 回，2008 年および 2014 年に提出されているが，2008 年版からは，既述のように条約案名の一部が「宇宙空間における兵器配置（placement）」と変わるため，2008 年案以降は PPWT と称する。ただし，中国案，PDWT，PPWT は連続性があり[32]，以下で検証するように，PDWT 以降の 3 つは同一の条約案とみることもできる（PDWT は，タイトル以外では deployment という語は使用されていず，条約本文の該当規定（para. III）では，「配置」に place と station の語が使用されていることもあり，PDWT を第 1 次 PPWT と位置付けることも可能である）。

　PDWT の軍備管理義務は以下のとおりである。第 1 に，兵器を地球を回る軌道に乗せ，天体に設置し，および他のいかなる方法によっても兵器を宇宙空間に配置（station）することが禁止される。これは，宇宙条約第 IV 条の禁止範囲を WMD からすべての兵器に拡大したものであり，CD では 1979 年のイタリア案[33]以来繰り返し提案されてきた。第 2 に，「宇宙空間物体」に武力による威嚇または武力の行使を行うことが，第 3 に他国，国家集団，国際組織が条約で禁止された活動に参加することを援助・奨励することが禁止される[34]。宇宙空間物体は，国連宇宙諸条約で用いられる宇宙物体（space object）[35]とは異なる意味をもつことが推測されるが，この語も含めて，PDWT には定義規定

---

(30)　国連宇宙諸条約や中国案では使われていない新しい用語である。

(31)　CD/1679, 28 June 2002. 条約案タイトル中の「宇宙空間物体」は，国連宇宙諸条約や中国案では使われていない新しい用語である。

(32)　PDWT の前文も，ほぼ前年の中国案と同一である。Ibid., p.2; CD/1645, pp. 2-3.

(33)　CD/9.

(34)　CD/1679, p.3.

(35)　宇宙物体は，「『宇宙物体』には，宇宙物体の構成部分並びに宇宙物体の打上げ機及びその部品を含む。」と定義される。宇宙損害責任条約，第 I 条(d)，宇宙物体登録条約，第 I 条(b)。

Ⅳ　通常兵器／宇宙の軍縮・軍備管理

が置かれていない。（PDWT に定義規定を加え，かつ，若干の変更を加えたものが
2008 年の PPWT である。）

　禁止規定に続く国内履行措置，平和的目的の範囲の軍事利用の合法性を明記
する規定，義務的な CBM 規定，紛争解決規定，条約の履行確保を担う EO に
関する規定，最終条項 などは，2001 年中国案とほぼ同一である。中国案と同
様，検証条項についての言及はない[36]。

　ロシアは，PDWT 提出後に，CD に書簡を提出し，PDWT が発効するまでは，
宇宙空間での兵器配備にモラトリアムを行う意向を示した[37]。これは新しい発
想ではなく，1985 年にソ連（国名は当時）は，宇宙空間への ASAT 兵器配備モ
ラトリアムを 1983 年に開始したと述べ，他国もこのモラトリアムを守る限り
はソ連もモラトリアムを継続すると宣言していた[38]。

（2）　PDWT についての各国の見解

　その後，ロシアが中心となり，PDWT の内容の普及に努め，かつ各国の質
問に答えるためのオープンエンド会合等を複数回設けた。CD には PDWT 評
価の進展状況を継続的に報告し[39]，2007 年に各国の見解集約の最終版を提出
した[40]。以下，各国からの評価とそれに対するロ中の対応についてごく簡単に
纏める。

（a）　定　　義

　PDWT が定義を欠いていることにつき，定義は条約作成において議論を長
引かせるものであるとして支持する見解もあったが，多くの国は，鍵となる必
要最小限の用語には定義を付すべきであると主張した。ロ中は，2005 年 5 月
に提出したノンペーパー以降，「宇宙空間」，「宇宙空間物体」，「宇宙兵器（wea-

---

(36)　CD/1679, pp. 2-5.

(37)　CD/1687, 8 October 2002.

(38)　CD/611, 10 July 1985, para.3.

(39)　See, e.g., CD/PV.933, pp.8-9; non-paper by Russia and China, "Existing International Legal Instruments and Prevention on the Weaponization of Outer Space," 26 August 2004 (later issued as CD/1780, 22 May 2006) ; non-paper by Russia and China, "Verification Aspects of PAROS," 26 August 2004 (later issued as CD/1781, 22 May 2006); non-paper by Russia and China, "Definition Issues Regarding Legal Instruments on the Prevention of the Weaponization of Outer Space," 9 February 2005 (later issued as CD/1779, 22 May 2006); CD/1756, 15 September 2005; CD/1769, 14 February 2006.

(40)　CD/1818, 14 March 2007.

428

〔青木節子〕　**19**　21世紀の宇宙軍備管理条約案の現状と課題

pon（in outer space））」，宇宙空間物体に対する「武力の行使」，「武力による威嚇」については定義を入れる方向性を示唆した[41]。

（b）　義務内容等[42]

BMD/MD は ASAT に使用できるにもかかわらず，PDWT では地上配備型 ASAT 兵器が禁止対象ではない点が適切ではないと指摘する国があった[43]。また，宇宙配備型の BMD システムや核兵器を搭載した大陸間弾道ミサイル（ICBM）は，その能力に着目すると，宇宙空間にある物体を破壊しうるから宇宙兵器とみなすべきという見解と，宇宙物体を破壊する目的で設計製造されていない兵器は，宇宙兵器に含めるべきではないという意見とに分かれた[44]。これは，「宇宙物体」または「宇宙空間」にある「物体」の範囲を明確化しない限り，妥当な議論の前提が確保できない問題であり，「宇宙空間物体」の定義が求められるゆえんである[45]。

また，宇宙空間への配備禁止のみでは足らず，宇宙空間に配置/配備することが可能な兵器の地上での開発，実験，生産，移転，使用も禁止事項に加えるべきという主張もみられた[46]。禁止事項を拡大すると検証が困難となり，かつ検証技術開発コストがかかるという反論に対しては，検証可能性が低いことを宇宙兵器の開発禁止を排除する原因とするのは不適切であるという再反論がなされた[47]。概して，検証条項が置かれていない点を条約案の欠陥とみる国は

---

(41)　CD/1756, p.4; CD/1769, pp.3-4. 今後の議論の土台として，ロ中は定義案を示し（CD/1779, pp.2-5.），それに対する各国のコメントも文書に含めた。CD/1818, paras.28-55. なお，PDWT で用いられる「兵器」は，ロ中の定義案では「weapon (in outer space)」と記述される。第1次 PPWT（2008年）（後述）以降は，「wlepon in outer space」と記述される。

(42)　第1次 PPWT（2008年）（後述）に基本的な用語の定義規定を含めたために，定義（第Ⅰ条）と禁止規定（第Ⅱ条）を併せて解すると，2007年までに各国が提出した問題点は解消する場合もある。本稿では現在解決済みの論点については，ICBM に関する論点（後述）以外は省略し，現行 PPWT 案（2014年）においても未解決の論点のみを記す。

(43)　CD/1769, p.5.

(44)　CD/1818, para.55.

(45)　たとえば，ICBM については，2008年の PPWT 案での「宇宙兵器」の定義により，宇宙兵器ではないことが明確化された。また，「宇宙空間物体」と「配置する」という語の定義によっても，ICBM は武力行使の対象からも除かれたと解される。

(46)　CD/1769, p.5; CD/1818, para.67.

(47)　CD/1818, para. 71.

Ⅳ　通常兵器／宇宙の軍縮・軍備管理

少なくなかった。他方，実効的な検証方法の開発，政治的，資金面の困難に理解を示し，検証措置は発効後，時間をかけて合意に至ればよいという見解もあった[48]。検証措置が規定されていないことに関する各国の評価は，PDWTに対するものも，2008年，2014年の２つのPPWTに対するものも変わらないので，検証については，今後本稿の結論部分以外では言及しない。

3　第１次 PPWT（2008 年）の概要

（1）　第１次 PPWT の禁止規定

2008年２月29日，「宇宙空間における兵器配置（placement），および宇宙空間物体に対する武力による威嚇または武力の行使の防止に関する条約案」（以下「第１次PPWT」）を収録したロ中の書簡がCD事務局長に提出された[49]。PDWTとの相違点は，定義規定が加わったこと（第Ⅰ条(a)－(e)），国連憲章第51条に従う自衛の権利が明記されたこと（第Ⅴ条），政府間国際組織の条約への直接参加が可能とされたこと（参加条件は将来作成を義務づけられた議定書による）（第Ⅸ条）であり，それ以外は，具体的な３つの禁止規定も含め，PDWTとほぼ同一である[50]（第Ⅱ条）。６つの用語―(a)「宇宙空間」，(b)「宇宙空間物体」，(c)「宇宙兵器」（weapon in outer space），(d)（兵器が）「配置される（placed）」，(e)「武力の行使」または「武力による威嚇」――が新たに第Ⅰ条の(a)－(e)に定義されたので，これを第Ⅱ条の３つの具体的禁止行為に照らし合わせると，条約締約国には以下のような義務が課されると解される（定義については，表参照）。

第１に，兵器配置を禁止する場所についてである。①海抜100キロメートル

---

(48)　Ibid., paras.111-133; CD/1769, pp. 8-9. なお，紛争解決制度やそれを制度的に支える EO については，CD/1818, paras.134-144; CD/1769, pp.8-10.

(49)　CD/1839, 29 February 2009. 条約案タイトルが deployment から placement と変わった。

(50)　第１に，いかなる兵器も地球を回る軌道に乗せず，天体に設置せず，および他のいかなる方法によってもあらゆる兵器を宇宙空間に配置（place）しないこと（PDWTでは配置（station）しないこと，と宇宙条約第Ⅳ条と同じ文言が使用されていた），第２に，宇宙空間物体に武力による威嚇または武力の行使を行わないこと（PDWTと同一），第３に他国，国家集団，国際組織が条約で禁止された活動に参加することを援助・誘導（induce）しないこと（PDWTでは，奨励する（encourage）であった）が義務づけられる。

430

PPWT の定義

	第 1 次 PPWT（2008）	第 2 次 PPWT（2014）
宇宙空間物体（outer space object）	第Ⅰ条(b)「宇宙空間（100km より上）（第Ⅰ条(a)）で機能するように設計されたあらゆる装置であり，以下の条件のうち少なくとも 1 つを満たすもの 1）天休周回軌道に向けて打ち上げられた； 2）天休周回軌道に存在する； 3）地球以外の天体上に存在する； 4）天体周回軌道を離脱し当該天体に向かう； 5）1 の天休から他の天体に同かう； 7）その他の方法で「宇宙空間」（第Ⅰ条(a)）に「配置される」（第Ⅰ条(d)）。	第Ⅰ条(a)「宇宙空間に配置され」，かつ宇宙空間で運用するために設計されたあらゆる装置
宇宙兵器（weapon in outer space）	1）「宇宙空間に配置した」あらゆる装置（あらゆる物理法則による） 2）特に以下の目的の少なくとも 1 つのために製造また転換されたもの ①宇宙空間，地球上または地球の大気圏内にある物体の通常の機能を破壊し，損害を与え，混乱させること； ②　住民を抹殺しまたは人類の生存に重要な生物圏の横成要素を排除すること； ③　住民または人類の生存に重要な生物圏の横成要素に損害を与えること	変更点は，「宇宙兵器」は宇宙空間物体またはその構成要素である，という前提条件が明確化された点
「配置された」（placed）（第 1 次 PPWT）「宇宙空間に配置された」（placed in outer space）（第 2 次 PPWT）	以下のいずれかの場合，placed と解する。 i）地球周回軌道を少なくとも 1 周する； ii）地球軌道を 1 周せずにその軌道を去る； iii）宇宙空間に永続的に存在する。	2008 年 PPWT の定義 ＋ iv）地球以外の天体上に永続的に存在する
武力の行使（use of force）	「宇宙空間物体」に対して，特に以下の目的をもって行う敵対的行為をいう。i）宇宙空間物体を破壊すること；ii）宇宙空間物体に損害を与えること；iii）宇宙空間物体の正常な機能を一時的もしくは永続的に混乱させること；iv）軌道要素等を意図的に蛮更させること	他国の管轄権および/または管理の下にある宇宙空間物体に損害を加える意図でなされるあらゆる行為。ただし，他国からの要請によりその管轄権/管理の下にある管制不能となった宇宙空間物体になんらかの行為をなすことは除外
武力による威嚇（threat of force）	武力の行使に該当する行為を行うという脅迫をすること	武力の行使に該当する行為を行うということを文書，口頭その他の形態で明確に表現すること

Ⅳ　通常兵器／宇宙の軍縮・軍備管理

より上空[51]で，②地球周回軌道を１周以上するか，③地球周回軌道を１周せずにその軌道を去るか（follows a section of such an orbit before leaving this orbit）[52]，④宇宙空間に永続的に存在する（located）[53]いかなる兵器も禁止される[54]。弾道軌道を描く兵器は排除されることがわかる。「地球周回軌道を１周せずにその軌道を去る」という規定ぶりについて，ロ中は，地球軌道を半周してから地球に再突入する兵器や軌道を離れた後宇宙空間に漂いつづける型の兵器を含むと説明した[55]。では，そのような場所に置かれる兵器——「宇宙兵器」——とはいかなる装置を指すのか。定義によると，どのような物理法則によるものであれ，宇宙空間に配置されている（上記①を前提とし，②－④のいずれかの条件を満たす場所に存在するという意味）装置（device）であり，下に記す目的で，「特に（specially）」製造されまたは転換されたものとされる。その目的とは，①宇宙空間，地球上または地球の大気圏内にある物体の通常の機能を破壊し，損害を与え，混乱させる（destroy, damage or disrupt）か，②住民を抹殺しまたは人類の生存に重要な生物圏の要素を排除する（eliminate）か，または③住民または人類の生存に重要な生物圏の構成要素に対して損害を与えること[56]である。要するに，条約が規制するのは，上記で限定づけた宇宙空間に「配置され」，そこから宇宙空間または地球上への攻撃を行いうる装置である。どのような物理的法則に従うものであるかを問わないので，「装置」は，運動兵器である必要はなくサイバー攻撃に使用されるマルウェアや指向性エネルギー兵器等も含むことになる。

　では，武力の行使の対象としての「宇宙空間物体」とは，どのようなものか。①天体周回軌道に向けて打ち上げられた物体，②天体周回軌道に存在する物体，③地球以外のあらゆる天体上に存在する物体，④天体周回軌道を離脱し当該天体に向かう物体，⑤１の天体から他の天体に向かう物体，⑥または他のいかなる方法によっても「宇宙空間」に「配置された」物体と定義される[57]。したがって，弾道軌道を描いて航行する物体は宇宙空間物体ではないと解される。

---

(51)　第１次 PPWT「宇宙空間」の定義（CD/1839, Art. I (a)）による。

(52)　Ibid, Art. I (d).

(53)　Ibid.

(54)　Ibid, Arts. I (a), (c), (d) & II.

(55)　CD/1872, 18 August 2009, p.5.

(56)　CD/1839, Art. I (c).

(57)　第１次 PPWT，第１条 (b) の定義を直訳ではなくわかりやすく記載した。

また，国連宇宙諸条約に規定される宇宙物体より，その範囲は狭いことになる。宇宙空間物体と宇宙兵器の関係は明記されていないが，後者は前者の一部であろうと推測される[58]。

そのような「宇宙空間物体」に対するあらゆる敵対的（hostile）行為は武力の行使として禁止される（第Ⅱ条）。それは特に，宇宙空間物体を破壊し，損害を与え，一時的または永続的に通常の機能を混乱させる行為，または宇宙空間物体の軌道要素を意図的に変更させる行為を含む。物体が100キロメートル以下の位置に存在する瞬間であっても，軌道に向けて飛翔している最中に武力行使がなされた場合は，宇宙空間物体に対する武力行使と解される。そして，これらの行為の威嚇がやはり禁止行為である「武力による威嚇」となる。「威嚇」の定義はなされていない[59]。武力の行使は禁止されるが，例外として既述のように国連憲章第51条に基づく自衛権の行使であれば，宇宙空間物体に対する武力の行使の違法性は阻却されることになる（第Ⅴ条）。

（2） 第1次PPWTに対する各国の見解[60]

当時，ナイジェリアとシリアはG21諸国を代表してPPWTを支持する文書を提出した[61]。他方，概して米欧諸国はPPWTに懐疑的であった[62]。米国は，PDWTで問題視した のと同様の点，すなわち地上配備型ASATは禁止されていず，宇宙配備型BMDシステムは宇宙兵器として禁止されているという 点に難色を示した[63]。第1次PPWTでは，地上配備型ASAT兵器（ASAT迎撃体，地上配備型レーザー，ジャミング装置等）の地上での研究，開発，実験，生産，貯蔵，配備は，これらが武力による威嚇[64]と解される場合を除いては禁止されていないが，地上配備型ASATも宇宙配備型BMDも宇宙空間で同様の機能

---

(58) この点は第2次PPWTの「宇宙兵器」の定義で明確に規定される。注(72)参照。

(59) CD/1839, Art. I (e).

(60) CDでの公式・非公式会合およびロ中が共催したオープンエンド会合等で質問やコメントを提出した各国からの質問およびロ中の回答をまとめた文書として，CD/1872, 18 August 2009.

(61) CD/1925, 13 September 2011 (Nigeria), para.12; CD/1941, 30 August 2012 (Syria), para.12.

(62) See, e.g., CD/1865 (5 June 2009), esp. p.2; CD/1890 (13 July 2010), esp. p. 13.

(63) CD/1847, 26 August 2008, pp.3-5.

(64) 「武力に行使」の定義が独特であることもあり，「武力による威嚇」の範囲がいっそう曖昧になることも指摘された。Ibid. p.6.

Ⅳ　通常兵器／宇宙の軍縮・軍備管理

を果たすことができる以上，兵器の配置場所を基準に禁止か否かを区別するのは合理的ではないという見解である。米国はさらに，宇宙配備型 BMD 兵器の配置は禁止されるが，その研究，開発，生産，地上での貯蔵は禁止されていない点にも疑義を示した[65]。米国の立場からは，ロ中が米国に比べて劣る分野で追いつくための時間稼ぎをしている，と解することができるからである。

　また，宇宙空間物体に対する武力による威嚇または武力の行使の禁止は，敵対的行為としてのものに限られるので，2007 年に中国が自国の衛星に対して行った物理的な破壊行為－ ASAT 実験－を含め，当該物体に管轄権をもつ国の同意がある場合など協力的な物体に対して地球（地上，海上，空中）配備型の兵器で破壊，損害を与える行為を行うことは禁止範囲に入らない[66]。加えて，一時的に宇宙物体の機能を混乱させるに過ぎないジャミングやダズリング（目くらまし），他国の衛星の軌道要素を意図的に変更させることを武力の行使に含めていることについて，米国は「武力の行使」として一般的に観念されてきたものと異なるという認識に基づき，定義がおかれていなかった PDWT を上回る規制が推定されることもあり，同案よりもいっそう受け入れがたいと評価した[67]。米国が第 1 次 PPWT について欠陥として指摘した点に満足のいく回答を与え得るのは 2001 年の中国案であろうか。　米国が中国案であれば賛成し得るかについては，結論部分において扱う。

4　第 2 次 PPWT（2014 年）の禁止事項
：第 1 次案からの変更点の有無

　2014 年 6 月，ロ中は，PPWT の改訂版（以下「第 2 次 PPWT」）を CD に提出し[68]，インドネシアとマレーシアが G21 諸国を代表して支持を表明した[69]。明記された禁止事項は本質的には変わらないが[70]，定義規定が変更されたことに

---

(65)　Ibid., pp.3-5.

(66)　Ibid., pp.5, 8.

(67)　Ibid., pp.3, 8.

(68)　CD/1985, 12 June 2014.

(69)　CD/2031, 13 August 2015 (Indonesia), para. 12; CD/2062, 3 June 2016 (Malaysia), para.12.

(70)　第Ⅱ条に，国際協力の一部として PPWT の趣旨目的と合致しない宇宙活動に従事しないという義務が追加されたが，これは第 1 次 PPWT では，自国領域内または自国

〔青木節子〕 **19** 21世紀の宇宙軍備管理条約案の現状と課題

より，締約国の義務の内容に変更が生じたか否かが問われる（定義については表参照）。特に，「宇宙空間」の定義が削除された点が問題となり得る。しかし，この点は義務内容の変更をもたらさないであろう。なぜなら，「宇宙空間物体」は地球周回軌道との関係で定まり，高度には左右されないからである。「宇宙空間物体」は地球周回軌道の少なくとも一部を航行する物体を意味するものと定義されるため[71]，弾道軌道を描く物体以外を指し，また，第2次PPWTにおいて「宇宙兵器」は「宇宙空間物体」の真部分集合として明確に定義づけられた[72]ため，「宇宙兵器」は地球周回軌道を航行するかまたは永続的に宇宙空間に所在する装置であることがわかる。したがって，宇宙空間の定義がなくとも，「宇宙兵器」が「配置される」場所は，第1次PPWTに比べて不明確となることはない。また，「宇宙兵器」の定義は，第1次PPWTの定義に含まれる兵器とする目的で「特に製造・転換された装置」という表現から「特に」が削除されているが，「特に」がある場合でもBMD兵器とASAT兵器は区別されていなかったため，「兵器」とされる要件が緩和されたとはいえず，これも義務の範囲に変化をもたらしたとはいえないだろう。人間や物体を殺傷する目的で製造・転換する装置を「宇宙兵器」と定義している以上，1982年のソ連案のように，潜在的な攻撃能力に基づいて「兵器」とされることもなく[73]，禁止範囲が拡大することはない。

　「武力の行使」，「武力による威嚇」の定義の変更は，一見，禁止範囲の縮小

　が管轄権または管理を有する場所において本条約が禁止するいかなる活動も防止するようすべての必要な措置を取ることを義務づける第III条の規定と同趣旨かまたはその義務を緩和したものであると解され得る。少なくとも具体的に新たな義務が追加されたとはいえないだろう。

(71)　第2次PPWTでは，宇宙空間物体は，簡潔に，「宇宙空間に配置され，宇宙空間で運用するために設計されたあらゆる装置」と定義され，宇宙空間に向けて発射された物体のうち，弾道軌道を描く物体以外のあらゆる物体が該当することがわかりやすくなった。「配置され」（placed in outer space）の定義は，実質的には，第1次PPWTからの変更はない。

(72)　CD/1985, Art. I (b).

(73)　CD/274, Arts.1 (1), 3. なお，同一の条約案が，前年に国連総会に提出されている。A/36/192, 20 August 1981. 同提案は，明文で再利用型有人機に乗せる兵器も含めあらゆる兵器を禁止し，条約当事国は，当該禁止を厳格に遵守して配置される宇宙物体を破壊し，損害を与え，または妨害することが禁止される。当時既に存在したスペースシャトルも兵器を搭載しうるので，スペースシャトル全体として宇宙兵器に含まれる場合があることになる。

IV　通常兵器／宇宙の軍縮・軍備管理

をもたらしたかにみえる。第 2 次 PPWT は，「武力の行使」を「他国の管轄権および / または管理の下にある宇宙空間物体に損害を加える意図でなされるあらゆる行為（action）」[74]と定義する。他国からの要請によりその管轄権 / 管理の下にある管制不能となった宇宙空間物体になんらかの行為をなすことは武力の行使から除外される[75]。たとえば，将来実用化されるであろうデブリとなった衛星の軌道上からの積極的除去（ADR）や，軌道上での衛星の修理や燃料補給（OOS）が武力行為に当たらない「行為」に含まれるであろう。

　定義の変更により，宇宙物体の機能に一時的，可逆的な混乱を与えるものの永続的な物理的損害を与えない行為は，干渉その他の国際違法行為には該当するかもしれないが，武力の行使とはいえないということになるのであろうか。その点は米国が不明瞭であるという不満を示している。理由は，第 2 次 PPWT でも第 1 次と変わらず，宇宙や地球上に存在する物体の「通常の機能を混乱させる」目的で製造・転換される装置を「宇宙兵器」に含めて定義しているからである。正面から「武力の行使」の定義に含まれていないとはいえ，宇宙兵器が宇宙空間物体に意図的にジャミングやレーザー照射等を行いその機能を一時的，可逆的に混乱・停止させるならば，それを武力の行使ととらえ得るのだろうか[76]。ロ中は，この点について，一時的，可逆的な損傷・機能混乱であっても意図的な行動に基づくものであれば，武力の行使に該当すると回答した[77]。提案国の意図を当該定義の適切な解釈とするならば，条約上の「武力の行使」が指し示す範囲は縮小したとはいえないことになる。他方，第 2 次 PPWT により武力による威嚇となる条件は，文書，口頭その他の手段による明確な表現でなければならないとされたため，一定の行為が武力による威嚇とみなされ条約違反となる可能性は下がったといえるかもしれない。ただし，これも何をもって「明確な」表現とするかにかかり，文書または口頭での通告が要件とされているわけではないので，軽々に結論を下すことは困難である。

　第 2 次 PPWT では宇宙空間の定義が消え，宇宙空間物体，武力の行使，武

---

(74)　CD/1985, Art. I (d).「武力による威嚇」は武力の行使を行う意図を書面，口頭その他の形式で明確に表明することと定義される。Ibid.

(75)　Ibid.

(76)　CD/1998, 3 September 2014, pp.4-5.

(77)　CD/2042, 14 September 2015, p.4. ロ中によると定義を変更したのは，PPWT 支持国の過半数が，武力の行使，武力による威嚇について，第 1 次 PPWT ほどの詳細な定義は不要という見解を示したこと等にあるという。Ibid.

力による威嚇の定義が相当程度変更されたことによって，禁止事項の内容が変化する可能性もあり得そうに思える。しかし，第2次PPWTの禁止事項について第1次PPWTからの変更点は，武力による威嚇以外は実質的にはほとんどなく，武力による威嚇についても判定は難しいという結論にとどまりそうである。

5 PPWT以外のPAROS条約検討の可能性
：ロシア，中国，米国

以上，21世紀の4つの条約案の内容と米国を中心とする各国の反応を確認したが，CDがコンセンサス制を取ることもあり，第2次PPWTが交渉段階に入る可能性は皆無といえる。このような状況下，前述のように国連のGGE/PAROSは法的拘束力を有する文書の実質的要素の議論に入った。そこで，以降，どのような文書であれば米ロ中は妥協可能と考え得るのかを検討する。

ロシアの軍事ドクトリン（2014年）には，ロシアにとっての外部からの軍事リスクとして核とミサイルのバランスを危うくさせる戦略MDシステム，宇宙空間に兵器を配置する意図，戦略非核精密兵器が特記されている[78]。また，現在の武力紛争の特色は核兵器に比肩しうる高度に精密な通常兵器が，宇宙空間やサイバー空間なども通じて使用されることであるという認識が示されている[79]。その上で，同ドクトリンは武力紛争を抑止し防止するために，ロシアが行うべきことを記す[80]が，その中に一定の国・国家群が戦略MDシステムの配備，宇宙空間への兵器の配置または戦略非核精密兵器システムの構築により軍事的優位をつくりあげる試みを挫くという項目がある[81]。その手段の一部として宇宙空間にいかなる兵器の配置も防止する国際条約の締結を推し進めること[82]とともに条約以外であっても，宇宙活動の安全と安全保障を向上させる国連の枠組を用いた文書の採択[83]や国際協力を用いたロシアの地球近傍監

---

(78) The Military Doctrine of the Russian Federation, 25 December 2014, No.Pr.-2976 (English translation), para. 12 d).

(79) Ibid., para.15, esp. b) - c).

(80) Ibid., para.21 a) - s).

(81) Ibid., para. 21 l).

(82) Ibid., para.21 m).

(83) Ibid., para.21, n).

Ⅳ　通常兵器／宇宙の軍縮・軍備管理

視能力向上[84]が挙げられる。ロシア防衛の要としては，各種宇宙資産により有用性が高まる高度精密兵器体系構築を進めている[85]。

　この軍事ドクトリンから，ロシアの PPWT 推進の試みの根拠がかなり明確に読み取れる。宇宙配備型 MD システムは，ロシアの核戦略を根本から脅かすものと捉えられており，あらゆる手段を通じて阻止すべきものとされる。また，高度精密兵器体系を支えるものは宇宙空間物体に属する PNT 衛星を中心に一連の軍事衛星システムであり，そのような衛星を保護するためにも ASAT 能力を同時に有する宇宙配備型 MD システムは阻止すべきものとなる。CD や国連総会におけるロシアの行動は，軍事ドクトリンに見られる，宇宙空間からロシアの宇宙資産やミサイルを攻撃されることを回避するためのものである。

　既述の宇宙空間への ASAT 兵器配置のモラトリアム宣言に続き[86]，CD において，ソ連／ロシアは，1980 年代末から宇宙空間に兵器を配置する最初の国にはならない（NFP）という宣言を単独でまたは支援国との共同宣言という形で継続的に行った[87]。国連総会において NFP を宣言した国は，2014 年の 11ヵ国（アルゼンチン，アルメニア，ベラルーシ，ブラジル，キューバ，インドネシア，カザフスタン，キルギスタン，ロシア，スリランカ，タジキスタン）[88]から 2015 年にはベネズエラ[89]，2015 年にはボリビア，ニカラグア[90]，2017 年にはエクアドル，ウルグアイ，ベトナムが加わって 17ヵ国となり[91]，最近は比較的順調に宣言国を増やしている。中国はこの意味での宣言国には名を連ねていない[92]。中国とロシアはこの点同一の立場にはない。

　中国がロシアの展開する NFP 政策への完全な同調を回避し，PPWT による

---

(84)　Ibid., para. 21 o).

(85)　Ibid., esp. paras.26, 46 f).

(86)　前掲注(38)。

(87)　初期の例として，CD/870, 2 September 1988, para.39; CD/956, 4 September 1989, para.59. 共同宣言の例としては，CD/2060, 4 April 2016 (with Venezuela); CD/2098, 6 September 2017 (with Vietnam).

(88)　A/RES/69/32, 11 December 2014, p.2.

(89)　A/RES/70/27, 11 December 2015, p.2.

(90)　A/RES/71/32, 9 December 2016, p.2.

(91)　A/RES/72/27, 11 December 2017, p.2.

(92)　もっとも中国は，NFP 総会決議の共同提案国に加わり，賛成票を投じてはおり，反対を続ける米国，棄権する日英仏独加豪などと異なる。See, e.g., A/72/PV.6, 4 December 2017, pp.7-8.

〔青木節子〕　　　　　　*19*　21世紀の宇宙軍備管理条約案の現状と課題

宇宙兵器配置同時禁止に限定している点は，どのような理由によるのであろうか。その意図が考察できる公開文書に乏しいため，証拠に基づかない筆者の推量にとどまるが，中国は，米国に対峙して，宇宙配備型MDシステムやASATシステムを構築することを意図している可能性がある。2001年には，中国はロシアに比べ宇宙配備型はもちろん，地球上配備型のASAT／MD兵器の開発，実験なども遅れていたため，宇宙での兵器の実験，配備，使用とともに，宇宙空間で戦闘目的で使用することが可能な兵器の地球上での実験，配備，使用の禁止も提案し ていたのではないであろうか。現在PPWTが提案されていなかったら，イニシアティブを取って宇宙配備型兵器システムを禁止しようとしたかは不明瞭である(93)。

　米国はどうか。第1次，第2次のPPWTに対する反論として，禁止兵器の検証規定の欠如とともに，地上配備型のASAT兵器システムの開発，実験，配備等が含まれていないという点が挙げられていた。では，仮に，十分適切な検証条項が整備されるならば，米国は，2001年の中国案と同程度の規制を支持しうるであろうか。少なくとも2つの理由から難しいと予想する。1つは，ロナルド・レーガン（Ronald Reagan）政権がまとめた2回目の国家宇宙政策（1988年)(94)以来の国防省の任務としての4つのガイドラインのうち，とりわけ「宇宙支配（space control）」とそのための「軍隊への適用（force application）」が政権により濃淡はあるがウェポニゼーション準備と一定の状況における実行を指示するからである(95)。宇宙支配の哲学は，米国の核戦略，核抑止と結びつき，地上の核戦略が大きく動く事態なしには，宇宙のミリタリゼーション，ウェポニゼーション のありかたを変えることはできないからである。

　2つめは，「宇宙兵器」を定義づけることがほぼ不可能という点である。象徴的なのは，MDシステムとASATシステムの区別をつけることが本質的にはできない点であり，それを回避するために，PPWTでは，宇宙空間への配置やそれに関連する宇宙空間物体の定義に腐心し，現存の弾道ミサイルおよび

---

(93)　中国のASAT能力については，たとえば，Brian Weeden, Through a Glass, Dartky:Chinese, American and Russian Anti-Satellite Testing in Space (17 March 2014), http://www.thespacereview.com/article/2473/1.

(94)　https://www.hq.nasa.gov/office/pao/History/policy88.html.

(95)　他の2つは宇宙支援（space support）と軍隊の能力増強（force enhancement）というミリタリゼーション部分である。オバマ政権においても維持された。https://www.nasa.gov/sites/default/files/national_space_policy_6-28-10.pdf, p.14.

MD を除外したために，禁止範囲が偏向したものとなった。また，衛星を中心とする宇宙物体の多くは汎用性をもち，兵器への転換が容易なものも少なくない。たとえば ADR 衛星や OOS 衛星は，そのまま他の衛星に意図的に損害を与える行為を取ることができる。極言すれば，すべての衛星は，地上からの操作により，他の衛星に故意に衝突させることが航空機や船舶に比べても格段に容易である。宇宙の安全保障向上という点からは，ある時点で兵器に転換すると決めた場合に，兵器として利用できるものを放置したままでの軍備管理への同意は，よほど実効性のある検証システムが存在しない限り国家は容認できない。そして，そのような検証システムは，現在存在しない。加えて悪意のあるサイバー活動が容易に宇宙兵器の役割を果たすという問題，むしろ将来はサイバー攻撃の一形態が宇宙兵器の重要部分を占めるであろう点も見逃せない。

さらに，仮に宇宙の軍備管理を進め，そのために汎用利用を制限する検証システムを構築することは，人類の地上での生活を安全で豊かなものとする宇宙利用の豊かな可能性を阻害するおそれも大きい点を指摘しなければならない。ADR や OOS の実現は間近であるが，民生商用利用を保護をしつつウェポニゼーションを防ぐことは困難な課題である。民間主体の商業利用を積極的に推し進める米国にとってはとりわけこの点は重要であり，宇宙軍備管理条約への合意をいっそう困難とすることであろう。

結論として

GGE/PAROS は，法的拘束力のある宇宙軍備管理について実質的要素を議論し，コンセンサスに基づき，2019 年に報告書を採択するという任務を国連総会決議で与えられた。PPWT の解釈から明らかになる宇宙軍備管理の困難と現在のロ中米の政策からは，法的拘束力を有する文書の検討は，ほとんど不可能なようにも思える。しかし，それは包括的な軍備管理を目指しているからであるともいえる。

現在，宇宙の安定的な利用にとって最大の問題点であり，ロ中米が合意できる可能性があるのは，スペースデブリの増加を防ぐことである。しかし，そのために ASAT 実験や ASAT 攻撃を包括的に禁止することまでは，国家安全保障に対する考慮から可能ではないだろう。意図的な宇宙物体の物理的破壊は，現在の米ロのもつ宇宙状況把握（SSA）能力に照らして検証可能であろうが，検

証すべき行為への合意が困難と予想される。

　それでは禁止行為を特定することなく，宇宙活動における TCBM とされている項目のいくつかを法的拘束力のある合意とすることはどうか。具体的には，他国の宇宙物体に一定以上接近する場合など他国が懸念をもつ可能性がある行為を行う場合に，その事実と理由を相手国と条約の事務局 / 国連事務総長等に通報をする義務，自国の宇宙物体打上げの状況や軌道上での ADR や OOS など他の宇宙物体への干渉行為などについても国連等に通報をし，自国の宇宙物体の運用状況をより明確に国際社会に提供する義務を条約として作成することである。項目をよほど絞り，ロ中米の間で相互性をもつものとしない限りは困難であろうが，そのような透明性の向上による信頼の向上以外に，その次の段階としての物理的破壊を伴う宇宙空間での ASAT 行為の禁止に向かうことは不可能と思われるからである。他国の衛星への機能的な攻撃一般の禁止への道は，さらに将来のこととなるであろう。

　宇宙利用は核兵器使用・核抑止の不可分の一体であり，核戦略と深く結びついている。真の宇宙軍備管理・軍縮は，地上の核兵器禁止の実現なしには実現しないことを念頭に，人類の生活を安全で豊かなものとする宇宙利用を確保するためにも，地上の核軍縮を進めなければならない。

20　宇宙戦の諸相と現段階

福　島　康　仁

は じ め に

　近年，宇宙戦（space warfare）の規制をめぐる議論が世界的に活発化している。サイバー攻撃の深刻化を受けて「サイバー戦に適用される国際法に関するタリン・マニュアル」が作成されたが，宇宙分野でも国際法マニュアルの作成が始まっている[1]。こうした取り組みの背景には，宇宙の軍備競争（特に宇宙のウェポニゼーション）の防止のみならず[2]，宇宙における武力紛争が起きた場合を想定した議論を行う必要性が高まっているとの認識がある[3]。

　他方で，宇宙戦そのものに関する共通理解が各国の軍関係者や研究者の間で十分に形成されてきたとは言い難い。そもそもの現状認識に差異があり，宇宙戦が既に始まっていると考える論者もいれば，未だ生起していないと考える論者もいる。その原因は，宇宙戦に関して各論者が異なるイメージを抱きながら議論を展開してきたことにある。宇宙の軍備管理に関する議論を進めていくためには，宇宙戦に関する概念整理を行い，実際のところ何が現実化しており，何が未だ起きていないのかを明らかにしておく必要がある。

　こうした問題意識に基づき，本稿では，まず，宇宙戦という概念にはどのようなものが含まれ得るのかを整理する。次に，考え得る様々な宇宙戦の中で，過去，どのようなものが構想され，そのための準備が行われ，そして現在までに何が現実となっているのかを明らかにする。最後に，将来の軍備管理を考え

---

[1]　"Manual on International Law Applicable to Military Uses of Outer Space," McGill Centre for Research in Air and Space Law, https://www.mcgill.ca/milamos/; "The Woomera Manual," The University of Adelaid, https://law.adelaide.edu.au/woomera/the-woomera-manual.

[2]　宇宙のウェポニゼーションは宇宙への兵器配備を指す。偵察衛星等で地球上の軍事活動を支援する宇宙のミリタリゼーションとは一般に区別される。

[3]　慶應義塾大学宇宙法研究センター，宇宙航空研究開発機構「宇宙法秩序形成」共同研究（平成29年度）成果報告書，2018年，21頁。

IV　通常兵器／宇宙の軍縮・軍備管理

る手掛かりとして，未生起の宇宙戦について考察する。

1　宇宙戦の諸相

（1）　宇宙戦と宇宙戦争

　宇宙戦に関する分析と考察を進めるにあたり，概念整理を行っておく。まず，宇宙戦に類する言葉として宇宙戦争（space war）がある。両者は互換性のある概念として扱われることが多い。だが，そもそも戦闘行為（warfare）と戦争（war）は異なる意味を有する。オックスフォード現代英語辞典によれば「warfare」は「戦争を戦う行為」であり，とりわけ特定の兵器や方法を用いるものを指す[4]。同辞典では空戦や海戦，ゲリラ戦，化学戦などがその例として挙げられている。もう一方の「war」は2つ以上の国家や団体が一定期間，相互に戦う状況を指す[5]。第2次世界大戦や，イングランドとスコットランドの戦いが同辞典では例示されている。

　これらの定義からすれば，宇宙戦と宇宙戦争も厳密には区別して用いられるべきものである。宇宙戦は陸戦や海戦，空戦，サイバー戦と同様に，領域という観点から戦争中の戦闘行為を分類したものである。また特定の兵器や方法を用いるという点で言えば，宇宙戦は宇宙兵器（space weapons）や対衛星（ASAT）兵器，対宇宙兵器（counterspace weapons）を用いる戦闘行為を指す。一方，宇宙戦争は，宇宙において国家同士やその他団体が一定期間，相互に戦う状況である。

　さらに「warfare」には，ある団体や会社，国家等の間で激しく競い合う行為，「war」には激しい競争が行われる状況という意味がある[6]。したがって宇宙戦には宇宙開発利用をめぐり国家間等で競い合う行為，宇宙戦争にはそうした競争が行われる状況という意味も含まれ得る。

　以上のうち，本稿が主題とするのは，ある戦争中に行われる戦闘行為としての宇宙戦である。空想科学で描かれる宇宙戦争，すなわち異なる天体を基盤とする団体間での戦争に焦点を当てるわけではない。米ソの有人月面着陸計画に

---

(4)　Sally Wehmeier, ed., *Oxford Advanced Learner's Dictionary of Current English,* Sixth Edition, Oxford University Press, 2000, p. 1456.

(5)　Ibid.

(6)　Ibid.

〔福島康仁〕　　　　　　　　　　　　　　　　　　　*20*　宇宙戦の諸相と現段階

みられた国家間での宇宙開発競争を論じるわけでもない。

　ただし，前述の通り宇宙戦と宇宙戦争という言葉は互換性のあるものとして使用されてきた。そのため本稿では，各種資料が宇宙戦争という言葉を使用している場合でも，本稿が主題とする宇宙戦に沿う意味で使用されている際は，分析や考察の対象に含める。

（2）　宇宙戦をめぐる諸概念

　次に，宇宙戦（あるいは宇宙戦争）という概念には，どのようなものが含まれ得るのかを整理する。各種文献を見る限り宇宙戦のイメージは，次の6つに大別できる。この中には本稿の主題から外れる意味合いのものもあるが，概念整理のために列挙する。

　1つ目は，宇宙開発利用をめぐって，し烈な競争が起きていることを強調するために用いる場合である。ある論者は，1957年10月にソ連が世界初の人工衛星を打上げたことで「スペースウォー」が幕開けしたと述べている[7]。別の論者は，宇宙開発利用における中国の急速な能力向上を念頭に「日中宇宙戦争」という言葉を用いている[8]。

　2つ目は，宇宙が関係する戦闘全般を指す場合である。特に地球上での戦闘を遂行するうえで宇宙システムが極めて重要な役割を果たす場合にこうした言葉が用いられる。ある論者は，米軍が宇宙を利用する能力を奪われれば，その影響は重要な戦場での敗北に等しいほどであり，そうした意味で宇宙戦争は既に存在すると指摘する[9]。1991年の湾岸戦争は「初の宇宙戦争」と呼ばれることがある[10]。これは同戦争中，米軍により，陸海空での作戦支援に前例のない規模で宇宙システムが使用されたためである。この湾岸戦争を念頭に，ロシアが2015年からシリアで展開した作戦で多様な軍事衛星・軍民両用衛星を活用

---

(7)　坂田俊文『宇宙開発戦争――米・ソ宇宙空間における協定と陰謀』大陸書房，1982年，15頁。

(8)　中野不二男，五代富文『日中宇宙戦争』文藝春秋，2004年。

(9)　Daniel Moran, "Geography and Strategy," John Baylis, James J. Wirtz, and Colin S. Gray, eds., *Strategy in the Contemporary World,* Third Edition, Oxford University Press, 2010, p. 137.

(10)　Peter Anson and Dennis Cummings, "The First Space War: The Contribution of Satellites to the Gulf War," Alan D. Campen, ed., *The First Information War: The Story of Communications, Computers and Intelligence Systems in the Persian Gulf War,* AFCEA International Press, 1992, pp. 121-133.

445

Ⅳ　通常兵器／宇宙の軍縮・軍備管理

したことを受けて，同作戦をロシア初の「宇宙戦争」と呼ぶ論者もいる[11]。

　3つ目は，宇宙システムをめぐる戦闘を指す場合である。宇宙空間にある衛星はそれ単独では意味をなさず，地球局とリンクを含めた宇宙システムとしてはじめて機能する[12]。そのため宇宙戦には，地球局やリンクをめぐる戦闘が含まれ得る。米空軍のドクトリンは，敵対者の宇宙利用を妨げるための作戦に地球局やリンクへの攻撃を含めている[13]。2001年から2005年まで米空軍長官を務めたジェームズ・ロシェ（James G. Roche）も在任中，宇宙利用を妨害するジャミング兵器の出現とともに宇宙戦が開始されたとの認識を示していた[14]。

　4つ目は，地球周回軌道上の物体（衛星等）をめぐる戦闘という意味で用いる場合である。この中には宇宙空間内での戦闘に加えて，地球から宇宙空間上の物体への攻撃も含まれ得る。こうした戦闘の手段となるのがASAT兵器である。

　5つ目は，宇宙空間から地球上（陸海空）の目標物や飛翔中の弾道ミサイルへの攻撃である。米国の戦略防衛構想（SDI）は弾道ミサイルを宇宙空間から迎撃するという計画を含んでいたため，「スター・ウォーズ」構想と呼ばれるようになった[15]。また，ある論者は米国によるSDI発表と新型の対弾道ミサイル（ABM）システムの開発により本格的な宇宙戦争時代になったと述べている[16]。

　6つ目は，前節で説明した意味での宇宙戦争である。5つ目までは地球上での競争や紛争の一環として行われるものであるが，宇宙戦争では宇宙空間や他の天体が競争や紛争の主要な舞台となる。

---

(11)　小泉悠『プーチンの国家戦略──岐路に立つ「強国」ロシア』（東京堂出版，2016年）292-293頁。

(12)　リンクは地球局と宇宙機を結ぶシグナルである。宇宙機を管制する信号や衛星通信，測位信号などが含まれる。The Joint Chiefs of Staff, U.S. Department of Defense, *Space Operations,* Joint Publication 3-14, April 10, 2018, pp. I-2, I-3.

(13)　U.S. Air Force, *Counterspace Operations,* Annex 3-14, August 27, 2018, p. 9.

(14)　U.S. Air Force, *Counterspace Operations,* Air Force Doctrine Document 2-2.1, August 2, 2004, p. 25.

(15)　Herbert F. York, "Nuclear Deterrence and the Military Uses of Space," Franklin A. Long, Donald Hafner, and Jeffrey Boutwell, eds., *Weapons in Space,* W・W・Norton & Company, 1986, p. 17.

(16)　B・ヤサーニ，C・リー，松前達郎，坂田俊文監訳『カウントダウン──宇宙戦争への秒読み』東海大学出版会，1985年，vii頁。

446

〔福島康仁〕 **20** 宇宙戦の諸相と現段階

このように，一口に宇宙戦（あるいは宇宙戦争）と言っても，様々な意味合いがあり得る。概念上これらは重なり合う部分もあるが，本稿が主題とする宇宙戦に直接該当するのは 3 つ目から 5 つ目までである。

（3） 宇宙戦の手段：宇宙兵器，ASAT 兵器，対宇宙兵器

最後に，宇宙戦の手段である宇宙兵器と ASAT 兵器，対宇宙兵器について概念整理を行う。ジュネーブ軍縮会議では，宇宙の軍備競争防止について議論する中で宇宙兵器や ASAT 兵器の定義も話し合われてきたが，未だ意見の一致をみていない[17]。

本稿では宇宙兵器に含まれる可能性があるものを攻撃の起点と攻撃対象の所在で整理しておく[18]。宇宙兵器は大別すれば，①地球上（陸海空）から宇宙空間に配置された目標物を攻撃する兵器，②宇宙空間から宇宙空間配置の目標物を攻撃する兵器，③宇宙空間から地球上の目標物や宇宙空間を一時的に通過する目標物を攻撃する兵器に分類できる。このうち①と②が ASAT 兵器である。③は宇宙配備型の対地，対艦，対空，ABM 兵器である。

また ASAT 兵器に類似する概念として対宇宙兵器がある。対宇宙兵器は宇宙システムを構成する 3 つのセグメント（宇宙，リンク，地上）のいずれかを攻撃対象とする兵器の総称であり[19]，このうち宇宙セグメントを攻撃対象とする兵器が ASAT 兵器である。

対宇宙兵器には，運動エネルギーによる物理的（kinetic physical）攻撃，非運動エネルギーによる物理的（non-kinetic physical）攻撃，電子攻撃，サイバー攻撃を行うものがある[20]。運動エネルギーによる物理的攻撃を行うものには，直接上昇型（direct-ascent）ASAT 兵器，同軌道型（co-orbital）ASAT 兵器，地上局に対する従来型兵器（例えば，巡航ミサイル）が含まれる。非運動エネルギーによる物理的攻撃を行うものには，衛星や地上局を対象とするレーザー兵器・高出力マイクロ波兵器・電磁パルス（EMP）兵器が含まれる。電子攻撃を行う

---

(17) Setsuko Aoki, "Law and Military Uses of Outer Space," Ram S. Jakhu and Paul Stephen Dempsey, eds., *Routledge Handbook of Space Law,* Routledge, 2017, pp. 208-212.

(18) Ibid., p. 208.

(19) Brian Weeden and Victoria Samson, eds., *Global Counterspace Capabilities: An Open Source Assessment,* Secure World Foundation, April 2018, p. xvii.

(20) Todd Harrison, Kaitlyn Johnson, and Thomas G. Roberts, *Space Threat Assessment 2018,* Center for Strategic and International Studies, April 2018, pp. 2-5.

IV 通常兵器／宇宙の軍縮・軍備管理

ものには，ダウンリンクやアップリンク，クロスリンクを対象とするジャミング兵器や，スプーフィング（なりすまし）兵器などがある。サイバー攻撃は，衛星・地上局のアンテナやユーザー端末などを介して行われる。これらの攻撃に専用の兵器が使用されるとは限らないため，対宇宙兵器にかわり対宇宙能力（counterspace capabilities）という用語が使用されることも多い。

2 宇宙戦の現段階

（1） 冷戦期——構想の始まりと兵器開発・配備

　宇宙戦の構想は衛星の打上げが始まる以前から存在していた。例えば，米空軍の宇宙・ミサイル計画の父として知られるバーナード・シュリーヴァー（Bernard A. Schriever）は 1957 年 2 月の演説で，数十年後，重要な戦闘は海戦や空戦でなく宇宙戦（space battles）となる可能性があり，米国はそのための準備を進めるべきと述べている[21]。

　さらに，冷戦期を通じて，宇宙戦の手段となる兵器の研究開発・試験が米ソを中心に行われ，一部は実際に配備された。このうち対宇宙兵器・ASAT 兵器については，1950 年代末に本格的な研究開発が米国で始まった。ソ連が 1957 年に米国に先駆けて衛星打上げに成功したことは，米国民に強い衝撃を与えた。これにより米国の宇宙開発が加速すると同時に，ソ連が宇宙空間を通じて米国を核攻撃するという恐怖が広がった[22]。翌 1958 年に米国家安全保障会議（NSC）が作成した「宇宙空間に関する米国の政策」（NSC-5814）では，宇宙においてソ連が著しく優れた軍事力を先行して獲得した場合，東側陣営に有利な方向へパワー・バランスを変化させるとともに，米国の安全保障に直接的な軍事的脅威を与え得るとの認識が示された[23]。NSC-5814 はまた，近い将来実現可能な宇宙の軍事利用の 1 つとしてジャミング衛星を挙げるとともに，将来的な可能性として敵の宇宙機を捕獲・破壊・無力化する防衛用有人宇宙船を挙げてい

---

(21) "Gen. Schriever's Visionary Space Speech Turns 50," Schriever Air Force Base, U.S. Air Force, February 21, 2007, http://www.schriever.af.mil/News/Features/Article/279880/gen-schrievers-visionary-space-speech-turns-50/.

(22) Curtis Peebles, *High Frontier: The U.S. Air Force and the Military Space Program,* The U.S. Government Printing Office, 1997, p. 59.

(23) U.S. National Security Council, *U.S. Policy on Outer Space,* NSC-5814, June 20, 1958.

〔福島康仁〕　　　　　　　　　　　　　　　*20*　宇宙戦の諸相と現段階

る[24]。翌 1959 年には空中発射型ミサイルを用いた世界初の ASAT 実験も実施している[25]。

　1960 年代に入ると米国は実際に ASAT 兵器の配備を開始した。ソ連による軌道爆撃システムの開発と大規模な水爆実験に危機感を募らせた結果として，1963 年にジョン・F・ケネディ（John F. Kennedy）大統領が地上発射型 ASAT 兵器の開発を承認した[26]。これを受けて空軍が 437 号計画を進め，ソア（Thor）中距離弾道ミサイル搭載の核弾頭を用いる ASAT 兵器を 1964 年に配備した[27]。同兵器は核爆発で生じる EMP や放射線で衛星の電子機器に損傷を与えるものであった。だが，ソ連による宇宙空間への核配備は確認されず，1967 年には宇宙空間への大量破壊兵器（WMD）の配置を禁ずる宇宙条約が発効したことから，1969 年に 437 号計画の終了に向けた措置が始まり 1975 年に配備が終了した[28]。

　米国はその一方で，1970 年代後半に新しい ASAT 兵器の開発を始めた。ジェラルド・フォード（Gerald R. Ford）大統領は退任直前の 1977 年 1 月，「対衛星能力の開発」（NSDM-345）を発出した[29]。NSDM-345 を通じてフォード大統領は，対艦ミサイルに攻撃目標の情報を送る海洋監視衛星をはじめとして，ソ連が宇宙システムによる部隊への直接支援を増大させていることに懸念を示し，核兵器を用いない ASAT 能力の取得を決定した。具体的には，低高度の衛星を物理的に攻撃する ASAT 兵器とあらゆる高度の衛星を電子的に無力化する ASAT 兵器を取得するとした。前者は運動エネルギーを用いる直接上昇型 ASAT 兵器 ASM-135 として具体化された。1985 年には衛星破壊実験に成功したものの，宇宙での軍備競争を懸念する議会が実験及び予算に制限をかけた結果，1988 年に未配備のまま計画が終了した[30]。一方，後者が実際に開発・配

---

(24)　Ibid.

(25)　ただし，衛星破壊を伴わない実験であった。Peebles, *High Frontier,* p. 65; Paul B. Stares, *The Militarization of Space: U.S. Policy, 1945-1984,* Cornell University Press, 1985, p. 109.

(26)　York, "Nuclear Deterrence and the Military Uses of Space," *Weapons in Space,* pp. 22-23.

(27)　Peebles, *High Frontier,* pp. 60-62.

(28)　Ibid., pp. 64-65.

(29)　U.S. National Security Council, *Development of Anti-Satellite Capabilities,* National Security Decision Memorandum 345, January 18, 1977.

(30)　Peebles, *High Frontier,* p. 67.

449

Ⅳ　通常兵器／宇宙の軍縮・軍備管理

備されたのかは明らかになっていない。これは NSDM-345 が低高度用 ASAT
兵器を非機密とする一方，電子攻撃を用いる ASAT 兵器については，ソ連が米
国の信号情報収集衛星に電子的対抗措置をとることを避けるために機密指定と
したためである。

　ソ連が冷戦期に主として開発した ASAT 兵器は，運動エネルギーを用いる同
軌道型 ASAT 兵器 IS であった。IS は地上から発射された後，軌道を周回しな
がら目標衛星に接近し，最後は破片弾頭の起爆で衛星を破壊する仕組みであっ
た。IS は 1950 年代後半から構想され始め，1960 年代半ばに開発が承認され
た[31]。ソ連が ASAT 兵器の開発を決定した一因は，米国が ASAT 能力を持ち得
る有人軌道実験室の開発を進めていたことにあったといわれる[32]。IS の発射
試験は 1968 年に始まり，同年 10 月に衛星破壊実験に初成功した[33]。ソ連はそ
の後も発射試験を断続的に実施した上で，1979 年に IS を配備した[34]。

　さらに，ソ連のアルマース 2（Almaz 2）軍事宇宙ステーションは自己防護用
の機関砲を搭載し，1975 年に軌道上での発射試験を実施したとみられてい
る[35]。事実であれば，ソ連により宇宙のウェポニゼーションが進められていた
ことになる。ソ連は宇宙配備レーザー兵器ポリウス・スキフ（Polyus-Skif）の
研究も 1976 年に開始した[36]。1983 年の米国による SDI 発表後には ABM 衛星
迎撃用として開発が本格化し，1987 年に実証機の打上げが試みられたが失敗
に終わっている[37]。

　冷戦期に米ソが研究開発していたのは ASAT 兵器にとどまらない。対地攻撃
用の宇宙兵器については，1946 年に米空軍の委託でプロジェクト・ランドが
作成した報告書の中で技術的可能性が提起されていた[38]。他方，本格的な検討

---

(31)　Pavel Podvig, *Russian Strategic Nuclear Forces,* The MIT Press, 2001, p. 433.

(32)　Nicholas L. Johnson, *Soviet Military Strategy in Space,* Jane's Publishing Company Li-
mited, 1987, pp. 140, 147.

(33)　Podvig, *Russian Strategic Nuclear Forces,* p. 433.

(34)　Ibid., p. 434.

(35)　Michael Peck, "This Was Russia's Secret Plan to Build a 'Space Cannon' to Fight Ame-
rica," *The National Interest,* October 10, 2017, http://nationalinterest.org/blog/the-buzz/
was-russias-secret-plan-build-space-cannon-fight-america-22660.

(36)　Dwayne A. Day and Robert G. Kennedy Ⅲ, "Soviet Star Wars," *Air and Space Magazi-
ne,* January 2010, https://www.airspacemag.com/space/soviet-star-wars-8758185/.

(37)　Ibid.

(38)　Douglas Aircraft Company, Inc., *Preliminary Design of an Experimental World-Circling*

開始は ASAT 兵器と同じく 1950 年代後半のことであった。米空軍が 1957 年から 1963 年まで研究開発した有人宇宙機ダイナ・ソア（Dyna-Soar）は，偵察のみならず爆撃任務も視野に入れた計画であり，爆撃機にかわる核兵器の運搬手段となることを目指していた[39]。1958 年発出の前記 NSC-5814 も将来的可能性として有人または無人の爆撃衛星に言及している[40]。また，SDI には ABM 衛星の開発計画が含まれていたことは既述の通りである。

　一方のソ連は 1960 年代初頭に，核兵器を宇宙空間に配備することの軍事的有効性を公の場で言及していた[41]。また，ソ連が 1967 年から 1971 年頃まで配備していたとみられる部分軌道爆撃システム（FOBS）は，多軌道爆撃システム（MOBS）としても使用し得たとの指摘がある[42]。

　このように米ソは ASAT 兵器を一部実戦配備するとともに，対地攻撃用や ABM 用の宇宙兵器も研究開発を進めていた。だが，冷戦終了までに宇宙戦は生起しなかった。冷戦期に宇宙戦が起きなかった理由を問うことは，なぜ米ソ間で大規模戦争や核戦争が起きなかったのかを問うことに近い。冷戦期に宇宙システムが重要でなかったわけではなく，米ソの核抑止力の不可分な構成要素として存在していた。その分，宇宙システムを攻撃する敷居が高く，攻撃は核戦争のリスクを伴うものであった。

　同時に米ソは宇宙空間を戦争のない領域にとどめておくことに積極的な価値を見出していた。主権を侵犯することなく他国の情報を収集できる偵察衛星は偵察機には代替できない価値があった。そのためドワイト・アイゼンハワー（Dwight D. Eisenhower）政権は，衛星攻撃の誘因となる恐れがある宇宙空間への兵器配置に消極的であった[43]。さらに 1972 年以降の主な米ソ軍備管理協定

　　　　Spaceship, May 2, 1946, p. 10.

(39)　Nicholas Michael Sambaluk, *The Other Space Race: Eisenhower and the Quest for Aerospace Security,* Naval Institute Press, 2015, pp. 2-3.

(40)　U.S. National Security Council, *U.S. Policy on Outer Space.*

(41)　Peebles, *High Frontier,* p. 59.

(42)　FOBS はソ連から宇宙空間に打上げられた後，地球周回軌道を 1 周する前に大気圏に再突入し南半球側から米国を核攻撃する兵器であった。地球周回軌道を 1 周しないため，FOBS を宇宙兵器とみなすことには議論がある。当時の米国政府も宇宙空間への WMD 配置を禁止する宇宙条約には違反しないという見解であった。一方，MOBS は地球周回軌道を 1 周以上してから大気圏に再突入するため，宇宙空間への兵器配置に該当する。Johnson, *Soviet Military Strategy in Space,* pp. 128, 135, 136.

(43)　Peebles, *High Frontier,* p. 59.

Ⅳ　通常兵器／宇宙の軍縮・軍備管理

には，偵察衛星などを念頭に自国の検証技術手段（NTM）の活用が規定される
とともにNTMへの不干渉が明記された。

（2）　冷戦後──宇宙戦の始まり

　宇宙戦は冷戦後に宇宙システムをめぐる戦闘として始まった。最初に攻撃対
象となったのは地上部分である。1991年の湾岸戦争でイラクとクウェート所
在の通信衛星の地上局が米軍の空爆で破壊されたのが確認できる限り初の事例
である[44]。類似の攻撃は2011年の北大西洋条約機構（NATO）によるユニファ
イド・プロテクター作戦でも実施され，NATO軍はリビア国営放送の衛星ア
ンテナを空爆で破壊している[45]。

　次に攻撃対象となったのはリンク部分であった。1999年に始まった第2次
チェチェン紛争中，衛星通信に対してロシアがジャミングを実施した[46]。2003
年のイラク戦争では，米国の全地球測位システム（GPS）のダウンリンクがイ
ラクによってジャミングされた[47]。これに対して米軍は空爆でジャミング兵器
を破壊した[48]。米軍が戦闘作戦中にGPS妨害を受けたのも，敵の対宇宙兵器
を破壊したのも初めてであった[49]。

　米軍は衛星通信へのジャミングもイラクの自由作戦の期間中に受けている。
少なくとも2004年から2005年にかけて，米軍が使用する商用衛星通信のアッ
プリンクに対して武装勢力または旧イラク政府の残存勢力によるジャミングが
行われたとみられている[50]。アップリンクへのジャミングは衛星搭載の無線受

---

(44)　Charles A. Horner, "The Legacy of the First Space War," *High Frontier,* Vol. 3, No. 4, August 2007, p. 11.

(45)　North Atlantic Treaty Organization, *NATO Strikes Libyan State TV Satellite Facility,* July 30, 2011, https://www.nato.int/cps/en/natolive/news_76776.htm?selectedLocale=en.

(46)　Bob Preston, Dana J. Johnson, Sean J.A. Edwards, Michael Miller, and Calvin Shipbaugh, *Space Weapons, Earth Wars,* RAND Corporation, 2002, p. 2.

(47)　Jim Garamone, "CENTCOM Charts Operation Iraqi Freedom Progress," *American Foreign Press Service,* March 25, 2003, http://archive.defense.gov/news/newsarticle.aspx?id=29230.

(48)　Ibid.

(49)　U.S. Air Force, *Space Operations,* Air Force Doctrine Document 2-2, November 27, 2006, p. 33.

(50)　Hank Rausch, "Jamming Commercial Satellite Communications During Wartime: An Empirical Study," *Proceedings of the Fourth IEEE International Workshop on Information Assurance,* 2006; Harrison, Johnson, and Roberts, *Space Threat Assessment 2018,* p. 24.

452

信機を目標として行われることから，宇宙空間に戦闘が波及した事例であった可能性がある。

米軍は衛星通信へのジャミングに対抗するために，2005年にサイレント・セントリー作戦を米中央軍の区域で開始した[51]。同作戦は米軍が使用する衛星通信をモニタリングし，ジャミングを受けた場合は発信源を特定するものである。

2010年代に入ってからもリンク部分に対する攻撃は発生している。2014年のロシアによるクリミア併合に際して，GPSのダウンリンクに対するスプーフィング攻撃が行われ，ウクライナ軍は地図の使用を余儀なくされた[52]。東部ウクライナで停戦監視に使用されていた欧州安全保障協力機構のUAVもGPSジャミングが一因で墜落したといわれている[53]。2018年に入ってからはシリアでロシア軍がGPSジャミングを行っており，米軍によるUAVの運用に支障が出ている[54]。

宇宙システムのうち地上部分とリンク部分をめぐる戦闘は，上述のとおり冷戦後に生起した各種戦争の一環として行われてきた。この点，宇宙戦は特別なものではなくなっている。その背景には，宇宙の軍事利用をめぐる潮流の変化がある。冷戦期に米ソ間における宇宙戦の発生を抑制していた要因である宇宙システムと核抑止力の結びつきがなくなったわけではない。冷戦期からの変化は，宇宙の軍事利用の主な用途が核抑止以外にも顕著に広がった点である。湾岸戦争を契機として，陸海空での通常戦争における宇宙利用の価値が世界的に認知されるようになった。米国は湾岸戦争後も陸海空の作戦への宇宙の組み込みを進め，宇宙システムは作戦上，不可欠な構成要素となっている。中国やロ

---

(51) Alexandre Montes, "Silent Sentry Meets a Decade of Interstellar Combat Support," U.S. Air Force, June 8, 2015, http://www.af.mil/News/Article-Display/Article/598501/silent-sentry-meets-a-decade-of-interstellar-combat-support/.

(52) Mark Pomerleau, "Threat From Russian UAV Jamming Real, Officials Say," *C4ISR-NET,* December 20, 2016, https://www.c4isrnet.com/unmanned/uas/2016/12/20/threat-from-russian-uav-jamming-real-officials-say/.

(53) John Hudson, "International Monitor Quietly Drops Drone Surveillance of Ukraine War," *Foreign Policy,* October 28, 2016, https://foreignpolicy.com/2016/10/28/international-monitor-quietly-drops-drone-surveillance-of-ukraine-war/.

(54) Courtney Kube, "Russia Has Figured Out How to Jam U.S. Drones in Syria, Officials Say," *NBC News,* April 10, 2018, https://www.nbcnews.com/news/military/russia-has-figured-out-how-jam-u-s-drones-syria-n863931.

Ⅳ　通常兵器／宇宙の軍縮・軍備管理

シアなども米国流の宇宙を利用した戦い方に追随し始めている[55]。宇宙依存の深化に伴って通常戦争における宇宙システムの価値が上昇し，これらを攻撃するインセンティブも上昇しているのである。

（3）　次の宇宙戦に向けた取り組み

こうした中，とりわけ米中露は，次の宇宙戦に向けた取り組みに力を入れている。米国が宇宙システムへの軍事的脅威を再認識するようになったのは2000年代に入ってからであった。前述の通りロシェ空軍長官（当時）は，ジャミング兵器の登場に伴い宇宙戦が始まったとの認識を示した。また2007年に中国が冷戦期の米ソについで，かつ冷戦後初めての衛星破壊実験に成功したことを受けて，米空軍の宇宙コマンドは宇宙優勢（space superiority）の獲得をより重視するようになった[56]。

さらに2013年に中国が静止軌道上の衛星を射程に収め得るASAT兵器の発射試験を行うなど，中露が対宇宙兵器の開発を進展させていることを受けて，米国の脅威認識は新たな段階に入っている[57]。2014年には米国防省が宇宙に関する戦略ポートフォリオ見直しを行った[58]。この頃から米国政府は，宇宙は戦闘領域であり地球上での戦争が宇宙に波及した場合に備える必要があると公言するようになっている[59]。こうした認識に基づき米戦略軍は国家偵察局などと共同で，宇宙コントロールを担う組織である国家宇宙防衛センターの実運用を2018年から始めている[60]。

---

(55)　鈴木一人「宇宙空間の軍事的重要性の高まりと宇宙安全保障」『国際安全保障』第41巻1号，2013年，47頁。

(56)　John Raymond, "National Space Symposium 2018 Keynote Address," Air Force Space Command, U.S. Air Force, http://www.afspc.af.mil/About-Us/Leadership-Speeches/Speeches/Display/Article/1496110/national-space-symposium-2018-keynote-speech/.

(57)　Theresa Hitchens and Joan Johnson-Freese, "Toward a New National Security Space Strategy: Time for a Strategic Rebalancing," *Atlantic Council Strategy Paper,* No. 5, June 2016, p. 3.

(58)　Ibid.

(59)　John E. Hyten, Friday Space Group "Space Power for the Warfighter" Seminar, Air Force Association Mitchell Institute, September 19, 2014, https://www.afspc.af.mil/About-Us/Leadership-Speeches/Speeches/Display/Article/731710/friday-space-group-space-power-for-the-warfighter-seminar/.

(60)　Shellie-Anne Espinosa, "National Space Defense Center Transitions to 24/7 Operations," U.S. Air Force Space Command, January 26, 2018, http://www.afspc.af.mil/News/

〔福島康仁〕　　　　　　　　　　　　　　　　　**20**　宇宙戦の諸相と現段階

　一方，中国は 2015 年公表の国防白書『中国の軍事戦略』で，宇宙空間は国家間の戦略的競争上の「制高点」となり，関係国は部隊や機器の整備を進め，宇宙のウェポニゼーションの最初の兆候が現れているとの認識を示した[61]。その上で同白書において中国は，宇宙における安全保障上の脅威と課題に対処し，宇宙アセットの安全を確保し，宇宙安全保障を維持するとの方針を示した。中国はまた，情報ドミナンス（制信息権）の獲得が現代戦に勝利する鍵であり，宇宙ドミナンス（制天権）の獲得はその不可欠な構成要素であると位置付けているといわれる[62]。

　中国はこのような認識に基づき，宇宙ドミナンス獲得の手段である対宇宙兵器・ASAT 兵器の開発と配備を進めている。2007 年に運動エネルギーを用いる直接上昇型 ASAT 兵器 SC-19 による衛星破壊実験に成功した後も，衛星破壊を伴わない発射試験を繰り返している。米シンクタンクの報告書は，低軌道用の直接上昇型 ASAT に関する中国の能力は成熟しているとみられ，数年のうちに移動式発射装置に搭載して作戦展開する可能性があると分析している[63]。米国の情報機関もまた，中国の衛星破壊兵器は数年以内に初期運用能力を獲得する可能性があり，こうした兵器を運用する部隊を編成し既に訓練を始めていると分析する[64]。2015 年末に設立された戦略支援部隊は，少なくとも同軌道型 ASAT 兵器の運用やリンク部分に対する電子攻撃，地上局へのサイバー攻撃を担う可能性があるとみられている[65]。

　ロシアもまた，絶対的な宇宙優勢の獲得・維持が将来の紛争の帰趨に決定的

　　　Article-Display/Article/1423932/national-space-defense-center-transitions-to-247-operations/.
(61)　The State Council Information Office of the People's Republic of China, *China's Military Strategy,* 2015, http://www.chinadaily.com.cn/china/2015-05/26/content_20820628_4.htm.
(62)　Dean Cheng, "The PLA's Interest in Space Dominance," Testimony before U.S.-China Economic and Security Review Commission on February 18, 2015, February 24, 2015, https://www.heritage.org/testimony/the-plas-interest-space-dominance.
(63)　Weeden and Samson, eds., *Global Counterspace Capabilities,* p. 1-11.
(64)　Daniel R. Coats, U.S. Director of National Intelligence, *Worldwide Threat Assessment of the US Intelligence Community,* February 23, 2018, p. 13.
(65)　Kevin L. Pollpeter, Michael S. Chase, and Eric Heginbotham, *The Creation of the PLA Strategic Support Force and Its Implications for Chinese Military Space Operations,* RAND Corporation, 2017, pp. 27, 29.

Ⅳ　通常兵器／宇宙の軍縮・軍備管理

影響を与えるとの認識を有しているといわれる[66]。2009 年にウラジミール・ポポフキン（Vladimir Popovkin）国防次官（当時）は，米中の動向を看過することはできず，ロシアも衛星破壊兵器を開発中であると発言した[67]。2014 年からは低軌道上の目標を射程に収める直接上昇型 ASAT 兵器ヌードリ（Nudol）の発射試験を行っている[68]。米国の情報機関は，ロシアの衛星破壊兵器に関しても数年内に初期運用能力を獲得する可能性があると分析している[69]。ロシアはまた，航空機搭載型レーザー兵器の開発を行っており，2009 年に衛星への照射試験を実施した[70]。ASAT 兵器以外の対宇宙兵器に関しても，前述の通りロシアは衛星通信及び GPS に対するジャミング兵器を保有しており，実戦で使用している。

3　未生起の宇宙戦

（1）　対 衛 星 戦

　未だ生起していない宇宙戦のうち，既存の能力で実施可能なのは，地球周回軌道上の物体をめぐる戦闘，すなわち対衛星戦である。米情報機関は，ロシアや中国を巻き込んだ紛争が将来起きた場合，宇宙システムがもたらす米国の軍事的優位を相殺する必要性から，中露が米国やその同盟国の衛星への攻撃を正当化するだろうと指摘する[71]。米国もまた敵対者が宇宙システムを用いて陸海空での作戦を有利に展開するのを妨げるために，ASAT 兵器を使用する可能性がある。1970 年代の米国がソ連の海洋監視衛星を念頭に新しい ASAT 兵器の開発を決断したように，対艦弾道ミサイルのターゲティングに使用されるといわれる中国の海洋監視衛星に対して米国が ASAT 兵器を使用する可能性がある

---

(66)　Defense Intelligence Agency, U.S. Department of Defense, *Russia Military Power: Building A Military to Support Great Power Aspirations,* 2017, p. 36.

(67)　小泉『プーチンの国家戦略』295 頁。

(68)　Pavel Podvig, "Successful Nudol ASAT Test Reported," *Russian Strategic Nuclear Forces,* April 2, 2018, http://russianforces.org/blog/2018/04/successful_nudol_asat_test_rep_1.shtml.

(69)　Coats, *Worldwide Threat Assessment of the US Intelligence Community,* p. 13.

(70)　Pavel Podvig, "Russia to Resume Work on Airborne Laser ASAT," *Russian Strategic Nuclear Forces,* November 13, 2012, http://russianforces.org/blog/2012/11/russia_to_resume_work_on_airbo.shtml.

(71)　Coats, *Worldwide Threat Assessment of the US Intelligence Community,* p. 13.

456

〔福島康仁〕　　　　　　　　　　　　　　　**20**　宇宙戦の諸相と現段階

との指摘もある[72]。

　他方で，米中露のいずれの国にとっても運動エネルギーを用いた ASAT 兵器を使用する敷居は高い。米中露の 3 カ国は衛星の運用数という点で世界第 1 位から第 3 位までを占めており，有人宇宙活動も行っている。また，米国のみならず中露も陸海空の作戦への宇宙システムの組み込みを進めており，宇宙への依存度は高まる傾向にある。衛星破壊を行えば，発生した宇宙ゴミによって自らが使用する衛星に被害が及ぶ可能性がある。

　こうした点を考慮すれば，米中露が対衛星戦を行う際に優先的に使用するのは，宇宙ゴミの発生を伴わない ASAT 兵器となるだろう。具体的には，レーザー兵器による衛星センサーの目くらましや目つぶし，高出力マイクロ波兵器や EMP 兵器による衛星攻撃，衛星アンテナを介したサイバー攻撃などが行われる可能性がある。

（2）　宙 対 地 戦

　将来，宇宙空間への対地，対艦，対空，ABM 兵器の配備が行われれば，宙対地戦が生起する可能性がある。こうした宇宙兵器の開発構想は冷戦後も存在する。米宇宙軍（当時）は 1997 年公表の「2020 年に向けたビジョン」において，宇宙配備のグローバルな精密打撃力を将来保有する可能性に言及していた[73]。1998 年には米国防省の国防科学理事会が，宇宙から地上目標を精密攻撃する棒状の超高速飛翔体（hypervelocity rod bundles）の実証実験を開始するように勧告した[74]。宇宙配備型の ABM 兵器についても米国は断続的に研究を進めてきた[75]。

　弾道ミサイル迎撃システムの宇宙配備を禁ずる ABM 条約は 2002 年に失効しており，宇宙条約が禁ずる WMD を除き宇宙空間への兵器配置は国際法上可能である。今後の技術的進展に伴い，これらの宇宙兵器が既存兵器に比べて運用効率に優れると判断された場合は，開発・配備に向けた取り組みが加速す

---

[72]　Weeden and Samson, eds., *Global Counterspace Capabilities,* p. 3-11.

[73]　U.S. Space Command, *Vision for 2020,* February 1997.

[74]　Benjamin S. Lambeth, *Mastering the Ultimate High Ground: Next Steps in the Military Uses of Space,* RAND Corporation, 2003, p. 114.

[75]　Peter L. Hays, *Space and Security: A Reference Book,* ABC-CLIO, 2011, pp. 70-74.

Ⅳ　通常兵器／宇宙の軍縮・軍備管理

る可能性がある[76]。

（3）　深宇宙戦

　地理的な広がりという点でいえば，地球周回軌道外まで戦闘領域が拡大する可能性がある。現状，惑星探査機を除く全ての宇宙機は地球周回軌道上で運用されており，軍事活動も同軌道内にとどまっている。しかし，深宇宙の軍事利用構想は冷戦期から存在する。例えば，前記の米 NSC-5814（1958 年）は，通信中継や偵察用の有人ステーションを月周回軌道に配置する構想に触れるとともに，月面基地から地球にミサイルを発射することも概念上は可能であると指摘していた[77]。天体の軍事利用は宇宙条約違反となるが，有人月ステーションについては同条約内でも配置可能である。

おわりに

　本稿では宇宙戦という概念にはどのようなものが含まれ得るのかを整理したうえで，考え得る様々な宇宙戦の中で，過去，どのようなものが構想され，そのための準備が行われ，そして現在までに何が現実となっているのかを明らかにした。対宇宙兵器・ASAT 兵器や対地攻撃・ABM 用の宇宙兵器の開発は冷戦期から行われ，一部の ASAT 兵器は配備された。冷戦後には実際に宇宙システムをめぐる戦闘が生起し，地上部分やリンク部分をめぐる攻防が現実となった。ASAT 兵器の開発・配備は米中露を中心に進んでいることから，これらの国が関与する戦争が起きれば，対衛星戦が生起し得る。さらに，宙対地戦や深宇宙戦も未来の宇宙戦として考え得る。

　今後，宇宙の軍備管理を議論する際は，既に宇宙のウェポニゼーションが部分的に起きている可能性があること，定義次第では既に宇宙戦が生起していること，将来，対衛星戦や宙対地戦，深宇宙戦が起き得ることを念頭に置く必要がある。

　対衛星戦が実際に生起した場合，宇宙の軍備管理をめぐる議論は多大な影響を受けることになる。商用衛星や軍民両用衛星の運用が増加する中，これらの

---

(76)　Lambeth, *Mastering the Ultimate High Ground,* p. 114.

(77)　U.S. National Security Council, *U.S. Policy on Outer Space.*

〔福島康仁〕   *20* 宇宙戦の諸相と現段階

衛星が対衛星戦で攻撃目標となったり，軍事衛星の破壊で生じた宇宙ゴミにより副次的被害を受けたりする可能性は十分に存在する。その場合，経済・社会活動にも深刻な影響を与えることとなり，宇宙戦に対する法規制の必要性について民間から強い要請が発せられることになるだろう。

軍縮・不拡散の諸相

―日本軍縮学会設立 10 周年記念―

2019(平成31)年 3 月25日　第 1 版第 1 刷発行
8757:P488　¥9800E-012-030-005

編　　　集	日 本 軍 縮 学 会
編集委員長	黒　澤　　　満
発 行 者	今井　貴・稲葉文子
発 行 所	株式会社 信 山 社

〒113-0033　東京都文京区本郷 6-2-9-102
Tel 03-3818-1019　Fax 03-3818-0344
info@shinzansha.co.jp
笠間才木支店　〒309-1611　茨城県笠間市笠間 515-3
Tel 0296-71-9081　Fax 0296-71-9082
笠間来栖支店　〒309-1625　茨城県笠間市来栖 2345-1
Tel 0296-71-0215　Fax 0296-72-5410
出版契約 No.2019-8757-8-01011 Printed in japan

Ⓒ日本軍縮学会，2019　印刷・製本／亜細亜印刷・渋谷文泉閣
ISBN978-4-7972-8757-8 C3332　分類329.401

JCOPY 《(社)出版者著作権管理機構　委託出版物》
本書の無断複写は著作権法上での例外を除き禁じられています。複写される場合は，
そのつど事前に，(社)出版者著作権管理機構(電話03-5244-5088，FAX03-5244-5089，
e-mail: info@jcopy.or.jp)の許諾を得てください。

実践国際法（第2版）

小松一郎 著

小松一郎大使追悼 **国際法の実践**

柳井俊二・村瀬信也 編

国際法実践論集

小松一郎 著

実証の国際法学 安藤仁介 著

〔編集委員〕芹田健太郎・薬師寺公夫・坂元茂樹
浅田正彦・酒井啓亘

国際人権法 芹田健太郎 著

サイバー攻撃の国際法
—タリン・マニュアル2・0の解説—

中谷和弘・河野桂子・黒﨑将広

国際法研究

岩沢雄司・中谷和弘 責任編集

信山社

安全保障論—平和で公正な国際社会の構築に向けて
　黒澤満先生古稀記念
　神余隆博・星野俊也・戸﨑洋史・佐渡紀子　編

核軍縮不拡散の法と政治
　黒澤満先生退職記念
　浅田正彦・戸﨑洋史　編

軍縮国際法　黒澤　満

核軍縮と世界平和　黒澤　満

核軍縮入門　黒澤　満

大量破壊兵器の軍縮論　黒澤　満　編

国際危機と日本外交
　—国益外交を超えて　神余隆博

軍縮国際法の強化　福井康人

核実験禁止の研究
　—核実験の戦略的含意と国際規範　一政祐行

宇宙六法　青木節子・小塚荘一郎　編

信山社

軍縮の議論に必要な用語に関して、初学者から実務家まで、広範な分野の方々に共通の基盤を提供する、時代を読む正確な情報源。

軍縮辞典

日本軍縮学会 編

◇編纂委員長　黒澤 満
◇部会1〔核軍縮〕
小川伸一(部会長)／岩田修一郎／太田昌克／川崎 哲／広瀬 訓／水本和実
◇部会2〔核不拡散〕
秋山信将(部会長)／菊地昌廣／直井洋介／山村 司
◇部会3〔生物・化学兵器〕
浅田正彦(部会長)／阿部達也／天野修司／杉島正秋
◇部会4〔ミサイル・宇宙〕
石川 卓(部会長)／青木節子／戸崎洋史／福島康仁
◇部会5〔通常兵器〕
佐藤丙午(部会長)／一政祐行／岩本誠吾／竹平哲也／福田 毅
◇部会6〔輸出管理〕
山本武彦(部会長)／河野瀬純子／利光 尚
◇外務省リエゾン
西田 充

信山社